A BODY OF DIVINITY

웨스트민스터 소요리문답 해설

독자 여러분들께 알립니다!

'CH북스'는 기존 **'크리스천다이제스트'**의 영문명 앞 2글자와
도서를 의미하는 **'북스'**를 결합한 출판사의 새로운 이름입니다.

세계기독교고전 38

웨스트민스터 소요리문답 해설

2판 1쇄 발행 2019년 3월 8일
2판 4쇄 발행 2024년 7월 1일

지은이 토머스 왓슨
옮긴이 이훈영
발행인 박명곤 **CEO** 박지성 **CFO** 김영은
기획편집1팀 채대광, 김준원, 이승미, 이상지
기획편집2팀 박일귀, 이은빈, 강민형, 이지은, 박고은
디자인팀 구경표, 구혜민, 임지선
마케팅팀 임우열, 김은지, 전상미, 이호, 최고은

펴낸곳 CH북스
출판등록 제406-1999-000038호
전화 070-4917-2074 **팩스** 0303-3444-2136
주소 서울시 강서구 마곡중앙6로 40, 장흥빌딩 10층
홈페이지 www.hdjisung.com **이메일** support@hdjisung.com
제작처 영신사

세계
기독교
고전

A BODY OF DIVINITY

웨스트민스터
소요리문답 해설

토머스 왓슨 | 이훈영 옮김

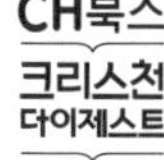

❖ **알립니다**

이 책은 2012년 당사에서 출간한 『신학의 체계』의 디자인 개선판입니다.
본문 내용은 구판과 동일하며, 내용과 더 적합한 『웨스트민스터 소요리문답 해설』로 제목을 변경했습니다.

• 차례 •

Ⅲ. 타락

Ⅳ. 은혜 언약과 그 중보자

Ⅴ. 구속의 적용

VI. 죽음과 마지막날

요리문답에 관한 예비 설교

"만일 너희가 믿음에 거하고 터 위에 굳게 서서
흔들리지 아니하면." — 골 1:23.

다음 주일부터는 요리문답을 공부하고자 하므로, 여러분에게 예비적인 설교를 통해 그리스도인이 신앙의 기초 위에 잘 교육받는 일이 얼마나 필요한지 보여주는 것도 나쁘지 않을 것이다. "만일 너희가 믿음에 거하고 터 위에 굳게 서서 흔들리지 아니하면."

Ⅰ. 신앙의 교리면에서 흔들리지 않는 것은 그리스도인의 의무이다.

Ⅱ. 그리스도인들이 흔들리지 않기 위한 최선의 길은 터(기초)를 잘 닦는 것이다.

Ⅰ. 신앙 교리면에서 흔들리지 않는 것은 그리스도인의 의무이다.

사도 베드로는 다음과 같이 기도하였다. "모든 은혜의 하나님이 너희를 친히 굳게 하시며 강하게 하시며 터를 견고케 하시리라"(벧전 5:10). 즉, 그들이 허공의 별똥별이 아니라 항성(恒星)이 되게 하신다는 말이다.

사도 유다는 유다서 13절에서 “유리하는 별들”이란 표현을 사용하였다. 별똥별을 유리하는 별이라고 부르는 이유를 아리스토텔레스(Aristoteles)는 다음과 같이 설명하고 있다. “그들은 상하로 움직이고 천공(天空)의 몇몇 영역에로 흘러 들어간다. 그러나 본래 건조한 증기일 뿐 항성들처럼 순수한 천상적 질료들로 되어 있지 않으므로 종종 지구로 떨어져 내리는 것이다.” 그런데, 신앙적으로 안정되지 못한 사람들은 언젠가는 유리하는 별로 판명될 것이다. 그들은 예전의 신앙적 견고성을 상실하고 이 의견에서 저 의견으로 옮겨 다닌다. 그처럼 안정되지 못한 자들은 “물이 끓음 같은” 저 르우벤 지파에 속해 있는 것이다(창 49:4).

밸러스트(ballast: 배를 안정시키기 위해 선저에 싣는 바닥짐 — 역자주)를 싣지 않은 배와 같아서 교리의 바람이 불 때마다 번번이 뒤집힌다. 베자(Beza,1519-1605. 프랑스 출신의 개혁주의 신학자. 제네바에서 칼빈의 후계자 — 역자주)는 벨펙티우스(Belfectius)라는 인물에 대해 그의 종교는 마치 달이 차고 기울듯이 자꾸 변한다고 기록한 바 있다. 아리우스파는 해마다 새로운 신앙을 만들어내곤 했다. 이들은 하나님의 성전의 기둥이 아니라 온 사방으로 흔들리는 갈대와 같은 부류이다. 사도 베드로는 그들을 “멸망케 할 이단”이라고 부르고 있다(벧후 2:1). 인간은 간음죄뿐 아니라 이단에 빠져도 지옥에 가게 된다.

신앙적으로 흔들린다는 것은 판단력이 결핍되어 있다는 것을 보여준다. 만일 그 머리가 변덕스럽지 않다면 인간은 한가지 견해에서 다른 견해로 그처럼 빨리 오락가락하지는 않을 것이다. 그것은 그가 경박하다는 증좌이다. 깃털이 온 사방으로 불려 날아가듯이 심성이 가벼운 그리스도인들도 그와 같다. “바람은 알곡을 날려보내지 않는다. 그러나 빈 쭉정이는 던져진다”(Triticum non rapit ventus inanes palae jactantur) — 키프리안(Cyprian,200-258. 카르타고의 주교이며 신학자 — 역자주). 그래서 그들은 어린애에 비유되는 것이다. 엡 4:14. “이는 우리가 이제부터 어린아이가 되지 아니하여 요동치 않게 하려 함이라.” 어린애들은 변덕스러워서 어떤 때는 이런 마음을 품고 있다가도 다음엔 또 다른 생각을 품으며, 어떤 일에도 오래 만족하지 않는다. 마찬가지로 흔들리는 그리스도인들은 어린애와 같다. 그들은 어떤 경우엔 진리를 영접하고 또 다른 경우엔 이를 거부한다. 그들은 때로는 개신교 신앙을 애호하다가도 머지않아 가톨릭측에 호의를 품는다.

[1] 우리로 하여금 신앙적 안정을 가져다 주는 것이 말씀 설교의 위대한 목적이다. 엡 4:11,12,14. "그가 혹은 복음 전하는 자로, 혹은 목사와 교사로 주셨으니 이는 그리스도의 몸을 세우려 하심이라 … 이는 우리가 이제부터 어린아이가 되지 않게 하려 함이라." 말씀은 망치라는 별명으로 불린다. 렘 23:29. 망치의 타격 하나하나는 건축물의 못을 단단히 박기 위함이다. 마찬가지로 설교자의 말씀은 당신을 그리스도께 좀더 확고히 고정시키려는 것이다. 그들은 여러분을 강하고 견고하게 하기 위해 스스로 약해지고 있다. 이것이 설교의 위대한 목적이니, 곧 교회를 위해서 뿐 아니라 영혼의 안정을 위함이요, 그들을 옳은 길로 인도할 뿐 아니라 그 안에 머물게 하려는 것이다. 그러므로 만일 우리가 신앙적으로 안정을 얻지 못했다면 우리에게 사명을 허락하신 하나님의 의도에 부응하지 못한 것이 된다.

[2] 신앙적으로 안정을 얻는 것은 그리스도인의 탁월성인 동시에 명예이다. 그것은 그의 탁월함이다. 우유가 안정되면 크림으로 변화한다. 이제 그는 진리에 열심을 내고 하나님과 밀접하게 교제하며 행할 것이다. 그것은 또한 그의 명예이다. 잠 16:31. "백발은 영광의 면류관이라 의로운 길에서 얻으리라." 주님의 늙은 제자를 보는 것, 즉 고귀한 미덕으로 장식한 성도의 은발을 보는 것이야말로 가장 멋진 광경 중의 하나인 것이다.

[3] 신앙적으로 안정되지 못한 사람들은 절대로 신앙을 위해 고난받을 수 없다. 종교적 회의론자들은 좀처럼 순교자가 되지 못한다. 불안정한 자들은 염려 가운데 우물쭈물한다. 그들은 천국의 희락을 생각할 때는 복음을 받아들이려 하지만 박해당할 것을 생각하면 이를 버리고 만다. 흔들리는 그리스도인들은 최선의 것이 아닌 가장 안전한 것을 추구한다. 터툴

리안(Tertullian, 160-215. 북아프리카 출신의 신학자,기독교 변증가 — 역자주)은 말한다. "배교자(背教者)는 하나님과 사탄을 저울에 올려 놓고 양자의 사역을 저울에 달아 본 후에 마귀의 사역을 선택하고 그를 가장 나은 주인이라고 선언한다. 그러므로 이런 의미에서 그리스도를 공개적으로 모욕한다고 할 수 있을 것이다." 히 6:6. 그는 절대로 진리를 위해 고난받으려 하지 않고 마치 자기 군기(軍旗)를 버리고 원수의 진영으로 넘어가는 병사처럼 마귀의 편에 서서 이익을 얻기 위해 싸우려 한다.

[4] 믿음 안에서 안정되지 못하는 것은 하나님의 진노를 불러 일으킨다. 진리를 받아들이고 나서 이를 저버리는 것은 복음에 오명을 끼치게 되는데, 이는 처벌을 면할 수 없는 것이다. 시 78:57,59. "저희가 반항하여 그 증거를 지키지 아니하며 … 하나님이 들으시고 분내어 이스라엘을 크게 미워하사." 배교자는 마치 바람에 불려 떨어진 과일처럼 마귀의 입으로 떨어져 들어간다.

[5] 만일 당신이 신앙적으로 안정되지 못하면 절대로 성장하지 못할 것이다. 우리는 "범사에 그에게까지 자랄" 것을 명령받고 있다. 엡 4:15. 그러나 만일 우리가 안정되지 않으면 성장이란 없다: "끊임없이 옮겨 심는 식물은 절대로 무성해지지 않는다." 안정되지 않은 사람은 관절로부터 탈골된 뼈가 몸 속에서 성장할 수 없는 것처럼 경건 가운데 성장할 수 없다.

[6] 우리가 안정되어야 할 필요성이 다분한 것은 우리를 불안하게 만드는 요소들이 너무 많기 때문이다. 유혹자들은 도처에 있는데, 그들의 일은 사람들을 신앙의 본질로부터 멀어지게 하는 것이다. 요일 2:26. "너희를 미혹케 하는 자들에 관하여 내가 이것을 너희에게 썼노라." 유혹자는 악마의 대리자이다. 그들은 그 누구보다도 당신에게서 진리를 도적질하려 하는 대악당인 것이다. 유혹자들은 나쁜 상품을 떠맡길 수 있는 능변의 소유자들로서, 속이는데 뛰어난 재주를 가지고 있다. 엡 4:14. 여기서 사용된 헬라어 원어는 주사위를 던져서 최고의 이익을 끌어낼 수 있는 사람들에게서 나온 것이다. 마찬가지로 유혹자들은 사기꾼이요 주사위 놀음꾼들이다. 그들은 진리를 감추고 복잡하게 만들 능력이 있어서 다른 사람들을 기만할

수 있다. 유혹자들은 말재주로 사람들을 속인다. 롬 16:18. "이같은 자들은 공교하고 아첨하는 말로 순진한 자들의 마음을 미혹하느니라." 그들은 능란하고 멋진 언변과 아첨하는 말투로 연약한 자들을 미혹한다.

또 다른 술책은 특출한 경건을 가장하는 것으로서, 이로써 사람들의 칭찬을 사고 자기의 교설을 받아들이게 만드는 것이다. 그들은 열정적이고 거룩하며 신적 영감을 받은 사람처럼 보이며, 새로운 계시를 감히 사칭한다.

유혹자들의 세번째 속임수는 건전한 정통적 교사들을 비방하고 그 가르침을 무효화하기 위해 노력하는 것이다. 그들은 마치 하늘의 빛을 어둡게 만드는 검은 안개처럼 진리를 가르치는 자들을 무색하게 만들려고 한다. 그들은 다른 사람들의 명성을 실추시키고 자기들이 더 칭찬받으려고 노력한다. 그래서 거짓 교사들은 자기들이 받아들여지기 위해 바울을 깎아내렸다. 갈 4:17.

유혹자들의 네번째 속임수는 자유의 교리를 설교하는 것이다. 마치 인간은 도덕률로부터 해방되고 저주나 율법 모두로부터 자유하며 그리스도께서 그들을 위해 모든 일을 하셨기 때문에 인간은 아무런 일도 할 필요가 없는 것처럼 말한다. 이렇게 하여 그들은 값없이 주시는 은혜의 교리를 모든 방종에로의 문을 여는 열쇠로 만들어 버렸다.

또 다른 수단은 그리스도인들을 박해로 뒤흔드는 것이다. 딤후 3:12. 복음은 장미와 같아서 꺾으려면 반드시 가시에 찔리게 된다. 그리스도께서 물려주신 유업은 십자가이다. 세상에 마귀와 악인들이 존재하는 한 고난으로부터의 면제증서는 기대하지 말아야 한다. 박해의 시기에 얼마나 많은 사람들이 변절하는가! 계 12:4. "한 큰 붉은 용이 있어 머리가 일곱이요 뿔이 열이라 그 꼬리가 하늘 별 삼분의 일을 끌어다가 땅에 던지더라." 붉은 용은 그 능력과 교활함으로 교회라는 궁창에 별과 같이 빛나는 뛰어난 신앙고백자들을 타락시켰던 것이다.

선한 일에 있어서 흔들리는 것은 마귀가 범한 죄이다(유 6). 그들은

"새벽 별"이라고 불리고 있지만 기실은 "별똥별"이다(욥 38:7). 그들은 거룩했지만 변덕스러웠다. 배가 돛에 의해 전복되듯이 그들의 돛은 교만으로 가득 부풀어 올랐고, 마침내 전복되고 말았다(딤전 3:6). 인간이 흔들리는 것은 타락한 천사를 흉내내는 행위이다. 마귀는 최초의 배교자였다. 시온의 자녀들은 결코 요동할 수 없는 시온산과 같아야 할 것이다.

Ⅱ. 두번째 명제는 그리스도인이 안정되기 위한 길은 터 위에 굳게 서는데 있다는 것이다.

"만일 너희가 터 위에 굳게 서서 흔들리지 아니하면." 터 위에 굳게 선다는 말의 헬라어 원어는 좋은 기초를 갖춘 건축물을 가리키는 비유어이다. 이와 마찬가지로 그리스도인들은 근본적인 신앙 조항들에 있어서 굳건히 서야 하며 기초를 잘 놓아야 한다.

저자는 여기서 다음의 두 가지 사항을 지적하고자 한다:

[1] 우리는 근본적인 지식에 있어 굳게 서야 한다. 사도는 "하나님의 말씀의 초보"에 관하여 말하고 있다(히 5:12). 모든 예술과 학문, 논리학, 수학에는 이들 학문의 활용을 위해 반드시 알아야 하는 규칙과 원리(praecognita)가 있다. 마찬가지로 신학에서도 근본적인 원리가 있어야 하는 것이다. 신앙의 기초와 원리에 관한 지식은 지극히 유용하다.

(1) 그것 없이는 우리는 하나님을 올바로 섬길 수 없다. 우리가 하나님을 올바르게 예배드리지 않는다면 열납되는 예배를 드릴 수 없는 것이다. 그런데 만일 우리가 신앙의 규칙과 원리를 알지 못한다면 어떻게 그렇게 할 수 있겠는가? 우리는 하나님께서 "기뻐하시는 제사"를 드려야 한다(롬 12:1). 만일 우리가 신앙의 기초를 알지 못한다면 어떻게 기뻐하시는 제사가 될 수 있겠는가?

(2) 신앙의 기초에 관한 지식은 마음을 풍요하게 해 준다. 그것은 우리 발의 등불인 것이다. 그것은 눈이 몸의 갈 길을 지시하는 것처럼 우리를 기독교의 완전한 길로 인도해 준다. 신앙의 기본 원리에 관한 지식은

종교의 최고 신비에로 들어가는 문을 여는 열쇠이다. 그것은 신학의 전 체계를 그 모든 특징과 생생한 색채까지 포함하여 정확하게 보여준다. 그것은 말씀을 읽을 때 생겨나는 수많은 난제들을 이해하고 성경의 많은 매듭을 풀 수 있도록 해 주는 것이다.

(3) 그것은 우리에게 증거의 갑주 곧 진리의 대적들과 맞서 싸울 무기를 제공해준다.

(4) 그것은 은혜를 조성하는 거룩한 씨앗이다. 말하자면 신앙의 종자(semen fidei)이다. 시 9:10. 그것은 사랑의 뿌리(radix amoris)이다. 엡 3:17. "너희가 사랑 가운데서 뿌리가 박히고 터가 굳어져서." 본질에 관한 지식을 통해 완전한 그리스도인이 만들어지는 것이다.

[2] 이러한 터닦기야말로 흔들리지 않기 위한 최선의 길이다. "터 위에 굳게 서서 흔들리지 아니하면." 나무가 흔들리지 않으려면 뿌리를 잘 박아야 한다. 마찬가지로 당신이 신앙 가운데 굳게 서려면 그 근본 원리에 뿌리를 박아야 하는 것이다. 플루타르크(Plutarch)의 책에는 누군가 죽은 사람을 똑바로 세우려 했으나 서지 않더라는 내용의 글이 나온다. 그는 말한다. "오, (인간이 똑바로 서려면) 그 안에 뭔가 있어야겠다." 마찬가지로 만일 우리가 격변하는 시대에 굳게 서려면 내면에 지식의 원리를 지니고 있어야 한다. 우선 터 위에 굳게 서야 흔들리지 않는다. 배가 전복되지 않으려면 닻을 단단히 내려야 한다. 근본 원리에 관한 지식과 영혼의 관계는 닻과 배의 관계와 같다. 즉 넘실대는 오류의 파도와 사나운 박해의 강풍 가운데에서 흔들리지 않게 해주는 것이다. 우선 터 위에 굳게 서야 흔들리지 않게 된다.

적용 1: 왜 그토록 많은 사람들이 흔들리는지, 무슨 새로운 견해라면 뭐든지 기꺼이 받아들이려 하는지 그리고 유행처럼 다양한 신앙으로 치장하려 드는지 그 이유를 생각해 보라. 그것은 그들이 터 위에 굳게 서지 않았기 때문이다. 사도 베드로는 이들 양자의 경우를 다음과 같이 결합시키고 있다. "무식한 자들과 굳세지 못한 자들"(벧후 3:16). 신학상의 주요 조항들에 관해 무지한 자들은 안정성이 없다. 근육이 위축된 신체가 힘을 쓸 수 없듯이 지식적 기초가 결여된 신자는 신앙적으로 강할 도리가 없는 것이다. 지식은 그를 강하고 굳건하게 만드는 근육과 같다.

적용 2: 가장 연약한 자의 판단력이 진리의 지식 가운데 교훈을 얻고 그 사랑 가운데 강화될 수 있게 해주는 요리문답의 형식으로 신앙의 주된 기초들을 설명하는 것이 얼마나 필요한지 생각하라. 요리문답은 사람들을 터 위에 굳게 서서 흔들리지 않게 만드는 최선의 방편이다. 나는 설교를 통해 유익을 얻지 못하는 한가지 이유는 신앙의 주된 핵심과 항목들을 요리문답적 형식으로 설명해주지 않은 때문이라고 생각한다. 요리문답은 기초를 놓는 작업이다(히 6:1). 설교만 하고 요리문답을 등한히 하는 것은 기초없는 건물을 짓는 행위인 것이다. 이러한 요리문답의 방식은 새로운 것이 아니고 사도전승적인 것이다. 초대교회는 그 나름의 요리문답 형식을 가지고 있었으니, 예컨대 디모데후서 1:13의 "바른 말(form of sound words)"과 히브리서 5:12의 "하나님의 말씀의 초보"와 같은 구절들은 이같은 사실을 함축하고 있다.

그로티우스(Grotius,1582-1645)와 에라스무스(Erasmus,1466-1536)의 말처럼 교회는 그 나름대로 교리 교육을 받는 예비신자들(catechumenoi)을 보유하는 법이다. 고대 교부들 가운데 다수가 이를 지지하는 글을 썼는데, 예를 들면 풀겐티우스(Fulgentius,468-533. 루스페의 주교. 어거스틴 신학의 추종자 — 역자주), 어거스틴(Austin:Augustine,354-430. 히포의 주교. 북아프리카 출신의 위대한 신학자 — 역자주), 테오도렛(Theodoret, 393-458. 키루스의 주교. 신학자 — 역자주), 락탄티우스(Lactantius,240-320. 기독교 변증가, 역사가 — 역자주) 등이 있다. 하나님은 이같은 제도를 크게 축복하셨다. 이같이 신앙의 기초를 요리문답을 통해 다짐으로써 그리스도인들은 기독교 신앙으로 명확하게 배우고 놀랍게 성장하게 되었다.

그래서 배교자 율리안(Julian the apostate, 331-363. 기독교에 대항하여 이교를 부활시키려 노력했던 로마 황제 — 역자주)은 요리문답 교육의 놀라운 성공을 보고 일체의 학교와 공공의 학문기관 및 젊은이들을 가르치는 장소들을 탄압했던 것이다. 따라서 저자의 계획은 하나님의 축복으로 다음 안식일부터 이 요리문답 교육을 시작하려는 것이다. 또한 저자는 격주로 안식일 오후에 요리문답의 형식으로 신앙의 기초와 근본적 진리들을 설명하는 것을 필생의 과업으로 삼고자 한다. 만일 저자가 사람들에 의해 방해받거나 죽음으로 세상을 떠나게 되면 하나님께서 여러분들 중에서 포도원의 다른 일꾼을 일으키사 지금 저자가 시작하는 과업을 완성시켜 주시기를 희망하는 것이다.

I

서 론

1. 인간의 첫째 목적

질문 1: 인간의 첫째 목적은 무엇입니까?

답변: 인간의 첫째 목적은 하나님을 영화롭게 하고 그를 영원토록 즐거워 하는 것입니다.

여기에는 삶의 두 가지 목적이 기술되어 있다. I. 하나님을 영화롭게 하는 것. II. 하나님을 즐기는 것.

I. 하나님을 영화롭게 하는 것.

벧전 4:11. "범사에 하나님이 영광을 받으시게 하려 함이니." 하나님의 영광은 우리의 모든 행위를 총괄하는 주제이다. 고전 10:31. "그런즉 너희가 먹든지 마시든지 무엇을 하든지 하나님의 영광을 위하여 하라." 모든 사물들은 자연적이거나 인위적인 모종의 목적을 이루기 위하여 작용한다. 그런데 인간은 이성적인 피조물이므로 그 자신을 향한 모종의 목적을 추구해야 하는데, 이는 세상에서 하나님의 영광을 드높이는 것이어야 한다. 인간은 자기 인생의 목표를 상실하느니 차라리 생명을 잃는 편이 낫다. 모든 사람들의 삶과 목적은 하나님께 영광을 돌리기 위한 것이어야 한다는 것이야말로 진리의 대강령이다. 하나님을 영화롭게 하는 것은 삼위일체의 세 위격(位格), 곧 우리에게 생명을 주신 성부 하나님과 우리를 위해 자기 목숨을 버리신 성자 하나님, 그리고 우리 속에 새 생명을 조성하시는 성령 하나님 전부와 관련되어 있다. 인간은 온전하신 삼위일체께 영광을 돌려야 한다.

우리가 하나님의 영광에 관해 말할 때 다음과 같은 질문이 제기될 것이다. 즉, 하나님의 영광을 어떻게 이해해야 하는가?

영광에는 두 종류가 있다.

[1] **하나님께서 그 안에 소유하고 계시는 본유적 영광.** 빛이 태양의 본질이듯이 영광은 신성의 본질이다. 하나님은 "영광의 하나님"으로 일컬어진다. 행 7:2. 영광은 신성의 광채이다. 그것은 하나님께 지극히 자연스러운 것이기 때문에 그것 없이 하나님은 하나님 되실 수 없는 것이다. 피조물이 누리는 영광은 그의 존재의 본질이 아니다. 국왕은 왕으로서의 장식물 곧 왕관과 왕복을 벗으면 일개 인간에 불과하다. 그러나 하나님의 영광은 그 존재의 너무나 근본적인 일부이기 때문에 그것이 없으면 하나님은 하나님 되실 수 없다. 하나님의 생명은 그의 영광에 있다. 이 영광에는 더할 것이 없는데, 왜냐하면 그것은 무한한 것이기 때문이다. 그것이야말로 하나님이 가장 중요시하시는 것이며, 그는 이를 떠나려 하지 않으신다. 사 48:11. "내 영광을 다른 자에게 주지 아니하리라."

하나님은 그의 자녀들에게 지혜, 재물, 명예 등 현세적인 축복을 주려 하신다. 그분은 그들에게 영적 축복을 주시고 은혜를 주시며 그의 사랑과 천국을 주려 하신다. 그러나 그의 본질이 되는 영광은 타인에게 주려 하지 않으신다. 이집트의 바로 왕은 자기 인장반지를 빼어 요셉의 손가락에 끼우고 금사슬을 주었지만 자기 왕좌는 내어주려 하지 않았다. 창 41:40. "나는 너보다 높음이 보좌뿐이니라." 마찬가지로 하나님은 자기 백성들을 위하여 많은 일을 하고자 하신다. 그는 그들에게 당신의 기업을 주시고 그리스도의 중보자적 영광의 일부를 그들에게 허락하려 하시지만 그의 본질적인 영광은 포기하려 하시지 않는 것이다: "그는 그 보좌에서 더욱 크시리라."

[2] **하나님께 속했거나 피조물이 그에게 돌리려고 노력하는 영광.** 대상 16:29. "여호와의 이름에 합당한 영광을 그에게 돌릴지어다." 고전 6:20. "너희 몸과 영으로(한글 개역성경에는 '영으로'가 빠져 있다 — 역자주) 하나님께 영광을 돌릴지어다." 우리가 하나님께 영광돌리는 방법은 다름 아니라 세상에서 그의 이름을 높이고 다른 사람들 앞에서 그를 존대하게 만드는데 있다. 빌 1:20. "내 몸에서 그리스도가 존귀히 하게 하려 하나니."

하나님을 영화롭게 한다는 것은 무엇인가?

하나님께 영광돌리는 행위는 4가지로 이루어져 있다: 1. 감사, 2. 예배, 3. 사랑, 4. 순종. 이것이 우리가 하늘 보좌에 바치는 세금인 것이다.

[1] **감사.** 하나님께 영광돌린다는 것은 하나님을 우리 생각의 가장 높은 위치에 모시고 그분을 경외하는 것을 의미한다. 시 92:8. "여호와여 주는 영원토록 지존하시니이다." 시 97:8. "주는 모든 신 위에 초월하시니이다." 하나님 안에는 경탄과 기쁨을 자아낼 수 있는 일체의 것들이 있다. 거기에 모든 아름다움이 집결되어 있다. 그는 제일원인(第一原因, prima causa)이시며 존재의 기원과 원천으로서 모든 피조물들에게 영광을 부어주신다. 우리가 하나님을 찬양하고, 그의 신성의 빛나는 광채인 그의 속성과 값없이 주시는 은혜를 보증하는 그의 약속들과 값진 진주들이 감추인 신령한 보고(寶庫) 및 시편 8:3의 이른바 "주의 손가락으로 만드신" 세계를 지으실 때 나타난 그의 권능과 지혜의 고귀한 능력을 찬미할 때, 그분을 영화롭게 하는 것이다. 하나님을 영화롭게 하는 것은 그에 대해 찬미의 생각을 품고 그를 가장 탁월한 존재로서 경외하며 오직 이 반석에서만 진리를 추구하는 것을 의미한다.

[2] 하나님께 영광돌리는 행위는 **예배**에 있다. 시 29:2. "여호와의 이름에 합당한 영광을 돌리며 거룩한 옷을 입고 여호와께 경배할지어다." 경배에는 두 가지 종류가 있다. (1) 현직(顯職)에 있는 사람들에게 돌리는 시민적인 존경. 창 23:7. "아브라함이 일어나 그 땅 거민 헷 족속을 향하여 몸을 굽히고." 신앙적 경건은 현세적 예의범절과 결코 상충되지 않는다.

(2) 우리가 하나님께 허락받은 특권으로서 그에게 드리는 신성한 예배. 느 8:6. "모든 백성이 몸을 굽혀 얼굴을 땅에 대고 여호와께 경배하였느니라." 이러한 거룩한 예배는 하나님께서 가장 양보하려 하지 않는 것이다. 이는 그의 눈의 눈동자요 면류관의 진주이며, 그는 마치 생명나무처럼 그룹과 화염검으로 아무도 접근하여 침범치 못하도록 지키신다. 신성한 예배는 하나님 자신이 지정하신 대로 되어져야 하며, 그렇지 않을 경우엔 다른 불을 제단에 드린 것과 같게 된다(레 10:1). 주님은 모세에게 "산에서 보인 식양대로" 성막을 만들게 하셨다(출 25:40). 그는 그 식양 중 어느 하나도 빼거나 더해서는 아니되었다. 만일 하나님이 예배 처소에 대해 그토록 엄밀하고 철저하셨다면 예배 자체에 대해서는 더 더욱 엄격하셨을 것이 아닌가! 이 점에서 볼 때 모든 것을 그의 말씀에 지시된 방식을 따라야 함은 당연한 것이다.

[3] **사랑.** 이것은 우리가 하나님께 돌리는 영광의 일부이다. 하나님은 인간의 사랑을 받으면 영광을 받으신 것으로 간주하신다. 신 6:5. "너는 마음을 다하고 성품을 다하고 힘을 다하여 네 하나님 여호와를 사랑하라." 사랑에는 두 가지 종류가 있다.

(1) 정욕적 사랑(Amor concupiscentiae). 이것은 자기애(自己愛)이다. 타인들이 우리에게 잘해주기 때문에 그들을 사랑하는 경우가 그것이다. 악인도 하나님을 사랑한다고 할 수 있는데, 왜냐하면 하나님은 그에게 풍년을 허락하시고 그 잔을 포도주로 가득 채우셨기 때문이다. 이것은 하나님을 사랑한다기보다 그의 축복을 좋아하는 것이다.

(2) 기꺼운 사랑(Amor amicitiae). 이는 사람이 그 친구를 기뻐하듯이

기꺼운 마음에서 우러나오는 사랑이다. 이것이야말로 하나님을 참으로 사랑하는 것이다. 그 마음은 마치 사람의 마음이 자기 보물을 향하듯이 하나님을 향하고 있다. 이 사랑은 단지 몇 방울에 그치지 아니하고 하나의 흐름을 이루는 풍성한 것이다. 그것이야말로 최고의 것이다. 우리는 하나님께 우리 사랑의 최고의 것을 드린다. 아 8:2. "나는 향기로운 술 곧 석류즙으로 네게 마시웠겠고." 만일 신부가 좀더 즙이 많고 향기로운 잔을 가지고 있다면 그리스도께서는 이를 마시게 될 것이 틀림없다. 그것은 강렬하고 열화(烈火)와 같은 것이다. 참된 성도들은 스랍 천사들처럼 하나님을 향한 거룩한 사랑으로 불타오르고 있다. 신부는 사랑의 열병(amore perculsa)을 앓고 있으니, 곧 "사랑하므로 병이 났다"(아 2:5). 이처럼 하나님을 사랑하는 것은 그를 영화롭게 한다. 우리 행복의 주인 되시는 그분은 우리 사랑의 주인이기도 한 것이다.

[4] **순종.** 이것은 우리가 자신을 하나님께 온전히 드리고 그분을 위한 봉사를 위해 준비 태세를 갖추는 것을 말한다. 그래서 하늘의 천사들은 하나님을 영화롭게 하는데, 곧 그 보좌 앞에서 대기하면서 그로부터 명령을 받을 태세를 갖추고 있는 것이다. 그래서 그들은 순종에 얼마나 민첩한지 보이기 위해 날개를 펼치고 있는 그룹 천사로 상징되는 것이다. 우리가 하나님을 위한 사역에 전념할 때, 곧 우리 머리로 그에 관해 연구하고, 혀는 그분께 간구하며, 손이 그의 지체들을 구제할 때, 우리는 하나님께 영광돌리게 된다. 그리스도 앞에 나아온 동방박사들은 비단 그 앞에 무릎을 꿇고 경배드리는데 그치지 않고 황금과 몰약을 바쳤다(마 2:11). 마찬가지로 우리는 무릎꿇고 하나님께 경배드릴 뿐 아니라 그에게 금과 같이 고귀한 순종의 예물을 드려야 할 것이다. 우리가 어떤 봉사에 집착하지 아니하고 그의 복음의 깃발 아래서 원수와 싸우며 "주의 종이 가서 저 블레셋 사람과 싸우리이다"(삼상 17:32)라고 말했던 다윗처럼 주님께 고하게 될 때 그를 영화롭게 한다.

선한 그리스도인은 마치 열을 발산할 뿐 아니라 궤도를 따라 지구의 주위를 회전하는 태양과 같은 존재이다. 그처럼 하나님을 영화롭게 하는 사람은 그 감정이 하나님을 향한 사랑으로 뜨겁게 될 뿐 아니라 그의 자취를 따르게 된다. 그는 순종의 영역내에서 활발하게 행동하는 것이다.

우리가 하나님을 영화롭게 해야 하는 이유

[1] 왜냐하면 그분은 우리를 존재케 하셨기 때문이다. 시 100:3. "그는 우리를 지으신 자시요." 우리는 어떤 사람이 우리 목숨을 구해주는 것을 굉장한 친절로 생각한다. 그러나 하나님께서는 우리에게 생명을 부여해 주셨으니 이 얼마나 위대한 호의인가! 우리는 그분으로 말미암아 숨쉬게 되었으며, 생명과 더불어 삶의 모든 안락도 그분으로부터 나온 것이다. 그는 우리에게 우리 생활을 윤택하게 하는 건강을 주시고 삶의 자양을 공급하는 음식을 주신다. 우리가 받은 모든 것들이 그분의 은혜로부터 나온 것이라면 그에게 영광돌리는 것이야말로 합당한 일이 아니겠는가? 우리가 그를 의지하여 살아감을 감안한다면 그를 좇아 살아야 하지 않겠는가? 롬 11:36. "이는 만물이 주에게서 나오고 주로 말미암고 주에게로 돌아감이라." 우리가 소유하는 모든 것은 그분의 충만함에서 나왔고 값없이 주시는 은혜를 통한 것이다. 따라서 모든 것은 그분께로 돌려져야 한다. 그러므로 결론적으로 "영광이 그에게 세세토록 있을지어다." 하나님은 우리에게 은혜를 베푸실 뿐 아니라 우리의 근본이신 것이니, 말하자면 바다로부터 유래된 하천이 그 은빛 물줄기를 다시 바다로 쏟아내는 것과 매한가지인 것이다.

[2] 하나님은 만물을 오직 그의 영광을 위해 지으셨기 때문이다. 잠 16:4. "여호와께서 온갖 것을 그 쓰임에 적당하게 지으셨나니." 즉, "그의 영광을 위해" 만드신 것이다. 국왕이 물품에서 세금을 징수하듯이 하나님은 만물들로부터 영광을 취하려 하신다. 그는 악인들로부터 영광을 받고자 하신다. 비록 그들이 주께 영광을 돌리려 하지 않더라도 그는 그들에게서

영광을 받아내실 것이다. 출 14:17. "내가 바로로 인하여 영광을 얻으리라." 그러나 하나님은 특별히 경건한 자들을 당신의 영광을 위하여 지으셨다. 그들은 주를 찬양하기 위한 살아있는 악기이다. 시 43:21. "이 백성은 내가 나를 위하여 지었나니 나의 찬송을 부르게 하려 함이니라." 사실 그들은 하나님의 영광을 더할 수는 없지만 이를 찬양할 수 있다. 그들은 그분을 하늘로 들어 올릴 수 없지만 이 땅에서 타인들의 경외의 대상이 되도록 그를 높일 수 있는 것이다. 하나님은 성도들을 자기 권속으로 택하사 왕같은 제사장으로 삼으셨는데, 이는 이로써 그들을 부르신 이의 아름다운 덕을 선전하게 하려는 것이다(벧전 2:9).

[3] 하나님의 영광에는 고유한 가치와 탁월성이 있기 때문이다. 그것은 인간의 생각과 천사의 방언을 초월한다. 그의 영광이 곧 그의 보화인 것이니, 일체의 부요가 여기에 있다. 이는 사사기 18:24에서 미가가 말한 바와 같다. "내게 오히려 있는 것이 무엇이냐?" 그렇다면 하나님께 더 남아 있는 것이 무엇인가? 하나님의 영광은 하늘보다 귀하고 모든 사람들의 영혼의 구원보다 더 값진 것이다. 하나님이 그의 면류관의 보석 하나를 잃거나 그 영광의 빛줄기 가운데 하나를 훼손당하는 것보다 차라리 나라들이 붕괴되고 인간과 천사들이 멸망당하는 편이 더 나은 것이다.

[4] 우리보다 하급 또는 고급의 피조물들이 하나님께 영광을 돌린다. 그런데 우리는 무임 승차하고자 하는가? 인간을 제외한 다른 모든 만물들만이 하나님께 영광돌리게 할 것인가? 만일 그렇다면 인간이 창조되었다는 사실 그 자체가 유감이리라.

(1) 우리보다 못한 피조물들, 곧 생명없는 피조물들과 하늘들이 하나님을 영화롭게 한다. "하늘이 하나님의 영광을 선포하고"(시 19:1). 하늘의 오묘한 솜씨는 그 조물주의 영광을 드러내 보이고 있다. 궁창은 푸른빛과 쪽빛으로 온통 치장되어 있고 하나님의 권능과 지혜를 뚜렷하게 보여 준다. 우리는 태양 한가운데서 작렬하고 성좌(星座) 가운데 반짝이는 하나님

의 영광을 볼 수 있다. 공중을 바라보라. 그리고 하나님을 향한 찬미가를 짹짹이며 우짖는 새들을 보라. 모든 짐승들은 제각기 그 족속대로 하나님께 영광돌리고 있다. 사 43:20. "장차 들짐승들도 나를 존경할 것은."

(2) 우리보다 위에 있는 피조물들이 하나님께 영광을 돌린다. "모든 천사들은 부리는 영으로서"(히 1:14). 그들은 지금도 하나님의 보좌 앞에서 시중들면서 영광의 수입을 천국 창고에 들이고 있는 중이다. 확실히 인간은 천사들보다 더 하나님을 영화롭게 하기 위해 열심내야 한다. 왜냐하면 하나님은 인간을 천사보다 더 존중하셨으니, 곧 그리스도께서 스스로 천사의 성품이 아니라 인성(人性)을 입으셨기 때문이다. 그런데 창조 질서면에서 본다면 하나님은 인간을 "천사보다 못하게" 지으셨다(히 2:7). 그러나 구원면에서 보면 하나님은 그를 천사보다 우월하게 하셨다. 즉 하나님은 인류와 직접 결혼하셨던 것이다. 천사들은 그리스도의 친구일 뿐 신부는 되지 못한다. 그는 우리를 의(義)의 자색옷으로 입히셨는데, 이는 천사들보다 더 나은 의인 것이다(고후 5:21). 따라서 만일 천사들이 하나님께 영광을 돌려 드린다면 우리 인간들은 더욱 많은 영광을 돌려야 할 것이니, 왜냐하면 인간은 천사들보다 더 뛰어난 존귀로 옷입힌 바 되었기 때문이다.

[5] 우리는 우리의 모든 소망이 하나님께 있기 때문에 그분께 영광을 돌려야 한다. 시 39:7. "나의 소망은 주께 있나이다." 또한 시 62:5. "대저 나의 소망이 저로 좇아 나는도다." 나는 그로부터 한 나라를 대망한다. 착한 자식은 그 부모에게 자기의 모든 필요를 기대함으로써 부모를 영화롭게 하곤 한다. 시 87:7. "나의 모든 근원이 네게 있다." 은혜와 영광의 고귀한 원천이 바로 그분 안에 있다.

우리가 하나님을 영화롭게 하는 방법

[1] **우리는 순수하게 하나님의 영광만을 목적삼을 때 그분께 영광돌**

리게 된다. 하나님의 영광을 선양하는 것과 이를 목적으로 삼는 것은 다르다. 하나님이 모든 행위의 궁극적 목표(Terminus ad quem)가 되어야 한다. 그래서 요한복음 8:50에서 그리스도는 "나는 내 영광을 구치 아니하고 나를 보내신 이의 영광을 구하노라"고 말씀하셨다. 위선자는 사팔뜨기 눈을 가졌다. 왜냐하면 그는 하나님의 영광보다 자기의 영광을 더 구하기 때문이다. 우리 주님께서는 그같은 자들을 간파하시고 그들에 관해 마태복음 6:2에서 다음과 같이 경고하셨다: "구제할 때 나팔을 불지 말라." 외인들은 "이 나팔소리는 무엇을 뜻합니까?"라고 물을 것이다. 이에 대해 위선자는 "가난한 자를 구제하는 것입니다"라고 대답하는 것이다. 따라서 그들은 자선을 베푸는 것이 아니라 이를 명예와 박수갈채를 얻기 위해 팔아먹고 있는 것이며, 이로써 사람들의 영광을 얻으려 하는 것이다. 사람들의 입김이 그들의 자선 행위의 원동력이 되었던 것이다. "내가 진실로 너희에게 이르노니 저희는 자기 상을 이미 받았느니라." 위선자는 자기 영수증을 만들어 "이미 다 지불되었음"이라고 기입하는 것이다.

크리소스톰(Chrysostom, 344/54-407. 콘스탄티노플의 주교. 위대한 설교가이며 성경주석가 — 역자주)은 허영심을 인간을 사로잡기 위한 마귀의 위대한 그물 중의 하나로 부르고 있다. 그리고 키프리안은 "사탄은 무절제로 넘어뜨릴 수 없는 사람을 자만과 허영심으로 꺾는다"라고 말한다. 우리 모두 자기 숭배에 빠지지 않도록 조심하자! 오직 순수하게 하나님의 영광만을 목표 삼아야 한다. 우리는 이를 다음의 세 가지 경우를 통해 해낼 수 있다.

(1) 우리가 다른 그 무엇보다도 하나님의 영광만을 우선삼을 때, 이를 명예, 재산, 대인관계보다 더 우위에 놓을 때, 그것들과 하나님의 영광이 서로 상충되어도 그분의 영광을 더 우선시할 때, 만일 대인관계가 천국에로 가는 길을 가로막는다면, 우리는 이를 뛰어 넘든지 아니면 짓밟고 나아가야 한다. 어린 아이는 아이의 모습을 벗어야 하며 자신이 아이임을 잊어야 한다. 그는 하나님의 대의를 위해서라면 아비도 어미도 무시해 버려야 할 것이다. 신 33:9. "그는 그 부모에게 대하여 이르기를 내가 그들을 보지 못하였다 하며 그 형제들을 인정치 아니하며." 이것이 곧 하나님의 영광을

목적삼는 태도인 것이다.

(2) 하나님의 뜻이 이루어지는 것이 우리에게 손해가 될지라도 이로써 만족할 때 우리는 하나님의 영광을 목표삼게 된다. 주여, 만일 주께서 흥하신다면 나는 쇠하여도 만족하겠나이다. 제가 더 큰 은혜를 누린다면 그리고 당신이 더 큰 영광을 얻게 되신다면 건강을 잃는 것도 감수하겠나이다. 주가 주신 것이라면 보잘 것없는 음식도, 쓰디쓴 약도 감내하렵니다. 주여, 나는 당신에게 가장 영광이 되는 것을 원합니다. 우리의 복되신 구주께서는 마태복음 26:39에서 "나의 원대로 마옵시고 아버지의 원대로 하옵소서"라고 기도하셨다. 만일 하나님이 자신의 수난을 통해 더 큰 영광을 얻게 된다면 기꺼이 수난당하는 것으로 만족하였던 것이다. 요 12:28. "아버지여 아버지의 이름을 영광스럽게 하옵소서."

(3) 우리가 하나님의 영광을 증진하기 위해서라면 재능과 명성에 있어 다른 사람에 의해 가리워진다 해도 만족할 때 하나님의 영광을 목적삼게 된다. 하나님을 마음에 모시고 그 영광을 눈의 목표로 삼는 사람은 하나님께서 높아지길 소원하게 된다. 그리고 그것이 이루어지기만 한다면 누구를 통해 되든지 이를 기뻐하게 되는 것이다. 빌 1:15. "어떤 이들은 투기와 분쟁으로 그리스도를 전파하나 이로써 내가 기뻐하고 또한 기뻐하리라." 그들은 시기심에서 그리스도를 전파하였다. 즉 그들은 바울에게 많은 사람들이 따르는 것을 시기하여 은사면에서 그를 능가함으로써 그의 추종자들 중 일부를 빼앗으려는 의도에서 복음을 선포했던 것이다. 이에 대해 바울은 전파되는 것은 그리스도이고 하나님께서 영광을 받으실 것이므로 좋다고 하면서, 그러므로 나는 기뻐하리라, 만일 의의 태양이 밝게 빛날 수만 있다면 나의 촛불은 꺼져도 좋다고 말하고 있는 것이다.

[2] **우리는 솔직하게 죄를 고백할 때 하나님을 영화롭게 한다.** 십자가 위의 강도는 생전에는 하나님의 영광을 훼손했었지만 임종시에 이르러 자기 죄를 고백함으로써 하나님께 영광을 돌렸다. 눅 23:41. "우리는 우리의 행한 일에 상당한 보응을 받는 것이니 이에 당연하거니와." 그는 자기

가 십자가에 달릴 뿐 아니라 영벌(永罰)을 받아 마땅하다는 사실을 인정하였다. 수 7:19. "내 아들아 청하노라 이스라엘의 하나님 여호와께 영광을 돌려 그 앞에 자복하고." 겸비한 죄 고백은 하나님을 높이게 된다. 하나님의 값없이 주시는 은혜가 저주받아 마땅한 인간들에게 허락됨으로써 얼마나 더 위대해졌는지! 죄에 대한 변명과 중언부언은 하나님의 명예를 손상시킨다. 아담은 자신이 금단의 열매를 맛보았음을 부인하지는 않았지만 완전한 죄의 고백을 하는 대신 하나님을 걸고 넘어갔다. 창 3:12. "하나님이 주셔서 나와 함께 하게 하신 여자 그가 그 나무 실과를 내게 주어 먹게 하므로 내가 먹었나이다." 즉 만일 주께서 그 여자를 유혹자로 내게 주시지 않았더라면 나는 죄짓지 않았을 것이라는 말이다. 죄의 고백은 하나님을 영화롭게 한다. 왜냐하면 이는 그분을 분명하게 드러내기 때문이다. 그것은 그분의 행사는 무엇이든 거룩하고 의로우시다는 것을 인정하는 것이다. 느헤미야는 하나님의 공의를 옹호하고 있다. 느 9:33. "우리의 당한 모든 일에 주는 공의로우시니." 죄의 고백이 정직하려면 강제가 아니라 자발적이어야 한다. 눅 15:18. "내가 하늘과 아버지께 죄를 얻었사오니." 탕자는 아버지가 그를 책망하기 전에 스스로를 죄인으로 책망하고 있다.

[3] **우리는 믿음으로 하나님을 영화롭게 한다.** 롬 4:20. "아브라함은 믿음에 견고하여 하나님께 영광을 돌리며." 불신앙은 하나님의 명예를 훼손한다. 이는 그분을 거짓되다고 치부하는 것이다. "하나님을 믿지 아니하는 자는 하나님을 거짓말하는 자로 만드나니." 요일 5:10. 그러나 믿음은 하나님께 영광을 돌리게 된다. 그것은 하나님을 참되시다 하고 인치는 것이다. 요 3:33. 믿는 자는 마치 구약시대에 피난제단으로 도피하듯이 하나님의 자비와 진리에로 나아간다. 그는 약속으로 자신을 감싸며 그의 가진 모든 것을 하나님께 의탁한다. 시 31:5. "내가 나의 영을 주의 손에 부탁하나이다." 이것은 하나님께 영광을 돌려 드리는 위대한 길이며, 하나님은 믿음을 존중하시는데, 왜냐하면 믿음은 그분을 높이기 때문이다. 우리가 어떤 사람에게 우리가 가진 모든 것을 의탁할 때, 즉 우리의 생명과 재산을 그

의 손에 맡길 때 우리는 그를 크게 존중하는 것이 된다. 그것은 우리가 그를 좋게 생각한다는 증표이다. 다니엘의 세 친구는 하나님을 믿음으로 그에게 영광을 돌렸다. "우리가 섬기는 우리 하나님이 우리를 극렬히 타는 풀무불 가운데서 능히 건져 내시겠고 왕의 손에서도 건져 내시리이다." 단 3:17. 믿음은 하나님께는 불가능이 없음을 알고 그분의 자취를 발견할 수 없을 때에도 그분을 신뢰하는 것이다.

[4] **우리는 하나님의 영광을 소중히 함으로써 그분을 영화롭게 한다.** 하나님의 영광은 그분에게는 눈동자처럼 소중한 것이다. 천진한 어린이는 자기 아버지가 망신당하는 것을 보면 울게 된다. 시 69:9. "주를 훼방하는 훼방이 내게 미쳤나이다." 만일 하나님을 비난하는 소리를 우리가 듣게 되면 그것은 곧 우리 자신이 비난듣는 것과 같다. 하나님의 영광이 훼손을 입는다면 그것은 우리가 손상을 입는 것과 동일한 것이다. 이것이 곧 하나님의 영광을 소중히 하는 것이다.

[5] **우리는 많은 열매를 맺음으로써 하나님을 영화롭게 하게 된다.** 요 15:8. "너희가 과실을 많이 맺으면 내 아버지께서 영광을 받으실 것이요." 열매없는 것이 하나님께 불명예를 끼치듯이 열매를 많이 맺는 것은 그분을 영광되게 하는 것이다. 빌 1:11. "의의 열매가 가득하여 하나님의 영광과 찬송이 되게 하시기를 구하노라." 우리는 복음서에 나오는, 잎사귀만 무성하고 열매는 없는 무화과나무처럼 되지 말고 끊임없이 결실과 개화를 반복함으로써 열매가 항상 있는 석류나무처럼 되어야 한다. 하나님을 영화롭게 하는 것은 단순한 신앙의 고백이 아니라 그 열매이다. 하나님은 이같은 방식으로 우리에게서 영광을 받을 것을 기대하신다. 고전 9:7. "누가 포도를 심고 그 실과를 먹지 않겠느냐?" 자연림 속의 나무들은 과실이 없을지 모르지만 정원에 심기운 나무는 과실을 풍성히 맺기 마련이다. 우리는 사랑과 선행의 열매를 산출해야 한다. 마 5:16. "이같이 너희 빛을 사람 앞에 비취게 하여 저희로 너희 착한 행실을 보고 하늘에 계신 너희 아

버지께 영광을 돌리게 하라."

신앙은 우리의 행위를 거룩하게 구별하고 행위는 우리의 신앙을 증거한다. 타인들에게 선을 행하고 앞 못보는 자들의 눈과 저는 자의 다리가 되어 주는 것은 하나님께 크나큰 영광이 된다. 그리스도께서는 그같이 하여 천부께 영광을 돌리셨다. "저가 두루 다니시며 착한 일을 행하시고"(행 10:38). 우리는 많은 열매를 맺음으로써 하나님의 눈 앞에서 의롭게 된다. 렘 11:16. "나 여호와가 그 이름을 일컬어 좋은 행실 맺는 아름다운 푸른 감람나무라 하였었으나." 또한 우리는 많은 열매를 맺어야 한다. 많은 열매야말로 하나님을 영화롭게 하는 것이다 — "만일 너희가 많은 열매를 맺으면." 신부의 유방은 많은 결실을 맺는다는 사실을 표시하기 위해 포도송이에 비유되고 있다(아 7:7). 비록 가장 하급의 은혜로도 당신이 구원에 이를 수 있을지 모르지만 그것은 하나님께는 그다지 영광이 되지 못한다. 그리스도께서 마리아를 칭찬하신 것은 그녀의 작은 사랑이 아니라 많은 사랑이었던 것이다. "이는 저의 사랑이 많음이라"(눅 7:47).

[6] **우리는 하나님의 섭리에 의해 주어진 처지에 스스로 만족할 때 하나님을 영화롭게 한다.** 우리는 하나님께서 우리에게 허락하신 몫에 만족하고 안식할 때 그분의 지혜에 영광을 돌리게 된다. 바울은 그같이 해서 하나님을 영화롭게 했다. 주님은 그를 그 어느 인간보다도 더 다양한 상황 속에 던져 넣으셨으니, 곧 "옥에 갇히기도 더 많이 하고 매도 수없이 맞고 여러 번 죽을 뻔" 했던 것이다(고후 11:23). 그러나 그는 자족하는 법을 배웠다. 바울은 잔잔할 때나 폭풍이 몰아칠 때나 항상 동일하게 배를 몰아갈 수 있었고 하나님이 원하시는 그 무엇도 될 수 있었다. 그는 풍부에도 궁핍에도 모두 처할 수 있었다(빌 4:13). 선한 그리스도인이라면 다음과 같이 말할 것이다: 나를 이같은 상황에 몰아 넣으신 이는 다름 아닌 하나님이다. 만일 그가 원하신다면 나를 더욱 높이실 수도 있겠지만 그것은 아마도 내게 올무가 될 것이다. 그분은 지혜와 사랑으로 내게 이처럼 행하신 것이므로 나는 내가 처한 처지에 만족하여 편히 쉬겠다. 이같은 태도가 하

나님께 크나큰 영광이 되리라는 것은 확실하다.

하나님은 그같은 그리스도인에 의해 큰 영광을 받는다고 하신다. 하나님은, 여기 내 마음에 합한 사람이 있다, 내가 그에게 무엇이든 하고 싶은 대로 행하여도 그는 불평하지 않고 만족한다고 말씀하실 것이다. 이것은 은총의 풍성함의 표시이다. 은혜가 넘칠 때 만족하는 것은 대단한 일이 아니지만 은혜로 인해 불편함이 주어질 때 만족하는 것은 진실로 영광된 일이기 때문이다. 사람이 천상에 있을 때 만족하는 것은 이상한 일이 아니지만 십자가 아래 놓여 있으면서 만족하는 것이야말로 그리스도인다운 일이다. 이같은 사람은 반드시 하나님께 영광을 돌려드릴 것이 틀림없다. 왜냐하면 그는 온 세상 사람들에게 비록 자기 그릇에 음식이 거의 없다 해도 하나님으로 만족할 충분한 이유를 갖고 있다는 것을 보여주기 때문이다. 그는 다윗처럼 다음과 같이 말한다. "여호와는 나의 산업과 나의 잔의 소득이시니 … 내게 줄로 재어 준 구역은 아름다운 곳에 있음이여"(시 16:5).

[7] **우리는 우리 자신의 구원을 이루어냄으로써 하나님을 영화롭게 한다.** 하나님은 당신의 영광과 우리의 유익을 서로 연결시키셨다. 우리는 우리 자신의 구원을 증진함으로써 그분을 영화롭게 한다. 수많은 개종자를 얻는 것은 하나님께 영광이 된다. 그러면 그분의 값없이 주시는 은총이란 목적이 이루어지고 하나님은 그의 자비라는 영광을 받으시게 된다. 그러므로, 우리가 우리의 구원을 위해 노력하는 것은 곧 하나님을 영화롭게 하는 것이다. 내가 말씀을 듣고 기도하는 동안 나는 하나님을 영화롭게 하고 있으며, 또한 내가 하늘에 있는 내 몫의 영광을 도모하는 동안 동시에 나는 하나님의 영광을 선양하고 있다는 것은 생각하기만 해도 하나님께 봉사하도록 고무해준다. 군주가 신하에게 만일 네가 저기 있는 금광에 가서 네 자신이 가져 갈 수 있는 만큼 황금을 캐는 것은 내게도 영광과 기쁨이 된다고 말하는 것을 듣는다면 그 신하는 얼마나 용기를 얻겠는가? 마찬가지로, 하나님은 성례에 참석해서 네가 할 수 있는 만큼 은혜를 받아라, 네가 할 수 있는 만큼 구원을 캐어 가져라, 만일 네가 행복해지면 나도 그만큼

더 영광을 받은 것으로 간주하겠다고 말씀하시는 것이다.

[8] **우리는 하나님을 위해 삶으로써 그에게 영광돌린다.** 고후 5:15. "산 자들로 하여금 다시는 저희 자신을 위하여 살지 않고 오직 저희를 대신하여 죽었다가 다시 사신 자를 위하여 살게 하려 함이니라." 롬 14:8. "우리가 살아도 주를 위하여 살고." 배금주의자들은 자기 돈을 위해 살며 미식가들은 자기 배를 위해 산다. 죄인의 생활 목표는 욕망의 충족에 있지만 우리는 하나님을 위해 살 때 하나님께 영광돌리게 된다. 우리가 하나님께 봉사하기 위해 살고 우리 자신을 전적으로 그분께 드릴 때 하나님을 위하여 살게 된다. 주님은 마치 상인이 자기 무역을 위해 대리인을 해외에 파견하듯이 우리를 세상에 보내셨다. 우리는 하나님의 이익을 위해 일하고 그의 복음을 전파할 때 하나님을 위해 사는 것이다. 하나님은 모든 사람에게 달란트를 주셨다. 인간이 이를 수건에 싸서 감추지 않고 하나님의 영광을 위해 개발한다면 그는 하나님의 영광을 위해 사는 것이다.

한 가정의 주인이 권면과 선한 모범으로 그 종들을 그리스도께로 인도하기 위해 노력한다면, 목사가 뭇 영혼들을 그리스도께 이끌기 위해 전력투구한다면, 그래서 면류관이 그분의 머리에서 빛나게 한다면, 그리고 지배자가 칼을 헛되이 썩히지 않고 죄를 척결하고 악을 제압하는데 사용한다면 이는 하나님을 위해 사는 것이며 그분을 영화롭게 하는 것이다. 빌 1:20. "살든지 죽든지 내 몸에서 그리스도가 존귀하게 되게 하려 하나니." 바울은 세 가지 소원을 가졌는데 그것은 모두 그리스도와 관련된 것들이었다. 곧 자신이 그리스도 안에서 발견되는 것과 그리스도와 동행하는 것, 그리고 그리스도를 존귀케 하는 것이었다.

[9] **우리는 즐겁게 살아갈 때 하나님을 영화롭게 하게 된다.** 그리스도인이 내면에 최악의 상황에서도 즐거워할 수 있는 그 무엇을 가지고 있다는 것을 세상이 보게 된다면 하나님께 영광돌리게 되는 것이다. 그것은 그가 마치 나이팅게일처럼 가슴에 가시가 박힌 채로 노래할 수 있게 해준

다. 하나님의 백성들은 즐거워할 이유가 있다. 그들은 칭의와 양자됨의 은총을 입었고 이는 내면적 평화를 낳는다. 그것은 외부 세계에 폭풍이 아무리 몰아친다 해도 그 내면에 노래를 자아낸다. 고후 1:4. 살전 1:6. 만일 우리가 그리스도께서 그의 피로 우리를 위해 이루신 것과 그의 성령으로 우리 안에서 이루신 것을 생각한다면 이는 크게 즐거워할 근거가 되며, 이같은 즐거움은 하나님을 영화롭게 하는 것이다. 만일 하인이 언제나 고개를 숙이고 슬픈 표정을 짓는다면 그 주인은 체면이 손상될 것이다. 이는 그가 박한 음식을 먹으며 주인이 그에게 적절한 대우를 해주지 않고 있는 것이 분명하기 때문이다.

마찬가지로, 하나님의 백성들이 기가 죽어 자기 고개를 늘어뜨리고 다니면 이는 마치 그들이 좋은 주인을 섬기고 있지 않거나 아니면 그들의 선택을 후회하는 듯이 보이게 하며, 이는 하나님께 불명예를 끼치는 것이다. 악인들의 큰 죄가 복음을 욕되게 하는 것과 마찬가지로 성도들이 기쁨없이 사는 것도 그러하다. 시 100:2. "기쁨으로 여호와를 섬기며." 당신이 그분을 섬기는 행위가 즐거움으로 되어지지 않을 시엔 그분께 영광이 되지 못한다. 그리스도인의 즐거운 안색은 하나님을 영화롭게 한다. 종교는 우리의 기쁨을 앗아가지 않고 오히려 순화시킨다. 그것은 우리의 심금의 현(絃)을 끊는 게 아니라 조율해서 선율을 더욱 감미롭게 만드는 것이다.

[10] **우리는 하나님의 진리를 수호함으로써 그를 영화롭게 한다.** 하나님의 영광의 많은 부분은 그의 진리 안에 존재하고 있다. 하나님은 주인이 종에게 자기 지갑을 맡기듯이 우리에게 당신의 진리를 위탁하셨다. 우리는 하나님께 우리 영혼보다 더 귀한 보배를 맡길 수 없으며, 하나님은 우리에게 그의 진리보다 더 귀한 진리를 맡길 수 없다. 진리는 하나님께로서 비쳐 나오는 빛줄기인 것이다. 그의 영광의 많은 부분은 그의 진리 속에 들어 있다. 우리가 진리를 옹호할 때 우리는 하나님을 영화롭게 한다. 유 3. "(믿음의) 도(truth)를 위하여 힘써 싸우라." 싸운다는 말의 헬라어 원어는 예컨대 자기 조국을 위한 싸움이나 자기 권리를 빼앗기지 않으려는

싸움과 같은 대대적인 투쟁을 의미한다. 우리는 이처럼 진리를 위해 투쟁해야 한다. 이러한 거룩한 싸움이 많아지면 하나님은 더욱 큰 영광을 얻으실 것이다. 혹자들은 지엽말단과 의식(儀式) 문제를 놓고 진지하게 다투지만 진리를 위해서는 그같이 하지 않는다. 우리는 자기 유산보다 그림 한장을 얻기 위해 싸우거나 부동산 권리증서를 담은 상자보다는 가짜 돈을 담은 상자를 위해 싸우는 사람을 몰지각한 자로 간주해야 할 것이다.

[11] **우리는 하나님을 찬양함으로써 그분을 영화롭게 한다.** 찬양은 하나님을 드높이는 일이다. 시 50:23. "감사로 제사를 드리는 자가 나를 영화롭게 하나니(영어 본문은 '감사'가 아니라 '찬양'이다 — 역자주)." 히브리말의 창조한다는 바라(Bara)와 찬양한다는 바락(Barak)은 그리 차이가 없다. 왜냐하면 창조의 목적은 하나님을 찬양하는 것이기 때문이다. 다윗은 이스라엘의 감미로운 가객(歌客)이라고 불렸으며 그의 찬미는 하나님을 영화롭게 하는 것이라고 칭해졌다. 시 86:12. "주 나의 하나님이여 내가 전심으로 주를 찬송하고 영영토록 주의 이름에 영화를 돌리오리니." 비록 그 무엇도 하나님의 본질적인 영광에 덧붙일 수는 없겠지만 그럼에도 불구하고 찬양은 다른 사람들의 눈앞에서 그분을 높여 주는 것이다. 우리가 하나님을 찬양하면 그의 명성과 평판을 널리 전파하고 그의 탁월하심을 드러내게 된다. 천사들은 이같이 하나님을 영화롭게 한다. 그들은 천국의 성가대이며, 나팔로써 그분을 널리 찬양한다. 하나님에 대한 찬양은 가장 숭고하고 순수한 형태의 종교 행위 중의 하나이다. 우리는 기도를 할 때는 인간으로서 행한다. 찬양을 할 때는 천사처럼 행하는 것이다.

신자들은 "하나님의 성전"이라고 불린다. 고전 3:16. 우리의 혀가 찬양하는 것은 곧 하나님의 신령한 성전의 올갠이 소리를 발하는 것이다. 하나님이 이같은 방식으로 더 이상 영광을 받지 못하신다는 것은 얼마나 슬픈 일인가! 많은 사람들이 불평 불만으로 가득 차 있고 하나님께 그 이름에 합당한 찬양을 드림으로써 영광돌리는 일은 거의 없는 실정이다. 우리는 성도들이 자기 손에 수금을 들고 있다는 구절을 읽게 되는데 이는 찬양을 상징한다. 많은 사람들이 눈에는 눈물을, 입에는 불평을 달고 다니며, 손에 수금을 들고 하나님을 찬양하고 영화롭게 하는 사람은 극소수에 불과한 실정이다. 우리 모두 이같은 방식으로 하나님께 영광을 돌리자. 찬양은 말하자면 우리가 하나님께 드리는 면역지대(免役地代,quit-rent: 부역 노동을 면제받는 대가로 지불하는 세금 — 역자주)와 같다. 하나님은 우리 생명의 수한(壽限)을 갱신하시고 우리는 우리의 지대를 갱신하는 것이다.

[12] **우리는 하나님의 이름을 위해 열심냄으로써 그분을 영화롭게 한다.** 민 25:11. "비느하스가 나의 질투심으로 질투하여 나의 노를 돌이켜서." 열심은 혼합된 감정, 곧 사랑과 분노의 결합이다. 그것은 우리의 하나님을 향한 사랑과 죄에 대한 분노를 표출하는 것이다. 열심은 하나님이 수치당하는 것을 참지 못한다. 열심이 불붙은 그리스도인은 하나님이 당하시는 불명예를 자기가 상처입는 것보다 더 심각하게 여긴다. 계 2:2. "네가 악한 자들을 용납하지 아니한 것과." 우리 구주 그리스도께서는 이같이 하여 천부를 영화롭게 하셨다. 그는 열심의 영으로 충만한 나머지 성전에서 돈 바꾸는 사람들을 몰아 내셨다. 요 2:14-17. "주의 전을 사모하는 열심이 나를 삼키리라."

[13] **우리는 일상적이고 시민적인 행위 가운데 하나님을 의뢰할 때 그를 영화롭게 한다.** 먹고 마시는 등의 일상적 행위에 있어서: "그런즉 너희가 먹든지 마시든지 무엇을 하든지 다 하나님의 영광을 위하여 하라"(고전 10:31). 고상한 사람은 절제의 굴레를 스스로 감수한다. 그는 고기를 쇠약한 기력을 보하기 위한 약으로, 즉 이를 통해 얻은 기력으로 하나님께 봉사하기에 더 적합하게 되기 위한 수단으로 간주한다. 그는 음식을 육욕을 부추기기 위해서가 아니라 의무 수행을 위한 도움으로 삼는다. 우리는 매매행위를 통해 하나님께 모든 영광을 돌린다. 악인들은 저울을 속임으로써 부정한 이익을 얻어 살아간다. 호 12:7. "손에 거짓 저울을 가지고." 이같이 해서 사람들은 자기 저울추를 가볍게 하는 대신 그 죄는 더 중하게

한다. 그들은 상품의 가치 이상의 값을 받아내는데 80이라고 써야 할 곳에 50이라고 쓰는 대신 역으로 50을 80이라고 기재하며, 더 나아가 상품 가치의 두 배의 폭리를 취한다. 우리가 "남에게 대접을 받고자 하는대로 너희도 남을 대접하라"(마 7:12)는 황금률(黃金律)을 준수한다면 하나님의 영광을 위해 사고 팔게 된다. 그럴 때에야 우리는 상품을 팔면서 양심까지 팔아먹지 않게 되는 것이다. 행 24:16. "이것을 인하여 나도 하나님과 사람을 대하여 항상 양심에 거리낌이 없기를 힘쓰노라." 우리가 일체의 시민적, 일상적인 생활 가운데 하나님을 의뢰하고 신앙에 누를 끼칠 만한 행동을 하지 않을 때 하나님을 영화롭게 하게 되는 것이다.

[14] **우리는 힘써 다른 사람들을 하나님께로 인도할 때, 즉 타인들을 구원시켜 하나님을 영화롭게 하는 도구가 되게 할 때 그를 영화롭게 한다.** 우리는 금강석인 동시에 자석이 되어야 한다. 즉 은혜의 광채를 발하는 금강석인 동시에 다른 사람들을 그리스도께로 이끄는 자석이 되어야 하는 것이다. 갈 4:19. "나의 자녀들아 너희를 위하여 해산하는 수고를 하노니." 우리가 사탄의 감옥을 깨뜨리고 사람들을 사탄의 권능으로부터 돌이켜 하나님께로 이끄는 것은 하나님을 크게 영화롭게 하는 길이다.

[15] **우리는 하나님을 위해 고난당하고 우리 피로써 복음을 확증할 때 하나님을 영화롭게 한다.** 요 21:18,19. "늙어서는 네 팔을 벌리리니 남이 네게 띠띠우고 원치 아니하는 곳으로 데려가리라. 이 말씀을 하심은 베드로가 어떠한 죽음으로 하나님께 영광을 돌릴 것을 가리키심이러라." 하나님의 영광은 당신의 순교자들의 재 가운데 찬연히 빛난다. 사 24:15. "그러므로 너희가 동방에서 여호와를 영화롭게 하며(영어 본문은 "… 불 가운데에서 여호와를 영화롭게 하며"로 되어 있다 — 역자주)." 미가야는 감옥에 갇혔고 이사야는 톱에 잘려 죽었으며, 바울은 참수되었고 누가는 감람나무에 매달려 죽었다. 이같이 해서 그들은 자신들의 죽음으로 하나님을 영화롭게 했다. 초대교회 성도들의 수난은 하나님께 진정한 영광이 되었으며 복음이 전

세계에 널리 전파되게 하였다.

세인들은 뭐라고 말할 것인가? 그들이 얼마나 선한 주인을 섬기는지 보라. 또한 그들이 봉사 가운데 모든 것을 다 잃는 것도 무릅쓰다니, 그를 정말로 사랑하는구나. 그리스도의 왕국의 영광은 다른 왕들의 경우처럼 현세적 과시와 위엄에 있는 게 아니다. 오직 그 백성들이 즐겁게 고난을 받는 데에서 나타나는 것이다. 옛 성도들은 "죽기까지 자기 생명을 아끼지 아니하였도다." 계 12:11. 그들은 고통을 그만한 숫자의 면류관으로 받아들였다. 하나님은 우리를 고난으로 부르실 때 우리가 이로써 당신을 영화롭게 할 수 있도록 허락해 주신다. 많은 사람들이 "이 잔을 내게서 옮기시옵소서"라고 기도하지만 "아버지의 원대로 되기를 원하나이다"라고 기도하는 사람은 극히 적다.

[16] **우리는 하나님께 우리가 행하는 모든 일의 영광을 돌려 드릴 때 그를 영화롭게 한다.** 헤롯이 연설을 하자 백성들이 크게 부르짖길 "이것은 신의 소리요 사람의 소리는 아니라" 하였다. 그가 이 영광을 스스로 취하고 하나님께 돌려 드리지 않자 성경에는 "주의 사자가 곧 치니 충(蟲)이 먹어 죽으니라"고 기록되어 있는 것이다(행 12:23). 우리가 모든 사람들에게 받는 칭찬과 영광을 하나님께 돌려 드릴 때 하나님을 영화롭게 한다. 고전 15:10. "내가 모든 사도보다 더 많이 수고하였으나." 이 말은 자만심을 풍기는 언사라고 생각될지 모른다. 그러나 사도는 면류관을 자기 머리에서 벗어서 값없이 주시는 은혜의 머리 위에 씌워 드린다. "내가 아니요 오직 나와 함께 하신 하나님의 은혜로다."

마치 요압이 랍바 성을 공략할 때 사자를 다윗에게 보내어 승리의 왕관을 취하게 했던 것처럼(삼하 12:28), 그리스도인이 여하한 타락이나 유혹을 극복한 후에는 그리스도께 승리의 영광을 돌려 이를 받으시게 하는 것이다. 누에가 비단실을 만드는 오묘한 작업을 할 때 자신을 비단 속에 감추어 보이지 않는 것처럼 우리가 여하한 칭찬받을 만한 일을 했다면 우리는 겸손의 베일 아래 스스로를 숨기고 우리 행위의 모든 영광을 하나님께 돌려 드려야 한다. 콘스탄티누스 대제(Constantine,274/80-337. 기독교를 공인한 로마 황제 — 역자주)가 자기 방문에 그리스도의 이름을 써 붙였던 것처럼 우리는 우리 직무들의 표면에 그리스도의 존명(尊名)을 기록해야 할 것이다. 그분이 찬미의 화환을 받으시도록 하자.

[17] **우리는 성결된 생활을 통해 하나님을 영화롭게 한다.** 악한 생활은 하나님께 불명예를 끼친다. 벧전 2:9. "오직 너희는 택하신 족속이요 왕 같은 제사장이요 거룩한 나라이니 이는 너희를 불러낸 자의 아름다운 덕을 선전하게 하려 하심이라." 롬 2:24. "하나님의 이름이 너희로 인하여 이방인 중에서 모독을 받는도다." 에피파니우스(Epiphanius,315-430. 살라미스의 주교. 신학자 — 역자주)는 말했다. "몇몇 그리스도인들이 자기 시대에 보인 방종한 모습은 이교도들로 하여금 그들과의 교제를 기피하고 그 설교를 귀담아 듣지 않게 만들었다." 우리는 엄격한 성서적인 교제를 통해 하나님을 영화롭게 한다. 비록 신앙의 주된 활동 영역은 마음에 있지만 우리의 빛이 눈부시게 빛나서 다른 사람들이 이를 볼 수 있어야만 하는 것이다. 건축물의 안전성은 그 기초에 있지만 영광은 그 외관에 나타난다. 마찬가지로 신앙의 아름다움은 친교 가운데 드러난다. 보물이라고 불렸던 성도들이 세상 사람들의 눈 앞에 빛나는 성결의 광채를 드러낼 때 그들은 "그의 행하시는 대로 자기도 행하는" 것이다(요일 2:6). 그들이 마치 주를 육안으로 직접 보고 같이 변화산에 올랐던 것처럼 생활한다면 그들은 신앙을 영화롭게 하고 하늘 보좌에 영광의 소득을 돌려드리게 될 것이다.

적용 1: 본 주제는 우리 인생의 주된 목적이 큰 재산을 획득하고 지상에 보물을 쌓는데 있지 않다는 사실을 보여주고 있다. 그것은 아담의 타락 이래로 부패된 인류의 모습이다. 인간들은 어느 한 가지 번듯한 재산도 얻지 못하고 그토록 추구하는 사냥감을 손에 넣지 못하는 경우가 비일비재하다. 혹 그들이 이를 얻는다 해도 그들이 소유한 게 대체 무엇이란 말인가? 항해사가 들이쉴 만큼도 가슴을 채우지 못하는 바람이 배의 돛을 부풀게 하는 법이다. 그들은 마치 이스라엘처럼 겨를 모으는데 자기 시간을 허비하지만 인생의 목적이 하나님을 영화롭게 하는 것이라는 사실을 기억하지 못한다. 전 5:16. "바람을 잡으려는 수고가 저에게 무엇이 유익하랴?" 이런 일들은 곧 사라지는 것이다.

적용 2: 본 주제는 다음의 사람들을 책망한다. (1) **하나님께 전혀 영광을 돌려 드리지 못하는 자들.** 그들은 자기가 피조된 목적에 응답하지 않는다. 그들의 시간은 제대로 산 시간이 아니라 잃어버린 시간이다. 그들은 마치 포도나무와 같다. 겔 15:2. 그들의 삶은 마치 성 버나드(St.Bernard,1090-1153. 수도원 개혁자. 신비신학자 — 역자주)의 말처럼 "죄악되거나 열매없는 삶이요 무익하게 이 세상에 짐만 지우는 삶"이다. 때가 되면 하나님은 아하수에로 왕과 같은 질문을 하실 것이다. 에 6:3. "무슨 존귀와 관작을 모르드개에게 베풀었느냐?" 내게 무슨 영광을 돌렸느냐? 내 내탕고(內帑庫)에 무슨 영광의 수입을 들여 놓았느냐?

여기 있는 사람들 중에 하나님께서 자신을 영화롭게 할 모종의 재능을 주시지 않은 사람은 하나도 없다. 그분이 주신 건강, 재능, 재산, 은총의 기회 등 이 모든 것들은 그분을 영화롭게 하기 위해 당신의 손에 맡겨진 것이다. 또한 분명한 것은 그가 당신과 회계하시리라는 것, 즉 당신에게 맡겨주신 은혜를 가지고 어떻게 일했는가, 당신이 그분께 무슨 영광을 돌려 드렸는지 알고자 하시리라는 사실이다. 다섯 달란트를 맡은 사람과 두 달란트를 맡은 사람이 회계하게 된다는 달란트의 비유는 하나님께서 당신과 엄격하게 계산하시리라는 것, 즉 당신이 받은 달란트로 어떻게 장사했는지 그리고 어떠한 영광을 돌려 드렸는지 알고자 하시리라는 것을 분명히 보여준다. 그렇다면 자기 달란트를 수건에 싸서 감추어 두고 하나님을 전혀 영화롭게 하지 못한 사람들은 얼마나 슬픈 결과를 맞이할 것인가! 마 25:30. "이 무익한 종을 바깥 어두운 곳에 내쫓으라."

나는 하나님께 불명예를 끼쳐 드리지 않았고 큰 죄를 범하지 않았다고 말하는 것으로는 불충분하다. 당신은 무슨 선을 행하였던가? 포도원 일꾼이 자기는 포도원에 아무런 손해도 끼치지 않은 것, 즉 나무를 부러뜨리거나 울타리를 망가뜨리지 않은 것만으로는 불충분한 것이다. 그가 포도원에서 실제로 일하지 않는다면 그는 자기 급료를 받지 못할 것이다. 마찬가지로 만일 당신이 자기 위치에서 선을 행하지 않고 하나님을 영화롭게 하지 못한다면 당신은 삯 곧 구원을 잃게 될 것이다. 오, 무익한 삶을 사는 자들이여, 이 점을 숙고할지어다. 그리스도는 열매없는 무화과나무를 저주하셨던 것이다.

(2) **하나님께 영광을 돌려 드리기는커녕 영광을 도둑질하는 자들.** 말 3:8. "사람이 어찌 하나님의 것을 도적질하겠느냐 그러나 너희는 하나님의 것을 도적질하고." 그들은 하나님께 마땅히 돌려야 할 영광을 자기들에게로 돌림으로써 도적질하고 있다.

1. 만일 그들이 재산을 취득하면 그들은 이를 전부 자기들의 재능과 근면 덕분으로 치부하고 스스로 영광을 받을 뿐 신명기 8:18의 말씀을 생각하지 않는다 — "네 하나님 여호와를 기억하라 그가 네게 재물얻을 능을 주셨음이라."

2. 그들이 여하한 종교적 의무를 수행할 경우, 그들은 스스로의 영광을 추구한다. 마 6:5. "저희는 사람에게 보이려고." 곧 다른 사람들의 칭찬과 영광을 받을 무대 위에 올라서기 위해서인 것이다. 허영심이라는 기름이 그들의 등불을 유지시킨다. 얼마나 많은 사람들이 대중의 입김에 날려 지옥으로 떨어졌던가! 악마는 무절제로 파멸시킬 수 없는 사람은 허영심으로 망하게 하는 것이다.

(3) **하나님의 영광에 대항하여 싸우는 자들.** 행 5:39. "너희가 도리어 하나님을 대적하는 자가 될까 하노라." 하나님의 영광을 선양하는 일에 반대하는 사람은 하나님의 영광에 대항하여 싸우는 것이다. 그의 영광은 영혼구원의 도구인 말씀의 설교를 통해 대단히 높아진다. 고로, 말씀의 선포를 방해하는 자는 하나님의 영광에 대항하여 싸우는 것이다. 살전 2:16. "우리가 이방인에게 말하여 구원 얻게 함을 저희가 금하여." 로마 역사상 그리스도인들에 대한 열번째 박해를 주도했던 디오클레티안 황제

(Diocletian,245-313)는 교회 집회를 금하고 교회를 철저히 파괴해 버리려 했다. 설교를 방해하는 것은 마치 블레셋 사람들이 이삭의 우물을 막아 버렸듯이 생명샘을 막는 행위이다. 그들은 죄로 병든 심령들을 치료할 의사들을 제거하는 것이다. 목사란 빛과 같다(마 5:14). 그런데 도적말고 누가 빛을 미워하겠는가? 그들은 하나님의 영광을 직접 공격하고 있다. 그리고 하나님이 사람들의 영혼의 피값을 그들에게 추궁할 때 무슨 변명을 늘어놓을 수 있겠는가! 눅 11:52. "너희가 지식의 열쇠를 가지고 너희도 들어가지 않고 또 들어가고자 하는 자도 막았느니라." 만일 하늘에 법정이 있거나 지옥에 불이 존재한다면 그들은 절대 형벌을 모면하지 못할 것이다.

적용 3: 권면. 우리 모두가 처한 자리에서 하나님을 영화롭게 하는 일을 인생의 주된 목적과 계획으로 삼도록 하자.

(1) 관리들에게. 하나님께서는 그들에게 크나큰 영광을 허락하셨다. 시 82:6. "내가 말하기를 너희는 신들이며." 자기들에게 이토록 큰 영광을 허락하신 그분을 영화롭게 해야 하지 않겠는가?

(2) 목사들은 하나님의 영광을 선양하기 위해 애써야 한다. 하나님은 그들에게 가장 값진 두 가지 곧 당신의 진리와 그 백성들의 영혼을 위탁하셨다. 목사들은 자기 직분을 통해 하나님을 영화롭게 해야 한다. 그들은 말씀과 교리에 진력함으로써 하나님을 영화롭게 해야 한다. 딤후 4:1. "하나님 앞과 산 자와 죽은 자를 심판하실 그리스도 예수 앞에서 그의 나타나실 것과 그의 나라를 두고 엄히 명하노니 너는 말씀을 전파하라 때를 얻든지 못 얻든지 항상 힘쓰라." 어거스틴은 "그리스도께서 오실 때 자신이 기도하거나 설교하고 있는 모습으로 발견되는 것"을 소원으로 삼았다. 목사들은 그들의 열심과 거룩함으로써 하나님께 영광을 돌려야 한다. 율법 아래 있는 제사장들은 제단에서 봉사하기에 앞서 물두멍에서 몸을 씻었다. 마찬가지로 주님의 집에서 일하는 사람들은 우선 회개의 물두멍에서 큰 죄악들을 씻어야 한다. 소위 목사를 자칭하는 숱한 사람들이 하나님께 영광을 돌리는 대신 치욕을 안겨 드린다는 것은 슬프고 부끄러운 일이다. 대하

11:15. 그들의 생활은 그 가르침과 마찬가지로 이단적이다. 그들이 타인들을 비난하는 죄들로부터 그들 자신도 자유롭지 못한 것이다.

플루타르크의 하인이 자기 주인을 다음과 같은 말로 비난하였다. "주인님은 분노를 반대하는 책을 한 권 쓰신 적이 있습니다. 그러나 제게는 벌컥 화를 내시곤 합니다(et ipse mihi irascitur)." 마찬가지로 술취하지 말라고 설교하고는 그 자신은 술을 마시는 목사가 있는 실정이다. 그는 욕하지 말라고 설교하고는 스스로 거리낌없이 욕설을 퍼붓는다!

(3) 한 집안의 가장은 하나님을 영화롭게 해야 한다. 그는 자녀와 종들을 하나님에 대한 지식으로 훈련해야 하며, 그의 집은 작은 교회가 되어야 한다. 창 18:19. "내가 그로 그 자식과 권속에게 명하여 여호와의 도를 지켜 행하게 하려고 그를 택하였나니." 주인된 여러분들에겐 영혼들에 대한 책임이 있다. 가정에 기강이 없기 때문에 젊은이들이 방종에 떨어지는 것이다.

만일 임종시에 우리가 생전에 하나님을 영화롭게 했다고 생각한다면 크나큰 위로가 될 것이다. 그것이 죽음 직전에 그리스도께서 받으신 위로였다. 요 17:4. "내가 아버지를 이 세상에서 영화롭게 하였사오니." 임종석상에서는 우리의 모든 현세적 위안들은 사라져 버린다. 우리가 만일 얼마나 부자였는지 세상에서 어떠한 쾌락을 누렸는지 생각한다면 그것은 전혀 위로가 되지 못하고 오히려 더 큰 고통이 될 것이다. 인간이 자기가 소비한 재산으로 인해 얼마나 더 나아질 것인가? 그러나 나는 지상에서 하나님을 영화롭게 했었다고 우리 양심이 말해준다면 우리의 영혼은 얼마나 달콤한 위로와 평안을 얻겠는가! 우리는 죽음을 얼마나 사모하게 될 것인가! 포도원에서 온종일 일하는 일꾼은 저녁이 와서 삯을 받게 되기만 기다린다. 생전에 하나님께 아무런 영광도 돌려 드리지 못한 사람이라면 어떻게 임종시에 위로를 바랄 수 있을까? 씨앗을 뿌리지 않은 사람은 수확을 기대할 수 없다. 하나님께 아무런 영광도 돌려 드리지 못한 자가 어떻게 영광 얻기를 기대할 수 있겠는가? 오, 그들이 죽을 때 느낄 공포심이란! 벌레가 시체를 갉아먹기 전에 먼저 양심의 벌레가 그 영혼을 잠식해 들어갈 것이다.

만일 우리가 하나님을 영화롭게 하면 그는 우리 영혼을 영원히 영화롭게 하실 것이다. 우리는 하나님의 영광을 드높임으로써 우리 자신의 영광을 증진하는 것이다. 우리는 하나님을 영화롭게 함으로써 마침내 그분을 향유하는 복된 경지에 이르게 될 것이다.

Ⅱ. 인간의 주된 목적은 하나님을 영원히 즐거워 하는 것이다.

시 73:25. "하늘에서는 주 외에 누가 내게 있으리요?" 즉, 하늘에서 내가 향유하려 하는 자가 주님말고 누가 있겠습니까? 하나님을 즐거워 하는 데에는 두 종류가 있는데, 곧 이생에서의 향유와 내세에서의 향유이다.

[1] **이생에서의 하나님 향유.** 하나님의 성찬을 향유하는 것은 위대한 일이지만 성찬식 가운데 나타나는 하나님의 임재를 즐거워 하는 것이야말로 은혜받은 영혼이 갈망하는 바이다. 시 63:2. "내가 주의 권능과 영광을 보려 하여 이와 같이 성소에서 주를 바라보았나이다." 하나님을 이같이 달콤하게 향유하는 것은 성령께서 성찬식과 함께 역사하여 우리 마음에 은혜의 방울을 떨어뜨리는 것을 우리가 느끼고, 말씀 속에서 성령이 감성을 일깨우고 고양시키는 것을 인식할 때 얻는 체험이다. 눅 24:32. "우리 속에서 마음이 뜨겁지 아니하더냐?" 또한 성령께서 마음을 변화시키고 그 위에 거룩한 각인을 남기실 때이다. 고후 3:18. "우리가 저와 같은 형상으로 화하여 영광으로 영광에 이르니." 성령께서 우리 마음을 위로로 소생시키시는 것은 그 기름부으심뿐 아니라 인치심을 통해서이다. 이를 통해 하나님의 사랑이 마음 속에 널리 퍼져 나간다. 롬 5:5. "우리의 사귐은 아버지와 그 아들 예수 그리스도와 함께 함이라"(요일 1:3).

우리는 말씀 속에서 하나님의 음성을 듣고 성례 속에서 그의 입맞춤을 느낀다. 직분을 수행하는 중에 마음이 뜨거워지고 불붙는 것이야말로 하나님께서 불로 응답하시는 것이다. 하나님의 성령과의 달콤한 교제가 영광의 첫 열매이다. 이제 그리스도께서 그의 베일을 벗고 미소짓는 얼굴을 나타내셨다. 이제 그는 신자를 잔칫집으로 인도하시고 그에게 향기로운 사랑의 포도주를 마시우신 것이다. 그는 손가락을 문구멍에 집어 넣으셨다. 즉 마음을 움직이시고 기쁨으로 뛰게 하셨다. 오, 이처럼 하나님을 누리는 것은 얼마나 달콤한 일인지! 성도들은 성찬식을 통해 신적인 환희와 영혼의 변화를 체험하였고, 이로써 세상 위에 높이 고양되어 지상의 일들을 멸시하게 되었던 것이다.

적용 1: 이생에서 하나님을 즐기는 것이 그처럼 달콤한가? 하나님을 즐기기보다 자기 정욕 즐기기를 더 좋아하는 무리들은 얼마나 악한지! 벧후 3:3. "육체의 정욕, 안목의 정욕, 이생의 자랑"은 그들이 예배하는 삼위일체이다. 정욕이란 영혼을 격동하여 악행으로 이끄는 과도한 욕망이나 충동을 뜻한다. 이에는 보복적인 정욕과 호색적인 정욕이 있다. 정욕은 마치 열화와 같이 영혼에 불을 당긴다. 아리스토텔레스는 관능적 욕망을 동물적이라고 불렀는데, 왜냐하면 정욕이 일단 격렬해지면 이성이나 양심의 음성은 들리지 않게 되기 때문이다. 이러한 정욕은 인간의 얼을 빼놓고 야수처럼 만든다. 호 4:11. "음행과 묵은 포도주와 새 포도주가 마음을 빼앗느니라." 여기서의 마음은 선을 지향하는 마음을 뜻한다.

얼마나 많은 사람들이 하나님을 즐기는 대신 자기 정욕을 즐기는 것을 인생의 주된 목적으로 삼고 있는지! 그들은 마치 "그는 파리의 추기경직을 고수할 수만 있으면 천국에서의 자기 지위를 잃어도 만족했다"는 이야기 속에 나오는 저 추기경과 같은 자들이다. 정욕은 사람을 우선 쾌락으로 혼을 빼놓은 연후에 치명적인 화살을 날린다. 잠 7:23. "필경은 살이 그 간(肝)을 뚫기까지에 이를 것이라." 이 말씀은 사람들이 육신의 향락에로 나아가지 못하게 막는 화염검 역할을 해야 할 것이다. 누가 한 방울의 쾌락 때문에 진노의 바닷물을 온통 마시려 하겠는가?

적용 2: 우리는 성찬식 가운데 나타나는 하나님의 감미로운 임재를 즐길 때 극도로 조심해야 한다. 하나님과의 신령한 교제를 즐기는 것은 대부분의 사람들에게는 수수께끼요 신비이다. 궁정을 배회하는 모든 사람들이 전부 다 왕과 대화를 나누는 것은 아니다. 우리는 성찬식을 통해 하나님께 접근하고 천상의 궁전을 거닐면서도 아직 하나님과의 영교(靈交)를 향유하지 못할 수 있는 것이다. 우리는 성령 없이 의문(儀文)을, 불가시적인 은총 없이 가시적인 상징만을 가질 수도 있다. 우리가 직분을 수행하는 가운데 주안점을 두고 추구할 일은 하나님을 누리는 것이다. 시 42:2. "내 영혼이 하나님 곧 생존하시는 하나님을 갈망하나니."

오, 하나님을 누리지 못한다면 우리가 누리는 모든 현세적 향락은 다 무엇일까! 건강, 화려한 신분을 향유하되 정작 하나님은 향유하지 못한다면 도대체 무슨 소용이 있을까? 욥 30:28. "나는 햇볕에 쬐지 않고 검어진 살을 가지고 걸으며(영어 본문을 직역하면 "내가 해 없이 슬퍼하며 거닐며"임 — 역자 주)." 마찬가지로 우리는 하나님 없이 모든 피조물들을 즐기는 것을 "해 없이 슬퍼하며 거닐며"라고 말할 수 있을 것이다. 나는 외적 향락이라는 별빛을 가지고 있지만 의의 태양이 결핍되어 있다. "내가 해 없이 슬퍼하며 거닐며." 하나님의 성찬에 참여하는 것도 중요하지만 그 예식의 주인되신 하나님을 소유하는 것이 우리의 위대한 목적이 되어야 한다. 여기서 하나님의 감미로운 임재를 즐기는 것이야말로 가장 만족스런 삶인 것이다.

그분은 달콤한 벌통이요 보물창고요, 희락의 원천이시다. 시 36:8,9. 종달새는 높이 날수록 더 아름답게 노래부른다. 우리도 믿음의 날개를 펼쳐 더 높이 날수록 하나님을 더욱 더 누리게 되는 것이다. 마음은 어떻게 기도와 묵상으로 불이 붙는가! 믿음 안에 어떠한 기쁨과 평안이 있는가! 천상에 거하는 것은 평안한 일이 아닌가? 이생에서 하나님을 많이 향유하는 사람은 자기 주위에 천국을 지니고 다닌다. 오, 이것 곧 하나님의 성찬식 가운데 그분을 향유하는 일을 우리의 주된 열망으로 삼자! 이 땅에서 하나님의 달콤한 임재를 즐기는 것은 천국에서 그분을 향유하기 위한 보증금과 같다.

이것은 우리를 두번째 주제로 이끈다:

[2] **내세에서 하나님을 향유하는 것.** 인간의 주된 목적은 하나님을 영원히 즐기는 것이다. 천국에서 하나님을 완전히 누리게 되기 전에 그에 선행하는 전단계의 향유가 있어야 한다. 그것이 곧 은혜 생활이다. 우리는 영광 가운데 하나님과 교제하게 되기에 앞서 우선 은혜 가운데 그분과 일치된 삶을 살아야 한다. 은혜와 영광은 불가분리적으로 결부되어 있다. 샛별이 여명을 예고하듯이 은혜는 영광에 앞서 나타난다. 하나님은 우리가 지복(至福) 상태에 적합한 자격을 얻기를 원하신다. 술꾼이나 욕쟁이는 영광 가운데 하나님을 누릴 자격이 없다. 주님은 당신의 품에 그런 사악한 족속들을 품으려 하지 않으신다. 오직 "마음이 청결한 자는 하나님을 볼 것"이다. 우리는 영광의 옷을 걸치기에 앞서 왕의 자녀로서 내면이 영화롭게 되어야 한다.

아하수에로 왕이 처녀들을 우선 정결케 하고 기름바르게 하며 향기롭게 하는 향품을 각자 사용하게 한 후에 왕 앞에 나아가게 한 것과 같이(에 2:12), 우리도 하나님의 기름부음을 받고 성령의 은혜의 향기를 머금은 후에야 하늘 임금 앞에 나아가게 되는 것이다. 이같이 하여 은혜로 신적인 자격을 갖추게 되면 우리는 변화산에 올라가 영원히 하나님을 누리게 될 것이다. 그리고 하나님을 영원토록 즐거워하는 것은 행복의 상태에 머문다는 말이 아니고 무엇이겠는가? 영혼과의 교제 없는 육체가 생존할 수 없는 것과 마찬가지로 영혼은 하나님과의 직접적인 교제 없이는 행복을 누릴 수 없다. 하나님은 최고선(summum bonum)이시다. 그러므로 그분을 즐거워하는 것이 최고의 복락인 것이다.

그분은 보편적인 선이시다. 즉 "그 속에 만선(萬善)을 포괄하고 있는 선"(bonum in quo omnia bona)이시다. 피조물의 탁월성은 제한되어 있다. 인간은 건강해도 미모를 갖추지 못하거나, 유식해도 혈통을 갖추지 못하거나, 부유해도 지혜를 결여하기 십상이다. 그러나 하나님 안에는 모든 탁월성이 포함되어 있다. 그는 그 영혼만큼 크신 선이시며, 태양이요 분깃이요 구원의 뿔이시다. 그 안에 "모든 충만"이 거하고 있다(골 1:19). 하나님은 혼합되지 않은 순전한 선이시다. 이생에서는 혼합되지 않는 경우가 없다. 꿀 한 방울에는 반드시 한 방울의 쓸개즙이 따르기 마련이다. 철학자의 돌을 찾아내어 이생에서 행복을 추구하려 했던 솔로몬은 허무와 근심 외에는 찾아내지 못하였다(전 1:2). 하나님은 완전하시며 선의 본질이시다. 그 분은 꽃의 향기와 같다. 하나님은 만족케 하는 선이시다. 영혼은 나는 만족하다고 부르짖는다. 시 17:15. "나는 주의 형상으로 만족하리이다."

목마른 사람을 깨끗한 생수의 대양으로 인도하라. 그러면 그는 만족할 것이다. 하나님에게 천사들을 만족시키는 넉넉함이 있다고 한다면 그가 우리도 만족시킬 것은 분명하다. 우리 영혼은 유한하지만 하나님은 무한하시다. 하나님은 만족시키는 선이시지만 싫증나지 않는 분이다. 그분의 얼굴로부터는 끊임없이 신선한 기쁨이 솟아나온다. 그리고 영화(榮化)된 영혼들은 수백 만년이 지난 후에도 처음 순간처럼 그를 간절히 사모하게 될 것이다. 만족시키는 하나님 안에는 충만함이 있지만 또한 그에 못지 않은 감미로움이 있어서 우리 영혼이 항상 더 갈망하게 된다. 하나님은 즐거운(delicious) 선이시다. 최고선은 영혼을 희락으로 기쁘게 해야 한다. 그 안에는 미칠듯한 기쁨과 즐거움의 진수가 있어야 한다. 하나님의 인격에는 영혼을 즐겁게 하는, 아니 황홀하게 만드는 어떤 감미로움이 있다(In Deo quadam dulcedine delectatur anima immo rapitur).

하나님의 사랑은 인간의 영혼에 형언할 수 없고 영광으로 충만한 무한한 부드러움을 불어 넣으신다. 만일 우리가 단지 믿음으로 하나님을 보는 것만으로도 그같이 큰 즐거움을 누리게 된다면(벧전 1:8), 그분과 얼굴과 얼굴을 마주 대할 때 어떠한 즐거움을 누릴 것인가! 만일 성도들이 고난당하는 동안에도 하나님 안에서 그토록 많은 기쁨을 발견했다면 그들이 면류관을 쓸 그 때엔 어떠한 기쁨과 즐거움을 누릴 것인가! 박해의 불길이 장미꽃밭과 같다면 훗날 예수의 품에 안기는 것은 무엇과 같겠는가! 그 어떠한 장미꽃밭일런가! 하나님은 최상급의 선이시다. 그는 경쟁적으로 제시할 수 있는 다른 어떤 존재보다도 우월하신 분이다. 그는 건강, 재물, 명예보다 나은 분이다. 다른 것들은 생명을 지탱해 주지만 하나님은 생명을 주신다.

하나님과 비교하여 뭔가 내세울 자가 과연 누구인가? 누가 한갓 깃털의 무게를 황금산과 비교하겠는가? 하나님은 모든 만물들에 비해 태양이 촛불빛보다 밝은 것보다도 무한히 더 우월하신 분이다. 하나님은 무한하신 선이다. 그는 옛적부터 항상 계신 분이지만 결코 쇠하거나 늙지 않으신다(단 7:9). 그가 주시는 기쁨은 무한하며 그 면류관은 시들지 않는다(벧전 5:4). 영화된 영혼은 하나님 안에서 영원히 위로를 받으며, 그의 사랑을 즐거워하며 그 얼굴의 빛을 쬘 것이다. 우리는 하나님의 오른 손에 희락의 강이 있다는 말씀을 읽는다. 그러나 이는 때가 되면 말라버리지 않을까? 천만에! 그 기저에는 희락을 공급하는 샘이 있다. 시 36:9. "대저 생명의 원천이 주께 있사오니." 이같이 하나님은 최고선이시며 영원히 하나님을 즐거워하는 것이야말로 영혼이 누릴 수 있는 최고의 복락인 것이다.

적용 1: 금후로는 이 최고선을 향유하는 것을 우리의 주된 목적으로 삼도록 하자. 어거스틴은 행복에 관한 철학자들의 견해를 도합 288가지로 계산하고 있지만 그 전부가 기준에 미달되고 있었다. 분별있는 영혼이 도달할 수 있는 최고봉은 하나님을 영원토록 즐거워하는 것이다. 천국은 하나님을 누리는 것으로 성립된다. 살전 4:17. "우리가 항상 주와 함께 있으리라." 우리 영혼은 하나님을 만나기 전까지는 나침반의 바늘처럼 요동하며 결코 안정에 이르지 못한다. 영화된 영혼이 하나님을 즐기는 이 탁월한 상태를 다음과 같이 설명할 수 있다:

(1) 그것은 감각적인 것으로 이해되어서는 안된다. 즉 천국에서 무슨 육체적인 쾌락을 누릴 것으로 생각해서는 안된다. 터키인들은 코란경에서 쾌락의 낙원에 관해 말하고 있는데, 곧 넘쳐나는 재물이나 황금잔에 붉은 포도주를 마시는 등등의 이야기이다. 현대의 쾌락주의자들은 죽은 후에 그 같은 천국에 들어가길 좋아할 것이다. 비록 성경은 천국의 영광스런 모습을 잔치에 비유하고 진주와 보석으로 설명하고 있지만 이같은 비유들은

단지 우리 신앙에 도움을 주고 저 높은 천국에는 넘쳐나는 즐거움과 복락이 있다는 것을 설명하려는 것에 불과하다. 그러나 그것들은 육적이 아닌 영적 즐거움이다. 우리의 즐거움은 거룩함의 완성과 그리스도의 참된 얼굴을 친견(親見)하고 하나님의 사랑을 맛보며 천상의 영들과 교제하는데 있을 것이며, 이는 영에 속한 것으로서 육신의 관능적인 모든 쾌락을 무한히 초월하는 것이다.

(2) 우리는 이같은 영광스런 상태를 생생히 느끼게 될 것이다. 혼수상태에 빠진 사람은 비록 살아 있어도 죽은 것과 같다. 왜냐하면 그는 감각이 없고 자기 생활의 즐거움을 느끼지도 못하기 때문이다. 그러나 우리는 하나님을 향유할 때 생겨나는 무한한 쾌락을 생생하게 느끼게 될 것이다. 우리는 자신의 행복을 알게 될 것이며 우리의 고귀함과 행복을 기쁨으로 성찰하게 될 것이다. 우리는 그 달콤함과 하나님으로부터 흘러나오는 열락을 낱낱이 맛보게 될 것이다.

(3) 우리는 그 영화로운 광경을 견딜 수 있게 될 것이다. 현재 우리는 그같은 영광을 견딜 수 없다. 지금은 마치 연약한 눈이 태양을 직시할 수 없는 것처럼 우리가 그 영광 앞에서 압도되고 말겠지만 하나님은 우리가 영광을 감당할 수 있는 능력을 허락하실 것이다. 우리 영혼은 극히 신성해지고 온전히 거룩해져서 복되신 하나님의 모습을 즐길 수 있게 될 것이다. 모세는 반석의 틈에 숨어서 하나님의 영광이 지나가는 것을 보았다(출 33:22). 우리는 우리 복된 반석이신 그리스도로부터 하나님의 복된 광경을 관조하게 될 것이다.

(4) 이러한 하나님 향유는 그분을 단순히 관상(觀想)하는 것 이상일 것이다. 식자들 중 혹은 하나님에 대한 향유가 오직 명상의 방식으로만 이루어질지 여부에 관해 의문을 표시하기도 한다. 그것도 사실의 일부이지만 이는 천국의 절반에 불과한 것이다. 하나님을 사랑하고 그 안에서 순종하며, 그의 감미로움을 맛보는 등 관조에 그치지 않고 직접 소유하게 될 것이다. 요. 17:24, "나의 영광을 저희로 보게 하시기를 원하나이다." 이는 관조이다. 22절. "내게 주신 영광을 내가 저희에게 주었사오니." 이는 소유이

다. "장차 우리에게 나타날 영광"(롬 8:18). 이는 우리에게 나타날 뿐 아니라 우리 안에서 나타나는 것이다. 하나님의 영광을 보려면 우리에게 계시된 영광이 있어야 하며, 그의 영광에 참여하려면 우리 안에 나타난 영광이 있어야 한다. 스폰지가 포도주를 빨아 들이듯이 우리는 영광을 흡수하게 될 것이다.

(5) 이러한 영광의 상태에는 중지가 없다. 우리는 어떤 특별한 기간에만 하나님의 영광스러운 임재를 체험하는 것이 아니라 끊임없이 그분의 임재 가운데 살고 끊임없이 신적 열락의 황홀경 아래 있게 될 것이다. 하늘에서는 영화된 영혼이 나는 행복을 즐기고 있지 않다고 말할 만한 단 일각의 시간도 없을 것이다. 영광의 강물은 번번이 끊어져서 한 방울도 마실 수 없게 되는 저 수도관의 물줄기와 달리 끊임없이 넘쳐난다. 오, 우리는 변화산에 오르기 위해 현재 살고 있는 이 눈물 골짜기를 멸시해야 하리라! 우리는 낙원에서 하나님을 완전히 향유하길 얼마나 사모해야 할 것인가! 만일 우리가 그 약속의 땅을 보았다면 이 땅에서 좀더 사는 것으로 만족하는데 인내심을 요하게 될 것이다.

적용 2: 이것은 사명에 충성하게 하는 자극제가 되어야 한다. 우리가 마침내 하나님을 향유하게 되려면 지금 그분을 영화롭게 하는 일에 얼마나 근면과 열심을 내어야 하겠는가! 키케로(Cicero), 데모스테네스(Demosthenes), 플라톤(Plato)과 같은 이교철학자들이 단지 희미한 이성의 빛에 의지하여 내세의 낙원과 행복을 상상하고 이를 향유하기 위해 초인적인 노력을 기울였다면, 성경의 빛을 소유하고 있는 우리 그리스도인들은 하나님과 영광의 영원한 결실에 도달하기 위해 얼마나 더 분발해야 하겠는가! 만일 우리로 하여금 나태의 침상을 박차고 일어나 전심전력으로 하나님을 섬기게 할 수 있는 뭔가가 있다면, 그것은 필시 영원히 하나님을 즐길 날이 가깝다는 소망일 것이다. 바울을 신앙적으로 그토록 열심내게 만든 원인은 무엇이었는가? 고전 15:10. "내가 모든 사도보다 더 많이 수고하였으나." 그의 순종은 마치 해시계판의 해 그림자처럼 느릿느릿한 것이 아니라 태양빛처럼 신속한 것이었다. 마침내 하나님 안에서 종말을 맞이하리라는 희망 외에 그가 하나님을 영화롭게 하는 일에 그토록 열정적이었던 이유가 대체 무엇이었던가? 살전 4:17. "그리하여 우리가 항상 주와 함께 있으리라."

적용 3: 성도들은 현재의 모든 비참한 처지 중에서 이를 통해 위로를 받아야 한다. 그리스도인이여, 그대는 불평하고 즐거워하지 않으며 두려움으로 안절부절하며 가난으로 인해 번뇌한다. 낮에는 평안을 누리지 못하고 밤에는 편히 잠들지 못한다. 그대는 일생에 위로를 누리지 못하고 있다. 다음의 사실,곧 머지 않아 하나님을 향유하게 될 것인데 그것은 그대가 구하거나 생각할 수 있는 것 이상이며, 그대는 중단도 다함도 없는 천상적인 기쁨을 누릴 것이라는 사실에서 기운을 되찾도록 하라. 우리는 하나님을 영원히 누리기까지는 결코 완전히 즐거워할 수 없을 것이다.

2. 성경

질문 2: 하나님은 당신을 영화롭게 하고 즐기는 방법을 지도하기 위해 우리에게 어떠한 규범을 주셨습니까?

답변: 하나님을 영화롭게 하며 그를 즐기는 방법을 우리에게 지도해 주는 유일한 규범은 구약과 신약 속에 담겨 있는 하나님의 말씀입니다.

딤후 3:16. "모든 성경은 하나님의 감동으로 된 것으로." 성경이란 하나님의 거룩한 책으로 이해된다. 그것은 하나님의 영감에 의해 주어졌으니, 곧 인간의 두뇌의 고안물이 아니라 그 원래 뿌리에 있어서 신적이다. 에베소 사람들은 아데미 여신상을 숭배했는데 왜냐하면 그것을 제우스 신으로부터 내려온 것으로 생각했기 때문이다(행 19:35). 우리가 성경을 지극히 존중하는 것은 그것이 하늘로부터 유래한 것으로 확신하기 때문이다(벧후 1:21). 요컨대 신구약성경은 하나님이 우리에게 말씀하신 윗입술과 아랫입술인 것이다.

성경 속에 신적인 권위(Jus Divinum)가 있음을 어떻게 알 수 있는가?

신구약성경은 모든 신앙의 토대가 되기 때문이다. 만일 신구약의 신성을 입증할 수 없다면 우리 신앙의 기초는 사라져버리고 만다. 따라서 저자는 성경이 바로 하나님의 말씀이라는 이 위대한 진리를 입증하기 위해 노력할 것이다. 성경의 출처가 하나님이 아니라면 도대체 어디로서일지 저자는 도무지 알 수 없다. 죄악된 인간들은 그 저자가 될 수 없는 것이다. 그들의 정신이 그토록 신성한 글들을 창작해냈을까? 과연 그들이 죄를 그토록 맹렬하게 비난할 것인가? 또한 선한 사람들도 그 저자가 될 수 없다. 그들이 그같은 문체로 저작할 수 있었을까? 아니면 그들이 하나님의 성호를 위조하고 자신들의 저서에 하나님이 이같이 가라사대라는 문구를 붙이는 것이 그들이 받은 은혜와 조화될 수 있겠는가? 또한 하늘의 어느 천사라도 그 저자가 될 수 없는 것은 천사들은 복음의 비밀을 탐구하기 때문으로(벧전 1:12), 이 말은 그들이 성경의 어느 부분에 대해서는 무식함을 함축하는 것이다. 그러므로 그들 자신이 완전히 이해하지 못하는 책의 저자가 될 수 없는 것은 분명하다. 더 나아가, 하늘의 천사 그 누구가 그토록 오만하게 하나님을 참칭하여 "내가 창조하나니"(사 65:17)라거나 "나 여호와가 말하였거니와"(민 14:35)라고 한단 말인가? 따라서 성경의 기원은 신성하며 오직 하나님께로서 나올 수밖에 없었다는 것은 자명한 것이다.

성경의 모든 부분들의 조화로운 일치성에 대해서는 굳이 거론하지 않더라도 성경이 하나님의 말씀이라는 사실을 입증할 만한 일곱 가지 설득력있는 논리가 있다.

[1] 성경의 고대성(古代性,antiquity). 성경은 고대적 기원을 가지고 있다. 성경에 드리운 백발은 우리의 외경심을 자아낸다. 어떠한 인간의 역사도 노아의 홍수보다 더 오래될 수 없다. 그러나 성경은 창세 이래로 일어난 사실들에 관해 기록하고 있으며, 시간이 생기기 이전의 일들에 관해서도 기록하고 있다. "가장 태고적인 것(id verum quod primum)을 가장 신성하고 권위있는 것으로 받아들여야 한다"는 것은 터툴리안의 확고한 원칙이었다.

[2] 우리는 성경이 모든 시대를 통해 기적적으로 보전되어 온 점으로

보아 하나님의 말씀인 것을 알 수 있다. 성경은 그리스도께서 우리에게 남겨주신 가장 값진 보화이며, 하나님의 교회는 이들 하늘의 공식문서를 잘 보존하여 산실(散失)되지 않도록 하셨다. 하나님의 말씀을 대적하고 심지어 말살하려 하는 원수는 결코 부족했던 적이 없었다. 그들은 마치 바로가 산파들에게 히브리 여인들의 자식들이 태어날 때 눌러 죽이라고 명했던 것처럼 성경에 관한 금지령을 반포했지만 하나님은 이 복된 책을 오늘날까지 고스란히 보전해 오셨다. 마귀와 그 사자들은 성경의 빛을 불어서 끄려고 했지만 결코 끌 수 없었다. 이는 그 빛의 기원이 천상적임을 보여주는 명백한 증거이다. 또한 하나님의 교회는 그 모든 영고성쇠 중에도 성경이 유실되거나 그 내용이 변질되지 못하도록 보존해왔다. 성경의 글자들은 원어 그대로 아무런 변질 없이 보전되어져 왔다. 그리스도의 시대 이전에 성경은 부패되지 않았는데, 왜냐하면 그랬더라면 그리스도는 유대인들로 하여금 성경을 상고하라고 하시지 않았을 것이기 때문이다. 그는 유대인들에게 "성경을 찾아보라"고 말씀하셨다. 그는 이 성스러운 샘물이 인간적 망상들로 인해 흐려지지 않았다는 사실을 아셨던 것이다.

[3] 성경은 그 안에 포함된 내용을 볼 때 하나님의 말씀인 것으로 생각된다. 성경의 비밀은 너무나 난해하고 심오해서 신적으로 계시되지 않았더라면 어떠한 인간이나 천사도 이를 깨달을 수 없었을 것이다. 영생하시는 자가 육신으로 태어나야 했고 하늘을 진동시키시는 그분이 요람 속에서 고고의 울음을 발해야 했다는 것, 별들을 다스리시는 그분이 젖을 빨아야 했다는 것, 생명의 왕이 죽으셔야 했다는 것, 영광의 주님이 수치를 받으셔야 했다는 것, 죄는 철저히 처벌되어야 하지만 또한 완전히 용서받아야 한다는 사실 … 만일 성경이 이를 계시하지 않았더라면 누가 그같은 비밀을 깨달을 수 있겠는가?

부활의 교리도 마찬가지이다. 수천 조각으로 깨어진 그 몸이 동일한 개체의 몸으로(idem numero) 다시 살아난다는 것 … 그것이 부활이 아니라 창조라면 모를까. 그같이 모든 인간적 지혜를 능가하는 신성한 수수께끼를 성경이 계시해주지 않는다면 어떻게 알 수 있겠는가? 성경의 내용은 너무나 선과 정의와 신성함으로 충만하기 때문에 그것은 오직 하나님의 말씀일 수밖에 없는 것이다. 마찬가지로 성경의 거룩함은 그 신적 기원을 입증한다. 성경은 흙 도가니에 일곱번 단련된 은에 비유된다(시 12:6). 하나님의 책 속에는 아무런 정오표(正誤表)도 들어 있지 않다. 그것은 의의 태양으로부터 나온 빛살이요 생명의 근원으로부터 흘러 나오는 수정같은 강물이다.

인간이 만든 일체의 법률과 칙령은 부패되어졌지만 하나님의 말씀에서는 티끌 하나 찾아볼 수 없으니, 그것은 지극히 높으신 영광으로부터 나왔기 때문이다. 시 119:140. "주의 말씀이 심히 정미하므로." 이는 마치 섞거나 물을 타지 않은 포도주와 같다. 그것은 너무나 순수하기 때문에 다른 모든 것들을 정화시킨다. 요 17:17. "저희를 진리로 거룩하게 하옵소서." 성경은 거룩성을 강조하고 있는데 이는 다른 책에서는 유례를 찾아볼 수 없다. 성경은 우리로 하여금 "근신함과 의로움과 경건함으로"(딛 2:12) 살라고 명령한다. 여기서 근신함(soberly)이란 절제하는 행동을 말하고, 의로움은 정의로운 행위를 뜻하며, 경건함은 열심과 헌신의 삶을 가리킨다. 성경은 "무엇에든지 옳으며 무엇에든지 사랑할 만하며 무엇에든지 칭찬할 만"(빌 4:8) 할 것을 우리에게 명하고 있다. 이 성령의 검은 죄악을 일도양단(一刀兩斷)해 버린다(엡 6:17). 이 성경의 탑으로부터 죄악의 두상(頭上)을 향해 맷돌이 던져진다(삿 9:51-53 참조). 성경은 행동만 명할 뿐 아니라 감정도 명령하는 최고의 법률서이다. 그것은 선한 행동을 하도록 사람들의 마음을 구속한다. 이 신성한 광맥으로부터 캐내는 것과 같은 그러한 거룩성을 달리 어디에서 찾아낼 수 있을 것인가? 하나님을 제외하고 그 누가 그같은 책의 저자가 될 수 있겠는가?

[4] 성경이 하나님의 말씀이라는 것은 그 예언을 볼 때 분명해진다. 성경은 장차 되어질 일들에 관해 예언하는데 이는 그 속에서 말씀하는 하나님의 음성을 보여주고 있다. 성경에서 한 선지자가 다음과 같이 예언하

였다. "처녀가 잉태할 것이요"(사 7:12). 또한 "기름부음을 받은 자(즉, 메시야)가 끊어져 없어질 것이며"(단 9:26). 성경은 그 후 여러 시대 여러 세기를 통해 일어날 일들에 관해 예언하고 있다. 이스라엘이 애굽의 쇠풀무 속에서 얼마나 오래 종살이해야 하는지와 그들이 해방될 날짜. 출 12:41. "사백 삼십년을 마치는 그 날에 여호와의 군대가 다 애굽 땅에서 나왔은즉." 장래의 일에 대한 이러한 예언은 단지 우발적인 것이지 어떤 자연적인 인과관계에 의한 것이 아니라는 점에서 그 신적인 기원을 명확하게 보여주는 것이다.

[5] 성경을 기록했던 하나님의 사람들이 그들 자신의 약점도 아낌없이 기술했던 그 공평무사한 서술 태도. 역사를 기록하는 사람 중 누가 자기 명성을 손상할지도 모를 내용들을 기록함으로써 자기 얼굴에 먹칠을 하려 하겠는가? 모세는 그가 반석을 지팡이로 쳤을 때의 그 참을성없음을 기록하면서 그 때문에 자기가 약속의 땅에 들어갈 수 없었노라고 우리에게 말하고 있다. 다윗은 그 자신의 간음과 피흘린 죄악을 언급하고 있는데, 그것은 이후 대대로 그의 문장(紋章)에 오점으로 남아 있다. 베드로는 그리스도를 부인한 그의 비겁함을 그대로 진술하고 있다. 요나는 자신의 분노를 있는 그대로 기술하고 있으니, 곧 "내가 성내어 죽기까지 할지라도 합당하니이다"(욘 4:9)라고 하였다. 그들의 붓이 하나님 자신의 손에 의해 인도되지 않았더라면 그들은 절대로 자기들에게 불명예를 끼칠 만한 내용을 기록하지 않았을 것임이 분명하다. 사람들은 자기의 과오를 세상에 공포하기보다는 감춘다. 그러나 성경의 기자들은 그들 자신의 이름을 드러내지 않았다. 그들은 그들로부터 일체의 영광을 제거했으며, 영광은 하나님께 돌리고 있는 것이다.

[6] 하나님의 말씀이 인간의 영혼과 양심에 미치는 강한 능력과 효과. 말씀은 그들의 마음을 변화시켰다. 혹자들은 성경을 읽고 다른 사람으로 변모하였다. 그들은 거룩하고 고상하게 되었던 것이다. 우리 마음은 다른

책들을 읽으면 힘을 얻을 수 있을지 모르나 성경을 읽게 되면 아예 변화해 버린다. 고후 3:3. "너희는 우리로 말미암아 나타난 그리스도의 편지니 이는 먹으로 쓴 것이 아니요 오직 살아계신 하나님의 영으로 한 것이라." 말씀은 그들의 마음에 그대로 기록되었고, 따라서 그들은 그리스도의 편지가 되어 다른 사람들이 그들에게서 그리스도를 읽을 수 있게 된 것이다. 만일 우리가 대리석에 도장을 찍어서 그 대리석에 각인을 남기려면, 아마 그 도장에는 특이한 능력이 들어있어야 할 것이다. 마찬가지로 말씀의 도장이 인간의 마음에 천상적인 은총의 각인을 남기려면 그 말씀에는 신적인 능력이 함께 해야 할 것이다.

말씀은 사람들의 마음에 새 힘을 주었다. 그리스도인들이 강가에 주저앉아서 울 때 말씀은 꿀과 같이 그들 위에 임하여 그들을 부드럽게 소생시켰다. 그리스도인들의 주된 위로는 이들 구원의 우물로부터 나오는 것이다. 롬 15:4. "우리로 하여금 성경의 안위로 소망을 가지게 함이니라." 가련한 심령이 기진맥진하게 되었을 때 새 힘을 주는 것은 오직 성경이라는 강심제뿐이다. 자고로 영혼이 병들면 말씀이 이를 회복시켰다. 고후 4:17. "우리의 잠시 받는 환난의 경한 것이 지극히 크고 영원한 영광의 중한 것을 우리에게 이루게 함이니." 영혼이 피폐해지면 말씀이 그 위에 환희의 기름방울을 떨구었다. 애 3:31. "이는 주께서 영원히 버리지 않으실 것이며." 하나님은 그의 목적은 바꾸지 않으시지만 섭리를 바꾸실 수 있다. 그분은 외양은 원수의 모습으로 나타나실 수 있지만 심정은 아비의 마음을 가지신다. 이같이 말씀에는 인간의 마음을 위로할 수 있는 능력이 있다. 시 119:50. "이 말씀은 나의 곤란 중에 위로라 주의 말씀이 나를 살리셨음이니이다." 영혼은 신체의 동맥을 통해 운반되듯이 하나님의 위로는 말씀의 약속을 통해 전달된다. 그런데 성경이 그토록 기력을 북돋우고 심정을 위로하는 능력을 지니고 있다는 사실은 그것이 하나님께로서 나왔다는 것과 말씀의 젖가슴에 위로의 젖을 공급한 자가 그분이라는 사실을 분명하게 보여준다.

[7] 성경을 확증해주는 기적들. 기적은 모세, 엘리야, 그리스도 및 여러

해 후에 사도들이 성경 말씀의 진실성을 확증하기 위해 행사하였다. 연약한 포도나무 밑에 버팀목을 세우듯이 이들 기적은 인간의 연약한 믿음을 지탱하기 위해 행해진 것이니, 곧 그들이 말씀의 기록은 믿지 않아도 기적은 믿으리라는 것이다. 우리는 하나님께서 홍해를 가르시고 그의 백성들이 바다 한가운데로 지나갈 통로를 내셨다거나, 철(鐵)이 물 위에 떴고, 기름을 부으매 그 양이 많아졌다거나, 그리스도께서 물을 변하여 포도주가 되게 하고, 소경의 눈을 뜨게 하시며, 죽은 자를 살리신 기사를 읽게 된다. 이처럼 하나님은 성경의 진리성과 신성을 기적으로써 확증하신 것이다.

교황주의자들은 성경이 신적이고 거룩하다는 사실을 부정할 수 없다. 그러나 우리들에 비해서(quoad nos) 그들은 성경이 그 신적 권위를 교회로부터 부여받는다는 사실을 강조하며, 이를 입증하기 위해 교회를 진리의 기둥과 터라고 말하는 디모데전서 3:15를 인용하고 있다.

교회가 진리의 기둥이라는 것은 사실이다. 그러나 그렇다고 해서 성경이 그 권위를 교회로부터 얻는다는 결론이 도출되는 것은 아니다. 사람들은 국왕의 포고문을 기둥에 못박아서 게시한다. 여기서 기둥은 만인이 읽을 수 있도록 이를 게시하는 역할을 하지만, 포고문의 권위는 기둥으로부터 나오는 것이 아니라 왕으로부터 나오는 것이다. 마찬가지로 교회는 성경을 선포하지만 성경은 그 권위를 교회로부터 받는 것이 아니라 하나님께로부터 받는 것이다. 만일 하나님의 말씀이 단지 교회가 이를 선포한다는 이유 때문에 신성하다면 결과적으로 우리의 믿음은 말씀이 아니라 교회 위에 세워지게 된다는 결론이 나오며, 이는 엡 2:20의 "사도들과 선지자들의 터(foundation: 이는 교리를 뜻한다) 위에 세우심을" 입었다는 말씀에 위배되는 것이다.

성경의 모든 책들은 동일한 신적 권위를 가지고 있는가?

우리가 정경(正經)이라고 칭하는 책들은 그렇다.

왜 성경이 정경이라고 호칭되는가?

왜냐하면 말씀은 진리의 규범이며 우리 삶을 지도하기 위한 표준이 되기 때문이다. 말씀은 논쟁의 판관(判官)이요 무오한 반석이다. 우리는 원본과 일치되는 복사본만을 받아들여야 하는 것처럼 성경과 일치하는 것만을 진리로 용인해야 한다. 모든 자(尺)들은 표준자에 가져와 정확도를 대조해야 하듯이 신학상의 모든 격언은 성경이라는 시금석에 가져가야 하는 것이다.

성경은 완전한 규범인가?

성경은 온전하고 완벽한 규범으로서, 구원에 요긴한 모든 것들을 그 안에 포함하고 있다. 딤후 3:15. "또 네가 어려서부터 성경을 알았나니 성경은 능히 너로 하여금 그리스도 예수 안에 있는 믿음으로 말미암아 구원에 이르는 지혜가 있게 하느니라." 성경은 우리가 믿어야 할 바(Credenda)와 실천해야 할 바(Agenda)를 보여준다. 그것은 우리에게 신앙의 정확한 모범을 보여주고 하나님의 깊은 것들을 완전하게 가르쳐준다. 따라서 전승을 성경과 동일시하고 성경을 그들의 전승으로 보완하고 있는 교황주의자들은 죄를 범하는 것이다. 트렌트 공의회에서는 로마 가톨릭 교회의 전승이 성경이 받아야 하는 것과 똑같은 존숭을 받아야 한다고(pari pietatis affectu) 말하고 있는데, 그들은 이로써 자신들을 저주 아래 두고 있다. 계 22:18. "만일 누구든지 이것들 외에 더하면 하나님이 이 책에 기록된 재앙들을 그에게 더하실 터이요."

성경의 주된 범위와 목적은 어디까지인가?

구원의 길을 계시하려는 것. 성경은 그리스도를 분명하게 발견하게 해준다. 요 20:31. "오직 이것을 기록함은 너희로 예수께서 하나님의 아들 그리스도이심을 믿게 하려 함이요 또 너희로 믿고 그 이름을 힘입어 생명을 얻게 하려 함이니라." 말씀의 의도는 우리의 은혜를 시험하는 시금석이 되고 또한 피해야 할 암초들을 보여주는 항로 표지구실을 하려는데 있다. 말씀은 우리의 감정을 순화하고 일깨우며 우리의 지침과 위로가 되고 우리를 약속의 땅으로 인도하는 것을 목적으로 한다.

성서를 해석할 권한을 누가 가져야 하는가?

교황주의자들은 그것이 교회의 권능에 속해 있다고 주장한다. 만일 당신이 그들에게 교회란 무엇을 의미하느냐고 질문한다면 그들은 그 머리되는 교황이라고 대답하며, 교황은 무오하다고 말한다. 추기경 벨라르민(Bellarmine, 1542-1621. 가톨릭 신학자 — 역자주)이 그같이 말하였다. 그러나 그같은 주장은 허위인데, 왜냐하면 교황들 중 상당수가 무식하고 사악한 인물들이었기 때문이다. 이는 교황전(教皇傳)을 저술한 플라티나(Platina,1421-1481. 인문주의 학자이며 역사가)가 확증한 것이다. 교황 리베리우스(Liberius)는 아리우스파였고 요한 12세는 영혼불멸을 부정했던 것이다. 따라서 교황들은 성경의 적합한 해석자가 되지 못한다. 그러면 과연 누구이겠는가?

성경 그 자체 내지는 그 안에서 말씀하고 계시는 성령이 그 해석자가 되어야 한다. 금강석을 깎을 수 있는 것은 금강석뿐이듯이 성경은 성경으로만 해석할 수 있다. 태양은 그 자신의 빛에 의해 가장 잘 나타난다. 마찬가지로 성경이 스스로를 해석하여 깨달음에 이르는 것이다. 그러나 문제는 연약한 그리스도인들이 기꺼이 지나쳐버릴 태세가 되어 있는 성경의 난제 부분들이다. 이 부분을 과연 누가 해석할 것인가?

하나님의 교회는 성경을 설명하고 해석하도록 몇몇 사람들을 임명하였다. 따라서 하나님은 그들에게 은사를 부여하신 것이다. 교회의 몇몇 목사들은 마치 빛나는 성좌(星座)처럼 캄캄한 성경에 빛을 던져주고 있다. 말 2:7. "대저 제사장의 입술은 지식을 지켜야 하겠고 사람들이 그 입에서 율법을 구하게 되어야 할 것이니."

그러나 이는 우리의 믿음을 인간들에게 의탁하는 것이다

우리는 말씀과 일치하는 것 외에는 진리로 받아들여서는 안된다. 하나님은 당신의 목사들에게 모호한 부분들을 해석할 은사를 주셨듯이 그 백성들에게는 그만큼의 분별의 영을 주셔서 (최소한 구원에 요긴한 일들에 있어서) 무엇이 성경에 일치하고 무엇이 일치하지 않는지 말할 수 있도록 하셨다. 고전 12:10. "어떤 이에게는 예언함을 어떤 이에게는 영들 분별함을 주시나니." 하나님은 당신의 백성들에게 진리와 오류를 분간하고 진짜와 가짜를 판단할 수 있는 지혜와 분별의 영을 허락하셨다(행 17:11). "베뢰아 사람은 이것이 그러한가 하여 날마다 성경을 상고하거늘." 그들은 바울과 실라가 자신들의 선생이었음에도 불구하고 그들이 들은 교설이 성경에 일치되는지 따져 보았던 것이다. 딤후 3:16.

적용 1: 자연적인 빛 외에도 영적 광명인 거룩한 성경을 우리에게 맡겨주신 하나님의 놀라우신 선의를 생각해 보라. 이교도들은 무지로 둘러싸여 있다. 시 147:20. "아무 나라에도 이같이 행치 아니하셨나니 저희는 그 규례를 알지 못하였도다." 그들은 시빌의 신탁(Oracle of Sybils: 고대 로마의 신탁집 — 역자주)을 가지고 있지만 모세와 사도들의 글은 갖지 못하고 있다. 오늘날 얼마나 많은 사람들이 이 성경이라는 빛나는 별이 전혀 나타난 적이 없는 사망의 땅에서 살고 있는지! 우리는 우리의 모든 의심을 해소하고 생명의 길을 지시해주는 이 복된 하나님의 책을 소유하고 있다. 요 14:22. "주여 어찌하여 자기를 우리에게는 나타내시고 세상에는 아니하려 하시나이까?"

하나님은 당신의 기록된 말씀을 우리의 지침서로 주심으로써 사람들이 절대 핑계치 못하게 하신다. 그 누구도 "나는 빛이 모자라서 그릇 갔습니다"라고 말할 수 없다. 하나님은 우리 발에 등불이 되도록 당신의 말씀을 허락하셨다. 그러므로, 만약 우리가 잘못 행한다면 이는 고의적인 행위인 것이다. 그 누구도 만일 내가 하나님의 뜻을 알았더라면 순종했을 것이라고 변명할 수 없다.

오 인간이여, 그대는 변명할 수 없다. 왜냐하면 하나님은 그대에게 지켜야 할 계율을 주셨으니, 곧 친히 손가락으로 당신의 율법을 기록하셨던 것이다. 그러므로, 만일 그대가 순종치 아니한다면 그대에겐 아무런 변명의 여지도 남아 있지 않다. 만일 어떤 주인이 자기 종에게 글로써 전갈을 남겨 할 일을 지시한다면, 그리고 그 종이 그 일을 소홀히 한다면 그에겐 아무런 변명의 여지가 없게 된다. 요 15:22. "지금은 그 죄를 핑계할 수 없느니라."

적용 2: 모든 성경이 신적 영감에서 나왔는가? 만일 그렇다면 성경은 다음의 사람들을 책망한다.

(1) **교황주의자들.** 그들은 성경의 일부를 제거함으로써 하늘 임금의 주화(鑄貨)의 가장자리를 깎아먹고 있다(당시 유럽에서는 금화나 은화의 가장자리를 깎아서 부정하게 귀금속을 얻는 범죄가 자행되고 있었다 — 역자주). 그들은 요리문답에서 제2 계명을 지워버렸는데, 왜냐하면 이는 우상을 반대하는 내용이기 때문이다. 그들은 상례적으로 성경에서 그들이 싫어하는 여하한 내용을 보게 되면 이를 왜곡되게 주석하거나 그것이 통하지 않을 경우에는 원문이 변질되었다고 주장하고 있다. 그들은 마치 돈의 일부를 숨겼던 아나니아와 같은 자들이다(사행 5:2). 그들은 성경의 일부를 백성들로부터 감추고 있다. 성경의 어느 부분이라도 지우거나 삭제하는 행위는 하나님께 대한 최고의 모욕이며 계시록 22:19의 저 교황존신죄(敎皇尊信罪,premunire: 17세기 영국에서 교황을 영국 왕보다 우월하다고 말할 때 처벌하는 영국 특유의 법률. 여기서는 문맥상 하나님보다 교황을 존중하는 죄를 가리킨다 — 역자주)에 들게 되는 것이다. 계 22:19. "만일 누구든지 이 책의 예언의 말씀에서 제하여 버리면 하나님이 이 책에 기록된 생명 나무와 및 거룩한 성에 참여함을 제하여 버리시리라." 모든 성경이 신적 영감에서 나왔는가?

(2) **율법폐기론자들.** 그들은 구약성경을 쓸모 없고 시대에 뒤떨어진 것으로 무시해버린다. 그래서 이를 고수하는 사람들을 구약적 그리스도인이라고 부른다. 하나님은 신구약을 모두 신적인 권위로 인치셨다. 그리고 그것은 그들이 하나님께서 구약을 어느 부분에서 철폐하셨는지 내게 증명할 수 있기까지 유효한 것이다. 신구약성경은 구원의 두 우물과 같다. 말하자면 율법폐기론자들은 이들 우물중 하나의 구멍을 메우려는 것이요, 성경의 두 유방 중 한쪽을 말려 버리려 하는 것이다. 구약에는 많은 복음이 들

어 있다. 신약의 복음적 위로는 구약으로부터 시작되었다. 메시야에 관한 위대한 약속은 구약의 “처녀가 잉태하여 아들을 낳을 것이요”(사 7:14)에 기록되어 있다. 사실 이런 지적은 더 많이 할 수 있다. 예컨대 구약의 몇 군데에 기록된 도덕법은 복음을 선포해주는 것이다. “나는 주 너의 하나님이니라” — 여기에는 복음의 정수가 함축되어 있다. 성도들의 대헌장인 “하나님께서 맑은 물을 너희에게 뿌려서 너희로 정결케 하고 … 또 새 영을 너희 속에 두고”라는 약속은 본래 구약 에스겔 36:25,26에 나오는 말씀이다. 그러므로 구약을 제외하는 자들은 마치 삼손이 기둥들을 넘어뜨리듯이 그리스도인들의 위로의 기둥들을 제거해버리려는 것이다.

(3) **열광주의자들.** 그들은 성령을 받은듯이 떠들면서 성경 전체를 무시하고 성경은 죽은 문자이며 자기들은 이를 초월해서 산다고 호언장담한다. 이 얼마나 불손한 태도인가! 우리는 죄를 능가한 연후에야 성경을 능가할 수 있을 것이다. 사람들이 성령의 계시를 받았다고 떠들면 이를 그냥 놔두지 말고 그것이 사기인지 의심해보아야 한다. 하나님의 성령은 질서를 좇아 일하시는 것이니, 곧 말씀 안에서 말씀을 따라 역사하신다. 그래서 말씀을 능가하거나 또는 그와 반대되는 무슨 새로운 빛을 받은 척하는 사람은 그 자신과 성령을 함께 모욕하는 것이다. 그가 받았다는 빛이란 빛의 천사로 가장하고 있는 자로부터 빌어온 것에 불과하다.

(4) **성경을 경시하는 자들.** 이는 몇 주고 몇 달이고 성경을 한 줄도 읽지 않고 살아갈 수 있는 사람들을 말한다. 그들은 이를 마치 녹슨은 갑옷처럼 내버려 둔다. 그들은 성경보다는 희곡이나 소설을 더 좋아한다. 중대한 법적 문제들(magnalia legis)은 그들에겐 시시한 것(minutula)이다. 얼마나 많은 사람들이 매일 아침 내내 거울에 제 얼굴은 비추어 보면서도 성경만 쳐다보면 눈에 통증을 느끼는지! 이교도들은 성경이 없기 때문에 죽고 이 사람들은 성경을 멸시함으로 인해 죽는다. 자기의 길 안내자를 무시하는 사람들은 반드시 그릇된 길로 갈 수밖에 없다. 자기 정욕의 고삐를 풀고 이를 억제하기 위해 성경으로 재갈을 먹이지 않는 사람들은 지옥으로 끌려가며, 결코 도중에 멈추는 법이 없다.

(5) **성경을 악용하는 자.** 이 수정같이 순수한 진리의 샘물을 자신들의 타락된 해석으로 더럽히고 오염시키며, 성경을 억지로 푸는 무리들. 벧후 3:16. "무식한 자들과 굳세지 못한 자들이 다른 성경과 같이 그것도 억지로 풀다가 스스로 멸망에 이르느니라." 이는 헬라어 원어로는 고문대 위에 올려 놓는다, 그릇되게 해석한다, 성경을 성경으로 비교하지 않는다는 의미인데, 이는 마치 율법폐기론자들이 민수기 23:21의 "여호와는 야곱의 허물을 보지 아니하시며"를 곡해하여 하나님의 백성들은 자유롭게 죄지을 수 있다, 왜냐하면 하나님은 그들의 허물을 보시지 않기 때문이라고 추론하는 경우와 같은 것이다. 하나님은 보복적인 안목을 가지고 그 백성들의 죄를 보시는 게 아닌 것이 사실이다. 그러나 그분은 감찰하는 눈으로 살펴보신다. 하나님은 그들을 지옥에 보내기 위해 그 죄를 감찰하시지는 않지만 진노하고 엄중하게 징계하기 위해 죄를 감찰하신다. 다윗 역시 그의 꺾인 뼈로 인해 울부짖었을 때 이 사실을 발견하지 않았던가?

이와 유사하게 알미니우스주의자들은 요한복음 5:40의 "너희가 내게 오기를 원하지 아니하는도다"를 곡해하여 자유의지를 정당화한다. 이 본문은 하나님이 얼마나 우리가 생명을 얻게 되기를 원하시며 죄인들이 현재 그들이 행하는 것 이상으로 행하여 하나님이 그들에게 주신 달란트를 개발하길 원하시는지를 보여주지만 자유의지의 능력을 입증해주는 것은 아니다. 왜냐하면 이는 요한복음 6:44의 "나를 보내신 아버지께서 이끌지 아니하면 아무라도 내게 올 수 없으니"와 상치되기 때문이다. 따라서 이 사람들은 본문을 너무나 심하게 왜곡하기 때문에 원의(原意)를 손상시키고 있는 것이다.

그들은 성경을 성경에 비추어 해석하지 않는다. 그들은 슬플 때에는 성경을 마치 수금이나 노래꾼 부리듯 함으로써 그들의 슬픈 기분을 전환하려 한다. 나는 다음과 같은 이야기를 읽은 적이 있다. 한 술꾼이 자기 잔을 다 비우자 동료들에게 다음과 같이 말했다는 것이다. "우리 등불이 꺼져 가니 너희 기름을 좀 나눠다우"(마 25:8). 우리는 하나님을 경외함으로써 이같이 하지 않도록 조심해야 할 것이다. 유세비우스(Eusebius,265-339.

기독교 교회사가 — 역자주)는 우리에게 농담거리로 성경의 한 부분을 들먹였다가 즉시 발광하고 미쳐버렸던 한 사람의 이야기를 들려주고있다. 루터(Martin Luther,1483-1546. 독일의 종교개혁가 — 역자주)는 다음과 같이 말하였다. "하나님은 당신이 멸망시키고자 하는 사람이 성경을 가지고 장난치도록 버려두신다(Quos Deus vuls perdere …)."

적용 3: 만일 성경이 신적인 영감을 받은 책이라면 다음과 같이 권면해야 할 것이다.

(1) **성경을 연구하라.** 성경은 하나님의 뜻을 기록한 책이다. 성경인(Scripture-men) 곧 성경적인 그리스도인(Bible-Christians)이 되도록 하라. 터툴리안은 다음과 같이 말했다. "나는 성경을 철저하게 존숭한다." 하나님의 책 속에는 수많은 진리들이 마치 진주알처럼 흩어져 있다. 요 5:39. "너희가 성경을 상고하거니와." 마치 은광맥을 찾듯이 성경을 탐구하라. 이 축복된 책은 당신의 머리를 지식으로, 당신의 마음을 은총으로 가득 채울 것이다. 하나님은 두 돌판을 친히 손가락으로 쓰셨다. 만일 그분이 쓰시는데 힘을 들였다면 우리도 읽는데 심혈을 기울여야 할 것이다. 아볼로는 성경에 능한 자였다(행 18:24).

말씀은 우리를 천국에로 인도하는 대헌장(Magna Carta)이다. 우리가 우리 헌장에 무지해서야 되겠는가? 골 3:16. "그리스도의 말씀이 너희 속에 풍성히 거하여." 인간의 기억은 말씀을 기록하는 서판(書板)이 되어야 한다. 성경의 매행(每行)마다 신적 위엄이 광채를 발하고 있다. 한 가지만 실례를 든다면, 사 63:1. "에돔에서 오며 홍의를 입고 보스라에서 오는 자가 누구뇨? 그 화려한 의복 큰 능력으로 걷는 자가 누구뇨? 그는 내니 의를 말하는 자요 구원하기에 능한 자니라." 이 본문의 문체는 고상하고 장엄하다. 그 어떤 천사가 이같은 방식으로 말할 수 있겠는가?

유니우스(Junius)는 요한복음의 한 구절을 읽고는 회심하였다. 그는 그 속에서 일체의 인간적 수사를 능가하는 신적 위엄을 발견했던 것이다. 성경에는 한 곡조가 들어 있다. 이는 영혼의 비애를 몰아내 버리는 저 복된 수금인 것이다. 이 수금의 곡조를 조금만이라도 들어 보라. 딤전 1:15. "미쁘다 모든 사람이 받을 만한 이 말이여 그리스도 예수께서 죄인을 구원하시려고 세상에 임하셨다 하였도다." 그분은 우리 육체를 입으셨을 뿐 아니라 우리 죄까지도 짊어지셨다. 그리고 마태복음 11:28을 보라. "수고하고 무거운 짐진 자들아 다 내게로 오라 내가 너희를 쉬게 하리라." 성경의 이 가락은 얼마나 감미로우며, 고통당하는 죄인의 귀에 (특히 하나님의 성령께서 직접 수금을 연주하실 때) 얼마나 천상적인 선율로 임하는지!

성경에는 신성이 내재해 있다. 여기에는 종교의 정수와 핵심이 내포되어 있다. 성경은 금강석으로 이루어진 반석이요 경건의 비밀이다. 성경의 뚜껑을 열기만 해도 은혜가 쏟아지는 것이다. 성경은 신앙, 자기부정 및 마치 진주목걸이처럼 그리스도인들을 치장해주는 일체의 은혜들을 선포하고 있다. 성경은 거룩한 삶을 살도록 고무하며, 내세에 관해 논하며, 영생에 관한 조망을 제시해준다! 오, 그러므로 성경을 연구하라! 말씀과 친해지도록 하라. 비록 내가 천사의 혀를 가지고 있다 해도 성경의 탁월성을 충분하게 설명할 수는 없을 것이다. 성경은 말하자면 신령한 안경과 같아서 우리는 그것을 통해 하나님의 영광을 목도하게 된다. 그것은 생명나무요 지혜의 계시이며, 예절의 규범이고 새로운 피조물을 조성하기 위한 천국의 씨앗이다. 약 1:18.

어거스틴은 말한다. "신구약성경은 모든 그리스도인이 영적 영양을 얻기 위해 빨아 먹어야 하는 두 유방과 같다." 생명나무의 잎사귀들은 치료를 위한 것이었다(계 22:2). 마찬가지로 이들 성경의 거룩한 잎사귀들은 우리 영혼의 치유를 위한 것이다. 성경은 만사에 유익하다. 우리가 우울할 때 성경은 무거운 마음에 원기를 북돋우는 향기로운 포도주가 되며, 우리가 사탄의 공격을 받으면 성경은 그를 대적하기 위한 성령의 검이 되며, 우리가 죄악의 문둥병에 감염되면 성경은 정결케 하고 치료하는 성소(聖所)의 물이 되는 것이다. 오, 그러므로 성경을 연구하라! 이 지식의 나무를 맛보는 것은 전혀 위험스런 일이 아니다. 태초에는 우리가 지식의 나무를 맛보지 못하도록 형벌이 부과되었다. 창 2:17. "네가 먹는 날에는 정녕 죽으리라." 이 성경이라는 나무를 꺾는 데에는 아무런 위험도 없다. 만일 우리가 이 지식의 나무를 먹지 아니한다면 우리는 확실하게 죽을 것이다. 오, 그러므로 성경을 읽자! 우리가 성경을 빼앗길 날이 올지도 모른다.

성경을 경외하는 마음으로 읽으라. 매행을 읽을 때마다 하나님께서 당신에게 말씀하고 계신다고 생각하라. 율법을 담은 언약궤는 겉을 정금으로 싸고 레위인들이 만지지 못하도록 막대기로 꿰어서 운반되었다(출 25:14). 이것은 율법에 경의를 표하려는 것이 아니고 무엇이겠는가? 진지하게 읽으라. 그것은 생사가 걸린 문제이다. 당신은 이 말씀에 의해 시험받아야 하는 것이다. 양심과 성경은 하나님께서 당신을 심판하실 때 그 의견을 따라야 하는 배심원과 같다. 말씀을 사랑의 감정을 가지고 읽으라. 당신의 마음에 말씀으로 생기를 불어 넣으라. 불을 받기 위해 말씀에로 나아가라. 눅 24:32. "우리 속에서 마음이 뜨겁지 아니하더냐(영어 본문을 직역하면 "우리 마음이 불붙지 아니하더냐"임 — 역자주)?" 말씀이 우리를 인도하는 등불인 동시에 뜨겁게 해주는 불이 되도록 노력하라.

성경을 읽되 일개 역사책으로만 아니라 하나님께서 당신의 마음을 감동시키기 위해 보내신 사랑의 편지로 읽어야 한다. 그 말씀을 기록한 동일한 성령이 이를 읽을 때에도 당신을 도와 주시도록 기도하고, 하나님의 영이 그의 법의 기이한 것들을 보여주시도록 간구하라. 하나님은 빌립에게 말씀하셨다. "이 병거로 가까이 나아가라(영어 본문은 "합류하라"임 — 역자주)" (행 8:29). 마찬가지로, 하나님의 성령이 그의 말씀의 병거에 합류하실 때 말씀은 효력을 얻게 되는 것이다.

(2) **기록된 말씀을 소중히 여기도록 하라**(욥 23:12). 다윗은 말씀을 황금보다도 귀하게 여겼다. 순교자들은 성경 한 페이지를 위해 무엇을 내어주려 했던가! 말씀이야말로 값진 진주이신 그리스도가 감춰어 있는 밭이다. 우리가 이 신성한 광산을 캐는 것은 일개 황금조각을 얻기 위해서가 아니라 귀중한 영광을 얻기 위함인 것이다. 성경은 우리 눈을 밝히는 신성한 안약이다. 잠 6:23. "대저 명령은 등불이요 법은 빛이요." 성경은 우리가 새 예루살렘으로 항해해 나가기 위한 항해도(航海圖)이자 나침반이다.

그것은 모든 고통을 치료하는 최고급 강심제이다. 성경의 약속들은 시들어가는 영혼들을 소생시키는 생명수가 아니고 무엇인가? 죄가 문제인가? 여기 성경이라는 강심제가 있다. 시 65:3. "죄악이 나를 이기었사오니 우리의 죄과를 주께서 사하시리이다." 또는 히브리서에 있는 대로 "당신이 이를 덮으실 것입니다." 외적인 고통이 당신을 어지럽히는가? 여기 성경이라는 강심제가 있다. 시 91:15. "저희 환난 때에 내가 저와 함께 하리라." 이 말은 그냥 바라볼 뿐 아니라 몸소 지탱해주겠다는 것이다. 이같이 마치 언약궤 속에 만나를 넣어 두듯이 성경이라는 궤 속에는 약속이 들어 있다.

성경은 우리를 지혜롭게 할 것이다. 지혜는 홍옥보다 귀하다. 시 119:104. "주의 법도로 인하여 내가 명철케 되었으므로." 하와가 지식의 나무를 갈망하게 된 이유가 무엇이었는가? 창 3:6. "지혜롭게 할만큼 탐스럽기도 한 나무인지라." 성경은 인간에게 자신을 알라고 교훈한다. 성경은 사탄의 올무와 궤계를 밝히 드러낸다(고후 2:11). "성경은 너로 하여금 구원에 이르는 지혜가 있게 하느니라"(딤후 3:15). 오, 그러므로 성경을 높이 받들도록 하자. 나는 엘리자베스 1세 여왕이 대관식에서 성경을 받게 되자 이를 양손으로 받아 들고 입을 맞추고 가슴에 안으면서 이 책이야말로 나의 주된 기쁨이라고 말했다는 기록을 읽은 적이 있다.

(3) **만일 성경이 신적 영감으로 기록된 책이라면 이를 믿으라.** 로마인들은 그들의 법에 권위를 부여하기 위해 그것이 로마의 신들로부터 나왔다고 기록했다. 오, 하나님의 말씀을 신뢰하자! 그것은 하나님 자신의 입으로부터 나온 것이다. 인간의 불경은 그들이 성경을 믿지 않는다는 데에서 출발한다. 사 53:1. "우리의 전한 것을 누가 믿었느뇨?" 당신은 성경이 말하고 있는 영광스러운 상급을 믿었는가? 당신은 당신의 선택을 확증하기 위해 노력하려 하지 않는가? 당신은 성경이 말하고 있는 지옥의 고통을 믿었는가? 그로 인해 식은 땀이 나고 죄로 인해 내심 떨게 되지 않았는가? 그러나 사람들 중의 일부는 무신론자여서 말씀을 거의 신뢰하지 않는다. 그 때문에 그들은 그처럼 불경건하고 어두운 삶의 그림자를 드리우고 살아가는 것이다.

성경을 인정하고 마음으로 이를 확고히 믿도록 하라. 혹자는 만일 하나님께서 하늘로부터 한 천사를 보내어 당신의 뜻을 선포하신다면 믿겠다고 생각하기도 한다. 혹은 만일 그분이 지옥에 떨어진 사람들 중 하나를 보내사 지옥불 속에서 겪고 있는 모든 사람들의 지옥의 고통을 설교하게 하신다면 믿겠다고 한다. 그러나 "모세와 선지자들에게 듣지 아니하면 비록 죽은 자 가운데서 살아나는 자가 있을지라도 권함을 받지 아니하리라"(눅 16:31). 하나님은 지혜로우셔서 당신의 생각을 우리에게 알리는 가장 적합한 방법은 글을 통하는 것이라고 생각하신다. 따라서 말씀을 통해 믿지 못하는 사람은 그 말씀에 의해 심판받을 것이다. 성경에 대한 믿음은 극히 중요한 것이다. 그것은 우리에게 유혹에 대항할 수 있게 할 것이다. 요일 2:14. "말씀이 너희 속에 거하시고 너희가 흉악한 자를 이기었음이라." 성경은 우리를 성화(聖化)에로 강하게 이끈다. 따라서 성령에 의한 성화와 진리에 대한 믿음은 서로 결부되어 있다(살후 2:13). 만일 기록된 말씀을 믿지 않는다면 그것은 마치 물 위에 글을 쓰는 것과 같아서 아무런 효과도 남기지 아니하는 것이다.

(4) **기록된 말씀을 사랑하라.** 시 119:97. "내가 주의 법을 어찌 그리 사랑하는지요!." 어거스틴은 말했다. "주여, 성경이 나의 정결한 기쁨이 되게 하옵소서." 크리소스톰은 성경을 정원에 비유하고 모든 진리들을 향기로운 꽃송이에 비유하면서 우리는 이를 가슴이 아니라 마음에 품어야 한다고 하였다. 다윗은 말씀이 "꿀과 송이꿀보다 더 달다"고 평가했다(시 19:10). 성경에는 기쁨을 낳는 요소가 들어있다. 그것은 재물을 얻는 방법을 우리에게 보여준다(신 28:5; 잠 3:10). 또한 장수하는 길과(시 34:12) 천국에 이르는 길을(히 12:28) 보여주고 있다. 고로 우리는 성경을 읽는데 사용한 시간을 가장 달콤한 시간으로 간주할 수 있을 것이다. 또한 우리는 선지자 예레미야처럼 "내가 주의 말씀을 얻어 먹었사오니 주의 말씀은 내게 기쁨과 내 마음의 즐거움이오니"라고 말할 수 있을 것이다(렘 15:16).

(5) **성경과 일치하는 삶을 살라.** 우리 모두 성경적인 생활을 영위해야 한다. 성경이 우리의 생활 속에 마치 인쇄된 듯이 나타난다면 얼마나

좋겠는가! 말씀이 명하는 바를 실천하라. 순종은 성경을 해석하는 탁월한 방법이다. 시 86:11. "내가 주의 진리에 행하오리니." 말씀을 당신의 생활을 규정하는 해시계로 삼으라. 만일 우리가 그에 따라 우리의 모든 언행을 다스리지 않는다면 성경을 소유한다고 해서 더 나을 것이 무엇인가? 목수가 자(尺)를 가지고 있다 해도 이로써 그의 작업물을 측정하거나 면적을 구하지 않고 자기 등뒤에 꽂아 두기만 한다면 그에게 무슨 유익이 있겠는가? 마찬가지로, 우리가 말씀을 사용하여 이로써 우리 삶을 다스리지 않는다면 말씀이란 척도를 가지고 있다 해서 더 나을 게 무엇이겠는가? 얼마나 많은 사람들이 말씀의 기준을 벗어나 이탈하고 있는지! 말씀은 술 취하지 말하고 절제하도록 가르치지만 그들은 고주망태로 취해 있다. 말씀은 순결하고 거룩하도록 교훈하지만 그들은 불결하기 짝이 없다. 그들은 말씀의 기준을 완전히 벗어나 있다! 사람이 성경에 위배되는 삶을 산다면 이는 신앙에 얼마나 큰 모독이겠는가! 말씀은 "내 발에 등"이라고 불리운다(시 119:105). 그것은 우리 시야를 교정하기 위한 우리 눈의 빛일 뿐 아니라 우리 행실을 교정하기 위한 우리 발의 등도 되는 것이다. 오, 우리 모두 성경에 정통하도록 하자!

(6) **성경을 위해 싸우라.** 비록 우리는 분쟁적인 정신의 소유자가 되어서는 안되지만 하나님의 말씀을 위해서는 투쟁해야 한다. 이 보화는 너무나 값진 것이기 때문에 뗄래야 뗄 수 없는 것이다. 잠 4:13. "훈계를 굳게 잡아 놓치지 말고 지키라 이것이 네 생명이니라." 성경은 원수들에 의해 포위되어 있다. 이단들이 이를 공격하기 위해 힘써 싸우고 있는 실정이며, 따라서 우리는 "성도에게 단번에 주신 믿음의 도를 위하여 힘써 싸워야" 한다(유 3). 성경은 우리가 천국에 들어갈 수 있게 해주는 증거의 책이다. 우리가 우리의 증거를 떠날 것인가? 옛 성도들은 전부 진리의 옹호자인 동시에 순교자들이었다. 그들은 비록 생명을 잃는 한이 있더라도 성경을 단단히 고수하였다.

(7) **성경을 주신 하나님께 감사하라.** 하나님께서 우리에게 당신의 뜻을 전하실 뿐 아니라 이를 글로써 알게 하신 것은 얼마나 큰 자비인가! 옛

시대에는 하나님께서 당신의 생각을 환상으로 계시하셨지만 기록된 말씀이야말로 하나님의 뜻을 아는 더욱 확실한 길이다. 벧후 1:18. "이 소리는 우리가 저와 함께 거룩한 산에 있을 때에 하늘로서 나옴을 들은 것이라 또 우리에게 더 확실한 예언이 있어." 마귀는 하나님의 모방자여서 자신을 빛의 사자로 가장할 수 있다. 그는 거짓 계시로 우리를 기만할 수 있으니, 예컨대 나는 하나님으로부터 마치 아브라함처럼 그 자식을 희생시키라는 계시를 받았다고 생각했던 사람에 관해 들은 적이 있다. 그 결과 그는 마귀가 준 이같은 충동을 좇아 자기 자식을 살해했던 것이다. 이처럼 사탄은 사람들을 신적 계시가 아닌 미혹으로써 기만한다. 그러므로 우리는 하나님이 글로써 당신의 생각을 계시하신 것을 감사해야 할 것이다. 우리는 무엇을 믿어야 할지 모르는 애매한 미결 상태에 놓여 있지 않고 행해야 할 바에 대한 무오한 규범을 소유하고 있다. 성경은 우리를 천국으로 인도하는 길잡이이며 우리가 취해야 하는 모든 단계를 보여준다. 우리가 잘못 행하면 성경은 우리를 교훈하며, 우리가 올바로 행할 때에는 위로해준다. 따라서 성경이 번역되어 이해하기 쉽게 되어 있다는 사실이야말로 감사해야 할 일인 것이다.

(8) **하나님의 특별한 은혜를 경배하라.** 만일 당신의 양심에 임한 말씀의 능력과 권위를 느낀다면, 그리고 다윗처럼 "주의 말씀이 나를 살리셨나이다"(시 119:50)라고 말할 수 있다면 경배드리도록 하라. 그리스도인이여, 하나님께서 그대에게 성결의 척도로서 그의 말씀을 주셨을 뿐 아니라 성결의 원리로서 그의 은혜를 허락하셨음을 인하여 하나님을 찬양하라. 하나님께서 그의 말씀을 문자로 기록하셨을 뿐 아니라 이를 그대의 마음에 인쳐서 열매맺게 하신 것으로 인해 저를 찬양할지어다. 당신은 성경이 살아서 역사하는 것을 몸소 체험했기 때문에 그것이 신적인 영감을 받은 책이라고 말할 수 있는가? 오, 값없이 주시는 은혜여! 하나님께서 그의 말씀을 보내사 우리를 치료하셨다. 그것도 다른 사람이 아닌 바로 우리를! 그들에게는 죽은 문자인 성경이 우리에겐 생명의 향기인 것이다!

II

하나님과 창조

1. 하나님의 존재

질문 3: 성경이 주로 가르치는 것은 무엇입니까?

답변: 성경은 주로 인간이 하나님에 대해 무엇을 배워야 하며 하나님은 인간에게 무슨 의무를 요구하시는지에 관해 가르치고 있습니다.

질문 4: 하나님은 누구입니까?

답변: 하나님은 영으로서 무한, 영원, 불변하시고 그 존재는 지혜, 능력, 거룩, 공의, 선, 진리를 속성으로 가지고 계시는 분입니다.

이상의 내용을 다음의 항목으로 나눌 수 있다. I. 함축된 내용, 곧 하나님이 존재하신다. II. 표현된 내용, 곧 그는 영이시다. III. 그는 어떤 종류의 영이신가?

I. 함축된 내용.

하나님이 존재하신다. 하나님은 누구신가?라는 질문은 하나님이 존재하신다는 사실을 당연한 전제로 받아들인 것이다. 하나님의 본질에 대한 신앙은 모든 종교적 예배의 기초가 된다. 히 11:6. "하나님께 나아가는 자는 반드시 그가 계신 것을 믿어야 할지니라." 그 외의 모든 만물들에게 존재를 부여하는 제1원인이 먼저 존재해야 한다. 우리는 한분 하나님이 실재하신다는 사실을 알고 있다.

[1] **자연이라는 책을 통하여.** 신(神) 관념은 인간의 마음에 각인되어 있다. 그것은 자연의 빛을 통해 증명될 수 있다. 나는 어떤 사람이 선천적으로 무신론자가 되기란 힘들다고 생각한다. 그가 하나님이 없으면 좋겠다고 바라거나 신성에 대해 반론을 제기할 수 있을지 모르지만, 죄악이 누적되어 양심이 화인(火印) 맞아 무감각해지고 그의 모든 분별과 이성을 죄로 인해 상실해 버리지 않는 한 스스로의 판단만으로 하나님이 계시지 않는다고 믿을 수는 없다.

[2] **우리는 하나님의 존재를 그의 업적을 보고 알게 된다.** 그리고 이는 그분의 신성을 너무나 분명하게 증거하기 때문에 대부분의 무신론자들도 이들 업적을 보고는 이것들을 만든 어떤 지혜롭고 완전한 제작자가 존재한다는 사실을 인정하지 않을 수 없었던 것이다. 이는 갈렌(Galen)이나 다른 사람들의 글에서 찾아볼 수 있다. 우리는 하늘과 땅이라는 장엄한 구조물의 창조로부터 시작하고자 한다. 어떤 건축가나 제1원인이 존재한다는 것은 확실하다. 세계는 저절로 만들어질 수 없다. 위대하신 하나님이 아니라면 그 누가 지구를 허공에 매달 수 있겠는가? 누가 하늘을 빛나는 별자리와 반짝이는 빛들이 점점이 박힌 궁창과 같은 값진 가구들로 장식할 수 있을 것인가? 우리는 하나님의 영광이 태양 가운데 타오르고 별들 가운데 반짝이는 것을 보게 된다. 누가 지구에 그 옷을 입히겠는가? 즉 풀과 곡초로 덮고 들꽃으로 치장하며 황금으로 부요하게 만들수 있겠는가? 오직 하나님뿐이다. 욥 38:4. "하나님 외에 그 누구가 천공(天空)에 아름다운 음악을 만들고 천사들로 하여금 연주에 합류하여 그 조물주를 찬양하게 할 수 있을 것인가?" 욥 38:7. "그 때에 새벽 별들이 함께 노래하며 하나님의 아들들이 다 기쁘게 소리하였었느니라."

만일 어떤 사람이 먼 나라에 가서 장려한 건축물을 보게 된다면 그는 그것이 저절로 지어졌다고는 상상하지도 못하고 어떤 위대한 능력의 소유자가 이를 건축했다고 생각할 것이다. 피조물들을 하나님이 만들지 않았다고 가정하는 것은 마치 오묘한 풍경화를 화가의 손을 빌지 않고서도 연필이 저절로 그려낼 수 있다고 생각하는 것과 매한가지인 것이다(행 17:24). "우주와 그 가운데 있는 만유를 지으신 신께서는." 창조는 신께 속한 일이다. 만유의 지혜로운 운행은 하나님의 실재를 분명하게 증명한다. 하나님은 천지의 대주재이시며 통치의 금빛 고삐를 손에 움켜 쥐고 모든 만물들이 그 본래 목적대로 운행되도록 가장 질서정연하고 조화롭게 이끄신다. 신적 섭리를 목도하는 사람치고 하나님이 존재하신다는 사실을 인정하지 않을 자가 누구인가? 섭리는 만유의 여왕이요 통치자이다. 그것은 피조 세계 전체의 수레바퀴를 돌리는 손이다. 섭리는 태양을 운행케 하며 바다가 한계를 지키게 한다. 하나님께서 세계를 인도하시지 않았더라면 만물은 무질서와 혼돈에 빠지고 말았을 것이다.

우리가 시계를 보고 그 톱니바퀴의 운동과 타종(打鐘) 및 추의 왕복 등을 보게 된다면 누군가 숙련된 장인이 이를 제작했다고 말할 것이다. 마찬가지로, 우주의 저 탁월한 질서와 조화를 보고 빛과 열을 온 세상에 나누어주며 그것 없이는 세계가 무덤이나 감옥에 불과하게 될 저 거대한 발광체인 태양을 볼 때, 사람들을 소생시키고 한발을 막아주는 저 은빛 물줄기가 굽이치는 강들을 볼 때, 그리고 그 영역내에서 움직이고 정해진 한계를 지키는 모든 피조물들을 볼 때, 우리는 이 모든 만물들을 지혜롭게 명령하고 통치하는 한 분 하나님이 계신다는 사실을 인정하지 않을 수 없다. 만군의 하나님으로 칭해지는 그분 외에 누가 피조물의 거대한 집단을 그 군대와 진영대로 배치하여 끊임없이 전진하게 만들 수 있는가?

또한 하나님은 모든 피조물들을 지혜롭게 배치하시는 동시에 당신의 능력으로 이들을 지탱하신다. 만일 하나님이 당신의 영향력을 극히 조금만 정지시키거나 거두신다면 창조의 수레바퀴는 나사가 빠져버리고 차축이 산산조각으로 부서지고 말 것이다. 철학자들은 일체의 운동은 운동하지 않는 모종의 존재자로부터 비롯된다고 말한다. 예컨대 자연력(自然力)은 천체의 영향력과 운행에 의해 기동되고, 일월성신은 원동자(原動者, Primum

Mobile)라고 불리는 최고의 천체에 의해 기동된다. 그렇다면 그 최고의 천체를 움직이는 자 혹은 별들을 최초로 움직인 자는 누구인가라고 질문한다면, 그에 대한 답변은 오직 하나님일 수밖에 없는 것이다.

인간은 하나의 소우주이다. 그의 육체의 탁월한 구조와 골격은 마치 바느질하듯이 세밀하게 만들어져 있다. 시 139:15. "내가 땅의 깊은 곳에서 기이하게 지음을 받은 때에." 이 육신에 고귀한 영혼이 주어져 있는 것이다. 하나님 외의 그 누가 육체와 영혼 같이 서로 상이한 실체를 하나로 결합시킬 수 있겠는가? 우리는 그분 안에서 살고, 동작하고, 존재한다. 신체 각 부위의 민첩한 동작은 하나님의 존재를 보여주고 있다. 우리는 반짝이는 눈에서 그분에 관해 엿볼 수 있다. 그리고 신체라는 보물함이 그토록 오묘하게 만들어져 있다면 이 속에 담을 보석은 무엇인가? 영혼은 그 속에 천상의 빛을 간직하고 있다. 다마스케누스(Damascene)의 말처럼, "그것은 진흙 반지에 박힌 다이아몬드와 같다." 영혼은 얼마나 고귀한 기능들을 부여받고 있는가! 플라톤의 말과 같이 오성(悟性), 의지, 사랑은 삼위일체의 거울과 같다. 영혼의 질료는 영적인 것으로서, 천상으로부터 불붙여진 거룩한 불꽃이다. 또한 그것은 영적이므로 불멸하는 것이니, 곧 "영혼은 늙지 않는다"(anima non senescit)는 스캘리저(Scaliger,1540-1609. 프랑스 개혁교회의 대표적 문헌학자 — 역자주)의 말처럼 영생한다. 그같이 탁월한 천상적 속성들로 고귀하게 단장한 영혼을 하나님 외에 누가 창조할 수 있겠는가? 우리는 반드시 시편 기자처럼 "그는 우리를 지으신 자시요 우리는 그의 것이니"(시 100:3)라고 말해야 할 것이다.

[3] **우리는 우리의 양심에 비추어 하나님을 증명할 수 있다.** 양심은 하나님의 대리자이다. 양심은 하나님의 증인이다. 비록 우리에게 하나님의 존재를 가르쳐줄 성경이 없다 해도 양심이 그같이 할 것이다. 사도 바울의 말처럼 양심은 "혹은 송사하거나", "변명한다"(롬 2:15). 양심은 더 높은 법정으로 나아가기 위해 작용한다. 천부적인 양심은 큰 죄를 짓지만 않는다면 변명을 하게 되어 있다. 어떤 사람이 선하게 행동하고 건실하고 정직하

게 생활하며 황금률을 준수하여 자기가 대접받고자 하는 대로 남을 대접해준다면 양심은 이를 승인하고 잘했다고 말한다. 꿀벌처럼 양심은 달콤한 꿀을 제공해준다. 악인에게 있는 천부적 양심은 그에게 비난을 가한다. 어떤 사람이 양심의 빛에 위배되는 생활을 하게 되면 그들은 양심의 가책을 느끼게 된다. 아! 그 속에 무슨 전갈이 숨어 있는 것일까(Eheu! quis intus scorpio)? — 세네카(Seneca).

양심에 반하여 범죄할 경우, 양심은 그 인간의 얼굴에 불을 내뱉고, 수치와 공포로 가득 채운다. 죄인이 양심의 벽에 쓰인 글씨를 읽게 되면 그 안색이 변하게 된다. 수많은 사람들이 그들의 양심을 잠재우기 위해 목매어 자살했다. 잔인무도한 로마 황제 티베리우스(Tiberius)는 양심의 채찍질을 느꼈다. 그는 양심의 분노에 너무나 시달린 나머지 원로원에게 자신은 날마다 죽음을 경험한다고 말했던 것이다. 하나님에 관한 자각과 그의 법정에 서게 되리라는 인식이 아니라면 무엇이 인간의 양심을 그토록 고뇌하게 만들 수 있겠는가? 인간의 법 위에 있는 자들도 그들 자신의 양심의 통제 아래 놓여 있다. 또한 악인은 죽을 때가 가까와질수록 더욱더 공포심에 사로잡힌다는 사실을 관찰할 수 있다. 이것은 임박한 심판에 대한 두려움 외에 어디서 나왔겠는가? 영혼은 자신의 불멸성을 감지하고는 영생하시며 따라서 영원히 형벌을 거두지 않으실 그분 앞에서 떠는 것이다.

[4] **하나님이 존재하신다는 사실은 모든 인류의 보편적인 동의에 의해 만국의 합의를 얻은 것으로 보인다.** 키케로(Cicero)는 말했다. "신의 존재를 믿지 않을 정도로 미개한 민족이란 없다"(Nulla gens tam barbara cui non insideat haec persuasio Deum esse). 이교도들은 비록 참 하나님을 믿는 것은 아니지만 그래도 어떤 신을 예배했다. 그들은 "알지 못하는 신에게" 제단을 세웠다(행 17:23). 그들은 비록 어느 신에게 예배해야 할지 알지 못하면서도 신께 예배드려야 한다는 사실은 알고 있었다. 혹자는 제우스를, 혹자는 포세이돈을, 혹자는 아레스를 섬겼다. 그들은 어느 하나를 예배하지 않느니 차라리 무엇이든 전부 다 예배하려 했던 것이다.

[5] **하나님이 존재하신다는 것은 미래의 일에 대한 그분의 예언을 통해 나타난다.** 장래에 분명히 일어날 일들을 예언할 수 있는 그가 곧 참된 하나님이다. 하나님은 처녀가 잉태하리라고 예언하셨다. 그분은 메시야가 끊어져 없어질 시기를 미리 정하셨다(단 9:26). 그분은 유대인들의 바빌론 포수(捕囚)를 예고하셨고 누가 구원자가 될 것인지도 말씀하셨다(사 45:1). 하나님 자신이 당신이 참 신이심과 이방인들의 신들은 거짓되고 아무것도 아님을 증명하기 위해 이같은 논리를 사용하셨다(사 41:23). 신성의 증거는 예언의 진리다(Testimonium divinitatis est veritas divinationis) — 터툴리안. 자연적인 인과관계에 의해 발생하지 않는 우발적인 일들을 예언하는 것은 하나님께 속한 일이다

[6] **하나님이 존재하신다는 것은 그의 무한한 능력과 주권을 보고 알 수 있다.** 누구에게도 방해받지 않고 행할 수 있는 그가 곧 참된 하나님이다. 사 43:13. "내가 행하리니 누가 막으리요?" 행위 당사자보다 우월한 능력의 소유자 외에는 그의 행위를 방해할 수 없다. 그러나 하나님보다 우월한 능력은 존재치 않는다. 존재하는 모든 능력은 그로부터 나온 것이다. 따라서 모든 능력은 그 아래 있다. 그는 "팔에 능력을" 가지고 계신다(시 89:13). 그는 대적하는 인간들이 꾸미는 계획을 아시며 그들의 전차 수레바퀴를 꺾으신다. 그는 점쟁이들을 미치게 만드신다(사 44:25). 그는 군왕들의 기세를 꺾으시고 바다를 잔잔케 하시며 리워야단을 벌하시고 마귀를 사슬로 묶으신다. 그는 당신이 좋은 대로 행하시고 뜻하는 바를 이루신다. "내가 일하리니 누가 이를 허락하리요?"

[7] **마귀가 존재하므로, 따라서 하나님도 존재하신다.** 무신론자들은 악마가 존재한다는 사실을 부정할 수 없다. 그렇다면 하나님이 계신다는 사실도 인정해야 한다. 우리는 마귀들린 사람들에 관한 많은 이야기를 읽고 있다. 마귀는 성경에서 "털난 존재"(hairy ones)로 불리는데 왜냐하면 그들은 종종 염소나 사튀로스의 형상으로 나타나기 때문이다. 제르송

(Gerson, 1363-1429, 프랑스의 영적 저술가 — 역자주)은 그의 저서인 「영을 시험함에 관하여」(*De probatione spirituum*)에서 사탄이 한번은 어느 성자에게 극히 영화로운 모습으로 나타나 자기를 그리스도라고 말했다는 이야기를 우리에게 들려주고 있다. 그 노인은 "나는 나의 구주를 이 광야에서 보길 원치 않소. 그분을 천국에서 뵙는 것으로 충분하오"라고 대답했다는 것이다. 그런데, 만일 마귀가 존재한다고 한다면 하나님도 존재하신다. 이교도였던 소크라테스는 임종석상에서 비난을 받자 자기는 악령(malus genius)이 있다고 생각하므로 선한 영도 존재한다고 생각한다고 고백했던 것이다.

적용 1: 하나님이 존재하신다는 사실에 대한 지식은 이를 부정하는 무신론적인 바보들에 대한 책망의 근거가 된다. 에피쿠로스(Epicurus)는 신적 섭리의 존재를 부정하면서 모든 일은 우연하게 발생한 것이라고 말하였다. 하나님은 없다고 말하는 자야말로 가장 사악한 피조물이다. 그는 도둑보다도 나쁜데, 왜냐하면 도둑은 우리 물건을 가져가지만 무신론자는 우리에게서 하나님을 빼앗아가려 하기 때문이다. 요 20:13. "사람들이 내 주를 가져갔나이다." 우리는 무신론자들에 대해서도 이와 마찬가지로 그들이 우리의 모든 소망과 위로의 원천이신 하나님을 우리에게서 가져가려 한다고 말할 수 있을 것이다. 시 14:1. "어리석은 자는 그 마음에 이르기를 하나님이 없다 하도다." 그는 이를 혀로 발설하는 게 아니라 마음으로 말한다. 즉, 이를 소원한다. 그 누구도 이론적으로 무신론자가 될 수 없다는 것은 확실하다. "마귀도 믿고 떠느니라"(약 2:19).

나는 무신론자임을 자처했던 아더(Arthur)라는 사람의 이야기를 읽은 적이 있는데, 그는 임종시에 자신은 심판에 떨어진다고 울부짖었다고 한다. 하나님은 없다고 말하는 사람은 극소수이지만 실생활에서 행동으로 그분을 부정하는 사람은 많다. 딛 1:16. "저희가 하나님을 시인하나 행위로는 부인하니." 키케로(Cicero)는 에피쿠로스에 대해 그는 자기 말로 신들의 존재를 부정하는 동시에 존재케 허용한다(Verbis reliquit Deos resustulit)고 지적한 바 있다.

세상은 실제적인 무신론자들로 충만해 있다. 대부분의 사람들은 마치 하나님이 있음을 믿지 않는 것처럼 생활한다. 만일 그들이 후에 책임을 추궁할 하나님이 존재하심을 믿는다면 생전에 감히 거짓말하고 사기치고 더러운 행동을 할 수 있을까? 만일 하나님에 대해 전혀 들어본 적이 없는 한 인디안이 우리들 사회에 왔을 때, 그리고 이 시대의 사람들의 생활 외에는 하나님에 대한 믿음을 가지게 할만한 다른 수단이 전무(全無)하다고 한다면, 그는 분명히 하나님의 존재 여부에 의문을 표할 것이다: 나는 감히 신들이 존재한다고 말하고 싶지 않다(utrum Dii sint non ausim affirmare).

적용 2: 하나님이 존재한다면 그는 공의로 행하시고 사람들에게 정당한 보응을 하실 것이다. 세상에서는 일들이 대단히 불공평하게 진행되는 것처럼 보인다. 즉 악인들이 형통한다(시 73:3). 하나님을 시험하는 자들이 화를 면하고 있다(말 3:15). 악인들은 무르익은 포도송이를 짜서 잔에 담는데 비해 경건한 자들은 죄로 인해 울며 하나님께 봉사하고 고난을 당하고 있다. 시 102:9. "나는 재를 양식같이 먹으며 나의 마심에는 눈물을 섞었사오니." 악인들은 모든 좋은 것들을 향유하며 선인들은 모든 나쁜 것들을 감내한다. 그러나 하나님이 존재하시기 때문에 그분은 인간들을 공의롭게 다루실 것이다. 창 18:25. "세상을 심판하시는 이가 공의를 행할 것 아니니이까?" 범죄자들은 반드시 처벌받고야 말 것이다. 죄인이 죽을 날과 심판받을 날이 다가오고 있다. 시 37:13. "주께서 그 날의 이름을 보심이로다." 지옥이 존재하는 한 악인들은 충분히 형벌을 당할 것이다. 영원이 존재하는 동안 그들은 내내 지옥에 있게 될 것이다. 그리고 하나님은 당신의 백성들의 신실한 수고에 넘치도록 보상해 주실 것이다. 그들은 자신들의 세마포와 면류관을 받을 것이다. 시 58:11. "진실로 의인에게 갚음이 있고 진실로 땅에서 판단하시는 하나님이 계시다." 하나님은 하나님이시기 때문에 당신의 백성들에게 영광스런 상급을 주실 것이다.

적용 3: 하나님이 계신다면 이 하나님께 적대한 모든 자들에게 화가 있을 것이다. 하나님은 영원히 살아서 그들에게 복수하신다. 겔 22:14. "내가 네게 보응하는 날에 네 마음이 견디겠느냐 네 손이 힘이 있겠느냐?" 하나님의 안식일을 더럽히고 그 성도들을 적대하며 이 보화들을 땅바닥에 짓밟는 자들. 또한 하나님의 말씀에 어긋난 생활을 하면서 하늘의 무한하신 대주재를 적대하는 무리들. 그들의 처지는 얼마나 비참해질 것인가! 신 32:41. "나의 번쩍이는 칼을 갈며 내 손에 심판을 잡고 나의 대적에게 보수하며 나를 미워하는 자에게 보응할 것이라. 나의 화살로 취하게 하고 … " 사자의 포효를 듣는 것도 그토록 무서운 일인데 그가 먹이를 찢기 시작하면 어떠하겠는가? 시 50:22. "하나님을 잊어버린 너희여 이제 이를 생각하라 그렇지 않으면 내가 너희를 찢으리니."

오, 죄 가운데 행하는 인간들은 이를 생각하라! 우리가 저 위대하신 하나님께 대항할 것인가? 하나님의 징계는 느리지만 엄중한 것이다. 욥 40:9. "네가 하나님처럼 팔이 있느냐 하나님처럼 우렁차게 울리는 소리를 내겠느냐?" 그대는 하나님같은 타격을 가할 수 있는가? 하나님은 가장 좋은 친구이시지만 또한 가장 무서운 대적이 되실 수 있다. 만일 그분이 사람들이 무덤에 들어가도록 감찰하실 수 있다면 그는 그들을 얼마나 멀리 내던지실 수 있겠는가? "누가 주의 노의 능력을 알리이까?"(시 90:11). 한 방울의 쾌락을 즐기기 위해 진노의 바닷물 전부를 마시는 사람들은 얼마나 어리석은가! 파라켈수스(Paracelsus,1493-1541. 의사,철학자,과학자 — 역자 주)는 사람들을 춤추다 죽게 만드는 정신착란증세에 관해 기술하고 있는데, 이와 마찬가지로 죄인들은 춤추면서 지옥으로 내려가고 있다.

적용 4: 하나님이 존재하신다면 우리는 우리 신조의 이 위대한 조항을 굳게 믿어야 할 것이다. 인간이 하나님을 믿지 아니한다면 그에게 어떠한 종교가 있을 수 있겠는가? "하나님께 나아가는 자는 반드시 그가 계신 것을 믿어야 할지니라"(히 11:6). 하나님께 예배하고 기도하면서도 그분의 존재를 믿지 않는 것은 그분을 지극히 조롱하고 멸시하는 것이다. 하나님이 유일한 참 신이심을 믿으라. 이것이 그의 말씀 속에 계시된 하나님이다.

"왕이 정의를 사랑하고 악을 미워하시니"(시 45:7). 하나님에 대한 참된 믿음이야말로 모든 종교적 예배에 생명력을 불어 넣는다. 우리가 하나님의 진리와 무한하심을 믿으면 믿을 수록 우리의 삶은 더욱 거룩하고 성스럽게 된다. 우리가 홀로 처하든지 또는 무리 가운데 있든지간에 하나님은 우리를 살피신다. 그는 마음을 감찰하시는 분이다. 이를 믿는다면 우리는 언제나 하나님의 눈 아래에서 생활하게 될 것이다. 시 16:8. "내가 여호와를 항상 내 앞에 모심이여."

하나님에 대한 신앙은 죄를 억제하고 사명을 감당하도록 고무할 것이다. 그것은 기도에 날개를 달아줄 것이며 우리 헌신의 등불에 기름을 더해 주게 될 것이다. 우리가 하나님을 믿으면 우리 모든 곤경과 위기 가운데에서도 저를 의지하게 해줄 것이다. 창 17:1. "나는 전능한(all-sufficient) 하나님이라." 즉 우리의 모든 필요를 공급하고 모든 공포를 흩어버리며 모든 의심을 해소하고 모든 유혹을 극복하실 수 있는 하나님이시다. 하나님의 능력의 팔은 결코 줄어들 수 없다. 그는 우리를 위해 자비를 베푸실 수 있으며, 따라서 도우실 수 있고 피조물에 의해 속박되지 않으신다. 우리가 하나님의 존재를 믿는다면 우리는 그분의 섭리를 단단히 의지하고 어떤 부정한 수단도 사용하지 않아야 한다. 우리는 문제를 벗어나기 위한 방편으로 죄를 의지하지 말아야 한다. 왕하 1:3. "이스라엘에 하나님이 없어서 너희가 에그론의 신 바알세붑에게 물으러 가느냐?" 사람들이 범죄적인 방법을 추구하는 것은 그들이 하나님의 존재를 믿지 않아서인가? 아니면 그의 전능하심을 믿지 않기 때문인가?

적용 5: 하나님이 존재하시면 우리는 그분께 관심을 가지기 위해 노력해야 한다. 시 48:14. "이 하나님은 우리 하나님이시니." 타락 이후로 우리는 하나님의 형상 및 그분과의 교제를 상실했다. 우리는 이 잃어버린 관심을 회복하고 다음의 구호를 선포하기 위해 노력해야 할 것이다 — "나의 하나님"(시 43:5). 하나님이 계심을 아는 것은 그가 우리 하나님이 되지 않으면 거의 위안이 되지 못한다. 렘 31:33. "나는 그들의 하나님이 되고." 그리고 믿음은 그 제의를 받아들이고 하나님을 모셔들이며 그분의 모든 것을 우리 것으로 삼게 만든다. 그의 지혜가 우리 것이 되어 우리를 가르치고, 그의 거룩성이 우리 것이 되어 우리를 성결케 하고, 그의 성령이 우리 것이 되어 우리를 위로하고, 그의 자비가 우리 것이 되어 우리를 구원하게 되는 것이다. 하나님을 나의 것이라고 말할 수 있는 것이 세상의 모든 금광과 은광을 소유하는 것보다 더 나은 것이다.

적용 6: 하나님이 계신다면 그분을 하나님으로 섬기고 예배하도록 하자. 그것은 로마서 1:21에서 몇몇 사람들을 향해 내려진 고발의 말씀이었다. "하나님을 알되 하나님으로 영화롭게도 아니하며." 우리는 그분을 하나님으로 삼고 기도하자. 열심히 기도하자. 약 5:16. "의인의 간구는 역사하는 힘이 많으니라"(영어 본문을 직역하면 "열정적인 기도는 효과가 크다"임 — 역자 주). 기도는 불인 동시에 향기(香煙)이다. 열심이 없는 기도는 기도가 아니다. 우리 모두 그분을 하나님으로서 사랑하도록 하자. 신 6:5. "너는 마음을 다하여 네 하나님 여호와를 사랑하라." 그를 전심으로 사랑한다는 것은 그분께 우리 사랑의 우선권 곧 가장 좋은 부분을 드린다는 의미이다. 그리고 감사하는 태도로 열렬하게 최선을 다해 사랑하는 것이다. 돋보기에 햇빛이 모이면 더욱 뜨거워지듯이 우리의 모든 사랑을 하나로 모아서 하나님을 더욱 열렬하게 사랑하도록 해야 한다. 그분을 하나님으로 받들고 순종하자. 모든 피조물들은 그분께 순종하며 별들은 그를 위한 싸움을 싸우며 바람과 바다도 그에게 복종한다(막 4:41). 하나님께 이성적 본질을 부여받은 인간은 더욱 더 그분께 순종해야 한다. 그는 하나님이시며 우리에 대해 주권을 가지고 계신다. 그러므로, 우리는 그로부터 생명을 받았으므로 또한 그로부터 율법을 받고 만사에 그의 뜻에 복종해야 한다. 이것이 그분께 충성의 입맞춤을 드리고 그를 하나님으로 영화롭게 하는 길이다.

II. 표현된 내용.

요 4:24. "하나님은 영이시니." 하나님은 영적인 존재(essentia

spiritualissima)이시다 — 잔키우스(Zanchius,1516-1590. 16세기의 개혁신학자 — 역자주).

하나님은 영(a Spirit)이시라는 말의 의미는 무엇인가?

나는 영이라는 단어를 하나님은 비물질적인 실체이시며 순수하고 신비하며 혼합되지 않은 존재로서 육체와 영혼의 결합이 아니고 부분들의 연장이 없다는 의미로서 사용한다. 육신은 찌꺼기와 같은 것이다. 하나님의 본질은 영적일수록 더욱 더 고귀하고 탁월한 것이다. 영이란 말하자면 포도주의 좀더 정제된 부분과 같다.

하나님은 다른 영들과 어떤 점에서 다르신가?

[1] 천사들은 영이다. 우리는 영들을 구별해야 한다. 천사들은 피조되었고, 하나님은 피조되지 않은 영이시다. 천사들은 유한하며 멸망당할 수 있다. 그들을 지으신 바로 그 능력은 그들을 본래의 무(無)로 되돌리실 수 있다. 그러나 하나님은 무한하신 영이다. 천사들은 제한된 영들로서, 두 장소에 동시에(duobus locis simul) 있을 수 없고 한 장소에만 제한된다. 그러나 하나님은 무한하신 영으로서 모든 장소에 동시에 계실 수 있다. 천사들은 영이라 해도 단지 부리는 영에 불과하다(히 1:14). 그들은 영이라 해도 하나님의 종인 것이다. 하나님은 가장 탁월하신 영으로서 모든 영들의 아버지이시다(히 12:9).

[2] 인간의 영혼(soul)은 영이다. 전 12:7. "신은 그 주신 하나님께 돌아가리라."

영이신 하나님은 인간의 영혼과 어떻게 다른가?

세르베투스(Servetus,1511-1553. 반(反)삼위일체론자이며 16세기의 대 이단 — 역자주)와 오지안더(Osiander,1498-1552. 독일의 종교개혁자 — 역자주)는 영혼은 다름아닌 하나님의 영과 실체가 사람에게 주입되고 전달된 것이라고 생각했다. 이것은 불합리한 견해인데, 왜냐하면 하나님의 본질은 전달이 불가능하기 때문이다.

영혼을 영이라고 말하는 것은 하나님께서 이를 명료하게(intelligible) 지으시고 그 위에 당신의 본질이 아니라 형상을 각인하셨다는 의미인 것이다.

그러나 우리는 신의 성품에 참여한 자라고 말해지지 않는가?

거기서 신의 성품이란 신적인 제 특성들(qualities)을 의미한다(벧후 1:4). 우리는 신의 성품에 참여하는 자가 되었는데, 이는 신적 본질과의 일치나 결합을 통해서가 아니라 하나님의 형상으로 변화함으로써 인 것이다. 그러므로 우리는 하나님과 다른 영들 곧 천사나 인간의 영혼과의 차이점을 알 수 있다. 그는 초월적인 탁월성을 지니신 영으로서 "영들의 아버지"이신 것이다.

이에 대해 포르스티우스(Vorstius,1495-1558. 독일 루터교 신학자 — 역자주)나 신인동형동성론자(神人同形同性論者)들은 성경에서는 하나님을 인간의 형상과 모양으로 묘사하고 있다는 논리로 반박한다. 즉 성경에 의하면 하나님은 눈과 손을 가지고 계신다는 것이다.

육적 실체를 소유한다는 것은 영의 본질에 위배된다. 눅 24:39. "내 손과 발을 보고 나인줄 알라 또 나를 만져보라 영은 살과 뼈가 없으되 너희 보는 바와 같이 나는 있느니라." 성경은 하나님을 신체 기관을 가지신 것으로 묘사하고 있지만 이는 실제로 그런 것이 아니라 비유적으로 차용된 의미에서 그렇다. 하나님의 오른손이란 곧 그의 능력을 의미한다. 주님의 눈이란 그의 지혜를 뜻한다. 하나님은 영이시므로 육체적 형상이나 실체를 가지실 수 없다는 것은, 육체는 눈에 보이지만 하나님은 보이지 않는다는 사실을 통해서도 명백하게 드러난다. 그러므로 그분은 영이시다. 딤전 6:16. "아무 사람도 보지 못하였고 또 볼 수 없는 자시니." 즉 감각적 눈으로는 볼 수 없다. 육체는 유한해서 한 번에 단 한 곳에만 있을 수 있지만 하나님은 한 번에 모든 장소에 편재해 계실 수 있다. 그러므로 그는 영이시다(시 139:7,8). 하나님의 중심부는 어디에나 있고 그분의 주변은 어디에도 없다. 필수적인 부분들로 구성된 몸은 분해될 수 있다(quicquid divisible est corruptible). 그러나 신은 분해될 수 없으니, 만물의 시초되시는 그분에겐 종말이 있을 수 없기 때문이다. 결과적으로 하나님은 영이라는 것이 명백하며, 이는 그분의 성품에 완전성을 더해주는 것이다.

적용 1: 만일 하나님이 영이시라면 그는 고통을 느끼실 수 없다. 그는 상처를 입으실 수 없는 것이다. 악인들은 그들의 깃발을 내세우고 하나님께 대항하며, 하나님을 대적하는 자로 불리운다(행 5:39). 그러나 이같은 투쟁이 무슨 소용이 있는가? 그들이 하나님께 어떠한 상처를 입힐 수 있단 말인가? 하나님은 영이시므로 여하한 상처도 받지 아니하신다. 악인들은 하나님께 악을 행하려고 기도할지 모른다. 나훔 1:9. "너희가 여호와를 대하여 무엇을 꾀하느냐?" 그러나 하나님은 영이시므로 건드릴 수 없는 것이다. 악인들은 그분의 영광을 가리울지 모르나 그분의 본체는 건드릴 수 없다. 하나님은 그의 대적들에게 상처를 입힐 수 있지만 대적들은 그같이 할 수 없다. 배교자 율리안이 하늘을 향해 자기 단검을 던질 수 있을지 모르나 하나님을 건드릴 수는 없다. 하나님은 영이어서 보이지 않는다. 악인들이 그분을 볼 수 없는데 어떻게 그 모든 능력을 동원한다 해도 상처를 입힐 수 있겠는가? 따라서 하나님께 대적하는 악인들의 모든 시도는 어리석은 짓이며 종국엔 실패로 끝나버리고 만다. 시 2:2,4. "세상의 군왕들이 나서며 관원들이 서로 꾀하여 여호와와 그 기름받은 자를 대적하며 우리가 그 맨 것을 끊고 그 결박을 벗어버리자 하도다 하늘에 계신 자가 웃으심이요." 하나님은 영이어서 그들에게 타격을 가하실 수 있지만 그들은 그에게 손도 댈 수 없는 것이다.

적용 2: 만일 하나님이 영이시라면, 이는 그분을 그림과 조각상으로 만들어 예배하는 교황주의자들의 어리석음을 밝히 보여 준다. 그는 영이시므로 그분을 묘사하는 여하한 상(像)도 만들 수 없다. 신 4:12. "여호와께서 화염 중에서 너희에게 말씀하시되 음성뿐이므로 너희가 그 말소리만 듣고 형상은 보지 못하였느니라."

하나님은 영이시므로 지각할 수 없고 인식할 수 없는 분이다. 그렇다면 어떻게 그와 비슷한 형상을 만들 수 있는가? 사 40:18. "그런즉 너희가 하나님을 누구와 같다 하겠으며 무슨 형상에 비기겠느냐?" 어떻게 하나님을 그림으로 그릴 수 있는가? 우리는 결코 본 적이 없는 존재의 형상을 제작할 수 있는가? 우리는 그와 유사한 어떤 존재도 본 적이 없다. 하나님은 영이시다. 영혼의 모습을 만들거나 천사들을 그리려는 시도는 우매한 짓이니, 왜냐하면 이들은 영이기 때문이다.

성경에 나오는 천사들은 그룹으로 묘사되고 있지 않은가?

"어떤 인물의 실제 모습과 더불어 그의 직분을 묘사하는 형상이 존재한다(Imago personae et officii)." 성경에 기록된 그룹들은 천사의 실제 모습을 묘사하는 게 아니라 그 직분을 묘사하는 것이었다. 그룹들에겐 날개가 달려 있는데, 이는 천사들이 자기 사명을 수행하는 신속성을 표현하는 것이다. 또한 우리가 영혼이나 천사들이 영이기 때문에 그 모습을 그릴 수 없다면, 더욱이 무한하시고 영들의 어버이이신 하나님은 그릴 수 없는 것이다.

하나님은 또한 편재적인 영이다. 그는 어느 곳에나 계신다. 렘 23:24. "나 여호와가 말하노라 나는 천지에 충만하지 아니하냐?" 따라서, 그는 도처에 계시므로 그를 여하한 형상으로 만들어 경배하는 것은 터무니없는 짓이다. 국왕이 임석한 자리에서 국왕의 그림을 향해 절한다는 것은 바보 같은 짓이 아닌가? 마찬가지로, 이는 하나님께서 직접 와 계시는데 그분의 상을 예배하는 행위인 것이다.

그렇다면 우리가 그의 형상도 모양도 만들어서는 안된다면 영이신 하나님을 어떻게 이해해야 할 것인가?

우리는 그분을 영적으로 이해해야 한다. 그분의 속성인 거룩, 공의, 선은 그의 신성이 비추어 나오는 광채와 같다. 우리는 그분을 그리스도 안에 계신 그대로 이해해야 한다. "그리스도는 보이지 아니하시는 하나님의 형상이요"(골 1:15). 당신의 믿음의 눈을 신인(神人)되신 그리스도께 고정시켜야 한다. 우리는 그리스도 안에서 신적 영광의 불꽃을 목도한다. 그 안에는 천부의 모든 탁월성이 그대로 나타나 있다. 아버지 하나님의 지혜, 사랑, 거룩성은 그리스도를 통해 빛나고 있다. 요 14:9. "나를 본 자는 아버지를 보았거늘."

적용 3: 만일 하나님이 영이시라면 그것은 우리가 영적으로 성장해 갈수록 하나님을 닮아가게 된다는 것을 보여준다. 흙과 영이 어떻게 화합한단 말인가? 빌 3:19. 땅에 속한 자는 흙에서 사는 두더지나 거북이처럼 자기 일만을 생각한다. 세속적인 인간과 영이신 그분 사이에 어떠한 유사점이 있는가? 누구든지 영적으로 되어갈수록 하나님을 닮아가게 되는 것이다.

영적으로 된다는 것은 무엇인가?

정화되고 승화되며, 마음은 하늘에 두고, 생각은 하나님과 영광에 두며, 하나님을 향한 사랑의 불병거를 타고 올라가는 것을 말한다. 시 73:25. "하늘에서는 주 외에 누가 내게 있으리요?" 베자(Beza)는 이를 다음과 같이 주석했다. "땅이여 가버려라! 오 내가 당신과 함께 하늘에 거한다면(Apage terra, utinam tecum in caelo essem)!" 이들 세속사로부터 분리된 그리스도인들은 마치 영들이 찌꺼기로부터 분리되듯이 고상하고 신령한 영혼을 지니게 되며 영이신 그분을 가장 닮게 된다.

적용 4: 이것은 하나님께서 우리에게 요구하시고 또한 그분이 가장 받으시는 예배는 영적 예배임을 보여준다. 요 4:24. "예배하는 자가 영과 진리로 예배할지니라." 영적인 예배란 순수한 예배이다. 비록 하나님은 우리 육체의 봉사를 받으시고 우리가 눈과 손을 높이 듦으로써 그의 영광과 위엄에 대해 품은 경외심을 다른 사람들에게 증거하기를 원하시지만, 그는 주로 영혼의 예배를 받고자 하신다. 고전 6:20. "너희 몸으로 하나님께 영광을 돌리라"(영어 본문을 직역하면 "너희 몸으로 하나님께 영광을 돌리고 또한 너희 영으로 영광을 돌리라"임 — 역자주). 하나님은 영적인 예배를 소중히 여기시는데, 왜냐하면 그것은 영이신 그분의 본성에 근접하는 것이기 때문이다.

하나님을 영으로 예배드린다는 것은 무엇인가?

(1) **그분을 형식에 구애됨 없이 예배드리는 것이다.** 하나님께서 몸소 명하신 율법의 의식은 이제는 폐기되고 시대에 뒤떨어진 것이 되었다. 실체이신 예수께서 오셨으므로 그림자들은 사라져 버렸다. 그래서 사도는 율법적 의식들을 육체의 예법이라고 부르고 있는 것이다(히 9:10). 만일 우리가 한때 하나님께서 제정하셨던 저 유대의 의식들을 지키지 않아도 된다면 그분이 제정하시지도 않은 의식은 더 더욱 지킬 필요가 없는 것이다.

(2) **하나님을 영으로 예배한다는 것은 메시야의 보혈에 대한 믿음을 가지고 그분께 예배드리는 것이다.** 히 10:19. 그분께 지극한 열심과 간절한 심령으로 예배드리는 것이다(행 26:7). "우리 열두 지파가 밤낮으로 간절히 하나님을 받들어 섬김으로" — 즉 간절한 심령으로. 이는 규칙적으로 할 뿐 아니라 절실한 마음으로 하는 것이다. 이것이 영으로 하나님을 예배드리는 것이다. 예배란 신령해질수록 영이신 하나님께 가까워지며, 더욱 탁월하게 된다. 직무의 영적인 부분은 곧 희생제물의 기름 부위에 해당된다. 그것이 신앙의 핵심이자 정수이다. 가장 진한 코디얼 주(酒)는 신령으로 빚은 것이며, 가장 최선의 종무(宗務)는 신령한 종무이다. 하나님은 영이시며, 신령으로 예배받으실 것이다. 하나님께서 열납하시는 것은 예배의 화려함이 아니라 순수성이다. 회개란 고행, 금식, 매질과 같이 육신에 가하는 외적인 고통이 아니라 깨어진 심령이 드리는 제사에 있다. 감사는 교회 음악이나 오르간의 선율에 있는 게 아니라 마음 속의 멜로디를 주님께 향하여

가지는데 있다(엡 5:19). 기도란 목소리를 냉랭한 신앙고백의 가락에 맞추거나 염주알을 굴리면서 읊조리는 것이 아니고 한숨과 신음으로 이루어져 있다(롬 8:26). 열심의 불이 기도의 향에 옮겨 붙으면 그것은 향긋한 향연(香煙)이 되어 올라가게 된다. 참된 성수는 교황이 뿌리는 그런 게 아니라 회개하는 눈에서 방울방울 떨어지는 것이다.

영적인 예배는 영이신 하나님을 가장 기쁘시게 한다. 요 4:23. "아버지께서는 이렇게 자기에게 예배하는 자들을 찾으시느니라." 이는 그같은 자들을 열납하신다는 것과 하나님은 신령한 예배를 몹시 기뻐하신다는 것을 보여준다. 이것이야말로 하나님이 기뻐하시는 향기로운 고기인 것이다. 이를 유의하는 자들이 얼마나 드문지! 그들은 신령보다는 찌꺼기를 더 많이 드린다. 그들은 자기들의 종무를 수행하기에 충분할 정도의 고려는 하지만 그들의 마음을 온전히 드리지는 않는다. 그 결과로 하나님께서 당신이 몸소 지정하신 바로 그 예배 의식을 부정하게 된 것이다(사 1:12; 겔 33:31). 그러므로 우리 모두 하나님께 그의 성품에 가장 적합한 영적 예배를 드리도록 하자. 약효가 탁월한 영약(靈藥)은 단지 몇 방울만으로도 충분할 것이다. 마찬가지로 기도도 신령과 진정으로 드린다면 조금만 해도 많은 효과를 볼 수 있다. 세리는 단지 짤막한 기도를 드렸을 뿐이었다. "하나님이여 불쌍히 여기옵소서 나는 죄인이로소이다"(눅 18:13). 그러나 이는 생명과 신령이 충만했다. 그것은 중심에서 우러난 기도였으며, 따라서 하나님께 열납되었던 것이다.

적용 5: 하나님은 영이시므로 그가 당신의 영을 우리에게 허락해 주시도록 간구하자. 하나님의 본질은 전달될 수 없다. 그러나 그분의 성령의 운동과 임재와 효력은 전달이 가능하다. 태양빛이 방안에 비치는 것은 태양의 본체가 방안에 들어와 있는 게 아니라 그 빛과 열과 효력이 들어온 것을 말한다. 하나님은 그의 영을 주시겠다고 약속하셨다. 겔 34:27. "또 내 신을 너희 속에 두어." 약속을 기도로 옮기도록 하라. "오 영이신 주여, 내게 당신의 성령을 주시옵소서. 육체된 제가 주의 영 곧 조명하고 성화하고 생명을 주시는 성령을 간구하나이다." 멜란히톤(Melanchton,1497-1560. 독일의 종교개혁자 — 역자주)은 다음과 같이 기도하였다. "주여 내 영혼을 주의 성령으로 불타게 해주소서." 하나님의 성령은 얼마나 필요한가! 우리는 성령 없이는 사명을 생동력있게 수행할 수 없다. 이 성령의 바람이 우리 영혼의 돛에 불어 올 때 우리는 항구를 향해 신속하게 나아가게 된다. 그러므로, 하나님이 당신의 영의 넘치는 부분을 우리에게 허락하시도록 기도하자(말 2:15). 이는 우리가 신앙적으로 좀더 활기있게 행하기 위해서 인 것이다.

적용 6: 하나님은 영이시므로 그가 주시는 상급도 영적이다. 그가 이생에서 우리에게 주시는 주된 축복은 금이나 은이 아니라 신령한 축복(엡 1:3), 곧 당신의 사랑이신 그리스도를 주시고 은혜로써 우리를 채우시는 것이듯이, 그가 내세에서 우리에게 주시는 주된 상급 역시 영적인 것이니, 곧 "시들지 아니하는 영광의 면류관"(벧전 5:4)이다. 세상의 면류관은 시들어 버리지만 신자의 면류관은 영적이므로 불멸하며 결코 시들지 않는 면류관이다. 조셉 스캘리저(Joseph Scaliger)는 말한다. "신령한 것이 변하거나 부패한다는 것은 불가능하다." 이 사실은 모든 노고와 고난 중에 처해있는 그리스도인들에게 위로가 될 것이다. 그는 하나님께 자신을 드리고 이 땅에서는 거의 혹은 전혀 보상을 받지 못하지만 기억해야 할 것은 장차 영이신 하나님께서 신령한 상급을 주실 것인데, 곧 하늘에서 그분의 얼굴을 보게 하시고 세마포와 중한 영광을 허락하실 것이다. 그러므로 하나님의 일을 하면서 피곤해하지 말자. 신령한 상급 곧 시들지 아니하는 영광의 면류관을 생각하라.

Ⅲ. 하나님은 어떤 종류의 영이신가?

그는 무한하시다. 모든 피조물들은 유한하다. 비록 하나님의 모든 속성에 대해 무한성을 적용해야 하겠지만(즉 무한히 자비롭고 무한히 지혜로우시며, 무한히 거룩하시다) 우리는 무한성의 의미를 다음과 같이 볼 수 있을 것이다.

하나님의 편재성(偏在性). "무한하다"라는 단어의 헬라어 원어에는 "제한이나 한계가 없다"는 의미가 내포되어 있다. 하나님은 어떤 한 장소에 국한되지 아니하고, 무한하시므로 일시에 모든 장소에 존재하신다. 그분의 중심부는 어느 곳에나 있다. 하나님의 존재가 제한되거나 배제된 장소란 없다(Divina essentia nusquam inclusa aut exclusa) — 어거스틴. 왕상 8:27. "하늘과 하늘들의 하늘이라도 주를 용납하지 못하겠거늘." 터키인들은 그들의 사원을 꼭대기가 개방된 형태로 건축함으로써 하나님은 그 사원에 의해 제한될 수 없으며, 모든 장소에 계신다는 사실을 보여주려 했다. 하나님의 본체는 천상이나 지상의 일부 영역에 제한받지 않고 모든 곳에 존재한다. 철학자들은 영혼에 관해 "영혼은 신체의 모든 곳에 있다"(Tota in tota, et tota in qualibet parte), 즉 눈, 심장, 발 등 어느 곳에나 있다고 했는데, 마찬가지로 우리는 하나님에 대해서도 그는 편재적이어서(ubique) 그 실체는 어디에나 있다고 말할 수 있을 것이다. 그분의 영역은 하늘과 땅과 바다에 걸쳐 있고 그는 그 영역의 모든 장소에 일시에 임재해 계신다. "이것이 무한하다는 말의 의미이다." 다른 모든 만물을 붙잡고 계시는 하나님 자신은 제한을 받지 않는다. 그는 바다의 경계를 정하셨다. "너는 여기까지만 들어오고 그 이상은 말지니라(Huc usque)." 그는 천사들의 한계를 정하신다. 천사들은 그룹들처럼 그분이 정하신 위치에서 활동하고 시립(侍立)한다(겔 10:16). 그러나 그는 무한하고 한계가 없으시다. 하늘을 차일처럼 펴고 지구를 저울에 다실 수 있는 분이라면 반드시 무한해야 한다(사 40:22).

포르스티우스는 하나님은 모든 장소에 일시에 계신다고 주장하지만 이는 그의 실체가 아니라 그 공덕과 영향력을 통해서(Virtute et potentia)라고 주장하고 있다. 즉 이는 마치 태양의 본체는 하늘에 있으므로, 지구에는 오직 그 빛과 영향력만을 보내는 것이나, 또는 국왕이 개인적으로는 그의 왕좌에 앉아 있지만 그 권능과 권위면에서는 그의 왕국 전역에 존재하는 것과 흡사하다는 것이다.

하나님은 무한하시므로 한번에 모든 장소에 계신다는 말은 그 영향력뿐 아니라 실체적으로 그렇다는 의미이다. 왜냐하면, 그가 모든 장소에 충만하시다면 그는 그곳에 반드시 개인적으로 직접 존재하셔야 하기 때문이다. 렘 23:24. "나는 천지에 충만하지 아니하냐?"

그러나 하나님은 하늘이 그의 보좌라고 말씀하고 계시지 아니한가? 사 46:1

또한 성경에는 겸손한 마음이 그의 보좌라는 구절도 있다(사 57:15). 마음이 겸손한 사람에게 그의 은혜가 임하신다는 점으로 미루어볼 때 이는 그의 보좌인 것이다. 또한 하늘은 그의 영광스러운 임재의 측면에서 볼 때 그의 보좌이다. 그러나 이들 보좌 가운데 어떤 것도 그를 붙잡아 둘 수 없는 것이, 하늘들의 하늘이라 할지라도 그분을 감당할 수 없기 때문이다.

그러나 만일 하나님이 모든 장소에 무한히 편재해 계신다면 그는 더러운 장소에도 계시게 되며 따라서 불순물과 혼합될 것이다.

비록 하나님은 모든 곳에 계시지만, 예컨대 죄인의 마음에는 감찰하심으로, 지옥에는 심판으로 임하여 계시지만 그는 불순물과 혼합되거나 조금이라도 악에 물들지 아니하신다. 신성은 피조물과 혼합되지 않으며 그 더러움에 의해 오염되지도 아니한다(Divina natura non est immista rebus aut sordibus inquinata) — 어거스틴. 거름더미 위에 비치는 태양빛은 더러워지지 않으며, 그 아름다움 역시 때묻지 않는다. 또한 죄인들 가운데 다니신 그리스도는 더러워지지 않으셨다. 왜냐하면 그의 신성은 타락에 대해 충분한 해독제가 되었던 것이다.

하나님은 반드시 모든 장소에 동시에 계셔야 하며 이는 그 본성의 단일성과 순수성에 있어서만 아니라 그 능력에 있어서도 마찬가지인데, 그의 심히 위대한 능력에 비추어볼 때 과연 누가 그의 한계를 설정하거나 활동 영역을 규정할 수 있겠는가? 그것은 마치 물 한방울이 대양을 제한하거나 일개 별이 태양의 경계를 정하는 것과 같이 주제넘은 짓이다.

적용 1: 이는 하나님보다 사물을 더 무한한 것으로 만드는 교황주의자들을 정죄한다. 그들은 그리스도의 몸은 많은 장소에 동시에 임재한다고, 즉 하늘에 계시면서 동시에 성찬의 떡과 포도주 속에 계신다고 주장한다. 비록 하나님되신 그리스도는 무한하셔서 일시에 여러 곳에 편재해 계시지만 인간으로서는 그렇지 못하다. 그가 지상에 계실 적에 신성은 비록 하늘에 계셨지만 그의 인성은 하늘에 거하지 않았다. 그리고 이제 그는 하늘에 계시므로, 그의 신성은 지상에 있어도 인성은 지상에 거하지 않는 것이다. 히브리서 10:5는 그리스도에 관해 다음과 같이 말하고 있다. "나를 위하여 한 몸을 예비하셨도다." 이 몸은 한번에 모든 장소에 존재할 수 없다. 왜냐하면 그렇다면 그것은 더 이상 육체가 아니라 영체일 것이기 때문이다. 하늘에 계신 그리스도의 몸은 비록 영화(榮化, glorified)되었지만 신화(神化, deified)된 것은 아니다. 그의 몸은 만일 천상과 동시에 화체(化體)를 통해 성찬식의 떡과 포도주에 임재하고 있다고 할 때 의당 그래야 하듯이 무한한 것이 아닌 것이다.

적용 2: 만일 하나님이 무한하셔서 일시에 모든 장소에 계신다면 그는 직접 모든 일들을 다스리시는 것이 분명하다. 따라서 당신의 통치를 돕기 위한 대리자를 전혀 필요로 하지 않으실 것이다. 그는 동시에 모든 장소에 계시고 천지간의 모든 일들을 직접 경영하신다. 왕은 그의 왕국의 모든 장소에 직접 있을 수 없기 때문에 대리자들을 통해 통치할 수밖에 없다. 그리고 그들은 왕왕히 공의를 그르치곤 한다. 그러나 하나님은 무한하시므로 대리자를 필요로 하시지 않으며 모든 장소에 임재해 계시므로 모든 것을 눈으로 직접 보시고 귀로 직접 들으신다. 그는 직접 모든 곳에 계시며 따라서 세상을 심판하기에 합당하시다. 그는 모든 사람들에게 공의를 행하실 것이다.

적용 3: 만일 하나님이 그의 편재성으로 인해 무한하시다면 그 신적 위엄의 위대함과 광대성을 생각해 보라! 우리가 섬기는 하나님은 얼마나 크신 하나님인가! 대상 29:11. "여호와여 광대하심과 권능과 영광과 이김과 위엄이 다 주께 속하였사오니 … 여호와여 주권도 주께 속하였사오니 주는 높으사 만유의 머리심이니이다." 성경은 모든 장소에 무한히 편재해 계시는 하나님의 위대성을 잘 보여주고 있다. 그분은 우리의 연약한 관념을 초월해 계신다. 우리의 한정된 이해력으로 무한하신 그분을 어떻게 이해할 수 있겠는가? 그분은 우리의 찬양보다 무한히 더 높으신 분이다. 느 9:5. "주여 주의 영화로운 이름을 송축하올 것은 주의 이름이 존귀하여 모든 송축이나 찬양에서 뛰어남이니이다." 하나님의 무한하심을 생각해볼 때 인간은 얼마나 가련하고 아무 것도 아닌 존재인지! 태양이 떠오르면 별들이 사라지듯이 오, 인간은 무한하신 위엄이 영광을 밝히 드러내시면 무(無)로 돌아가 버리지 않는가! 사 40:15. "보라 그에게는 열방은 통의 한 방울 물 같고 저울의 적은 티끌 같으며" 우리는 그 보잘 것 없는 물방울의 하나 아닌가! 이교도들은 제우스를 위대하신 제우스 신이라고 부름으로써 그들이 제우스를 충분히 찬양했다고 생각했다. 그렇다면 모든 장소를 일시에 채우시는 하나님의 지극히 광대하신 위엄이란 어떠한 것인지! 시 150:2.

적용 4: 만일 하나님이 무한하셔서 하늘과 땅에 충만하시다면 성도들의 충만한 몫이란 어떠한지 생각하기 바란다. 그들은 무한하신 분을 자신들의 몫으로 소유하고 있는 것이다. 그의 충만은 무한하신 충만이다. 또한 그는 무한히 충만하실 뿐 아니라 무한히 양선하신 분이다. 만일 수도관에 포도주가 가득 차 있다면 달콤한 맛으로 충만하게 될 것이다. 그러나 그 수도관은 그래봐야 유한한 것이다. 그러나 하나님은 달콤함으로 충만하면서도 무한하신 분이다. 그는 미(美)와 사랑으로 무한히 충만하시다. 그의 부요는 측량할 수 없다고 얘기되는데, 왜냐하면 그것은 무한하기 때문이다(엡 3:8). 가능한한 당신의 생각을 멀리 펼치도록 하라. 하나님 안에는 넘치게 하는 요소가 있으니, 곧 그의 무한하신 충만이다. 그는 우리를 위하여 온갖 구하는 것이나 생각하는 것에 더 넘치도록 능히 하신다고 일컬어진다(엡 3:20). 야심을 가진 사람이라면 무엇을 구하겠는가? 그는 왕위와 나라, 수백만의 사람들을 요구할 수 있을지 모른다. 그러나 하나님은 우리가 구할 수 있는 것보다, 아니 생각할 수 있는 것보다도 더 주실 수 있으니, 왜냐하면 그는 무한하시기 때문이다. 우리는 모든 먼지가 은으로 변하고 모든 꽃들이 루비로 변하며, 바다의 모든 모래알이 변하여 금강석이 되는 등을 머리로 상상할 수 있을 것이다. 그러나 하나님은 우리가 생각하는 것보다 더 주실 수 있으니, 왜냐하면 그는 무한하시기 때문이다.

오, 자기 분깃으로 무한하신 하나님을 소유한 자들은 얼마나 부자인가! 다윗이 다음과 같이 말한 것도 무리가 아니다. "여호와는 나의 산업과 나의 잔의 소득이시니 나의 분깃을 지키시나이다 내게 줄로 재어준 구역은 아름다운 곳에 있음이여 나의 기업이 실로 아름답도다." 시 16:5,6. 우리는 마치 꿀벌처럼 꽃에서 꽃으로 옮겨 다닐지 모른다. 그러나 우리가 온전한 만족에 이르게 되는 것은 하나님께 나아온 후인 것이다. 야곱은 말했다. "내가 족하다"(창 45:28). 이는 히브리 원어로는 "나는 모든 것을 가졌다" 인데, 왜냐하면 그는 자기 분깃으로 무한하신 하나님을 소유했기 때문이다(창 33:11). 하나님은 무한하신 충만이기 때문에 하늘의 상속자들에게는 부족을 두려워할 필요가 없다.

비록 하나님의 부요에 참여하는 수백만의 천사와 성도들이 있다 해도 그분은 무한하시기 때문에 그들 모두에게 넉넉히 안겨 주실 수 있는 것이다. 비록 일천명의 사람들이 태양을 바라본다 해도 그들 모두를 비추기에 충분한 빛이 나오고, 바닷물을 양동이로 아무리 많이 퍼낸다 해도 이를 다 채울 물은 충분하다. 비록 무수한 성도들과 천사들이 하나님의 충만으로 채움받는다 해도 그분은 무한하시기 때문에 그들을 충분히 만족시키실 수 있다. 하나님은 그의 모든 상속자들에게 나누어주기에 충분한 땅을 가지고 계시다. 무한에는 부족이 있을 수 없는 것이다.

적용 5: 만일 하나님이 무한하셔서 모든 장소에 충만하시다면 그는 어느곳에나 계신다. 이는 하나님을 원수로 삼고 있는 악인들에게는 슬픈 일인데, 왜냐하면 하나님은 도처에 계시기 때문에 그분의 눈을 벗어나거나 그로부터 도망할 수 없기 때문이다. 시 21:8. "네 손이 네 모든 원수를 발견함이여." 사람이 하나님이 못 찾으시도록 그 어떤 동굴이나 덤불 속에 숨는다 해도, 하나님은 그들이 어디로 가든지 거기 계신다. 시 139:7. "내가 주의 신을 떠나 어디로 가며 주의 앞에서 어디로 피하리이까?" 누가 타인에게 빚을 지면 그는 채주가 찾아낼 수 없는 타국으로 도망갈 수 있을지 모른다. "그러나 내가 주의 앞에서 어디로 피하리이까?" 하나님은 무한하시다. 그는 도처에 계신다. 따라서 그는 당신의 원수들을 찾아내어 벌하실 것이다.

그러나 가인은 여호와의 앞을 떠났다고 기록되어 있지 않은가? 창 4:16.

이 말의 의미는 그가 하나님의 임재의 가시적 표지이며 하나님이 특별히 그 백성들에게 당신의 감미로운 임재를 드러내셨던 교회를 떠났다는 것이다. 그러나 가인은 하나님의 시야 밖으로 나갈 수는 없었으니, 왜냐하면 하나님은 모든 곳에 계시기 때문이다. 죄인들은 고발하는 양심이나 보복하시는 하나님을 떠나갈 수 없다.

적용 6: 만일 하나님이 도처에 계신다면 그리스도인이 그와 동행하는 것은 불가능하지 않다. 하나님은 하늘에 계실 뿐 아니라 지상에도 계신다(사 66:1). 하늘은 그가 앉으시는 보좌요 땅은 그가 서시는 발등상이다. 하나님은 모든 곳에 계시기 때문에 우리는 그와 동행할 수 있다. "에녹은 하나님과 동행하여"(창 5:22). 만일 하나님이 하늘에 갇혀 계신다면 전율하는 영혼은 다음과 같이 생각할 것이다: 내가 어떻게 하나님과 대화할 수 있을까, 내가 어떻게 위에 계신(in excelsis) 그분과 동행할 수 있을까? 그러나 하나님은 하늘에만 갇혀 계신 분이 아니다. 그는 편재해 계시다. 그는 우리 위에 계시지만 또한 우리 주위에 계시고, 우리 옆에 계시는 분이다(행 17:27). 그는 성도들의 회(會)로부터 멀리 떨어져 계시지 않으며, "하나님은 하나님의 회 가운데 서신다"(시 82:1). 그는 우리와 같이 계시니, 곧 우리 모든 사람들 중에 거하신다. 그래서 이곳 세상에서 우리는 하나님과 동행할 수 있다. 하늘에서 성도들은 하나님과 함께 안식하며, 지상에서는 그와 같이 동행한다. 하나님과 동행한다는 것은 믿음으로 행한다는 의미이다.

우리는 하나님께 가까이 나아가서(히 10:22) 그를 보라고 권면받는다. 히 11:27. "보이지 않는 자를 보이는 것같이 하여." 또한 그와 교제하라고 권면받는다. 요일 1:3. "우리의 사귐은 아버지와 함께 함이라." 그러므로 우리는 날마다 믿음으로 그분과 교제를 나눌 수 있다. 하나님과 동행하지 않는 것은 그를 멸시하는 것이다. 만일 국왕이 임석해 있을 때 그를 버려두고 시중드는 종과 같이 다닌다면 그것은 왕을 얕잡아보는 행동이다. 하나님과 같이 동행하는 것만큼 달콤한 일이 이 세상에는 없다. 시 89:15. "저희가 주의 얼굴빛에 다니며." 시 138:5. "저희가 여호와의 도를 노래할 것은"(영어 본문은 "여호와의 길로 행하면서 노래할 것은"임 — 역자주). 그것은 마치 향기로운 향초(香草)의 화단 사이를 거니는 것과 같다.

적용 7: 만일 하나님이 그의 영광스러운 본질에 있어서 무한하시다면, 당신이 측량할 수 없는 지점에 이를 때 그곳에서 찬양하도록 하라. 천사들은 베일을 두르고 그것으로 자기 얼굴을 가리고 있는데, 그것은 이 무한하신 위엄을 경배하는 행위이다(사 6:2). 엘리야는 하나님의 영광이 그를 지나갈 때에 얼굴을 겉옷으로 가렸다. 당신이 측량할 수 없는 지점에 이르면 하나님을 찬미하라. 욥 11:7. "네가 전능자를 어찌 능히 알겠느냐"(영어 본문을 직역하면 "네가 하나님을 탐구함으로써 찾아내겠느냐"임 — 역자주). 여기서 우리는 그의 영광의 광채의 몇 줄기를 목도하게 되는 것이니, 곧 창조의 거울을 통해 그를 보며, 그의 형상 곧 성도들 가운데 빛나는 그의 모습을 통해 보게 된다. 그러나 그의 모든 본질적인 영광을 누가 궁구해낼 수 있겠는가? 어떤 천사가 이같은 신비를 측정할 수 있는가? "네가 전능자를 어찌 능히 알겠느냐?" 그는 무한하시다. 우리가 그의 무한한 완전성을 찾아낼 수 없는 것은 가장 높은 산 꼭대기에 오른 사람이 하늘에 도달하거나 손으로 별을 딸 수 없는 것과 마찬가지이다.

오, 하나님에 대한 찬미의 생각을 품을지어다! 당신이 측량할 수 없는 지점에 다다를 때 경배하라. 자연에는 우리가 헤아릴 수 없는 무수한 신비가 있다. 왜 바다는 육지보다 더 높아야 하는지, 그러면서도 육지를 잠기게 하지 않는가? 왜 나일강은 자연의 운행상 수위가 가장 낮은 시기인 여름에 범람하는가? 자궁 속에서 뼈가 어떻게 자라는가?(전 11:5). 이 모든 것들이 우리를 난처하게 만든다면 하나님의 무한한 신비는 우리의 가장 탁월한 지성인들을 뛰어넘는 것이 아니겠는가! 기하학자에게 할 수만 있다면 콤파스 한 쌍을 사용하여 지구의 폭을 측정하라고 요청하기 바란다. 마찬가지로 우리가 하나님의 무한한 완전성을 측정하기란 불가능하다. 천국에서 우리는 하나님을 분명하게 보겠지만 완전하게 보지는 못할텐데, 왜냐하면 그는 무한하시기 때문이다. 그는 우리의 그릇의 크기에 맞추어 우리와 교통하시겠지만 당신의 무한하신 본성을 좇아 교통하실 수는 없을 것이다. 그러므로 당신이 측량할 수 없는 지점에 다다를 때 그를 경배하라.

만일 하나님이 모든 장소에서 무한하시다면 그를 제한하지 말도록 하자. 시 78:41. "저희가 이스라엘의 거룩한 자를 격동하였도다"(영어 본문을 직역하면 "저희가 이스라엘의 거룩한 자를 제한하였도다"임 — 역자주). 하나님을 우리 이성의 좁은 영역 속에 가두는 것은 그를 제한하는 행위이다. 우리는 이성에 의하면 하나님은 여차여차한 방식으로 행하셔야 한다고, 아니면 그 사업은 이루어지지 않을 거라고 생각하게 된다. 이것은 하나님을 우리의 이성으로 제한하는 행위이다. 그러나 하나님은 무한하시고 그의 길은 찾아낼 수 없다(롬 11:33).

교회를 구원하는 문제에 있어서 그에게 시간을 설정하거나 구원의 방식을 미리 지정한다면 이는 하나님을 제한하는 행동이다. 하나님은 시온을 구원하실 것이다. 그러나 그것은 그분의 자유의지의 소관인 것이다. 그는 어떤 장소나 시간, 도구에 얽매이지 않으시는데, 그러면 하나님이 제한받게 되고 무한한 분이 되지 않기 때문이다. 하나님은 그의 방식대로 행하실 것이요 이성을 당황하고 난처하게 만드실 것이며, 불가능한 방법으로 역사하시고 우리 생각에는 망할 것같은 방식으로 구원하실 것이다. 목하 하나님은 그분답게, 곧 무한한 기사(奇事)를 행하시는 하나님으로서 행하신다.

2. 하나님에 관한 지식

"여호와는 지식의 하나님이시라 행동을 달아 보시느니라"(삼상 2:3). 하나님은 영광스럽게 묘사되고 있다. 그분은 인간의 생각을 초월하시며, 천사들의 찬양이 되신다. 하나님의 영광은 주로 그의 속성에 기인하는 것으로서, 이는 신성의 광채가 비추이는 몇 줄기의 빛살인 것이다. 그의 빛나는 탁월성들 가운데 주는 지식의 하나님(히브리 원어로는 "지식들의 하나님") 이라는 이 사실은 가장 미미한 것이 아니다. 하나님은 당신의 빛나는 실체의 거울을 통해 만물을 완전하게 이해, 인식하신다. 그분에게는 세계는, 말하자면 투명체와 같다. 그는 사람의 마음을 통찰하신다. 계 2:23. "나는 사람의 뜻과 마음을 살피는 자인줄 알지라." 구름은 전혀 덮개가 될 수 없으며, 밤도 우리와 그분의 시야 사이를 가리는 장막 역할을 하지 못한다. 시 139:12. "주에게서는 흑암이 숨기지 못하며." 우리의 속삭이는 말 가운데 하나님이 듣지 못하시는 것은 전혀 없는 것이다. 시 139:4. "여호와여 내 혀의 말을 알지 못하시는 것이 하나도 없으시니이다." 우리 마음 속에서 일어나는 가장 은밀한 생각이라도 하나님이 알지 못하시는 것은 하나도 없다. 사 66:18. "내가 그들의 사상을 아노라."

하나님의 귀에 인간의 생각은 마치 음성이 인간의 귀에 들리듯이 크게 들리는 것이다. 우리의 모든 행위는 아무리 교묘하게 고안되고 은밀하게 전달되었다 하더라도 전지(全知)하신 분의 눈에 띄게 되어 있다. 사 66:18. "내가 그들의 소위를 아노라." 아간은 시날산 외투 한벌을 땅속에 감추었지만 하나님은 이를 백일하에 드러내셨다(수 7:21). 아테나 여신은 심히 기이한 색채와 생동력 있는 터치로 그려졌기 때문에 사람이 어느 방향으로 고개를 돌려도 아테나의 눈이 그를 향하게끔 되어 있었다고 한다. 마찬가지로, 우리가 어느 쪽으로 향하든지 하나님의 눈은 우리 위에 계시는 것이다(욥 37:16).

"구름의 평평하게 뜬 것과 지혜가 온전하신 자의 기묘한 일을 네가 아느냐?" 하나님은 알 수 있는 것은 무엇이든지 다 알고 계신다. 그는 장래 우발적으로 발생할 일들을 알고 계신다. 그는 이스라엘이 바벨론으로부터 나올 것과 처녀가 잉태할 것을 예언하셨다. 주님은 이로써 우상신들에 대해 그의 신성의 참됨을 입증하시는 것이다. 사 41:23. "후래사(後來事)를 진술하라 너희의 신됨을 우리가 알리라."

하나님의 지식의 완전성은 근본적인 것이다. 그분은 모든 지식의 시초요 패턴이자 원형이시다. 다른 존재들은 그분으로부터 지식을 얻는 것이다. 천사들은 그들의 등불을 이 영광스러운 태양빛에서 붙인다. 하나님의 지식은 순수하다. 그것은 대상물에 의해 오염되지 않는다. 하나님은 죄를 아시지만 이는 죄를 증오하고 벌주기 위한 것이다. 어떠한 악도 그의 지식과 혼합되거나 결합할 수 없으니, 이는 태양이 땅에서 올라오는 증기로 인해 더럽혀지지 않는 것과 마찬가지이다. 하나님의 지식은 쉽다. 그것에는 아무런 난점도 없다. 우리는 지식을 얻기 위해 공부하고 연구한다. 잠 2:4. "은을 구하는 것 같이 그것을 구하면." 하나님의 지식의 등불은 무한히 밝기 때문에 그분에겐 모든 것들이 이해가능하다.

하나님의 지식은 무오하다. 그분의 지식에는 아무런 오류도 찾아볼 수 없다. 인간의 지식은 오류를 범할 수밖에 없다. 의사는 병의 원인을 잘못 진단할 수 있다. 그러나 하나님의 지식에는 오류가 없다. 그는 속일 수도, 속을 수도 없으신 분이다. 그는 진리이시기 때문에 속일 수 없고 지혜이시기 때문에 속을 수 없는 것이다. 하나님의 지식은 즉각적이다. 우리의 지식은 연속적, 곧 하나하나 점진적으로 얻어지는 것이다. 우리는 결과로부터 추론하여 원인을 알게 된다. 하나님은 과거, 현재, 미래를 동시에(uno intuito) 아시는데, 그것들은 모두 그의 앞에서 하나의 완전한 모습으로 나타나는 것이다.

하나님의 지식은 보전된다. 그는 자기 지식을 결코 잃어버리지 않으신다. 그는 이해하실 뿐 아니라(intelligentia) 기억하시는(reminiscentia) 분이다. 우리는 많은 일들을 잊어버린다. 그러나 하나님의 지식은 영원히 남는다. 일천 년 전에 일어난 일들이 그에게는 마치 방금 일어난 일처럼 생생하게 나타나는 것이다. 이같이 그는 지식에 있어서 완전하시다.

그러나 창세기 18:21에는 "내가 이제 내려가서 그 모든 행한 것이 과연 내게 들린 부르짖음과 같은지 그렇지 않은지 내가 보고 알려 하노라"라고 하고 있지 않은가?

부르짖음에 관한 언급이 나온다고 해서 하나님이 무지하다고 볼 수는 없다. 여기서 주님은 선고를 내리기에 앞서 먼저 사건을 심리하는 재판장의 방식에 준하여 말씀하고 계시는 것이다. 하나님은 재판하실 때 그 대상이 누구인지도 괘념치 않을 정도로 일을 엉망으로 진행하지 않고 범죄자들을 정확하게 지적하신다. "나는 공평으로 줄을 삼고 의로 추를 삼으니" (사 28:17).

호 13:12. "에브라임의 불의가 봉함되었고 그 죄가 저장되었나니."

이 구절은 그 죄가 하나님의 시야로부터 은폐되었다는 말이 아니라 잠복 곧 기록되었다는 의미로서, 그 죄는 심판 날에 대비하여 저장된 것이다. 이것이 본 의미인 것은 그 앞의 구절인 불의가 봉함되었다는 말에서도 명확하게 드러난다. 재판에서 서기가 범인에 대한 기소장을 다발로 묶어 두었다가 재판석상에서 그 기소장을 꺼내어 낭독하는 것처럼 하나님은 인간들의 죄악을 다발로 묶어 두시며, 심판의 날에는 그 다발이 개봉되어 그들의 모든 죄악이 사람들과 천사들 앞에서 백일하에 드러나게 될 것이다. 하나님은 그 지식이 무한하시다. 그는 그러실 수밖에 없다. 왜냐하면 사물을 존재케 하는 자는 우선 반드시 이를 명확하게 알아야만 하기 때문이다.

시 94:9. "귀를 지으신 자가 듣지 아니하시랴 눈을 만드신 자가 보지 아니하시랴?" 시계나 기계장치를 제작하는 사람은 그 모든 기술을 숙지하고 있다. 마음을 지으신 하나님은 마음의 모든 움직임을 아신다. 그는 에스겔서에 나오는 바퀴들처럼 눈으로 가득하며, 어거스틴의 말처럼 "모든 것을 다 보고 계신다"(Totus oculus). 그럴 수밖에 없다. 왜냐하면 그는 "세상을 심판하시는 이"가 될 것이기 때문이다(창 18:25). 그분의 앞에는 심리할 무수한 소송 사건과 재판받을 허다한 사람들이 있으므로 그는 완벽한 지식을 가지고 계셔야 한다. 그렇지 못하면 그는 공정하게 재판하실 수 없을 것이다. 일반적으로 재판장은 배심원 없이는 재판을 진행할 수 없다. 배심원들은 소송 사건을 조사하여 판결을 내려야 한다. 그러나 하나님은 배심원 없이 판결하실 수 있다. 그는 모든 일들을 직접 알고 계시며, 굳이 증인을 필요로 하지 않으신다. 재판장은 단지 사실만을 판단하지만 하나님은 중심을 판단하신다. 그는 사악한 행동만 판단하실 뿐 아니라 사악한 계획을 심판하신다. 그는 중심의 반역죄를 간파하시고 이를 벌하시는 것이다.

적용 1: 하나님은 지식에 있어서 무한하신가? 그분은 빛이시고 그에게는 어둠이 조금도 없는가? 그렇다면 어둠이고 조금도 빛이 없는 자들, 지식이 결핍된 자들 즉 하나님에 관해 전혀 들어본 적이 없는 저 인디안과 같은 자들은 하나님과 얼마나 다른지! 그런데 우리들 중에는 하나님의 계시의 초보를 추구해야만 하는 저 세례받은 이방인들보다 전혀 나을 것이 없는 자들이 많지 아니한가? 복음의 태양이 우리의 지평선에서 빛을 발한 지 그토록 오랜 세월이 지난 오늘날에 와서도 그들의 마음에 베일이 가리워져 있다는 것은 슬픈 일이다. 무지에 싸여 있는 사람은 하나님께 합당한 봉사를 드릴 수 없다(롬 12:1). 무지는 불경건을 양성한다.

스콜라 신학자들은 "모든 죄는 무지에 근거하고 있다"(Omne peccatum fundatur in ignorantia)고 말한다. 렘 9:3. "여호와께서 말씀하시되 그들이 악에서 악으로 진행하며 또 나를 알지 아니하느니라." 오성(悟性) 위에 무지가 왕노릇하게 되면 감정에는 정욕이 날뛰게 된다. 잠 19:2. "지식없는 소원은 선치 못하고." 그같은 사람들에겐 믿음도 두려움도 없다. 믿음이 없다는 말은 지식은 횃불을 들고 믿음을 선도하기 때문이다. 시 9:10. "여호와여 주의 이름을 아는 자는 주를 의지하오리니." 눈이 빛이 없이는 볼 수 없는 것과 마찬가지로 인간은 지식이 없이는 믿을 수 없다. 그는 하나님을 전혀 두려워 하지 않을지 모른다. 기실 자기가 알지 못하는 자를 어떻게 두려워할 수 있겠는가? 하만의 얼굴을 싼 보자기는 사형에 대한 슬픈 전조였다(에 7:8). 사람들의 마음이 무지로 뒤덮일 때 그것은 치명적인 파멸의 전조로서 얼굴을 싸는 보자기가 되는 것이다.

적용 2: 만일 하나님이 지식의 하나님이시라면 위선의 어리석음을 보라. 위선자들은 실제로는 선을 행하지 않고(virtutem facere) 단지 그 모양새만 내는 것이다(fingere) — 멜란히톤. 그들은 사람들 보기에는 그럴듯하게 처신하지만 정작 자기 마음이 얼마나 악한지에 관해서는 개의치 않는다. 그들은 은밀한 죄 가운데 살아가는 것이다. 시 73:11. "말하기를 하나님이 어찌 이를 알랴?" 시 10:11. "하나님이 잊으셨고 그 얼굴을 가리우셨으니 영원히 보지 아니하시리라." 그러나, "우리 주는 그 지혜가 무궁하시도다"(시 147:5). 그는 인간의 흉중(胸中)을 들여다 보는 유리창을 가지고 계신다. 그는 마음을 여는 열쇠를 가지고 계신다. 그는 인간의 영혼의 모든 죄악된 움직임을 마치 우리가 유리로 된 벌집을 통해 꿀벌들이 그 집 안에서 활동하는 것을 볼 수 있는 것과 방불하게 꿰뚫어 보시는 것이다(마 6:4). 그는 은밀한 중에 보신다.

상인이 자기의 부기장(簿記帳)에 채무를 기입하듯이 하나님은 당신의 일지에 인간들의 모든 죄상을 기입하신다. 여로보암의 아내는 선지자가 자기를 알아보지 못하도록 변장했지만 그는 그녀를 알아보았다. 왕상 14:6. "네가 어찌하여 다른 사람인체 하느뇨?" 위선자는 하나님께 너스레 떨고 속일 것으로 생각하지만 하나님은 그의 가면을 벗기실 것이다. 전 12:14. "하나님은 모든 행위와 모든 은밀한 일을 선악간에 심판하시리라." 렘 19:23. "그들이 이스라엘 중에서 망령되이 행하여 … 나는 아는 자요 증거인이니라 여호와의 말이니라."

그렇지만, 위선자들은 자기 죄악에 분칠하여 이를 외관상 그럴듯하게 보이게 하려 한다. 압살롬은 자신의 반역을 종교적 서원의 핑계 속에 감추었다. 유다는 그리스도에 대한 자신의 시기심과 탐욕을 "가난한 자들에 대한 자선"이란 핑계 속에 감추었다(요 12:5). 예후는 종교를 그의 야심찬 계획을 이루기 위한 받침으로 이용했다(왕하 10:16). 그러나 하나님은 그같은 무화과 잎사귀를 꿰뚫어 보신다. 당신은 노쇠한 말이 금칠한 말장식을 걸친 것을 볼 경우가 있을 것이다. 렘 16:17. "그들의 죄악이 내 목전에서 은폐되지 못함이라." 그가 보는 눈을 가지고 계신다면 당연히 벌하는 손도 가지고 계실 것이다.

적용 3: 하나님은 그토록 지식에 있어 무한하신가? 그렇다면 우리는 항상 그분의 전지하신 눈 아래 있음을 의식해야만 할 것이다. 고로 우리는 언제나 완전히 드러난 것처럼 살아야 한다(Sic vivendum est tanquam in conspectu) — 세네카. 다윗의 견해를 살펴보도록 하자. 시 16:8. "내가 여호와를 항상 내 앞에 모심이여 그가 내 우편에 계시므로 내가 요동치 아니하리로다." 세네카는 루킬리우스(Lucilius)에게 충고하길, 그가 무슨 일을 하든지 항상 로마의 명사(名士) 몇 사람이 자기 앞에 있는 듯이 처신해야 한다, 그러면 그는 불명예스러운 일은 하지 않게 될 것이라고 말하였다.

우리가 하나님의 전지성을 생각한다면 많은 범죄를 예방할 수 있을 것이다. 다른 사람이 보고 있으면 범죄를 자제하게 마련이다. 그런데 하나님의 눈은 훨씬 더 많은 죄를 보고 계시지 않겠는가? 에 7:8. "왕이 가로되 저가 궁중 내 앞에서 왕후를 강간까지 하고자 하는가?" 우리는 우리 재판장이 주시하고 있을 때 버젓이 죄를 짓겠는가? 만일 하나님이 듣고 계신다고 생각한다면 사람들이 그토록 허탄한 말을 하겠는가?

래티머(Latimer,1480-1555. 영국의 종교개혁가. 메리 여왕에 의해 순교당함 — 역자주)는 자신에 대한 심문 과정에서 한 단어 한 단어에 주의를 기울였다. 이는 그가 펜은 교수형 배후의 진상을 조사한다는 말을 들었기 때문이었다. 그렇다면 하나님이 듣고 계신다는 것과 하늘나라에서 펜이 계속 기록을 진행해 나간다는 것을 기억한다면 사람들은 자기 언사를 얼마나 조심하겠는가? 만일 사람들이 하나님은 그들의 범죄의 목격자이시며 그들로 하여금 지옥에서 그에 대해 고통당하게 하신다는 것을 믿는다면 다른 색(色)을 따라가겠는가(유 7)? 그들이 만일 하나님이 자기들을 보고 계신다는 것을 안다면, 그리고 저울추를 가볍게 하면 더 중한 형벌을 받으리라는 점을 생각한다면 거래에서 속임수를 쓰며 거짓된 추를 사용하겠는가?

만일 우리가 하나님의 전지하신 눈 아래 놓여 있다는 것을 인식한다면 하나님께 드리는 예배에 경외심을 가지게 될 것이다. 하나님은 우리가 그분 앞에 나아갈 때 우리 마음의 상태와 자세를 감찰하신다. 이것은 우리의 헝클어진 마음을 가다듬게 할 것이다. 또한 사명의 수행에 크게 활력을 불어넣을 것이다. 그것은 우리가 마음의 향에 불을 붙이게 할 것이다(행 26:7). "우리 열 두 지파가 밤낮으로 간절히 하나님을 받들어 섬김으로" — 지극한 열심과 간절한 심령으로(omnibus viribus). 하나님이 이 자리에 와 계신다고 생각한다면 기도에 열심이 불붙게 되고 우리 헌신의 불길에 기름을 더하게 될 것이다.

적용 4: 하나님의 지식은 무한한가? 그렇다면 당신의 외모가 어떠하든지 성실하기 위해 노력하라. 삼상 16:7. "나 여호와는 중심을 보느니라." 인간은 행위를 보고 그 마음을 판단함에 비해 하나님은 그 마음을 보아 행위를 판단하신다. 만일 마음이 성실하다면 하나님은 그 믿음을 보시고 실패를 관용해 주신다. 아사 왕은 결점이 있었지만 그 마음은 하나님 앞에서 온전했다(대하 15:17). 하나님은 그의 성실성을 보시고 그의 결점을 용서하셨다. 그리스도인에게 있어서 성실은 마치 지어미의 정조와 같은 것으로서 많은 잘못을 사유해 주는 것이다. 성실은 우리의 직분 수행을 받음직하게 만드는 것으로서, 마치 린네르 천 속에 달아 맨 사향주머니와 같이 향기를 발하게 한다.

예후는 여호나답에게 다음과 같이 말했다. 왕하 10:15. "내 마음이 네 마음을 향하여 진실함과 같이 네 마음도 진실하냐 여호나답이 대답하되 그러하니이다 가로되 그러면 나와 손을 잡자 손을 잡으니 예후가 끌어 병거에 올리며." 마찬가지로 하나님은 우리 마음이 정직하고 당신을 사랑하며 그 영광을 도모한다는 것을 보실 때 다음과 같이 말씀하신다. 자, 네 기도와 눈물을 내게 다오. 그러면 나와 함께 영광의 마차에 오르게 될 것이다라고. 성실성은 우리의 봉사를 정금처럼 고귀하게 만든다. 하나님은 비록 무게가 좀 부족하다 해도 정금을 내버리지 않으실 것이다. 하나님은 전지하신가? 그는 주로 마음을 감찰하시는가? 진리의 허리띠를 띠고 이를 풀지 말도록 하라.

적용 5: 하나님은 무한한 지식의 하나님이신가? 그렇다면 다음과 같은 위로가 따르게 된다. (1) 특별히 성도들에게. (2) 교회 전체에게.

(1) 특별히 성도들에게. 개인적 헌신의 경우. 그리스도인이여, 하나님을 위해 시간을 따로 구별하고 마치 보물을 애지중지하듯 하나님께 당신의 생각을 기울이도록 하라. 말 3:16. "그가 그 이름을 존중히 생각하는 자를 위하여 여호와 앞에 있는 기념책에 기록하셨느니라." 당신은 당신의 골방에 들어가서 은밀한 중에 당신의 천부께 기도하라. 시 38:9. "나의 탄식이 주의 앞에 감추이지 아니하나이다." 당신의 눈물로 기도의 씨앗에 물을 공급해야 한다. 하나님은 눈물을 남김없이 병에 담으신다. 시 56:8. "나의 눈물을 주의 병에 담으소서." (마지막 때에) 모든 사람들의 마음의 비밀이 열리게 되면 하나님은 당신의 백성들의 열심과 헌신을 높이 평가하시고 몸소 그들을 칭찬하실 것이다. 고전 4:5. "그 때에 각 사람에게 하나님께로부터 칭찬이 있으리라."

하나님의 지식의 무한성은 성도들이 자기 자신에 대해 명확히 알지 못하고 있다는 사실에 비추어볼 때 위로가 된다. 그들은 자신들이 심히 부패한 것을 깨닫고는 그들이 전혀 은혜를 받지 못했다고 넘겨집게 된다. 창 25:22. "이같으면 내가 어찌할꼬?" 만일 내게 은혜가 남아 있다면 내 마음은 왜 이토록 무감각하고 세속적이란 말인가? 오, 기억하라. 하나님은 무한한 지식의 신이라는 것을. 그는 우리가 감지할 수 없을 때에도 은혜를 식별하실 수 있다. 그는 구름 속에 가리워진 별처럼 부패성 밑에 가리워진 은혜를 식별하실 수 있다. 하나님은 우리 자신도 분간해내지 못하는 우리 내면의 거룩성을 찾아내실 수 있다. 그는 잡초에 가리워져 있는 은혜의 꽃송이를 우리 내면에서 찾아내실 수 있는 것이다. 왕상 14:13. "저가 선한 뜻을 품었음이니라." 하나님은 그 백성들 속에서 뭔가 선한 것을 보신다. 비록 그들은 자기 속에서 아무런 선도 찾아볼 수 없으며 스스로 자신을 정죄한다 해도 하나님은 그들을 사면해 주실 것이다.

그것은 개인적인 상처의 측면에서도 위로가 된다. 고난당하는 것은 성도들의 분깃이다. 그들은 머리에 가시면류관을 쓰면서도 발로는 장미를 짓밟지 말아야만 한다. 만일 성도들이 진짜 연옥을 발견한다면 그것은 이생에서이다. 그러나 하나님께서 성도들에게 자행된 악을 보고 계신다는 이 사실은 그들에게 위로가 된다. 하나님의 눈동자를 건드렸으니 그가 이를 느끼지 않으시겠는가? 바울은 잔인한 자들의 손에 매질당하였다. 고후 11:25. "세번 태장으로 맞고." 이는 마치 접시닦이가 왕의 아들을 채찍질하는 것과 같다. 하나님은 이를 똑똑히 보고 계신다. 출 3:7. "내가 내 백성의 고통을 정녕히 보고." 악인들은 성도들의 등에 상처를 내고 그 위에 식초를 붓는다. 그러나 하나님은 그들의 잔인한 행동을 기록하고 계신다. 신자들은 그리스도의 신비적인 몸의 지체이다. 그리고 성도가 흘린 핏방울마다 하나님은 일일이 그의 유리병에 진노의 방울을 담고 계시는 것이다.

(2) 하나님의 교회 일반에 대한 위로. 만일 하나님이 지식의 하나님이라면 그는 원수들이 시온에 대해 꾸미는 모든 음모를 아시고 이를 좌절시킬 능력을 가지고 계신다. 악인들은 그 재능을 옛 뱀에게서 얻어왔기 때문에 솜씨가 뛰어나다. 그들은 자기 계략을 하나님에게서 감추기 위해 깊이 파고 들어가지만 하나님은 이를 꿰뚫어 보시고 쉽게 좌절시키실 수 있다. 계시록 7:3에서 용은 일곱 머리를 가진 것으로 묘사되고 있는데 이는 그가 교회를 대적하여 계략을 꾸미고 있다는 사실을 보여준다. 그러나, 하나님은 스가랴 3:9에서 일곱 눈을 가지신 것으로 묘사되고 있는데 이는 그가 원수

들의 모든 음모와 전략을 아신다는 것을 보여주는 것이다. 그래서 그들이 교만하게 행할 때에도 하나님은 그들 위에 계실 수 있는 것이다. 바로는 "자, 우리가 (그들에게 대하여) 지혜롭게 하자"(출 1:10)고 말했지만 그는 지혜롭게 행한다고 생각했던 그 때에도 바보짓을 했을 뿐이었다. 출 14:24. "새벽에 여호와께서 불 구름 기둥 가운데서 애굽 군대를 보시고 그 군대를 어지럽게 하시며." 이 사실은 전쟁 중에 있는 하나님의 교회에 마치 포도즙처럼 위로가 될 것이다. 주님은 적들의 모든 회의와 동맹을 낱낱이 감찰하고 계신다. 그는 그들이 열지어 있는 모습을 감찰하시며, 그들을 그 소굴에 있는 그대로 통째로 날려 버리실 수 있다.

3. 하나님의 영원성

그 다음 속성으로, "하나님은 영원하시다." 시 90:2. "영원부터 영원까지 주는 하나님이시니이다." 스콜라 신학자들은 영원의 개념을 설명하기 위해 아이분(aevun)과 아이테르눔(aeternum)을 구별한다. 존재에는 세 종류가 있다.

1. 시초가 있고 종말이 있는 존재, 곧 들짐승, 날짐승, 물고기들 같이 감각있는 피조물 전체. 이들은 죽으면 부패하여 흙으로 돌아간다.

2. 시초는 있으되 종말이 없는 존재, 곧 천사나 사람의 영혼. 그들은 영원히 존속한다.

3. 시초도 없고 종말도 없는 존재. 이는 오직 하나님께만 해당된다. 그는 영원부터 영원까지 항상 존재하신다(semper existens). 이것이 하나님의 성호요 그 면류관의 보석이다. 그는 "만세의 왕"이라고 불린다. 딤전 1:17. 여호와는 하나님의 영원성을 올바로 묘사하는 이름이다. 그것은 너무나 두려운 말이어서 유대인들은 그 이름을 부르거나 읽을 때마다 떨었다. 그래서 그 대신 아도나이(Adonai:주님)라는 명칭을 사용했다. 여호와라는 칭호에는 과거, 현재, 미래가 포함되어 있다. 계 1:8. "이제도 있고 전에도 있었고 장차 올 자요." 이것이 여호와라는 이름의 의미인 것이니, 곧 그가 스스로 존재하시며 순수하고 독자적인 실체를 가지고 계신 것과(=이제도 있

고), 하나님만이 시간이 있기 전부터 계셨고 영원의 기록을 궁구하기란 불가능하다는 것(=전에도 있었고), 그리고 그의 나라는 영원하고 그 왕권은 후계자가 없다는 것이다(=장차 올 자요). 히 1:8. "하나님이여 주의 보좌가 영영하며(for ever and ever)."

여기서 영원하다는 단어를 두번 반복한 것은 그것의 확실성을 확증하는 것으로서, 마치 바로가 꿈을 두 번 꾼 것과 같은 것이다. 나는 하나님만이 시초가 없이 영원하실 수 있다는 것을 입증하고자 한다. 천사들은 그럴 수 없다. 그들은 비록 영이라 해도 피조물에 불과하다. 그들은 지음받은 존재이므로 그들의 시초를 알 수 있는 것이다. 그들의 옛적의 일들은 탐구될 수 있다. 만일 그들이 언제 창조되었는가고 질문한다면? 혹자는 창세 이전이라고 생각한다. 그러나 이는 사실이 아니다. 왜냐하면 시간이 존재하기 전의 존재란 곧 영원한 것이기 때문이다. 천사들의 처음 기원은 천지창조 이전으로 거슬러 올라가지 않는다. 학자들의 견해에 의하면 천사들은 하늘이 창조된 날에 지은 바 되었다는 것이다. 욥 38:7. "그 때에 새벽별이 함께 노래하며 하나님의 아들들이 다 기쁘게 소리하였었느니라."

성 제롬(St Jerome,345-419. 신학자. 성경번역가 — 역자주), 그레고리(Gregory,540-604. 로마 교황. 중세 카톨릭교회의 기초를 확립했음 — 역자주), 비드 존자(尊子,venerable Bede,673-735. 영국의 수도사. 성서학자이며 영국사의 원조 — 역자주)는 이 구절을 하나님이 세계의 주춧돌을 놓았을 때 천사들이 창조되어 기쁨과 찬미의 노래를 부른 것으로 이해하고 있다. 시초가 없이 영원한 것은 오로지 하나님께만 고유한 속성이다. 그는 알파와 오메가요 처음과 나중이다(계 1:8). 어떠한 피조물도 스스로 알파를 기록할 수 없다. 그것은 오직 하늘 왕관에 꽂힌 꽃송이인 것이다. 출 3:14. "나는 스스로 있는 자니라." 즉, 그는 영원부터 영원까지 존재하신다.

적용 1: 이것은 악인들에게는 뇌성벽력과도 같다. 하나님은 영원하시므로 악인들이 당할 고통도 영원하다. 하나님은 영존하신다. 따라서 하나님이 살아계시는 한 그는 죄인들을 내내 벌하실 것이다. 이것은 마치 벽 위에 손가락으로 쓴 글자와 같아서 그들의 "넓적다리 마디가 녹는 듯"하게 할 것이다(단 5:6). 죄인들은 자유의사로 죄를 범한다. 그는 마치 짐승이 울타리를 파괴하고 넘어가듯이 하나님의 율법을 깨뜨리고 출입이 금지된 목장으로 뛰어들어간다. 그는 마치 아무리 빨리 죄를 지어도 충분치 않다는 듯이 게걸스럽게 죄를 짓는다(엡 4:19). 그러나 기억하라. 하나님의 성호 가운데 하나가 영원자(Eternal)라는 것을. 그리고 하나님이 영존하시는 한 그에게는 모든 원수들을 처리할 충분한 시간이 있다는 것을. 죄인들을 떨게 하기 위해서는 다음의 세 가지 곧 하나님께 심판받은 자들이 당할 고통은 쉬임없고, 섞인 것도 없으며, 영원하다는 사실을 생각하게 하라.

(1) **쉬임없다.** 그들이 당할 고통은 통렬하고 예리하며 쉼이 없을 것이다. 지옥불은 완화되거나 감소되지 않을 것이다. 계 14:11. "누구든지 밤낮 쉼을 얻지 못하리라." 이는 마치 자기 사지를 끊임없이 고문대 위에 뻗친 채로 조금도 휴식을 얻지 못하고 있는 사람과 방불하다. 하나님의 진노는 유황 개천에 비유되고 있다(사 30:33). 왜 개천에 비유하는가? 왜냐하면 개천은 중단없이 흘러가기 때문이다. 마찬가지로 하나님의 진노는 마치 시내처럼 흐르며 끊임없이 쏟아진다. 이생의 고통에는 다소간 괴로움의 감소나 중단이 있게 마련이다. 열은 내리게 마련이다. 병의 발작이 있은 후에는 환자는 다소 차도를 보이게 마련이다. 그러나 지옥의 고통은 강렬하고 극한적인 것이다(in summo gradu). 심판받은 영혼은 절대로 이젠 좀 편해졌다고 말할 수 없는 것이다.

(2) **섞인 것이 없다.** 지옥은 순수한 공의의 장소이다. 이생에서는 하나님은 진노 중에도 자비를 잊지 않으시며 고난에 긍휼을 섞으신다(신 33:25). 아셀의 신발은 쇠로 만든 것이지만 그 발은 기름에 잠겨 있었다. 고통은 쇠로 된 신발과 같지만 거기에 자비가 혼합되어 있으니, 이것이 곧 기름에 발이 잠긴다는 말의 의미이다. 그러나 정죄된 자들이 당할 고통에는 섞인 것이 없다. 계 14:10. "그도 하나님의 진노의 포도주를 마시리니 그 진노의 잔에 섞인 것이 없이 부은 포도주라." 자비가 조금도 섞이지 않았다는 말이다. 진노의 포도주에 섞인 것이 가득하다고 어떻게 말하는가!

시 75:8. "여호와의 손에 잔이 있어 술거품이 일어나는도다. 속에 섞은 것이 가득한 그 잔을 하나님이 쏟아 내시리니 그 찌끼까지도 땅의 모든 악인이 기울여 마시리로다." 그러나 계시록에서는 섞은 것이 없다고 말하고 있다. 섞은 것이 가득하다는 말은 맛을 쓰게 만드는 일체의 성분들이 가득하다는 뜻으로서 벌레, 화염, 하나님의 저주 등이 바로 쓰디쓴 성분에 해당된다. 그것은 섞인 잔이지만 동시에 섞인 것이 없는 잔이다. 최소한도의 위안도 허락되지 않으며, 긍휼도 전혀 섞이지 않을 것이다. 고로 섞은 것이 전혀 없다는 것이다. 의심의 소제를 드릴 때는 기름을 붓지 않도록 되어 있었다(민 5:15). 마찬가지로, 심판받은 자들이 받는 고통에는 이를 완화할 만한 자비의 기름이 단 한 방울도 섞이지 않는 것이다.

(3) **영원하다.** 죄악의 쾌락은 단지 한 때뿐이지만 악인들이 받는 고통은 영원무궁하다. 죄인들은 짧게 즐기고 길게 보응받는 것이다. 오리겐(Origen)은 일천년이 지나면 지옥의 죄인들은 그 비참한 지경으로부터 풀려 나올 것이라고 잘못 생각했지만 지옥의 벌레와 불과 감옥은 영원한 것이다. 계 14:11. "그 고난의 연기가 세세토록 올라가리로다." 지옥의 형벌의 고통은 계속되며 결코 끝나지 않는다(Poenoe gehennales puniunt, non finiunt) — 프로스페르(Prosper, 390-463. 프랑스 출신의 신학자. 어거스틴의 예정론을 옹호했다 — 역자주).

영원이란 밑바닥도 제방도 없는 바다와 같다. 수백만년이 흘러도 영원의 관점에서는 단 일분도 지나지 않은 것이다. 그리고 지옥에서 심판받는 자들은 영원히 불타고 있어야 하되 결코 소멸되지 않으며 항상 죽어가되 절대로 죽지는 않는 상태 속에 놓여 있어야 한다. 계 9:6. "그날에는 사람들이 죽기를 구하여도 얻지 못하고 죽고 싶으나 죽음이 저희를 피하리로다." 지옥불이 그와 같아서, 허다한 눈물로도 이를 끌 수 없으며, 아무리 긴 시간이 흘러도 끝나지 않는다. 하나님의 진노의 대접은 항상 죄인의 위에 쏟아지고 있을 것이다. 하나님이 영존하시는 동안 그는 내내 악인들에게 보응하실 것이다. 오, 영원이여! 영원이여! 누가 이를 측정할 수 있으랴?

뱃사람들은 바다의 깊이를 측정하기 위한 다림추를 가지고 있다. 그러나 우리는 어떤 노끈이나 다림추를 사용하여 영원의 깊이를 측정할 것인가? 주님의 입김은 지옥의 호수에 불을 붙인다(사 30:33). 그 불을 끄기 위해 우리가 어디서 소방차나 물 바께쓰를 가져올 것인가? 오, 영원이여! 만일 땅과 바다의 덩어리 전체가 모래로 변하고 별이 총총이 박힌 하늘의 공간 전체를 단지 모래라고 가정할 때 작은 새 한 마리가 그 부리로 일천년마다 한번씩 와서 그 모래를 물어 가되 한번에 단지 그 모래더미 전체에서 모래 한 알갱이의 십분의 일의 분량만을 물어간다고 하자. 그 광대무변한 모래더미를 다 운반하려면 얼마나 무수한 세월이 흘러갈 것인가! 그러나, 만일 그 기나긴 시간의 끝에라도 죄인이 지옥으로부터 나올 수만 있다면 약간의 소망은 있게 될 것이다. 그러나 저 "세세토록"이라는 말이 사람의 마음을 찢어 놓는다. "그 고난의 연기가 세세토록 올라가리로다." 하나님이 영존하시는 한 살아서 영영히 자신들을 징벌하리라는 사실은 악인들이 생각하기만 해도 식은 땀이 흐르는 끔찍한 공포인 것이다!

여기서 다음과 같은 질문을 할 수 있다: 짧은 기간 동안 범한 죄를 왜 영원무궁토록 벌해야 하는가?

우리는 어거스틴과 같이 "악인에 대한 하나님의 심판은 비밀스러울지 모르나 결코 불의한 것은 아니다(occultu esse possunt, injusta esse non possunt)"라고 생각해야 할 것이다. 짧은 기간에 범한 죄의 형벌을 영원토록 받아야 하는 이유는 모든 죄악은 무한하신 존재자께 대해 범한 것이고, 따라서 영원한 형벌로만 그 죄값을 충족시킬 수 있다는 것이다. 반역죄가 재산 몰수와 사형의 처벌을 받는 것은 그것이 신성불가침의 존재인 국왕 자신에 대한 범죄이기 때문이다. 더욱이 하나님의 보좌와 권위에 대한 범죄는 그보다 훨씬 가증하고 무한한 성격의 것으로서, 영벌 이하의 처벌로는 죄값을 만족시킬 수가 없는 것이다.

적용 2: 경건한 자들에 대한 위로. 하나님은 영원하시며, 따라서 그는 영원히 사시면서 경건한 자들을 상주신다. 롬 2:7. "영광과 존귀와 썩지 아니함을 구하는 자에게는 영생으로 하시고." 하나님의 백성들은 고난받는 상황에 처해 있다(행 20:23). "결박과 환난이 나를 기다린다." 악인들은 자주빛 옷을 입고 진미를 먹는데 비해 경건한 이들은 고통을 당하고 있다. 염소는 높은 산악을 기어 오르는데 비해 그리스도의 양들은 살육의 골짜기에서 살고 있다. 그러나 여기엔 위로가 있으니, 곧 하나님은 영원하시며 성도들을 위해 영원한 보상을 예비하셨다는 사실이다. 천국에는 싫증나지 않는 신선한 기쁨과 감미로움이 있는데, 천국의 행복의 최고봉은 그것이 "영원하다"는 사실에 있다(요일 3:15).

이 복락이 그치게 되리라는 최소한도의 조짐이라도 있다면 그 기쁨은 감소되고 나아가 쓰라림으로 변하겠지만 그것은 영원한 것이다. 그 어느 천사가 영원을 재어볼 수 있겠는가? 고후 4:17. "영원한 영광의 중한 것." 성도들은 신적 희락의 강물에 몸을 담글 것이며 이 강물은 결코 마르지 않을 것이다. 시 16:11. "주의 우편에는 영원한 즐거움이 있나이다." 이것이 사도 바울의 수사(修辭)에서 최고의 표현(the Elah)이다. 살전 4:17. "항상 주와 함께."

"항상 주와 함께" 있으면 분쟁없는 평화와 고통없는 안식과 끝없는 영광을 누리게 된다. 성도들은 그들이 당하는 모든 고난 가운데에도 이를 위로로 삼아야 할 것이다. 고통은 잠깐이지만 그들이 받을 상급은 영원하다. 영원성이야말로 천국을 천국되게 하는 것이니, 이는 마치 반지에 박힌 다이아몬드와 같다. 오, 밤이 전혀 없이 영원히 계속될 영광스런 낮이여! 영혼 위에 영광스런 태양빛이 솟아 올라 결코 지지 아니할 것이다. 오, 가을도 낙엽도 없이 영원히 계속될 신성한 봄이여. 로마의 황제들은 머리에 삼중관(三重冠)을 썼는데, 첫번째 관은 쇠로 되어 있었고 두번째는 은으로, 세번째는 황금으로 되어 있었다. 마찬가지로 주님은 당신의 자녀들에게 은혜와 위로와 영광의 삼중관을 씌워 주시며, 이 관은 영원불변할 것이다. 벧전 5:4. "시들지 아니하는 영광의 면류관을 얻으리라."

악인들은 결코 죽지 않는 벌레를, 경건한 사람들은 결코 시들지 아니하는 면류관을 받게 될 것이다. 오, 이것이야말로 우리로 하여금 선을 행하도록 고무한다! 우리는 기꺼이 하나님의 일을 자원해야 한다! 비록 우리가 이 땅에서는 아무 것도 가진 것이 없지만 하나님께는 그의 백성들을 상주실 충분한 시간이 있으시다. 영원한 면류관이 그들의 머리에 씌워질 것이다.

적용 3: 권면. 영원에 관해 숙고하라. 우리의 생각은 주로 영원을 지향해야 한다. 우리 모두는 당장 관능을 즐겁게 할 일을 소원하고 있다. 어거스틴의 말처럼 만일 우리가 세계의 시초부터 종말까지 살 수 있다해도(a cunabulis mundi) 그게 다 뭐란 말인가? 영원과 비교할 때 시간이란 무엇인가? 지구가 하늘에 비하면 일개 작은 점에 불과하듯이, 시간이란 영원에 비한다면 일순간에 불과한 것이다. 그렇다면 그토록 빨리 부스러져 없어져 가는 이 가련한 인생은 도대체 무엇이란 말인가? 오, 영원을 생각하라(Annos oeternos in mente habe)! 형제들이여, 우리는 날마다 영원을 향해 여행하고 있다. 우리가 깨어 있든지 잠들어 있든지간에 우리는 우리의 여행을 계속하고 있는 것이다. 우리들 중 혹자는 영원의 문턱에 도달해 있다. 오, 이생의 짧음과 영원의 장구함을 명심하라!

좀더 구체적으로 하나님의 영원하심과 영혼의 영원성을 생각하라. 하나님의 영원하심에 관해 생각하라. 그는 옛적부터 항상 계신 분으로서 모든 시간 이전에 존재하신 분이다. 다니엘 7:9에는 하나님에 대한 비유적 묘사가 나온다. "옛적부터 항상 계신 이가 좌정하셨는데 그 옷은 희기가 눈같고 그 머리털은 깨끗한 양의 털 같고." 그가 입으신 흰 옷은 그의 위엄을 상징한다. 깨끗한 양털같은 그의 머리카락은 그 거룩성을 상징한다. 그리고 옛적부터 계신다는 말은 그의 영원성을 뜻하는 것이다. 하나님의 영원성을 생각한다면 우리는 그에 대해 지극한 경배의 마음을 가지게 될 것이다. 우리는 그분께 대해 비열하고 불경한 생각을 품기 쉽다. 시 50:21. "네가 나를 너와 같은 줄로 생각하였도다". 즉 하나님을 약하고 죽을 수밖에 없는 존재로 생각하기 쉽다. 그러나 우리가 그의 영원성을 생각한다면, 곧 우리의 모든 기력이 다했을 때에도 그는 영원하신 왕이요 그 왕권은 영원하며 우리를 영세무궁토록 행복하거나 비참하게 만드실 수 있음을 생각한다면 하나님께 대해 경외심을 가지게 될 것이다. 계 4:10. "이십사 장로들이 보좌에 앉으신 이 앞에 엎드려 세세토록 사시는 이에게 경배하고 자기의 면류관을 보좌 앞에 던지며"

성도들이 엎드리는 것은 그같은 겸손한 자세를 통해 그들이 하나님 앞에서 감히 앉아 있을 자격이 없음을 보여주는 것이다. 그들은 엎드려 영원토록 사시는 분께 경배드린다. 그들은 마치 그 발에 입맞추려는 듯이 부복한다. 그들은 보좌 앞에 자기 면류관을 던지는데, 이는 그들의 모든 영광을 그 발 아래 내어 놓는 행위이다. 그같이 해서 그들은 영원하신 존재를 겸손히 예배하는 것이다. 하나님의 영원성을 명심하라. 그러면 우리가 측량할 수 없는 지점에 도달할 때 경배할 수 있게 될 것이다. 영혼의 영원성을 생각하라. 하나님은 영원하신 분이므로 우리도 영생하는 존재로 지으셨다. 우리는 불사(不死)의 피조물이다. 우리는 머지않아 영복 아니면 영벌의 둘 중 한쪽의 영원한 상태에 들어갈 것이다. 이를 진지하게 생각하라. 말하라, 내 영혼이여, 이들 두 영원한 상태 가운데 어느 쪽이 네 운명일 것 같은가? 나는 머지 않아 이 세상을 떠나야 하는데 그러면 나는 어디로 갈 것인가? 영광인가, 영벌인가? 우리가 들어가야 할 영원한 상태에 관해 심각하게 숙고한다면 크나큰 유익을 얻을 것이다.

(1) 영원한 고통에 대한 고려는 범죄를 막는 좋은 교정책이 될 것이다. 죄는 그 쾌락으로 우리를 유혹한다. 그러나 우리가 영원을 생각한다면 과도한 욕망에의 열기를 식힐 수 있을 것이다. 나는 잠시 동안의 죄악의 쾌락을 얻는 대가로 영원한 고통을 감내할 것인가? 죄는 저 계시록 9:7의 황충과 같이 머리에는 금 같은 면류관을 쓰고 있지만 10절의 말씀처럼 전갈과 같은 꼬리를 가지고 거기에 쏘는 살을 가지고 있는데 이 살은 결코 꺾어지지 않는다. 나는 영원하신 진노를 감히 도발할 것인가? 죄를 짓는 게 영원히 지옥에서 당하는 고통을 상쇄할 만큼 달콤한 것인가? 이러한 생각을 한다면 마치 모세가 뱀을 보고 몸을 피하듯이 죄를 피할 수 있을 것이다.

(2) 우리가 영원한 행복에 관해 진지하게 고려한다면 세속적인 일들을 많이 떠나게 될 것이다. 이 속세의 일들은 영원에 비한다면 대체 뭐란 말인가! 이생의 일들은 속히 지나가는 것이니, 우리에게 나타나자마자 곧 사라져 버린다. 그러나 나는 영원한 상태에 들어갈 것이다. 나는 영원하신 분과 함께 살기를 소망한다. 이 세상은 내게 대체 뭐란 말인가? 알프스 산맥의 정상에 서 있는 사람의 눈에 캄파니아(Campania) 지방의 대도시들은 하잘 것 없게 보인다. 마찬가지로 이생이 지나간 후의 영원한 상태에 생각을 고정시키고 있는 사람이 보기에 이생의 모든 일들은 아무 것도 아닌 것이다. 이 세상 영광이 다 뭐란 말인가! 그것은 영원한 영광의 중한 것들에 비한다면 얼마나 빈약하고 하찮은 것인지!

(3) 영복이든 영벌이든간에 영원한 상태에 관한 진지한 성찰은 우리가 착수하고 있는 일에(그게 무엇이든) 강력한 영향을 미치게 될 것이다. 우리가 행하는 모든 일은 영복 아니면 영벌에로 이끌게 될 것이다. 모든 선행은 영생에로 더 가까이 나아가게 하는 계단이 된다. 모든 악행은 영벌에로 더 가까이 나아가게 하는 계단이 되는 것이다. 오, 영원에 관한 생각이 우리의 신앙적 직무 수행에 어떠한 영향력을 미쳐야 하는가! 그러면 우리는 성심성의껏 그 일을 하게 될 것이다. 그리스도인이 사명을 잘 수행한다면 천국으로 좀더 높이 향상하게 되며 영복에로 한 계단 더 나아가게 되는 것이다.

4. 하나님의 불변성

그 다음 속성은 하나님의 불변성이다. "나 여호와는 변역(變易)지 아니하나니." 말 3:6. I. 하나님은 본성상 불변이시다. II. 하나님은 그의 작정(decree)에 있어 불변이시다.

I. 본성적인 불변.

1. 그의 광채는 결코 무색해지지 않는다. 2. 그의 존재는 시기에 제한되지 않는다.

[1] 그 광채는 사라짐이 없다. 그의 본질은 확고한 광채로 빛난다. "그는 변함도 없으시고 회전하는 그림자도 없으시니라"(약 1:17). "주는 여상(如常)하시고"(시 102:27). 모든 피조물들은 영고성쇠로 가득차 있다. 군왕과 황제들은 흥망을 겪는다. 애굽의 왕이었던 세스토리스(Sestoris)는 전쟁에서 많은 왕들을 굴복시키고 그들에게 마치 말처럼 자기 병거를 끌게 했는데, 이는 마치 하나님이 느부갓네살 왕에게 하셨듯이 그들로 풀을 뜯어 먹게 하려는 것과 같았다. 왕권은 대대로 많은 계승자가 뒤를 이어야 한다. 왕국들은 나름대로 쇠퇴와 변동을 겪는다. 아테네의 영화는 어떻게 되었는가? 트로이의 화려함은? 한때 트로이가 서 있던 곳에 이제는 곡식만 자라

고 있다(Jam seges est ubi Troja fuit). 국가는 머리는 황금이지만 발은 진흙으로 되어 있는 것이다.

하늘도 변화한다. "그것들은 옷 같이 낡으리니 의복같이 바꾸시면 바뀌려니와"(시 102:26). 하늘은 하나님이 햇빛으로 당신의 영광을 기록하신 가장 오래된 기록물이지만 이 역시 변화할 것이다. 저자가 생각하기에 비록 그 실체는 파괴될 것 같지 않으나 형질은 변화할 것이다. 그것들은 뜨거운 열에 풀어질 것이며 더욱 단련되고 순화될 것이다(벧후 3:12). 이같이 하늘은 변화해도 그곳에 거하는 분은 변치 않으신다. "그는 변함도 없으시고 회전하는 그림자도 없으시니라."

가장 선한 성도들이라 할지라도 침체와 변화를 겪는다. 신령한 수준에 올라 있는 그리스도인을 보아도, 부단한 변화를 겪고 있다. 비록 은혜의 씨는 소멸되지 않지만 그 아름다움과 활력은 왕왕이 쇠퇴하는 것이다. 말하자면, 그리스도인은 신앙적으로 나름대로 주기적인 말라리아 열(熱)을 앓고 있다. 때때로 그의 신앙은 최고조에 오르지만 때로는 침체상태에 떨어진다. 때로는 그의 사랑의 불길이 활활 타오르지만 다른 때에는 재만 남은 것처럼 보이며, 첫 사랑을 잃어버리고 만다. 다윗이 받은 은혜는 한때 얼마나 강렬했던가! "여호와는 나의 피할 바위시요"(삼하 22:3). 다른 경우에 그는 다음과 같이 말했다. "내가 후일에는 사울의 손에 망하리니"(삼상 27:1). 내가 받은 은혜는 변치 않는다고 말할 수 있는 그리스도인이 과연 누구인가? 나의 믿음의 활시위는 결코 풀리지 않으며 내 바이올린 현(絃)은 결코 이완되는 법이 없다고 말할 자가 과연 누구랴? 그같은 그리스도인은 천국에 올라가서야 만날 수 있을 것이 분명하다.

그러나 하나님은 회전하는 그림자도 없으신 분이다. 천사들도 변화한다. 그들은 거룩하게 지음받았지만 변화에 노출되어 있다. "자기 지위를 지키지 아니하고 자기 처소를 떠난 천사들"(유 6). 이들 새벽별은 말하자면 별똥별이었던 셈이다. 그러나 하나님의 영광은 변함없이 빛나고 있다. 하나님에게는 선악간에 변화처럼 보이는 것을 일체 찾아볼 수 없다. 선한 변화가 없는 것은 그렇다면 하나님은 완전한 신이 아니라는 말이 되기 때문이며, 악한 변화가 없다는 것은 그렇다면 하나님은 더 이상 완전하지 않으실 것이기 때문이다. 그는 변함없이 거룩하고 선하시며, 변화의 그림자조차 찾아볼 수 없는 분이다.

그러나 하나님이신 그리스도께서 인성을 입으셨을 때 하나님에게 변화가 일어났다는 반론에 대하여.

신성이 인성으로 바뀌었거나 인성이 신성으로 바뀌었다면 변화가 일어난 것이겠지만 실제로는 그렇지 않았다. 인성은 신성으로부터 구별되어 있었다. 그러므로 하등의 변화가 일어나지 않았다. 태양을 덮고 있는 구름은 태양 자체에는 아무런 변화도 초래하지 아니한다. 마찬가지로, 비록 신성이 인성에 의해 가리운다 해도 신성 자체에는 전혀 변화가 일어나지 않는 것이다.

[2] 그의 존재에는 시한(時限)이 없다. "오직 그에게만 죽지 아니함이 있고"(딤전 6:16). 하나님은 죽으실 수 없다. 무한한 본질은 유한한 본질로 변화될 수 없다. 그는 영원하시며, 따라서 죽지 않으신다. 영원성과 필멸성은 상호모순되는 것이다.

적용 1: 신성의 탁월성을 그 불변성에서 발견하도록 하라. 이는 신성의 영광인 것이다. 가변성은 곧 연약함을 뜻하며, "어제나 오늘이나 영원토록 동일"하신(히 13:8) 하나님께는 없는 속성이다. 사람들은 마치 "물이 끓음" 같은 르우벤처럼(창 49:4) 변덕스럽고 변화무쌍하다. 그들은 자기들의 원칙에 있어서 가변적이었다. 만일 그들의 표정이 그 견해만큼이나 빨리 바뀐다면 우리는 그들을 알아볼 수 없을 것이다. 그들의 결심은 마치 동풍이 금방 서풍으로 바뀌는 것처럼 변화하기 쉽다. 그들은 선한 사람이 되기로 결심하지만 곧 그 결심을 후회한다. 그들의 마음은 마치 병자의 맥박과 같아서 반 시간마다 바뀌는 것이다. 사도 유다는 그들을 바다 물결과 유리하는 별에 비유한 바 있다(유 13). 그들은 하나님의 성전의 기둥이 아니라 갈대이다. 다른 사람들은 교우 관계에 있어서 변덕스럽다. 그들은 금방 사랑했다가 금방 미워한다. 그들은 때로는 당신을 자기 품에 안았다가 곧 호의를 거두어 버리는 것이다. 그들은 마치 카멜레온처럼 여러 색깔로 변화하지만 하나님은 변함이 없으시다.

적용 2: 피조물의 허무함을 보라. 하나님을 제외한 온 천하 만물은 변화한다. "진실로 천한 자도 헛되고 높은 자도 거짓되니"(시 62:9). 우리는 피조물에게서 하나님이 허락하신 것 이상을 기대한다. 여기에는 두 가지 폐단이 있다. 하나는 그것은 우리가 보는 것보다 더 많은 것을 우리에게 약속한다는 점이고, 다른 하나는 우리가 그것을 가장 필요로 할 때에 우리를 실망시킨다는 점이다. 만사에는 실패가 따르게 마련이다. 예컨대 어떤 사람은 자기의 곡물밭을 갖기 원하지만 그 땅에 물이 부족하거나, 또는 항해사가 항해하고자 하되 바람이 불지 않거나 혹은 역풍이 부는 것이다. 인간은 한 가지 약속의 성취를 위해서 다른 것에 의존해야 한다. 그가 실패한다면 그것은 마치 관절이 탈골된 발과 같은 것이다. 누가 헛된 피조물에서 확고한 안정성을 기대할 것인가? 그것은 마치 바닷물이 들이치고 범람하는 백사장 위에 집을 짓는 것과 매한가지이다. 피조물은 오직 속이는 일에는 확실하며 실망시키는 점에 있어서는 불변인 것이다. 이 세상에서 변화가 일어나는 것을 보는 것은 달이 차고 기우는 것을 보는 것과 마찬가지로 놀라운 일이 아니다. 하나님 외의 모든 만물에게서 변화를 볼 것을 예상해야 한다.

적용 3: 경건한 자들에 대한 위로.

(1) 손실을 입은 경우. 만일 재산을 거의 잃어버리거나 친구를 사별했을 경우, 우리는 이중적인 손실을 입은 것이다. 그러나 우리에게 위로는 하나님은 변치 않으신다는 사실이다. 나는 이것들을 상실할지 모르나 내 하나님은 절대 잃어버릴 수 없다. 하나님은 결코 죽지 않으신다. 무화과나무와 감람나무가 열매를 맺지 못해도 하나님은 열매를 맺으신다. "나는 나의

구원의 하나님을 인하여 기뻐하리로다"(합 3:18). 정원의 꽃들은 죽어도 하나님이 허락하신 인간의 분깃은 그대로 남는다. 이와 같이 외적인 사물들은 소멸하고 변화하지만 "하나님은 내 마음의 반석이시요 영원한 분깃이시라"(시 73:26).

(2) 마음이 슬플 때. 하나님은 마치 우리를 완전히 버리신 것처럼 보인다. 아 5:6. "나의 사랑하는 자가 벌써 물러갔네." 그러나 그는 변하실 수 없다. 그의 사랑은 불변이다. 그는 안색을 바꾸실지 모르지만 그 마음은 바꾸지 않으신다. "내가 무궁한 사랑으로 너를 사랑하는고로"(렘 31:3). 여기서 히브리어의 올람(Olam)은 "영원무궁한 사랑"을 의미한다. 일단 하나님의 선택의 은혜가 한 영혼에게 임하면 그것은 결코 사라지지 않는다. "산들은 떠나며 작은 산들은 옮길지라도 나의 인자는 네게서 떠나지 아니하며 화평케 하는 나의 언약은 옮기지 아니하리라"(사 54:10). 하나님의 사랑은 태산보다 더 굳건히 서 있는 것이다. 그리스도를 향한 그의 사랑은 불변이다. 그리고 그가 그리스도에 대한 사랑을 거두지 않으시듯이 신자들에 대한 사랑도 거두지 않으신다.

적용 4: 권면. 변치 않는 하나님께 관심을 기울이도록 하라. 그러면 그대는 바다 한가운데 우뚝 솟아 있는 바위처럼 일체의 변화의 와중에서도 요동하지 않을 것이다.

나는 불변하시는 하나님께 어떻게 참여할 것인가?

우리 안에 변화를 일으킴으로써. "씻음과 거룩함을 얻었느니라"(고전 6:11). 우리의 변화는 흑암에서 빛으로의(a tenebris ad lucem) 변화인데, 이는 마치 동일한 몸에 다른 영혼이 들어와 사는 것과 같다. 이같은 변화를 통해 우리는 불변하는 하나님께 관심을 가지게 된다.

오직 한 분 불변하시는 하나님을 신뢰하라. "너희는 인생을 의지하지 말라"(사 2:22). 갈대를 의지하지 말고 영원하신 반석을 의지하라. 믿음으로 하나님 안에 보호받는 사람은 모든 변화 가운데에도 안전하다. 그는 마치 요지부동의 바위에 매인 보트와 같다. 하나님을 신뢰하는 사람은 결코 실망시키지 않는 분을 믿는 것이다. 그는 변치 않으신다. "내가 과연 너희를 버리지 아니하고 과연 너희를 떠나지 아니하리라"(히 13:5). 건강이나 부(富), 친구들은 우리를 떠날지 모르나 하나님은 나는 너를 떠나지 않는다고 말씀하신다. 즉, 내가 능력으로 너를 붙잡아 주리라, 나의 영으로 너를 거룩하게 하리라, 나의 자비로 너를 구원하리라, 결코 너를 떠나지 않겠다고 말씀하시는 것이다.

오, 이 변치 않는 하나님을 신뢰하자! 하나님은 두 가지 것을 질투하시는데 곧 우리의 사랑과 우리의 신뢰이다. 그가 우리의 사랑을 질투하시는 것은 우리가 피조물을 당신보다 더 사랑하지 말게 하려는 것으로서, 그는 그 피조물이 괴로운 것이 되도록 만드신다. 또한 우리의 신뢰를 질투하시는 것은 우리가 당신보다 피조물을 더 믿지 않게 하려는 것으로서, 하나님은 그것을 신용할 수 없는 것으로 만들어 버리신다. 외적인 위로는 마치 음식처럼 우리의 원기를 회복하기 위한 방편으로서 주어지는 것이지, 목발처럼 온 몸을 의지하라고 주어진 것이 아니다. 우리가 만일 피조물을 우상시한다면 하나님은 우리가 신뢰하는 것을 부끄럽게 만드실 것이다. 오, 영원불멸하는 하나님을 신뢰하자! 노아가 날려보낸 비둘기처럼 우리는 하나님의 불변성이라는 방주에 도달하기까지는 우리 영혼이 머물 발판을 갖지 못하는 것이다. 시 125:1. "여호와를 의뢰하는 자는 시온산이 요동치 아니하고 영원히 있음 같도다."

Ⅱ. 하나님은 그 작정에 있어 불변이시다.

그가 영원전부터 작정하신 일은 변개될 수 없다. "나의 모략이 설 것이니"(사 46:10). 하나님의 영원하신 계획 내지 작정은 불변이다. 만일 그가 그 작정을 변경하신다면 이는 지혜나 예지력의 모종의 결함에서 연유된 것이 틀림없다. 왜냐하면 사람들이 자기 목적을 변경하는 이유가 그것이기 때문이다. 그들은 전에는 몰랐던 뭔가를 나중에야 깨닫게 된다. 그러나 이는 하나님이 그의 작정을 변경케 하는 원인이 되지 못하는데, 왜냐하면 그는 지식에 있어 완전하시며 모든 것을 그의 앞에 하나의 완전한 상(像)으로서 관조하고 계시기 때문이다.

그러나 하나님은 회개하라고 하시지 않던가? 그분의 작정에는 변경이 있는 듯하다. 욘 3:10. "하나님이 뜻을 돌리키사 그들에게 내리리라 말씀하신 재앙을 내리지 아니하시니라."

(본문에서) 회개를 하나님께 적용하는 것은 비유적인 의미에서이다. 민 33:19. "하나님은 인자가 아니시니 후회가 없으시도다." 하나님의 행사(work)에는 변화가 있을지 모르지만, 그의 뜻(will)에는 변화가 없다. 그분은 변화를 뜻하실지 몰라도 뜻은 바꾸지 않으신다. 왕이라면 자기가 구해주고 싶은 범죄자에게 짐짓 유죄선고를 내릴 수도 있을 것이다. 마찬가지로 하나님은 니느웨를 향해 멸망시키겠다고 위협하셨지만 니느웨의 주민들이 회개하자 그들을 용서하셨다(욘 3:10). 여기서 보면 하나님은 그의 선고를 변경했지만 작정은 바꾸지 않으셨다. 그것은 영원 전부터 그분의 목적 가운데 포함된 일이었던 것이다.

그러나 만일 하나님의 작정이 불변하는 것이며 철회될 수 없다면 우리는 어떤 목적을 가지고 수단을 사용해야 하는가? 구원받으려는 우리측의 노력은 그분의 작정을 바꿀 수 없는데.

하나님의 작정은 나의 노력에 영향을 미치지 아니한다. 왜냐하면 나를 구원하기로 작정하신 그분은 이를 위해 사용할 수단도 작정하셨는데, 만일 내가 그 수단을 무시한다면 나는 스스로 버림받게 되기 때문이다. 아무도 다음과 같이 주장할 수 없다:하나님은 나의 수명을 정하셨고, 따라서 나는 생명을 보전하기 위해 수단을 사용하지 않겠다, 즉 먹고 마시지 않겠다라고. 하나님은 수단을 사용할 경우의 내 생명의 수한(壽限)을 정하신 것이다. 마찬가지로, 하나님은 말씀과 기도를 행할 경우에 내가 구원받도록 작정하셨다. 음식을 거부하는 자는 자기 생명을 스스로 끊게 되듯이 자기 구원을 힘써 이루기를 거절하는 사람은 스스로를 멸망시키고 만다. 성경은 긍휼의 그릇은 영광을 위해 예비되어 있다고 말씀한다(롬 9:23). 그들이 성결케 되지 않으면 어떻게 예비되겠는가? 이는 수단을 사용하지 않으면 불가능한 일이다. 그러므로 하나님의 작정을 핑계삼아 성화에의 노력을 멀리하지 말아야 한다. 프레스턴 박사(Dr Preston)의 다음과 같은 지적은 타당한 것이다. "당신에게 하나님께 기도하고 싶은 마음이 있는가? 그것은 당신에게 진노가 작정되지 않았다는 증거이다."

적용 1: 만일 하나님의 작정이 영원불변하는 것이라면 하나님은 알미니우스주의자들의 주장처럼 우리의 예지된 신앙에 근거하여 우리를 택정하시는 것이 아니다. "그 자식들이 아직 나지도 아니한 때에 택하심을 따라 되는 하나님의 뜻이 서게 하려 하사 … 기록된 바 내가 야곱은 사랑하고 에서는 미워하였다 하심과 같으니라"(롬 9:11,13). 우리는 거룩해서 택함받은 게 아니라 거룩해지기 위해 선택되었다(엡 1:4). 만일 우리가 우리의 믿음 때문에 의롭게 되는 게 아니라면 더욱이 믿음 때문에 선택되지는 않을 것이다. 우리는 믿음 덕분에 의로워지는 것이 아닌 것이다. 에베소서 2:8에서는 믿음을 도구(instrument)로 해서 의로워진다고 말씀한다. 그러나 믿음이 칭의의 원인(cause)이 되는 것은 아니다. 또한 믿음 때문에 의로워지는 것이 아니라면 믿음 덕분에 선택받는 것은 더더욱 아니다. 하나님의 선택은 영원불변이며, 따라서 예지된 믿음에 의존하지 않는다. "영생을 주시기로 작정된 자는 다 믿더라"(행 13:48). 그들은 믿었기 때문에 선택받은 것이 아니라 선택되었기에 믿게 된 것이다.

적용 2: 만일 하나님의 작정이 불변이라면 그것은 다음의 두 가지 면에서 위로가 된다.

(1) 교회를 향하신 하나님의 섭리면에서. 우리는 만사가 우리의 욕구와 일치하지 않을 때 신적인 섭리와 논쟁을 벌일 태세가 되어 있다. 하나님의 일은 계속 진행되며 그분이 영원 전에 작정하신 일 외에는 어떤 일도 일어나지 않는다는 사실을 명심하라.

(2) 하나님은 교회의 유익을 위하여 환난을 작정하셨다. 하나님의 교회가 당하는 환난은 그의 백성들을 치료하기 위해 천사가 물을 동하게 하

는 것과 같은 것이다(요 5:4). 그는 교회에 환난을 작정하셨다. "여호와의 불은 시온에 있고 여호와의 풀무는 예루살렘에 있느니라"(사 31:9). 시계의 톱니바퀴는 서로 반대로 맞물려 돌아가지만 그것들은 합력하여 시계를 작동시킨다. 마찬가지로 하나님의 섭리의 수레바퀴는 종종 우리의 욕구와 상반되지만, 그럼에도 하나님의 불변의 작정을 이루어가는 것이다. "많은 사람들이 스스로 희게 할 것이나"(단 12:10). 하나님은 그의 백성들을 정케 하기 위해 고난의 물을 쏟아 부으신다. 따라서 하나님의 처분에 대해 이의를 달지 말자. 그분의 행사는 계속 진행되며, 그분이 영원 전부터 지혜롭게 작정하신 일 외에는 어떤 일도 일어나지 않는다. 모든 일이 합력하여 하나님의 계획을 촉진하고 그 작정을 이루어 나갈 것이다.

적용 3: 경건한 자들이 그들의 구원에 대해 받을 위로. 딤후 2:19. "그러나 하나님의 견고한 터는 섰으니 인침이 있어 일렀으되 주께서 자기 백성을 아신다 하며." 하나님의 선택의 계획은 불변이다. 일단 선택되었으면 영원히 선택된 것이다. "내가 그 이름을 생명책에서 반드시 흐리지 아니하고"(계 3:5). 하나님의 섭리의 책에는 정오표(正誤表)가 붙어 있지 않으며 지워버리는 일도 없다. 일단 의롭다 함을 입으면 절대 칭의가 취소되지 않는다. "뉘우침이 내 목전에서 숨으리라"(호 13:14). 하나님은 그의 선택의 사랑을 절대로 후회하지 않으신다. "끝까지 사랑하시니라"(요 13:1). 그러므로, 당신이 만일 신자라면 이 하나님의 작정의 불변성에서 위로를 받기 바란다.

적용 4: 하나님과 그 백성들에게 맹렬하게 대항하는 악인들에게 하나님의 작정은 불변이라는 한 마디 말을 전함으로써 결론맺고자 한다. 하나님은 이를 변경하지 않으실 것이며 파기할 수도 없으시다. 그들은 하나님의 뜻에 대항하면서도 이를 이루어 가고 있다. 하나님의 뜻(의지)은 이중적인데, 곧 "신적 계율의 뜻과 그의 작정의 뜻"(Voluntas proecepti et decreti)이 그것이다. 악인들은 하나님의 계율의 뜻에 거역하면서도 그분이 허락하신 작정의 뜻을 이루고 있다. 유다는 그리스도를 배신했고 빌라도는 그를 정죄했으며 군병들은 그를 십자가에 못박았다. 그들은 하나님의 계율의 뜻에 항거했지만 허용된 작정의 뜻을 이루었던 것이다(행 4:28). 하나님이 한 가지를 명령하시면 그들은 그 반대로 행동한다. 하나님이 안식일을 지키라고 명하시자 그들은 이를 모독하고 있다. 그들은 하나님의 계명에 불순종하면서도 그의 허용된 작정은 이루고 있다. 어떤 사람이 하나는 비단으로, 다른 하나는 쇠로 짠 그물을 설치하면 비단 그물은 찢어져도 쇠그물은 찢어지지 않는다. 마찬가지로 인간은 하나님의 계명이라는 비단 그물을 찢지만 그의 작정이라는 쇠그물〔天羅之網〕에는 여지없이 걸리고 만다. 그들은 하나님의 계율에 대해서는 뒤로 후퇴하지만 그의 작정에 대해서는 앞으로 나아가고 있다. 그의 작정이란 곧 그들이 범죄하도록 허락하고, 그 허락된 죄로 인해 그들을 심판하는 것이다.

5. 하나님의 지혜

하나님의 그 다음 속성은 지혜이다. 이는 신성의 가장 밝은 빛줄기 가운데 하나이다. "하나님은 마음이 지혜로우시고"(욥 9:4). 마음은 지혜가 머무는 곳이다. "히브리인들에게는 마음이 지혜의 처소이다(Cor in Hebraeo sumitur pro judicio)." — 피네다(Pineda). "총명한 자가 필경 내게 이르기를"(욥 34:34). 히브리 원문대로 하면 "마음을 가진 자(men of heart)가 내게 말하게 하라" 이다. 하나님은 그 마음이 지혜로우시니, 곧 지극히 지혜로우시다. 오직 그만이 온전히 모든 지혜를 소유하고 계신다. 그래서 그는 "홀로 하나이신 하나님"(영어 본문을 직역하면 "홀로 지혜로우신 하나님"이다 — 역자주)이라고 불리는 것이다(딤전 1:17). 지혜의 모든 보화는 그 안에 숨겨져 있고, 그가 자기 보화로부터 기꺼이 나누어 주신 사람 외의 어떤 피조물도 지혜를 가질 수 없다. 하나님은 온전히 지혜로우시며 그의 지혜에는 조금도 결함이 없다. 인간들은 몇 가지 분야에 있어서는 지혜로울지 모르나 다른 분야에는 무지와 연약을 드러낼 것이다. 그러나 하나님은 지혜의 원형이자 모범이신데, 무릇 모범이란 완전해야 하는 것이다(마 5:48). 하나님의 지혜는 두 가지 면에서 나타난다. I. 그의 무한한 지혜. II. 그의 정확한 업적.

I. 그의 무한한 지혜.

그는 가장 은밀한 비밀들을 알고 계신다(단 2:28). 그는 가장 복잡하고 미묘한 사람의 생각을 알고 계신다. 암 4:13. "그는 자기 뜻을 사람에게 보이며." 사람이 아무리 교묘하게 죄를 고안해낸다 해도 하나님은 그 모든 가면과 외식을 벗기시고 속 마음을 여지없이 드러내실 것이다. 그는 장래에 일어날 모든 우발적 사건들을 알고 계시며 미리 예지하셨다(et ante intuita). 모든 일들은 그의 앞에 하나의 명확한 모습으로 나타나는 것이다.

II. 그의 정확하고 오묘한 업적.

그는 마음이 지혜로우시다. 그의 지혜는 그 행사 속에 나타나고 있다. 이 하나님의 업적은 세 권의 큰 책으로 엮어져 있으며, 우리는 이를 통해 그분의 지혜를 읽을 수 있다.

[1] **창조의 업적.** 창조는 하나님의 권능의 기념비적 업적이며, 우리가 그 지혜를 볼 수 있는 거울이다. 오직 지혜로운 하나님만이 세계를 그토록 오묘하게 고안해낼 수 있을 것이다. 땅이 온갖 꽃들로 뒤덮여 있는 것을 보라. 그것들은 자태와 향기를 위한 것이다. 빛들이 점점이 박혀 있는 하늘을 보라. 우리는 하나님의 영광스러운 지혜가 태양 가운데 이글거리고 별들 가운데 반짝이는 것을 볼 수 있을 것이다. 그의 지혜는 만물을 제각기 올바른 처소와 영역에 배치하고 정돈하는 데에서 엿볼 수 있다. 만일 태양의 위치가 좀더 낮았더라면 우리는 불타버렸을 것이다. 만일 더 높았더라면 그 빛에서 온기를 얻지 못했을 것이다. 하나님의 지혜는 사계절을 정하신 데에서도 나타난다. "여름과 겨울을 이루셨나이다"(시 74:17). 만일 항상 여름뿐이라면 우리는 열기로 그슬렸을 것이다. 만일 내내 겨울만 계속된다면 추위로 얼어 죽었을 것이다.

하나님의 지혜는 어둠과 빛을 교대로 배치하신 점에서도 나타난다. 항상 밤만 계속된다면 전혀 일할 수 없게 될 것이다. 만일 낮만 계속된다면 휴식을 취할 수 없게 될 것이다. 육지나 바다와 같은 자연 요소들을 혼재

(混在)시켜 놓은 점에서도 지혜를 엿볼 수 있다. 만일 온통 바다뿐이었다면 우리는 빵을 얻을 수 없었을 것이다. 만일 전부 육지뿐이라면 물이 부족할 것이다. 하나님의 지혜는 땅의 과실들을 준비하고 결실하게 만드는 데서도 엿볼 수 있으니, 곧 열매를 준비하는 바람과 서리, 과실을 무르익게 만드는 햇빛과 비에서 나타난다. 하나님의 지혜는 바다의 경계를 정하는 데서도 엿볼 수 있는데, 이를 너무나 지혜롭게 해냈기 때문에 바다가 육지의 여러 지역보다도 더 높으면서도 그리로 범람하지 않았던 것이다. 그래서 우리는 시편 기자와 함께 다음과 같이 외칠 수 있다. "여호와여 주의 하신 일이 어찌 그리 많은지요 주께서 지혜로 저희를 다 지으셨으니"(시 104:24).

우리 눈에 띄는 것들 치고 지혜의 기적 아닌 것이 없다. 하나님의 지혜는 국가내에 질서를 세우는 방식에서도 나타나는데, 곧 서로가 서로를 필요로 하게 되어 있는 것이다. 가난한 사람은 부자의 돈을 필요로 하며 부자는 가난한 자의 노동력을 필요로 한다. 하나님은 한 직종이 다른 직종과 상호 의존하게 하셨으니, 곧 서로 도움이 됨으로써 상호애(相互愛)를 유지하도록 만드신 것이다.

[2] 하나님의 지혜가 빛나는 두번째 업적은 **구속 사역**이다.

(1) 이것은 인간의 죄와 하나님의 공의 사이에서 행복을 찾을 길을 안출(案出)해낸 신적 지혜의 걸작이다. 우리는 사도 바울처럼 "깊도다 하나님의 지혜와 지식의 부요함이여"라고 외칠 수 있을 것이다(롬 11:33). 이 일은 인간과 천사 모두를 놀라게 만들었다. 만일 하나님이 우리가 죄악 중에 있을 때 구원의 길을 스스로 발견하게 하셨더라면, 우리는 하나님의 무한하신 지혜가 우리를 위해서 찾아낸 길을 스스로 궁리해낼 두뇌도 이를 욕구할 마음도 가질 수 없었을 것이다. 하나님의 자비는 죄인을 구원하길 원하지만 하나님의 공의를 부당하게 대우하는 것을 꺼린다. 하나님의 자비는 인간처럼 고귀한 피조물이 멸망하는 것은 가련한 일이라고 말하지만, 동시에 하나님의 공의가 패배해서는 안된다고 말한다. 그렇다면 어떤 길을

찾아내야 할 것인가? 천사들은 하나님의 공의가 부당하게 입는 손실을 보상할 수 없으며, 또한 한 본성은 범죄하고 다른 본성은 고통당하는 것은 합당한 일이 아니다. 그렇다면 어떻게 해야 하는가? 인간은 영원히 버림받아야 하는가?

그런데 하나님의 자비가 이같이 타락한 인간의 회복을 놓고 혼자 논쟁을 벌이는 동안 하나님의 지혜가 개입하셨다. 그래서 계시가 임하길, 하나님이 인간이 되게 하자. 즉 삼위일체 중 제2위께서 성육신하고 고난을 당하게 하자, 그러면 그는 자격으로는 인간이 되고 능력으로는 하나님이 될 것이다. 이로써 공의를 만족시키면서 인간을 구원할 수 있을 것이다. 오, 이로써 공의와 자비가 서로 만나게 하신 하나님의 지혜의 무한하신 부요여! "하나님이 육신으로 나타나셨다"는 이 비밀이 크도다(딤전 3:16). 그리스도가 죄를 알지도 못하시면서 죄가 되셨다는 것과 하나님께서 죄를 심판하시되 죄인은 구원하신다는 이 사실은 그 어떤 지혜인지! 여기에 구원의 길을 여는 지혜가 있다.

(2) 구원을 위해 사용되는 수단은 하나님의 지혜를 보여준다. 즉 구원은 행위가 아니라 믿음으로 받는 것이다. 믿음은 겸비한 은혜로서 모든 것을 그리스도께 돌린다. 믿음은 값없이 주시는 은혜를 찬양한다. 그리고 값없이 주시는 은혜를 드러냄으로써 하나님이 영광을 받게 한다. 당신 자신의 영광을 높이는 것이야말로 하나님의 최고의 지혜인 것이다.

(3) 역사하는 믿음을 통해 하나님의 지혜를 엿볼 수 있다. 그것은 선포된 말씀을 통해 이루어진다. "믿음은 들음에서 나며"(롬 10:17). 한 영혼을 개종시키는데 인간의 연약한 숨결이 무슨 힘이 있는가? 그것은 마치 죽은 사람의 귀에 대고 속삭이는 것과 같다. 이는 세상 사람들이 보기엔 어리석은 짓이지만 하나님은 일견 미련해 보이는 방식으로 당신의 지혜를 보이시길 좋아 하신다. "하나님께서 세상의 미련한 것들을 택하사 지혜있는 자들을 부끄럽게 하려 하시고"(고전 1:27). 왜 그러시는가? 29절. "이는 아무 육체라도 하나님 앞에서 자랑하지 못하게 하려 하심이라." 만일 하나님이 천사들의 사역을 통해 죄인들을 회심시키신다면 우리는 기꺼이 천사

들을 영화롭게 하고 하나님께 마땅히 돌아갈 명예를 그들에게 돌리려 할 것이다. 그러나 하나님께서 연약한 도구인 우리와 성정이 같은 인간들을 사용하여 회심시킨다면, 그 능력은 하나님께로서 나온 것이 분명해지는 것이다. "우리가 이 보배를 질그릇에 가졌으니 이는 능력의 심히 큰 것이 하나님께 있고 우리에게 있지 아니함을 알게 하려 함이라"(고후 4:7). 이 점에서 하나님의 지혜를 엿볼 수 있으니, 곧 그 어느 육체도 당신의 임재 앞에서 자고하지 못하게 하려는 것이다.

[3] 하나님의 지혜는 그의 **섭리 역사** 가운데 놀랍도록 나타난다. 모든 섭리 속에는 일종의 자비와 경이가 내포되어 있다. 하나님의 지혜는 그의 섭리 역사를 통해 다음과 같이 나타난다.

(1) 작고 보잘것없는 수단을 통해 위대한 일을 이루심으로써. 그는 불뱀에 물린 이스라엘 백성들을 놋뱀으로 치료하셨다. 만일 어떤 특효가 있는 해독제를 사용했거나 길르앗의 고약을 가져와 사용했더라면 치료 비슷한 모양을 연출했을 것이다. 그러나, 놋뱀에는 도대체 무엇이 있단 말인가? 그것은 단지 하나의 형상일뿐 상처입은 사람들에게 직접 사용할 수 없고, 단지 올려다 볼 대상에 불과했다. 그러나 이것이 치료를 가져왔던 것이다. 사용된 도구 자체의 가능성이 작을 수록 하나님의 지혜는 더 강하게 나타난다.

(2) 하나님의 지혜는 육안으로는 정반대로 보이는 그의 행사 속에서 엿볼 수 있다. 하나님은 요셉을 높이고 그의 모든 형제들의 곡식단이 그의 단 앞에 절하게 하려 하셨다. 그런데 이를 이루기 위해 그분이 사용하신 방법은 무엇이었는가? 우선 요셉은 구덩이에 던져졌다. 그 후에 애굽에 종으로 팔려갔다. 그 후에는 감옥에 갇혔던 것이다(창 39:20). 하나님은 그의 투옥을 통해 입신 출세에의 길을 열어 놓으셨다. 하나님으로선 평범한 방식으로 구원하는 것은 당신의 지혜를 그다지 나타내지 못하는 것이다. 그러나 그분이 기이한 방식으로 행하시고 우리 생각에는 파멸케 할 것같은 방식으로 구원하신다면 그때 그의 지혜가 가장 뚜렷하게 빛날 것이다.

하나님은 이스라엘에 승리를 허락하려 했는데, 그 방법이 무엇이었던가? 그는 기드온의 군대를 줄이셨다. "너를 좇은 백성이 너무 많은즉"(삿 7:2). 그는 이만 삼천의 병력을 삼백명으로 줄이셨다. 그래서 자력으로 승리할 수단을 박탈함으로써 결과적으로 이스라엘이 승리하게 만드신 것이다. 하나님께는 당신의 백성들을 애굽으로부터 해방시키려는 구상이 있었는데, 그는 이를 성취하기 위해 기상천외한 절차를 거치셨다. 그는 애굽 사람들에게 그들을 미워하는 마음을 갖게 하셨다. "또 저희 마음을 변하여 그 백성을 미워하게 하시며"(시 105:25). 그들이 이스라엘을 미워하고 압제할수록 하나님은 더욱 더 애굽에 재앙을 내리셨고, 마침내 그들은 이스라엘 백성을 내보내길 기뻐하게 되었다(출 12:33). 애굽 사람들은 이스라엘 백성들을 자기 나라로부터 속히 내보내기 위해 그들을 재촉하기까지 했다.

하나님은 요나가 바다에 던지웠을 때 그를 구할 뜻을 가지사 물고기를 명하여 그를 삼키게 하셨으며, 이로써 그를 해변으로 인도하셨다. 하나님은 바울과 그와 함께 승선한 사람들을 구원하려 하셨지만 배는 파선되어야 했으니, 그들 모두는 깨어진 뱃조각에 의지하여 안전하게 뭍으로 헤엄쳐 나왔던 것이다(행 27:44). 교회에 관해 보아도, 하나님은 종종 정반대의 방법을 사용하시며 원수들로 하여금 당신의 일을 수행하게 하신다. 그는 구부러진 방망이로 직선 타구(打球)를 날리실 수 있는 것이다. 그는 종종 핍박을 이용하여 그의 교회가 성장, 부흥하게 하셨다. 율리안은 "피의 소나기를 통해 교회는 더욱 많은 열매를 맺게 되었다"고 말했다.

출 1:10. "자, 우리가 그들에게 대하여 지혜롭게 하자 두렵건대 그들이 더 많게 되면." 그런데 그들이 억압책으로 사용했던 방법이 이스라엘 백성들을 더욱 번성하게 했던 것이다. 12절. "그러나 학대를 받을수록 더욱 번식하고 창성하니." 이는 마치 밭에 고랑을 많이 파줄수록 더 많은 수확을 거두게 되는 것과 같았다. 박해로 인해 사도들은 사방에 흩어졌는데 그들의 분산은 마치 씨앗을 흩뿌리는 것과 같았다. 그들은 사방을 다니면서 복음을 선포했고 날마다 회심자들을 얻었던 것이다. 바울은 감옥에 갇혔는데,

그가 사슬에 매였던 것이 복음 전파의 방편이 되었던 것이다(빌 1:12).

(3) 하나님의 지혜는 가장 지독한 악을 그 자녀들에게 선으로 바꾸는 방식에서도 엿볼 수 있다. 몇몇 독성 물질들은 기술자들이 지혜롭게 독성을 완화하면 특효약이 된다. 마찬가지로 하나님은 가장 치명적인 핍박들이 합력하여 당신의 자녀들에게 선이 되게 하신다. 그는 이로써 그들을 정화시켜 천국에 적합하도록 준비시키는 것이다(고후 4:17). 이 혹독한 추위가 봄에 아름다운 꽃들의 만개를 앞당겨 주는 것이다. 지혜로우신 하나님은 거룩한 화학작용을 통해 고난을 강심제로 변화시키신다. 그는 당신의 백성들이 잃음으로써 얻게 하시며, 그들의 십자가를 축복으로 변화시키신다.

(4) 하나님의 지혜는 인간의 범죄를 통해서 당신의 일을 이루신다는 이 사실에서도 엿볼 수 있다. 그러나 그는 인간들의 범죄에 직접 관여하시는 것은 아니다. 주님은 죄를 허용하시지만 이에 동의하시는 것은 아니다. 그는 죄가 포함된 행위에는 관여하시지만 범죄 행위 자체에 참여하지는 않으신다. 그리스도를 십자가에 못박는 일의 경우, 그것이 자연적인 행위인 한 하나님은 이에 협력하셨다.-즉 만일 그가 이스라엘 사람들에게 생명과 호흡을 주시지 않았더라면 그들은 이를 행할 수 없었을 것이다. 그러나 그것은 범죄 행위였으므로 하나님은 이를 증오하셨다. 어떤 음악가가 바이올린을 가락이 틀리게 연주한다고 하자. 그 음악가는 그 소리의 원인이지만 귀에 거슬리는 불협화음의 출처는 바이올린 그 자체인 것이다. 마찬가지로 인간의 자연적인 동작의 원인은 하나님이지만 그들의 범죄 행위의 출처는 그들 자신이다. 어떤 사람이 절름발이 말을 탄다고 할 때, 그의 타는 행위가 그 말이 앞으로 나아가는 원인이 되지만, 저는 동작은 말 자체에서 비롯된 것이다. 여기에 하나님의 지혜가 있으니, 곧 인간의 범죄가 하나님의 일을 수행해 나가지만 그분 자신은 이에 전혀 참여하시지 않는다는 점이다.

(5) 하나님의 지혜는 절망적인 경우에 도우심을 통해 나타난다. 하나님은 인간의 도움과 지혜가 실패할 그 때 당신의 지혜를 나타내길 좋아하신다. 뛰어난 법률가들은 그들의 재능을 과시하기 위해 법률상의 미묘한

차이나 난제와 씨름하길 좋아한다. 하나님의 지혜는 절대로 궁지에 몰리지 않는다. 섭리가 가장 어두운 그 때에 구원의 샛별이 떠오르는 것이다. “우리를 비천한데서 기념하신 이”(시 136:23). 때때로 하나님은 그의 원수의 간담이 녹게 만드신다(수 2:24). 때로는 그들이 할 다른 일거리를 구해 주신다. 그리고 퇴각 나팔을 불어 주시는데, 이는 사울이 다윗을 추격할 당시에 그러했다. “블레셋 사람이 땅을 침로하나이다”(삼상 23:27). “산에서 하나님을 볼 것이라.” 교회가 번제단 위에 놓인 것처럼 되어 그 평화와 자유의 희생이 경각에 놓이게 되면 구원의 천사가 임하는 것이다.

(6) 하나님의 지혜는 지혜로운 자를 속이고 그들의 지혜를 그들이 패망하는 수단으로 만드시는 데에서도 나타난다. 아히도벨은 깊은 모략을 가지고 있었다. 삼하 16:23. “그 때에 아히도벨이 베푸는 모략은 하나님께 물어 받은 말씀과 일반이라.” 그러나 그는 스스로 치욕을 자초하고 말았다. “여호와여 원컨대 아히도벨의 모략을 어리석게 하옵소서”(삼하 15:31). “하나님은 간교한 자로 자기 궤휼에 빠지게 하시며”(욥 5:13). 즉, 그들이 스스로 지혜롭게 행한다고 생각할 때에 하나님은 그들을 실망시키실 뿐 아니라 그들로 올무에 빠지게 하시는 것이다. 그들이 다른 사람들을 잡으려고 준비한 올무에 그들 자신이 걸려들고 만다. “그 숨긴 그물에 자기 발이 걸렸도다”(시 9:15). 하나님은 정치가들의 계략의 의표를 찌르기를 좋아하신다. 그는 그들 자신의 재치를 역이용하여 그들을 망하게 하시며, 하만을 그 자신이 세운 나무에 매달리게 만드시는 것이다.

적용 1: 하나님의 지혜를 경배하라. 그 깊이는 무한하다. 천사들은 이를 헤아릴 수 없다. “그의 길은 찾지 못할 것이로다”(롬 11:33). 우리는 하나님의 지혜를 경배할 뿐 아니라 그 안에 안식해야 한다. 하나님은 우리에게 최선의 조건이 무엇인지 알고 계신다. 우리가 만일 하나님의 지혜를 믿는다면 불평하지 않게 될 것이다. 다음과 같은 때에 하나님의 지혜 가운데 안식하라.

(1) 영적인 위로가 아쉬울 때. 하나님은 지혜로우시다. 그는 때로는 우

리가 위로를 받지 못한 채로 있는 것이 더 낫다는 사실을 아신다. 아마도 우리가 바울처럼 그분의 계시를 받고 영적으로 커지면 자고하게 될지 모른다(고후 12:7). 영적 위로가 고조되면 마음을 겸손하게 갖기 어렵다. 하나님은 즐거움보다 겸손이 우리에게 더 유익함을 아신다. 위로가 부족해도 겸손한 것이 위로를 얻고나서 교만해지는 것보다 더 나은 것이다.

(2) 육체의 원기가 부족할 때 하나님의 지혜를 의지하라. 그는 무엇이 최선인지 아신다. 필경 병약할수록 은혜는 더하게 되며, 육신이 연약할수록 믿음은 더 강해지는 것이다. "겉사람은 후패하나 우리의 속은 날로 새롭도다"(고후 4:16). 로마에는 두 그루의 월계수 나무가 있었다. 한 쪽이 시들면 다른 쪽은 무성해졌다. 속사람은 날로 새로와진다. 하나님이 육신이라는 나무를 흔드시는 것은 의의 열매를 거두시기 위함이다(히 12:11). 질병은 죄악의 종기를 제거해내기 위한 하나님의 란셋(수술용 칼)인 것이다(사 27:9).

(3) 당신의 교회를 향한 하나님의 섭리의 경우. 하나님이 나를 어떻게 다루고 계시는지에 관해 우리가 의심하고 염려로 거의 죽을 지경이 되었을 때 하나님의 지혜를 믿고 안식하자. 그분은 무슨 일을 해야 할지 가장 잘 알고 계신다. "주의 종적을 알 수 없었나이다"(시 77:19). 그의 자취를 알 수 없을 때에도 그를 신뢰하라. 하나님은 우리 보기에는 가장 상궤를 벗어난 것처럼 보일 그 때 가장 올바른 길로 행하고 계시는 것이다. 하나님의 교회가 말하자면 무덤 속에 매장되어 있고 그 위에 묘비가 세워져 있다고 생각되는 때에도 그의 지혜는 무덤으로부터 돌을 굴려낼 수 있다. "그가(영어 본문은 '그리스도가' — 역자주) 산에서 달리고 작은 산을 빨리 넘어 오는구나"(아 2:8). 그는 능력으로는 산을 옮기실 수 있고 지혜로는 산을 뛰어 넘을 방법을 알고 계신다.

(4) 우리가 세상에서 낮아지거나, 병(甁)에 기름이 거의 떨어져 갈 때 하나님의 지혜 가운데 안식하자. 그는 그것이 최선임을 아신다. 그것은 우리의 교만과 방탕을 교정하기 위함인 것이다. 하나님은 우리가 만일 재산을 잃어버리지 않았더라면 영혼을 잃어버렸을 것을 아셨다. 하나님은 재물

이 우리에게 올무가 되리라는 것을 아셨다(딤전 6:9). 당신은 하나님이 영적 올무를 미연에 방지해주셨다 해서 고민하는가? 하나님은 당신의 믿음을 부요케 하길 원하신다. 우리의 현세적인 부족은 영적인 측면에서 보상될 것이다. 하나님은 우리에게 그의 사랑을 더 많이 허락하실 것이다. 비록 우리의 신분은 미약할지 모르나 하나님은 우리를 믿음으로 강하게 하실 것이다. 오, 하나님의 지혜를 믿고 안식하자! 그분은 우리에게 가장 좋은 부분을 나누어 주길 원하신다.

(5) 사랑하는 친구, 아내, 자녀 혹은 남편과 사별했을 때 하나님의 지혜를 믿고 자족하자. 하나님이 이들을 데려가신 것은 우리에게 좀더 큰 사랑을 받고자 하셨기 때문이다. 하나님은 우리가 좀더 당신을 의지하여 믿음으로 살게 하려고 이 목발들을 분질러 버리셨다. 하나님은 우리가 목발 없이 걷게 하려 하신다.

적용 2: 만일 하나님이 무한히 지혜로우신 분이면 솔로몬처럼 그분께 나아가 지혜를 구하자. "지혜로운 마음을 종에게 주사 주의 백성을 재판하여 선악을 분별하게 하옵소서"(왕상 3:9). 다음은 우리에게 주시는 격려이다. "너희 중에 누구든지 지혜가 부족하거든 모든 사람에게 후히 주시고 꾸짖지 아니하시는 하나님께 구하라"(약 1:5). 지혜는 "마치 샘에 고인 물(tanquam in fonte)"처럼 하나님 안에 있다. 그의 지혜는 아무리 나누어 주어도 줄어들지 않는다. 그의 재산은 줌으로써 소모되지 않는다. 그러므로 하나님께 나아가자. 주여, 나의 등불을 밝히소서. 나는 당신의 빛 속에서 빛을 보리이다. 내게 지혜를 주사 내 마음의 오류를 알게 하시고 옛 뱀의 간교함을 보게 하소서. 내 자신에게는 엄격하게, 당신께는 경건하게, 이웃에게는 사려깊게 행하게 하소서. 나를 주의 지혜로 지도하시고 후에 나를 영접하사 영광으로 인도하소서.

6. 하나님의 능력

그 다음 속성은 하나님의 능력이다. 욥 9:19. "힘으로 말하면 (그가) 강하시고." 본장에서는 하나님의 권능을 장엄하게 묘사하고 있다. "보라 그는 강하시도다." 여기서 강하다는 말의 히브리 원어는 정복적이고 압도적인 힘을 의미한다. "그는 강하시도다." 이 말은 최상급의 의미를 가리키는데, 곧 그는 가장 강한 분이라는 의미이다. 그는 엘 샤다이(El-shaddai)로 불리는데 이는 전능하신 하나님이라는 뜻이다(창 17:1). 하나님의 전능성은 곧 그가 가능한 모든 일을 다 하실 수 있다는데 있다. 신학자들은 권위와 능력을 구별하고 있는데, 하나님은 양자를 다 구비하고 계신다.

1. 그는 인간에 대한 주권적 권리와 권위를 가지셨다.

그는 그의 피조물에게 뜻하는 대로 행하실 수 있다. 누가 하나님과 논쟁을 벌일 것인가? 누가 그분에게 그의 행위에 대한 해명을 요구할 것인가? 단 4:35. "하늘의 군사에게든지 땅의 거민에게든지 그는 자기 뜻대로 행하시나니 누가 그의 손을 금하든지 혹시 이르기를 네가 무엇을 하느냐 할 자가 없도다." 하나님은 최고 법정에 재판장으로 앉아 계신다. 그는 세상의 왕들을 법정으로 소환하시며 그의 재판절차를 구태여 설명할 의무가 없으시다. 시 75:7. "하나님이 이를 낮추시고 저를 높이시느니라." 구원과 심판이 그의 권한내에 있다. 그는 손에 공의의 열쇠를 가지고 그 뜻하시는 자를 불타는 지옥에 가두시며, 또한 손에 긍휼의 열쇠를 가지고 그 기뻐하시는 자에게 천국문을 열어 주신다. 그의 옷에 새겨진 이름은 "만왕의 왕이요 만주의 주"이다(계 19:16). 그는 지극히 높으신 주로서 좌정하고 계시는데, 누가 그에게 해명을 요구할 수 있는가? 사 46:10. "내가 나의 모든 기뻐하는 것을 이루리라."

온 세계가 하나님의 관할 교구인데, 그가 자기 교구내에서 원하는 대로 행하시지 않겠는가? 그는 느부갓네살 왕으로 하여금 풀을 뜯어먹게 하시고 범죄한 천사들을 지옥에 던져 넣으신 분이며 바벨론 제국의 머리를 깨뜨리신 분이다. "너 아침의 아들 계명성이여 어찌 그리 하늘에서 떨어졌으며 너 열국을 엎은 자여 어찌 그리 땅에 찍혔는고"(사 14:12). "(바다에 계한을 정하여) 네가 여기까지 오고 넘어가지 못하리니 네 교만한 물결이 여기 그칠찌니라 하였었노라"(욥 38:11). 하나님은 최고의 왕이시며 모든 권력은 본래 그분 안에 있다. "모든 권세는 다 하나님의 정하신 바라"(롬 13:1). 왕들은 그분으로 인해 왕위를 유지한다. "나로 말미암아 왕들이 치리하며"(잠 8:15).

Ⅱ. 하나님은 권위뿐 아니라 무한한 능력을 가지고 계신다.

능력없는 권위가 무슨 소용이 있는가? "하나님은 힘이 강하시니"(욥 9:4). 이 하나님의 능력은 다음의 경우에서 나타난다.

[1] **창조에서.** 창조에는 무한한 능력이 필요하다. 온 세상은 파리 한마리도 창조할 수 없다. 창조에 나타난 하나님의 능력은 뚜렷하다. 왜냐하면 우선 그는 도구 없이 일하실 능력이 있으므로 작업 도구를 전혀 필요로 하지 않으신다. 둘째, 그에겐 작업 재료도 전혀 불필요한 것이니, 그는 재료를 창조해서 작업하시기 때문이다. 셋째 그는 직접적인 노동 없이 작업하신다. "저가 말씀하시매 이루었으며"(시 33:9).

[2] 하나님의 능력은 **영혼들을 회개시키는 데서** 나타난다. 그리스도를 무덤에서 이끌어내어 천국으로 인도했던 바로 그 능력이 죄인들을 하나님께로 인도한다(엡 1:19). 창조보다 회심 때에 더욱 큰 능력이 발휘된다. 하나님은 천지를 창조하실 당시엔 아무런 반대에도 직면하지 않으셨다. 그를 도울 자도 없었지만 방해할 자도 전무하였다. 그러나 하나님이 죄인을 회개시키실 때에는 방해에 직면하게 된다. 사탄이 그를 적대할 뿐 아니라 죄인의 마음도 대항한다. 죄인은 회개시키는 은총에 분노한다. 세계는 "주의 손가락으로 만드신" 작품이었다(시 8:3). 회심은 "하나님의 팔로 만드신 작품"(한글 개역성경은 "그의 팔로 힘을 보이사"로 되어 있다 — 역자주)이다(눅 1:51). 창조시 하나님은 단 하나의 기적을 보이셨으니, 곧 말씀을 발하셨다. 그러나 회개시에는 많은 기적을 행하신다. 장님이 눈을 뜨고 죽은 사람이 다시 살아나며 귀머거리가 하나님의 아들의 음성을 듣는 것이다.

오, 여호와 하나님의 무한한 능력이여! 그의 홀 앞에서 천사들은 얼굴을 가리고 엎드려 경배하며, 왕들은 그의 발 앞에 면류관을 던진다. "주 만군의 여호와는 땅을 만져 녹게 하사"(암 9:5). "그가 땅을 움직여 그 자리에서 미신즉"(욥 9:5). 지진은 기둥 위에 놓인 대지를 진동시키는데 불과하지만, 하나님은 이를 뒤흔들어 옮기시며 땅을 그 중심으로부터 이동시키실 수 있다. 그는 뜻하시는 대로 행하실 수 있다. 그의 능력은 그 의지만큼 광대하다. 인간의 능력이 그 의지만큼 크다면 세상에서 어떠한 업적을 이루겠는가! 하나님의 능력은 그의 의지와 동등한 것이다. 그는 말씀 한마디로 수레바퀴의 핀을 빼버리시며 창조의 차축을 꺾으실 수 있다.

그는 "우리의 생각하는 것에 더" 하실 수 있다(엡 3:20). 그는 자연력을 정지시키실 수 있다. 그는 사자의 입을 봉하셨다. 그는 불이 몸을 타지 못하게 하셨다. 그는 물들이 무더기로 멈춰 서게 하셨다. 그는 아하스의 일영표에 앞으로 나아갔던 해 그림자를 뒤로 십도 물러가게 하셨다(사 38:8). 무엇이 전능자를 난처하게 할 수 있겠는가? "저가 방백들의 심령을 꺾으시리니"(시 76:12). 그는 원수들의 의표를 찌르신다. 그는 그들의 교만한 깃발을 끌어 내리시고 그들의 모략을 우둔하게 하시며 그 힘을 꺾으신다. 그는 이 일들을 쉽게 손바닥을 뒤집듯이 — "그 입 기운으로" — 해내신다(시 33:6; 사 40:24). 하나님은 그 눈으로 한번 흘깃 보는 것만으로 그의 원수를 멸망시키실 수 있다. "여호와께서 불과 구름 기둥 가운데서 애굽 군대를 보시고 그 군대를 어지럽게 하시며"(출 14:24).

하나님의 행진을 과연 누가 멈출 수 있겠는가? 하나님이 명령하시면 천지간의 모든 피조물들이 복종한다. 페르시아의 왕이었던 크세르크세스(Xerxes)는 바닷물결이 흉용하자 마치 물을 사슬로 묶으려는듯이 바다에 족쇄를 던져 넣었다. 그러나 하나님이 말씀만 하시면 바람과 바다가 복종한다. 그분이 단 한 마디만 하시면 별들이 그 다니는 길에서 시스라와 싸우는 것이다(사 5:20). 그가 한번 발을 구르시면 곧 여러 영(營)의 천사들이 전열을 갖추고 나올 것이다. 전능하신 능력으로 할 수 없는 일이 무엇인가? "여호와는 용사시니"(출 15:3). "주의 손은 강하고"(시 89:13). "그 영광의 힘을 좇아"(골 1:11). 그것은 불가항력의 능력이다. 롬 9:19. "누가 그 뜻을 대적하리요?" 그분과 다툰다는 것은 마치 가시나무가 화염을 대적하여 전열을 갖추고 싸우려는 것과 같으며, 또는 연약한 아이가 대천사와 싸우는 것과 흡사한 것이다.

일단 죄인이 하나님의 천라지망(天羅之網)에 걸리기만 하면 절대 빠져나갈 길이 없다. "내 손에서 능히 건질 자가 없도다"(사 43:13). 하나님의 능력은 무한하다. 그것은 결코 고갈되어 버리는 법이 없다. 사람들은 자기 힘을 사용함으로써 점점 약화시킨다. 그러나 하나님은 영원한 능력의 원천을 지니고 계신다(사 26:4). 그는 비록 대적들에게 그의 화살을 쏘시지만 자기 힘을 소모하지 않으신다(신 32:23). "그는 피곤치 아니하시며 곤비치 아니하시며"(사 40:28).

하나님은 자신을 부인하실 수 없다. 따라서 모든 일을 다 행하실 수 있는 것은 아니다.

비록 하나님은 모든 일을 행하실 수 있지만 그의 신성의 영광을 더럽히는 일은 하실 수 없다. 그는 죄를 범할 수 없으며, 이율배반적인 행동을 하실 수 없다. 진리의 하나님이시면서 동시에 자기를 부인하는 것은 이율배반이다.

적용 1: 만일 하나님의 능력이 무한하다면 그를 두려워하자. 우리는 힘 있는 자를 두려워 한다. "여호와께서 말씀하시기를 너희가 나를 두려워 아니하느냐 내 앞에서 떨지 아니하겠느냐?"(렘 5:22). 그는 우리의 영혼과 육신을 지옥에 던져 넣을 능을 가지고 계신다. "누가 주의 노(怒)의 능력을 알며"(시 90:11). 우리를 지으신 바로 그 동일한 입김으로 우리를 해체시키실 수 있다. "그 진노를 불처럼 쏟으시니 그를 인하여 바위들이 깨어지는도다" (나 1:6). 솔로몬은 말하기를, "왕의 말은 권능이 있나니." 하나님의 말씀은 더 더욱 그러하다(전 8:4). 오, 우리 모두 이 능하신 하나님을 두려워하자! 하나님에 대한 두려움은 다른 일체의 비천한 두려움들을 몰아낼 것이다.

적용 2: 악인들의 비참한 처지를 살펴보자. (1) 하나님의 이 능력은 그들을 위한 것이 아니다. (2) 그 능력은 그들을 적대한다.

(1) 이 하나님의 능력은 그들을 위한 것이 아니다. 그들은 하나님과 전혀 연합되어 있지 않으며, 따라서 그의 능력을 요구할 아무런 권한도 가지고 있지 않다. 그의 능력은 그들에게 아무런 위안도 되지 않는다. 하나님께는 사죄의 능력이 있지만 회개치 않는 죄인을 위해서는 이를 사용하려 하시지 않는다. 하나님의 능력은 성도들을 천국으로 인도하는 독수리의 날개와 같다. 그러나 그것이 악인들에게는 무슨 특권이란 말인가? 사람은 자기 자식을 팔에 안고 위험한 시내를 건너려고는 해도 원수를 안고 건너려 하지는 않는다. 하나님의 능력은 당신을 대적하여 싸우는 사람을 돕는 데는 쓰이지 않는다. 악인들에게는 불행이 닥쳐도 그들을 도울 자가 전혀 없다. 그들은 마치 폭풍을 만난 배가 조타수 없이 암초를 향해 밀려가는 것과 같다.

(2) 이 하나님의 능력이 악인들을 대적한다. 하나님의 능력은 죄인들을 보호하는 방패가 되지 않고 그들을 해치는 칼이 될 것이다. 그의 능력은 그의 자비를 무시하고 자행된 악에 보응하는데 사용된다. 그는 악인을 심판하는 전능자가 되실 것이다. 그러면 현재 모든 불신자들은 어떠한 상황하에 놓여 있는가? 하나님의 능력이 그들을 대적하고 있다. "살아계신 하나님의 손에 빠져 들어가는 것이 무서울진저"(히 10:31).

적용 3: 그것은 하나님의 능력을 불신하는 사람들을 책망한다. 우리는 하나님의 능력을 의심하지 않고 그 의지를 의심한다고 말한다. 그러나 실제로 우리가 문제삼는 것은 그의 능력인 것이다. "내게 능치 못한 일이 있겠느냐?"(렘 32:27). 우리는 마치 하나님의 능력의 팔이 짧아져서 절망적인 상황에 놓인 자들을 도와주실 수 없는 것인양 불신앙으로 동요한다. 왕에게서 그 권능을 박탈하면 그를 폐위시키는 것이 된다. 마찬가지로, 주님에게서 그 능력을 박탈하면 우리는 하나님을 폐위시키는 것이 되는 것이다. 그런데 우리가 이 죄를 얼마나 많이 범했던가! 이스라엘 백성은 하나님의 능력에 의문을 표하지 않았던가? "하나님이 광야에서 능히 식탁을 준비하시랴?"(시 78:19). 그들은 광야를 식탁을 차리기보다는 무덤을 파기에 더 적합한 장소로 생각했다.

마르다는 그리스도의 능력을 의심하지 않았던가? "주여 죽은 지가 나흘이 되었으매"(요 11:39). 만일 나사로가 아플 때나 혹 갓 죽었을 당시에 그리스도께서 거기 계셨더라면 마르다는 주께서 그를 일으키실 수 있으리라는 데 대해 의문을 제기하지 않았을 것이다. 그러나 그가 죽은지 나흘 동안 무덤 속에 있었기 때문에 그녀는 그리스도의 능력을 의심하게 된 듯하다. 그리스도께서는 그녀의 죽은 오빠를 다시 살리는 것보다 그녀의 믿음을 되살리는데 더 고생하셨다.

모세는 비록 거룩한 사람이었지만 불신앙으로 인해 하나님의 능력을 제한하였다. "나와 함께 있는 이 백성의 보행자가 육십만명이온데 주의 말씀이 일개월간 고기를 주어 먹게 하겠다 하시오니 그들을 위하여 양떼와 소떼를 잡은들 족하오며 바다의 모든 고기를 모은들 족하오리이까? 여호와께서 모세에게 이르시되 여호와의 손이 짧아졌느냐?"(민 11:21). 하나님의 능력을 부인하는 이 행위는 그분께 크나큰 모욕인 것이다. 하나님의 능력에 대한 사람들의 의심은 그들이 부정직한 행동을 하는 데에서 노출된다. 왜냐하면 만일 그들이 공급하시는 하나님의 능력을 믿는다면 거래할 때 속이거나 거짓 저울을 사용하지 않을 것이기 때문이다. 또한 하나님보다 중간 행위자를 더 의지하는 데에서 드러난다. "병이 있을 때에 저가 여호와께 구하지 아니하고 의원들에게 구하였더라"(대하 16:12).

적용 4: 만일 하나님의 능력이 무한하다면 그분께 완악한 마음을 품지 않도록 조심하자. "그를 거슬러 스스로 완악하게 행하고도 형통할 자가 누구이랴?"(욥 9:4). 욥은 천지간의 모든 피조물들에게 도전하고 있다. 하나님께 대항해 방패를 내밀고 정복자로서 성공한 자가 누구였느냐? 인간이 대담하게 무슨 죄든지 계속 짓는 것은 하나님께 완악한 마음을 품고 하늘에 싸움을 거는 짓이다. 그에게 하나님은 엘 샤다이, 곧 전능자이심을 기억하게 하라. 그는 자기를 대항하는 자들에겐 너무나 힘겨운 상대일 것이다. "네가 하나님처럼 팔이 있느냐?"(욥 40:9). 그의 금홀 앞에서 고개를 숙이려 하지 않는 자는 그의 철장(鐵杖)에 박살이 나고 말 것이다.

배교자 율리안은 하나님께 대해 마음을 강퍅하게 가지고 그 면전에서 하나님을 대적했다. 그러나, 그의 결국은 어떠했던가? 그가 형통했던가? 그는 전투에서 부상하자 공중으로 피를 내뿜으면서 그리스도께 다음과 같이 말했던 것이다. "갈릴리인이여, 네가 이겼다(Vicisti Galilaee)!" 이것은 내가 그 이름과 진리를 반대했던 너의 능력을 이젠 인정한다는 말이었다. 우매가 지혜와 다툴 것인가? 연약이 권능과 싸울 것인가? 유한자가 무한자와 경합할 것인가? 오, 우리 마음을 하나님을 향해 완악하게 먹지 않도록 조심하자! 그분은 그의 싸움에 보복하기 위해 여러 영의 천사들을 보내실 수 있다. 하나님을 손에 무기를 들고 맞는 것보다 회개의 눈물을 머금고 만나는 편이 낫다. 우리는 반항이 아니라 회개로써 그분을 더 쉽게 정복할 수 있는 것이다.

적용 5: 하나님께 관심을 기울이도록 하라. 그러면 이 영광스러운 능력은 당신을 위해 사용될 것이다. 하나님은 이 능력을 손에 쥐고 계시면서 그의 신성의 모든 권능을 그 백성들의 유익을 위해 사용하게 허락하신다. "만군의 여호와는 이스라엘의 하나님 곧 이스라엘에게 하나님이시라"(대상 17:24). 이같은 하나님의 전능성은 믿는 자들에게 놀라운 의지와 위로이다. 그것이 바로 삼손이 낸 수수께끼였던 것이다. "강한 자에게서 단 것이 나왔느니라"(삿 14:14). 마찬가지로 하나님의 능력의 속성으로부터, 이 강력으로부터 달콤한 것이 나온다. 그것은 다음의 몇 가지 경우에 위로가 된다.

(1) 심하게 부패했을 경우. 하나님의 자녀 중에는 내 죄성(罪性)은 너무 강하다고 말하는 사람이 있다. 내겐 나를 공격하는 이 군대에 대항할 힘이 없다. 나는 기도하고, 금식으로 영혼을 겸비하게 하지만 내 죄는 다시 반복된다고. 사실일 것이다. 그러나 당신은 하나님의 능력을 믿지 않는가? 강하신 하나님은 그대의 강력한 부패성을 정복하실 수 있다. 죄는 그대가 감당하기엔 너무나 힘든 상대이지만 그분께는 그렇지 않다. 그분은 완악한 마음을 녹이고 죽은 자를 살리실 수 있다. "여호와께 능치 못한 일이 있겠느냐?"(창 18:14). 믿음과 기도로 그분의 능력을 풀어 놓으라. 다음과 같이 기도하라. 주여! 마귀가 제 안에서 그토록 강력한 것은 주께 영광이 되지 않사옵니다. 오, 이 리워야단의 머리를 깨뜨려 주시옵소서! 아바 아버지여, 주께는 모든 일이 가능하옵나이다.

(2) 강력한 유혹을 받을 경우. 사탄은 강한 자라고 불린다. 그러나 하나님의 능력을 기억하라. 그리스도는 "유다 지파의 사자"라고 불리신다(계 5:5). 그는 십자가 위에서 뱀의 머리를 깨뜨리셨다. 사탄은 결박된 원수이며 이미 정복된 원수인 것이다. 천사장 미가엘이 용보다 더 강하다.

(3) 은혜가 미약하고 배교할지 모른다는 두려움이 들 경우의 위로. 나는 기도하지만 강하게 부르짖을 수가 없다. 나는 믿긴 믿어도 내 믿음의 팔은 흔들리고 떨리는 것이다. 하나님은 연약한 은혜를 강하게 하실 수 없

을까? "내 능력이 약한 데서 온전하여짐이라 하신지라 이러므로 도리어 크게 기뻐함으로 나의 여러 약한 것들에 대하여 자랑하리니 이는 그리스도의 능력으로 내게 머물게 하려함이라"(고후 12:9). 나는 끝까지 견디지 못할까봐 두렵다. 그리스도인이여, 그대는 하나님의 능력을 믿는가? 하나님이 지금까지 그대의 은혜를 유지해 오시지 않았던가? 그대는 그대의 에벤에셀 기념비를 세울 수 없는가(삼상 7:12 참조. 에벤에셀이란 '도움의 돌'이란 뜻 — 역자주)? 하나님은 지금까지 그대의 은혜를 대양 가운데 한 줄기 불꽃처럼 보전해 오셨다. "너희가 하나님의 능력으로 보호하심을 입었나니"(벧전 1:5). 하나님의 자비는 우리 죄를 사해 주시지만 그의 능력은 우리를 보전하신다. 능력으로 별들이 그 궤도로부터 떨어지지 않도록 붙잡으시는 하나님이 우리의 은혜가 부족하거나 소멸되지 않도록 붙잡아 주시는 것이다.

(4) 당신의 재산이 부족할 때의 위로. 하나님은 병 속의 기름을 증가시키실 수 있다. 그는 기적적으로 양식을 공급하실 수 있다. 공중의 새를 먹이시는 이가 자기 자녀들을 위해 양식을 공급하실 수 없겠는가? 백합화를 옷 입히시는 분이 그의 어린 양들을 입히시지 않겠는가?

(5) 부활시의 위로. 사람들의 몸이 벌레가 갉아 먹고 짐승과 물고기들이 뜯어 먹고 불타 재로 화해 버린 후에 동일한 수효의 몸으로 부활한다는 것은 믿기 힘들지 모른다. 그러나 만일 우리가 하나님의 능력을 믿는다면 그것은 그리 놀라운 일이 아니다. 무(無)로부터 창조하는 일과 죽은 자를 살리는 일 가운데 어느 쪽이 더 어려운가? 무로부터 몸을 지으실 수 있는 분은 그것이 다른 물질들과 섞이거나 혼합되었을 때 이를 그대로 복원하실 수 있는 것이다. "하나님으로서는 다 할 수 있느니라"(마 19:26). 우리가 신조의 첫번째 조항인 하나님은 전능하시다는 조항을 믿는다면 그 즉시 다른 조항인 몸의 부활도 믿을 수 있을 것이다. 하나님은 그의 능력으로 죽은 자를 살리실 수 있으며, 또한 그의 진리로 인해 죽은 자를 살리지 않으실 수 없는 것이다.

(6) 그것은 하나님의 교회와 관련할 때 위로가 된다. 하나님은 교회가

타락했을 때 구원하실 수 있다. 원수들은 수중에 능력을 가지고 있지만 하나님은 그 분노의 남은 부분을 제어하실 것이다(시 76:10). 그분은 원수들의 능력을 제한하거나 혼동시키실 수 있다. “하나님이 우리를 위하시면 누가 우리를 대적하리요?”(롬 8:31). 하나님은 예루살렘을 위해 즐거움을 창조하실 수 있다(사 65:18). 에스겔서에서 교회는 마른 뼈에 비유되지만 하나님께서 거기에 생기를 불어 넣으시자 뼈들이 소생하였다(겔 37:10). 교회라는 이름의 배(船)는 요동할 수는 있어도 전복되지는 않을 것인데, 왜냐하면 그리스도께서 그 안에 타고 계시기 때문이다(Deus in medio). 시 46:5. 교회가 당하는 모든 고통은 그 구원을 촉진시키는데 도움이 될 것이다.

7. 하나님의 거룩성

그 다음 속성은 하나님의 거룩성이다. 출 15:11. "거룩함에 영광스러우며." 거룩성은 그분의 면류관에서 가장 빛나는 보석이다. 그것이야말로 이로써 하나님을 알 수 있는 이름인 것이다. 시 111:9. "그 이름이 거룩하고 지존하시도다." 그는 "거룩하신 이"이다(욥 6:10). 스랍들은 부르짖는다. "거룩하다 거룩하다 거룩하다 만군의 여호와여 그 영광이 온 땅에 충만하도다" (사 6:3) . 그의 능력은 그를 강하게 하고, 그의 거룩성은 그를 영화롭게 한다. 하나님의 거룩성은 의에 대한 그의 완전한 사랑과 악에 대한 혐오에 기초하고 있다. "주께서는 눈이 정결하시므로 악을 참아 보지 못하시며"(합 1:13).

I. 하나님은 본질상 거룩하시다.

그는 본성적으로 거룩한 분이다. 그의 존재 자체가 거룩성으로 이루어져 있으니, 이는 마치 빛이 태양의 본질인 것과 같다. 그는 그의 말씀에 있어서 거룩하시다. 말씀에는 그의 거룩성이 각인되어 있으니, 이는 마치 밀랍에 도장 자국이 남는 것과 같다. "주의 말씀이 심히 정미(精微)하므로" (시 119:140). 그것은 일곱번 제련한 은에 비유되고 있다(시 12:6). 성경 말씀의 매행(每行)마다 거룩성이 풍겨 나오는데, 성경은 오로지 거룩성을 고취하기 때문이다. 하나님은 그 행사에 있어 거룩하시다. 그의 모든 행사는 거룩하신데, 이는 그가 그 자신처럼 행하실 수밖에 없기 때문이다. 그가 불의한 행동을 하실 수 없는 것은 태양이 어두워질 수 없는 것과 같다. "여호와께서는 그 모든 행위에 있어서 의로우시며"(시 145:17).

Ⅱ. 하나님은 원초적으로 거룩하시다.

그는 거룩성의 시초요 원형이시다. 거룩성은 옛적부터 항상 계신 이에게서 시작된 것이다.

Ⅲ. 하나님은 작인적(作因的,efficiently)으로 거룩하시다.

그는 모든 다른 존재들의 거룩성의 원인이시다. "각양 좋은 은사와 온전한 선물이 다 위로부터 내려오나니"(약 1:17). 그는 천사들을 거룩하게 지으셨다. 그는 그리스도의 인성에 모든 거룩성을 불어 넣으셨다. 우리에게 있는 모든 거룩성은 이 원천으로부터 나온 신령한 한 줄기에 불과하다. 우리는 우리의 모든 거룩성을 하나님께로부터 받았다. 성소의 빛은 중앙에 있는 등불로부터 비추이는 것이듯이 다른 사람들의 거룩성은 하늘로부터 불이 붙여진 등불인 것이다. "나는 너희를 거룩케 하는 여호와니라"(레 20:8). 하나님은 거룩성의 모범인 동시에 거룩성의 본체이시다. 그의 샘이 우리의 모든 물통을 채우며, 그는 은혜의 거룩한 기름을 우리 위에 떨어뜨리고 계신다.

Ⅳ. 하나님은 초월적으로 거룩하시다.

"여호와와 같이 거룩하신 이가 없으니"(삼상 2:2). 하늘의 그 어떤 천사라도 하나님의 거룩성을 제대로 측정할 수 없다. 최고의 스랍 천사라 할지라도 이 피라미드를 측량하기에는 지위가 너무 낮은 것이다. 하나님의 거룩성은 성도들이나 천사들의 거룩성을 훨씬 초월하고 있다.

[1] 그것은 성도들의 거룩성을 초월한다. 그것은 순수한 거룩성이다. 성도들이 지닌 거룩성이란 마치 광석 상태의 황금과 같아서 불완전하다.

그들의 겸비는 자만심으로 얼룩져 있다. 가장 믿음이 크다는 이도 반드시 "주여 나의 불신앙을 도와 주소서"라고 기도해야 한다. 그러나 하나님의 거룩성은 순수한 것이어서 마치 포도에서 짜낸 즙과 같다. 거기에는 최소한도의 불순물의 기미나 흔적조차 찾아볼 수 없다. 그것은 불변하는 거룩성이다. 성도들은 거룩성의 기질은 상실할 수 없지만(왜냐하면 하나님의 거룩한 씨는 그대로 남기 때문에) 어느 정도 자신들의 거룩성을 상실할 수 있다. "너의 처음 사랑을 버렸느니라"(계 2:4). 은혜는 소멸될 수 없어도 그 불길은 꺼질 수 있다. 성도들의 거룩성은 쇠퇴를 겪을 수밖에 없지만 하나님의 거룩성은 불변이다. 그는 그 거룩성을 일점일획도 잃어버리지 않으셨다. 그의 거룩성은 완전하므로 그 이상 거룩해질 수 없으며, 또한 그 거룩성은 불변하므로 보다 덜 거룩해질 수도 없는 것이다.

[2] 하나님의 거룩성은 천사들의 거룩성을 능가한다. 천사들에게 있어서 거룩성이란 단지 하나의 특성이어서 상실할 수 있으며, 이는 타락한 천사들에게서 보는 바이다. 그러나 하나님에게 있어서 거룩성이란 그의 본질이다. 그는 철저히 거룩하신 분이어서, 그 신성을 상실할 수 없는 것과 마찬가지로 그 거룩성도 잃어버리실 수 없는 것이다.

그러나 그는 인간의 모든 죄악에 은밀하게 관여하고 계시지 않은가? 어떻게 그분이 그들의 부정을 보시면서도 더럽혀지지 않을 수 있는가?

하나님은 사람들의 모든 죄악을 보시지만 더러워지지 않는데, 이는 마치 태양이 지면에서 올라오는 증기로 인해 더러워지지 않는 것과 매한가지이다. 하나님은 죄를 보시지만 이를 지지하는 후원자로서가 아니라 이를 처벌할 심판자로서인 것이다.

적용 1: 하나님은 그처럼 무한히 거룩하신가? 그렇다면 죄가 하나님과 얼마나 이질적인지 생각하라. 죄란 불결한 것이며 지극히 사악한 것이다(롬 1:23). 그것은 가증한 것이라고 불리고 있다(신 7:25). 하나님께 안에는 조금도 악이 혼합되어 있지 않다. 죄는 선의 혼합이 결코 아니다. 그것은 악의 정수와 본질인 것이다. 그것은 선을 악으로 바꾼다. 그것은 순진한 영혼의 무구성을 빼앗고 죄책감으로 붉게 물들이며 오물로 검게 더럽혀왔던 것이다. 그것은 저주받은 것이라고 불리운다(수 7:11). 따라서 하나님이 죄를 미워하시는 것은 전혀 이상한 일이 아닌 것이, 죄는 그분과 너무 다르며 아예 상반되는 것이기 때문이다. 죄는 그분의 거룩성을 촉범(觸犯)한다. 죄는 하나님을 훼방하기 위해 가능한 모든 일을 한다. 만일 죄가 거룩성을 증진할 수 있다면 하나님은 더 이상 하나님이실 수 없을 것이다.

적용 2: 하나님은 거룩한 분이고 거룩성은 그의 영광인가? 그렇다면 거룩성을 미워하는 사람들은 얼마나 불경스런 자들인가! 독수리가 향기를 싫어하듯이 그들은 성도들에게서 풍기는 거룩한 향기를 미워한다. 그들의 마음은 거룩성에 반발한다. 사람이 싫은 음식을 대하듯이 죄인은 그에 대해 반감을 가지고 있다. 지옥을 위해 바쳐진 자들의 가장 현저한 표지는 하나님과 비슷한 것을 증오하는 것이다. 다른 자들은 거룩성을 멸시한다. 그들은 하나님의 영광을 멸시하는 것이다. "거룩함 가운데 영광스럽고." 거룩성에 대한 멸시는 이를 조롱하는 데에서 드러난다. 인간이 자신을 구원하실 이를 비웃는다는 것은 슬픈 일이 아닌가? 의사를 비웃는 환자는 분명히 죽고 말 것이다. 성령의 은혜를 조롱하는 것은 은혜의 성령을 모욕하는 것과 다름없다. 이삭을 희롱한 이스마엘은 아브라함의 집으로부터 쫓겨나고 말았다(창 21:9). 거룩성을 희롱한 자들은 천국으로부터 쫓겨날 것이다.

적용 3: 하나님이 그토록 무한히 거룩하신가? 그렇다면 거룩하신 하나님을 닮도록 노력하자. "내가 거룩하니 너희도 거룩하라"(벧전 1:16). 거룩성에는 두 종류가 있다. 동등한 거룩성과 유사한 거룩성이다. 하나님과 동등한 거룩성에는 그 어떤 인간이나 천사도 도달할 수 없다. 누가 하나님과 동등하게 거룩할 수 있는가? 누가 거룩성에 있어 그와 비견될 수 있는가? 그러나 유사한 거룩성이 있는데, 이는 우리 안에 하나님의 거룩성과 유사한 성품을 소유함으로써 가능한 한 그분의 거룩함을 닮아가는 것으로서,

우리는 이를 열망해야 한다. 가는 초는 태양만큼 많은 빛을 발할 수는 없지만 태양을 모방하고 있다. 우리는 거룩성에 있어 하나님을 모방하도록 해야 할 것이다.

우리가 거룩성에 있어서 하나님을 닮아야 한다면, 우리의 거룩성은 어디에 기초해야 하는가?

다음의 두 가지 곧 우리가 하나님의 성품에 적응하고 그분의 뜻에 복종하는 것에 기초해야 한다.

우리의 거룩성은 하나님의 성품에 우리가 적응하는데 기초하고 있다. 그러므로 성도들은 신성에 참여하는 자라고 일컬어지는데, 이는 그의 본질(essence)에 참여하는 게 아니라 그의 형상(image)에 참여하는 것이다(벧후 1:4). 성도들의 거룩성은 여기에 있으니, 곧 그들이 하나님의 살아있는 형상을 이룰 때이다. 그들은 하나님의 온유, 자비, 성결의 모습을 가지게 된다. 그들은 하나님과 동일한 판단, 동일한 기질을 가지게 되어 그가 사랑하는 것을 사랑하고 그가 미워하는 것을 미워하게 되는 것이다.

우리의 거룩성은 하나님의 뜻에 복종하는데 있다. 하나님의 성품이 거룩성의 원형이듯이 그의 의지는 거룩성의 규범이 된다. 우리가 그의 뜻을 행하는 것이 곧 우리의 거룩함인 것이다(행 13:22). 또한 그의 뜻을 감당하는 것, 즉 그가 우리에게 지혜롭게 부과하시는 일을 자원하는 심정으로 감당할 때 그것이 우리의 거룩함인 것이다(미 7:9). 우리는 거룩함에 있어 하나님과 같아지도록 극도로 노심초사해야 한다. 우리의 거룩성은 하나님의 거룩성과 같은 자격을 가져야 하는데, 왜냐하면 그의 거룩이야말로 참된 거룩이므로 우리도 그와 같아야 하기 때문이다. "의와 진리의 거룩함으로"(엡 4:24). 그것은 외양만 거룩함으로 채색하는 게 아니라 삶이 거룩해져야 한다는 말이다. 그것은 단지 외양만 아름답게 치장한 애굽의 신전이 아니라 속을 황금으로 단장한 솔로몬의 성전과 같아야 한다. 시 45:13. "왕의 딸이 궁중에서 모든 영화를 누리니." 우리는 하나님의 거룩함을 닮기 위해서 다음의 내용들을 숙고해야 한다.

(1) 모든 거룩한 사람들은 얼마나 밝은 광채를 발하는가. 그는 하나님의 거룩성의 빛줄기 중 일부가 비쳐 나오는 깨끗한 유리와 같다. 우리는 아론이 영화롭고 아름다운 옷을 입었다는 내용을 성경에서 읽는다(출 28:2). 우리가 거룩함으로 수놓은 옷을 입는다면, 그것은 영화롭고 아름답게 되기 위함이다. 선한 그리스도인은 그리스도의 보혈을 뿌림으로써 붉게 되고 또한 거룩성으로 단장함으로써 희어지게 된다. 마치 다이아몬드가 반지를 빛내듯이 거룩성은 영혼을 빛나게 한다. 그래서 크리소스톰의 말처럼 이를 반대하는 무리들도 이를 찬양하지 않을 수 없게 되는 것이다.

(2) 자기 백성들을 당신처럼 거룩하게 만드는 것이야말로 하나님이 세상에서 추진하시는 위대한 계획이다. 하나님이 주신 그 많은 율법들은 우리에게 정의를 비처럼 내리사 거룩하게 하려는 것이 아니고 무엇이겠는가? 그의 약속들은 우리의 성화를 고취하려는 것이 아니고 무엇이겠는가? 세상에 성령을 보내신 것은 우리에게 거룩한 기름을 부으려는 것이 아니고 무엇이겠는가?(요일 2:20). 그 모든 환난은 하나님의 거룩성에 참여케 하려는 것이 아니면 무엇인가?(히 12:10). 하나님의 긍휼은 우리를 거룩에로 이끄는 자석이 아니겠는가? 그리스도의 죽으심의 목적은 그의 피로 우리의 부정함을 씻어 내기 위함이 아니겠는가?. "그가 자신을 주심은 우리를 깨끗하게 하사 친 백성이 되게 하려 하심이니라"(딛 2:14). 고로 우리가 만일 거룩하지 않다면 우리는 세상에서 하나님의 위대한 계획을 방해하는 것이 되는 것이다.

(3) 우리의 거룩성은 하나님의 마음을 우리에게로 이끈다. 거룩성이야말로 하나님의 모습이다. 그래서 하나님이 이를 보시면 자기 모습을 사랑하시지 않을 수 없는 것이다. 국왕은 자기 초상을 주화(鑄貨)에 새기길 좋아한다. "왕이 정의를 사랑하고"(시 45:7). 그런데 정의가 거룩한 마음 외에 어디에서 자라나겠는가?(사 62:4). "오직 너를 헵시바라 하리니 이는 여호와께서 너를 기뻐하실 것이며" 하나님의 사랑을 그에게로 끄는 것은 오직 그의 거룩함인 것이다. "사람들이 너를 일컬어 거룩한 백성이라 하겠고"(12절). 하나님은 인간의 고귀한 혈통을 높이 평가하지 않고 그들의 거

룩함을 귀하게 여기신다.

(4) 거룩성은 우리를 세상의 버림받은 자들과 구별하는 유일한 속성이다. 하나님의 백성들에겐 그의 인(印)이 찍혀져 있다. 그러나 "하나님의 견고한 터는 섰으니 인침이 있어 일렀으되 주께서 자기 백성을 아신다 하며 또 주의 이름을 부르는 자마다 불의에서 떠날지어다 하였느니라"(딤후 2:19). 하나님의 백성들은 이중으로 인맞은 사람들이다. 첫째 선택의 인. "주께서 자기 백성을 아신다." 둘째 성화의 인. "주의 이름을 부르는 자마다 불의에서 떠날지어다." 귀족은 그의 은성장(銀星章,silver star)으로 다른 사람과 구별되고, 정숙한 여인은 그 순결성으로 창녀와 구별되듯이 거룩성은 두 종자를 구별해주는 것이다. 하나님께 속한 자들은 그리스도를 그 머리로 삼으며, 거룩성은 그들이 입는 세마포의 흰 빛깔이다(히 2:10).

(5) 거룩성은 우리의 명예이다. 거룩성과 명예는 서로 연결된다(살 4:4). 신자의 존엄은 그의 거룩성과 보조를 같이 한다. "그의 피로 우리 죄에서 우리를 해방하시고 우리를 나라와 제사장으로 삼으신"(계 1:5). 우리가 씻은 바 되고 거룩해지면 우리는 하나님 앞에서 왕과 제사장이 되는 것이다. 성도들은 영광의 그릇이라고 불린다. 그들은 빛나는 성결성으로 인해 보석이라고 호칭되는데, 이는 그들이 성령의 새 술로 충만해진 연고이다. 이 결과 그들은 지상의 천사가 되는 것이다.

(6) 거룩성은 하나님과의 관계에서 우리에게 담대함을 준다. "네 장막에서 불의를 멀리 버리면 네가 하나님께로 얼굴을 들 것이라"(욥 22:23,26). 얼굴을 든다는 것은 담대함의 상징이다. 죄만큼 하나님 앞에 나아가는 것을 부끄럽게 만드는 것이 없다. 악인은 기도할 때 두 손은 들 수 있을지 모르지만 얼굴은 들 수 없을 것이다. 아담은 자신의 거룩을 상실하자 자신감을 잃어버리고 말았다. 그러나 거룩한 사람은 마치 자녀가 아비에게 나아가듯 하나님께 나아가는 것이다. 그의 양심은 여하한 범죄를 허락함으로 인해 자신을 책망하지 않으며, 따라서 그는 담대하게 은혜의 보좌 앞에 나아가서 필요할 때 도우시는 자비를 간구할 수 있는 것이다(히 4:16).

(7) 거룩성은 평화를 준다. 죄는 양심에 폭풍을 일으킨다. 죄가 있는 곳에는 소란이 있다(ubi peccatum ibi procella). "악인에게는 평강이 없다" (사 57:21). 의와 평화는 서로 연결되어 있다. 거룩성은 이 달콤한 평화의 열매를 맺는 뿌리가 된다. 의와 평화는 서로 만나는 것이다.

(8) 거룩성은 사람을 천국으로 이끈다. 그것은 하늘 임금의 대로(大路)인 것이다. "거기 대로가 있어 그 길을 거룩한 길이라 일컫는 바 되리니"(사 35:8). 로마에는 미덕과 명예의 전당이 있었는데 모든 사람들은 미덕의 전당을 통해 명예의 전당에로 나아가야 했다. 마찬가지로 우리는 성결의 전당을 통해 천국의 전당에로 나아가야 한다. 영광은 미덕에서 출발한다. "자기의 영광과 덕으로써 우리를 부르신"(벧후 1:3). 행복이란 오직 거룩성의 정화(精華)에 다름 아니다. 거룩성은 곧 투쟁적인 영광이며, 행복은 거룩성이 승리한 결과이다.

우리가 하나님의 거룩함을 닮으려면 어떻게 할 것인가?

(1) 믿음으로 그리스도의 보혈을 의지하라. 이는 영혼을 깨끗하게 씻는다(lavacrum animae). 율법의 정결 예식들은 그 모형과 표상이다(요일 1:7). 말씀은 우리에게 우리 잘못을 보여주는 거울과 같으며 그리스도의 피는 이를 깨끗이 씻는 샘인 것이다.

(2) 거룩한 마음을 달라고 기도하라. "하나님이여 내 속에 정한 마음을 창조하시고"(시 51:10). 당신의 마음을 하나님 앞에 내어 놓고 말하라. 주여, 제 마음은 나병으로 가득합니다. 그것이 만지는 모든 것은 더러워집니다. 주여 그런 마음을 갖고 살면 나는 주께 영광을 돌릴 수 없기 때문에 합당치 않나이다. 또한 그런 마음을 가지고는 당신을 볼 수 없기 때문에 죽기에도 적합하지 않사옵니다. 오, 내 안에 정한 마음을 창조하소서. 주의 성령을 제게 보내 주사 나를 단련하시고 정하게 하셔서 성령이 거하시기에 합당한 전이 되게 하소서.

(3) 거룩한 자들과 동행하라. "지혜로운 자와 동행하면 지혜를 얻고" (잠 13:20). 향품들 속에 있으면 당신에게서도 그같은 향기가 풍길 것이다.

교제는 동화를 가져온다. 성결의 열매를 맺는 데에는 성도의 교제보다 더 위력있는 방법이 없다.

8. 하나님의 공의

그 다음 속성은 하나님의 공의이다. 하나님의 모든 속성들은 그의 본질과 일치하며 동일한 것이다. 그에겐 우리에게 알려진 여러 가지 속성들이 있지만 그의 본질은 단 하나뿐이다. 백향목에는 가지가 여러 개 있을 수 있지만 그것은 단지 한 그루의 백향목인 것과 마찬가지로 하나님께는 우리가 인식할 수 있는 여러 가지 속성들이 있지만 온전한 본질은 오직 하나인 것이다. 그러면 하나님의 공의에 관해 논하기로 하자. 신 32:4. "그는 공의로우시고 정직하시도다." 욥 37:23. "전능자를 우리가 측량할 수 없나니 그는 무한한 공의를 굽히지 아니 하심이라." 하나님은 공의 가운데 계신다고 성경은 말씀한다. 시 89:14. "의와 공의가 주의 보좌의 기초라." 하나님 안에서 권능과 공의가 만난다. 권능은 그의 홀을 지탱하며 공의는 결정권을 쥐고 있다.

I. 하나님의 공의란 무엇인가?

"공의란 모든 사람들에게 그 정당한 몫을 돌리는 것이다." 하나님의 공의는 그의 성품의 공정하심을 말하는데, 그는 이로써 의롭고 공평하게 행하시는 것이다. 잠 24:12. "그가 각 사람의 행위대로 보응하시리라." 하나님은 공평무사한 재판관이다. 그는 행위의 동기를 판단하신다. 사람들은 종종 동기가 아니라 그 사람을 판단한다. 이는 공의(justice)가 아니라 악의(malice)인 것이다. 창 18:21. "내가 이제 내려가서 그 모든 행한 것이 과연 내게 들린 부르짖음과 같은지 그렇지 않은지 내가 보고 알려 하노라." 하나님은 징계를 내리실 때 우선 모든 일을 저울에 달아 보시며, 성급하게 벌하지 않으신다. 그는 범죄자들에게 요란하게 임하시지 않고 우회적인 방식으로 임하신다. 저자는 하나님의 공의에 관해 다음의 여섯 가지 견해를 제시하고자 한다.

[1] 하나님은 공의로우실 수밖에 없다. 그의 거룩성이 그의 공의의 원인이다. 거룩성으로 인해 그는 오직 의로운 일을 행하실 수밖에 없다. 그가 거룩하지 않으실 수 없듯이 불의하실 수도 없는 것이다.

[2] 하나님의 뜻은 공의의 최고의 잣대이다. 그것은 형평의 기준이다. 그의 뜻은 지혜롭고 선하다. 하나님은 오직 의로운 일만을 뜻하신다. 따라서 그가 뜻하신 일은 바로 그 때문에 의로운 것이다.

[3] 하나님은 자발적으로 공의를 행하신다. 공의는 그의 성품으로부터 흘러나오는 것이다. 사람들은 뇌물을 받거나 압력을 받음으로써 불의하게 행할 수 있지만 하나님은 공의로우시므로 뇌물을 받지 않으시며 권능이 있으시므로 압력을 받지도 않으신다. 그는 공의를 사랑하기 때문에 행하시는 것이다. 시 45:7. "왕이 정의를 사랑하고."

[4] 공의는 신성의 완성이다. 아리스토텔레스는 "정의는 그 속에 일체의 미덕을 포함한다"고 말한 바 있다. 하나님은 의로우시다고 말하는 것은 곧 그는 가장 탁월한 존재라는 말이다. 그 안에서 완전한 속성들이 마치 선들이 하나의 중심에 교차되듯이 만나고 있다. 그는 의로우실 뿐 아니라 공의 그 자체이다.

[5] 하나님은 그의 피조물에게 조금만치도 그릇 행하실 수 없다. 하나님의 공의는 자금까지 부당한 취급을 당해 왔으되 결코 악을 행한 적은 없는 것이다. 하나님은 엄격한 율법(summum jus)대로 행하지 않고 그의 엄격성을 어느 정도 완화하신다. 그분은 현재보다 좀더 중한 형벌을 내리실 수도 있을 것이다. "우리 하나님이 우리 죄악보다 형벌을 경하게 하시고"(스 9:13). 우리는 받을 자격 이상의 긍휼을 주께로부터 입고 있으며 형벌은 더 경하게 받고 있다.

[6] 하나님의 공의는 인간이나 천사가 그분께 간언(諫言)하거나 그 행위의 이유를 밝히라고 요구할 수 없는 성질의 것이다. 하나님은 당신편에 권위뿐 아니라 공평성도 견지하고 계신다. "나는 공평으로 줄을 삼고 의로 추를 삼으니"(사 28:17). 우리에게 당신의 행위의 과정을 설명한다는 것은 하나님에겐 있을 수 없는 일이다. 하나님의 공의와 인간의 이성 가운데 어느 쪽이 더 적합하겠는가? 롬 9:20. "이 사람아 네가 뉘기에 감히 하나님을 힐문하느뇨?" 우리 이성의 다림줄은 하나님의 공의의 깊이를 측정하기엔 너무나 짧다. 롬 11:33. "그의 판단은 측량치 못할 것이며." 우리는 그 이유를 알 수 없을 때에도 하나님의 공의를 찬양해야 한다.

Ⅱ. 하나님의 공의는 두 가지 경로를 통해 역사한다.

그것은 상과 벌이라는 두 가지 요소의 분배를 통해 나타난다.

[1] 의인을 상줌으로써. 시 58:11. "진실로 의인에게 갚음이 있고." 성도들의 봉사는 무익하지 않을 것이다. 하나님은 그들의 기도와 눈물(praeces et lachrymas)을 보상하실 것이다. 비록 그들이 그분을 위해 실패자가 될 수는 있어도 그분 때문에 실패자가 되지는 않을 것이다. "하나님이 불의치 아니하사 너희 행위와 그의 이름을 위하여 나타낸 사랑으로 이미 성도를 섬긴 것과 이제도 섬기는 것을 잊어버리지 아니하시니라"(히 6:10). 그는 상급을 주시는데, 이는 우리가 받을 자격이 있어서가 아니라

그가 그같이 약속하셨기 때문이다.

[2] 그는 범죄자를 처벌하심에 있어 의로우시다. 그는 다음의 이유 때문에 의로우신데, (1) 그가 죄인들을 법대로 처벌하시기 때문에. "율법이 없는 곳에는 범함도 없느니라"(롬 4:15). 그러나 하나님은 사람들에게 율법을 주셨고, 그들이 이를 범하면 정당하게 그들을 처벌하신다.

(2) 하나님이 악인들을 처벌하심에 있어 의로운 것은 그들을 반드시 완전한 증거에 입각해서만 처벌하시기 때문이다. 그 사람을 쳐서 증거할 때 그 자신의 양심보다 더 큰 증거가 어디 있겠는가! 하나님이 죄인을 고발함에 있어 양심이 그 진실성을 확인하지 않은 경우란 전혀 없는 것이다.

적용 1: 여기서 하나님의 면류관의 또 다른 꽃송이(精華)인 그는 의롭고 정직하다는 사실을 살펴보자. 그는 공의의 모범과 원형이시다.

그러나 악인이 이 세상에서 번영한다는 사실이 하나님의 공의와 어떻게 조화되는 것으로 보이는가?

"악한 자의 길이 형통함은 무슨 연고니이까?"(렘 12:1). 이것은 엄청난 걸림돌이어서 수많은 사람들로 하여금 하나님의 공의를 의심하게 만들었다. 가장 악질적인 죄인들이 최고의 권력을 누리는 것이 실상인 것이다. 디오게네스(Diogenes)는 도둑인 하르팔루스(Harpalus)가 계속 형통하는 것을 보자 다음과 같이 말했다. "신께서는 세계 통치를 아예 포기해 버리고 이 아랫 세상에서 돌아가는 사정에 전혀 괘념치 않으시는 게 분명하다."

(1) 악인들은 때로는 하나님의 사역의 도구 역할을 할 수도 있다. 그들은 그분의 영광을 도모하지는 않지만 이를 증진할 수 있다. 고레스 왕(스 1:7)은 예루살렘에 하나님의 성전을 짓는데 도움이 되었다. 그들이 세상적인 보상을 얻게 해주는 모종의 공의가 존재한다. 하나님은 그 날개 아래 당신의 백성들을 보호해 주는 자를 형통케 해주신다. 하나님은 그 누구에게도 빚지려 하시지 않는다. "너희가 내 단 위에 헛되이 불사르지 못하

게 하기 위하여"(영어 본문을 직역하면 "누가 나의 제단에 헛되이 불을 지폈느냐?" 이다 — 역자주)(말 1:10).

(2) 하나님은 사람들이 계속 죄 가운데 행하고 형통하도록 허락하심으로써 그들이 더욱 변명할 수 없게 만드신다. "내가 그에게 (그 음행을) 회개할 기회를 주었으되"(계 2:21). 하나님은 재판의 개정(開廷)을 연기하시면서 죄인들에게 그의 긍휼을 연장해 주신다. 그런데도 그들이 회개치 않는다면 그의 인내가 그들을 쳐서 증거하게 될 것이며, 그의 공의는 좀더 명확하게 그들을 심판하게 될 것이다. "주께서 말씀하실 때에 의로우시다 하고 판단하실 때에 순전하시다 하리이다"(시 51:4).

(3) 하나님이 죄인들을 그 죄 가운데 항상 형통하도록 놔두시는 것은 아니다. 그는 혹자는 공개적으로 처벌하셔서 그의 공의를 깨달을 수 있게 하신다. "여호와께서 자기를 알게 하사 심판을 행하셨음이여"(시 9:16). 즉, 인간을 그 범죄하는 행위 도중에 쳐서 죽이심으로써 그의 공의를 나타내신다는 것이다. 그는 시므리와 고스비가 한참 음행하는 중에 있을 때 그들을 치셨다(민 25:6-15 참조).

(4) 만일 하나님이 사람들이 범죄하는 동안에도 형통하게 하신다면, 그는 이 동안 그의 진노의 대접을 가득 채우고 그의 칼을 갈고 계시는 것이다. 비록 하나님은 잠시동안 사람들을 용인하실지 모르나, 그의 오래 참으심이 곧 용서인 것은 아닌 것이다. 하나님이 매를 때리시기에 앞서 뜸들이는 시간이 길수록 그것은 결국 더 큰 타격이 될 것이다. 영원이 존재하는 한 하나님께는 그의 원수들과 계산할 충분한 시간이 남아 있는 것이다.

공의란 마치 잠자는 사자와 같지만, 마침내 그 사자가 잠에서 깨어나서 죄인을 향해 포효할 날이 올 것이다. 네로, 율리안, 가인 등이 이제는 하나님의 심판을 당하고 있지 아니한가?

그러나 하나님의 친 백성들은 큰 고통을 당하고 있다. 그들은 상처입고 핍박당하고 있는 것이다. "나는 종일 재앙을 당하며 아침마다 징책을 보았도다"(시 73:14). 이것은 하나님의 공의와 어떻게 조화되는가?

(1) 다음은 어거스틴의 참된 법칙이다. 곧, "하나님의 심판 방식은 때로는 비밀스러울 때도 있지만 결단코 불의하지 않다"(Judica Dei possunt esse occulta, non injusta). 주님은 그의 백성들을 이유없이 고통받게 하지 않으신다. 고로 그는 결코 불의하실 수 없다. 경건한 자들에게는 뭔가 선한 것이 있기 때문에 악인들이 그들을 괴롭히는 것이다. 또한 그들에게는 뭔가 악한 점이 있기 때문에 하나님께서 그들을 괴롭게 하시는 것이다. 하나님의 친 자녀들은 그 나름대로 흠을 가지고 있다. "너희는 너희 하나님 여호와께 범죄함이 없느냐?"(대하 28:10). 너희 신령한 금강석들이여, 그대들에겐 아무런 흠도 없느냐? 우리는 하나님의 자녀들의 결점에 관한 글을 읽은 적이 없는가?(신 32:5). 그들은 숱한 자만심, 까다로움, 분노, 속물근성 등의 죄를 저지르지 않는가? 그들이 신앙을 고백할 때는 낙원의 새들처럼 높이 날면서 하늘 이슬을 먹고 사는 것처럼 보이지만, 실은 뱀처럼 흙을 핥고 있다. 그런데 하나님의 백성들이 저지른 이같은 죄는 다른 자들의 범죄보다도 하나님을 더 격동시키는 것이다. "그 자녀가 그를 격노케 한 연고로다"(신 32:19). 다른 사람들의 죄악은 그리스도의 옆구리를 찌르지만 친 백성들의 죄악은 그의 심장을 상하게 한다. 그러므로 그들에게 일어난 모든 재난에 있어 하나님은 공의로우시지 않은가? "내가 땅의 모든 족속 중에 너희만 알았나니 그러므로 내가 너희 모든 죄악을 너희에게 보응하리라"(암 3:2). 나는 너희를 다른 사람들보다 더 신속히, 확실히, 혹독하게 벌할 것이다.

(2) 경건한 사람들이 당하는 시험과 환난은 그들을 단련하고 정화하기 위한 것이다. 하나님의 용광로는 시온에 있다(사 31:9). 하나님이 그의 황금을 제련하기 위해 용광로에 넣으시는 행위에 여하한 불의가 있는가? 그 백성들을 괴롭게 하여 그의 거룩함에 참여케 하는 행위에 어떤 부당한 점이 있는가?(히 12:10). 그들을 더 선하게 만드는 과정을 통과시키는 것보다 하나님의 성실성을 더 잘 보여주는 일이 무엇인가? "주께서 나를 괴롭게 하심은 성실하심으로 말미암음이니이다"(시 119:75).

(3) 더 가벼운 벌을 내리시고 중한 벌을 미연에 방지하시는 하나님의

행위에 무슨 불의함이 있는가? 하나님의 자녀들 중 가장 선한 자들이라도 지옥에 떨어지기에 합당한 소지를 가지고 있는 것이다. 만일 하나님이 전갈의 형벌을 받아 마땅할 때 단지 회초리를 사용하신다면 그들에게 부당하게 행하신 것인가? 만일 아비가 유산을 물려주지 않아도 마땅한 못된 자식을 단지 혼만 냈다면 불의한 것인가? 하나님은 그의 자녀들을 너무나 선대하셨기 때문에 불과 유황을 안겨줘야 하는 경우에도 단지 그들의 잔에 쑥을 넣으신 것이다. 사람들은 하나님의 불공정함을 불평하기보다 그의 자비를 찬양해야 마땅하다.

모든 사람들이 똑같이 본성상 죄인인데 하나님은 하나는 버리고 다른 하나는 구원하시는 것이 어떻게 그의 공의와 조화될 수 있겠는가? 왜 그분은 모든 사람들을 똑같이 대하시지 않는가?

"하나님께 불의가 있느뇨 그럴 수 없느니라"(롬 9:14). "전능하신 이가 어찌 공의를 굽게 하시겠는가?"(욥 8:3).

(1) 하나님은 그의 피조물에게 자기 행위를 설명하실 의무가 없다. 만일 아무도 감히 세상의 왕에게 "무엇을 하시나이까?"라고 말할 수 없다면(전 8:4), 하나님께는 더 더욱 그러하다. 하나님이 최고의 주님이라는 것만으로 충분하다. 하나님은 그의 피조물들에게 주권적 권력을 가지고 계시기 때문에 따라서 아무런 불의도 행하실 수 없다. "토기장이가 진흙 한 덩이로 하나는 귀히 쓸 그릇을, 하나는 천히 쓸 그릇을 만드는 권이 없느냐?"(롬 9:21). 하나님은 그 흉중(胸中)에 어떤 사람은 구원하고 다른 사람은 구원하지 않을 자유를 가지고 계신다. 그래도 그의 공의는 조금도 침해되거나 손상되지 아니한다. 만일 두 사람이 당신에게 돈을 빚졌을 경우 당신이 한쪽의 채무는 탕감해주고 다른 쪽에게는 철저히 받아내어도 이는 전혀 부당하지 않은 것이다. 만일 두 사람의 범죄자가 사형 판결을 받았다면, 국왕은 한쪽은 사면해주고 다른 쪽은 사면해주지 않을 수 있을 것이다. 만일 국왕이 하나는 법을 위반했기 때문에 고통받게 하고, 다른 하나는 그럼에도 불구하고 왕으로서 특권을 사용해서 구해 준다해도 이는 조금도 불

의한 일이 아닌 것이다.

(2) 비록 혹자는 구원받고 나머지는 멸망하지만 하나님께는 전혀 불의함이 없다. 왜냐하면 멸망하는 자마다 스스로 멸망을 자초한 것이기 때문이다. "이스라엘아 네가 패망하였나니"(영어 본문을 직역하면 "네가 멸망을 자초했나니"이다 — 역자주)(호 13:9). 하나님은 은혜를 주시는데 죄인이 이를 거부한다. 그래도 하나님은 은혜를 주셔야만 하는가? 만일 외과의사가 어떤 사람의 상처를 치료하기 위해 왔는데 환자가 치료받으려 하지 않는다면, 그 의사는 그래도 그를 치료해야 하는가? "내가 부를지라도 너희가 듣기를 싫어하였고"(잠 1:24). "이스라엘이 나를 원치 아니하였도다"(시 81:11). 하나님은 그의 자비를 사람들에게 강요할 의무가 없으시다. 만일 사람들이 은혜의 제공을 자의적으로 거부한다면 그들의 죄악을 그들의 멸망의 원인으로 간주해야지, 하나님의 공의를 탓해서는 안되는 것이다.

적용 2: 하나님과 대다수 세상 사람들 사이의 차이점을 보라. 그들은 불의하다.

(1) 그들은 재판정에서 공의를 왜곡한다. "불의한 법령을 반포하며"(사 10:1). 판사의 법복(法服)을 가리키는 히브리 원어의 의미는 얼버무리기, 기만, 불의인데 이는 법복보다는 재판관에게 더 적용되는 말이다. 좋은 재판관이 없다면 좋은 법률이 다 무슨 소용이 있는가? 불의는 다음의 두 가지인 것이니, 곧 잘못이 있을 때 처벌하지 않거나 잘못이 없는데도 벌주는 것이다.

(2) 사람들은 그들의 거래에 있어 불의하다. 이는 ① 거짓 저울추를 사용하는 경우. "손에 거짓 저울을 가지고"(호 12:7). 한 손에는 성경을 들고 다른 손에는 거짓 저울추를 들고 있다는 것은 슬픈 일이다. 또는, ② 상품의 품질을 떨어뜨리는 경우. "너의 포도주에는 물이 섞였도다"(사 1:22). 질 나쁜 곡식이 질 좋은 곡식과 혼합되어 좋은 곡식 값에 팔리는 경우. 저자는 십계명의 두번째 돌판의 경우에 선하지 않은 자가 첫번째 돌판의 경우에는 선하리라고 절대 믿을 수 없다. 도덕적으로 의롭지 않은 자는 경건

할 수가 없는 것이다. 비록 하나님은 우리에게 그분 자신처럼 전능할 것을 요구하시지는 않지만 그는 우리가 의로울 것을 요구하신다.

적용 3: 하나님의 공의를 모방하라. 그리스도의 황금률을 준수해야 한다. "무엇이든지 남에게 대접을 받고자 하는 대로 너희도 남을 대접하라"(마 7:12). 우리는 남들이 우리에게 악을 행하도록 좌시하지도 말고 또한 우리 역시 그들에게 악을 행하지 말아야 한다. 악을 행하느니 차라리 악을 당하도록 하라. "차라리 불의를 당하는 것이 낫지 아니하냐?"(고전 6:7). 오, 공의의 모범이 될지어다! 공의를 그대의 장식으로 삼으라. "나의 공의는 도포와 면류관 같았었느니라"(욥 29:14). 그것은 은혜의 아름다움이 빛나는 도포이다. 또한 나는 의로 옷입었다(et induebam justitiam). 재판관은 자기 법복을 입었다가 밤이 되면 다시 벗는다. 그러나 욥은 공의로 옷입었는데, 이를 죽을 때까지 벗지 않았고 항상 입었던 것이다(semper vestitus). 우리는 이 공의의 옷을 우리가 우리 장막을 떠날 때까지 벗지 말아야 한다. 만일 당신 안에 하나님의 성품이 무엇이든 들어 있다면 당신은 그분을 닮게 될 것이다. 당신은 불의한 행위를 할 때마다 스스로 그리스도인이길 부인하는 것이며 당신의 신앙고백을 더럽힌다. 이교도들이 일어나서 당신을 심판할 것이다. 하나님이 공의를 철회하시기보다는 태양이 그 궤도를 바꾸는 편이 쉬울 것이다.

적용 4: 만일 하나님이 의로우시다면 심판하실 날이 있을 것이다. 오늘날 만물은 바른 질서를 벗어나고 있다. 죄악이 관영하며 성도들이 부당한 취급을 당하고 있다. 그들은 종종 정당한 재판에서 패소(敗訴)한다. 그들은 이 땅에서는 전혀 공의를 만날 수 없으며, 공의는 쓰디쓴 쑥으로 화해 버린다. 그러나 하나님이 모든 일들을 회복시키실 날이 올 것이다. 그는 모든 사람들을 공평히 재판하실 것이다. 그는 의인에게 상주고 악인에게 벌주실 것이다. "(그가) 날을 작정하시고"(행 17:31). 만일 하나님이 공의의 하나님이시라면 그는 마땅히 보수하실 것이다. 하나님은 사람들에게 살아갈 율법을 주셨는데 그들이 이를 위배했다. 범죄자들을 처벌할 한 날이 있을 것이 분명하다. 실천하지 않은 율법은 전시용 나무 단검과 같다. 마지막 날이 되면 하나님의 칼이 범법자들을 향해 펴질 것이다. 그러면 그분의 공의가 온 세계 앞에 밝히 드러날 것이다. "하나님이 천하를 공의로 심판할"(행 17:31). "세상을 심판하시는 이가 공의를 행하실 것이 아니니이까?"(창 18:25). 악인들은 진노의 바닷물을 마시겠지만 한 방울도 부당하게 마시지는 않을 것이다. 그날에는 모든 입들이 닫히고 하나님의 공의가 불의한 사람들의 모든 이론(異論)과 불평들로부터 완벽하게 변호받게 될 것이다.

적용 5: 참으로 회개하는 자들에 대한 위로. 하나님은 의로우신 하나님이므로 그를 사유하실 것이다. 인간이 자기 죄를 시인하면 하나님은 용서해 주신다(Homo agnoscit, Deus ignoscit). "만일 우리가 우리 죄를 자백하면(즉, 자복하고 버리면) 저는 미쁘시고 의로우사 우리 죄를 사하시며"(요일 1:9). 자비로우실 뿐 아니라 의로우시다. 왜 의로우신가? 왜냐하면 그는 그같은 사람을 용서해 주기로 약속하셨기 때문이다(잠 28:13). 만일 당신의 마음이 죄로 인해 상심한다면 당신은 죄사함 받기 위해 하나님의 자비뿐 아니라 그의 의를 간구하도록 하라. 하나님께 그의 필적과 인(印)을 보여주면 그는 결코 자신을 부인하실 수 없는 것이다.

9. 하나님의 자비

그 다음 속성은 하나님의 인자 내지는 자비이다. 자비란 하나님의 인자하심의 결과와 효력이다. 시 33:5. "저는 정의와 공의를 사랑하심이여 세상에 여호와의 인자하심(goodness)이 충만하도다." 고로 이 하나님의 인자나 자비는 공의 다음의 속성이다. 이교도들 중에 가장 유식한 이들은 자기들의 주신(主神) 제우스를 인자하고 위대하다고 묘사하면서 그에게 최선의 두 가지 특성을 부여했다고 생각하였다. 이 양자 곧 인자와 위대하심 또는 위엄과 자비가 하나님 안에서 만나고 있다. 하나님은 근본적으로 선(인자)하시며 우리들에게 상대적으로 선하신 분이다. 양자는 시편 119:68에서 하나로 만난다. "주는 선하사 선을 행하시오니." 이같은 상대적인 선하심은 오직 그의 자비에 다름아닌 것이니, 이는 비참한 처지에 놓인 사람을 긍휼히 여기고 도와주는 것이야말로 하나님의 고유한 성품이기 때문이다.

I. 하나님의 자비에 관해서는 다음의 열두 가지 견해가 있다.

[1] 하나님을 자비하신 분으로 나타내는 것은 성경의 위대한 테마이다. 이는 죄인들을 그분께 끌어들이는 지남철인 것이다. "여호와로라 여호

와로라 자비롭고 은혜롭고 노하기를 더디하고 인자와 진실이 많은 하나님이로라" (출 34:6). 본문에는 하나님의 자비를 설명하는 여섯 가지 표현이 나온다. 그러나 그의 공의를 설명하는 표현도 하나 나온다. "형벌받을 자는 결단코 면죄하지 않고"(시 57:10). "대저 주의 인자는 커서 하늘에 미치고"(시 108:4). 하나님은 그 보좌 주위에 무지개를 두르신 왕으로 묘사되고 있다 (계 4:3). 무지개란 자비의 상징이다. 성경은 하나님을 유혈로 얼룩진 용포(龍袍)를 입으신 분보다는 자비의 흰색 세마포를 입으신 분으로, 철장을 들고 계신 분보다는 금홀을 드신 분으로 좀더 자주 묘사하고 있다.

[2] 하나님은 진노보다 긍휼 베푸시길 즐겨하신다. 자비는 그의 가장 사랑스러운 속성이다. 하나님은 인애를 가장 기뻐하신다(미 7:18). 자비는 그분이 기뻐하시는 바이다. 크리소스톰은 자기 젖을 내놓는 것이 어미의 기뻐하는 바이듯이 하나님은 그의 자비의 젖을 내놓는 것을 기뻐하신다고 말하고 있다. "나는 노함이 없나니"(사 27:4). 즉, 나는 노하길 즐겨하지 않는다는 것이다. 가혹한 행위는 하나님이 억지로 하시는 것이다. 그분은 흔쾌히 고통을 끼치지 않는 분이다(애 3:33). 꿀벌은 자연스럽게 꿀을 제공한다. 그것이 쏘는 것은 공격을 받았을 때뿐이다. 마찬가지로 하나님은 더 이상 참을 수 없게 된 후에야 벌을 내리신다. "여호와께서 너희 악행과 가증한 소위를 더 참으실 수 없으셨으므로"(렘 44:22). 자비는 하나님이 가장 익숙하게 사용하시는 그의 오른손과 같다. 책벌은 그분의 기이한(strange:낯설은) 일이라고 불린다(사 28:21). 그분은 이에 익숙하지 않으시다. 주님은 한 나라의 교만을 밀어버리려 하실 때 마치 자기의 삭도는 전혀 없으신양 삭도를 세내어 사용하신다고 기록되어 있다. "주께서 세내어 온 삭도로 (머리털과 발털을) 미실 것이요"(사 7:20). "여호와는 노하기를 더디하시며"(시 103:8). "사유하기를 즐기시며"(시 86:5).

[3] 우리는 어떠한 상황 속에서도 하나님의 자비를 찾아 볼 수 있다.

교회가 포로 상태 아래 놓여 있을 때 교회는 다음과 같이 부르짖었다. "여호와의 자비와 긍휼이 무궁하시므로 우리가 진멸되지 아니함이니이다"(애 3:22). 지리학자들은 시칠리아 섬의 시라큐스(Syracuse)에 관하여 그 도시는 위치상 태양이 시계(視界)로부터 사라지지 않는다고 기술하고 있다. 우리는 모든 환난 중에서도 어느 정도 자비의 햇살을 볼 수 있는 것이다. 내우와 외환이 동시에 닥치지 않는 것이 곧 하나님의 자비이다.

[4] 자비는 하나님의 다른 모든 속성들을 감미로운 것으로 만들어 준다. 자비없는 하나님의 거룩이나 자비없는 공의는 무시무시한 것이었다. 물이 써서 이스라엘이 마실 수 없었을 때 모세가 물속에 한 나무를 던졌더니 물이 달아졌다. 자비가 개입되지 않는다면 하나님의 다른 속성들은 얼마나 가혹하고 무서운 것이 될 것인가! 자비는 우리를 돕기 위한 하나님의 능력을 작동시킨다. 그로 인해 그분의 공의는 우리의 친구로 변한다. 그것은 우리가 겪는 분쟁에서 보복해줄 것이다.

[5] 하나님의 자비는 그의 면류관에서 가장 빛나는 진주알 중 하나이다. 이로써 그분의 신성은 친근하고 사랑스럽게 된다. 모세가 하나님께 "원컨대 주의 영광을 내게 보이소서"라고 말하자 하나님은 "내가 나의 모든 선한 형상을 네 앞으로 지나게 하고 여호와의 이름을 네 앞에 반포하리라"(영어 본문을 직역하면 "네게 자비를 보이리라"임 — 역자주)(출 33:19). 하나님의 자비는 그분의 영광이다. 그분은 그 거룩성으로 인해 광채를 발하고 그 자비로 인해 화목케 되시는 것이다.

[6] 심지어 가장 악한 자라도 하나님의 자비를 맛보게 된다. 하나님의 자비에 대항하여 싸우는 자도 이를 맛보게 된다. 악인들은 하나님의 자비의 식탁에서 떨어진 부스러기를 차지한다. "여호와께서는 모든 것에 긍휼을 베푸시는도다"(시 145:9). 달콤한 이슬방울은 장미뿐 아니라 엉겅퀴 위에도 내린다. 이처럼 자비가 심방하는 교구는 대단히 광범하다. 바로는 비

록 마음이 강퍅했지만 그의 머리에 여전히 왕관을 쓰고 있었던 것이다(참조. 출 9:12-17).

[7] 계약으로 우리에게 허락된 자비가 가장 달콤하다. 하나님이 이스라엘에 비와 풍성한 떡과 평화와 대적들에 대한 승리를 주시겠다는 것은 그의 자비의 소이였지만(레 26:4-6), 하나님이 그들의 하나님이 되시겠다는 것이 더 큰 자비였던 것이다(12절). 건강을 누리는 것은 자비이지만 그리스도와 구원을 소유하는 것이 더욱 큰 자비이다. 그것은 반지에 박힌 다이아몬드와 같아서 더욱 눈부시게 빛난다.

[8] 하나님이 베푸시는 한 가지 자비는 또 다른 자비에로 이어진다. 사람들은 나는 네게 이미 친절을 베풀었으므로 더 이상 귀찮게 하지 말라고 말한다. 그러나 하나님은 이미 자비를 보이셨기 때문에 더욱 더 자비를 보일 태세를 갖추고 계시는 것이다. 선택에서 나타난 그분의 자비는 그로 하여금 칭의, 양자삼음, 영화(榮化)에로 이끈다. 하나님의 한 가지 자비의 행위는 더 많은 자비를 유발한다. 어버이는 자식을 사랑하기 때문에 항상 주는 것이다.

[9] 피조물에게서 볼 수 있는 일체의 자비는 하나님께로부터 유래된 것이며, 이는 단지 대양의 물 한 방울에 불과하다. 어미가 자식에게 대해 품는 자비와 긍휼심은 하나님께로서 나온 것이다. 어미의 유방에 젖을 넣으신 분이 그 마음에 자애심을 심으신다. 하나님은 "자비의 아버지"라고 불리는데, 왜냐하면 그는 세상의 모든 자비를 낳은 분이기 때문이다(고후 1:3). 만일 피조물 안에 친절의 마음을 넣은 자가 하나님이라면 자비의 아버지되신 그분의 속에는 얼마나 큰 인자가 들어 있겠는가!

[10] 하나님의 자비는 성도들을 행복하게 하지만, 또한 그들을 겸비하게 만들어야 한다. 자비는 우리의 선의의 열매가 아니라 하나님의 선의의

열매이다. 자비란 하나님이 내려주시는 선물이다. 하나님의 자비라는 자선품을 의지하여 살아가는 인생들이 교만할 이유가 없다. "내가 의로울지라도 머리를 들지 못하올 것은"(욥 10:15). 나의 모든 의는 하나님의 자비의 결과이므로, 나는 겸비하고 머리를 감히 들지 못할 것이다.

[11] 자비는 하나님의 공의의 신속한 집행을 지연시킨다. 죄인들은 끊임없이 하나님을 격동시키며, "내 노가 내 얼굴에 나타나"도록 만든다(겔 38:18). 하나님이 즉시로 그들을 체포해서 심판을 내리시지 않는 이유는 무엇인가? 그것은 하나님이 그같이 하실 능력이 없기 때문이 아니라(왜냐하면 그분은 전능자이므로) 그의 자비 덕분이다. 자비는 죄인들에 대한 형 집행을 연기해주고 공의의 신속한 진행을 지연시켜 준다. 하나님은 인자하시기 때문에 죄인들을 회개하도록 이끄시는 것이다.

[12] 하나님의 자비를 반대 증인으로 삼는 것은 두려운 일이다. 왕후 에스더 자신이 하만을 고발한 것은 하만에게는 슬픈 일이었다(에 7:6). 마찬가지로 자비의 여왕이 어떤 사람을 적대하여 그를 고발한다면 끔찍한 일일 것이다. 죄인이 구원받는 것은 오직 자비 덕분이다. 그렇다면 그 자비를 적으로 삼는 것은 얼마나 슬픈 일인가! 만일 자비가 고발자가 된다면 누가 우리를 변호하겠는가? 죄인들은 자비가 고소장을 작성할 정도가 되면 절대로 지옥을 피할 수 없다.

저자는 당신에게 여러 종류의 자비를 소개하고자 한다. 금지하는 자비, 살리는 자비, 공급하는 자비, 지도하는 자비, 용납하는 자비, 치유하는 자비, 소생케 하는 자비, 지탱하는 자비, 용서하는 자비, 교정하는 자비, 위로하는 자비, 구원하는 자비, 최상의 자비 등이다. 그러나 저자는 다음의 내용에 관해 논하고자 한다.

Ⅱ. 하나님의 자비의 특징 내지는 속성들.

[1] 하나님의 자비는 값없이 주시는 것이다. 공로를 내세우는 것은 자비를 허무는 행동이다. 그 어떤 행위도 자비를 얻거나 강요할 자격이 없는 것이니, 왜냐하면 우리는 핏속까지 타락되어 있기 때문이다. 우리는 하나님이 우리를 벌주도록 강요할 수 있을지는 몰라도 사랑하도록 강요할 수 없다. "내가 즐거이 저희를 사랑하리니"(호 14:4). 구원의 사슬의 모든 연결고리들은 값없는 은총으로 단련되고 짜여져 있다. 선택은 공짜이다. "그 기쁘신 뜻대로 그리스도 안에서 우리를 택하사"(엡 1:4). 칭의도 값없이 주어지는 것이다. "하나님의 은혜로 값없이 의롭다 하심을 입었느니라"(롬 3:24). 구원도 공짜이다. "우리를 구원하시되 오직 그의 긍휼하심을 좇아"(딛 3:5). 그러므로 나는 무가치하다고 말하지 말자. 왜냐하면 자비는 무료이기 때문이다. 만일 하나님께서 오직 받을 가치있는 사람들에게만 자비를 보이신다면 그는 아무에게도 자비를 보이지 않으실 것이다.

[2] 하나님의 자비는 넘치는 자비이다. 그것은 무한한 것이다. "인자하심이 후하심이니이다"(시 86:5). "긍휼에 풍성하신"(엡 2:4). "많은 자비"(시 51:1). 진노의 대접에서는 방울방울 진노가 떨어지지만 자비의 샘에서는 자비가 흘러넘친다. 태양빛의 충만함도 하나님의 자비만큼 넘치지는 않는다. 하나님은 아침마다 자비를 내리신다. "이것(=여호와의 자비와 긍휼)이 아침마다 새로우니"(애 3:23). 그는 밤에도 자비를 내리신다. "밤에는 그 찬송이 내게 있어"(시 42:8). 하나님은 온 천하에 자비를 베푸시고 우리는 이를 맛보며, 천상에서도 자비를 베푸시는데 우리는 이를 소망하는 것이다.

[3] 하나님의 자비는 영원하다. "여호와의 인자하심은 영원부터 영원까지 이르며"(시 103:17). "그 인자하심이 영원함이로다"라는 구절이 시편 136편에서만 26회 반복되고 있다. 축복받은 영혼들은 이 달콤하고 즐거운 하나님의 자비의 바다 속에 영원히 몸을 담글 것이다. 하나님의 그 자녀들을 향하신 노여움은 단지 잠깐 동안이지만 "그 자비는 영원하시리로다"(시

103:9). 그분이 하나님이신 한 그는 계속 자비를 보이실 것이다. 하나님의 자비는 넘칠 뿐 아니라 또한 영구적이다.

적용 1: 우리는 기도 가운데 하나님을 바라보아야 하는데, 이는 심판의 옷을 입은 모습으로가 아니라 자비와 인자가 충만한 무지개로 감싼 모습으로 보아야 한다. 기도에 날개를 달도록 하라. 예수 그리스도께서 하늘로 올라가실 때 그가 기쁨으로 그곳에 올라가게 만든 원인은 "나는 내 아버지께로 간다"는 자각이었다. 마찬가지로 우리 마음이 기도 중에 기쁨으로 하늘로 상승하는 원인은 "우리는 은혜의 보좌에 앉으신 자비의 아버지께로 간다"는 자각에 있는 것이다. 이 자비에 대한 확신 가운데 행하라. 이는 마치 어떤 사람이 불로 나아갈 때 이 불이 나를 따뜻하게 할지 안할지 모르겠다고 의심하지 않는 것과 마찬가지이다.

적용 2: 그의 자비를 믿으라. "나는 하나님의 인자하심을 영영히 의지하리로다"(시 52:8). 하나님의 자비는 열린 샘물이다. 믿음의 바께쓰를 내려 놓으라. 그러면 당신은 이 구원의 샘물을 마실 수 있을 것이다. 하나님의 자비를 믿는 것보다 더 큰 격려가 무엇이겠는가? 하나님은 사죄를 그의 영광으로 간주하신다. 그는 죄인들이 그의 자비의 금홀을 만짐으로써 살게 되길 간절히 원하시는 것이다. 자비를 베푸시려는 이같은 기꺼운 태도는 다음의 두 가지 방식으로 나타난다.

(1) 죄인들에게 와서 나의 자비를 굳게 의지하라고 호소하심. "원하는 자는 와서 값없이 생명수를 받으라"(계 22:17). 자비는 죄인들에게 간청하며, 심지어 그들에게 무릎을 꿇기까지 한다. 왕자(王者)가 죄인에게 용서를 받아들이라고 애걸하는 것은 기이한 일일 것이다. 하나님은 불쌍한 죄인들아, 내가 너희를 사랑하게 해다오, 내가 너희를 구원하도록 기꺼이 허락해다오 라고 말씀하신다.

(2) 죄인들이 그분의 자비를 굳게 붙잡을 때 기뻐하심으로써. 우리가 하나님의 자비를 받아들이든지 말든지 그분께 무슨 유익이 있단 말인가?

다른 사람들이 마셔준다 해서 그 샘물에 무슨 이익이 있는가? 그러나 죄인들의 구원을 기뻐하시고 그의 자비가 받아들여질 때 기뻐하는 것이 하나님의 선의인 것이다. 탕자가 집으로 돌아오자 그 아버지는 기뻐하였고 그 기쁨을 나타내기 위한 잔치를 배설하였다. 마찬가지로, 하나님은 불쌍한 죄인이 나아와 그의 자비를 의지할 때 즐거워 하신다. 하나님을 믿는다는 것은 얼마나 큰 격려인가! 그는 용서의 하나님이다(느 9:17). 그는 자비를 기뻐하신다(미 7:18). 불신앙보다 더 우리에게 손해를 끼치는 것은 없다. 불신앙은 하나님의 자비의 흐름을 가로막는다. 그것은 하나님의 긍휼을 차단하고 그리스도께서 입으신 상처 구멍을 막음으로써 치유의 공로가 흘러나오지 못하게 한다. "저희의 믿지 않음을 인하여 거기서 많은 능력을 행치 아니하시니라"(마 13:58). 당신은 왜 하나님의 자비를 믿지 않는가? 당신이 범한 죄가 용기를 빼앗아가는가? 하나님의 자비는 엄청난 죄라도 사하실 수 있다. 아니, 그것이 큰 죄이기 때문에 사하실 수 있는 것이다(시 25:11). 바닷물은 모래뿐 아니라 바위도 덮는다. 그리스도를 못박는데 동참했던 사람들도 자비를 얻었다. 하늘이 땅보다 위에 있는 한 하나님의 자비는 우리 죄악 위에 계실 것이다(사 5:9). 만일 하나님의 자비가 아니라면 무엇이 우리로 믿도록 이끌겠는가?

적용 3: 하나님의 자비를 남용하지 말도록 조심하라. 하나님의 자비라는 향기로운 꽃에서 독을 빨아먹지 말도록 하라. 하나님은 자비로우시므로 나는 계속 죄를 지어도 괜찮다고 생각하지 말아야 한다. 이것은 자비를 당신의 적으로 삼는 짓이다. 제사장들을 제외하고는 언약궤에 손을 댈 수 있는 자가 없었다. 이는 제사장들은 그 직분으로 인해 좀더 거룩했기 때문이었다. 마찬가지로 거룩하기로 결심한 사람 외에는 누구도 하나님의 자비라는 언약궤에 손을 댈 수 없는 것이다. 자비가 넘치므로 죄짓자는 것은 악마의 논리이다. 자비를 믿고 계속 범죄하는 사람은 마치 고약이 있으므로 제 머리에 상처를 내는 사람과 방불하다. 하나님의 자비를 믿고 죄짓는 사람은 자비없는 심판을 받게 될 것이다. 남용된 자비는 진노로 변화한다.

"이 저주의 말을 듣고도 심중에 스스로 위로하여 이르기를 내가 내 마음을 강퍅케 하여 젖은 것과 마른 것이 멸할지라도 평안하리라 할까 염려함이라. 여호와는 이런 자를 사하지 않으실 뿐 아니라 여호와의 분노와 질투의 불로 그의 위에 붓게 하시며 또 이 책에 기록된 모든 저주로 그에게 더하실 것이라"(신 29:19,20).

선용하기만 한다면 자비보다 더 달콤한 것이 없다. 그러나 남용할 때는 그보다 더 가혹한 것은 없는 것이다. 마치 광산에서 캐낸 납(鉛)보다 더 차가운 것이 없지만 가열하면 그보다 더 뜨거운 것이 없는 것과 한가지이다. 쇠보다 뭉툭한 것이 없지만 갈면 그보다 더 예리한 것이 없다. "여호와의 인자하심은 자기를 경외하는 자에게 있으며"(시 103:17). 죄짓고도 두려워하지 않는 자에게는 자비가 허락되지 않지만 두려워하여 범죄치 않는 자들에게는 자비가 있는 것이다. 하나님의 자비는 거룩한 자비이다. 자비가 용서할 때에는 치유도 동반한다.

하나님의 자비에 관심을 기울이려면 어떻게 해야 할 것인가?

(1) 당신의 부족을 인식하라. 당신이 얼마나 용서와 구원의 은혜를 필요로 하고 있는지 알라. 당신이 고아와 같음을 알아야 한다. "고아가 주께로 말미암아 긍휼을 얻음이니이다"(호 14:3). 하나님은 자비의 선물을 오직 궁핍한 사람에게만 내려 주신다. 자기가 잘났다는 유의 생각을 일체 비워 버리라. 하나님은 자비의 귀한 기름을 빈 그릇에 부어 주신다.

(2) 자비를 얻기 위해 하나님께 나아가라. "하나님이여 나를 긍휼히 여기소서!"(시 51:1). 내게 유기된 자들도 가지고 있는 일반적인 자비만 주시고 끝내지 마소서. 내게 도토리뿐 아니라 진주도 주옵소서. 의식주의 자비뿐 아니라 구원에 이르는 자비도 주옵소서. 내게 당신의 자비의 가장 좋은 부분을 주옵소서. 주여! 나에게 자비와 인자를 주시옵소서. "인자와 긍휼로 관을 씌우시며"(시 103:4). 내 영혼에 신적 선택의 사랑을 보이시는 그같은 자비를 내게도 주옵소서. 오, 자비를 간구할지라! 하나님에겐 자비의 보고(寶庫)가 있다. 기도는 이 보물 창고를 여는 열쇠이다.

그리고 기도 중에 확실히 그리스도를 당신의 품에 모셔 들이자. 왜냐하면 모든 자비는 그리스도를 통해 임하기 때문이다. "사무엘이 젖먹는 어린 양을 취하여"(삼상 7:9). 어린 양 예수를 그대의 가슴에 품고 그의 이름으로 행하며 그의 공로를 내세우라. 다음과 같이 말하라. 주여! 여기 나의 속죄의 삯인 그리스도의 보혈이 있나이다. 주여! 내게 자비를 보이소서. 왜냐하면 그리스도께서 이를 값주고 사셨기 때문입니다. 우리가 우리의 이름으로 자비를 구하면 하나님께서 거부하실지 모르나 그리스도의 이름으로 나아간다면 거절하지 않으실 것이다. 그리스도를 통한 속죄를 주장하라. 이는 하나님이 결코 부정하실 수 없는 논리인 것이다.

적용 4: 하나님의 자비를 발견한 사람들은 다음의 세 가지 일을 하도록 권면받는다.

(1) 축복과 찬미의 산인 그리심 산에 오르라. 그들은 하늘 임금이 자비로우시다는 사실을 소문으로 들었을 뿐 아니라 직접 발견했다. 하나님의 자비의 단 꿀이 그들 위에 임한 것이다. 핍절할 때 자비는 그들에게 공급해 주었다. 그들이 거의 죽을 지경에 이르면 자비는 그들을 병상에서 일으켜 세웠다. 죄의식에 사로잡혔을 때 자비는 그들을 사유해 주었다. "내 영혼아 여호와를 송축하라. 내 속에 있는 것들아 다 그 성호를 송축하라"(시 103:1). 오, 자비의 그릇은 얼마나 찬양으로 넘쳐야 하는지! "내가 전에는 훼방자요 핍박자요 포행자이었으나 도리어 긍휼을 입은 것은"(딤전 1:13). 나는 자비로 인해 기적을 체험했다. 바닷물이 범람하여 제방을 무너뜨리듯이 하나님의 자비는 나의 죄의 방죽을 여지없이 무너뜨렸고 그의 자비가 내 영혼 속으로 감미롭게 흘러 들어왔다. 하나님의 자비의 기념비인 우리는 마땅히 찬양의 나팔이 되어야 한다. 우리가 일단 주님이 은혜로우심을 맛본 후에는 타인들에게 하나님의 자비를 구하도록 격려하기 위해 그의 자비에 관해 체험한 것을 전해야 한다. "하나님이 내 영혼을 위하여 행하신 일을 내가 선포하리로다"(시 66:16). 내 마음이 침체되어 있을 때 하나님의 성령이 내게 강하게 임했고 그 바람이 시들어가는 나의 은혜의 꽃을 소생시켰다는 사실을. 오, 다른 사람들에게 하나님의 선하심을 전하도록 하

자. 그래서 그들이 하나님을 찬양하게 됨으로써 우리가 죽은 후에도 하나님을 향한 찬양을 지속시키도록 하자.

(2) 하나님을 사랑하라. 자비는 사랑을 유발해야 한다. "나의 힘이 되신 여호와여 내가 주를 사랑하나이다"(시 18:1). 사랑의 히브리 원어는 내심 깊숙이로부터 흘러 나오는 사랑을 뜻한다. 하나님의 공의는 우리가 그를 경외하게 만들고 그의 자비는 그를 사랑하게 만든다. 만일 자비가 사랑을 낳지 못한다면 사랑을 낳을 자가 과연 누구이겠는가? 우리는 하나님이 우리에게 양식을 주심으로 인해 그를 사랑해야 하며, 더욱이 우리에게 은혜를 허락하심으로 인해 그를 사랑해야 한다. 용서하시는 자비로 인해 사랑하고, 더욱이 구원의 은혜로 말미암아 사랑해야 한다. 하나님의 자비가 사랑 안에서 녹이지 못하는 마음은 필시 돌로 된 마음일 것이다. 어거스틴은 말했다. "만일 내 마음이 하나님을 사랑하지 않고 있음을 알게 되면 나는 내 마음을 증오하리라."

(3) 자비를 베푸는 일에 있어 하나님을 본받으라. 하나님은 자비의 아버지이시므로, 그분처럼 행함으로써 그 자녀됨을 몸소 보이도록 하라. 암브로스(Ambrose)는 말했다. "종교의 강령과 정의는 곧 자비를 실천함에 있어 부요하며, 타인들의 몸과 영혼을 도우라는 것이다. 당신의 황금의 씨앗을 널리 흩뿌리고 신앙고백의 등불에 인애의 기름을 가득 채우라. 베풀고 용서하는데 자비로우라. '하늘에 계신 너희 아버지의 자비하심같이 너희도 자비로우라.'"

10. 하나님의 진실성

그 다음 속성은 하나님의 진실성(참되심)이다. "그는 진실하고 거짓이 없으신 하나님이시니 공의로우시고 바르시도다"(신 32:4). "무릇 주의 인자는 커서 하늘에 미치고 주의 진리는 궁창에 이르나이다"(시 57:10). "진실이 풍성하신"(시 86:15).

I. 하나님은 진리이시다.

그는 존재론적인 의미에서 참된 분이다. 그는 그 존재에 있어 참되시며, 타인들에게 존재를 부여하신다. 그는 도덕적인 의미에서 참되시다. 그는 참되고 오류가 없으시며(sine errore) 또한 거짓이 없으시다(et sine fallacia). 하나님은 진리의 모범과 원형이시다(prima veritas). 참된 것으로서 하나님 안에 있지 않거나 그로부터 비롯되지 않은 것이란 없다.

II. 자기 약속을 이루시는 신실함의 측면에서 본 하나님의 진실성.

"무릇 허하신 그 선한 말씀이 하나도 이루지 않음이 없도다"(왕상 8:56). 약속은 하나님의 매는 띠이다. 그의 진실성은 그 띠를 묶는 봉인과 같다.

하나님의 약속에는 우리를 위로하는 두 가지 요소가 있다.

[1] 하나님이 약속을 이루실 수 있게 해주는 그의 능력. 하나님은 우리의 죄성을 극복하겠다고 약속하셨다. "우리의 죄악을 발로 밟으시리이다"(미 7:19). 죄인들은 "아, 나의 죄성은 너무나 강해서 이를 극복하지 못할 게 분명합니다"라고 말하는 실정이다. 아브라함은 하나님의 능력을 바라보았다. "약속하신 그것을 또한 능히 이루실줄을 확신하였으니"(롬 4:21). 그는 세계를 창조할 수 있는 하나님은 사라의 메마른 유방에 젖을 빨리실 수 있을 것으로 믿었다. 하나님에게는 너무 힘든 일이란 없다는 것을 우리는 믿음으로 받아들일 수 있다. 반석에서 생수를 내실 수 있는 분이라면 그의 약속을 이루실 수 있을 것이다.

[2] 약속 가운데 나타난 하나님의 진실성. 하나님의 진실성은 약속을 확증하는 인장(印章)과 같다. "영생의 소망을 인함이라 이 영생은 거짓이 없으신 하나님이 영원한 때 전부터 약속하신 것인데"(딛 1:2). 영생이란 말에는 약속의 달콤함이 내포되어 있고 거짓이 없으신 하나님이란 말에는 약속의 확실성이 함축되어 있다. 자비는 약속을 하고 진실성은 이를 성취한다. 하나님의 섭리는 불확실한 것이지만 그분의 약속은 "다윗의 거룩하고 미쁜 은사"인 것이다(행 13:34). "하나님은 사람이 아니심으로 결코 변개치 않으심이니이다"(삼상 15:29). 임금의 말이라고 해서 항상 이루어질 수는 없지만 하나님의 약속은 신성불가침이다. 하나님의 진실성은 그의 면류관의 가장 화려한 보석 가운데 하나인데 그는 약속하실 때 이를 걸고 맹세하시는 것이다.

"내 집이 하나님 앞에서 이같지 아니하냐(영어 본문을 직역하면 "나의 집은 이같지 아니해도"임 — 역자주) 하나님이 나로 더불어 영원한 언약을 세우사 만사에 구비하고 견고케 하셨으니"(삼하 23:5). 비록 나의 집은 이같지 아니해도, 즉 비록 나는 주가 요구하시는 완전한 순수성에 많이 미달되어도 그래도 그분은 나와 영원한 언약을 맺으셨으니 그가 나를 용서하시고 양자삼으시고 영화롭게 하시기로 약속하신 것이다. 그리고 이 언약을 만사에 구비하고 견고케 하셨던 것이다. "체질이 뜨거운 불에 풀어지리로다"

(벧후 3:10). 그러나 이 언약은 굳건하고 온전하게 남아 있으니, 곧 하나님의 진실성으로 봉인되어 있기 때문이다. 오히려 하나님은 당신의 말씀에 맹세를 더하여 당신의 존재, 생명, 의를 걸고 그 약속을 이루시겠다고 하셨다(히 6:17). 우리가 하나님께 맺은 서약을 깨뜨리는 빈도만큼 그분이 우리와 맺은 언약을 파기하신다면 이는 대단히 슬픈 일이 될 것이다. 그러나 그분의 진실성이 이 약속과 맞물려 있기 때문에 이는 마치 결코 변개할 수 없는 메대와 바사의 규례와 같은 것이다(단 6:8 참조).

크리소스톰은 말한다. "우리는 우리의 감각을 믿지 말고 약속을 믿어야 한다." 우리의 감각은 우리를 실망시킬 수 있을지 모르나 약속은 하나님의 진실성 위에 기초하고 있기 때문에 실망시킬 수 없다. 하나님은 그 백성들의 믿음을 속이지 않으실 것이다 — 아니 속이실 수 없다. "거짓말할 수 없는 하나님이 약속하신 것이다." 하나님은 그의 신성을 버리실 수 없는 것과 마찬가지로 그 진실성을 버리실 수 없다. 하나님은 진실이 많으신 분이라고 묘사된다(출 34:6). 그것은 무슨 뜻인가? 만일 하나님이 그 백성들에게 자비의 약속을 하셨다면 절대 이에 미달하지 않고 오히려 더 많이 이루실 것이라는 말이다. 그는 종종 말씀하신 것 이상으로 행하시며, 절대 그 이하로는 행치 않으신다. 그는 진실이 많으신 분이다.

(1) 주님은 때로는 약속의 실현을 지연시키실 수 있지만 이를 부정하지는 않으신다. 그는 약속을 지연시키실 수는 있다. 하나님의 약속은 상당한 기간 동안 마치 씨앗처럼 지하에 묻혀 있을지 모르나 종내는 싹터서 열매맺게 될 것이다. 그는 이스라엘을 쇠풀무로부터 구원해 내겠다고 약속하셨지만 이 약속이 이루어지기까지는 4백여년의 산고(産苦)를 거쳐야 했다. 시므온은 "저가 주의 그리스도를 보기 전에" 죽지않으리라는 약속을 받았지만(눅 2:26) 그가 처음 그리스도를 보게 된 것은 죽기 직전이었다. 그러나 하나님은 비록 약속을 지연시키실 수는 있어도 이를 번복하지 않으신다. 그는 이미 계약서를 작성하였으므로 적당한 때가 이르면 돈을 지불할 것이다.

(2) 하나님은 그의 약속을 변경하실지 모르지만 이를 파기하지는 않

으신다. 때로 하나님은 현세적인 약속을 신령한 약속으로 바꾸신다. "여호와께서 좋은 것을 주시리니"(시 85:12). 이 구절은 현세적 의미가 아닌 영적 의미로서 실현될 것이다. 하나님은 그리스도인들을 세속적인 면에서는 부족하게 하실지 모르지만 이를 영적인 면에서 보완해 주신다. 그는 바구니와 창고는 늘려 주시지 않아도 믿음과 내적 평화를 늘려 주신다. 이같은 의미에서 그는 약속을 변경하시지만 결코 파기하지 않으며, 오히려 더 나은 것을 주시는 것이다. 만일 누가 나에게 파딩 동전(farthings: 가장 값싼 동전. 4분의 1 페니 — 역자주)으로 지불하겠노라고 약속하고 이보다 나은 예컨대 금화로 지불한다고 하면 그는 자기 약속을 파기한 것이 아니다. "나의 성실함을 폐하지 아니하며"(시 89:33). 이 말의 히브리 원어는 거짓말한다는 뜻이다.

하나님은 모든 사람이 구원을 받는데 이르기를 원하신다는 말씀과 그럼에도 혹자는 멸망한다는 사실은 하나님의 진실성과 어떻게 조화되는가?(딤전 2:4).

어거스틴은 이를 모든 개인들 전부가 아니라 모든 족속의 사람들 중 몇몇(some of all sorts)만이 구원되리라는 의미로 이해하고 있다. 노아의 방주의 경우에도 하나님은 모든 생명체를 구원하셨다. 그러나 모든 새나 물고기가 구원받은 것은 아니었으니, 왜냐하면 대다수는 홍수를 통해 멸망했기 때문이다. 그러나 모든 것, 즉 모든 종류들 중에 몇몇(all, that is, some of every kind)은 구원받았다. 그와 마찬가지로 하나님이 모든 사람을 구원하실텐데 이는 곧 모든 족속들 가운데 일부가 구원되리라는 뜻이다.

성경은 그리스도께서 모든 사람을 위해 죽으셨다고 기록하고 있다. "보라 세상 죄를 지고 가는 하나님의 어린 양이로다"(요 1:29). 이 구절이 혹자는 진노의 그릇이라고 한 구절과 어떻게 조화되는가?(롬 9:22).

(1) 우리는 세상이라는 용어의 의미를 제한해야 한다. 세상은 협의의 의미로는 선택된 자들의 세계를 의미하며, 좀더 광의의 의미로는 택정된

자와 유기된 자들을 전부 포함한다. "그리스도께서 세상 죄를 담당하셨다"는 말은 곧 선택된 자들의 세계를 의미한다.

(2) 우리는 또한 그리스도께서 세상을 위해 죽으셨다는 말의 의미를 한정지어야 하겠다. 그리스도의 죽으심은 모든 사람들에게 충분한 것이지만 유효한 것은 아니다(Christ died sufficiently for all, not effectually). 그리스도의 피에는 가치와 효력이 있다. 그리스도의 피는 온 세상을 구속하기에 충분한 가치가 있지만 그 효력은 오직 믿는 자들에게만 한정된다. 그리스도의 피는 모든 사람들에게 공로가 있지만 모든 사람들에게 유효한 것은 아니다. 모든 사람이 구원에 이르는 것은 아닌데, 왜냐하면 혹자는 사도행전 13:46의 경우처럼 스스로 구원을 거부하고 그리스도의 피를 부정한 것으로 여겨 비방하기 때문이다(히 10:29).

적용 1: 하나님의 진실성은 우리 믿음에 위대한 지주(支柱)이다. 만일 그가 진리의 신이 아니시라면 우리는 어떻게 그분을 믿을 수 있겠는가? 우리의 믿음은 변덕이라해도 그분은 진리 그 자체이시고 그의 입에서 나온 말씀은 단 한 마디도 땅에 떨어지지 않는 것이다. "진실성은 신뢰의 표적이다." 하나님의 진실성은 요지부동의 반석이어서 우리는 그 위에서 우리 구원을 도모할 수 있다. 사 59:15. "성실이 없어지므로." 세상의 진실성이란 다 그렇지만 천상의 진실성은 그렇지 않다. 하나님이 진실하길 멈춰 버리시면 더 이상 하나님이 아니다. 하나님은 "구하는 영혼에게 선을 베푸시"고(애 3:25) "수고하는 자에게 쉼을"(마 11:28) 주시겠다고 말씀하시지 않았던가? 여기 안전한 보장이 있으니 곧 그는 그 입술에서 나온 말씀을 결코 변개하시지 않는다는 사실이다. 천국의 공식적인 약속이 신자들에게 선물로 주어져 있다. 우리는 이보다 더 안전한 보증을 발견할 수 있을까? 온 세계가 하나님의 권능의 말씀에 매달려 있다. 우리의 믿음은 하나님의 신실하신 말씀에 달려 있지 않은가? 우리가 하나님의 진실성 외의 어디에 우리 믿음을 세울 수 있겠는가?

하나님의 진실성 외에 우리가 믿을 것이란 전혀 없다. 우리 자신을 신뢰하는 것은 마치 유사(流砂) 위에 집을 짓는 것과 같지만 하나님의 진실성은 우리 믿음이 의지할 황금 기둥인 것이다. 하나님은 자신을 부인하실 수 없다. "우리는 믿음이 없을지라도 주는 일향 미쁘시니 자기를 부인하실 수 없으시리라"(딤후 2:13). 하나님의 진실성을 불신하는 것은 그분을 모욕하는 것이다. "하나님을 믿지 아니하는 자는 하나님을 거짓말하는 자로 만드나니"(요일 5:10). 명예로운 인간이라면 그 자신이 신뢰받지 못할 때 가장 심한 모욕과 분노를 느낄 것이다. 하나님의 진실성을 부인하는 사람은 그의 약속을 단지 거짓말에 불과한 것으로 만든다. 하나님께 이보다 더 큰 모욕이 있을 수 있겠는가?

적용 2: 만일 하나님이 진리의 하나님이시라면 그는 자신의 위협에 대해서도 진실하시다. 그 위협들은 죄인들을 저주하는 날아가는 두루마리이다(슥 5:1-4). 하나님은 "그 죄과에 항상 행하는 자의 정수리를 깨치"겠다고 위협하셨다(시 68:21). 그는 간음하는 자들을 심판하겠다고 위협하셨다(히 13:4). 악인에게 갚으시겠다고 하셨다. 시 10:14. "주께서는 잔해와 원한을 감찰하시고 주의 손으로 갚으려 하시오니." 또한 "불과 유황과 태우는 바람이 저희의 소득이 되리로다"(시 11:6). 하나님은 그의 약속만큼 그의 위협에 대해서도 진실하시다. 그는 자신의 진실성을 보이기 위해 위협을 실행에 옮기사 금생에서 죄인들에게 벼락과 심판을 내리셨다. 그는 헤롯왕이 교만하게 행할 때 그를 치셨다. 그는 신성모독자들을 벌하셨다. 아리우스파 주교인 올림피우스(Olympius)가 복되신 삼위일체를 비방하고 모독하자 그 즉시로 하늘로부터 벼락이 떨어져 그를 불살라 버렸다. 우리는 하나님의 위협에 둔감하게 될까 두려워해야 한다.

적용 3: 하나님이 진리의 하나님인가? 그렇다면 진실성에 있어서 그분을 닮도록 하자.

(1) 우리는 우리의 말에 있어서 진실해야 한다. 피타고라스는 인간을 하나님과 같게 만드는 요소가 무엇이냐는 질문을 받자 다음과 같이 대답

하였다. "그들이 진실을 말할 때." 그것이 천국에 들어갈 인간의 어법인 것이다. "그 마음에 진실을 말하며"(시 15:2). 진실한 말은 다음의 것들과 상반된다.

(i) 거짓말. "그런즉 거짓을 버리고 각각 그 이웃으로 더불어 참된 것을 말하라"(엡 4:25). 거짓말이란 어떤 사람이 허위인줄 말면서도 이를 참인 것처럼 말하는 것이다. 어거스틴의 말과 같이 거짓말에는 두 가지 종류가 있다. 사람이 자기 이익을 얻기 위해 하는 직업상의 거짓말. 예컨대 상인이 자기 상품의 비용이 얼마 들었다고 말하지만 실제로는 그 절반도 들지 않은 경우. 직업상 거짓말하는 사람은 지옥에 떨어지게 될 것이다. 사람이 다른 사람들을 즐겁게 하기 위해 장난으로 하는 농담으로서의 거짓말. 이를 행하는 사람은 웃으면서 지옥으로 내려갈 것이다. 거짓말하는 사람은 마귀를 닮게 된다. "그(=마귀)가 거짓말쟁이요 거짓의 아비가 되었음이니라"(요 8:44). 그는 우리의 시조들을 거짓으로 속였다. 혹자들은 너무나 악해서 허위를 말할 뿐 아니라 이를 맹세하기까지 한다. 아니, 그들은 그 거짓말이 사실이 아니라 할지라도 기꺼이 저주를 자청하는 것이다. 나는 어떤 여인의 이야기를 읽은 적이 있다. 앤 애버리(Anne Avarie)라는 그 여자는 1575년 가게에서 만일 자기가 상품 값을 지불하지 않았다면 당장 쓰러져 버릴 것이라고 호언했다가 즉시 쓰러져 말을 못하게 되고 죽어 버렸다고 한다. 거짓말쟁이는 국가에서 살기에 적합하지 않다. 거짓말은 사람들과의 일체의 교우 관계나 대화를 박탈해 버린다. 당신은 말을 신용할 수 없는 그런 인간과 어떻게 대화를 나눌 수 있겠는가? 거짓말은 사람이 천국에 들어가지 못하게 막는다. "개들과 거짓말을 좋아하며 지어내는 자마다 성 밖에 있으리라"(계 22:15). 거짓말은 큰 죄악이지만 이를 가르치는 행위는 더 악한 죄악이다. "거짓말을 가르치는 선지자"(사 9:15). 오류를 말하는 사람은 거짓을 가르치는 자이다. 그는 염병을 퍼뜨린다. 그는 자신만 지옥에 떨어지는 게 아니라 타인들도 지옥에 가도록 돕는 것이다.

(ii) 진실한 말은 외식과 상반된다. 마음과 혀는 마치 해시계의 일영표가 태양을 정확하게 따라가듯이 일치해야 한다.사람의 면전에서는 참말같

이 말하고 실제 의도는 그와 다른 것은 거짓말과 매한가지이다. "그 말은 기름보다 유하여도 실상은 뽑힌 칼이로다"(시 55:21). 혹자는 겉으로 아첨하면서 속으로는 미워하는 기술을 가지고 있다. 제롬은 아리우스파 신자들에 관해 "그들은 우호적인 척하면서 내 손에 입맞추지만 나에 대한 음해(陰害)를 도모했다"고 말한 바 있다. "이웃에게 아첨하는 것은 그 발 앞에 그물을 치는 것이니라"(잠 29:5). 달콤한 꿀 밑에 무서운 독을 감출 수 있다(Impia sub melle venena latent). 교우관계에 있어서의 허위는 일종의 거짓말이다. 우정을 위조하는 행위는 돈을 위조하는 것보다 더 악하다.

(2) 우리는 우리의 신앙 고백에 있어 진실해야 한다. 실천과 고백이 보조를 같이 하도록 하자. "의와 진리의 거룩함으로"(엡 4:24). 종교적 외식은 일종의 거짓말이다. 위선자는 마치 거울에 비친 얼굴과 같아서, 그것이 얼굴 모양은 하고 있지만 진짜 얼굴은 아닌 것이다. 에브라임은 실제로는 그렇지 않으면서도 허장성세로 자기를 가장하였다. 이에 관해 하나님은 뭐라고 하셨던가? "에브라임은 거짓으로 나를 에워쌌고"(호 11:12). 우리는 거짓말을 함으로써 진리를 부정한다. 그리고 진리를 거짓으로 고백함으로써 욕되게 하는 것이다. 하나님께 우리가 입으로 고백하는 것과 실생활이 일치하지 않으면 그것은 거짓말하는 것이다. 그리고 성경은 이를 신성모독보다 그리 나을 게 없다고 하고 있다. "자칭 유대인이라 하는 자들의 훼방도 아노니 실상은 유대인이 아니요"(계 2:9). 오, 당신에게 간청하노니 부디 하나님을 닮기 위해 노력하라. 그는 진리의 하나님이다. 그는 진실성을 버리기보다는 그 신성을 버리는 편이 쉬운 것이다. 하나님을 닮고자 하라. 즉 그대의 말이 진실하고 신앙고백이 참되도록 하라. 하나님의 자녀들은 거짓을 행치 아니하는 자녀들인 것이다. 사 63:8. 하나님이 "내면이 진실하고", "그 입술에 궤사가 없는" 사람을 보시면 그는 여기서 자신의 모습을 보시는 것으로서, 그럴 때 그분의 마음을 우리에게 기울이신다. 유사성으로부터 사랑이 싹트는 것이다.

11. 하나님의 단일성

질문 5: 하나님은 한분 이상 여러분이 계십니까?

답변: 하나님은 오직 하나의 유일하고 살아계신 참 하나님만이 있을 뿐입니다.

하나님의 실재는 이미 증명되었다. 그리고 그의 존재의 참됨을 믿으려 하지 않는 사람들은 그의 혹독한 진노를 맛보게 될 것이다. "이스라엘아 들으라 우리 하나님 여호와는 오직 하나인 여호와시니"(신 6:4). 그는 "유일하신 하나님"이시다. 신 4:39. "그런즉 너는 오늘 위로 하늘에나 아래로 땅에 오직 여호와는 하나님이시요 다른 신이 없는 줄을 알아 명심하고." "나는 공의를 행하며 구원을 베푸는 하나님이라 나 외에 다른 이가 없느니라"(시 45:21). 이름뿐인 허다한 신들이 있다. 군왕들은 하나님을 대표한다. 그들의 왕홀은 그 권력과 권위의 상징이다. 재판관들은 신들이라고 불린다. "내가 말하기를 너희는 신들이며"(시 82:6). 이는 곧 하나님의 자리에 앉아서 재판한다는 의미이지만 죽어야 하는 신이다. "너희는 범인같이 죽으며" (7절). "비록 많은 신과 많은 주가 있으나 우리에게는 한 하나님 곧 아버지가 계시니"(고전 8:6).

Ⅰ. 스스로 존재하고 다른 존재들의 근원이 되는 제일원인(First Cause)은 오직 하나이다.

천체를 보면 원동자(原動者,primum mobile)가 모든 다른 궤도를 운행케 만드는 것처럼 하나님은 존재하는 일체의 것들에 생명과 운동을 부여하신다. 오직 한분 하나님이 계실 수밖에 없으니, 왜냐하면 제일원인은 하나뿐이기 때문이다.

Ⅱ. 무한한 존재는 오직 하나이다.

그러므로 하나님은 오직 한분이시다. 무한자가 둘이 있을 수는 없다. "나 여호와가 말하노라 나는 천지에 충만하지 아니하냐?"(렘 23:24). 모든 장소를 일시에 채우는 무한자가 존재한다면 또 다른 무한자가 존재할 공간이 어디 있다는 말인가?

Ⅲ. 전능한 능력자는 오직 하나뿐이다.

만일 전능자가 둘이 존재한다면 우리는 언제나 양자간의 갈등을 가정해야 할 것이다. 한쪽이 행하면 반대편은 그와 동등하므로 그 반대로 행할 것이며, 그 결과 모든 일이 혼란에 빠지고 말 것이다. 만일 한 배에 동등한 능력을 가진 두 사람의 조타수가 있다면 언제나 한쪽은 상대방을 거스르려 할 것이다. 하나가 항해하려고 하면 다른 쪽은 닻을 내리려 할 것이다. 혼란이 일어나서 마침내 그 배는 파멸당하고 말 것이다. 세계의 질서와 조화내지는 만유에 대한 끊임없는 균일한 통치는 오직 한 분 전능하신 주 곧 만유를 다스리시는 유일신의 존재를 명백하게 보여준다. "나는 처음이요 나는 마지막이라 나 외에 다른 신이 없느니라"(사 44:6).

적용 1: 지식. (1) 오직 한분 하나님이 계신다면 이는 다른 일체의 신들을 배제한다. 발렌티누스파(Valentinians: 주후 2세기의 가장 유력한 영지주의 이단인 발렌티누스를 추종하는 자들 — 역자주)처럼 두 신이 존재하는 것처럼 주장한 자들이 있었다. 그리고 많은 신들이 있다고 주장하는 다신론자들이 있었다. 페르시아인들은 태양을 숭배하였다. 이집트인들은 사자와 코끼리를 숭배했다. 그리스인들은 제우스를 숭배하였다. 이들은 "성경을 알지 못하는 고로 오해"한 것이다(마 22:29). 그들의 믿음은 일개 우화에 불과하다. "하나님이 유혹을 저희 가운데 역사하게 하사 거짓 것을 믿게 하심은 심판을 받게 하려 하심이니라"(살후 2:11).

(2) 만일 오직 한분 하나님이 존재하신다면 세상에는 오직 하나의 참된 종교가 있을 수 밖에 없다. "주도 하나이요 믿음도 하나이요"(엡 4:5). 만일 많은 신이 있다면 종교도 많이 있을 것이고, 신들마다 제각기 나름의 방식대로 예배될 것이다. 그러나 만일 오직 단 한 분의 하나님이 계신다면 종교는 오직 하나뿐이며 한 주님에 한 믿음을 가지게 된다. 혹자는 우리는 어떤 종교를 가져도 구원받을 것이라고 말한다. 그러나 본질상 단일하신 하나님이 예배받기 위해 다수의 종교를 지정하신다고 생각하는 것은 불합리한 일이다. 거짓 종교를 만드는 것은 거짓 신을 세우는 것만큼이나 위험한 일이다. 지옥에 가는 길은 많다. 사람들은 자기 망상이 이끄는 방식대로 지옥에 갈 수 있을 것이다. 그러나 천국에 이르는 길은 오직 하나 곧 믿음과 성결의 길뿐이다. 이 외에 달리 구원받을 길이란 없다. 오직 한분 하나님이 계시듯이 참된 종교도 오직 하나인 것이다.

(3) 만일 오직 한분 하나님이 존재하신다면 당신이 기쁘게 하기 위해 애쓸 필요가 있는 상대는 오직 하나 곧 하나님이다. 만일 다양한 신들이 존재한다면 우리는 그들 전부를 기쁘게 하기 위해 곤경에 빠질 것이다. 한 신은 이렇게 하라고 명령하고 다른 신은 정반대로 행하라고 명령할 것인데, 서로 상반된 두 주인을 기쁘게 하는 것은 불가능하기 때문이다. 그러나 오직 한 하나님이 존재한다. 고로 우리가 기쁘게 할 상대는 오직 하나뿐이다. 한 나라에는 오직 한 임금이 있기 때문에 모든 사람들이 그의 은총을 얻기 위해 비위를 맞추듯이(잠 19:6), 참 신은 오직 한분이므로 우리의 주된 과업은 그분을 기쁘시게 하는 일인 것이다. 다른 누구를 불쾌하게 한다 해도 하나님을 기쁘시게 하는 것만은 확실히 하라. 이것이 에녹의 지혜였다. 그는 죽기 전에 다음과 같은 증거를 얻었으니, 곧 "저는 하나님을 기쁘

시게 하는 자라"(히 11:5).

이 하나님을 기쁘시게 한다는 말의 의미가 무엇인가?

(1) 우리는 하나님의 뜻에 따를 때 그를 기쁘시게 한다. 그리스도의 양식과 음료는 그 아버지의 뜻을 행하는 것이었다. 요 4:34. 따라서 그는 하나님을 기쁘시게 했다. 마 3:17. 하늘로부터 한 음성이 있어 가로되 "이는 내 사랑하는 아들이요 내 기뻐하는 자라." 우리가 거룩해지는 것은 하나님의 뜻이다. 살전 4:3. 그런데 우리에게 성결함이 온통 넘친다면 우리의 생활은 걸어다니는 성경이 되는 셈이다. 이것이 하나님의 뜻을 좇는 길이며 이는 하나님을 기쁘시게 한다.

(2) 우리는 하나님이 우리로 시작하게 하신 일을 행할 때 그를 기쁘시게 한다. "아버지께서 내게 하라고 주신 일을 내가 이루어." 이는 그의 중보 사역을 의미한다. 요 17:4. 많은 사람들이 자기 삶을 마치지만 자기 과업은 완결짓지 못하고 있다. 하나님이 우리를 위해 준비하신 과업은 십계명의 첫번째 돌판과 두번째 돌판을 준수하는 것이다. 첫번째 돌판에는 하나님께 대한 우리의 의무가 기록되어 있다. 두번째 돌판에는 사람들에 대한 우리의 의무가 기록되어 있다. 윤리를 종교의 최고의 유일무이한 부분으로 보는 사람들은 두번째 돌판을 첫번째 돌판보다 우위에 놓는다. 아니, 그들은 아예 첫번째 돌판을 제쳐 놓는다. 왜냐하면 만일 분별, 공의, 절제 등이 사람을 구원하기에 충분한 것이라면 첫번째 돌판이 무슨 필요가 있단 말인가? 따라서 하나님에 대한 우리의 예배는 완전히 도외시될 것이다. 그러나 하나님은 두 돌판을 인간이 따로 나누지 못하도록 하나로 합쳐 놓으셨다.

(3) 우리는 마음을 드려 하나님께 가장 좋은 것을 바칠 때 그를 기쁘시게 한다. 아벨은 하나님께 희생제물의 기름을 드렸다(창 4:4). 도미티안(Domitian) 황제는 자기 초상을 나무나 쇠가 아닌 황금으로만 만들도록 고집했다. 우리는 하나님을 사랑과 열심과 민첩함으로 섬길 때 그를 기쁘시게 하는 것이다. 이것이 곧 황금과 같은 봉사이다. 하나님은 오직 한분이시므로 우리가 기쁘게 하기 위해 주력해야 하는 대상도 오직 한분 하나님뿐

이다.

(4) 만일 오직 한분 하나님만이 계신다면 우리는 오직 그에게만 기도해야 한다. 교황주의자들은 성자와 천사들에게 기도한다.

(i) 성자들에게. 가톨릭 작가 하나가 다음과 같이 말했다. "우리가 세상을 떠난 성자들에게 기도하면 그들은 동정심으로 마음이 움직여서 마치 제자들이 그리스도께 가나안 여인에 관해 말했던 것같이 우리를 위해 하나님께 대신 간구하게 된다. '그 여자가 우리 뒤에서 소리를 지르오니 보내소서' (마 15:23)." 위의 성자들은 우리의 필요가 무엇인지 알지 못한다. 그렇다면 우리는 굳이 그들에게 기도해야 할 정당한 이유가 없다. "아브라함은 우리를 모르고"(사 63:16). 기도는 하나님께 드리는 예배의 일부로서 오직 그분께만 드려져야 한다.

(ii) 그들은 천사에게 기도한다. 천사 숭배는 금지되어 있다(골 2:18,19). 우리가 천사들에게 기도해서는 안된다는 것은 로마서 10:14를 보아도 분명하다. "그런즉 저희가 믿지 아니하는 이를 어찌 부르리요?" 우리는 믿을 수 없는 자에게 기도할 수 없다. 그런데 우리는 그 어느 천사도 믿지 못하게 되어 있으므로 따라서 그들에게 기도할 수 없는 것이다. 하나님은 오직 한 분이시며, 하나님 외의 그 누구에게 비는 행위는 죄인 것이다.

(5) 만일 오직 한 분 하나님이 "만유 위에 계시"다면(엡 4:6), 그는 누구보다도 사랑의 대상이 되어야 한다. 우리는 그를 감사(appreciation)의 사랑으로 사랑해야 한다. 존재와 복락의 유일한 원천이신 그분께 최고의 경의를 돌려드리자. 우리는 그분께 만족(complacency)의 사랑을 돌려드려야 한다. 사랑하는 자가 애인을 즐겁게 하려고 노력하는 이것이 곧 사랑이다(Amor est complacentia amantis amato) — 아퀴나스(Aquinas). 다른 사물들에 대한 우리의 사랑은 좀더 담담한 것이 되어야 한다. 사랑의 몇 방울이 혹 피조물에게 흘러갈 수 있을지 모르나 그 본류(本流)는 하나님께로 향해야 한다. 피조물도 우리의 사랑을 받을 수는 있겠으나 그 정수는 하나님께만 구별되어야 한다. 만유 위에 계시는 그분은 만유보다 더 사랑받아야 하는 것이다. "땅에서는 주 밖에 나의 사모할 자 없나이다"(시 73:25).

적용 2: 주의사항. 만일 오직 한 분 하나님이 존재하신다면 우리는 하나 이상의 신을 두지 아니하도록 조심하도록 하자. "다른 신에게 예물을 드리는 자는 괴로움이 더할 것이라. 나는 저희가 드리는 피의 전제를 드리지 아니하며 내 입술로 그 이름도 부르지 아니하리로다"(시 16:4). 하나님은 질투하는 하나님이며, 우리가 다른 신을 두는 것을 참지 않으실 것이다. 피조물을 우상숭배하기란 쉽다.

(1) 혹자는 쾌락을 신으로 삼는다. "쾌락을 사랑하기를 하나님 사랑하는 것보다 더하며"(딤후 3:4). 우리가 하나님보다 더 사랑하는 것은 무엇이나 신으로 만드는 것이다.

(2) 다른 사람들은 돈을 자기 신으로 삼는다. 탐욕스런 사람은 황금을 우상처럼 섬기며, 따라서 우상숭배자라고 불리는 것이다(엡 5:5). 인간은 그가 신뢰하는 존재를 자기 신으로 삼게 된다. 그러나 그는 황금덩이를 자기 소망으로 삼는다. 그는 돈을 그의 창조주, 구속주, 보혜사로 삼는 것이다. 그것이 그의 창조주인 것은 만일 그가 돈을 가지고 있으면 자기는 지음받았다고 생각하기 때문이다. 돈이 그의 구속주인 것은 그가 위기에 처할 때 돈을 자기를 구원해줄 자로 신뢰하기 때문이다. 돈이 그의 보혜사인 것은 그의 마음이 슬픈 때면 언제든지 황금의 위로가 그 악령을 쫓아주기 때문이다. 따라서 돈은 그의 신이다. 하나님은 땅의 티끌로 사람을 지으셨는데 사람은 땅의 티끌을 자기 신으로 삼는다.

(3) 또 다른 사람들은 자기 자녀를 신으로 삼고 그를 하나님의 자리에 올려 놓는다. 그 결과 하나님을 격동하여 그 아이를 데려가게 만드는 것이다. 유리에 몸을 지나치게 기대면 유리가 깨어질 것이다. 마찬가지로 많은 사람들이 자기 자녀에게 지나치게 기댐으로써 아이를 망치고 만다.

(4) 다른 사람들은 배〔腹〕를 자기 신으로 삼는다. "저희의 신은 배요"(빌 3:19). 알렉산드리아의 클레멘트(Clement of Alexandria,155-220. 영지주의자들과 투쟁한 신학자 — 역자주)는 심장이 배에 있는 물고기에 관한 글을 남기고 있다. 이는 쾌락주의자들을 상징하는 것이니, 그들의 심장은 배에 있고 그 생각은 감각적 욕망만을 탐닉한다. 그들은 자기 집의 안락을 숭배

한다(sacrificant lari). 그들의 배가 그들의 신이며, 그들은 여기에 술의 제사를 쏟아 붓는 것이다. 이같이 사람들은 수많은 신들을 만든다. 사도 요한은 악인들의 삼위일체를 다음과 같이 이름붙였다. "육신의 정욕과 안목의 정욕과 이생의 자랑"(요일 2:16). 육신의 정욕이란 곧 쾌락이고 안목의 정욕은 돈을 말한다. 이생의 자랑은 명예이다. 오, 이를 주의할지어다! 당신이 하나님 외에 신격화하는 것이 무엇이든 실상은 가시나무임을 하나님은 입증하실 것이며, 불이 그리로부터 나와서 당신을 삼킬 것이다(삿 9:15).

적용 3: 책망. 만일 여호와 하나님이 유일하신 참 하나님이시라면 이 사실은 참 하나님을 버리는 자들(저자는 이 말을 영매를 찾아다니는 자들을 지칭하는 것으로 사용하고 있는데, 이는 그리스도인을 자칭하는 사람들이 너무나 빈번히 행하는 짓이다)을 책망한다. 그것은 하나님의 율법이 정죄하는 죄악이다. "진언자나 신접자나 박수나 초혼자를 너의 중에 용납하지 말라"(신 18:11). 이 얼마나 천박한 짓인가! 사람들은 자기 재산을 잃어버리면 이를 다시 찾는 방법을 알아내기 위해 마술사를 찾아간다. 이는 악마와 상담하는 행위가 아니고 무엇인가! 따라서 이는 하나님과 그의 세례를 부정하는 짓인 것이다. 아니, 당신은 재산을 잃어버렸다고 해서 당신의 영혼마저 저버리려는가? "이스라엘에 하나님이 없어서 네가 에그론의 신 바알세붑에게 물으려고 보내느냐?" (왕하 1:6). 그러므로, 당신이 마귀에게 조언을 구하는 것은 하늘에 하나님이 계신다고 생각하지 않기 때문이 아닌가? 만일 이 점에 있어서 누구라도 죄의식을 느끼거나 깊이 겸비해진다면 이는 당신이 참되신 하나님을 부인했기 때문이다. 마귀의 도움을 받아 잃어버린 물건을 되찾느니 차라리 없이 사는 편이 낫다.

적용 4: 권면. (1) 만일 오직 한 분 하나님이 계신다면 하나님이 하나이므로 그를 섬기는 사람들도 하나가 되어야 한다. 이것이 그리스도께서 그토록 간절하게 간구하신 내용이다. "저희도 다 하나가 되어"(요 17:21). 그리스도인들은 다음의 문제에 있어서 하나가 되어야 한다.

(i) 판단에 있어. 사도 바울은 모든 사람들이 한 마음이 되라고 권면하고 있다(고전 1:10). 다양한 색깔의 외투를 걸치고 있는 신앙의 모습을 보는 것은, 즉 그리스도인들이 그토록 의견이 제각각이고 중구난방으로 행하는 것을 보는 것은 얼마나 슬픈 일인가! 이같은 분열의 가라지의 씨를 뿌린 자가 사탄이다(마 13:39). 그는 먼저 사람을 하나님과 분리시켰고 그 다음에는 사람들을 서로 갈라 놓았다.

(ii) 사랑에 있어. 그들은 한 마음을 품어야 한다. "믿는 무리가 한 마음과 한 뜻이 되어"(행 4:32). 음악에서 볼 때 바이올린에는 현이 여러 개 있지만 그 모든 현들이 하나의 감미롭고 조화된 음악을 만들어내듯이 여러 종류의 그리스도인들이 존재하지만 그들 중에서 오직 하나의 달콤한 사랑의 조화가 이루어져야 한다. 하나님은 오직 한분이므로 그를 섬기는 사람들도 하나가 되어야 한다. 참된 신앙고백자들이 사랑의 줄로 하나로 묶여 있는 것을 보는 것만큼 그 참 신앙을 아름답게 하고 더 많은 개종자를 얻게 만드는 것은 없다. "형제가 연합하여 동거함이 어찌 그리 선하고 아름다운고!"(시 133:1). 그것은 헐몬 산의 이슬과 같고 아론의 머리에 부어진 향기로운 기름과 같다. 만일 하나님이 한 분이시라면 그분께 신앙고백하는 모든 사람들이 한 마음 한 뜻을 품도록 하여 그리스도의 "저희도 다 하나가 되게 하소서"라는 기도를 이루어야 할 것이다.

(2) 만일 오직 한 분 하나님이 존재하신다면 우리는 이 하나님에 대한 우리의 소유권을 명확하게 하도록 노력하자. "이 하나님은 우리 하나님이시니"(시 48:14). 하나님이 계시며 그는 유일한 신이라는 말도 만일 그가 우리 하나님이 아니라면 무슨 위안이 되겠는가? 하나님을 소유하지 못한다면 무슨 소용이 있는가? 오, 이 권리를 분명하게 하도록 애쓰자! 성령께 간구하라. 성령은 믿음을 좇아 역사하신다. 우리는 믿음으로 그리스도와 하나가 되며 그리스도를 통해 하나님을 우리 하나님으로 소유하게 되며, 그 결과 그의 모든 영광스런 충만함이 은사로서 우리에게 주어지는 것이다.

적용 5: 감사. 우리가 유일하신 참 하나님에 관한 지식을 갖게 되다니이 얼마나 감사한 일인가! 얼마나 많은 사람들이 무지 가운데 자라나고 있는가! 혹자는 마호메트를 숭배한다. 인디안들 중 상당수는 마귀를 숭배하고 있다. 그들은 마귀가 자기들을 해치지 않도록 그 앞에 촛불을 켜서 밝히고 있다. 참 하나님을 알지 못하는 사람들은 반드시 흑암 중에 넘어져 지옥에 떨어질 것이다. 오, 우리가 복음의 빛이 비추었던 나라에 태어난 것을 감사하자. 참되신 하나님에 관한 지식을 가지는 것, 특히 하나님이 우리에게 당신을 구원으로 계시하시고 빛을 볼 수 있는 눈을 주시며 우리가 그에게 알려질 정도로 그를 알고 사랑하고 믿게 된다면 그것은 금광이나 다이아몬드 광산이나 향료가 나는 섬을 소유하는 것보다 더 나은 일이다. 마 11:25. 우리는 하나님이 세상의 지혜롭고 사려깊은 자들에겐 당신에 관한 지식을 감추시고 우리에게 이를 계시하신 것을 아무리 감사해도 충분하지 못할 것이다.

12. 삼위일체

질문 6: 하나님께는 몇 위(位)가 있습니까?
답변: 삼위(三位)가 계시지만, 한분 하나님입니다.

"증거하시는 이는 성령이시니 성령은 진리니라"(영어 본문을 직역하면 "하늘에서 증거하시는 이는 세 분이니 아버지와 말씀과 성령이니라. 이 세 분은 하나이니라"임 — 역자주).

하나님은 오직 한 분이지만 한 분 안에 상이한 세 위격(位格)이 존재하신다. 이는 신성한 비밀로서 인간 속에 있는 빛으로는 결코 발견할 수 없었던 진리이다. 그리스도 안에서 두 본성이 공존하면서도 한 위격이라는 사실이 놀라움이듯 세 위격이 한 하나님이라는 것도 경이로운 일이다. 여기에 위대한 신비가 있으니, 곧 성부 하나님, 성자 하나님, 성령 하나님인 것이다. 그러나 세 하나님이 아니라 한 하나님이다. 복되신 삼위일체의 세 위격들은 구별되지만 분할되지 아니한다. 이는 신성한 수수께끼인 것이니, 하나가 셋을 이루고 셋이 하나를 이루는 것이다.

우리의 좁은 사고 능력으로는 호두껍질에 모든 바닷물을 담지 못하듯이 단일신(Unity) 안의 삼위일체(Trinity)를 이해할 수 없다. 이를 비유로나마 막연하게 설명해 보고자 한다. 태양은 태양의 본체, 빛, 열로 구성되어 있다. 빛은 태양이 낳은 것이며, 열은 태양과 빛으로부터 비롯되어 나온 것이다. 그러나 이 셋은 비록 서로 다르지만 나뉘지 않는다. 이 셋이 합쳐 단일한 태양을 구성한다. 마찬가지로 복되신 삼위일체 안에서 성자는 성부께서 낳으신 바 되었으며 성령은 성부와 성자로부터 비롯되어 나왔다(proceeds from). 그러나 그들은 상이한 세 위격이지만 오직 한 하나님인 것이다. 저자는 우선 삼위일체 안의 단일신성에 관해 논하고 뒤이어 단일신 속의 삼위일체에 관해 논하기로 한다.

I. 삼위일체 속의 단일신성.

하나님의 위격들의 단일성은 다음의 두 가지로 이루어져 있다.

[1] 본질의 동일성. 삼위일체는 본질상 하나이다. 세 위격은 그 신적 본성과 실체면에서 동일하다. 그러므로 "신성에는 아무런 계급이 없다"(Deo nonest magis et minus). 한 위격이 다른 위격보다 더 신적인 것은 아니다.

[2] 하나님의 위격의 단일성은 위격들 간의 상호 내재(內在,inbeing) 내지는 피차 상대 속에 존재함에 달려 있다. 세 위격은 한 위격이 다른 위격 안에 거하고 피차 공존하도록 연합되어 있는 것이다. "아버지께서 내 안에, 내가 아버지 안에 있는 것같이"(요 17:21).

II. 단일신 안의 삼위일체에 대한 논의.

[1] 삼위일체의 제1위(第一位)는 성부 하나님이다. 그가 제일위로 불리는 것은 권위(dignity)가 아닌 서열(order)면에서이다. 왜냐하면 성부는 다른 위격들이 가지지 못한 어떤 본질적인 완전성을 가지신 게 아니기 때문이다. 그는 다른 위들보다 더 지혜롭거나 더 거룩하거나 능력이 많지 않다. 이는 우위성이 아니라 순서의 문제이다.

[2] 삼위일체의 제2위(第二位)는 예수 그리스도인데 그는 창세전에 아버지께로서 낳으신 바 되었다. "만세 전부터, 상고부터, 땅이 생기기 전부터 내가 세움을 입었나니 아직 바다가 생기지 아니하였고 큰 샘들이 있기 전에 내가 이미 났으며 산이 세우심을 입기 전에, 언덕이 생기기 전에 내가 이미 났으니"(잠 8:23-25). 성경은 하나님의 아들의 영원한 출생을 말씀하고 있다. 여호와이신 이 삼위일체의 제2위께서 우리의 예수가 되셨다. 성경은 그를 다윗의 가지라고 부르며(렘 23:5), 저자는 그분을 우리 본성의 정화(精華)라고 부르고 싶다. "이 사람을 힘입어 믿는 자마다 의롭다 하심을 얻는 이것이니라"(행 13:39).

[3] 삼위일체의 제3위는 성령이신데 그는 성부와 성자로부터 나오셨고 그의 사역은 마음을 조명하고 거룩한 뜻을 불붙이는 것이다. 성령의 본체는 천상에 계시며, 또한 도처에 있다. 그러나 그 감화력은 신자들의 마음속에 역사한다. 이분이 곧 우리에게 거룩한 기름을 부어주시는 그 복되신 영인 것이다(요일 2:20). 우리의 은혜를 위해 공로를 쌓으신 분은 그리스도이지만 우리 안에서 직접 역사하시는 분은 성령이다. 우리를 값주고 사신 분은 그리스도이지만 이를 확인하고 구속의 날까지 이를 우리에게 보증하시는 분은 성령이신 것이다. 이상과 같이 해서 저자는 삼위에 관해 전부 기술하였다. 위격이 세분이라는 사실은 마태복음 3:16에서도 증명할 수 있다. "예수께서 세례를 받으시고 곧 물에서 올라 오실새 하늘이 열리고 하나님의 성령이 비둘기같이 내려 자기 위에 임하심을 보시더니 하늘로서 소리가 있어 말씀하시되 이는 내 사랑하는 아들이요 내 기뻐하는 자라 하시더라." 여기서 삼위의 명칭이 나타나고 있다. 하늘로부터 소리를 발하여 말씀하신 분은 성부 하나님이고, 요단강에서 세례받으신 분은 성자 하나님이요, 비둘기같이 내려온 분은 성령 하나님이다. 저자는 이상과 같이 본질은 하나이고 위격은 셋임을 여러분에게 입증하였다.

적용 1: 논박. (1) 이는 신성에서 오직 제1위만을 믿는 유대인들과 터키인들의 생각을 논박한다. 삼위일체에서 위격들 간에 구별하지 않는다면 인간의 구원은 불가능해질 것이다. 성부 하나님이 인간들의 죄로 인해 진노하신다면,그는 중보자 없이 어떻게 마음을 가라앉히실 것인가? 이 중보자가 곧 그리스도이시며, 그는 우리의 평화가 되신다. 그런데 그리스도는 죽으시고 피흘리셨는데, 이 피가 성령에 의하지 않으면 어떻게 우리에게 적용될 수 있겠는가? 따라서, 만일 하나님 안에 세 위격이 존재하지 않는다면 인간의 구원은 성취될 수 없다. 삼위일체 가운데 제2위가 없다면 구속자가 없어지게 되고, 제3위가 없다면 보혜사가 없어지게 된다. 따라서 우리가 천국에 올라가기 위한 발판이 사라지게 되는 것이다.

(2) 이는 주 예수 그리스도의 신성을 부인하고 그를 단지 좀더 높은 신분의 피조물로 만들어 버리는 소키누스주의자들(Socinians)의 가증된 견해를 논박한다. 교황주의자들이 십계명의 제2계명을 말소해 버렸듯이 소키누스주의자들은 삼위일체의 제2위 하나님을 제거해 버렸다. 만일 그리스도의 지체를 반대하는 것이 죄라면 그리스도 자신을 반대하는 소행은 무엇이란 말인가? 예수 그리스도는 성부 하나님과 동격이시다. 그는 하나님과 동등됨을 취하는 것을 결코 강도짓이라고 생각하시지 않으셨다(빌 2:6). 그는 성부 하나님과 동일하게 영원하시다. "상고부터 내가 세움을 입었나니"(잠 8:23). 만일 그렇지 않다면 하나님에게 성자가 없었던 때가 있었을 것이고 따라서 그분은 아버지(성부)가 되실 수 없었을 것이다. 그렇다면 하나님에게 그의 영광이 없었던 시기가 있었다는 말이 된다. 왜냐하면 그리스도는 "하나님의 영광의 광채"이시기 때문이다(히 1:3). 그는 성부 하나님과 동일한 본질이시다. 신성은 그리스도 안에 거한다. "그 안에는 신성의 모든 충만이 육체로 거하고"(골 2:9). 이는 그리스도가 창세 이전부터 하나님과 같이 계셨을 뿐 아니라 그가 곧 하나님이었다는 말이다. 요 1:1과 딤전 3:16. "그는 육신으로 나타난 바 되시고." 신약에서 매우 빈번히 그리스도께 주어졌던 주님이라는 칭호는 구약의 여호와에 해당된다(신 6:5; 마 22:37). 그리스도는 그 아버지와 동일한 영원성과 실체를 지니고 계신다. "나와 아버지는 하나이니라"(요 10:30). 천사가 그같이 말했다면 이는 신

성모독이었을 것이다. 그러나 우리는 그리스도의 신성을 입증하기 위해 더 나아가 다음의 사항들을 고려해야 할 것이다.

(i) 성부 하나님께 속한 영광스럽고 전달이 불가능한 속성들이 그리스도의 속성으로 남아 있다. 성부 하나님이 전능하신가? 예수 그리스도도 마찬가지이다. 그는 전능하신 분이다(계 1:8). 또한 그는 창조주이시다(골 1:16). 성부 하나님이 무한히 크셔서 모든 장소를 채우고 계시는가?(렘 23:24). 예수 그리스도도 마찬가지이다. 그리스도는 지상에서는 육신으로 와 계셨지만 그는 동시에 신적 실재로는 성부의 품 안에 계셨다(요 3:13).

(ii) 성부 하나님께 속해 있는 그 군주적 특권(jura regalia)은 또한 그리스도께도 속한 것이다. 성부 하나님이 사죄를 보증하시는가? 이는 그리스도의 면류관의 정화인 것이다. "네 죄 사함을 받았느니라"(마 9:2). 그리고 그리스도는 죄를 단지 목사들처럼 하나님으로부터 위임받은 능력에 의거하여 사해주는 것이 아니라 그분 자신의 능력과 권위로써 사해주신다. 성부 하나님은 믿기에 합당하신 분이신가? 우리는 그분을 믿어야 하는가? 그 아들도 마찬가지인 것이다(요 14:1). 경배는 성부 하나님께 돌려드려야 하는가? 그 아들에게도 마찬가지이다. "하나님의 모든 천사가 저에게 경배할찌어다"(히 1:6). 그러므로 그리스도에게서 그 면류관의 정화인 신성을 도적질하려 하는 저 소키누스주의자들은 얼마나 천벌받을 족속들인가. 그리스도가 하나님이심을 부인하는 자들은 성경을 대대적으로 왜곡하거나 아니면 그것이 하나님의 말씀임을 부인해야 할 것이다.

(3) 이는 성령이 하나님이심을 부인하는 아리우스주의자들을 논박한다. 영원하신 신성은 성령 안에 거한다. "그가 너희를 모든 진리 가운데로 인도하시리니"(요 16:13). 여기서 그리스도는 한 속성에 관해 말씀하는 게 아니라 한 위격에 관해 말씀하고 있다. 신성이 성령이란 위격 속에 거하신다는 사실은 다음의 사실에서 엿볼 수 있으니, 곧 다양한 은사를 주시는 성령을 같은 주, 같은 하나님으로 부르고 있는 것이다(고전 12:5,6). 악하고 용서불가한 죄는 특별히 성령으로 계시는 하나님을 거역하는 죄라고 기록되어 있다(마 12:32). 하나님의 크신 권능은 성령을 통해 나타난다. 왜냐하

면 그가 사람들의 마음을 변화시키기 때문이다.

마귀는 그리스도께서 돌을 떡으로 바꿈으로써 자기가 하나님이심을 증명하게 하려 했지만 성령은 돌을 살(肉)로 변화시킴으로써 그의 신성을 입증하신다. "너희 육신에서 굳은 마음(stony heart)을 제하고 부드러운 마음(heart of flesh)을 줄 것이며"(겔 36:26). 그러나 더 나아가서 성령의 능력과 신성은 우리 주 예수 그리스도의 영광스러운 수태를 이루심으로써 나타났다. 성령의 역사가 처녀 잉태를 가능케 한 것이다(눅 1:35). 성령은 죽은 자를 살리는 것과 같이 자연계를 초월하는 기적을 행하신다(롬 8:11). 그는 하나님으로서 예배받으신다. 우리의 영혼과 몸은 성령의 전(殿)이다(고전 6:19). 이 전에서 그분이 경배받아야 한다(20절). 우리는 성령의 이름으로 세례받는다. 그러므로 우리는 그의 신성을 믿거나 아니면 그의 이름으로 행해지는 세례를 부인하든가 양자택일해야 하는 것이다. 나로서는 성령의 신성을 부인하느니 차라리 성령이 있음도 알지도 못한다던 사람들의 편이 더 낫다고 생각한다(행 19:2). 제3위를 고의로 자발적으로 제거해 버리려 하는 사람들은 그들의 이름이 생명책에서 지워지게 될 것이다.

적용 2: 권면. (1) 본질의 단일성과 위격의 삼위성이라는 이 교리를 믿으라. 삼위일체는 순전히 신앙의 대상이다. 이성의 다림줄은 이 신비를 측정하기에 너무 짧은 것이다. 그러나 이성이 건널 수 없는 곳을 신앙은 헤엄쳐 건널 수 있다. 종교에는 예컨대 하나님의 존재와 같이 이성으로 증명할 수 있는 진리도 몇 가지 있다. 그러나 단일신 안의 위격의 삼위성 교리는 완전히 초자연적인 것이어서 믿음으로 받아들여야 하는 것이다. 이 신성한 교리는 이성에 위배되는 게 아니라 이성을 초월한다. 사물의 원인을 구명하고 별들의 크기와 영향력과 광물들의 성질에 관해 진술할 수 있었던 저 개명된 철학자들이 아무리 심오하게 탐구한다 해도 결코 삼위일체의 비밀을 발견할 수 없었다. 이것은 신적 계시에 속한 것으로서 겸손한 신앙으로 예배할 대상인 것이다. 우리가 삼위일체를 굳게 믿지 않으면 결코 좋은 그리스도인이 될 수 없다. 우리가 그리스도의 이름과 성령의 도우심을 통하지 않는다면 어떻게 성부 하나님께 기도드릴 수 있겠는가? 영광스런 삼위일체를 어떻게 믿는단 말인가?

그리스도인의 이름을 사용하면서도 예수 그리스도를 평가절하하고 부인하는 저 퀘이커 교도들은 얼마나 혐오스런 자들인가! 나는 전에 어느 퀘이커 작가의 다음과 같은 글을 읽은 적이 있다. "우리는 당신들이 그리스도라 부르는 인물의 위격을 인정하지 않으며, 행함이 없이 그 그리스도에 의해 구원받길 기대하는 자들은 그 믿음 가운데 저주받을 것이라 단언한다!" 마귀라 해도 이보다 더 심한 신성모독을 말할 수 있을까? 그들은 모든 경건을 그 뿌리째 뽑아버리려 하며 우리 구원의 소망의 기초가 되는 모퉁잇돌을 제거하려 하고 있는 것이다.

(2) 만일 한 하나님이 세 위격으로 존재하신다면 우리는 삼위일체의 모든 위격들께 동일한 경외를 돌려 드리도록 하자. 삼위일체에는 더 낫거나 못하심이 없다. 성부는 성자와 성령보다 더 신적인 분이 아니다. 신으로서 서열은 있을지언정 계급은 없다. 한 위격이 다른 위격보다 더 다수를 차지하거나 더 탁월한 게 아니다. 따라서 우리는 모든 위격들께 동일한 경배를 돌려드려야 한다. "이는 모든 사람으로 아버지를 공경하는 것같이 아들을 공경하게 하려 하심이라"(요 5:23). 삼위일체로 계시는 유일신께 경배드리자.

(3) 복되신 삼위일체의 모든 위격들께 순종하라. 왜냐하면 그분들 전부가 하나님이시기 때문이다. 성부 하나님께 복종하라. 그리스도 자신도 인간으로 계실 때 성부 하나님께 복종하셨다(요 4:34). 우리는 더욱 더 그같이 해야 한다(신 27:10).

성자 하나님께 복종하라. "그 아들에게 입맞추라 그렇지 아니하면 진노하심으로"(시 2:12). 그분께 순종의 입맞춤을 돌려 드리라. 그리스도의 계명은 어려운 게 아니다(요일 5:3). 그가 명령하시는 것은 무엇이든지 우리의 유익과 도움을 위한 것이다. 오, 그러므로 성자에게 입맞출지어다! 왜 장로들이 자기 면류관을 그리스도의 발 아래 던지고 어린 양 앞에 엎드리는가? (계 4:10,11). 이는 자기들의 복종을 증명하고 기꺼이 섬기고 순종하려는 태도를 고백하기 위함인 것이다.

성령 하나님께 복종하라. 우리 영혼은 영광스런 성령께서 우리에게 불어 넣으신 것이다. "하나님의 신이 나를 지으셨고"(욥 33:4). 우리 영혼들은 복되신 성령으로 인해 광채를 더하게 된다. 모든 은혜는 성령이 영혼 속에 일으키신 하나님의 불꽃이다. 아니, 더 나아가서 하나님의 성령은 그리스도의 인성을 성화시키셨다. 그는 인성을 신성과 결합시키셨고 인간 그리스도가 우리의 중보자 되기에 적합하게 하셨다. 그러므로 삼위일체의 이 제3위 성령님은 우리에게 복종받을 자격이 있으신 것이니, 왜냐하면 그는 하나님이시기 때문이다. 그리고 우리는 이같은 충성과 복종의 헌물을 그에게 마땅히 돌려 드려야 할 것이다.

13. 창조

질문 7: 하나님의 작정이란 무엇입니까?

답변: 하나님의 작정이란 그가 뜻하시는 바를 좇아 정하신 그의 영원한 목적이며, 이로써 하나님은 자기의 영광을 위하여 장차 일어날 어떠한 일이든지 미리 정해 놓으셨습니다.

저자는 앞서 이미 하나님의 불변성의 항목에서 하나님의 작정에 관해 약간 언급한 바 있다. 하나님은 본질상 불변이시며, 또한 그 작정에 있어서도 불변이시다. 그의 계획은 이루어질 것이다. 그는 모든 일의 결과를 정하시며 그의 섭리로써 그 일들이 성취되기까지 추진하신다. 저자는 하나님의 작정의 실행에 관해 계속 서술해 나가고자 한다.

질문 9: 그 다음 질문은, 창조의 업적(WORK OF CREATION)이란 무엇입니까?

답변: 창조의 업적이란 하나님이 그의 권능의 말씀으로 무(無)로부터 모든 것을 만드신 것을 말합니다. 창 1:1. "태초에 하나님이 천지를 창조하시니라."

창조는 보기만 해도 영광스럽고, 이를 연구하는 것은 즐겁고 유익한 일이다. 혹자는 이삭이 묵상하기 위해 들로 나간 것은 창조의 책(書)을 연구하려는 것이었다고 말한다. 창조는 이교도의 성경이요 농부의 안내서이며 여행자의 투시경으로서 그들은 이를 통해 하나님 안에 있는 무한한 탁월성들을 깨닫게 된다. 창조는 하나님의 업적이 제본되어 있는 큰 책과 같으며, 이 책에는 하늘과 땅과 바다라는 커다란 세 책장이 들어 있다.

창조의 장본인은 하나님이며 이는 창세기 1:1의 "하나님이 창조하시니라"라는 구절에 나타나 있다. 세계는 시간내에서 창조되었으므로 아리스토텔레스의 생각처럼 영원 전부터 존재했을 수 없다. 세계는 반드시 그 제작자가 있어야 하며, 결코 저절로 만들어질 수 없다. 만일 어떤 사람이 먼 나라에 가서 장려한 건축물을 보게 된다면 그는 결코 그것들이 저절로 지어졌다고는 생각하지 않고 그같이 좋은 건축물을 만든 제작자가 있었으려니 생각할 것이다. 마찬가지로 세계라는 이 거대한 구조물이 저절로 생겨났을리 없고 모종의 건축자 내지 제작자가 있었을 터인데, 그가 곧 하나님이신 것이다. "태초에 하나님이 천지를 창조하시니라." 창조 사역은 주 여호와께서 고안하신 것이 아니라고 상상하는 것은 마치 정교한 풍경화를 보고 그것이 화가의 손을 거치지 않고 저절로 그려졌다고 생각하는 것과 같다. "우주와 그 가운데 있는 만유를 지으신 신께서는"(행 17:24).

창조의 업적 속에서 고려해야 할 사항이 두 가지 있다: I. 제작. II. 단장.

I. 세계의 제작

여기서 다음의 사항들을 생각하라.

[1] 하나님은 어떤 선재적(先在的)인 재료를 사용하지 않고 세계를 지으셨다. 이것이 생산과 창조의 차이점이다. 생산의 경우 작업에 사용할 적절한 재료(materia habilis et disposita)가 있어야 한다. 그러나 창조의 경우엔 아무런 선재적 재료도 없는 것이다. 하나님은 이 모든 영광스런 세계

구조를 무(無)로부터 만들어 내셨다. 우리의 시초는 무였다. 혹자는 자신들의 가문과 선조들을 자랑한다. 그러나 무로부터 나온 자들이 무엇을 가지고 자랑할 것인가?

[2] 하나님은 말씀으로 천지를 창조하셨다. 솔로몬이 성전을 건축할 때 그는 많은 노동자들을 필요로 했으며, 그들은 모두 도구를 가지고 일했지만 하나님은 도구없이 일하셨다. "여호와의 말씀으로 하늘이 지음이 되었도다"(시 33:6). 제자들은 그리스도께서 말씀으로 바다를 잔잔케 하실 수 있는 것을 보고 놀랐다. 그러나 말씀으로 바다를 창조하는 일은 더 놀라운 일인 것이다.

[3] 하나님은 만물을 처음에는 대단히 좋게, 아무런 흠도 결함도 없게 지으셨다(창 1:31). 창조는 하나님의 손에서 정교한 작품으로 산출되어 나왔다. 그것은 얼룩 하나 없이 하나님이 친수(親手)로 기록하신 아름다운 원고였다(시 8:3). 그분의 업적은 완전한 것이었다.

Ⅱ. 세계의 단장

하나님은 형상도 질서도 없는(rudis indigestaque moles) 이 거대한 덩어리를 지으신 후 아름답게 꾸미셨다. 그는 바다와 육지를 나누시고 육지를 꽃과 열매맺는 나무로 덮으셨다. 그러나 그 아름다움도 숨기운다면 무슨 소용이 있겠는가? 그러므로 우리가 이 영광을 바라볼 수 있도록 하나님은 빛을 지으신 것이다. 천지의 아름다움을 보고 찬양할 수 있게 하기 위해 하늘에는 일월성신들이 점점이 박혀 있다. 하나님은 창조시 바위와 채소와 같이 고귀함과 탁월성에 있어서 떨어지는 것부터 짓기 시작하여 이성을 갖춘 피조물인 천사와 인간에까지 이르셨다. 인간은 창조 사역에서 가장 정교한 작품이다. 그는 하나의 소우주인 것이다. 인간은 숙고와 토의를 거쳐 창조되었다. "우리가 사람을 만들자"(창 1:26). 걸작을 만들 때에는 평상시보다 훨씬 더 정확성을 기하는 것이 명장(名匠)들의 작업 방식이다. 인간은 이 가시적인 세계의 걸작이 되어야 했고, 따라서 하나님은 그토록 희귀한 작품을 만드는 방법을 놓고 토의하셨던 것이다. 삼위일체의 거룩한 위격들의 엄숙한 회의가 소집되었다. "우리의 형상을 따라 우리의 모양대로 우리가 사람을 만들자." 국왕의 주화에는 왕 자신의 모양이나 초상이 새겨진다. 마찬가지로 하나님은 인간 속에 당신의 형상을 각인해 넣으시고 인간이 많은 신적 속성들에 동참하게 하셨다.

저자는 다음의 사항들에 관해 논하려 한다.

[1] 인간의 신체의 부분들에 관해서

(1) 건축학상으로 가장 탁월한 부분인 머리는 영감의 원천이며 이성이 자리잡은 곳이다. 자연적으로는 머리가 가장 우수한 부분이지만 영적으로는 심장이 더 우월하다.

(2) 눈은 얼굴의 정수이다. 그것은 마치 몸에서 작은 태양처럼 반짝이고 빛을 발한다. 눈은 많은 죄의 원인이 되기 때문에 그 속에 눈물을 간직하고 있는 것이 당연한 것이다.

(3) 귀는 지식을 전달하는 도관(導管)이다. 청력을 잃는 것보다는 시력을 상실하는 편이 더 낫다. 왜냐하면 "믿음은 들음에서 나기" 때문이다(롬 10:17). 하나님께 열린 귀를 갖는 것이야말로 귀로서는 가장 귀한 일이다.

(4) 혀. 다윗은 혀를 자기의 영광이라고 하고 있다(시 16:9). 왜냐하면 그것은 하나님의 영광을 묘사하는 악기이기 때문이다. 영혼이 하나님을 찬양하도록 잘 조율된 바이올린이라면 혀가 그 선율을 만들어내는 것이다. 하나님은 우리에게 두 개의 귀를 주셨지만 혀는 하나만 주셨는데, 이는 우리가 듣기에 신속해도 말하는데는 신중해야 함을 보여준다. 하나님은 혀 앞에 이중의 울타리를 주셨는데 곧 이빨과 입술이다. 이는 우리가 우리의 혀로 죄짓지 않도록 조심할 것을 교훈하는 것이다.

(5) 심장은 고귀한 부분으로서 생명이 자리잡고 있다.

[2] 인간의 영혼. 이것이 그 인간의 인간됨이다. 인간은 그 영혼으로는 천사들과 영역을 같이 한다. 플라톤의 말과 같이 오성(悟性), 의지, 양심은 삼위일체와 유사한 거울인 것이다. 영혼은 반지의 다이아몬드이며 영광의 그릇이다. 우리는 이 그릇으로 하나님을 섬긴다. 다마스케누스는 이를 천국적 광채의 불꽃이라고 말했다. 다윗은 그의 신체의 탁월한 구성과 솜씨를 찬양하였다. "나를 지으심이 신묘막측하심이라 내가 땅의 깊은 곳에서 기이하게 지음을 받은 그 때에"(시 139:14,15). 만일 보물함을 그토록 정교하게 제작했다면 그 속에 담은 보석은 어떠하겠는가? 영혼은 얼마나 풍성하게 치장되어져 있는가! 이같이 해서 우리는 창조의 업적이 얼마나 영광스러우며 특히 만물의 영장인 인간이 얼마나 영화로운지 알 수 있을 것이다.

그러나 하나님은 왜 세계를 창조하셨는가?

(1) 소극적 측면에서 볼 때. 이는 그 자신을 위한 것이 아니었다. 왜냐하면 그분은 무한하신 존재이기 때문에 이를 필요로 하지 않으신다. 그분은 창세 이전의 그의 지고한 탁월성과 완전성을 관조하는 것만으로도 행복하셨다. 하나님은 세상을 우리를 위한 거처가 되도록 만들지 않으셨다. 왜냐하면 우리는 이 땅에서 영원히 거할 것이 아니기 때문이다. 천국이 우리의 처소인 것이다(요 14:2). 세상은 단지 영원으로 가는 통로에 불과하다. 세계는 이스라엘 민족이 통과했던 광야와 같아서 우리는 그곳에 안식하지 말고 이를 경유하여 영광스런 가나안으로 나아가야 한다. 세계는 우리 영혼을 옷입히기 위한 분장실이지 우리가 영원히 머물 장소가 아니다. 사도 베드로는 우리에게 세계의 장례식에 관해 말하고 있다. "체질이 뜨거운 불에 풀어지고 땅과 그 중에 있는 모든 것이 드러나리로다"(벧후 3:10).

(2) 적극적인 측면에서 볼 때. 하나님은 당신의 영광을 보이기 위해 세계를 지으셨다. 세계는 우리가 하나님의 능력과 선하심의 광채를 볼 수 있는 거울이다. "하늘이 하나님의 영광을 선포하고"(시 19:1). 세계는 정교한 태피스트리(주단)와 같아서 우리는 이를 통해 이를 만드신 분의 솜씨와 지혜를 엿볼 수 있다.

적용 1: 하나님이 이 세상을 지으셨는가?

(1) 이는 우리에게 그분의 참된 신성을 확신하게 해준다. 창조는 하나님께 속한 일이다(행 17:24). 플라톤은 온 세상이 파리 한 마리도 만들 수 없다는 것을 보고는 신의 존재를 믿게 되었다. 이같이 하나님은 당신이 참 신이심을 증명하시며 자신을 우상과 구별하신다(렘 10:11). 이 구절은 갈대아 말로 기록되어 있다. "너희는 이같이 그들에게 이르기를 천지를 짓지 아니한 신들은 땅 위에서, 이 하늘 아래서 망하리라 하라." 하나님 외에 누가 창조할 수 있는가? 창조는 이교도들에게 하나님의 존재를 확신시키기에 충분하다. 하나님이 이교도들을 심판하고 정죄하기 위한 두권의 책이 있으니, 곧 양심의 책("그 마음에 새긴 율법의 행위를 나타내느니라",롬 2:15)과 창조의 책("그의 보이지 아니하는 것들 곧 그의 영원하신 능력과 신성이 그 만드신 만물에 분명히 보여 알게 되나니",롬 1:20)이다. 세계는 상징과 비의들로 가득 차 있다. 하늘의 모든 별들, 공중을 나는 모든 새들은 이교도들을 쳐서 증거하는 반대 증인인 것이다. 피조물은 저절로 생겨날 수 없다.

(2) 이는 하나님이 지금도 창조하신다는 믿음에 대한 강력한 버팀목이 된다. 만물을 말씀 한 마디로 만드셨던 분이 무엇을 하실 수 없겠는가? 그분은 약함 속에서 능력을 창조하실 수 있다. 그분은 우리의 필요분에 대한 공급을 창조해 내실 수 있다. "하나님이 광야에서 능히 식탁을 준비하시랴?"라는 질문은 얼마나 바보같은 질문이었던가?(시 78:19). 세계를 지으신 분이라면 그보다 더 하실 수 없겠는가? "우리의 도움은 천지를 지으신 여호와의 이름에 있도다"(시 124:8). 천지를 지으신 이 하나님께 도움을 의지하라. 창조의 업적은 하나님의 권능의 기념비인 동시에 신앙의 버팀목이다. 당신의 마음이 완악한가? 그분은 말씀으로 유순하게 하실 수 있다. 마음이 불결한가? 그분은 순결성을 창조하실 수 있다. "하나님이여 내 속에 정한 마음을 창조하시고"(시 51:10). 하나님의 교회가 비천한 상태인가? 그분은 예루살렘으로 즐거움을 창조하실 수 있다(사 65:18). 하나님의 창조 능력만큼 우리 믿음이 의지할만한 황금 기둥은 없는 것이다.

(3) 하나님은 이 세상을 아름다움과 영광으로 채우시고 만물을 매우 좋게 지으셨는가? 그렇다면 창조 전체의 질서를 벗어나는 행위인 범죄는 얼마나 사악한 짓인가! 죄는 아름다움을 가리우고 단 맛을 흐리게 하며 세상의 조화를 더럽혔다. 담즙은 얼마나 쓴가! 한 방울로 바닷물 전체를 쓰게 만들 수 있지 않은가! 죄는 세상에 허무와 고통, 아니 저주를 가져 왔다. 하나님은 사람 때문에 땅을 저주하셨다(창 3). 저주에는 몇 가지 열매가 있다.

"너는 종신토록 수고하여야(in sorrow) 그 소산을 먹으리라"(17절). 여기서 수고라는 말은 이생의 모든 염려와 근심으로 이해해야 한다. "네가 얼굴에 땀이 흘러야 식물을 먹고"(19절). 범죄하기 전의 아담은 대지를 경작했는데 이는 그가 게으르게 살아서는 안되기 때문이었다. 그러나 그것은 노고라기보다는 즐거움이었다. 그같은 경작은 전혀 고생스럽지 않았다. 수고하고 이마에 땀을 흘려야만 먹게 된 것은 범죄 이후의 일이었다. "땅이 네게 가시덤불과 엉겅퀴를 낼 것이라"(18절). 범죄 이전 무구한 상태의 대지는 가시덤불을 산출했던가(나중에는 형벌로 사용되었지만)? 실제로 그랬던 것 같다. 왜냐하면 하나님은 창조를 마치신 후에 특별히 새로운 종(種)을 만드신 적이 없기 때문이다. 그러나 본문의 의미는 이제 범죄 후 대지는 더 많은 가시덤불을 산출해낼 것이고 이들은 상처를 입히고 곡물의 생장을 방해할 것인데 그같은 유해한 속성은 전에는 나타나지 않았다는 것이다.

타락한 이래로 이생의 모든 안락은 그 안에 가시와 엉겅퀴를 지니게 된 것이다! 저주의 네번째 열매는 인간을 낙원에서 쫓아내는 것이었다. "이같이 하나님이 그 사람을 쫓아내시고"(24절). 처음에 하나님은 아담을 마치 가구가 비치된 집에 들이듯, 또는 왕을 그의 궁전에 모셔들이듯 낙원에 들이셨다. "움직이는 모든 생물을 다스리라"(창 1:28). 하나님이 아담을 낙원으로부터 쫓아내신 것은 그를 폐위시키고 추방하신 것과 하늘에 있는 더 나은 낙원을 추구하실 것을 의미한다. 저주의 다섯번째 열매는 사망이었다. "너는 흙으로 돌아갈 것이니라"(19절). 죽음은 아담에게 자연적인 것이 아니라 범죄 후에 온 것이었다. 요세푸스(Josephus,37-100. 유대 출신의 역사가 — 역자주)는 인간은 그 수명이 장기간 연장된다 해도 필경 죽고 말 것이라는 의견을 피력했다. 그러나 사도 바울의 말과 같이 사망은 의심의 여지없이 죄의 뿌리로부터 자라나온 것이다. "죄로 말미암아 사망이 왔나니"(롬 5:12). 그렇다면 창조 세계에 그토록 많은 저주를 초래한 죄란 얼마나 저주받은 존재인지 생각하라. 우리는 죄를 그 추악함 때문에 미워하지는 않는다 해도 그것이 초래한 저주로 인해 미워해야 할 것이다.

(4) 하나님이 이 영화로운 세계를 지으셨는가? 그분이 만물을 좋게 만드셨는가? 피조물에 그같이 많은 아름다움과 감미로움이 있었던가? 오! 그렇다면 창조의 주인이신 하나님께는 어떠한 아름다움이 있겠는가? "원인은 항상 결과보다 더 고귀한 법이다"(Quicquid efficit tale, illud est magis tale). 스스로 생각해보라. 집과 전답에 그토록 뛰어난 점이 많은가? 그렇다면 이를 창조하신 하나님께는 얼마나 더 많이 있겠는가! 장미가 아름다운가? 그렇다면 샤론의 장미이신 그리스도 안에는 그 어떤 아름다움이 있을까! 기름이 얼굴을 빛나게 하는가?(시 104:15). 하나님의 얼굴의 빛은 당신의 얼굴을 얼마나 빛나게 할 것인지! 포도주가 마음을 즐겁게 하는가? 오, 참 포도나무에는 어떠한 미덕이 열매맺겠는가! 이 포도즙은 어찌나 마음을 기쁘게 하는지!

정원의 과실이 달던가? 성령의 열매는 얼마나 달콤한지! 금광이 값진가? 그러면 이 금광의 터를 놓으신 분은 얼마나 값진 분인가! 그 안에 모든 보화가 감추인 그리스도는 어떠한가?(골 2:3). 우리는 피조물로부터 조물주를 바라보아야 한다. 하계(下界)에 무슨 위로가 있다고 한다면, 이 모든 것을 지으신 하나님 안에는 얼마나 더 많은 위로가 있을까! 우리가 이 세상을 즐기고 이를 지으신 그분을 더 즐기지 않는다는 것은 얼마나 불합리한가! 우리는 마음을 그 어떤 피조물보다도 무한히 감미로우신 하나님께 고정시키고 그와 함께 거하길 갈망해야 하지 않겠는가!

적용 2: 권면. (1) 하나님이 세상을 창조하셨는가? 우리는 사려깊게 창조의 업적을 관찰하도록 하자. 하나님은 우리에게 읽도록 성경책만 주신 것이 아니라 창조의 책도 주셨다. 하늘을 우러러 볼 것이니, 왜냐하면 하늘은 하나님의 영광을 특히 잘 보여주기 때문이다. 태양은 세계를 그 밝은 빛살로 뒤덮는다. 별들을 보라. 궤도를 도는 그 규칙적 운행과 크기, 그 빛과 영향력을 보라. 우리는 하나님의 영광이 해를 통해 타오르고 별들을 통해 반짝이는 것을 볼 수 있을 것이다. 바다를 보고 그 속에서 하나님이 행하신 기사(奇事)를 관찰하라. 땅을 바라보라. 우리는 땅에서 광물의 성질, 천연자석의 힘, 약초의 효능에 놀라게 될 것이다. 대지가 마치 꽃단장한 신부처럼 꽃으로 뒤덮여 있는 것을 바라보라. 이 모든 것들은 하나님의 권능의 영화로운 현현인 것이다. 하나님은 마치 교묘한 자수를 놓듯이 창조를 행하사 우리가 그의 지혜와 선의를 보고 그에 합당한 찬미를 돌려 드리게 하셨다. "여호와여 주의 하신 일이 어찌 그리 많은지요 주께서 지혜로 저희를 다 지으셨으니"(시 104:24).

(2) 하나님이 만물을 지으셨는가? 그렇다면 우리는 우리 조물주께 복종하도록 하자. 우리는 그의 창조의 권리상(jure creationis) 그분께 빚진 자들이다. 만일 다른 누군가가 우리의 생계를 유지시켜 준다면 우리는 마땅히 그를 섬겨야 한다고 생각할 것이다. 하물며 우리에게 생명을 주시는 하나님은 더 더욱 섬기고 복종해야 한다. "우리가 그를 힘입어 살며"(행 17:28). 하나님은 만물을 인간을 위해 만드셨다. 곡식은 우리의 음식물로, 동물은 사용하기 위해, 새는 아름다운 소리를 듣기 위해 만드셨는데 이로써 인간이 하나님께 봉사하게 하기 위함인 것이다. 강물은 바다로부터 비롯된 것이지만 다시 바다로 흘러 들어간다. 우리가 가진 모든 것은 하나님께로서 나온 것이다. 우리 모두 창조주를 찬양하고 우리를 지으신 그분을 위해 살도록 하자.

(3) 하나님이 흙으로 우리 몸을 만드시고 그 흙은 무(無)로부터 창조하셨는가? 이를 보고 자만심을 버리도록 하자. 하나님은 아담을 낮추려 하실 때 다음과 같은 표현을 사용하셨다. "그(=흙) 속에서 네가 취함을 입었음이라"(창 3:19). 오, 먼지와 티끌인 자여 그대는 무엇때문에 자고하는가?

그대는 조잡한 재료로 지음받은 것이다. 그대는 비천한 존재인데 왜 겸손하게 행하지 않는가(Cum sis humillimus, cur non humillimus)? — 버나드. 다윗은 말했다. "나를 지으심이 신묘막측하심이라"(시 139:14). 그대가 신묘막측하게 지음받았다는 것은 감사의 제목이 될 수 있겠지만 흙을 재료로 했다는 사실은 그대를 겸비하게 할 것이다. 비록 그대가 아름답다 해도 이는 단지 잘 채색한 흙에 불과한 것이다. 그대의 육체는 단지 공기와 흙의 화합물이며, 이 흙은 흙으로 돌아갈 것이다. 주께서 재판장들을 보고 너희는 신이라고 하실 때(시 82:6), 그들이 교만해지지 않게 하기 위해 그들을 죽을 신이라고 부르셨다. "너희는 범인같이 죽으며"(7절).

(4) 하나님이 우리를 그의 형상을 좇아 지으셨지만 우리가 이를 상실했는가? 우리는 하나님의 형상이 회복되기까지 결코 쉬지 말도록 하자. 오늘날 우리는 교만, 악의, 시기심 등 마귀의 형상을 지니고 있다. 우리는 하나님의 형상을 회복해야 하는데 이는 지식과 공의에 달려 있다. 골 3:10; 엡 4:24. 은혜야말로 우리의 최선의 아름다움이며 우리를 하나님과 천사처럼 되게 해준다. 거룩성과 영혼의 관계는 태양과 이 세상과의 관계와 같다. 우리 모두 우리 속의 형상을 회복하기 위해 하나님께 나아가자. 주여! 당신은 한번 저를 지으셨습니다. 이제 새롭게 지어 주소서. 죄로 인해 제 안에 있는 당신의 형상이 지워졌나이다. 오, 성령의 붓으로 이를 다시금 그려 주시옵소서.

14. 하나님의 섭리

질문 11: 하나님의 섭리의 사역이란 무엇입니까?

답변: 하나님의 섭리의 사역이란 당신의 피조물과 그들의 행위에 대한 가장 거룩하고 지혜롭고 능력있는 통치 행위입니다.

하나님의 섭리 사역에 관해 그리스도께서는 다음과 같이 말씀하고 있다. "내 아버지가 이제까지 일하시니 나도 일한다"(요 5:17). 하나님은 창조 사역을 마치신 후 안식하셨다. 그는 더 이상 새로운 종(種)을 창조하지 않으신다. "그 지으시던 일이 다하므로 안식하시니라"(창 2:2). 따라서 그리스도가 "내 아버지가 이제까지 일하시니 나도 일한다"고 말씀한 의미는 분명히 섭리를 가리키는 것이다. "여호와께서 그 정권으로 만유를 통치하시도다"(시 103:19). 여기서 정권(kingdom)은 곧 그의 섭리적인 왕국을 의미하는 것이다. 이제 이같은 논지를 분명하게 하기 위해 저자는 다음의 내용을 서술하고자 한다.

I. 섭리가 존재한다. II. 이 섭리란 무엇인가. III. 하나님의 섭리에 관한 몇 가지 금언이나 명제를 제시.

I. 섭리가 존재한다.

맹목적 운명과 같은 것은 존재하지 않으며, 오직 세계를 인도하고 다스리는 섭리가 있다. "사람이 제비는 뽑으나 일을 작정하기는 여호와께 있느니라"(잠 16:33).

Ⅱ. 이 섭리의 정의.

저자의 견해로는, 섭리란 하나님이 그의 영광을 위해 자기의 뜻하신 계획을 좇아 모든 일들의 결과와 결말을 명령하시는 것이다.

[1] 나는 섭리를 하나님의 작정과 구별하여 일들을 명령하는 것이라고 부른다. 하나님의 작정은 결과적으로 발생할 일을 정하는(ordain) 것임에 비해 하나님의 섭리는 그 일을 명하시는(order) 것이다.

[2] 나는 섭리를 하나님이 뜻하신 계획을 좇아 모든 일들을 명령하는 것이라고 부른다.

[3] 하나님은 그의 영광을 위해 그가 뜻하신 계획을 따라 사물의 모든 결과를 명하신다. 따라서 그의 영광이 그의 모든 행사의 궁극적 목표가 되며 섭리의 모든 줄거리가 만나는 중심인 것이다. 하나님의 섭리는 세계의 여왕(Regina mundi)이다. 섭리야말로 보는 눈이며 우주의 모든 수레바퀴를 돌리는 손인 것이다. 하나님은 집을 건축한 후에는 떠나버리는 기술자가 아니라 창조 세계라는 배의 방향타를 잡은 항해사와 같은 분이다.

Ⅲ. 하나님의 섭리에 관한 명제들.

[1] 하나님의 섭리는 모든 장소, 사람, 사건에 미친다.

(1) 모든 장소. "나는 가까운데 하나님이요 먼데 하나님은 아니냐?"(렘 23:23). 섭리가 심방하는 교구는 대단히 광범위하다. 그것은 하늘, 땅, 바다를 망라한다. "큰 물에서 영업하는 자는 여호와의 행사와 그 기사를 바다

에서 보나니"(시 107:23,24). 그런데 육지보다 해발고도가 더 높은 바다가 육지를 엄몰하지 않는다는 것이야말로 하나님의 섭리의 기적이다. 선지자 요나는 바닷속에서 하나님의 기사를 보았으니, 곧 그를 삼켰던 물고기가 그를 해안까지 안전하게 데려갔던 것이다.

(2) 하나님의 섭리는 모든 사람들에게 미치는데, 특히 경건한 성도들은 특별한 방식으로 후대받는다. 하나님은 모든 성도들을 일일히 보살피시는데 마치 그 한 사람 외에는 보살피는 대상이 없는 것처럼 보살피신다. "저가 너희를 권고하심이니라"(벧전 5:7). 즉 선택한 자들은 특별한 방식으로 보살피신다. "여호와는 그 경외하는 자 곧 그 인자하심을 바라는 자를 살피사 저희 영혼을 사망에서 건지시며 저희를 기근시에 살게 하시는도다"(시 33:18,19). 하나님은 그의 섭리적 배려로써 당신의 백성들을 위험으로부터 보호하시고 그 주위에 천사들로 호위하게 하신다(시 34:7). 하나님의 섭리는 그 성도들의 뼈까지도 보호하신다(시 34:20). 섭리는 그들의 눈물을 병에 담으신다(시 56:8). 섭리는 성도들을 그 연약함 가운데 강하게 만든다(히 11:34). 섭리는 그들의 모든 필요를 그 자선 바구니로부터 공급해준다(시 23:5). 이같이 섭리는 선택된 자들의 필요를 놀랍도록 채워주신다.

로셸(Rochelle)의 신교도들이 프랑스 국왕에 의해 포위당했을 때 하나님은 섭리로써 그들을 먹이기 위해 그 항구에 일찍이 본 적이 없는 엄청난 수의 작은 물고기들을 보내주셨다. 마찬가지로 자기 자식도 거의 먹이려 들지 않는 몰인정한 생물인 까마귀가 섭리에 의해 선지자 엘리야를 공궤했던 것이다(왕상 17:6). 동정녀 마리아는 메시야를 잉태하고 낳음으로써 세상을 부요하게 했지만 그녀 자신은 대단히 가난했다. 그래서 애굽으로 내려가라는 천사의 경고를 받았을 때(마 2:13) 그녀는 그리로 여행할 충분한 비용을 거의 감당할 수 없었다. 그러나 하나님이 그에 앞서 어떻게 그녀에게 공급하셨는지 보라. 하나님은 섭리로써 동방으로부터 박사들을 보내셨는데 그들은 황금, 유향, 몰약의 값비싼 선물을 가지고 와서 그리스도께 바쳤던 것이다. 그래서 그녀는 애굽으로 내려 갈 여비를 충분히 지불할 수 있게 되었다.

하나님의 자녀들은 때로는 하나님의 섭리가 먹이지 않으면 어떻게 먹고 살지 거의 알지 못할 경우가 있다. "진실로 네가 먹으리라." 시 37:3(영어 직역. 한글 개역성경은 "식물을 삼을지어다"임 — 역자주). 만일 하나님이 자기 백성들의 사후에 그들에게 왕국을 주실 뜻이 있으시다면 그들의 생전에 일용할 양식을 공급하길 거절하지 않으실 것이다.

(3) 하나님의 섭리의 손길은 세상의 모든 일과 사건들에 미친다. 세상에서 일어나는 그 어떤 일도 하나님의 섭리의 지배를 피할 수 없는 것이다. 사람을 높이는 문제인가?(시 75:7). 그가 이를 낮추시고 저를 높이신다. 전투에서의 성공과 승리는 섭리의 결과이다. 사울은 승리를 거두었지만 구원을 이루신 이는 하나님이었다(삼상 11:13). 왕 앞에 나아온 모든 처녀들 가운데 유독 에스더가 왕의 사랑을 입은 것도 하나님의 특별한 섭리에 의한 것이었다. 왜냐하면 이를 통하여 하나님은 멸망할 운명의 유대 민족을 구원하셨기 때문이다. 섭리는 새나 개미와 같은 가장 미물들에까지 미친다. 섭리는 어미가 저버리고 음식을 주려 하지 않는 까마귀 새끼도 먹인다(시 147:9). 섭리는 우리 머리카락에까지 미친다. "너희에게는 머리털까지 다 세신 바 되었나니"(마 10:30). 섭리가 우리 머리카락에까지 미친다면 우리 영혼은 더 말할 나위도 없음이 분명하다. 이처럼 독자들은 하나님의 섭리가 모든 장소, 사람, 사건에까지 미친다는 것을 알게 되었을 것이다. 그런데 본 교리에 대하여 두 가지 반론이 있다.

혹자는 세상에는 지극히 무질서하고 부조리한 일들이 일어나고 있는데 이런 일들에 대해서는 하나님의 섭리가 임하지 않았음이 분명하다고 말한다.

그러나 우리 눈에 부조리하게 보이는 일들도 하나님은 그의 영광을 위해 사용하신다. 만일 당신이 대장간에서 몇 가지 연장을 볼 때 어떤 것은 휘었고 어떤 것은 굽었고 어떤 것은 갈고리져 있다면 이를 보고 모양새가 안좋다 하여 이 모든 연장들을 비난할 것인가? 대장장이는 자기 일을 하는 데 이 모든 연장들을 전부 사용하는 것이다. 하나님의 섭리도 이와 마찬가지이다. 섭리가 우리 눈에는 대단히 구부러지고 이상하게 보일지 모르지만 그 모든 것들이 합력하여 하나님의 일을 수행하는 것이다. 필자는 이 사실을 두 가지 특수한 실례를 통해 분명하게 설명하고자 한다.

하나님의 백성들은 때로는 낮아질 때가 있다. 가장 선한 그들이 가장 비천한 상태에 놓인다는 것은 부조리하게 보인다. 그러나 이같은 섭리에는 많은 지혜가 함축되어 있으니, 곧 다음과 같다.

1. 아마도 성도들의 마음이 재물이나 성공 등으로 인해 높아져 있을지 모른다. 그래서 하나님은 그들을 괴롭게 하고 재산을 박탈하는 낮추심의 섭리로 임하시는 것이다. 성공으로 마음이 교만해지는 것보다는 실패로 마음이 겸손해지는 것이 더 나은 것이다.

2. 만일 성도들이 때때로 고통당하고 외적 안락의 상실을 겪지 않는다면 어떻게 그들의 장점, 특히 그 믿음과 인내를 보일 수 있겠는가? 만일 언제나 햇빛만 있게 된다면 우리는 별을 전혀 보지 못하게 될 것이다. 마찬가지로 우리가 언제나 형통하기만 한다면 그 사람의 신앙의 발휘를 찾아보기 힘들 것이다. 이같이 하나님의 섭리는 비록 우리 눈에 보기엔 이상하고 구부러진 것같이 보이지만 실상은 지혜롭고 질서정연한 것을 알 수 있다.

여기 또 다른 경우가 있다. 악인이 형통하는 경우이다. 이는 대단히 상궤를 벗어난 것처럼 보인다. 그러나 하나님은 그의 섭리 가운데 때로는 가장 악한 자가 높아지는 것을 좋게 여기신다. 이는 그들이 본의 아니게 하나님께 뭔가 봉사할 수 있게 하기 위함이다(사 10:7). 하나님은 그 누구에게도 빚지려 하지 않으신다. 때로는 당신의 교회를 보호하기 위해, 때로는 교회를 단련하고 정화하기 위해 악인들을 사용하신다. “주께서 경계하기 위하여 그를 세우셨나이다”(합 1:12). 마치 선지자의 말과 같이 하나님은 그의 자녀들을 교정하기 위해 악인들을 세우신 것이다.

진실로 어거스틴의 말과 같이, “우리는 악인에게 신세를 지고 있으니, 곧 그들은 본의 아니게 우리에게 선을 베푸는 셈이다.” 곡식은 껍질을 벗기 위해 도리깨의 신세를 지는 것처럼, 혹은 쇠는 광채를 발하기 위해 줄의 신세를 지듯이, 경건한 자들은 그들의 은혜를 빛나게 하고 단련하기 위해 악인들의 신세를 지게 되는(비록 본의는 아니지만) 것이다. 그런데 만일 악인들이 본의아니게 하나님의 일을 하게 된다면 하나님은 그들이 이로 인해 손해보게 하시지 않고 이 세상에서 높여주시며 현세적 안락을 만끽하게 하시는 것이다. 이처럼 우리 보기엔 이상하고 구부러진 것처럼 보이는 섭리들이 실상은 현명하고 공정한 것임을 알 수 있을 것이다.

그러나 혹자는 말할 것이다. 만일 하나님이 일어난 모든 일들에 관여하셨다면 그분은 인간들의 범죄에 책임이 있는 것이다라고.

이에 대해 나는 아니, 결코 아니다. 하나님은 인간의 범죄에 아무런 책임이 없으시다고 응답한다. 태양이 어두워질 수 없듯이 하나님은 그의 본성에 반대되게 행하실 수 없으며, 거룩하지 못한 일을 행하실 수 없다. 여기서 당신은 두 가지 사항을 주의해야 한다. 곧 하나님을 인간의 죄악에 무지한 분으로 만들지 않도록 조심하고, 또한 하나님을 인간의 범죄에 참여하신 것으로 만들지 않도록 조심해야 하는 것이다. 하나님이 죄의 장본인인 동시에 처벌자라는 것이 도대체 있을 법한 일인가? 하나님이 죄를 금지하는 율법을 만드시고나서 그 죄에 참여하신다는 게 합당한 일인가? 하나님은 그의 섭리 가운데 인간의 범죄를 허용하고 계신다. "하나님이 모든 족속으로 자기의 길들을 다니게 묵인하셨으나"(행 14:16). 하나님은 그들의 범죄를 허락하셨지만 만일 이로써 합력하여 선을 이루실 수 없다면 결코 그같이 하려들지 않으실 것이다. 죄가 허락되지 않았더라면 죄를 벌하는데에서 나타나는 하나님의 공의와 죄를 사할 때 나타나는 그의 자비가 그토록 잘 알려지지 않았을 것이다. 주님은 죄를 기꺼이 허락하셨지만 그것에 참여하지 않으신다.

그러나 성경은 하나님이 바로의 마음을 강퍅하게 만드셨다고 하지 않던가? 이는 단지 죄를 허용하는 것 이상이다.

하나님은 인간에게 악을 주입하시는 게 아니라 그의 은혜의 영향력을 거두시는 것이다. 그러면 마음은 저절로 강퍅해진다. 이는 마치 빛이 물러나면 즉시 어둠이 뒤따르게 되는 것과 같은 것이다. 그러나, 그러므로 빛이 공기를 어둡게 만든다고 말한다면 이는 터무니없는 일이다. 따라서, 우리는 바로가 스스로 그 마음을 완강케 했다고 기록된 것을 찾아볼 수 있다(출 8:15). 하나님은 그 누구의 범죄의 원인도 되지 아니하신다. 하나님이 범죄 행동에 함께 계시는 것은 사실이지만 범행에 동참하시는 것은 아니다. 사람은 불화를 자극할 수 있을 것이다. 그러나 불화는 그 자체로부터 생겨난다. 마찬가지로 인간들의 행위는 그것이 천부적인 것이라면 하나님께로서 비롯된 것이다. 그러나 그 행위가 죄악된 것일 경우에는 그것은 인간들 자신으로부터 나온 것이며, 하나님은 전혀 이에 개입하시지 않는 것이다. 하나님의 섭리가 모든 장소, 모든 사람, 모든 사건들에 미친다는 첫번째 명제에 대해서는 이 정도로 그치기로 한다.

[2] 두번째 명제는 우리 보기엔 무심코 일어난 우발적인 사건으로 보이는 섭리들이 실은 하나님에 의해 미리 예정된 것이라는 것이다. 기왓장이 어떤 사람의 머리 위에 떨어지거나 불이 나는 것이 우리 보기엔 우연한 일이지만 실은 하나님의 섭리의 명령으로 일어난 일이다. 열왕기상 22:34에 이에 관한 명확한 실례가 나온다. “한 사람이 우연히 활을 당기어 이스라엘 왕의 갑옷 솔기를 쏜지라.” 이 사건은 활을 당긴 사람으로서는 우연한 일이었지만 실은 하나님의 섭리가 명한 일이었다. 하나님의 섭리가 화살이 표적을 맞추도록 인도한 것이다. 무심코 우연적으로 발생한 것처럼 보이는 일들이 실은 하나님의 작정의 결과이며 그 의지의 연출인 것이다.

[3] 하나님의 섭리는 대단히 주의해야 하지만 이를 우리의 행위 규범으로 삼아서는 안된다. “지혜있는 자들은 이 일에 주의하고”(시 107:43). 섭리에 주의하는 것은 좋은 일이지만 우리는 이를 우리가 준행할 규범으로 삼아서는 안되는 것이다. 섭리는 그리스도인의 일지(日誌)이지만 성경

은 아니다. 때로는 악한 명분이 더 우세하게 된다. 그러나 그것이 우세하다 하여 이를 좋아해서는 안된다. 우리는 죄악된 일이 성공적이라 하여 우호적으로 생각해서는 안된다. 이는 우리 행동을 지도할 규범이 아닌 것이다.

[4] 신적 섭리는 불가항력적이다. 하나님의 섭리를 저지하기 위해 중간에서 방해하는 것은 불가능하다. 요셉이 해방될 하나님의 때가 이르자 감옥은 더 이상 그를 붙잡고 있을 수 없게 되었다. "왕이 사람을 보내어 저를 방석함이여"(시 105:20). 하나님이 유대인들에게 종교의 자유를 충족시키고자 하자 섭리에 의해 고레스 왕이 유대인들로 가서 예루살렘에 성전을 건축하고 하나님께 예배하도록 격려하는 조서를 공포하였다(스 1:2,3). 하나님이 포로된 예레미야를 지키고 보호하고자 하시매 바벨론 왕 자신이 그 선지자를 선대하고 그에게 부족함이 없도록 하라고 명령하게 되었던 것이다(렘 39:11,12).

[5] 하나님의 섭리가 그의 약속과 상반되는 것처럼 보일 경우에도 하나님을 신뢰해야 한다. 하나님은 다윗에게 왕관을 주고 왕으로 삼겠다고 약속하셨다. 그러나 섭리는 그같은 약속과 반대되는 방향으로 나아갔다. 다윗은 사울의 추격을 받게 되었고 생명의 위협을 받았다. 그러나 그러는 동안에도 하나님을 신뢰하는 것이 다윗의 의무였다. 제발 주님은 상반되는 섭리를 통해 종종 그분의 약속을 이루신다는 사실에 주목하기 바란다. 하나님은 바울에게 배에 승선한 모든 사람들의 생명을 구해주겠다고 약속하셨다. 그러나 하나님의 섭리는 그의 약속과는 정반대의 방향으로 나아가는 것처럼 보였다. 왜냐하면 강풍이 일어나서 배가 갈라지고 산산이 깨어졌기 때문이다. 이같이 해서 하나님은 그의 약속을 이루셨으니, 곧 배의 부서진 조각들에 의지하여 그들 모두가 안전하게 해안까지 헤엄쳐 나오게 되었던 것이다. 섭리가 약속과 상반되는 것처럼 보일 때 하나님을 신뢰하라.

[6] 하나님의 섭리는 체크무늬 옷과 같아서 서로 뒤섞여 있다. 내세의

생활에서는 더 이상 혼합이란 없을 것이다. 지옥에는 오직 고통만 있을 것이고 천국에는 행복만이 있을 것이다. 그러나 이생에서 하나님의 섭리는 혼합되어 있어서 달콤한 부분과 쓰디쓴 부분이 공존하고 있는 것이다. 섭리란 이스라엘 백성을 앞에서 인도한 구름기둥과 같아서 한쪽은 흑암이고 다른 쪽은 빛인 것이다. 언약궤 속에는 지팡이와 만나가 들어있듯이 하나님의 섭리도 그 자녀들에게는 그와 같다. 지팡이의 요소와 만나의 요소가 공존한다. 그래서 우리는 다윗처럼 "내가 인자와 공의를 찬양하겠나이다" 라고 말할 수 있는 것이다. 요셉이 감옥에 갇혀 있는 동안은 구름의 어두운 부분이었다. 그러나 하나님이 요셉과 함께 하신 것은 구름의 밝은 부분이었다. 아셀의 신발은 놋으로 되어 있지만 그의 발은 기름에 잠겨 있었다 (신 33:24). 마찬가지로 고통은 꽉 죄는 놋 신발과 같지만 그 고통에는 자비가 혼합되어 있어서 발이 기름에 잠기게 되는 것이다.

[7] 동일한 행위도 하나님의 섭리에서 비롯된 것이라면 선하지만 인간에게서 나온 것이라면 악할 수 있다. 예컨대 요셉이 그 형들에 의해 애굽으로 팔려간 것은 나쁜 일이었으니 곧 대단히 악한 일이었다. 왜냐하면 이는 그들의 시기심의 발로였기 때문이다. 그러나 그것은 하나님의 섭리 역사였기 때문에 선한 일이었으니, 왜냐하면 바로 이를 통해 야곱과 그 온 가족이 애굽에서 생명을 보전하게 되었기 때문이다. 또 다른 실례는 시므이가 다윗을 저주한 사건이다. 시므이가 다윗을 저주한 것은 악하고 범죄적인 일이었다. 왜냐하면 그것은 그의 악의의 발로였기 때문이다. 그러나 그의 저주는 하나님이 명하신 바로서 다윗을 벌하고 그가 행했던 간음과 살인죄로 인해 그를 낮추시려는 신적 공의의 역사였던 것이다. 그리스도의 십자가 처형은 유대인들로부터 비롯된 것으로서 그리스도에 대한 증오와 악의의 표현이었다. 그리고 유다의 배신은 탐욕의 표현이었다. 그러나 양자는 모두 하나님의 섭리의 역사였으므로 그 속에 선한 요소를 지니고 있었다. 왜냐하면 그것은 그리스도를 세상을 위해 죽음에 내어주는 하나님의 사랑의 행위였기 때문이다. 지금까지 필자는 이상의 몇 가지 명제들을 통

해 하나님의 섭리 교리를 분명하게 설명하였다. 이제는 몇 가지 적용의 문제에 관해 서술하고자 한다.

적용 1: 다음의 세부 사항들에 관한 권면. (1) 하나님의 섭리를 찬양하자. 하나님의 섭리는 피조 세계 전체의 작동을 유지시킨다. 그렇지 않으면 피조 세계는 머지 않아 와해되어 버리고 그 축은 산산이 부서지고 말 것이다. 만일 하나님이 섭리를 단지 잠시 동안만이라도 거두신다면 피조물들은 분해되어 버리고 그 원래의 무(無)의 상태로 돌아가 버리고 말 것이다. 이 지혜로운 하나님의 섭리가 아니었다면 전 세계는 마치 패전하여 분산된 군대처럼 불안과 혼란에 빠지게 될 것이다. 하나님의 섭리는 우리가 누리는 모든 사물들을 안락하고 가치있게 만들어준다. 하나님의 특별한 섭리가 아니면 우리 의복은 우리를 따뜻하게 할 수 없을 것이며 음식은 우리에게 영양이 되지 못할 것이다. 이 모든 것들로 인해 당신은 섭리를 찬양해야 하지 않겠는가?

(2) 조용히 신적 섭리에 굴복하는 것을 배우도록 하라. 하나님의 지혜가 명하신 일들을 놓고 불평하지 말라. 우리가 창조의 업적을 놓고 트집잡을 수 없듯이 섭리 역사를 놓고 트집잡을 수도 없는 것이다. 하나님의 섭리를 놓고 왈가왈부하는 것은 이를 부인하는 것 못지않은 죄악이다. 비록 사람들이 우리가 그들에게 원하는 바대로 행하지 않는다 해도 그들은 하나님이 바라는 대로 행동할 것이다. 신적 섭리는 이들 작은 바퀴들을 돌리는 주륜(主輪)이며, 하나님은 마침내 이 모든 일로부터 영광을 받게 되실 것이다. "내가 잠잠하고 입을 열지 아니하옴은 주께서 이를 행하신 연고니이다"(시 39:9).

우리는 때때로 만일 우리가 직접 세상을 다스린다면 만사를 더 잘 명령할 수 있으리라고 생각할 수 있을지 모른다. 그러나 만일 우리에게 선택권이 주어진다면 우리는 우리에게 해로운 일들을 선택하게 될 것이다. 다윗은 열심히 그의 범죄의 열매인 자식의 생명을 간구했지만 만일 그 아이가 살았더라면 그것은 그의 치욕을 드러내는 항구적인 기념비가 되고 말았을 것이다. 우리는 하나님이 세상을 통치하시는 것으로 만족하자. 그분의 뜻에 묵종하고 그 섭리에 굴복하도록 하자. 무슨 괴로운 일을 당했는가? 하나님은 그것을 당신에게 합당한 일로 보신다는 사실을 명심하라. 당신의 의복도 당신이 짊어진 십자가만큼 몸에 꼭 맞을 수는 없다. 하나님의 섭리는 때로는 비밀스러운 것일지 모르지만 항상 지혜로운 것이다. 그리고 우리는 하나님이 수치를 당하실 때 침묵해서는 안되겠지만 그분이 싫어하실 때에는 침묵을 지키도록 해야 한다.

(3) 그리스도인된 여러분은 하나님의 섭리가 합력해서 마침내 여러분의 선을 이룬다는 사실을 믿고 있다. 하나님의 섭리는 때로는 캄캄하고 우리 눈은 침침하여 이를 어떻게 다루어야 할지 거의 알지 못하게 되기도 한다. 그러나 우리는 섭리의 수수께끼를 풀 수 없을 때에도 그것이 합력하여 택한 자들에게 선을 이룰 것을 믿도록 하자(롬 8:28). 시계의 톱니바퀴는 서로 반대 방향으로 움직이는 것처럼 보이지만 그것들이 합력하여 시계를 움직이고 괘종을 울린다. 마찬가지로 하나님의 섭리는 서로 맞물린 톱니바퀴처럼 보인다. 그러나 그럼에도 불구하고 그것들이 합력하여 택한 자들에게 유익을 가져오는 것이다. 혈관을 찔러서 구멍을 내는 행위〔瀉血〕 자체는 악하고 유해하게 보인다. 그러나 그것은 열병을 예방하고 환자의 건강에 도움이 되기 때문에 선한 것이다. 마찬가지로 고통 자체는 즐겁지 않고 슬프지만 주님은 이를 성도들에게 유익하게 바꾸신다. 가난은 그들의 죄를 압살시키고 고난은 그들이 천국을 위해 준비하게 해줄 것이다. 그러므로 그리스도인들이여, 하나님은 우리를 사랑하시며 가장 불리한 섭리를 통해서도 그의 영광을 높이고 우리의 유익을 가져오시리라는 것을 믿도록 하자.

(4) 하나님의 작정이나 섭리에 의해 명령되지 않은 일은 그 어떤 일도 일어나지 않는다는 사실을 믿고 지나친 공포심을 갖지 말도록 하자. 우리는 때로는 사람들의 행위가 한참 진행될 때 그 일의 결말이 어떻게 될지 두려워한다. 그러나 우리의 두려워함으로 인해 일을 더 악화시키지 말도록 하자. 사람의 능력에는 한계가 있으며, 하나님의 섭리가 허용하는 것보다

머리터럭만큼도 더 나아갈 수 없는 것이다. 하나님은 산헤립의 군대가 예루살렘으로 진군해 가도록 허용하셨지만 단 한 발의 화살도 쏘도록 허락하지 않으셨다. "여호와의 사자가 나가서 앗수르 진영에서 십 팔만 오천인을 쳤으므로"(사 37:36). 이스라엘이 바로의 군대와 홍해 사이에 놓이게 되자 의심할 나위없이 그들 중 혹자는 마음이 떨리기 시작했고 스스로 다 죽은 것으로 생각하였다. 그러나 섭리가 이를 명하신 것이니, 곧 바다가 이스라엘 백성에게는 안전한 통로가 되고 바로와 그 군대에게는 묘지가 되게 하려는 것이었던 것이다.

(5) 하나님의 자비로운 섭리로 인해 감사하자. 우리는 기적을 이루는 섭리 덕분에 생명을 유지하고 있다. 섭리는 우리 의복이 우리를 따뜻하게 하며, 우리가 먹는 음식이 영양이 되도록 한다. 우리는 날마다 하나님의 섭리라는 자선바구니를 통해 공급받아 살아간다. 우리가 건강하고 재산도 소유한 것은 우리의 근면 덕분이 아니라 하나님의 섭리 덕분인 것이다. "네 하나님 여호와를 기억하라 그가 네게 재물 얻을 능을 주셨음이라"(신 8:18). 특히 우리가 한 단계 더 성장한다면 우리는 감사할 이유를 발견하게 될 것이다 — 우리가 복음이 전파된 나라에서 태어나고 성장한 점, 의의 태양이 빛나는 곳에서 살고 있다는 점 등인데 이는 탁월한 섭리인 것이다. 왜 우리가 이교가 지배하는 땅에서 태어나지 않았을까? 그리스도께서 다른 사람들은 그냥 지나치면서도 자신을 우리에게는 알리시고 그의 성령으로 우리 마음을 감동하신 사실 — 이야말로 하나님의 값없는 은혜에서 비롯된 기적적인 섭리의 소치가 아니고 무엇이겠는가?

적용 2: 하나님의 교회의 차원에서의 위로. 하나님의 섭리는 그의 교회에 더욱 특별하게 미친다. "너희는 아름다운 포도원을 두고 노래를 부를지어다"(사 27:2). 하나님은 이 포도원에 그의 축복으로 물주시며 섭리로 망보신다. "나 여호와는 밤낮으로 간수하며." 교회를 망치려 하는 사람은 낮도 밤도 아닌 때에 그같이 해야 할 것이다. 왜냐하면 주님이 그의 섭리로써 주야로 지키시기 때문이다. 이스라엘은 얼마나 기적적인 섭리의 인도를 받았던가! 하나님은 그들을 불기둥으로 인도하셨고 하늘에서 만나를 내리시고 반석에서 물을 내셨던 것이다. 하나님은 그의 섭리로써 대적들 가운데 놓여 있는 교회를 보전하고 계신다. 이는 마치 대양 한 가운데 한 줄기 불꽃이 살아있는 것이나 늑대들 속에 양무리가 온존하는 것과 같다. 하나님은 기이한 방법으로 당신의 교회를 구원하시는 것이다.

(1) 그의 교회가 단지 파멸을 예상할 수밖에 없게 되었을 때 예기치 못한 자비를 베푸심으로써. "여호와께서 시온에서 포로를 돌리실 때에 우리가 꿈꾸는 것 같았도다"(시 126:1). 하나님은 하만이 유대인들을 도륙하기 위한 잔인한 허락을 받아냈을 때 얼마나 기이하게 에스더 왕비를 일으키사 그들을 구원하셨던가!

(2) 기묘하게도, 우리가 생각하기에 하나님이 멸망시킬 것으로 생각되는 바로 그 방법으로 구원하심으로써. 하나님은 때때로 정반대 방법으로 역사하신다. 그분은 교회를 낮춤으로써 높이신다. 순교자들의 피는 교회를 정화하고 더 많은 열매를 맺게 하였다. 출 1:12. "그러나 학대를 받을수록 번식하고 창성하니." 교회는 마치 그레고리 나지안젠(Gregory Nazianzen,330-389. 카파도키아의 교부 — 역자주)의 말처럼 죽음으로써 살고, 잘라 줌으로써 성장하는 식물과 같은 것이다.

(3) 기묘하게도, 원수들을 통해 그의 일을 하도록 하신다. 암몬 족속과 모압 족속과 세일산 거민들이 유다를 치기 위해 쳐들어왔을 때 하나님은 원수들이 서로 공격하게 만드셨다. "곧 암몬과 모압 자손이 일어나 세일산 거민을 쳐서 진멸하고 세일 거민을 멸한 후에는 저희가 피차에 살륙하였더라"(대하 20:23). 화약반역 사건(powder treason)에서 하나님은 반역자들이 서로 배반하게 만드셨다. 하나님은 원수의 손을 빌려 당신의 일을 하실 수 있다. 하나님은 애굽 사람들이 이스라엘 백성들에게 은금 패물을 잔뜩 지워서 보내도록 만드셨다(출 12:36). 교회는 하나님의 눈동자와 같아서 그의 섭리의 눈꺼풀이 날마다 이를 덮고 보호하는 것이다.

적용 3: 하나님의 위대한 섭리의 비밀이 우리에게 완전히 펼쳐질 그

때를 사모하게 하는 다음의 사실에 주목하라. 지금 우리는 하나님의 섭리를 어떻게 이해해야 할지 거의 알지 못하고 있으며, 우리가 이해하지 못하는 내용을 비난할 태세가 되어 있다. 그러나 우리는 천국에 올라간 후에 그의 모든 섭리(질병, 손실, 고난)가 어떻게 우리의 구원에 공헌했는지 알게 될 것이다. 이 땅에서 우리는 단지 하나님의 섭리의 희미한 단편들만을 보고 있다. 그리고 단편들을 통해 그의 사역의 전모를 판단하는 것은 불가능하다. 그러나 우리가 천국에 올라가면 그분의 섭리의 완전한 전모가 생생한 빛깔로 펼쳐지는 것을 보게 될 터인데, 이를 보는 것은 영광스러운 일일 것이다. 그러면 우리는 하나님의 모든 섭리가 어떻게 그의 약속의 성취에 도움을 주었는지 알게 될 것이다. 우리가 그 속에서 경이와 자비를 발견하지 못할 섭리란 없는 것이다.

III

타 락

1. 행위 언약

질문 12: 하나님은 처음 피조된 신분을 유지하고 있을 당시의 인간에게 어떠한 특별한 섭리 역사를 행하셨습니까?

답변: 하나님은 인간을 창조하셨을 때 그와 더불어 완전한 복종의 전제하에 생명의 언약을 맺으시고 선악의 지식을 알게하는 나무의 실과를 먹지 못하도록 금하시면서 어길 시엔 죽음의 고통이 있을 것이라고 하셨습니다.

이에 관해서는 창세기 2:16,17을 참조하라. "여호와 하나님이 그 사람에게 명하여 가라사대 동산 각종 나무의 실과는 네가 임의로 먹되 선악을 알게 하는 나무의 실과는 먹지 말라 먹는 날에는 네가 정녕 죽으리라 하시니라." 우리의 다음 논의의 주제는 바로 이 행위 언약에 관해서이다.

I. 이 언약은 아담과 및 온 인류와 더불어 맺은 것이다. 왜냐하면 아담은 공적인 인물로서 온 세계를 대표하였기 때문이다.

하나님은 왜 무죄한 상태의 아담과 및 그의 후손과 더불어 언약을 맺으셨는가?

(1) 우리들에 대한 당신의 주권을 보이시기 위하여. 우리는 그의 피조물이며 그는 천지의 대주재이시므로 우리에게 언약 조건을 부과하실 수 있으신 것이다. (2) 하나님은 아담을 당신께 단단히 결속시키기 위해 그와 언약을 맺으셨다. 하나님이 자신을 아담에게 결속시키셨던 것처럼 아담은 언약에 의해 스스로 하나님께 결속되었다.

그 언약의 내용은 무엇이었는가?

하나님은 아담에게 지식을 알게 하는 나무 실과를 먹지 말도록 명령하시면서 동산의 다른 모든 나무 실과는 먹어도 좋다고 하셨다. 하나님은 그가 행복해지는 것을 시기하신 것이 아니라 오직 아담의 순종 여부를 시험하시기 위하여 "여기 있는 지식의 나무는 건드리지 말라"고 하신 것이다. 바로 임금은 요셉을 자기 나라의 국무총리로 세우고 자기의 손가락에서 인장 반지를 빼어 주며 금사슬을 목에 걸어 주었지만 "나의 보좌를 건드려서는" 안된다고 말했다(창 41:40). 하나님은 아담에게 그와 똑같이 행하신 것이다. 하나님은 그에게 반짝이는 보석과 같은 지식을 주시고 그에게 원의(原義)의 세마포를 입히셨다. 그러나 선악의 지식을 알게 하는 나무는 만지지 말라고 말씀하셨다. 왜냐하면 그것은 전지(全知)를 갈망하는 것이기 때문이다. 아담에게는 이 법을 준수할 힘이 있었다. 왜냐하면 그의 마음에는 하나님의 율법이 새겨져 있었기 때문이다. 이 행위 언약에는 약속과 경고가 수반되어 있었는데,

1. 약속은 "이를 행하면 살리라"는 것이었다. 만일 인간이 이를 굳게 지켰더라면 그는 죽지 않고 더 나은 낙원으로 옮기웠을 가능성이 있다.

2. 경고는 "네가 정녕 죽으리라"는 것이었다. 히브리 원어로는 "죽을 때 너는 죽으리라"는 것인데, 이는 곧 네가 회복되기 위한 모종의 방편이 발견되지 않는다면 네가 육체적 죽음과 함께 영원한 사망을 겪으리라는 것이었다.

왜 하나님은 아담이 이 법을 어기리라는 것을 예견하면서도 법을 주셨

는가?

(1) 아담이 법을 지키지 않은 것은 그의 잘못이었다. 하나님은 그에게 운용할만한 은혜의 몫을 주셨지만 그는 자신의 태만으로 인해 실패하고 말았다.

(2) 하나님께서는 아담이 범죄할 것을 예견하셨지만 그것은 그에게 법을 주지 말아야 할 충분한 이유가 되지 못했다. 왜냐하면 동일한 이유로서 하나님은 인간들 중 혹자는 믿지 않을 것이고 또한 혹자는 이를 훼방할 것을 예견하셨기 때문에 그들에게 신앙의 규범과 양식이 될 기록된 말씀을 인간에게 허락하지 말아야 하는 것은 아니기 때문이다. 국가에서 누군가 그 법을 위반할 것이기 때문에 법을 만들지 말아야 하는가?

(3) 하나님은 아담이 법을 위반할 것을 예견하셨지만 이를 그리스도를 보내심으로써 더욱 큰 선으로 바꾸는 방도를 알고 계셨다. 첫번째 언약이 깨어졌을 때 그는 제2의 더 나은 언약을 세울 바를 알고 계셨던 것이다.

II. 첫번째 언약에 관해서는 다음의 네 가지 사항들을 고려하라.

[1] 무죄한 상태에서 맺어진 처음 언약의 방식은 행하는 것이었다: "이를 행하면 살리라." 행위가 인간의 칭의를 위한 기초요 조건이었다(갈 3:12). 은혜 언약에 행위가 요구되지 않을 수 없는 것이, 왜냐하면 우리는 우리 구원을 스스로 이루어 나가고 넘치게 선행을 행할 것을 명령받고 있기 때문이다. 그러나 은혜 언약에 있어서의 행위는 아담과의 처음 언약의 행위와는 다른 개념하에 요청되고 있다. 행위는 우리 개인의 칭의를 위해 요구되는 것이 아니라 하나님을 향한 우리의 사랑을 입증하려는 것이다. 즉, 우리 구원의 원인이 아니라 우리 선택의 증거인 것이다. 은혜 언약에서 요구되는 행위는 우리 자신의 능력이 아니라 타인의 능력으로 행하는 행위이다. "너희 안에서 행하시는 이는 하나님이시니"(빌 2:13). 교사가 아이의 손을 붙잡고 글씨를 쓰도록 도와주는 것처럼, 그래서 그것은 아이의 글씨가 아니라 실은 선생의 글씨인 것처럼 우리의 순종은 우리의 행위가 아

니라 성령님의 공동사역인 것이다.

[2] 행위 언약은 대단히 엄격했다. 하나님께서 아담과 온 인류에게 요구하신 것은 다음과 같았다.

(1) 완전한 복종. 아담은 "율법책"에 기록된 모든 내용을 실행해야 하며 그 내용과 방식에 있어 어김이 없어야 했다(갈 3:10). 아담은 도덕법의 모든 분야에 걸쳐서 순종해야 했고 마치 잘 제작된 해시계의 바늘이 태양을 좇아 돌듯이 이를 엄밀하게 지켜야 했다. 죄악된 생각 하나만 품어도 언약이 파기될 것이었다.

(2) 개인적 복종. 아담은 대리인을 통해 그의 일을 하거나 보증인을 세워서는 아니 되었다. 오직 그 자신이 직접 실행해야 했다.

(3) 항구적인 복종. 그는 범사에 "율법책"에 기록된 대로 꾸준히 실천해야 했다(갈 3:10). 그러므로 이는 대단히 엄격했다. 실수할 경우에는 일말의 자비도 없었다.

[3] 행위 언약은 매우 굳건한 기초 위에 세워진 것이 아니었다. 따라서 사람들은 두려움과 의구심을 가득 품을 수밖에 없다. 행위 언약은 인간의 고유한 의(義)의 능력에 의존하는 것이었다. 이는 무죄할 당시에는 완전한 것이지만 변화할 수밖에 없는 것이다. 아담은 거룩하게 지음받았지만 가변적이었다. 그는 설 힘과 넘어질 힘을 다 가지고 있었다. 그는 처음 세상에 나올 때부터 원래적인 의의 몫을 소유하고 있었지만 그가 범죄치 않을지 여부는 확실치 않았다. 그를 조종하는 것은 바로 그 자신으로서, 그가 무죄할 때에는 올바르게 행동할 수 있었다. 그러나 그는 유혹의 암초에 좌초되지 않거나 그와 그 후손들이 타락하지 않을 만큼 안전한 것은 아니었다. 이처럼 행위 언약은 아담의 마음에 경계와 의구심을 남길 수밖에 없었던 것이니, 곧 그가 저 영화로운 상태로부터 타락하지 않으리라는 보장이 없었기 때문이다.

[4] 행위 언약이 죄로 인해 파기되자 인간의 상태는 대단히 비참하고 절망적으로 되었다. 그는 무기력하게 홀로 남겨졌다. 회개의 여지란 전혀 남아 있지 않았다. 일단 하나님의 공의가 침범당하면 그분의 모든 다른 속성들이 아담을 대적하게 되는 것이다. 아담은 자기의 원의를 상실하자 소망의 닻과 면류관을 잃어버리고 말았다. 하나님께서 인간이나 천사가 고안해낼 수 없을 만한 길을 강구해 내시지 않는다면 그가 구원받을 길이란 전혀 없었다.

적용 1: 다음의 사항을 생각하라.

(1) 자기를 굽혀 우리와 언약맺기를 기꺼워하셨던 하나님의 겸비하심. 영광의 하나님이 먼지와 재와 같은 인생과 언약을 맺으셨다. 하나님께서 순종하면 생명을 주시겠다고 우리에게 맹세하신 것이다. 그분이 우리와 언약을 맺으신 것은 우정과 고귀한 호의의 표시인 것이다.

(2) 하나님께서 언약을 맺으심으로써 인간이 얼마나 영광스러운 지위에 들어가게 되었는지 생각하라. 그는 그 즐거움으로 인해 낙원이라 불리는 하나님의 동산에서 살게 되었다(창 2:8). 그는 오직 하나를 제외한 모든 나무들을 가질 수 있었다. 그는 일체의 보석, 귀금속, 값비싼 백향목들을 소유하였다. 그는 그야말로 만물의 영장이었으며, 모든 피조물들은 마치 요셉이 꾼 꿈에서 그 형제들의 곡식단이 그의 단을 둘러서서 절하였듯이 그에게 복종하였다. 무죄한 시절의 인간은 자기 감각을 즐겁게 할 온갖 종류의 쾌락을 구비하고 있었으며 이는 그로 하여금 조물주께 섬기고 경배하도록 이끄는 요인이 되었다. 그는 거룩성으로 충만하였다. 낙원에 열린 과일들도 아담의 영혼을 채우고 있는 은혜만큼 넘치지는 못하였다. 그는 하나님께서 당신의 살아있는 형상을 각인하신 동전이었다. 그의 오성에는 영감이 광채를 발하였으므로 그는 지상에 내려온 천사와 같았던 것이다. 또한 그의 의지와 사랑은 질서로 충만하여 하나님의 뜻과 조화를 이루었다. 아담은 성결의 완전한 모범이었다. 아담은 하나님과 친밀하게 교제했으며 왕의 총신으로서 격의없이 대화를 나누었다. 그는 하나님의 생각을 이해했고 그 심

정을 소유하였다. 그는 낙원의 태양빛을 향유했을 뿐 아니라 하나님의 얼굴의 광채를 향유하고 있었다. 이것이 하나님께서 아담과 언약을 맺으실 당시 아담의 상태였다. 그러나 이 상태는 오래 지속되지 않았다. 왜냐하면 "사람은 존귀하나 장구치 못"하기 때문이니, 단 하룻밤도 지속되지 못했던 것이다(시 49:12). 그의 입은 선악과를 보고 군침을 흘렸고, 그 이래로 우리의 눈은 눈물을 흘리게 되었던 것이다.

(3) 아담의 타락으로부터 우리가 스스로의 힘만으로는 설 수 없는 존재라는 사실을 배우도록 하라. 무죄한 상태의 아담이 올바로 설 수 없었다고 한다면 원의를 박탈당한 현재의 우리는 얼마나 무력하겠는가. 정화된 성품이 지탱할 수 없다면 부패한 성품은 더 말해 무엇하랴? 우리가 스스로 지탱하기 위해서는 우리 자신의 능력 이상의 것을 필요로 하는 것이다.

(4) 모든 불신자들과 회개치 않는 자들의 처지가 얼마나 비참한지 보라. 그들이 죄 아래 머물러 있는 한 그들은 저주 아래 놓여 있는 것이다. 우리는 믿음을 통해 둘째 언약의 자비를 받을 자격을 얻게 된다. 그러나 인간이 그 죄의 권능 아래 놓여 있는 동안은 그들은 첫 언약의 저주 아래 놓여 있는 것이다. 그리고 만일 그들이 그같은 상태하에서 죽는다면 그들은 영벌에 떨어지고 만다.

(5) 인간이 첫 언약을 어겼을 때 기꺼이 새로운 언약을 맺으려 하신 하나님의 놀라운 선하심을 보라. 이를 은혜 언약(faedus gratiae)이라고 칭해도 좋을 것이다. 왜냐하면 그것은 별들이 점점이 박혀 있는 하늘처럼 약속들로 온통 치장되어 있기 때문이다. 영광스런 영인 천사들이 타락했을 때 하나님은 그들의 하나님이 되기 위해 새로운 언약을 체결하시지 않고 그 영화로운 그릇이 그대로 깨어진 채로 있도록 버려두셨다. 그러나 그는 우리와는 처음 언약보다도 더 나은 둘째 언약을 맺으셨다(히 8:6). 그것은 더 확실한 언약이기 때문에 더 우월하다. 그것은 그리스도 안에서 성립된 것이므로 취소될 수 없다. 그리스도는 그의 능력으로 모든 신자 하나하나를 붙잡고 계신다. 처음 언약에서 우리는 스스로 지탱할 능력(posse stare)을 얻었지만, 둘째 언약에서는 궁극적 타락의 불가능성(non posse cadere)

을 얻은 것이다 (벧전 1:5).

(6) 소키누스주의자나 가톨릭 신자들처럼 자기 자유의지의 능력이나 본성의 고유한 선함이나 공로를 의지하여 의와 구원을 얻고자 하는 사람들은 전부 행위 언약 아래 놓여 있다. 그들은 믿음으로 말미암는 의에 순복하지 않으며, 따라서 율법 전체를 준수해야만 하고 실패할 경우에는 정죄당하게 되는 것이다. 은혜 언약은 마치 처음 언약에 의해 패소당한 죄인을 구제하고 돕는 고등법원과 같다. 그 내용은 다음과 같으니, "주 예수를 믿고 구원을 얻으라." 그러나 자신의 고유한 의와 자유의지와 공로를 의지하는 사람은 처음의 행위 언약 아래 처해 있으며, 멸망하는 위치에 놓여 있는 것이다.

적용 2: 우리는 믿음으로 둘째 은혜 언약에 들어가도록 하자. 그러면 그리스도께서 첫 언약의 저주를 제거해 주실 것이다. 일단 우리가 은혜 언약의 상속인이 되면 우리는 전보다 나은 지위를 누리게 된다. 아담은 자기 다리의 힘만으로 일어섰기 때문에 당연히 넘어지고 말았다. 우리는 그리스도의 능력 안에서 서게 된다. 처음 언약하에서는 하나님의 공의가 마치 피 흘린 죄인에 대한 복수자처럼 우리를 추적한다. 그러나 우리가 둘째 언약에 들어가게 되면 우리는 도피성에 거하는 것처럼 안전하며, 우리를 향하신 하나님의 공의를 진정시키게 되는 것이다.

2. 죄

질문 14: 죄란 무엇입니까?

대답: 죄란 하나님의 법도에 조금이라도 일치되지 않거나 위배되는 것을 말합니다.

"죄를 짓는 자마다 불법을 행하나니"(요일 3:4). 일반적으로 죄는 다음과 같이 설명할 수 있다.

[1] 죄는 위반하는 것을 뜻한다. 위반한다는 말의 라틴어 원어인 트란스그레디오르(transgredior)는 자기 한계를 벗어난다는 의미를 가지고 있다. 도덕법은 우리 인간들을 의무의 한계 안에 거하도록 만든다. 죄란 우리에게 주어진 한계를 넘어서는 행위이다.

[2] 하나님의 율법은 그보다 하급의 군주가 만든 법이 아니라 사람과 천사들 모두에게 법을 부여하시는 여호와의 율법이다. 그것은 의롭고 거룩하고 선한 율법이다(롬 7:12). 그것은 의로우므로 불공평한 부분이 없고 거룩하므로 불순한 부분이란 없으며, 선하므로 전혀 편벽된 부분이 없는 것이다. 따라서 기름진 목장에 거하는 가축이 굳이 울타리를 부수거나 뛰어넘어 메마른 황야나 습지로 나아갈 이유가 없듯이 이 법도를 위반할 하등의 이유가 없는 것이다.

저자는 죄가 얼마나 가증하고 추악한 것인지 보여주고자 한다. 그것은 만악(萬惡)의 회합(malorum colluvies)이요, 해악의 정수이다. 성경은 이를 "바친 물건"(영어 본문을 직역하면 "가증스런 물건"임 — 역자주)이라고 부르고 있다(수 7:13). 그것은 독사의 독과 무덤의 악취에 비유되고 있다. 사도 바울은 죄에 관해 다음과 같은 표현을 사용하고 있다. "심히 죄되게"(롬 7:13). 이를 헬라어 원어대로 한다면 "극도로 죄악되게"(Hyperbolically sinful)이다. 악마는 죄를 쾌락과 이익이라는 주홍색으로 분칠함으로써 멋있게 보이게 하려 한다. 그러나 나는 여러분이 그 추한 면모를 직시할 수 있도록 분칠을 벗길 것이다. 우리는 죄를 가볍게 생각하고 롯이 소알 성을 두고 "저 성은 작기도 하오니"라고 말한 것처럼 하기 쉽다(창 19:20). 그러나 죄가 얼마나 큰 악인가를 알기 위해서 다음의 네 가지 사항들을 고려하기 바란다.

I. 죄의 기원과 출처.

죄의 기원은 지옥으로부터 비롯되었다. 죄는 마귀에게서 나온 것이다. "죄를 짓는 자는 마귀에게 속하나니"(요일 3:8). 사탄은 첫 범죄자였을 뿐 아니라 죄의 첫 유혹자였다. 죄란 마귀의 첫 소생인 것이다.

II. 죄는 그 본질상 악하다.

[1] 그것은 사람을 더럽힌다. 죄는 결함일 뿐 아니라 더러움이다. 그것이 영혼에 미치는 영향은 마치 황금에 슨 녹이나 아름다운 그림의 얼룩과 같은 것이다. 그것은 영혼을 죄의식으로 붉게 물들이고 오예물(汚穢物)로 더럽힌다. 성경에서 죄는 "월경대(月經帶)"(사 30:22)와 "재앙"(왕상 8:38)에 비유되고 있다. 대제사장 여호수아가 하나님의 사자 앞에서 섰을 때 입었던 더러운 옷은 죄의 상징과 예표에 불과했다(슥 3:3). 죄는 하나님의 형상을 손상시키고 영혼의 본래 투명함을 흐리게 한다. 그로 인해 하나님은 죄인을 싫어하게 된다(슥 11:8). 또한 죄인이 자기 죄악을 돌아보면 스스로 미워하게 되는 것이다(겔 20:43). 죄는 우리에게 있는 거룩한 일들에

독즙을 떨어뜨리며 기도를 오염시킨다. 대제사장은 제단에서 속죄제를 드렸는데, 이는 우리의 가장 거룩한 예배에는 이를 속죄하기 위한 그리스도가 필요함을 예표하는 것이었다(출 29:36). 종교적 직무들 자체는 선하지만 죄가 이를 더럽히는 것으로서, 이는 마치 극히 순수한 물이 진창을 흘러감으로써 오염되는 것과 마찬가지이다. 만일 율법하에 있는 문둥병자가 제단을 만진다면 그 제단이 그를 깨끗하게 하는 대신 그가 제단을 더럽히게 될 것이다. 사도 바울은 죄를 가리켜 "육과 영의 온갖 더러운 것"이라고 부르고 있다(고후 7:1). 죄는 사람에게 마귀의 모습을 각인시켜준다. 말하자면 악의는 마귀의 눈이며 위선은 그 갈라진 발굽인 것이다. 그것은 한 인간을 악마로 변모시킨다. "내가 너희 열 둘을 택하지 아니하였느냐 그러나 너희 중에 한 사람은 마귀니라"(요 6:70).

[2] 죄는 성령을 근심케 한다. "하나님의 성령을 근심하게 하지 말라"(엡 4:30). 근심케 하는 것은 노하게 하는 것보다 더 심한 일이다.

어떻게 성령이 근심케 될 수 있는가? 왜냐하면 그는 하나님이시므로 여하한 감정에도 좌우되실 수 없을 것이 아니겠는가?

이 말은 비유적인 것이다. 죄는 성령을 근심케 만든다고 일컬어진다. 이는 왜냐하면 성령을 모욕하는 행위이기 때문이다. 그래서 성령께서는 이를 냉정하게 받아들이신다. 즉 깊이 마음에 새겨두시는 것이다. 그런데 이같이 해서 성령을 근심시키는 것이 중한 일이 아니란 말인가? 성령은 비둘기의 형상으로 강림하셨다. 그런데 죄는 이 거룩하신 비둘기를 슬프게 만드는 것이다. 그것이 일개 천사에 불과하다 해도 우리는 근심케 하지 말아야 하는데 하물며 하나님의 성령임에랴. 우리의 보혜사를 근심시키는 것은 슬픈 일이 아닌가?

[3] 죄는 하나님께 대한 불복종 행위이다. 천국에 대한 걸어다니는 대척점(對蹠點)이라 할 것이다. "너희가 내게 대항할진대"(레 26:27). 죄인은 하나님의 율법을 짓밟고 그의 의지에 항거하며 가능한 한 하나님을 모욕

내지는 훼방하기 위해 할 수 있는 모든 일을 한다. 죄의 히브리어 원어인 파샤(Pasha)는 반역을 의미한다. 모든 범죄에는 반역하는 마음이 내포되어 있다. "(우리가) 우리 입에서 낸 모든 말을 정녕히 실행하여 하늘 여신에게 분향하리라"(렘 44:17). 죄는 하나님 자신을 촉범한다. 죄는 하나님의 살해를 기도한다(Peccatum est Deicidium). 죄는 하나님을 왕좌에서 내쫓으려 할 뿐 아니라 하나님되지 못하게 하려는 것이다. 만일 죄인이 할 수만 있다면 하나님은 더 이상 하나님되지 못하게 되실 것이다.

[4] 죄는 불성실하고 몰인정한 행위이다. 하나님은 죄인을 먹이시고 그에게서 재앙을 멀리하시며 자비로써 기적을 보이신다. 그러나 죄인은 하나님의 자비를 망각할 뿐 아니라 이를 악용하는 것이다. 그는 자비를 입을수록 더 악해지는 것이, 마치 다윗이 입맞추고 다시 총애하게 되자마자 곧 반역을 도모한 압살롬과 같다(삼하 15:10). 그는 마치 자기에게 젖을 먹인 어미를 발로 차는 노새와 같은 존재이다. "이것이 네가 친구를 후대하는 것이냐?" (삼하 16:17). 하나님은 죄인에게 다음과 같이 질책하실 것이다. "나는 네게 건강, 능력, 재산을 주었다. 그러나 너는 내게 선을 악으로 갚으며 내가 준 자비로써 나를 상처입히는구나. 이것이 네가 친구를 대하는 친절이냐? 내가 네게 죄지으라고 생명을 주었더냐? 내가 네게 마귀를 섬기라고 급료를 준 것이냐?"

[5] 죄는 질병과 같다. "온 머리는 병들었고"(사 1:5). 혹자는 교만의 병을, 혹자는 정욕의 병을, 다른 혹자는 시기심의 병을 앓고 있다. 죄는 지성의 부위에 이상을 야기한다. 즉, 머리에는 문둥병이요 오장육부에는 독과 같은 것이다. "저희 마음과 양심이 더러운지라"(딛 1:15). 죄인과 같이 있는 것은 마치 병자와 함께 하는 것과 같아서 그의 입맛이 사라져서 가장 달콤한 음식도 그에게는 쓰게 느껴진다. "송이꿀보다 더 달"은 말씀(시 19:10)도 그에게는 씁쓰레하게 느껴지며, 그는 "쓴 것으로 단 것을 삼"는다(사 5:20). 이것은 염병인데 의사의 피가 아니면 이를 치료할 길이 없다.

[6] 죄는 어리석은 짓이다. 그것은 인간을 악하게 행동하게 할 뿐 아니라 우매하게 행하게 만든다. 큰 것을 버리고 그보다 못한 것을, 곧 하나님의 오른손에 있는 영원한 희락의 강물 대신 이생의 쾌락을 선호한다는 것은 어리석고 불합리한 일이다. 정욕을 충족시키거나 그에 탐닉하려는 연고로 천국을 잃어버린다는 것은 어리석은 일이 아니겠는가? 이는 마치 한 모금의 물 때문에 나라를 잃어버렸던 리시마쿠스(Lysimachus)와 흡사한 일이다. 원수를 만족시킨다는 것은 우매한 짓이 아닌가? 우리는 죄지을 때 그같이 한다. 정욕이나 성급한 분노가 마음 속에서 타오를 때 사탄은 바로 이 불길을 쬐고 있는 것이다. 인간의 죄악은 마귀를 즐겁게 한다.

[7] 죄란 고통스러운 짓이다. 인간이 죄를 추구하려면 크나큰 노고를 들여야 한다. 그들은 마귀의 고역을 행하는 일에 얼마나 자기를 피곤케 하고 있는가! "그들은 악을 행하기에 수고하거늘"(렘 9:5). 유다는 반역을 꾀하기 위해 얼마나 노고를 기울였던가! 그는 대제사장을 찾아가고, 뒤이어 군대를 찾아갔으며 그 다음엔 다시 대제사장의 집 뜰로 찾아갔던 것이다. 크리소스톰은 말한다. "미덕은 악보다 행하기 쉽다"라고. 혹자가 자기 악을 행하는 것은 다른 사람들이 그들의 하나님께 예배드리는 것보다 더욱 큰 수고이다. 죄인은 자기 죄를 낳기 위해 구로하며 슬픔 가운데 이를 낳는 것이니, 성경은 이를 "각색 정욕과 행락에 종노릇"한다고 묘사하고 있다(딛 3:3). 즉, 이를 누리지 못하고 종으로 섬기는 것이다. 왜 그런가? 이는 죄에 종노릇한다는 점 뿐 아니라 그것이 힘드는 일이라는 사실에 있다. 그것은 "각색 정욕에 종노릇"하는 일이다. 허다한 사람들이 이마에 땀을 흘리면서 지옥으로 나아가고 있다.

[8] 죄는 하나님이 유일하게 싫어하시는 일이다. 하나님은 어떤 사람이 가난하거나 세상에서 멸시받기 때문에 미워하시지 아니한다. 이는 마치 우리가 친구가 병들었다고 해서 미워하지 않는 것과 매한가지이다. 그러나 하나님의 첨예한 증오심을 야기하는 것이 있다면 그것은 바로 죄이다. "너

희는 나의 미워하는 이 가증한 일을 행치 말라"(렘 44:4). 그리고 분명한 것은 만일 죄인이 하나님의 미워하심 가운데 죽는다면, 그는 천국에 들어가도록 용납될 수 없다는 사실이다. 하나님이 싫어하시는 인간을 자신과 동거하도록 놔두시겠는가? 하나님은 결코 은혜를 원수로 갚는 사람에게 선을 베풀지 않으실 것이다. 독수리는 깃이 다른 날짐승들과 같이 무리지으려 하지 않는 법이다. 마찬가지로 하나님은 죄인과 섞이거나 연합하려 하시지 않는다. 죄를 완전히 제거한 연후에야 하나님의 전에 나아올 수 있는 것이다.

Ⅲ. 죄의 사악함과 그 대가를 직시하라.

이를 속죄하는 데에는 하나님의 피가 요구되었다. 어거스틴은 말한다. "오 인간이여, 그대의 죄악이 얼마나 큰지 이를 대속하기 위해 치른 삯의 엄청남을 보고 미루어 알지어다." 오직 그리스도 외에는 세상의 모든 왕들이나 하늘의 천사들이라 할지라도 죄값을 만족시킬 수 없다. 아니, 그리스도의 적극적인 순종도 속죄를 위해 충분치 않았고 오직 그가 십자가 위에서 고난을 당하셔야 했던 것이다. 왜냐하면 피흘림이 없으면 사함이 없기 때문이다(히 9:22). 오, 그리스도께서 그 때문에 죽으셨야 했다니 죄란 얼마나 저주받은 일인가! 죄의 악함은 일천명이 그로 인해 영벌에 떨어진다는 사실보다는 그리스도께서 이를 위해 죽으셨다는 사실에서 엿볼 수 있다.

Ⅳ. 죄의 결과는 악하다.

[1] 죄는 우리의 명예를 실추시킨다. 르우벤은 근친상간을 범함으로써 품위를 상실했다. 그래서 비록 장자였지만 탁월하지 못했던 것이다(창 49:4). 하나님은 우리를 당신의 형상대로 지으시고 천사보다 약간 못하게 만드셨다. 그러나 죄가 우리를 여지없이 추락시키고 말았다. 아담이 범죄하기 전에는 그는 마치 문장이 새겨진 외투를 입고 있는 문장관(紋章官)과 같았다. 모든 존재가 그를 존경한 것은 그가 왕의 문장이 새겨진 외투를

입고 있었기 때문이다. 그러나 이 외투를 벗고 나면 아무도 그를 알아주지 않고 멸시하게 된다. 죄가 바로 이 역할을 하였으니, 곧 우리의 무죄한 외투를 낚아챔으로써 우리를 타락케 하고 영광을 변하여 수치되게 한 것이다. "그 위를 이을 자는 한 비천한 사람이라"(단 11:21). 이 말씀은 안티오쿠스 에피파네스(Antiochus Epiphanes)를 가리키는 것으로서, 그는 왕이며 그 이름의 의미는 영화로운 것이었지만 죄로 인해 타락하여 비천한 인간이 되고 말았던 것이다.

[2] 죄는 영혼의 평화를 어지럽힌다. 더럽게 하는 것은 무엇이든지 혼란케 만든다. 독이 배를 아프게 하고 피를 오염시키는 것처럼 죄가 영혼에 그러한 것이다(사 57:21). 죄로 인해 심장이 떨리게 되는 것이니, 곧 죄는 두려움을 야기하며 "두려움에는 형벌이 있음이라"(요일 4:18). 죄는 양심에 지독한 경련을 야기한다. 유다는 죄의식과 공포심으로 너무나 겁을 집어먹었기 때문에 양심을 달래기 위해 목을 매달고 말았다. 그런데 이는 평안을 얻기 위해 지옥에 몸을 던진 격이므로 그릇된 치료를 받은 것같지 않은가?

[3] 죄는 일체의 현세적 악을 만들어낸다. "예루살렘이 크게 범죄하므로 불결한 자 같이 되니"(렘 1:8). 그것은 그 뱃속에 칼과 기근과 염병을 품고 있는 트로이의 목마와 같은 것이다. 죄는 석탄과 같아서 검정을 묻힐 뿐 아니라 불타게 만들기도 한다. 죄는 우리의 모든 재난의 장본인이다. 그것은 우리 빵속에 자갈을, 잔속에 쑥을 집어 넣는다. 죄는 명성을 좀먹고 재물을 탕진하며 인간관계를 망치고야 만다. 죄는 하나님의 날아가는 저주의 두루마리를 가정과 국가에로 쏘아 보낸다(슥 5:4). 포카스(Phocas)에 관하여 다음의 이야기가 전해오고 있다. 즉, 그가 자기 성읍에 강력한 성벽을 구축한 후에 다음과 같은 음성이 들렸다는 것이다. "죄는 성읍 안에 있으므로 그것이 성벽을 무너뜨릴 것이다."

[4] 회개치 않은 죄는 최종적으로 심판을 가져온다. 장미에 기생하는 자벌레는 장미가 말라죽게 만드는 원인이 된다. 그리고 인간의 영혼 속에 자생하는 부패성이야말로 그 영혼의 멸망의 원인이 되는 것이다. 회개치 않는 죄는 "둘째 사망"을 가져오는데 그것은 버나드(Bernard)의 표현에 의하면 "끊임없이 죽는 죽음(mors sine morte)"이다(계 20:14). 죄악의 쾌락은 종국적으로는 슬픔으로 귀결되고 만다. 그것은 마치 선지자가 받아 먹은 책과 같이 입에서는 달지만 배에서는 쓴 것이다(겔 3:3; 계 10:9). 죄는 하나님의 진노를 야기하는데 그 어떤 양동이나 소방펌프로 그 불길을 끌 수 있겠는가? "거기는 구더기도 죽지 않고 불도 꺼지지 아니하느니라"(막 9:48).

적용 1: 죄악은 얼마나 치명적인지 생각하고 그런데도 사람들이 이를 사랑하는 것이 얼마나 이상한 일인지 생각하라. "어느 때까지 허사를 좋아하겠는고?"(시 4:2). "이스라엘 자손이 다른 신을 섬기고 건포도 떡을 즐길지라도"(호 3:1). 죄는 사람이 먹으면 토하게 되면서도 안먹고는 견딜 수 없는 음식과 같은 것이다. 하수도에 장미향수를 끼얹는 사람이 어디 있겠는가? 사랑과 같이 달콤한 감정을 죄처럼 추악한 대상에 주는 것은 얼마나 한심한 일인가! 죄는 양심에 가책을 안겨주고 신분에 저주를 가져온다. 그런데도 인간은 이를 사랑한다. 죄인이야말로 최고로 자기를 부정하는 자인 것이니, 왜냐하면 그는 자기의 죄악 때문에 천국에서 그가 차지할 몫을 스스로 부정하려 하는 것이기 때문이다.

적용 2: 죄가 아닌 무슨 일이든 하라. 오, 죄를 미워하자! 가장 미미한 죄라 할지라도 그 속에는 우리에게 닥칠 수 있는 가장 큰 육체적인 재난보다도 더 큰 재앙이 들어 있다. 산족제비는 자기의 아름다운 가죽을 더럽히느니 차라리 죽는 편을 택한다. 고통의 바다 전체보다 한 방울의 죄 속에 더 큰 해악이 들어 있다. 고통이란 단지 외투에 생긴 흠 하나에 불과한 것이지만 죄는 심장을 찌르는 가시인 것이다. 고통에는 모종의 선한 점

(aliquid mellis)이 있다. 이 사자에게서 약간의 꿀을 발견할 수 있는 것이다(삿 7:8-18 참조). "고난 당한 것이 내게 유익이라"(시 119:71). "고통이란 우리의 껍질을 벗겨내기 위한 하나님의 도리깨이며 우리를 파멸시키려는 게 아니라 연단하려는 것이다"(Utile est anima si in hac area mundi flagellis trituretur corpus) — 어거스틴. 죄에는 아무런 선도 없다. 그것은 악의 정수와 핵심인 것이다. 죄는 지옥보다도 더 나쁜 것이니, 왜냐하면 지옥의 고통은 오직 피조물에게만 임하는 부담이지만 죄는 하나님께도 부담이 되기 때문이다. "곡식 단을 가득히 실은 수레가 흙을 누름같이 내가 너희 자리에 너희를 누르리니"(영어 본문을 직역하면 "내가 너희 죄악으로 인해 눌리나니"임 — 역자주)(암 2:13).

적용 3: 죄란 그토록 큰 악인가? 그렇다면 하나님께서 그대의 죄를 제거해 주시면 우리는 얼마나 감사해야 하겠는가! "내가 네 죄과를 제하여 버렸으니"(슥 3:4). 만일 당신의 육체에 흑사병이나 수종증(水腫症)과 같은 질병이 있을 경우 이 병을 제거해준다면 얼마나 고맙겠는가! 죄를 제하는 것은 이보다 훨씬 큰 일이다. 하나님은 죄의식은 사유하는 은혜로써, 죄의 권능은 극복하는 은혜로써 제거하신다. 이 병이 "죽음에 이르지 않는" 것을 감사할지어다. 곧 하나님께서 당신의 성품을 변화시키시고 당신을 그리스도에게 접붙임으로써 그 감람나무의 달콤함에 참여케 하신 것과 비록 죄가 살아 있지만 지배하지는 못하며 형뻘인 죄가 동생뻘인 은혜를 섬기도록 섭리하신 것을 감사하라(창 25:23 참조).

3. 아담의 범죄

질문 15: 우리의 첫 부모가 그들이 지음받았을 때 타고난 신분으로부터 떨어진 죄는 무엇이었습니까?

답변: 곧 그들이 금지된 실과를 따먹은 것입니다.

"여자가 그 실과를 따먹고 자기와 함께한 남편에게도 주매 그도 먹은지라"(창 3:6). 이 본문 속에는, I. 우리의 시조들은 그들의 무죄한 신분으로부터 떨어져 나왔다. II. 그들을 떨어지게 한 죄는 금지된 열매를 따먹은 것이다.

I. 우리의 첫 조상들은 영화로운 무죄함의 신분으로부터 떨어져 나왔다.

"곧 하나님이 사람을 정직하게 지으셨으나 사람은 많은 꾀를 낸 것이니라"(전 7:29). 아담은 온전히 거룩했고 마음이 정직했으며 선을 행할 자유의지를 가지고 있었지만 그의 머리는 그 자신과 우리의 사망을 고안해 내기까지 분주하게 움직였다. 그는 많은 꾀를 추구했던 것이다.

1. 그의 타락은 자발적인 것이었다. 그는 타락하지 않을 능력(posse non peccare)을 지니고 있었다. 자유의지는 유혹을 거부하기에 충분한 방패

가 되었다. 마귀는 그의 동의를 얻지 않고는 그를 강제할 수 없었다. 사탄은 강제하는 군주가 아니라 구애하는 구혼자와 같은 존재에 불과했다. 그러나 아담은 자기 자신의 능력을 포기해 버리고 스스로 팔려 죄에 유혹되었다. 그것은 마치 주사위 놀음에서 단번에 합법적인 영주권(領主權)를 잃어버린 젊은 한량과 같았다. 아담은 합법적인 통치권을 소유한 세상의 군주였다. "바다의 고기와 공중의 새와 땅에 움직이는 모든 생물을 다스리라"(창 1:28). 그러나 그는 모든 것을 단번에 상실해 버렸다. 그는 범죄하자마자 즉시 낙원을 잃고 말았다.

2. 아담의 타락은 급작스러운 것이었으며, 그는 자신의 군주적 위엄을 오래 유지하지 못하였다.

아담은 타락하기까지 낙원에서 얼마나 오래 있었는가?

토스타투스(Tostatus)에 의하면 아담은 바로 다음날 타락하였다. 페레리우스(Pererius)는 그가 피조된지 8일만에 타락했다고 말한다. 가장 그럴듯하고 공인받는 견해는 그가 피조된 바로 당일에 타락했다는 것이다. 이 견해는 이레니우스(Irenaeus), 키릴(Cyril), 에피파니우스(Epiphanius) 및 다수가 주장하고 있다. 저자가 그같이 믿는 이유는 다음과 같다.

(1) 성경에 의하면 사탄은 "처음부터(=태초부터)" 살인한 자였다(요 8:44). 그런데 그는 누구를 죽였단 말인가? 거룩한 천사들은 아니었는데 왜냐하면 그는 그들에게 손을 댈 수 없었기 때문이다. 그리고 저주받은 천사들도 아닌데, 왜냐하면 그들은 그 전에 이미 스스로 파멸되고 말았기 때문이다. 그렇다면 사탄은 어떻게 태초부터 살인한 자가 되었는가? 사탄은 타락하자마자 즉시로 인류를 범죄하도록 유혹하기 시작했다. 이것이 곧 살인적인 유혹이었던 것이다. 이로 인해 아담은 낙원에 오래 체류하지 못했다. 그가 지음받은 후 오래지않아 마귀는 그를 선동하였고 유혹으로써 그를 죽이고야 말았던 것이다.

(2) 아담은 아직 생명나무 실과를 따먹지 않았을 때였다. "보라 그가 그 손을 들어 생명나무 실과도 따먹고 영생할까 하노라 하시고 여호와 하나님이 에덴동산에서 그 사람을 내어 보내어"(창 3:22,23). 이 생명나무는

에덴동산에서도 가장 맛있는 과일나무였고 동산 중앙에 위치하고 있었기 때문에 만일 뱀이 아담을 선악의 지식을 알게하는 나무로 미혹하지 않았더라면 제일 먼저 생명나무 실과를 따먹었을 개연성이 매우 높은 것이다. 따라서 저자는 아담이 피조된 당일에 타락했다고 결론내린다. 왜냐하면 그는 그때까지도 자기 눈에 최고로 좋아 보이며 극히 맛있는 실과를 맺는 생명나무를 맛보지 않았기 때문이다.

(3) "사람은 존귀하나 장구치 못함이여"(abideth not: 지속하지 못하다)"(시 49:12). 유대교 랍비들은 이 구절을 다음과 같이 읽는다. "아담은 비록 존귀한 신분이었지만 단 하룻밤도 머물 수 없었다." 지속한다(abide)는 말의 히브리 원어는 "밤새도록 머문다"는 의미를 가지고 있다. 그러므로 아담은 낙원에서 하룻밤도 머물지 못한 것으로 여겨지는 것이다.

적용 1: 아담의 갑작스런 타락에서 인간성의 연약함을 배우도록 하라. 완전한 상태에 있었던 아담은 급속하게 하나님을 떠났고, 머지않아 무죄함과 낙원의 영화를 상실해 버리고 말았다. 우리의 본성이 최선일 경우에도 그처럼 연약하다면 최악의 상태하에 놓여 있는 오늘날의 모습은 어떠한가? 만일 아담이 온전히 의로웠을 때에도 제대로 설 수 없었다면 죄로 인해 원의를 상실해버린 우리가 어떻게 설 수 있겠는가! 무구한 본성이 설 수 없는데 부패한 본성이 어떻게 설 수 있을까? 아담이 수 시간만에 범죄하여 낙원으로부터 쫓겨났다면 우리는 우리보다 더 큰 능력의 보호를 받지 않는다면 얼마나 쉽게 범죄하여 지옥으로 들어갈 것인가! 그러나 하나님은 당신의 영원하신 팔 아래 우리를 보호하고 계신다(신 33:27).

적용 2: 아담의 갑작스런 타락으로부터 인간이 홀로 남겨진다는 것이 얼마나 슬픈 일인지 배우도록 하라. 아담은 홀로 남겨졌을 때 타락하고 말았다. 오, 그렇다면 만일 하나님이 우리를 홀로 남겨 두신다면 우리는 얼마나 속히 넘어질 것인가! 하나님의 은총이 떠난 사람이 홀로 남겨져 있는 것은 마치 항해사도 닻도 없이 폭풍우 속을 떠돌며 암초마다 전부 충돌하려고 하는 배와 흡사하다. 하나님께 다음과 같이 기도하기 바란다. "주여 저를 홀로 있게 버려두지 마소서. 능력을 갖춘 아담이 그토록 신속히 타락했다면 아무 능력도 없는 저같은 사람은 얼마나 속히 타락하겠나이까!" 오! 하나님의 서명 날인을 받도록 간구하라! "내 능력이 약한데서 온전하여 짐이라"(고후 12:9).

Ⅱ. 우리의 시조들이 떨어졌던 범죄는 금지된 실과를 먹은 일이었다. 여기서 다음의 두 가지 일을 고려하라.

[1] 이 일의 원인은 사탄의 유혹이었다. 마귀가 뱀 속에 들어와서 마치 천사가 발람의 당나귀를 통해 말했듯이 뱀을 통해 말하였다. 여기서 다음의 사항들을 생각하라.

(1) 사탄의 유혹의 간교함. 사탄의 궤계는 그 화살보다 더 심하다. 유혹할 때 나타난 사탄의 간교함은,

(i) 그는 시종 사기꾼으로서 행하였다. 그는 거짓말로 자신의 유혹을 시작했다. 첫번째 거짓말은, "너희가 결코 죽지 아니하리라"였다(창 3:4). 두번째 거짓말은 하나님이 우리 시조들이 행복해지는 것을 시기하셨다는 것이다. "너희가 그것을 먹는 날에는 너희 눈이 밝아질 것을 하나님이 아심이니라"(5절). 말하자면 하나님은 너희의 행복을 시기하셨기 때문에 이 나무 과실을 먹지 못하도록 금지하셨다는 것이다. 세번째 거짓말. 그들이 이로써 하나님 같이 되리라는 것이다. "너희 눈이 밝아 하나님과 같이 되어"(5절). 여기서 유혹하는 데 있어서 그의 간교한 솜씨가 나타나고 있다. 마귀는 우선 거짓말쟁이였고 그 다음에는 살인자였다.

(ii) 그가 우리 시조들이 확고하게 복종하게 되기도 전에 그토록 신속히 선동한 점. 하늘의 천사들은 거룩함에 있어 확고부동하다. 그래서 그들은 새벽 별이라고 칭해진다(욥 38:7). 또한 그들은 항성(恒星)이다. 그러나 우리의 첫 조상들은 순종에 있어 확고하지 않았다. 그들은 그들의 거룩성의 궤도 가운데 붙박혀 있지 못했던 것이다. 그들에겐 온전히 설 가능성이 있었지만 넘어지는 게 불가능한 것도 아니었다. 그들은 거룩했지만 가변적

이었던 것이다. 우리의 첫 조상들이 미처 순종에 있어 확고해지기도 전에 공략한 것이야말로 사탄의 간교함이었다.

(iii) 그의 유혹의 교묘함은 우선 저항력이 부족할 것으로 생각되는 하와를 먼저 꾀었다는 사실에서도 나타난다. 사탄은 가장 취약해 보이는 부분의 담벽을 뛰어 넘었다. 그는 자기가 그녀를 유혹함으로써 좀더 쉽게 환심과 호감을 살 수 있으리라는 것을 알았다. 숙련된 병사는 성을 공격하거나 진입하기에 앞서 주의깊게 성벽의 갈라진 부분이나 좀더 쉽게 진입해 들어갈 방법을 모색한다. 이와 마찬가지로 사탄은 더 연약한 그릇을 공략했던 것이다. 그는 우선 하와를 유혹했는데, 왜냐하면 만일 그녀를 설복시킬 수 있다면 그녀가 쉽게 자기 남편을 유혹하리라는 것을 알았기 때문이다. 그래서 마귀는 그 아내를 통해 욥을 시험하였다. "하나님을 욕하고 죽으라"(욥 2:9). 아그리피나(Agrippina)는 코모두스(Commodus) 황제를 향기로운 잔에 부은 포도주로 독살했는데, 자기 아내가 건네주는 향기로운 잔은 의심을 덜 받았던 것이다. 사탄은 아담이 그 아내로부터 받는 유혹은 효력이 더 강하고 의심도 덜 살 것을 알고 있었다. 오, 가슴아픈 일이다! 때로는 가까운 친지들이 시험거리가 되는 것이 현실이다. 아내는 그 남편이 자기 의무를 수행하지 못하게 하거나 악을 행하도록 유혹하는 올무가 될 수도 있다. "예로부터 아합과 같이 스스로 팔려 여호와 보시기에 악을 행한 자가 없음은 저가 그 아내 이세벨에게 충동되었음이라"(왕상 21:25). 말하자면 이세벨이 그를 격동하여 죄를 더하도록 만들었던 것이다. 사탄의 교묘함은 그가 아담을 그 아내를 통해 유혹한 데에서 엿보인다. 그는 그녀가 자기 남편을 범죄하도록 유혹하리라 생각했다.

(iv) 유혹하는 사탄의 교활함은 하와의 신앙을 공격하는 데에서도 드러난다. 그는 하나님이 진실을 말씀하시지 않았다고 그녀를 설득하려 했다. "너희가 결코 죽지 아니하리라"(창 3:4). 이 말은 그녀의 신앙을 약화시킨 사탄의 걸작품이라 할 수 있다. 그가 그녀의 믿음을 뒤흔들어 일단 불신앙으로 이끌자 "그녀는 굴복했고", 즉시 자기 손을 내밀어 악을 행하였던 것이다.

(2) 유혹함에 있어서 나타나는 사탄의 냉혹함. 아담에게 그 모든 영광이 주어지자마자 마귀는 냉혹하게도 아담이 만물의 영장으로 등극한 당일에 그를 폐위시키고 그와 그의 모든 후손들을 저주 아래 놓으려 했다. 사탄이 인류에 대해 사랑을 거의 품지 않고 있다는 사실을 직시하라. 그는 우리들에 대해 뿌리깊은 반감을 품고 있는데 그같은 반감은 결단코 화해 불가능한 것이다. 아담의 범죄의 원인과 뱀에 의해 유혹받은 경위에 관해서는 이 정도로 충분할 것이다.

[2] 죄 자체는 "금지된 실과를 먹은 것"이다. 이는 대단히 가증스러운 일인데, 이를 세 가지 측면에서 살펴볼 수 있다. (1) 범죄한 당사자의 측면. (2) 죄의 악화의 측면. (3) 그 무서운 결과의 측면.

(1) 그것은 죄를 범한 당사자의 측면에서 보면 극히 가증스러운 일이었다. 아담은 탁월하고 고귀한 자질을 지니고 있었으니, 곧 지식의 광채와 거룩성으로 치장하고 있었다. 그는 자기 의무가 무엇인지 알고 있었으며, 또한 그가 하나님의 계명을 지키는 것은 이를 아는 것만큼이나 쉬운 일이었던 것이다. 아마 그는 범죄할 것인지 말 것인지 선택했을 것이다. 그리고 고의적으로 금지된 실과를 따먹었던 것이다.

(2) 아담이 지은 죄의 악화.

그 죄는 어떤 점에서 그토록 중하게 보이는가? 그것은 단지 사과 하나를 따먹은 데(raptus pomi) 불과하지 않은가? 사과 하나를 따는 행위가 그렇게 큰 문제란 말인가?

그것은 무한하신 하나님을 거역하는 짓이었다. 그것은 복합적인 죄(malum complexum)로서, 그 안에 여러 가지 죄가 뒤얽혀 있는 것이다. 이는 마치 키케로가 존속살해에 대해 "그 죄를 범한 자는 많은 죄를 한번에 지은 것이다"(Plurima committit peccata in uno)라고 말한 바와 같다. 이와 마찬가지로 아담의 일회성 범죄 안에는 수많은 죄들이 포함되어 있다. 그것은 말하자면 위가 큼직한 죄요, 수많은 고리가 달린 사슬인 것이다. 그 속에는 10가지 죄악이 포함되어 있다.

(i) 불신앙. 우리의 시조들은 하나님께서 하신 말씀이 진실임을 믿지 않았다. 하나님은 그들이 그 나무 실과를 먹는 날에는 정녕 죽으리라고 말씀하셨다. 그들은 자기들이 죽을 것으로는 믿지 않았다. 그들은 그처럼 아름다운 과실이 사망에로 가는 문턱이 되리라고는 믿을 수 없었던 것이다. 이처럼 그들은 믿지 않음으로써 하나님을 거짓말쟁이로 만들고 말았다. 더 나쁜 것은, 그들은 하나님보다 마귀의 말을 더 믿었다는 사실이다.

(ii) 감사치 못함. 이는 모든 죄의 요체이다. 아담의 범죄는 낙원 한가운데에서 자행되었다. 하나님은 그에게 다양한 은혜로 채우셨으니, 곧 당신의 형상을 그에게 각인시키고 그를 세계의 주인으로 삼으셨으며, 동산의 모든 나무 실과를 먹도록(단 하나만 제외하고) 주셨는데 그는 바로 그 제외된 나무 실과를 먹었던 것이다! 이것은 극도의 배은망덕이었다. 이는 마치 양모를 진홍색으로 물들이는 염료와도 같았다. 아담의 눈이 열려 자기 소행을 보게 되자 그가 수치심을 느껴 스스로 숨은 것도 무리가 아닐 것이다. 낙원 한 가운데에서 버젓이 범죄한 자가 어떻게 낯색도 붉히지 않고 하나님을 바라볼 수 있겠는가!

(iii) 아담의 죄에는 불만도 있었다. 만일 그가 불만을 느끼지 않았더라면 결단코 자기 처지를 바꾸어 보려고 하지 않았을 것이다. 우리가 생각하기에 아담은 넉넉히 구비하고 있으며 천사와 거의 대동소이해서 무죄함으로 옷입고 낙원의 영화로 관쓰고 있었다. 그런데도 그는 만족할 줄 몰랐으며 더 가지려 했다. 그는 일반적인 피조물의 반열을 뛰어넘기를 바랐던 것이다. 온 세계로도 아담의 마음을 충족시킬 수 없었으니 그의 포부는 얼마나 거창했던가!

(iv) 하나님과 같아지려 했던 교만. 티끌 속에서 갓 기어 나온데 불과한 이 벌레같은 존재가 이젠 하나님이 되기를 열망했던 것이다. 마귀는 "너희가 하나님과 같이 되리라"고 말했고 아담은 진실로 그같이 되려고 희망했다. 그는 지식의 나무 실과가 자기 눈을 성별하여 자신을 전지(全知)한 존재로 만들어줄 것으로 지레 짐작하였다. 그러나 그는 지나치게 높이 기어 오르다가 그만 떨어져 버리고 말았다.

(v) 불순종. 하나님은 "선악을 알게 하는 나무의 실과는 먹지 말라"고 하셨다. 그러나 그는 자기 생명이 희생되는데도 불구하고 이를 먹고자 했다. 불순종은 공평에 반(反)하는 죄악이다. 우리가 우리 존재의 주인되시는 분을 섬겨야 하는 것은 당연하다. 하나님은 아담에게 당신의 은혜를 베푸셨으므로 그가 하나님께 충성을 바치는 것이 지당했다. 하나님이 자기 면전에서 당신의 법도가 짓밟히는 꼴을 어떻게 참고 보실 수 있겠는가? 이로 인해 그분은 에덴 동산 동편에 화염검을 두게 되셨던 것이다.

(vi) 호기심. 그는 자기 영역 밖에 있어서 그와는 상관이 없는 일에 참견하였다. 하나님은 벧세메스의 거민들이 여호와의 궤를 들여다 보았다는 이유 때문에 그들을 치셨던 것이다(삼상 6:19). 아담은 하나님의 비밀을 파고 들어 금지된 내용을 맛보려 했다.

(vii) 방자함. 아담은 다른 모든 나무들을 선택할 수 있었지만 그의 입맛이 점점 방자하게 되어 이 나무를 택할 수밖에 없게 되었다. 이는 마치 하나님께서 천사들의 양식인 만나를 내려 주셨지만 이에 만족하지 않고 메추라기를 갈망했던 이스라엘 백성과 흡사하다. 그들은 하나님이 그들의 욕망을 만족시키지 않는 한 자기들의 필요를 공급하신 것만으로는 충분치 않았던 것이다. 아담은 필요뿐 아니라 쾌락을 추구했다. 그러나 그의 방자한 입맛은 금지된 과일을 탐내는 데까지 이르렀던 것이다.

(viii) 신성모독. 선악의 지식을 알게 하는 나무는 아담과 전혀 상관이 없었지만 그는 이를 따먹음으로써 하나님의 것을 감히 도적질하였다. 하르팔루스(Harpalus)에서는 신전 물품을 도적질하고 은그릇을 훔치는 것을 중죄로 간주하였다. 이는 아담이 하나님께서 당신의 몫으로 특별히 구별하신 나무의 과실을 훔쳐먹은 경우에도 해당된다. 신성모독은 갑절의 도적질인 것이다.

(ix) 살인. 아담은 공인이었고 그의 모든 후손들은 그의 안에 포함되어 있었다. 그런데 그는 범죄함으로써 단번에 그의 모든 후손들을 파멸시키고 말았다(값없이 주시는 은혜의 개입이 없으면). 아벨의 피가 하나님께 그토록 큰 소리로 호소했다면("네 아우의 핏소리가 땅에서부터 내게 호소하느

니라." 창 4:10), 아담의 모든 후손들의 피는 얼마나 큰 소리로 그에 대한 복수를 호소하겠는가!

(x) 주제넘음. 아담은 주제넘게도 하나님의 자비를 가정했다. 그는 자기 몸에 십자성호를 그으면서 나는 괜찮을 거라고 중얼거렸던 것이다. 그는 나는 비록 범죄할지라도 죽지 않으리라고, 즉 하나님은 나를 벌주기보다는 당신의 법령을 취소하실 거라고 생각했던 것이다. 아담의 언약 파기는 얼마나 가증한 죄악이었는지! 하나의 죄에는 수많은 죄가 포함되어 있을 수 있다. 우리는 죄를 경시하고 자칫 별 것 아니라고 말하기 쉽다. 아담의 범죄 속에는 얼마나 많은 죄가 포함되어 있었던가! 오, 어떤 죄든지 짓지 않도록 조심해야 한다! 한 권의 책 속에 많은 작품이 합본되어 들어 있듯이 하나의 죄 속에 여러 죄악이 포함되어 있을 수 있는 것이다.

(3) 그 치명적인 결과. 그것은 인간 본성을 부패시켰다. 한 방울로 바다 전체를 오염시킬 수 있는 독약이라면 얼마나 지독한 독이겠는가! 마찬가지로 온 인류를 타락시키고 저주받게 할 수 있는 아담의 범죄는 얼마나 치명적인가! 그러나 이 저주는 우리를 위해 저주가 되신 한 사람에 의해 제거되었다.

4. 원죄

질문 16: 온 인류가 아담의 첫 범죄에 빠졌습니까?

답변: 아담과 맺어진 언약은 그 자신만 아니라 그 후손들과도 맺어진 것으로서, 그로부터 일반적 생식의 방법으로 나온 모든 인류가 그 안에서 범죄함으로써 그의 첫 범죄에 함께 빠졌습니다.

이러므로 "한 사람으로 말미암아 죄가 세상에 들어오고 죄로 말미암아 사망이 왔나니"(롬 5:12).

아담은 대표적인 인간이어서 그가 서 있는 동안은 우리도 서 있고 그가 넘어지자 우리도 넘어지게 되었다. 즉, 우리는 아담 안에서 범죄하였다. 그래서 성경은 "그 안에서 모든 사람이 범죄하였으니"라고 기록한 것이다.

아담은 인류의 머리로서 그가 유죄이면 곧 우리도 유죄인 것이니, 이는 매국노의 자식의 혈통은 이미 더럽혀져 있는 것과 같다. 어거스틴은 말했다. "우리들 전체는 아담 안에서 범죄하였다. 왜냐하면 우리는 아담의 일부였기 때문이다."

만일 아담이 타락했을 때 온 인류가 그와 더불어 타락한 것이라면 한 천사가 타락했을 때 모든 천사들이 함께 타락하지 않은 이유는 무엇인가?

이것은 경우가 다르다. 천사들은 피차 아무런 관계가 없다. 그들은 새벽별이라고 불리고 있는데, 별들은 피차 의존관계에 놓여 있는 것이 아니기 때문이다. 그러나 우리들의 경우는 이와 달라서 우리는 아담의 허리 안에 들어 있었던 것이다. 자식이 그 부모의 한 줄기인 것처럼 우리는 아담의 일부였다. 그러므로 그가 범죄했을 때 우리도 함께 범죄한 것이다.

어떻게 아담의 죄가 우리 죄로 되는가?

(1) 전가됨으로써. 고대의 펠라기우스주의자들(Pelagians)은 아담의 범죄는 전가가 아니라 단지 모방을 통해서만 후손들에게 해를 끼친다고 주장하였다. 그러나 성경은 "그 안에서 모든 사람들이 죄를 범하였으매"라고 말씀하고 있다.

(2) 아담의 죄악은 유전을 통해 우리 것이 된다. 아담의 죄책만 전가를 통해 우리 것이 될 뿐 아니라 그 본성의 타락과 부패도 우리에게 옮겨지는 것이니, 이는 마치 독이 샘으로부터 물통으로 옮겨지는 것과 같다. 이것이 소위 원죄(原罪)이다. "모친이 죄 중에 나를 잉태하였나이다"(시 51:5). 마치 나아만 장군의 문둥병이 게하시에게 옮겨갔듯이 아담의 문둥병은 우리에게 달라붙어 있는 것이다(왕하 5:27). 이 원죄에 관해 성경은 다음과 같이 서술한다.

(i) "옛 사람(old man)"(엡 4:22). 옛 사람이라는 표현은 노인처럼 연약하다는 의미에서가 아니라 오래되고 추하다는 의미이다. 늙으면 아름다운 미모의 꽃봉오리도 떨어져 버린다. 이같은 의미에서 원죄는 옛 사람인데, 왜냐하면 그것이 우리의 아름다움을 시들게 해서 하나님이 보시기에 흉하게 만들어 버리기 때문이다.

(ii) 원죄는 죄의 법이라고 표현된다(롬 7:25). 원죄는 종속된 사람을 묶는 법적인 강제력(vim coactivam)을 지니고 있다. 인간이 죄를 사랑하고 또한 자신을 강제하는 죄의 법 아래 있으면 반드시 죄가 뜻하는 바를 행해야만 하는 것이다.

I. 원죄에는 결핍의 측면과 적극적인 측면이 있다.

[1] 결핍의 측면. 우리 소유가 되었어야 할 의의 상실(Carentia Justitiae debitae). 우리는 한때 우리 것이었던 저 탁월하고 본질적인 영혼의 모습을 상실해 버렸다. 죄는 우리의 힘의 근원이었던 본래의 무죄성의 머리털을 잘라 버렸다(삿 16:19 참조).

[2] 적극적인 측면. 원죄는 우리의 순결한 본성을 오염시키고 더럽혔다. 로마인들에겐 샘을 오염시키는 것은 곧 죽음을 의미했다. 원죄는 우리 본성의 근원을 오염시키고 아름다움을 변하여 문둥병으로 바꾸었으며 우리 심령의 창창한 광채를 한밤의 어둠으로 뒤바꾸어 놓고 말았던 것이다. 원죄는 우리에게 제2의 천성이 되고 말았다. 인간은 본성상 죄짓지 않을 도리가 없는 것이다. 유혹하는 마귀나 모방할 만한 실례가 없다할지라도 인간 속에는 죄짓지 않고는 견딜 수 없게 하는 본유적인 요소가 존재한다(벧후 2:14). 그는 마치 다리를 저는 말이 절뚝거리지 않을 수 없는 것과 마찬가지로 죄를 멈출 도리가 없다(A peccato cessare nesciunt). 원죄 안에는 다음과 같은 요소가 포함되어 있다.

(1) **선에 대한 반감.** 인간은 행복해지길 갈망하지만 자기의 행복을 증진하는 일에는 반대한다. 즉, 그는 거룩함에 대해 염증을 느끼며, 회개하길 싫어하는 것이다. 우리는 하나님으로부터 떨어져 나온 이래로 그분께 돌아가려 하지 않고 있다.

(2) **악을 행하려는 성향.** 만일 펠라기우스주의자들의 주장처럼 타락한 후에도 우리 속에 많은 선이 남아 있다고 한다면 선을 행하려는 본성적 경향이 악에로의 경향만큼 크지 않은 이유가 도대체 무엇이란 말인가? 우리가 경험으로 알게 되는 것은 영혼의 본성적인 경향은 악한 방향으로 향한다는 사실이다. 이교도들 자신이 본성의 깨달음을 통해 바로 이 사실을 직시하였다. 철학자 히에로클레스(Hierocles)는 "우리는 천성적으로 죄에 접붙여져 있다"고 말하였다. 사람들은 자기 혀 밑에 죄를 마치 꿀인양 감싸고 있다. "하물며 악을 짓기를 물 마심 같이 하는"(욥 15:16). 계속 물을 마시고 싶어 하되 마셔도 만족이 없는 수종병(水腫病) 환자처럼 그들은 일종의 갈증을 품고 죄짓길 목타게 갈망한다. 그들은 죄로 인해 기진맥진해

하면서도 여전히 범죄한다. 엡 4:19. "저희가 자신을 방탕에 방임하여." 이는 마치 피곤하면서도 사냥이 즐거워서 자기 사냥감을 추적하는 일을 계속하며 이를 떠날 수 없는 사람과 흡사한 것이다(렘 9:5). 하나님은 사람이 죄짓는 도중에 중지시키기 위해 도중에 수많은 화염검을 두셨지만 그들은 계속 범죄하길 멈추지 않는다. 이 모든 것은 그들이 금지된 실과에 대해 얼마나 강한 욕구를 품고 있는지 보여주는 것이다.

Ⅱ. 원죄의 본질을 더 잘 이해하기 위해서는 다음의 내용을 고려하라.

[1] 원죄의 보편성. 그것은 마치 독약과 같이 영혼의 모든 부분과 능력 속에 퍼져 있다. "온 머리는 병들었고 온 마음은 피곤하였으며"(사 1:5). 이는 마치 간은 붓고 다리는 탈저병(脫疽病)에 걸리고 폐병에 걸리는 등 온전한 부분이 전혀 없는 병자와 방불하다. 우리는 이같이 감염되고 탈저병에 걸린 심령을 소유하고 있다. 이는 그리스도께서 당신의 보혈을 양약 삼아 우리를 치료하시기까지 그러한 것이다.

(1) 원죄는 지성적인 부분을 타락시켰다. 창조 당시에 "흑암이 깊음 위에 있"었던 것처럼(창 1:2), 인간의 오성(悟性)도 흑암이 깊음 위에 있는 상태인 것이다. 바닷물 한 방울 한 방울마다 염분이 함유되어 있는 것처럼, 쑥의 잎사귀마다 쓴 맛이 들어 있는 것처럼 인간의 모든 기능 속에는 죄가 내포되어 있다. 지성이 어두워졌기 때문에 우리는 하나님에 관해 거의 알지 못하고 있다. 아담이 선악의 지식을 알게하는 나무 실과를 먹고 눈이 밝아진 이래로 우리는 시력을 상실하고 말았다. 정신은 무지뿐 아니라 오류와 착각으로 얼룩져 있다. 우리는 사물을 올바르게 판단하지 못하고 단 것으로 쓴 것을, 쓴 것으로 단 것을 삼고 있다(사 5:20). 이 밖에도 허다한 교만, 거만, 편견 및 세속적인 추리를 하고 있다. "네 악한 생각이 네 속에 얼마나 오래 머물겠느냐?"(렘 4:14).

(2) 원죄는 마음을 더럽게 만들었다. 마음은 극도로 부패되어 있다(렘 17:9). 그것은 작은 지옥인 것이다. 마음 속에는 정욕, 완악, 불성실, 위선,

죄악된 사념들이 무수하게 들끓고 있다. 그것은 마치 바다가 끓어 오르듯이 정욕과 복수심으로 끓어 오른다. "평생에 미친 마음을 품다가"(전 9:3). 사람의 마음은 "마귀의 작업장"(Officina diaboli)으로서 일체의 해독이 이로부터 만들어진다.

(3) 의지. 불순종하는 마음은 반역의 온상이다. 죄인은 하나님의 뜻을 거스려 자기 자신의 뜻을 이루려 한다. "우리가 하늘 여신에게 분향하리라" (렘 44:17). 의지 속에는 거룩성에 대한 뿌리깊은 적대감이 들어 있다. 그것은 마치 강철로 만든 근육과 같아서 하나님께 굽히기를 거부한다. 그렇다면 의지가 신령한 일에 대해 싫증낼 뿐 아니라 반감으로 충만하다면 과연 의지의 자유는 어디에 있단 말인가?

(4) 애정. 이것은 마치 바이올린의 현과 같아서 조율되어 있지 않다. 그것은 주륜(主輪)격인 의지에 의해 강력하게 작동되는 소형 바퀴와 같다. 우리의 애정은 그릇된 대상을 향하고 있다. 우리의 사랑은 죄짓는 일에, 우리의 기쁨은 피조물에 의해 동요되고 있다. 우리의 애정은 본래 자신에게 해로운 음식을 먹고 싶어하는 병자의 식성과 방불하다. 병자는 열에 들떠 있을 때 포도주를 요구한다. 마찬가지로 우리는 거룩한 갈망 대신 불순한 욕망을 품고 있다.

[2] 원죄의 고착성. 그것은 마치 구스인의 피부에 검은 색이 달라붙어 있듯이 우리에게 고착되어 있어서 우리가 도저히 제거할 수 없다. 바울은 독사를 손에서 떨어버렸지만(행 28:5), 우리는 이 선천적인 부패성을 떨쳐버릴 수 없는 것이다. 그것은 마치 담벽에 자라나는 무화과나무에 비유될 수 있어서 그 뿌리를 뽑아버려도 돌벽 틈새에는 여전히 실뿌리가 일부 남아 있는 것과 같다. 그 실뿌리는 근절할 수 없고 오직 그 담벽을 산산조각으로 무너뜨릴 때까지 계속 뿌리를 내리려 할 것이다. 원죄란 하룻밤 자고 가는 손님이 아니라 내주자(內住者)인 것이다. "내 속에 거하는 죄"(롬 7:17). 그것은 우리가 어디로 가든지 따라다니며 괴롭히는 "악령"(malus genius)과 같다. "가나안 사람이 결심하고 그 땅에 거하였더니"(수 17:12).

[3] 원죄는 우리가 하나님께 예배드리지 못하도록 방해한다. 신앙 생활에서 나타나는 그 모든 무기력과 침체는 어디로서 비롯된 것인가? 그것은 원죄의 열매인 것이다. 이것이 우리가 직무 중에 잠들도록 꾀는 자이다. "내가 원하는 바 선은 하지 아니하고"(롬 7:19). 죄는 무거운 추에 비유된다(히 12:1). 다리에 추를 매단 사람은 빨리 달릴 수 없다. 그것은 마치 플리니(Pliny,23-79. 로마의 장군, 총독, 박물학자. 37권의 박물지(博物誌)가 있다 — 역자주)가 말한 바 있는, 배의 용골에 달라 붙어서 그 진로를 방해하는 바다 칠성장어와 같다.

[4] 원죄는 비록 영혼 속에 지하수맥처럼 잠복해 있지만 종종 예기치 못하게 분출되어 나온다. 그리스도인이여, 그대는 만일 하나님께서 그대를 떠난다면 느닷없이 분출되어 나올 그대 마음 속의 악을 믿을 수 없을 것이다. "당신의 개 같은 종이 무엇이관대 이런 큰 일을 행하오리까?"(왕하 8:13). 하사엘은 자기 마음 속에 아이 밴 여자의 배를 가르는 그같은 쓴 뿌리가 들어 있으리라고는 도저히 믿을 수 없었다. 당신의 종이 개입니까? 그렇다. 아니, 원죄적 부패성이 분출되어 나오면 개만도 못하게 된다. 누군가 베드로에게 와서 너는 몇 시간 후에 그리스도를 부인할 것이라고 말한다면 그는 "당신의 종이 개입니까?"라고 대꾸할 것이다. 그러나 슬프게도 그는 자신의 마음과 및 그 속의 타락성이 자신을 얼마나 지배할 것인지 알지 못했다. 바다는 겉보기엔 고요하고 잔잔할지 모른다. 그러나 일단 바람이 불면 얼마나 날뛰고 거품을 뿜어 내는가! 마찬가지로 지금은 우리 마음이 선하게 보여도 유혹의 바람이 불면 원죄가 그 정체를 드러내어 우리로 하여금 욕망과 격정의 거품을 뿜게 만든다. 누가 다윗이 간음죄를 짓거나 노아가 술에 취하거나 욥이 저주하리라고 생각하겠는가? 만일 하나님이 인간을 버려두시면 이 세상에서 가장 거룩한 인간 속에서도 원죄가 갑작스럽고 추잡하게 분출되어 나올 것이다.

[5] 원죄는 우리의 직무와 미덕들과 혼합되어 있다.

(1) 우리의 직무들과. 중풍걸리거나 마비된 손을 움직이려면 내적인 기력이 부족하기 때문에 떨지 않을 수 없듯이 우리가 어떤 거룩한 행동을 할 때도 속에 원의(原義)의 요소가 결핍되어 있기 때문에 범죄치 않을 도리가 없다. 이는 마치 문둥병자가 만지는 것마다 전부 부정해지는 것과 같다. 그러한 문둥병은 일종의 원죄이다. 그것은 우리의 기도와 눈물을 더럽힌다. 우리는 잉크 얼룩을 만들지 않고는 펜글씨를 쓸 수 없다. 비록 저자는 중생한 자들이 행하는 신성한 직무와 선행을 죄라고 말하는 것은 아니지만(그러면 그들을 구속하신 그리스도의 영께 수치를 돌리게 되기 때문에), 성도들의 가장 선한 행위에도 죄가 달라붙어 있다는 이 사실을 말하려는 것이다. 오직 그리스도의 피만이 우리의 거룩한 행위를 속죄해 주는 것이다.

(2) 우리의 미덕들과. 신앙에는 모종의 불신앙이, 열심에는 미온성이, 겸손에는 자만심이 섞여 있다. 폐가 나쁘면 천식과 호흡 곤란을 가져오듯이 원죄적인 부패성은 우리의 마음을 오염시킴으로써 우리가 가진 미덕들을 매우 미약하게 만들고 만다.

[6] 원죄는 우리 속에서 강력하고 활발하게 작용한다. 그것은 잠잠히 있지 아니하고 부단히 우리를 죄짓도록 자극하고 충동한다. 그것은 대단히 소란스러운 동거인인 것이다. "도리어 미워하는 그것을 함이라"(롬 7:15). 바울은 어떻게 그같이 하게 되었던가? 원죄가 그를 자극하고 충동하여 그같이 행동하게 만든 것이다. 원죄란 끊임없이 움직이는 수은과 같다. 우리가 잠잘 때에도 죄는 꿈 속에서 깨어 움직인다. 원죄는 머리로 하여금 악을 계획하고 손으로 하여금 이를 행하게 한다. 그것의 본질은 평온이 아니라 불안(principium motus, not quietis)인 것이다. 그것은 맥박과 같이 항상 뛰고 있다.

[7] 원죄는 모든 실제적 범죄의 원인이다. 그것은 범죄의 불쏘시개(fomes peccati)요, 모든 실제적 범죄의 모태이다. 이로부터 살인, 간음, 강

탈이 생겨난다. 실제 범죄의 모습은 좀더 추악하겠지만 원죄는 이보다 더 가증한 것이다. 원인은 결과보다 더한 것이다.

[8] 그것은 이생에서 완전히 치유되지 아니한다. 은혜는 실제로 죄를 굴복시키지만 이를 완전히 제거하지는 못한다. 우리는 그리스도와 같이 성령의 첫 열매를 소유하고 있지만 육체의 찌꺼기를 가지고 있다는 점에서 그와 다르다. 태중에 두 민족이 들어 있는 것이다(창 25:23 참조). 원죄는 다니엘 4:23의 나무와 같아서 가지와 몸체는 베임당했지만 그루터기와 뿌리는 남아 있다. 성령은 부단히 성도들 속의 죄를 약화시키고 잘라내지만 원죄의 그루터기는 그대로 남아 있다. 그것은 이생에서 결코 마르지 않을 바다와 같은 것이다.

그러나 하나님께서 우리가 거듭난 후에도 원죄적 부패성을 그대로 남겨 두신 이유는 무엇인가? 그분은 만일 원하신다면 우리를 이로부터 해방시키실 수 있을 것이다.

(1) 하나님은 가장 연약한 신자들 속에 당신의 은혜의 능력을 나타내시기 위해 그같이 하신다. 타락의 급류 앞에서도 은혜는 승리하실 것이다. 이것이 어떻게 가능한가? 부패성은 우리의 몫이지만 은혜는 하나님께 속해 있기 때문이다.

(2) 하나님은 원죄적 부패성을 우리가 천국을 갈망하게 하기 위해 남겨 두셨다. 천국에는 더럽힐 죄도 유혹하는 마귀도 없을 것이다. 엘리야가 승천할 때 그의 겉옷은 땅에 떨어졌다. 마찬가지로 천사들이 우리를 천국으로 인도할 때 죄의 겉옷은 지상에 남겨질 것이다. 우리는 더 이상 복잡한 머리나 불신하는 마음 때문에 불평하지 않게 될 것이다.

적용 1: 만일 원죄가 우리에게 유전되고 이 땅에서 사는 동안 우리 안에 내재하고 있다면 이는 우리에겐 죄가 없다고 떠들어대는 자유사상가들(Libertines)이나 퀘이커교도들의 주장을 논박하게 된다. 그들은 자기들이 완전하다고 주장하면서도 숱한 자만심과 무지를 노출하고 있다. 그러나 우리는 원죄의 씨앗이 가장 선한 사람 속에도 온존하고 있음을 본다. "선을 행하고 죄를 범치 아니하는 의인은 세상에 아주 없느니라"(전 7:20). 또한 바울은 "사망의 몸"에 대해 불평을 토로한 바 있다(롬 7:24). 비록 은혜가 본성을 정화한다 해도 이를 완전하게 만들지는 못하는 것이다.

그러나 사도는 옛 사람이 "십자가에 못박히"고(롬 6:6) 그들은 "죄에 대하여는 죽은 자"(롬 6:11)라고 말하고 있지 않은가?

그들은 다음의 측면에서는 죽었다. (1) 영적으로. 그들은 죄의식(reatus)에 대해 죽었고 또한 그 권능(regnum)에 대해 죽었다. 곧 죄를 사랑하는 마음이 십자가에 못박힌 것이다. (2) 그들은 법적으로 죽었다. 사형선고 받은 사람이 법적으로는 이미 죽은 것처럼 그들은 법적으로 죄에 대하여 죽은 것이다. 죄에 대해 사형선고가 내려졌다. 죄는 장차 죽어서 무덤에 들어갈 것이다. 그러나 현재로서는 죄는 그 생명을 연장받은 상태인 것이다. 오직 육신의 죽음만이 우리를 이 사망의 몸으로부터 해방시킬 수 있다.

적용 2: 우리는 원죄를 명심하고 그로 인해 깊이 겸비하도록 하자. 그것은 마치 무슨 염병처럼 우리에게 달라붙어 있으며, 우리 속에서 활발한 요소로서 우리를 충동하여 악을 행하도록 만든다. 원죄는 실제 범죄보다 더 악한 것이다 — 마치 물의 근원은 그 물줄기보다 양이 더 많은 법이듯이. 혹자는 자신들이 예의를 지키기만 한다면 그것으로 충분하다고 생각한다. 그러나, 그 본성은 부패되어 있는 것이다. 강물이 겉보기엔 깨끗해 보일지 모르나 바닥에는 해로운 벌레가 자생하는 법이다. 당신이 자기 옆에 지옥을 가지고 다닌다면 당신은 그로 인해 더러워질 수밖에 없다. 당신의 마음은 마치 진창 바닥과 같아서 그 위를 흐르는 가장 깨끗한 물도 더럽히고야 만다. 아니, 당신이 비록 중생했다 해도 새 사람 속에는 옛 사람의 많은 부분이 잔존하고 있다. 오, 원죄는 얼마나 우리를 겸손하게 만드는지! 이것이 하나님께서 우리 속에 원죄를 남겨 두신 한 가지 이유이다. 그분은 우리를 겸비하게 하기 위해 이를 옆구리를 찌르는 가시로 삼으신 것이다. 마치 알렉산드리아의 주교가 백성들이 기독교를 받아들이자 그들의 우상들을 오직 하나만 남겨두고 다 파괴하게 했는데, 이는 그 남은 우상을 볼 때마다 자기들이 전에 행했던 우상숭배를 생각하고 스스로 가증히 여기게 하려 했던 것과 같다. 마찬가지로 하나님은 교만의 깃털을 끌어내리기 위해 원죄를 남겨 두셨다. 우리의 은혜의 은빛 날개 아래에는 시커먼 발이 자리잡고 있는 것이다.

적용 3: 우리는 원죄를 인식하고 날마다 하늘을 향해 도움을 요청하도록 하자. 그리스도의 보혈이 죄의식을 씻어 주도록, 그리고 그가 보내신 성령께서 죄의 권능을 극복해 주실 것을 간구하라. 말하자면, 좀더 진보된 단계의 은혜를 간구하라(gratiam Christi eo obnoxiam ambiamus). 비록 은혜는 죄를 제거할 수 없지만 죄가 지배하지 못하게 한다. 은혜가 죄를 완전히 몰아내지는 못해도, 이를 거부할 수는 있는 것이다. 또한 우리에게 위로가 되는 것은 은혜가 죄와 싸우는 곳(즉 이 육신)을 사망이 정복하게 되리라는 것이다.

적용 4: 우리는 원죄를 의식하여 부단히 우리 마음을 경계하고 감시하도록 하자. 우리 본성의 죄성은 마치 잠든 사자와 같아서 그것을 깨우면 최소한 으르렁거리게 된다. 우리 본성의 죄성은 겉보기에는 잠잠해서 마치 잔화(殘火) 밑에 남아 있는 불똥과 같지만 유혹으로써 이를 조금만 들쑤시고 불어 일으키면 순식간에 수치스런 악행으로 불타오르게 된다! 그러므로 우리는 항상 조심스럽게 행동할 필요가 있는 것이다. "내가 너희에게 말하노니 깨어 있으라"(막 13:37). 방황하는 마음은 주의깊게 감시할 필요가 있다.

5. 타락으로 인한 인간의 비참상

질문 19: 사람이 타락함으로 인해 빠져 들어간 신분의 비참함은 어떠합니까?

답변: 모든 인류가 그들의 타락으로 인해 하나님과의 교제를 상실하고 그분의 진노와 저주 아래 놓이게 됨으로써 이생의 모든 불행과 죽음과 지옥의 영원한 고통을 받아야만 하는 것입니다.

"본질상 진노의 자녀이었더니"(엡 2:3). 아담은 그 후손들에게 바람직스럽지 않은 분깃인 죄와 불행(Sin and Misery)을 유산으로 남겼다. 이 중 첫째 유산인 원죄에 관해서는 이미 고찰하였으므로, 이제는 그 불행한 상태에 관해 언급하기로 한다. 앞서 우리는 인류의 범죄에 관해 살펴보았다. 둘째로 우리는 그가 당하는 고통을 살펴볼 것이다. 원죄로부터 비롯된 불행은 이중적이다.

I. 결핍의 측면.

이 최초의 유전죄를 통해 우리는 하나님과의 교제를 상실하고 말았다. 아담은 하나님의 친구이자 사랑받는 인물이었다. 그러나 죄로 인해 우리는 일체의 총애를 박탈당하고 말았다. 우리가 하나님의 형상을 잃어버리게 되자 우리는 그분과의 친분을 상실해 버린 것이다. 하나님이 아담을 에덴동산으로부터 추방하신 사건은 죄로 인해 우리가 하나님의 사랑과 호의 밖으로 쫓겨났다는 사실을 상징적으로 보여주었다.

Ⅱ. 적극적인 측면.

4가지 점에서. 1. 사탄의 권능 아래 놓이게 되었다. 2. 하나님의 진노의 상속자가 되었다. 3. 이생의 모든 불행을 당하게 되었다. 4. 지옥과 영벌에 떨어지게 되었다.

[1] 첫번째 불행은 우리가 본질상 "공중의 권세잡은 자"(엡 2:2)라고 불리는 "사탄의 권능 아래" 놓이게 되었다는 사실이다. 타락 이전의 인간은 자유로운 주민이었지만 이제는 노예가 된 것이다. 전에는 보좌 위에 앉은 왕이었지만 이제는 족쇄에 묶인 신세가 되었다. 그렇다면 인간은 누구의 노예가 되었는가? 자기를 증오하는 자인 것이다. 이것은 이스라엘의 노예 상태를 더욱 악화시켰다. "저희를 미워하는 자들이 저희를 치리하였도다"(시 106:41). 우리는 범죄한 결과 사탄에게 예속되었는데, 사탄은 인류를 증오하는 자로서 자기의 모든 법령을 (인간의) 피로써 기록한 자인 것이다. 회심 전의 죄인은 사탄의 지배 아래 놓여 있다. 노새가 마부의 명령을 듣는 것처럼 그는 마귀의 모든 고역을 행하고 있다. 마귀가 유혹하기만 하면 그 즉시로 이에 복종하는 실정이다. 배가 자기를 뜻하는 대로 조종하는 항해사의 명령하에 있듯이 죄인은 사탄의 명령 아래 놓여 있다. 그런데 사탄은 그 배를 항상 지옥 아가리로 향하도록 조종하는 것이다. 악마는 죄인의 능력과 재능 일체를 지배하고 있다.

(1) 그는 이해력을 지배한다. 그는 우선 인간을 무지로 눈멀게 만들고 난 후 그를 지배하는 것이다. 이는 마치 블레셋 사람들이 우선 삼손의 눈을 빼낸 후 결박했던 것과 같다. 사탄은 무지한 사람은 마음대로 다룰 수 있다. 그는 자기 길의 그릇됨을 볼 수 없기 때문에 악마가 그를 여하한 범죄로도 이끌 수 있는 것이다. 우리는 소경을 어디로든지 인도할 수 있다.

모든 죄는 무지 위에 기초를 두고 있는 것이다(Omne peccatum fundatur in ignorantia).

(2) 사탄은 의지를 지배한다. 그는 비록 의지를 강제할 수 없지만 유혹을 통해 유인할 수는 있다. "너희 아비의 욕심을 너희도 행하고자 하느니라"(요 8:44). 그가 우리의 마음을 점령하고 있다면, 우리는 그에게 복종할 것이다. "우리가 하늘 여신에게 분향하리라"(렘 44:17). 마귀가 죄인을 유혹으로 충동하면 그는 사탄에게 복종하기 위해 일체의 제약을 뛰어넘어 하나님의 모든 율법을 깨뜨려버릴 것이다. 그렇다면 사탄이 의지에 대해 그같은 능력을 행사할 때 인간의 자유의지는 어디 있는가? "너희 아비의 욕심을 너희도 행하고자 하느니라"(요 8:44). 몸의 전 지체가 빠짐없이 마귀의 일을 행하고 있다 — 머리는 죄악을 궁리하고 손은 이를 행하며 발은 마귀의 심부름을 다니는 것이다. "예속은 고상한 영혼이 미워하는 바이다" (Grave jugum servitutis) — 키케로. 사탄은 최악의 폭군이다. 식인종이나 네로의 잔인성도 그에 비하면 아무 것도 아니다. 다른 독재자들은 단지 육신만을 지배하지만 그는 양심을 지배한다. 다른 폭군들은 그들의 노예에 대해 일말의 연민을 품는다. 그들이 갤리선에서 노역할 때에도 그들에게 고기를 주고 휴식 시간도 허용하지만 사탄은 냉혹한 폭군이어서 그들에게 전혀 휴식을 주지 않는다. 유다는 어떠한 노고를 겪었던가! 마귀는 그가 그리스도를 배신하기까지 조금도 휴식을 주지 않았고 그 후에는 자살하게 만들었다.

적용 1: 여기서 원죄로 인한 우리의 비참한 처지를 생각해 보라. 곧 사탄의 노예가 된 것이다(엡 2:2). 사탄은 불순종의 아들들 가운데서 효과적으로 역사한다고 기록되어 있다. 죄인이 마귀의 뜻대로 좌우된다는 것은 얼마나 비통한 재앙인가! 마치 터키인 주인이 광산을 채굴하라거나 채석장에서 돌을 뜨라거나 보트를 예인하라고 명령하면 감히 거부할 수 없는 것과 같다. 마귀가 인간에게 거짓말이나 도적질을 요구하면 그는 거부하지 않는다. 더 나쁜 것은 그가 이 폭군의 명령을 자발적으로 따른다는 사실이다. 다른 노예들은 그들의 의사에 반하여 일을 강요당하고 있다. "이스라엘 자손은 고역으로 인하여 탄식하며 부르짖으니"(출 2:23). 그러나 죄인들은 자발적으로 노예가 되려 하며 그들의 자유를 지키려 하지 않는다. 그들은 자기들의 족쇄에 입맞추고 있다.

적용 2: 우리 모두 죄로 인해 떨어진 이 비참한 상태로부터 벗어나고 사탄의 권능으로부터 빠져 나오도록 노력하자. 만일 우리 자녀들 중 누가 노예라면 우리는 그들의 자유를 되사기 위해 거액의 돈을 지불할 것이다. 그러면 우리 영혼이 노예 상태로 있다면 이를 자유케 하기 위해 힘쓰지 않겠는가? 복음을 활용하라. 복음은 포로된 자들에게 희년을 선포하고 있다. 죄는 사람을 결박하지만 복음은 이를 풀어 준다. 바울의 설교는 "(저희가) 사단의 권세에서 하나님께로 돌아가게" 하려는 것이었다(행 26:18). 복음의 별이 우리를 그리스도께로 인도한다. 만일 우리가 그리스도께 도달하면 우리는 해방되는데, 비록 죄의 존재로부터는 자유로울 수 없어도 사탄의 압제로부터 해방되게 된다. "아들이 너희를 자유케 하면 너희가 참으로 자유하리라"(요 8:36). 당신은 천국에서 다스리는 왕이 되려 하면서 현재 사탄이 속에서 다스리도록 허용한단 말인가? 결단코 살아서 노예 생활하다가 죽은 후에는 왕노릇할 것으로 생각하지 말라. 영광의 면류관은 정복자들을 위한 것이지 포로들을 위한 것이 아니다. 오, 사탄의 지배로부터 나오라. 회개로써 당신의 죄의 족쇄를 잘라낼지어다.

[2] "본질상 진노의 자녀들이었더니"(엡 2:3). 이 구절에 대한 터툴리안의 주석은 잘못되었다. 그는 진노의 자녀를 주관적으로 이해하여 분노와 격정에 지배당하는 자들로, 곧 종종 격분하여 성마른 기질을 표출하는 자들을 의미하는 것으로 보았다. 사도가 말한 진노의 자녀는 피동적인 의미로서 하나님의 분노에 노출된 진노의 상속자들을 뜻했다. 한때는 하나님이 그의 친구였지만 죄가 우정의 매듭을 파괴해 버렸다. 그래서 이젠 하나님의 미소가 찡그린 표정으로 바뀐 것이다. 오늘날 우리는 결박되어 재판에

회부되어 있고 진노의 자녀가 되었다. "누가 주의 노의 능력을 알리이까?" (시 90:11). "왕의 노함은 사자의 부르짖음같고"(잠 19:12). 왕이 노하여 잔치 자리를 떠났을 때 하만의 마음은 얼마나 떨렸을 것인가!(에 7:7).

그러나 하나님의 분노는 무한하며, 그 외의 다른 모든 분노는 단지 불꽃 하나에 불과한 것이다. 하나님의 진노는 우리들의 경우처럼 일개 감정이 아니라 그분의 거룩한 의지의 행위로서, 하나님은 이로써 죄를 혐오하고 이를 벌하도록 작정하신 것이다. 이 진노는 지극히 무서운 것이다. 이생에서의 재난을 쓰라리게 만드는 것이 바로 하나님의 이 진노인 것이니, 병마가 하나님의 진노에 수반되어 찾아오면 양심은 번뇌에 빠져들고 만다. 불덩이가 섞인 우박이야말로 가장 무섭다(출 9:24). 마찬가지로 하나님의 진노가 환난과 섞여서 임하면 몹시 고통스럽게 되는 것이다. 그것은 마치 못이 삐죽이 나와 있는 멜대와 같다. 하나님의 진노는 단지 위협에 불과할 때에도(마치 구름에 걸린 소나기처럼) 엘리의 두 귀는 울렸다(삼상 3:11). 그렇다면 이 진노가 실행될 경우에는 어떠하겠는가?

국왕이 반역자를 꾸짖는 것은 두려운 일이다. 그러나 왕이 그를 고문대에 세우거나 형차(刑車)에 걸어 으스러뜨리는 것은 더더욱 무서운 일인 것이다. "누가 하나님의 진노의 능력을 알리요?" 우리가 진노의 자녀인 동안은 우리는 약속과 하등 상관이 없다. 그것들은 마치 다양한 실과를 맺지만 우리가 한 잎파리도 딸 권한이 없는 생명나무와 같은 것이다. "진노의 자녀"(엡 2:3). "약속의 언약들에 대하여 외인이요"(12절). 그 약속들은 봉한 샘과 같다. 우리는 자연 상태에 놓여 있는 동안은 단지 화염검만을 보게 된다. 그리고 사도의 말처럼 "오직 무서운 마음으로 심판을 기다리는 것만 있으리라"(히 10:27). 우리가 진노의 자녀들인 동안은 "저주 아래 있는 자"이다(갈 3:10).

죄인이 그같은 상황하에서 어떻게 먹고 마실 수 있겠는가? 마치 머리 위에 가는 실로 묶인 검이 걸려 있는 아래에서 식사를 해야 했기 때문에 거의 식욕이 생기지 않았던 저 다모클레스(Damocles)의 연회와 같은 실정이다. 이처럼 하나님의 진노와 저주의 칼은 매 순간 죄인의 머리 위에 걸려 있다. 우리는 성경에서 저주가 기록된 날아가는 두루마리에 관한 기사를 읽는다(슥 5:3). 저주가 기록된 두루마리는 죄악 중에 살다가 죽는 모든 사람들에게 임하게 된다. 두루마리가 임할 때마다 하나님의 저주가 울려퍼지는 것이다. 죄인의 이름과 영혼과 재산과 후손과 성찬식 위에는 저주가 기록되어 있다. 만일 어떤 사람이 먹는 음식 전부가 독으로 변한다면 끔찍한 일이다. 그러나 죄인은 하나님의 식탁에서 그 자신의 심판을 먹고 마시는 것이다. 회심 전의 실정은 이와 같다. 하나님의 사랑이 모든 쓴 것들을 달콤하게 바꾸듯이 하나님의 저주는 모든 달콤한 일들을 쓰디쓰게 바꾸고 만다.

적용 1: 타락으로 인한 우리의 비참상을 보라. 진노의 자녀. 이것은 과연 안주할 만한 신분일까? 어떤 사람이 왕의 진노를 사게 된다면 그는 다시금 왕의 호의를 얻기 위해 애쓰지 않겠는가? 오, 이 하나님의 진노로부터 도망치자! 그런데 우리가 예수 그리스도 외에 그 누구에게로 도망할 것인가? 하나님의 진노를 우리에게서 막아 줄 자는 오직 그분 뿐인 것이다. "이는 장래 우리를 노하심에서 건지시는 예수시니라"(살전 1:10).

[3] 일체의 외적인 불행 아래 놓이게 되었다. 사람의 삶 가운데 일어나는 모든 불행은 원죄의 쓴 열매인 것이다. 아담의 범죄는 "피조물들이 허무한데 굴복"하게 만들었다(롬 8:20). 지상의 모든 위안거리들이 마음을 만족시키지 못함이 마치 항해사의 입김이 배의 돛을 부풀게 하지 못함과 같은 것도 피조물의 허무함의 일부가 아닌가? "풍족할 때에도 괴로움이 이르리니"(욥 20:22). 여전히 부족한 것은 있게 마련이고, 인간은 항상 더 많이 가지려 하는 법이다. 마음이란 언제나 수종병의 증상을 보인다. 즉, 목말라 하되 만족함은 없는 것이다. 솔로몬은 모든 피조물들을 시험하였다. 그래서 그가 그 정신과 핵심을 도출해 낸 결과는 오직 거품뿐이었고, "모든 것이 헛되도다"였다(전 1:2). 아니, 그것도 짜증나는 헛됨인 것이다. 공허할 뿐 아니라 비참한 것이니, 우리 인생은 수고와 슬픔뿐이다. 우리는 세상에

울면서 와서 신음소리와 함께 떠나 간다(시 90:10).

혹자들은 자기들이 살아온 지금까지의 삶을 반복하지 않겠노라고, 왜냐하면 그들의 인생에는 포도주보다는 물 곧 기쁨의 포도주보다 눈물이 더 많았기 때문이라고 말한다. 장수란 단지 기나긴 고통에 불과하다(Quia est diu vivere nisi diu torqueri) — 어거스틴. "인생은 고난을 위하여 났나니"(욥 5:7). 모든 사람이 국가의 상속자로 태어난 것은 아니로되 누구나 고통의 상속자로 태어났다. 사람에게서 고통을 분리하는 것은 납으로부터 무게를 분리하려는 것과 매한가지이다. 우리는 이생에서 고통을 끝맺지 못하고 단지 변화시킬 뿐이다. 고통은 죄악이란 부패한 재료로부터 발생한 해충인 것이다. 우리의 모든 두려움이 죄 이외의 그 무엇에서 비롯되겠는가? "두려움에는 형벌이 있음이라"(요일 4:18). 두려움은 영혼의 오한과 같아서 영혼을 떨게 한다. 혹자는 빈곤을, 혹자는 놀람을, 혹자는 인간관계의 손실을 두려워한다. 우리는 즐거워할 때도 떨면서 하는 것이다.

우리 희망의 좌절은 죄 밖에 그 무엇에서 비롯되었는가? 우리는 위로를 추구하면 십자가를, 꿀을 기대하면 쑥을 맛보게 된다. 세상이 강포로 충만하고 악인이 자기보다 의로운 사람을 압제하는 것은 무슨 연고에서인가?(합 1:13). 거래상의 그 많은 부정과 교우 관계에 있어서의 그 많은 거짓 및 인간 관계의 숱한 속임수는 다 어디서 비롯되었는가? 자녀들이 불효하거나 그 부모의 노년에 의지가 되어야 할 그들이 마음을 찌르는 칼 노릇을 하는 것은 무엇 때문인가? 종이 그 주인에게 불성실한 이유가 무엇인가? 사도는 자기들의 집에서 천사를 대접한 사람들에 관해 말하고 있다(히 13:2). 그러나 천사는 커녕 마귀를 대접하는 경우가 얼마나 많은지! 한 나라에서 일어나는 그 모든 모반과 분열은 어디로서 비롯된 것인가? "그 때에 열국에 거한 모든 백성이 크게 요란하여 사람의 출입이 평안치 못하며"(대하 15:5).

이 모든 일들은 우리의 처음 조상들이 따먹은 사과의 신 부분 곧 원죄의 결과이다. 더 나아가, 육체의 모든 장애와 질병, 발열, 경련, 카타르는 죄로부터 비롯된 것이다. 기근과 열병의 새로운 창궐로 열국이 고통을 당했다(Macies et nova febrium terris incubuit cohors). 우선 심장(양심)에 돌이 박히지 않았더라면 콩팥에 돌(결석)이 생겨나지도 않았을 것이다. 아니, 육체의 죽음이 곧 원죄의 열매와 결과인 것이다. "죄가 세상에 들어오고 죄로 말미암아 사망이 왔나니"(롬 5:12). 아담은 범죄치 않는다는 조건으로 불멸의 존재로 창조되었다. 죄가 아담의 무덤을 판 셈이다. 죽음은 사람의 본성에는 두려운 존재이다.

프랑스 국왕인 루이는 그의 궁정에 들어오는 모든 사람들이 자기 귀에 죽음의 이름을 말하는 것을 금지시켰다. 소키누스주의자들은 죽음은 오직 체질의 허약에서 생긴다고 말한다. 그러나 사도 바울은 죄가 세상에 죽음을 끌어들였다고 말하고 있으니, 곧 죄로 인해 사망이 왔다는 것이다. 아담이 선악의 지식을 알게 하는 나무의 실과를 먹지 않았더라면 죽지 않았을 것이 분명하다. "네가 먹는 날에는 정녕 죽으리라"(창 2:17). 이 말에는 만일 아담이 먹지 않았더라면 죽지 않았으리라는 의미가 함축되어 있다. 오, 그러므로 원죄의 결과 빚어진 불행을 생각하라! 죄는 육체의 조화와 건강을 파괴하고 마침내 죽음으로 몰아넣는다.

[4] 회개하지 않은 원죄는 지옥과 영벌로 이끌게 된다. 이것이 둘째 사망이다(계 20:14). 이에는 두 가지 요소가 포함되어 있다.

(1) 상실의 형벌(Paena damni). 영혼은 기쁨으로 충만한 하나님의 복된 임재로부터 추방되고 만다.

(2) 감각의 형벌(Paena sensus). 죄인은 하나님의 진노의 끓는 대접을 맛보게 된다. 그것은 혹독하고 지속적이다(요 3:36). 또한 예비된 것이다(벧후 2:17). 하나님의 진노가 조금만 불붙어 그 불꽃 한두 개가 이생에서 인간의 양심에 떨어진다해도 그토록 끔찍한데, 하나님께서 당신의 진노를 완전히 터뜨리신다면 어떠하겠는가? 지옥에는 구더기와 불이 있다(막 9:44). 지옥은 불행의 절정인 것이다. 그곳에는 긍휼 없는 심판이 있다. 오, 지옥에 떨어진 자들에게는 어떠한 진노의 불길과 복수의 바다, 유황의 강물이 쏟아지고 있는가!

벨라르민은 지옥불을 한번 보는 것만으로도 가장 흉악한 죄인을 그리스도인으로 만들기에, 아니 은수사(隱修士)와 같이 가장 금욕적인 생활을 하게 만들기에 충분하다고 주장한다. 그 밖의 다른 불들은 이에 비하면 단지 색칠한 불에 불과하지 않겠는가? "이를 견디는 것은 도저히 당해 낼 수 없을 것이고 이를 회피하는 것은 불가능할 것이다"(Ejus adesse intolerabile, ejus abesse impossibile). 그런데 이 지옥의 고통은 영원 무궁하며, 끝나는 법이 없다. "사람들이 죽기를 구하여도 얻지 못하고"(계 9:6).

오리겐(Origen)은 불의 강이 있어서 죄인들의 영혼이 죽은 후 그 속에서 정화된 후 천국으로 옮겨질 것으로 상상하였다. 그러나 이는 영원 무궁한 것이다. 주님의 입김이 그 불을 붙이는데 이를 끌 소방펌프나 양동이를 어디서 구할 수 있겠는가? "그 고난의 연기가 세세토록 올라가리로다 그들은 누구든지 밤낮 쉼을 얻지 못하리라"(계 14:11). 이 모두가 원죄 덕분인 것이다.

적용 1: 우리는 그처럼 많은 불행을 만들어낸 원초적인 원죄를 얼마나 슬프게 생각해야 하는지! 이 사자로부터 어떤 꿀을 취할 수 있는가? 이 가시나무로부터 어떤 포도를 딸 수 있는가? 그것은 천국과 지옥을 우리에게 대비시켜 보여준다. 우리가 이 가시나무를 왕으로 선택하는 한 불이 가시나무로부터 나와서 우리를 삼킬 것이다(삿 9:15).

적용 2: 모든 신자들은 죄로 인해 겪어야 했던 저 불행으로부터 자기들을 해방하신 예수 그리스도께 어떻게 매여 있는가! "우리가 그리스도 안에서 그의 피로 말미암아 구속 곧 죄 사함을 받았으니"(엡 1:7). 죄는 세상에 고통과 저주를 가져왔다. 그리스도는 고통을 성별하시고 저주를 제거하셨다. 아니, 그는 신자들을 불행으로부터 해방시키셨을 뿐 아니라 그들을 위하여 영광과 불멸의 면류관을 쟁취하신 것이다. "그리하면 목자장이 나타나실 때에 시들지 아니하는 영광의 면류관을 얻으리라"(벧전 5:4).

Ⅳ

은혜 언약과 그 중보자

1. 은혜 언약

질문 20: 하나님은 온 인류가 죄와 불행의 신분으로 멸망하도록 버려두셨습니까?

답변: 아니요. 그분은 택정된 자들을 그같은 상태에서 구원하시고 한 구속자를 통해 은혜 상태에로 이끌기로 하는 은혜 언약을 맺으셨습니다.

"내가 너희에게 영원한 언약을 세우리니"(사 55:3). 인간은 그의 타락으로 인해 불행의 미궁 속에 던져졌고 이로부터 회복되어 나올 방도가 전혀 없었기 때문에 하나님은 그와 새로운 언약을 맺으시고 한 구속자를 주어 그를 생명에로 회복시키길 기뻐하셨다. 저자가 독자 여러분에게 제시하고자 하는 대명제는 하나님과 선택된 자들 사이에는 새로운 언약이 맺어져 있다는 것이다.

새로운 언약이란 무엇인가?

그것은 하나님과 타락한 인류 사이에 맺어진 엄숙한 계약으로서, 주님은 이로써 우리 하나님이 되시고 우리를 그의 백성으로 삼기로 하신 것이다.

그 언약에는 어떤 명칭이 주어졌는가?

(1) 에스겔 37:26에서는 이를 화평의 언약이라고 부르고 있는데, 왜냐하면 그것이 하나님과 비천한 죄인들 사이에 화해의 도장을 찍는 것이기 때문이다. 이 언약 이전에는 오직 적대 관계만이 존재했다. 하나님은 우리를 사랑하시지 않았는데, 왜냐하면 범죄한 피조물은 거룩한 하나님의 사랑을 입을 수 없기 때문이다. 또한 우리는 그분을 사랑하지 않았으니, 왜냐하면 죄지은 피조물로서는 정죄하시는 하나님을 사랑할 수 없기 때문이다. 결과적으로 양자 사이에는 갈등이 있었다. 그러나 하나님은 서로 다른 진영들 간에 서로 화해시키기 위한 새로운 언약을 준비하셨으며, 그래서 이를 화평의 언약이라고 적절하게 부르게 된 것이다.

(2) 그것은 은혜 언약이라고 칭해지는데 이는 적절한 표현이다. 그 이유는;

(i) 우리가 첫 언약을 저버렸을 때 하나님께서 새로운 언약을 맺으신 것은 은혜로 말미암은 것이었다. 은혜 언약은 "난파된 후의 (붙잡기 위한) 널판지와 같은 것"(tabula post naufragium)이다. 오, 하나님께서 죄인들과 화해하고 반역자들과 언약을 맺기 위해 지혜와 자비를 기울이신 그 값없는 은혜여!

(ii) 그것이 은혜 언약인 것은 그 내용 전부가 은혜의 조문으로 이루어진 국왕의 윤허장이기 때문이다. 곧 "하나님은 우리의 죄악을 등뒤로 던지시고", "즐거이 저희를 사랑하리니"(호 14:4). 그분은 우리에게 언약의 자비를 받아들일 의지와 언약의 조건들을 수행할 능력을 주실 것이다(겔 36:27). 이 모든 것들은 순전한 은혜이다.

왜 하나님은 우리와 언약을 맺으셔야 하는가?

그것은 우리를 향하신 관용, 호의, 애정에서 비롯된 것이다. 독재자는 노예와 계약을 체결하려 들지 않을 것이며 그들에게 그같은 경의를 표하려 하지도 않을 것이다. 하나님이 우리 하나님이 되시는 언약을 우리와 맺으신 것은 그가 우리에게 존엄성으로 옷입히신 것이다. 언약은 하나님의 백성과 이교도들 사이에 구별하는 표시(insigne honoris)이다. "내가 너와 영원한 언약을 세우리라." 겔 16:60. 하나님이 아브라함에게 너와 언약을 맺겠다고 말씀하셨을 때 아브라함은 엎드러졌는데, 이는 영광의 하나님께서 자기에게 그같은 은총을 베푸신다는데 그만 놀랐기 때문이었다(창 17:2).

하나님이 우리와 언약을 맺으시는 것은 우리를 당신께 단단히 결속시키기 위함인데, 에스겔서에서는 이를 "언약의 끈"이라고 부르고 있다. 하나님은 우리 마음이 믿을 수 없다는 것을 알고 계시므로 언약으로 우리를 묶으려 하신다. 언약을 맺은 후에 하나님을 떠나는 것은 무서운 불경죄에 해당한다. 종교에 헌신하기로 서약한 베스타 여신의 여사제들 중 하나가 순결을 잃으면 로마인들은 그녀를 산채로 화형에 처하였다. 신성한 언약을 맺은 후에 하나님을 떠나는 것은 파약(破約)의 죄에 해당한다.

은혜 언약은 아담과 맺은 첫 언약과 어떻게 다른가?

(1) 첫 언약의 조문은 훨씬 엄격하고 가혹했다. 왜냐하면,

(i) 가장 사소한 실패도 아담과의 언약을 백지화할 것이지만 은혜 언약은 허다한 실패로도 무효화되지 않는다. 가장 작은 범죄라도 언약에 위배된다는 것은 사실이지만 그런다고 그것을 무효화하지는 않는다는 말이다. 부부 사이에는 많은 실수가 있을 수 있지만 모든 실수가 다 결혼 관계를 파괴하는 것은 아닌 것이다. 만일 우리가 하나님과의 언약을 파기하는 만큼이나 번번이 하나님께서 우리와의 언약을 깨뜨리신다면 이는 슬픈 일일 것이다. 그러나 하나님은 모든 실패를 일일이 문제삼으시지 않고 "진노 중에도 인자를 잊지 않으신다."

(ii) 처음 언약이 깨지자 죄인에게는 아무런 구제책도 허용되지 않았으므로 소망에 이르는 문은 일체 닫히고 말았다. 그러나 새 언약은 죄인에게 구제책을 허용하고 있다. 즉 회개의 여지를 남겨두고 있으며 중보자를 제공해준다. "새 언약의 중보이신 예수"(히 12:24).

(2) 처음 언약은 일체 "행위"에 의지하는 것이었다. 그러나 둘째 언약

은 "믿음"에 의존한다(롬 4:5).

그러나 은혜 언약에서는 행위가 필요치 않은가?

필요하다. "이 말이 미쁘도다 이는 하나님을 믿는 자들로 하여금 조심하여 선한 일을 힘쓰게 하려 함이라"(딛 3:8). 그러나 은혜 언약은 행위 언약에서 요구하는 것과 동일한 방식으로 행위를 요구하는 것이 아니다. 첫 언약에서는 행위가 생명을 얻기 위한 조건으로서 요구되었다. 둘째 언약에서는 단지 생명의 표지(signs)로서 요청되고 있다. 처음 언약에서는 행위가 구원의 근거로서 요구되었고, 새 언약에서는 하나님을 향한 우리의 사랑의 증거로서 요구된다. 처음 언약에서 행위는 우리의 인격의 칭의를 위해 요구되었고 새 언약에서는 우리가 받은 은혜를 나타내기 위해 요구된다.

은혜 언약의 조건은 무엇인가?

주된 조건은 믿음이다.

다른 덕목들보다도 믿음이 새 언약의 조건이 되는 이유는 무엇인가?

피조물에게 일체 영광돌리지 못하게 하기 위하여. 믿음은 겸손한 은혜이다. 만일 회개나 행위가 언약의 조건이 되었다면 인간은 나를 구원한 것은 나의 의이다라고 말할 것이다. 그러나 그것이 믿음에서 비롯되는 것이라면 자랑할 것이 어디 있는가? 믿음은 모든 것을 그리스도께로부터 가져오며 모든 영광을 그리스도께 돌린다. 그것은 지극히 겸비한 은혜이다. 그렇기 때문에 하나님은 이 은혜를 언약의 전제 조건이 되도록 선정하신 것이다. 비록 믿음이 은혜 언약의 조건이라 해도 그것은 지나치게 뻔뻔스런 죄인들은 언약에서 제외한다. 그들은 은혜 언약이 있다, 따라서 우리는 구원받을 것이라고 말한다. 그러나 조건없는 언약을 본 적이 있는가? 언약의 조건은 믿음이며, 만일 우리에게 믿음이 없다면 우리는 마치 외국인이나 농부가 도시거주 허가증과는 상관없는 것처럼 더 이상 언약과 상관이 없게 되는 것이다.

적용 1: 알아야 할 사항. 우리와 언약을 맺으신 하나님의 놀라우신 선의를 보라. 하나님은 천사들이 타락했을 당시엔 그들과 언약을 맺지 않으셨다. 우리가 무죄한 상태였을 때 하나님께서 우리와 언약을 맺으신 것도 크게 당신을 낮추신 일이었지만 우리가 원수 상태에 떨어진 후에 언약맺으신 것은 더욱 더 그러하다. 이같은 은혜 언약을 통해 우리는 하나님의 사랑의 정수와 죄인들을 향한 그분의 긍휼의 역사를 엿볼 수 있다. 이는 결혼 언약이다. "나 여호와가 말하노라 나는 너희 남편이니라"(렘 3:14). 새 언약에서 하나님은 당신을 우리에게 내어 주시고 있는데, 그 이상 무엇을 더 주실 수 있겠는가? 그는 우리에게 약속을 주셨는데, 이보다 더 나은 보증이 있을 수 있겠는가?

적용 2: 과연 우리가 하나님과 언약 관계에 있는지 시험하라. 여기엔 세가지 특징이 있다.

(1) 하나님과 언약을 맺은 백성들은 겸손한 백성이다. "다 서로 겸손으로 허리를 동이라"(벧전 5:5). 하나님의 백성들은 자기보다 남을 더 낫게 여긴다. 그들은 스스로를 아무 것도 아닌 것으로 낮춘다(빌 2:3). 다윗은 부르짖는다. "나는 벌레요 사람이 아니라." 즉 그는 성도요 왕인데도 단지 벌레에 불과하다는 것이다(시 22:6). 모세의 얼굴에서 광채가 나자 그는 수건으로 얼굴을 가렸다. 하나님의 백성들은 은혜로 가장 빛날 그 때에 겸손의 수건으로 자신을 가리운다. 교만은 언약으로부터 제외되는데, 왜냐하면 "하나님은 교만한 자를 대적"하시기 때문이며(벧전 5:5), 하나님께서 대적하시는 사람은 그와 언약을 맺을 수 없는 것이다.

(2) 하나님과 언약을 맺은 백성은 자원하는 백성이다. 그들은 하나님을 완전하게 섬길 수는 없지만 기꺼이 자원하는 마음으로 헌신한다. 그들은 하나님께 예배드리는데 사용된 적은 시간을 아까와하지 않는다. 그들은 고난을 당할 때도 머뭇거리거나 불평하지 아니한다. 하나님께서 부르시면 그들은 바다와 광야를 통과할 것이다. "주의 백성이 즐거이 헌신하니"(영어 본문을 직역하면 "주의 백성들은 자원하는 백성일 것입니다"임 — 역자주)(시

110:3). 히브리 원어는 "자원함의 백성"(a people of willingness)을 의미한다. 이같은 자발성은 하나님의 성령의 이끄시는 힘에서 비롯된 것이다. 성령은 강요하지(impellere) 않고 대신 부드럽게 의지를 이끄신다(trahere). 그리고 신앙 생활에서 이같은 자발성이야말로 우리의 모든 봉사를 열납되게 만드는 것이다. 하나님은 때로는 행위가 없는 자발성을 받으셔도 자발성이 결여된 행위는 받지 않으신다.

(3) 하나님과 언약을 맺은 백성은 성별된 백성이다. 그들의 위에는 "여호와께 성결"(슥 14:20 참조)이라고 기록되어 있다. "너는 네 하나님 여호와의 성민(聖民)이라"(신 7:6). 하나님과 언약을 맺은 백성은 세상으로부터 분리되고 성령으로 거룩하게 된다. 율법 아래 있는 제사장들은 큰 물두멍에서 씻어야 했고 또한 영화로운 의복으로 단장하였다(출 28:2). 이는 하나님의 백성들은 큰 죄에서 씻음받을 뿐 아니라 마음에 거룩함으로 단장해야 함을 보여주는 상징이다. 그들은 하나님의 이름뿐 아니라 형상까지도 담당하고 있다. 티무르(Tamerlane, 1336-1405. 티무르 제국을 세운 중앙아시아의 대 정복자 — 역자주)는 황금단지에 자기 부친의 인장 대신 로마의 인장이 찍혀 있는 것을 보자 이를 거절하였다. 거룩성은 하나님의 인장이다. 만일 하나님께서 그 인장이 우리의 위에 찍혀 있는 것을 보시지 못하면 그는 우리를 당신의 언약의 백성으로 받아들이지 않으실 것이다.

적용 3: 권면. 언약의 밖에 거하는 사람들은 언약에 들어가기를 힘써 하나님을 당신의 하나님으로 모시기 바란다. 옛 세상에서는 언약궤를 얼마나 기뻐했겠는가! 우리는 언약궤 속에 들어가기 위해 얼마나 부지런히 애써야 할 것인가! 다음의 사항들을 고려하라.

(1) 하나님과의 언약 밖에서 살다가 죽는 사람들의 비참함. 그런 사람들은 고통당할 때 의지할 상대가 없다. 양심의 가책을 느끼거나 병에 걸렸을 때(병은 우리 몸이 사망에로 가는 일시 숙소에 불과함을 나타내는 전조에 불과하다) 당신은 어떻게 할 것인가? 어디에로 피할 것인가? 당신은 그리스도께 도움을 구할 것인가? 그는 오직 언약 안에 거하는 자들을 위한

중보자일 뿐이다. 오, 당신은 얼마나 공포와 절망에 사로잡힐 것인가! 마치 "블레셋 사람은 나를 향하여 군대를 일으켰고 하나님은 나를 떠나시기로" (삼상 28:15)라고 말했던 사울 왕과 같은 신세가 될 것이다. 당신이 하나님과의 언약 속에 들어오기까지 자비란 없다. 언약궤 위에는 속죄소가 놓여 있었는데 그것은 언약궤보다 결코 크지 않았다. 이는 하나님의 자비는 언약 이상으로 임하지 않는다는 사실을 보여주려는 것이다.

(2) 은혜 언약의 탁월성. 이것은 아담과 맺은 처음 언약보다 더 나은 언약인데, 첫째로 이는 좀더 친절하고 자비로운 것이기 때문이다. 처음 언약에서는 거부당했을 봉사가 둘째 언약에서는 열납되고 있다. 여기서 하나님은 행위보다는 성의를 받으신다(고후 8:12). 이를 보면 진실성이 은혜 언약을 완성짓는 것이다. 우리가 연약하면 하나님은 힘을 주시며, 우리가 부족하면 하나님은 담보를 취하실 것이다. 둘째로 그것이 더 나은 언약인 것은 그것이 더 확실한 것이기 때문이다. "하나님이 나로 더불어 영원한 언약을 세우사 만사에 구비하고 견고케 하셨으니"(삼하 23:5). 첫 언약은 확실치 못했는데, 왜냐하면 그것은 행위라는 흔들리는 토대 위에 세워진 것이기 때문이다. 아담은 거래할 만한 의(義)의 재고를 가지게 되자마자 곧 파산해버리고 말았다. 그러나 은혜 언약은 확실하다. 그것은 하나님의 명령으로 확증되고 있으며, 하나님의 맹세와 하나님의 피라는 두 강력한 기둥 위에 서 있다. 셋째로 그것은 더욱 우월한 특권을 가지고 있다. 은혜 언약은 높은 지위를 제공해 준다. 이제 우리의 본성은 좀더 고상해지고 무죄하던 시절보다 좀더 고차적인 영광의 단계에로 향상되는 것이다. 우리는 그리스도의 보좌에 앉도록 출세했다(계 3:21). 우리는 은혜 언약 덕분에 천사들보다 더 그리스도께 가까워졌다. 천사들은 그리스도의 친구이지만 우리는 그의 신부인 것이다. 하나님은 기꺼이 우리와 언약을 맺으려 하신다. 만일 하나님이 기꺼이 언약을 맺으려 하시지 않는다면 그의 사자들을 통해 우리와 화해하기를 그토록 간청하는 이유가 무엇이겠는가?

나는 기꺼이 하나님과 언약을 맺고 싶다. 허나, 나는 큰 죄인이었으므로 하나님께서 나와 언약하길 허락하지 않으실까 두렵다.

만일 우리가 우리 죄를 직시하고 그로 인해 스스로 가증하게 여긴다면, 하나님은 우리와의 언약을 용납하실 것이다. "너는 네 죄악으로 나를 괴롭게 하였느니라. 나 곧 나는 나를 위하여 네 허물을 도말하는 자니"(사 43:24,25). 바닷물이 큰 암초를 덮어버리듯이 하나님의 언약의 자비는 큰 죄를 덮으신다. 그리스도를 십자가에 못박은 유대인들 중 일부는 그분의 피로 자기 죄를 씻었던 것이다.

그러나 나는 하나님께서 언약을 베푸실 만한 자격이 없다.

하나님은 결코 자격 조건에 입각하여 새 언약을 맺으려 하신 적이 없다. 만일 그분이 오직 가치있는 사람들에게만 자비를 보이신다면 아무에게도 자비를 보이지 말아야 한다. 그러나 새 언약을 통해 은혜의 풍성함을 보이시고 우리를 값없이 사랑하사 우리에겐 아무 자격이 없어도 그리스도의 자격을 통해 우리를 받아들이는 것이 하나님의 계획인 것이다. 그러므로 자신의 무가치 때문에 낙심치 말도록 하자. 언약으로부터 제외되는 것은 그가 무가치하기 때문이 아니라 기꺼이 나오려 하지 않기 때문이다.

우리가 하나님과 언약을 맺으려면 어떻게 해야 하는가?

(1) 기도로 하나님께 간구하라. 주께 긍휼을 구할지어다(Exige a Domino misericordiam) — 어거스틴. "주여, 내 언약의 하나님이 되소서." 주께서는 명백한 약속을 하셨으니, 곧 우리가 그에게 기도하면 언약이 확증되어 그는 우리 하나님이 되고 우리는 그의 백성이 되리라는 것이었다. "그들이 내 이름을 부르리니 내가 들을 것이며 나는 말하기를 이는 내 백성이라 할 것이요 그들은 말하기를 여호와는 내 하나님이시라 하리라"(슥 13:9). 오직 끈질기게 기도하라. 간절한 탄원자로서 나오라. 결코 거절당하지 않겠다고 결심하기 바란다.

(2) 만일 당신이 하나님과 언약을 맺고자 한다면, 죄와의 언약을 단절하라. 결혼 언약을 하기에 앞서 먼저 이혼해야 한다. "너희가 전심으로 여호와께 돌아오려거든 이방 신들과 아스다롯(여신)을 너희 중에서 제하고"

(삼상 7:3). 어떤 임금이 자기 원수와 동맹을 맺은 사람과 계약을 맺겠는가?

(3) 만일 당신이 언약을 맺고자 한다면 언약의 피를 믿어야 한다. 그리스도의 보혈은 속죄의 피이다. 이 피를 믿으면 당신은 하나님의 자비 가운데 안전히 거하게 된다. "그리스도의 피로 가까와졌느니라"(엡 2:13).

적용 4: 자신들의 언약에 대한 관심을 하나님 안에서 발견하는 사람들에게 주는 위로.

(1) 하나님과 언약을 맺은 당신의 죄악은 전부 사해졌다. 사죄야말로 최고의 자비이다. "저가 네 모든 죄악을 사하시며 … 관을 씌우시며"(시 103:3,5). 이는 언약의 일부이다. "나는 그들의 하나님이 되고 … 내가 그들의 죄악을 사하고"(렘 31:33,34). 죄가 사해지면 일체의 진노가 그친다. 하나님의 진노의 불꽃 하나라도 인간의 양심에 튄다면 그 얼마나 끔찍한가! 그러나 죄가 사해졌으므로, 더 이상의 진노는 없다. 이제 하나님은 화염이나 지진 가운데 나타나시지 않고 인자로 충만한 무지개에 덮여서 나타나신다.

(2) 당신이 현세에서 누리는 일체의 자비는 언약의 열매이다. 악인들은 언약이 아닌 섭리에 의해 자비를 힘입는다,즉 하나님의 사랑이 아니라 허락에 의하는 것이다. 그러나 언약 안에 거하는 자들은 하나님의 사랑으로 감미로와진 자비를 맛보며, 이를 향하여 그리스도의 보혈 속을 헤엄쳐 나아간다. 마치 나아만이 게하시에게 "바라건대 두 달란트를 받으라"고 말했듯이(왕하 5:23), 하나님은 언약 안에 거하는 자들에게 두 달란트를 받으라, 즉 건강과 더불어 그리스도를 받으라, 재물과 더불어 나의 사랑을 받으라, 사슴고기와 함께 축복을 받으라고 말씀하시는 것이다.

(3) 당신은 여하한 경우에도 언약을 주장해야 한다. 만일 당신이 시험에 쫓기고 있다면 언약을 주장하라. "주여, 당신은 사탄을 속히 내 발 아래 상하게 하겠다고 약속하셨습니다. 그런데 당신의 자녀가 이토록 근심하도록 그냥 놔두십니까?" 으르렁거리는 사자를 떨쳐 버리자. 궁핍할 때 언약

을 주장하기 바란다. "주여, 당신은 말씀하셨습니다. '내겐 좋은 것이 부족함이 없을 것이다.' 주는 저를 지옥에서만 구원하시고 가난에서는 구원치 않으십니까? 주는 제게 왕국을 주시면서 일용할 양식은 안주십니까? "

(4) 하나님과 언약 관계에 있다면 모든 일이 합력하여 선을 이룰 것이다(Etiam mala cidunt in bonum). 시 25:10. 형통한 길뿐 아니라 역경의 길도 선을 이루기 위한 것이다. 섭리의 모든 바람은 항상 그들을 천국에 더 가까이 도달하게 만들 것이다. 고통은 우리를 겸손하게 하고 정화할 것이다 (히 12:10). 하나님은 가장 쓴 약에서 당신의 구원을 조제해 내신다. 고난은 성도들이 받을 영광을 더해준다. 금강석은 깎으면 깎을수록 더 빛나는 법이다. 성도가 짊어진 십자가가 무거울수록 그들이 받을 면류관도 더 커지는 것이다.

(5) 당신이 일단 언약 속에 들어오면 영원토록 언약 속에 거하게 된다. 성경은 이를 "영원한 언약"이라고 부르고 있다. 언약 속에 들어온 사람들은 선택된 사람들이다. 그리고 하나님의 선택의 은혜는 불변한다. "내가 그들에게 복을 주기 위하여 그들을 떠나지 아니하리라 하는 영영한 언약을 그들에게 세우고 나를 경외함을 그들의 마음에 두어 나를 떠나지 않게 하고"(렘 32:40). 하나님은 성도들을 너무나 사랑하시기 때문에 그들을 버리지 않으실 것이다. 그리고 성도들은 하나님을 너무나 경외하기 때문에 그를 떠나지 못할 것이다. 그것은 영원한 언약이다. 그럴 수밖에 없는 것이, 이 언약은 누구와 맺은 것인가? 신자들과 맺은 것이 아닌가? 그리고 그들은 그리스도와 연합하고 하나되지 않았던가? 그리스도는 몸이고 그들은 지체이다(엡 1:22,23). 이것은 친밀한 연합으로서 성부 하나님과 그리스도의 연합과 흡사한 것이다. "아버지께서 내 안에 내가 아버지 안에 있는 것 같이 저희도 다 하나가 되어 우리 안에 있게 하사"(요 17:21). 그런데 그리스도와 성도 간의 연합은 너무나 불가분리적인 것이어서 결코 해소될 수 없다. 만일 그렇다면 언약이 무효가 되고 말 것이다. 그러므로 당신은 평안히 죽을 수 있는 것이다.

(6) 당신이 언약 속에 거하면 당신은 당신의 하나님께 나아가게 된다.

죽음에 처했을 때의 위로를 생각하라. 죽음은 육체와 영혼의 결합을 깨뜨리지만 그리스도와 영혼 사이의 결합은 완전하게 만든다. 이 사실은 성도들로 하여금 신부가 결혼식 날을 바라듯이 죽음을 사모하게 만들었다(빌 1:23). 나는 죽기를 사모하노라(Cupio dissovi). 누군가 다음과 같이 말하였다. "주여, 나를 저 영광에로 인도하소서. 나는 그곳의 영광을 마치 거울처럼 희미하게 보았나이다."

적용 5: 언약의 자비를 맛본 사람들이 어떻게 행해야 하는지 보여주기 위한 지침. 하나님과 언약을 맺은 사람답게 살도록 하라. 당신은 타인들과 존엄성에 있어 차이가 나듯이 행동거지에 있어서도 달라야 한다.

(1) 우리는 이 하나님을 사랑해야 한다. 우리를 향하신 하나님의 사랑이 우리의 사랑을 요구하는 것이다. 그것은 값없는 사랑이다(Amor gratiatus). 왜 하나님은 다른 사람들은 지나치시고 유독 당신과 교제의 연합을 하시는 것일까? 율법에서 하나님은 사자와 독수리는 무시하시고 비둘기를 선택하셨다. 그와 마찬가지로 그분은 귀족과 유력자들을 무시하신다. 그것은 충만한 사랑(Amor plenus)이다. 하나님께서 당신과 언약하시면 당신은 그의 헵시바(나의 기쁨이 그에게 있다)가 될 것이다(사 62:4). 그분은 당신에게 그의 모든 보화의 열쇠를 주시며, 당신 위에 진주를 쌓으시며, 하늘과 땅을 당신 위에 세우신다. 그분은 당신에게 포도송이를 주시면서 말씀하신다. "아들아, 내 모든 소유는 너의 것이다." 이 모든 일들이 당신의 사랑을 요구하지 않는가? 누가 이 뜨거운 석탄을 짓밟을 수 있으며 자기 마음에 하나님을 향한 사랑이 불붙지 않겠는가?

(2) 거룩하게 행하라. 언약은 당신을 왕족으로 만들었다. 그러므로 거룩한 백성이 되기 바란다. 세상의 빛과 같이 빛날지어다. 지상의 천사와 같은 삶을 살라. 하나님은 당신과 교제하기 위하여 당신과 언약을 맺으셨다. 그런데 거룩함 외의 그 무엇으로 하나님과의 교제를 유지하겠는가?

(3) 감사하면서 살라. 시 103:1. 하나님은 당신의 언약의 하나님이시다. 그분은 당신이 세상에서 높은 지위에 오르거나 왕관과 홀을 얻는 것보

다도 더 큰 일을 해주셨다. 오, 구원의 잔을 높이 들고 주를 찬양하자! 영원도 그분을 찬양하기엔 짧을 것이다. 음악가들은 가장 음향이 크게 울리는 장소에서 그들의 음악을 연주하길 즐겨한다. 하나님은 가장 큰 찬양을 받으실 수 있는 곳에 당신의 자비를 베풀기를 즐겨하신다. 천사의 상급을 받은 사람은 천사의 일을 한다. 이 자리에서부터 찬양의 사역을 시작하자. 찬양이야말로 천국에서 항상 할 것이기 때문이다.

2. 언약의 중보자 되신 그리스도

"새 언약의 중보자이신 예수" — 히 12:24

예수 그리스도는 복음의 극치이자 핵심이시다. 천사들의 기이히 여김을 받고 성도들의 기쁨과 승리되신다. 그리스도의 이름은 감미롭다. 그것은 귀에 음악과 같고 입에 꿀 같으며, 심장에 강심제와 같은 것이다. 저자는 문맥을 떠나 오직 우리의 현재 주제와 연관된 말을 하고자 한다. 은혜 언약에 대해 논하였으므로, 이제부터는 언약의 중보자이며 타락한 죄인의 회복자 되시는 "새 언약의 중보이신 예수"에 관해 말하기로 한다.

성경은 인류의 위대한 회복자이신 그리스도에 대해 몇 가지 명칭을 사용하고 있다.

[1] 그는 때로는 구세주(Saviour)라고 호칭된다. "이름을 예수라 하라"(마 1:21). 예수의 히브리 원어의 의미는 구세주로서, 그는 자기가 죄로부터 구원한 사람들을 지옥에서 건져내신다. 그리스도는 구세주이면서 동시에 성화자(sanctifier)이시다. "그가 자기 백성을 저희 죄에서 구원하실 자이심이라"(마 1:21). 다른 구세주란 없다. "천하 인간에 구원을 얻을 만한 다른 이름을 우리에게 주신 일이 없음이니라"(행 4:12). 세상을 홍수로

부터 구원할 방주가 단 하나뿐이었듯이 죄인들을 심판으로부터 구원하실 예수도 오직 한분이시다. 나오미는 자기 며느리들을 보고 "나의 태중에 너희 남편될 아들들이 오히려 있느냐?"고 하였거니와(룻 1:11) 하나님은 당신의 예정 속에 그리스도 외에 우리 구주가 되실 또 다른 아들들을 가지고 계신단 말인가? 지혜는 어디서 발견할 것인가? 깊은 물은 내 속에 있지 않다고 말하며, 바다는 나와 함께 있지 않다고 말한다(욥 28:12,14). 구원을 어디서 발견할 것인가? 천사는 내 속에 있지 않다고 말한다. 죽음도 내 속에 있지 않다고 말한다. 성례전도 내 속에 있지 않다고 말한다. 오직 그리스도만이 생명의 원천이시다. 성례전은 구원을 전달하는 도관(導管)이지만 그리스도는 이를 채우는 원천이시다. "천하 인간에 구원을 얻을 만한 다른 이름을 우리에게 주신 일이 없음이니라"(행 4:12).

[2] 그리스도는 때로는 구속자(Redeemer)라고 호칭된다. "구속자가 시온에 임하며"(사 59:20). 혹자는 이 구절을 고레스 왕을 뜻하는 것으로 이해하지만 고대의 유대 박사들은 이를 택함받은 자들의 구속자이신 그리스도로 이해했다. "나의 구속자가 살아 계시니"(욥 19:25). 구속자의 히브리 원어는 가까운 친척으로서 빚을 무를 권리를 가진 자를 의미한다. 마찬가지로 그리스도는 우리의 근친이시니, 곧 우리 맏형이므로 우리를 구속할 최적의 권리를 갖고 계시는 것이다.

[3] 그리스도는 성경에서 중보자(Mediator)라고 호칭된다. "새 언약의 중보자이신 예수." 중보자의 헬라어 원어는 중간에 있는 사람으로서 다투는 두 집단 사이에서 불화를 화해시켜주는 사람을 의미한다. 하나님과 우리는 죄로 인해 불화하고 있었는데 이제 그리스도께서 우리들 사이에서 중보하시고 중재인이 되어 주신 것이다. 그는 자기 피로써 우리를 하나님과 화해시키시며, 따라서 새 언약의 중보라고 불리신다. 하나님과 인간 사이에는 중보자를 통하지 않고는 교류 교통할 길이 없다. 그리스도는 우리 속의 적의와 하나님의 진노를 제거함으로써 화평을 이루신다. 또한 그리스

도는 화해의 중보자이실 뿐 아니라 기도의 중보가 되신다. "그리스도께서는 참 것의 그림자인 손으로 만든 성소에 들어가지 아니하시고 오직 참 하늘에 들어가사 이제 우리를 위하여 하나님 앞에 나타나시고"(히 9:24). 제사장이 제물을 잡으면 그는 제물의 피를 가지고 제단과 속죄소 앞에 나아가서 하나님께 이를 보여야 했다. 그런데 우리의 거룩하신 중보자 그리스도에 관해서는 다음의 두 가지 사항을 고찰해야 할 것이다. I. 그의 인격. II. 그의 은혜.

I. 그의 인격.

그리스도의 인격은 사랑스럽다. 그는 모든 사랑과 미로써 이루어진 분이다. 그는 성부 하나님의 형상인 것이다. "그 본체의 형상이시라"(히 1:3). 다음을 생각하라.

[1] 양성(兩性)으로 이루어진 그리스도의 인격(위격).

(1) 그의 인성은 성육신한 것으로 보아야 한다. 발렌티누스주의자들(Valentinians)은 그리스도의 인성을 부인하지만 요한복음 1:14에서는 "말씀이 육신이 되어"라고 기록하고 있다. 성경은 그리스도를 약속된 메시야라고 서술한다. 그리스도가 우리의 육신을 입으신 것은 범죄한 바로 그 인성을 경험하려는 것이었고, "말씀이 육신이" 되신 것은 그의 인성이라는 거울을 통해 우리가 하나님을 볼 수 있게 하기 위함이었다.

그리스도는 왜 말씀이라고 호칭되셨나?

왜냐하면, 말이란 그 사람의 마음을 해석해주고 흉중에 들은 생각을 드러내는 것이기 때문이다. 마찬가지로 예수 그리스도는 우리 구원의 대주제에 관한 성부 하나님의 생각을 우리에게 밝히 보여 주시고 있다(요 1:18). 그리스도의 인성이 아니었다면 하나님을 보는 것이 우리에겐 무서운 일일 것이다. 그러나 우리는 그리스도의 육체를 통해 두려움 없이 하나님을 볼 수 있다. 또한 그리스도께서 우리 육신을 입으신 것은 우리를 체휼(體恤)하실 바를 알기 위함이었다. 그는 약해지거나 슬퍼하거나 유혹당하는 것이 무엇인지 알고 계신다. "저가 우리의 체질을 아시며"(시 103:14). 또한 그가 우리 육신을 입으신 것은 어거스틴의 말처럼 우리 인성을 영광으로 고귀하게 하시기 위함이었다. 그리스도는 우리 육신과 결합하심으로써 이를 천사들의 본성보다 더 우위에 세우신 것이다.

(2) 그리스도의 신성을 보라. 그리스도는 땅에서 하늘에까지 닿은 야곱의 사다리에 적절히 비유될 수 있을 것이다(창 28:12). 그리스도의 인성은 땅바닥에 연접된 사다리의 받침 부분이었다. 그의 신성은 하늘에 닿은 사다리의 꼭대기에 해당된다. 이는 우리 신앙의 위대한 조항이므로 저자는 이를 상술하기로 한다. 저자는 아리우스파, 소키누스주의자들, 에비온파(Ebionites)에서는 그리스도의 왕관의 가장 값진 보석인 신성을 도둑질하려 한다는 것을 알고 있다. 그러나 사도신경, 니케아 신조, 아타나시우스 신조에서는 그리스도의 신성을 확인하고 있다. 그리고 헬베티아(Helvetia), 보헤미아, 비텐베르크, 트란실바니아 등지의 교회들은 이에 완전히 동의하고 있다. 성경은 이에 관해 명백한 입장을 보이고 있다. 그리스도는 "전능하신 하나님"이라고 불린다(사 9:6). "그 안에는 신성의 모든 충만이 육체로 거하시고"(골 2:9). 그분은 성부와 동일한 성품 및 본질을 가지고 계신다. 아타나시우스, 바질(Basil), 크리소스톰 등도 마찬가지로 주장하였다. 성부 하나님은 전능자라고 불리는가? 그리스도도 마찬가지이다. "전능한 자라"(계 1:8). 성부 하나님은 마음을 감찰하시는가? 그리스도도 마찬가지이다. "또 친히 사람의 속에 있는 것을 아시므로"(요 2:25). 성부 하나님은 전능하신가? 그리스도도 마찬가지이다. "하늘에서 내려온 자 곧 인자"(요 3:13). 인간으로서의 그리스도가 지상에 계셨을 당시 하나님으로서의 그리스도는 하늘에 계셨다.

그리스도는 영원하신가?

그리스도는 영존하시는 아버지이시다(사 9:6). 이 명제는 그리스도의 신성의 선재(先在)를 부정하고 그가 동정녀 마리아에게서 처음 존재를 받기까지는 존재하지 않았다고 주장하는 케린투스파(Cerinthian) 이단들에 대한 반론으로 사용될 수 있을 것이다. 하나님에 대한 예배는 삼위일체의 첫 위격에만 해당되는가? 그리스도께도 해당된다(요 5:23). "하나님의 모든 천사가 저에게 경배할지어다"(히 1:6). 창조는 하나님께 고유한 일인가? 이는 그리스도의 왕관의 꽃인 것이다. "만물이 그에게 창조되되"(골 1:16). 기도는 오직 하나님께만 드려야 하는가? 그리스도께도 드린다. "주 예수여 내 영혼을 받으시옵소서"(행 7:59). 의지와 신뢰는 오직 성부 하나님께만 드려야 하는가? 그리스도께도 한다. "하나님을 믿으니 또 나를 믿으라"(요 14:1). 그리스도는 반드시 하나님이셔야 하는데, 이는 신성이 인성을 하나님의 진노 가운데 함몰되지 않도록 지탱시켜줄 뿐 아니라 그의 고난에 무게와 가치를 실어주기 위함이다. 그리스도는 하나님이시므로, 그의 죽음과 수난은 공로가 된다. 그리스도의 피는 하나님의 피(sanguis Dei)라고 칭해지는데(행 20:28), 이는 희생제물로 바쳐진 자가 인간인 동시에 하나님이었기 때문이다. 이것은 신자들에게는 막강당한 도움인 것이다. (인간의 범죄에 대해) 분노하신 이도 하나님이시고 이를 만족시키신 이도 하나님이었다. 이처럼 그리스도의 인격은 양성적이다.

[2] 그리스도의 일인양성(一人兩性)내지는 신인(神人,God-man)되심에 관해 숙고하라. "그는 육신으로 나타난 바 되시고"(딤전 3:16). 그리스도는 신인의 이중적 본질을 가지고 계시지만 이중적으로 존재하시는 것은 아니다. 양성은 오직 한 그리스도를 이루고 있다. 접목(接木)은 다른 나무에 접붙일 수 있다. 예컨대 배나무 접목을 사과나무에 접붙일 수 있다. 이 경우, 비록 열매는 다른 것을 맺어도 실상은 한 나무이다. 마찬가지로 그리스도의 인성은 이루 표현할 수 없는 방식으로 신성과 연합되어 있다. 그러나, 비록 양성이 존재하지만 인격은 하나이다. 그리스도 안에서 양성의 연합은 신성이 인성으로 변화하거나 인성이 신성으로 변화하는 변형이나, 포도주와 물의 혼합처럼 양성이 뒤섞이는 혼합에 의하지 않고, 그리스도의 양성은 별개로 존재하면서도 별개의 두 인격이 아닌 한 인격을 이루는 것이다.

인성은 하나님은 아니지만 하나님과 하나를 이루고 있다.

Ⅱ. 우리의 중보이신 그리스도를 그의 은혜 가운데 생각하라.

이는 처녀들의 사랑을 얻는 그의 묘약의 감미로운 향기이다. 우리의 복되신 중보이신 그리스도는 "은혜와 진리가 충만"하다고 묘사되었다(요 1:14). 그에겐 성령의 기름부음이 무한했다(요 3:34). 그리스도 안에서 은혜는 다른 어떤 성도들의 경우보다도 더 탁월하고 영광스럽게 임하는 것이다.

[1] 우리의 중보되신 예수 그리스도는 모든 미덕에 있어 완전하시다(골 1:19). 그는 모든 하늘 보화와 모든 충만함의 보고(寶庫)이시다. 이는 지상의 그 어떤 성도도 가지지 못한 것이다. 그들은 한 가지 덕목에 있어서는 뛰어날지 모르나, 모든 미덕들에 있어 그렇지는 못하다. 아브라함은 믿음이 뛰어났고 모세는 온유함이 승하였지만 그리스도는 모든 미덕에 있어 탁월하신 분이다.

[2] 그리스도 안에 있는 충만한 은혜는 결코 다함이 없다. 성도들이 받은 은혜는 변동이 있어서 정도와 분량이 항상 일정한 것은 아니다. 한때 다윗의 믿음은 강력했지만 다른 때에는 너무나 연약해져서 그 맥박이 거의 느껴지지 않을 정도였다. "내가 놀라서 중에 말하기를 주의 목전에서 끊어졌다 하였사오나"(시 31:22). 그러나 그리스도 안에 있는 은혜는 다함이 없어서 조금만치도 약해지지 않으며, 그는 그의 거룩성을 조금도 잃지 않으셨다. 창세기 49:23의 요셉에 관한 묘사는 예수께 적용하는 게 더 적합할 것이다. "활쏘는 자가 그를 학대하며 적개심을 가지고 그를 쏘았으나 요셉의 활이 도리어 굳세며." 인간과 마귀가 예수께 살을 쏘았지만 그의 은혜는 온전한 활력과 능력을 유지하였다. "그의 활이 도리어 굳세며."

[3] 그리스도 안에 있는 은혜는 전파된다. 즉 그의 은혜는 우리를 위

한 것이다. 성령의 신성한 기름은 이 복되신 아론의 머리에 부어져 우리들 위에도 흘러내리게 되었다. 성도들은 다른 사람들에게 나누어줄 은혜를 가지고 있지 않다. 어리석은 처녀들이 이웃 처녀들에게 기름을 사려 하여 "우리 등불이 꺼져가니 너희 기름을 좀 나눠 달라"(마 25:8)고 말했을 때 슬기로운 처녀들은 "우리와 너희의 쓰기에 다 부족할까 하노니"(마 25:9)라고 대답하였다. 성도들은 다른 이들에게 나누어줄 은혜를 가지고 있지 않다. 그러나 그리스도는 그의 은혜를 남에게 널리 베풀어 주신다. "우리가 다 그의 충만한데서 받으니 은혜 위에 은혜러라"(요 1:16). 유리잔을 증류기 아래 놓아두면 물을 방울방울 받을 수 있다. 마찬가지로 성도들은 그들 위에 방울져내리는 그리스도의 은혜를 받고 있는 것이다. 이는 은혜가 없거나 아니면 빈약한 사람들에겐 얼마나 넘치는 위로일까!

그들은 은혜의 보고이신 중보자 그리스도께 나아갈 수 있다: 주여, 저는 궁핍합니다. 허나 제 빈 그릇을 넘쳐나는 샘 외에 어디로 가져가리이까? "나의 모든 근원이 네게 있다"(시 87:7). 저는 죄인이오나 주께는 저를 사하실 수 있는 피가 있습니다. 저는 더럽지만 주께는 저를 깨끗하게 하실 수 있는 은혜가 있나이다. 저는 병들어 죽게 되었지만 주는 저를 치료할 길르앗의 고약을 가지고 계십니다.

요셉은 모든 곡물창고를 열었다. 그리스도는 우리의 요셉이어서 모든 은혜의 보화와 창고를 열고 우리에게 나누어 주신다. 그는 송이꿀처럼 달콤하실 뿐 아니라 송이꿀처럼 방울방울 임하신다. 우리의 중보되신 그리스도 안에는 모든 은혜의 풍성과 충만이 있다. 그리고 그리스도는 우리가 당신께 은혜를 구하려고 나아오길 마치 엄마가 유방에 젖이 가득차서 빨리지 않으면 통증을 느낄 정도만큼 바라고 계신다.

적용 1: 이 중보자의 영광을 찬미하라. 그는 신인이시며, 성부와 본질상 동일한 영광을 누리고 계신다. 육신의 모습을 가지신 그리스도를 목도한 모든 유대인들이 전부 그의 신성을 본 것은 아니었다. 그 인간을 바라본 모든 자들이 메시야를 본 것은 아니었던 것이다. 솔로몬의 성전의 내부는 정금으로 입혀져 있었다. 지나가는 여행자들은 성전의 외관을 바라 볼 수 있겠지만, 오직 제사장들만이 성전 내부에서 번쩍이는 황금을 볼 수 있었다. 마찬가지로, 오직 하나님의 제사장된 신자들만이 그리스도의 영화로운 내면, 곧 인성을 통해 광채를 발하는 신성을 들여다 볼 수 있는 것이다.

적용 2: 만일 그리스도가 단일한 인격을 갖추신 신인이라면 구원을 위해 오직 그리스도만을 바라보도록 하자. 그에게는 우리의 소망을 고정시킬 신성의 어떤 요소가 있어야 한다. 그리스도 안에는 신성과 인성이 실체적으로 결합되어 있다. 만일 우리가 눈물을 강물처럼 흘리거나 호렙산의 모세보다도 더 많이 금식하거나 엄격한 도덕가로서 율법에 아무 흠이 없거나 이생에서 성화의 최고 단계에 도달할 수 있다할지라도, 이 모든 것은 하나님 되신 그분의 공로를 의지함이 없이는 우리를 구원할 수 없다. 하늘에서는 우리의 완전한 거룩성이 우리 구원의 원인이 되지 못하고 오직 예수 그리스도의 의가 구원의 원인인 것이다. 그래서 바울은 마치 제단뿔을 잡듯이 이곳에로 도피하였다. "그 안에서 발견되려 함이니 내가 가진 의는 율법에서 난 것이 아니요"(빌 3:9). 우리가 받은 은혜를 구원의 증거로 볼 수 있는 것은 사실이지만, 구원의 원천으로 바라볼 것은 오직 그리스도의 보혈뿐이다. 노아의 홍수가 일어났던 당시에는 높은 산과 나무를 믿고 방주에 들어오지 않았던 사람들은 전부 다 물에 빠져 죽고 말았다. "예수를 바라보라." 그리스도께서 우리 성품과 연합하실 뿐 아니라 우리 인격과도 하나가 될 정도로 그를 믿도록 그를 바라보아야 한다(히 12:2). "또 너희로 믿고 그 이름을 힘입어 영생을 얻게 하려 함이니라"(요 20:31).

적용 3: 예수 그리스도는 신성과 인성이 한 인격을 이루신 분인가? 이는 신자들의 존엄성을 보여주는 것으로서, 그들이 가장 위대한 분 가운데 한분("그 안에는 신성의 모든 충만이 육체로 거하시고")과 인척관계를 맺고 있음을 보여준다. 따라서 이는 형언할 수 없는 위로가 되는 것이다(골 2:9). 그리스도의 신인 양성은 하나로 결합되어 있기 때문에 그리스도는 그의 두 본성으로 신자들을 위해 하실 수 있는 일이라면 무엇이든지 하려 하신다. 그분은 그의 인성으로는 그들을 위하여 간구하시며, 신성으로는 그들을 위하여 공로를 쌓으신다.

적용 4: 우리의 중보자 그리스도의 사랑을 찬양하라. 그는 우리를 구원하기 위해 스스로 낮추사 우리 육신을 입으셨다. 신자들은 마치 배우자를 품에 안듯이 가슴에 그리스도를 모셔들여야 한다. "나의 사랑하는 자는 내 품 가운데"(아 1:13). 예수의 이름이 내 심장에 씌어져 있다고 한 이그나티우스(Ignatius)의 말은 모든 성도 각자를 통해 확인되어야 한다. 성도는 예수 그리스도를 자기 심장에 새겨두어야 하는 것이다.

3. 그리스도의 선지자직(職)

"네 하나님 여호와께서 너를 위하여 선지자 하나를
일으키시리니"— 신 18:15

그리스도의 인격에 관해서는 기술하였으므로, 그 다음으로 그리스도의 직분에 관해 논하기로 한다. 그리스도의 직분에는 선지자직(예언직), 제사장직(사제직), 왕직이 있다. "네 하나님 여호와께서 선지자 하나를 너를 위하여 일으키시리니." 이는 그리스도를 가리킨 말이다(Enunciatur hic locus de Christo). 선지자로서의 그리스도에 관해서는 몇 가지 이름이 주어지고 있다. 그는 이사야 9:6에서는 "모사"라고 호칭되고 있다. 언약의 사자는 오직 그리스도를 가리키는 경우에만 나타난다(In uno Christo Angelus faederis completur) — 파기우스(Fagius). "언약의 사자"(말 3:1). "등불"(삼하 22:19). "새벽 별"(계 22:16). 예수 그리스도는 그의 교회의 위대한 선지자이시다. 사마리아 여인은 눈치빠르게 추측하였다(요 4:19). 그는 최고의 선생이다. 그는 다른 모든 가르침을 유효하게 만드신다. "이에 저희 마음을 열어"(눅 24:45). 그는 성경을 열으셨 뿐 아니라 그들의 이해력을 열으셨다. 그는 유익하도록 가르치신다. "나는 네게 유익하도록 가르치는 너희 하나님 여호와라"(사 48:17).

그리스도는 어떻게 가르치시는가?

(1) 외적으로는 그의 말씀으로써. "주의 말씀은 내 발에 등이요"(시 119:105). 말씀보다 우위에 있거나 그와 상반되는 무슨 조명이나 계시를 받았다고 감히 주장하는 자들은 결코 그 가르침을 그리스도께로부터 받은 것이 아니다(사 8:20).

(2) 그리스도는 이 신성한 비밀을 성령을 통해 내적으로 가르치신다(요 16:13). 세상은 그게 무엇인지 알지 못한다. "육에 속한 사람은 하나님의 성령의 일을 받지 아니하나니 … 또 깨닫지도 못하나니"(고전 2:14). 그는 마음을 새롭게 함으로써 변화받는 것이 무엇인지(롬 12:2) 또는 성령의 내적 사역이 무엇인지 알지 못한다. 이것들은 자연인에게는 수수께끼인 것이다. 그는 신자들보다 세상 일을 더 잘 파악할지 모르지만 하나님의 깊은 것은 보지 못한다. 돼지는 나무 밑에 떨어진 도토리는 볼지 몰라도 별을 바라볼 수는 없다. 그리스도께 가르침받은 사람은 나라의 비밀(arcana imperii) 곧 천국의 비밀을 깨닫게 된다.

그리스도께서 가르치신 교훈은 무엇인가?

그는 우리가 우리 마음을 돌아보도록 가르치신다. 가장 재주가 뛰어난 사람이나 국가의 비밀을 통찰하는 대 정치가들을 보아도 그들은 자기 마음의 비밀은 알지 못하며, 그 마음 속에 든 악을 믿을 수도 없다. "당신의 개같은 종이 무엇이관대"(영어 본문은 "신의 종이 개니이까?"임 — 역자주)(왕하 8:13). 인간의 마음은 거대한 심연과 같아서 쉽사리 측정할 수 없다(Grande profundum est homo) — 어거스틴. 그러나 그리스도께서 가르치시면 그는 무지의 베일을 벗기시고 인간이 자기 마음을 들여다 보도록 조명하신다. 그러면 그는 허황된 생각들이 무수함을 알게 되고 죄가 자신의 직무와 뒤섞여 있음을, 곧 그의 별들이 구름과 뒤섞여 있는 것을 깨닫고 스스로 얼굴을 붉히게 되는 것이다. 그는 어거스틴처럼 하나님께 저를 제 자신으로부터 구원해주소서 하고 기도하게 된다. 그리스도께서 가르치시는 두번째 교훈은 피조물의 허무함이다. 자연인은 그의 행복을 이 세상에 두고 금신상을 숭배한다. 그러나 그리스도께서 자기 안약을 발라주신 사람은 분별의 영을 받게 되어 피조물을 그 적나라한 모습 그대로 보게 되며, 그것이 허무하고 불만족스러움을, 그리고 천국 백성에게는 맞지 않음을 깨닫게 되는 것이다. 솔로몬은 모든 피조물을 관찰했는데, 그 결과 추출해낸 핵심과 요지는 모든 것이 헛되다는 것이었다(전 2:11). 사도 바울은 이를 아무런 고유한 선을 가지지 못한 겉치레나 유령과 같은 것으로 부르고 있다(고전 7:31). 세번째 교훈은 보이지 않는 사물들의 우월성이다. 그리스도는 영혼으로 하여금 영광을 바라보고 영원을 관조하게 하신다. "우리의 돌아보는 것은 보이는 것이 아니요 보이지 않는 것이니"(고후 4:18). 모세는 "보이지 아니하는 자"를 보았다(히 11:27). 또한 족장들은 더 나은 본향 곧 천사들의 희락과 즐거움의 강수와 기쁨의 꽃들이 만발한 천국을 사모했다(히 11:16).

그리스도의 가르침은 다른 이들의 가르침과 어떻게 다른가?

여러 가지 점에서 다르다.

(1) 그리스도는 직접 마음을 가르치신다. 다른 이들은 귀를 가르치나 그리스도는 마음을 가르치신다. "주께서 그 마음을 열어"(행 16:14). 말씀의 사역자들이 할 수 있는 일이란 기껏해야 지식을 넣어주는 것에 불과하지만 그리스도는 은혜로 역사하신다. 그들은 단지 진리의 빛을 제시할 수 있을 뿐이나 그리스도는 진리에 대한 사랑을 주신다. 그들은 단지 무엇을 믿을 것인지를 가르치지만 그리스도는 어떻게 믿을 것인지 가르치신다.

(2) 그리스도는 우리에게 말씀을 맛보게(경험하게) 해주신다. 목사들은 우리에게 말씀의 요리를 진열하고 이를 잘라 줄 수 있다. 그러나 오직 그리스도만이 이를 맛보게 해주실 수 있다. "너희가 주의 인자하심을 맛보았으면"(벧전 2:3). "너희는 여호와의 선하심을 맛보아 알지어다"(시 34:8). 선포되는 진리를 듣는 것과 이를 맛보는 것은 별개이다. 약속을 글로 읽는 것과 직접 경험하는 것은 다른 일인 것이다. 다윗은 말씀의 맛을 체험하였다. "주의 말씀의 맛이 내게 어찌 그리 단지요 내 입에 꿀보다 더

하니이다"(시 119:102,103). 사도 바울은 이를 그리스도를 아는 냄새라고 부르고 있다(고후 2:14). 지식의 빛과 그 맛은 별개의 것이다. 그리스도는 우리로 하여금 말씀의 풍미를 맛보게 해주신다.

(3) 그리스도는 가르치신 내용을 우리로 하여금 순종케 하신다. 다른 사람들은 교훈을 줄 수는 있어도 복종을 명령할 수 없다. 그들은 겸손할 것을 가르치지만 인간은 여전히 교만을 부린다. 선지자 예레미야는 유다 백성들에게 심판을 선포했지만 그들은 청종하려 하지 않았다. "우리가 우리 입에서 낸 말을 정녕히 실행하여 하늘 여신에게 분향하리라"(렘 44:17). 인간은 본래 갑옷으로 무장하고 있어서 말씀의 검이 들어갈 수 없다. 그러나 그리스도가 가르치러 오실 때에는 이같은 완악함을 제거하신다. 그는 판단하도록 지식을 제공하실 뿐 아니라 의지를 움직이신다. 그는 그의 말씀의 빛으로만 아니라 능력의 지팡이로 임하시며, 강퍅한 죄인을 굴복시키신다. 그의 은혜는 불가항력인 것이다.

(4) 그리스도는 쉽게 가르치신다. 다른 사람들은 어렵게 가르친다. 그들은 진리를 발견하거나 이를 가르치는데 어려움을 느낀다. "대저 경계에 경계를 더하며 교훈에 교훈을 더하되"(사 28:10). 혹자는 평생 가르치지만 그 말이 아무런 영향력도 미치지 못하고 있다. 그들은 불평한다. "내가 헛되이 수고하였으며"(사 49:4) 바위를 경작했구나. 그러나 큰 선지자이신 그리스도는 쉽게 가르치신다. 그는 성령으로 약간만 접촉하셔도 회심시키실 수 있다. 그는 "빛이 있으라"고 말씀하실 수 있다. 말씀 한 마디면 은혜를 주실 수 있는 것이다.

(5) 그리스도는 가르치실 때 사람들이 기꺼이 배우도록 만드신다. 인간이 다른 인간들을 가르친다 해도 그들은 배우려는 열의를 품지 않는다. "미련한 자는 지혜의 훈계를 멸시하느니라"(잠 1:7). 그들은 마치 의사가 강심제를 주면 환자가 의사에게 화내듯이 말씀에 대해 분노한다. 이처럼 사람들은 자기 구원에 있어 퇴보하고 있다. 그러나 그리스도는 그의 백성을 "자원하는 백성"으로 만드신다(시 110:3). 그들은 지식을 소중히 여기며 이를 보석처럼 귀에 달고 다닌다. 그리스도가 가르치시는 사람들은 이사야

2:3처럼 "오라 우리가 여호와의 산에 오르며 야곱의 하나님의 전에 이르자 그가 그 도로 우리에게 가르치실 것이라 우리가 그 길로 행하리라"라고 말한다. 또한 사도행전 10:33처럼 "이제 우리는 주께서 당신에게 명하신 모든 것을 듣고자 하여 다 하나님 앞에 있나이다"라고 말하는 것이다.

(6) 그리스도가 가르치시면 그는 깨닫게 하실 뿐 아니라 살리신다. 그는 살아나도록 가르치시는 것이다. "나는 세상의 빛이니 나를 따르는 자는 어두움에 다니지 아니하고 생명의 빛(lumen vitae)을 얻으리라"(요 8:12). 우리는 본질상 죽었고, 따라서 무엇을 배우기에 부적합하다. 죽은 자에게 누가 연설을 하겠는가? 그러나 그리스도께서는 죽은 자들을 가르치신다! 그분은 생명의 빛을 주시는 것이다. 예컨대 나사로가 죽었을 때 그리스도는 "나오라"고 말씀하셨는데, 그는 죽은 자로 하여금 듣게 만드셨다. 곧 나사로가 걸어 나왔던 것이다. 마찬가지로 그가 죽은 영혼에게 불신앙의 무덤에서 나오라고 말씀하시면 그 영혼은 그리스도의 음성을 듣고 나오는 것이니, 이것이 곧 생명의 빛인 것이다. 어느 철학자가 말했다. "열과 빛은 서로 상보작용(相補作用)을 일으켜 점차 증가한다"(calor et lux concrescunt). 그리스도께서 그의 빛으로 나오시는 곳에는 그와 함께 신령한 생명의 열이 함께 하는 것이다.

적용 1: 알아둘 점.

(1) 여기서 그리스도가 하나님이신 논지를 살펴보기 바란다. 만일 그가 하나님이 아니셨더라면 결코 하나님의 마음을 알거나 인간과 천사들이 알 수 없는 저 심오한 하늘의 비밀(arcana caeli)을 우리에게 계시하실 수 없었을 것이다. 하나님 외의 그 누가 소경의 눈에 기름을 바름으로써 (영혼의) 빛뿐 아니라 시력을 줄 수 있겠는가? 다윗의 열쇠를 가지신 그분 외에 누가 마음의 문을 열 수 있겠는가? 하나님 외의 그 누구가 철석같은 인간의 의지를 굽힐 수 있겠는가? 오직 하나님만이 양심을 교화하고 돌같은 마음을 통회하게 만들 수 있다.

(2) 자기 교회의 위대한 의사이시며 모든 택정된 자들에게 구원에 이

르는 지식을 주시는 그리스도 안에 얼마나 풍성한 지혜(cornucopia)가 있는지 알기 바란다. 온 세상을 밝게 비추는 태양의 본체는 마땅히 광명으로 충만해야 할 것이다. 그리스도는 위대한 빛(발광체)이시다. 그 안에는 지식의 모든 보화가 감추어져 있다(골 2:3). 성소의 중앙에 있는 등불은 다른 모든 등불에 빛을 공급한다. 마찬가지로 그리스도는 그의 영광스러운 빛을 다른 사람들에게 널리 베푸신다. 우리는 아리스토텔레스와 플라톤의 학식을 찬양하기 쉽다. 애석하지만, 이는 그리스도 안에 있는 광명에 비하면 빈약한 불꽃 하나에 불과한 것이다. 인간과 천사들은 모두 그의 무한하신 지혜로부터 자기의 등불을 밝히고 있다.

(3) 자연 상태의 인간의 비참한 처지를 직시하라. 그들은 그리스도께서 그들의 선지자가 되시기 전에는 무지와 흑암으로 둘러싸여 있었다. 인간은 아무 것도 성결되게 알지 못하고 있으며, 마땅히 알 것을 알지 못하는 상태이다(고전 8:2). 이것은 슬픈 일이다. 어둠 속에서는 색채를 분간할 수 없다. 마찬가지로 자연상태에서는 도덕과 은혜를 구분하지 못하고 서로 혼동하는 것이니, 마치 구름을 보고 여신으로 착각하는 형국이다(pro dea nubem). 어둠 속에서는 가장 빼어난 아름다움도 감추이고 만다. 정원에는 희귀한 꽃이 피어 있고 방에는 그림이 걸려 있다 해도 어두우면 그 아름다움이 가리우고 만다. 마찬가지로, 그리스도 안에 천사들도 놀라게 하는 초월적인 아름다움이 있다 하더라도 자연 상태의 인간은 이를 전혀 볼 수 없다. 그에게 그리스도는 누구인가? 천국은 무엇인가? 그의 마음에는 수건이 덮여 있는 것이다. 어둠 속에 있는 사람은 나아가는 발걸음마다 위험을 감수해야 한다. 마찬가지로, 자연상태의 인간은 매 단계마다 지옥으로 굴러 떨어질 위험 가운데 놓여 있다. 그리스도께서 우리를 교화하시기 이전의 상태가 그와 같다. 아니, 거듭나지 못한 상태의 죄인이 처해 있는 어둠은 자연적인 어둠보다 더 나쁜 것이다. 왜냐하면 자연적인 어둠은 공포심을 야기하기 때문이다. "캄캄함이 임하므로 (아브라함이) 심히 두려워하더니" (창 15:12). 그러나 영적인 어둠에는 두려움이 따르지 않으며, 인간은 자기가 처한 상태를 보고도 떨지 않는다. 오히려, 자기가 처한 상태를 좋아한다.

"사람들이 어둠을 더 사랑한 것이니라"(요 3:19). 이것이 그리스도께서 사람을 가르치는 선지자로 오셔서 그들을 흑암에서 빛으로, 사탄의 권세에서 하나님의 권세로 옮기시기까지 그들이 처해 있는 비극적인 상황이다.

(4) 하나님의 자녀들의 행복한 처지를 보라. 그들은 그리스도를 자기들의 선지자로 모시고 있다. "네 모든 자녀는 여호와의 교훈을 받을 것이며" (사 54:13). "예수는 우리에게 지혜가 되셨으니"(고전 1:30). 인간은 다른 사람의 눈을 통해 바라볼 수 없다. 그러나 신자들은 그리스도의 눈으로 본다. "그의 빛 가운데 그들이 빛을 보도다." 그리스도는 그들에게 은혜의 빛과 영광의 빛을 주신다.

적용 2: 그리스도를 당신의 선지자로 모시도록 노력하라. 그분은 구원에 이르도록 가르치신다. 그는 일천 천사 가운데 한 해석자이시며(욥 33:23), 천사들을 당혹케 만드는 난제들을 해결하실 수 있다. 그리스도가 가르치시기까지 우리는 아무런 교훈도 배우지 못한다. 그리스도가 우리의 지혜가 되신 후에야 우리는 구원에 이를 만큼 지혜로워질 것이다.

그리스도를 우리 스승으로 모시기 위해 우리가 해야 할 일은 무엇인가?

(1) 당신이 그리스도의 가르침을 필요로 한다는 사실을 직시하라. 이 새벽별의 도우심이 없이는 당신의 나아갈 길을 알 수 없다. 혹자는 인간 이성의 빛이 장족의 발전을 하였다고 말한다. 그러나! 이성의 다림줄은 하나님의 깊은 일을 측정하기에는 너무나 짧다. 이성의 빛은 인간의 신앙 생활에는 촛불의 빛이 그에게 이해력을 주지 못하는 것처럼 도움이 되지 못하는 것이다. 인간은 갓난애가 피라미드의 꼭대기에 도달하거나 타조가 별에까지 날아 오를 수 없듯이 자연적 능력만으로는 그리스도께 도달할 수 없다. 당신은 그리스도의 안약과 가르침을 필요로 한다는 사실을 알기 바란다(계 3:18).

(2) 그리스도께 배우기 위해 나아가라. "주의 진리로 나를 지도하시고 교훈하소서"(시 25:5). 제자들 중 하나가 "주여 우리에게 기도를 가르쳐 주

옵소서"(눅 11:1)라고 말했듯이 기도하라. 주여, 제게 유익하도록 가르쳐 주소서! 저의 등불을 밝혀 주소서, 교회의 대 선지자시여! 제가 사물을 전과 다르게 볼 수 있도록 지혜와 계시의 영을 주소서. 말씀 가운데 제가 주의 음성을 듣도록 가르치시며 성찬 가운데 주의 몸을 분변하도록 저를 가르치소서. "나의 눈을 밝히소서"(시 13:3). "영혼들을 개종시키는 그분은 하늘에 당신의 설교단을 가지고 계신다"(Cathedram habet in caelo qui corda docet in terra). 우리가 용기를 얻어 우리의 대 선지자께 나아가려면 다음의 사실을 염두에 두어야 한다.

(i) 예수 그리스도는 우리를 몹시 가르치고 싶어 하신다. 하늘의 비밀을 가르치려는 것이 아니었다면 그가 목회 사역을 왜 시작하셨겠는가? "예수께서 천국 복음을 전파하시며 백성 중에 모든 병과 모든 약한 것을 고치시니"(마 4:23). 그분이 선지자직을 담당하신 이유는 무엇이었는가? 지식의 열쇠를 가져가 버린 사람들에 대해 그토록 노하셨던 이유는 무엇이었는가?(눅 11:52). 그리스도께서 성령을 한량없이 받으신 것은 우리에게 지식으로 부어 주시려는 뜻이 아니고 무엇이겠는가? 마치 젖이 어린아이를 위해 있듯이 그리스도 안에 있는 지식은 우리를 위해 존재하는 것이다. 오, 그러므로 배우기 위해 그리스도께 나아가자. 복음서에서 눈을 뜨기 위해 그리스도께 나온 사람들치고 그가 시력을 회복시켜 주시지 않은 경우는 없었다. 또한 그리스도는 소경된 육신을 고치신 것보다 더욱 열심히 소경된 영혼을 고치려 하실 것이 분명하다.

(ii) 그리스도가 가르치실 수 없을 만큼 둔하고 무지한 사람이란 없다. 모든 사람들이 학문적 적성을 가진 것은 아니다(ex omni ligno non fit Mercurius). 그러나 그리스도가 좋은 학생으로 만드실 수 없을 정도로 우둔한 인간이란 없는 것이다. 심지어 무식하고 저급한 사람들도 그리스도는 이 세상의 대 현인이나 지혜자들보다 더 많이 알도록 가르치신다. 그렇기 때문에 무식한 자들이 일어나서 천국을 차지한다(surgunt indocti, et rapiunt caelum)는 어거스틴의 금언이 생겨난 것이다. 그들은 그리스도의 진리를 저 존경받는 위대한 랍비들보다 좀더 구원에 이르도록 알고 있다. 학생이

우둔할수록 가르치는 자의 기술이 더 돋보이는 법이다. 그렇기 때문에 그리스도는 더 큰 영광을 얻으시기 위해 무식한 자들을 가르치길 즐겨하시는 것이다. "그 때에 소경의 눈이 밝을 것이며 귀머거리의 귀가 열릴 것이며"(사 35:5). 누가 굳이 소경이나 귀머거리를 가르치려 하겠는가? 그러나 그처럼 우둔한 학생들도 그리스도는 가르치신다. 무지로 눈이 먼 자들이 복음의 비밀을 보게 될 것이요, 귀머거리의 귀가 열릴 것이다.

(3) 그리스도가 지정하신 은혜의 수단들을 기다리라. 그리스도는 그의 성령을 통해 가르치시지만 또한 성례전을 사용해서 가르치신다. 지혜의 문 앞에서 기다릴지어다. 목사들은 그리스도 아래 있는 선생들이다. "목사와 교사"(엡 4:11). 우리는 성경에서 항아리와 항아리 속의 횃불에 관한 내용을 읽게 된다(삿 7:16). 목사는 질그릇과 같다. 그러나, 이 항아리 속에는 영혼들을 천국에로 인도하도록 빛을 밝혀주는 횃불이 들어 있는 것이다. 지금도 그리스도는 마치 왕이 사자를 통해 말하듯이 하늘로부터 당신의 목사들을 통해 우리에게 말씀하고 계신다(히 12:25). 성찬의 젖을 멀리하는 사람은 거의 제대로 성장할 수 없다. 그들은 두뇌가 부실하든지 다리를 절든지 할 것이다. 설교된 말씀은 목사의 입을 통해 들리는 그리스도의 음성이다. 그리고 그리스도는 목사를 통해 말씀하시는 그의 음성을 듣기를 거부하는 사람들이 임종석상에서 간구할 때 듣지 않으실 것이다.

(4) 만일 당신이 그리스도께 가르침받고자 한다면 이미 알고 있는 지식을 좇아 행하라. 당신이 소유한 적은 지식을 잘 활용한다면 그리스도는 당신을 더욱 많이 가르치실 것이다. "사람이 하나님의 뜻을 행하려 하면 이 교훈이 하나님께로서 왔는지 내가 스스로 말함인지 알리라"(요 7:17). 종이 적은 재고품을 늘리는 것을 주인이 본다면 그는 장사하도록 더 많은 물품을 종에게 맡길 것이다.

적용 3: 당신이 그리스도에 의해 구원에 이르도록 배웠으면 감사하기 바란다. 하나님을 스승으로 모시는 것은 당신의 명예이며, 그분이 다름아닌 당신을 가르친다는 것은 감탄과 경하할 일인 것이다. 얼마나 많은 유식자들이 실은 무식한가! 그들은 하나님께 배우지 않는다. 자기를 교훈할 그리스도의 말씀은 가지고 있지만 그들을 성화할 성령을 모시지 않고 있다. 그러나 당신이 외적인 가르침뿐 아니라 내적 가르침도 받았다면, 즉 그리스도가 그의 성령의 신성한 기름부음을 당신에게 허락하셨다면, 그래서 마치 요한복음 9:25에 등장하는 사람처럼 "한 가지 아는 것은 내가 소경으로 있다가 지금 보는 그것이니이다"라고 말할 수 있다면 당신은 성부의 마음 속에 감추인 비밀을 당신에게 계시해 주신 그리스도께 얼마나 감사해야 하겠는가! "본래 하나님을 본 사람이 없으되 아버지 품 속에 있는 독생하신 하나님이 나타내셨느니라"(요 1:18). 알렉산더 대왕이 아리스토텔레스로부터 배운 철학적 교훈으로 인해 그토록 많은 감사의 염(念)를 느꼈다고 한다면 대 선지자이신 이 그리스도께 우리는 얼마나 더 감사해야 하겠는가! 그분은 그의 사랑의 영원한 목적을 우리에게 보이시고 천국의 비밀을 우리에게 계시해 주셨던 것이다.

4. 그리스도의 제사장직

질문 25: 그리스도는 제사장직을 어떻게 수행하십니까?

답변: 그리스도는 하나님의 공의를 만족시키고, 우리를 하나님과 화해시키기 위해 자신을 희생제물로 단번에 드리시는 것으로, 그리고 우리를 위해 지속적으로 중보하시는 것으로 자신의 제사장 직분을 행하신다.

"이제 자기를 단번에 제사로 드려 죄를 없게 하시려고 세상 끝에 나타나셨느니라"(히 9:26).

그리스도의 제사직의 부분들은 무엇인가?

그리스도의 제사직은 두 부분으로 구성된다 — 그분의 희생과 중보.

I. 그분의 희생; 이것은 또 두 부분으로 나누어진다.

[1] 그분의 능동적 순종. "우리가 이와 같이 하여 모든 의를 이루는 것이 합당하니라"(마 3:15). 그리스도는 율법이 요구하는 모든 것을 이루셨다. 그분의 거룩한 삶은 하나님의 율법에 대한 완전한 주석(a perfect commentary)이었다. 그분은 우리를 위해 율법에 복종하셨다.

[2] 그분의 수동적 순종. 우리의 죄책을 자신에게 이전하고, 전가시키기 위해 그분은 우리에게 마땅히 임할 형벌을 몸소 당하셨다. 죽임을 당한 유월절 어린 양은 우리를 위해 희생제물로 드려진 그리스도의 모형이었다. 죄는 피 흘림이 없이는 제거될 수 없었다. "피 흘림이 없은즉 사함이 없느니라"(히 9:22). 그리스도는 흠 없는 어린 양이자 죽임을 당한 어린 양이었다.

무엇 때문에 제사장이 되는 것이 필수적이었는가?

제사장은 죄책을 가진 피조물과 거룩하신 하나님 사이를 화해시키기 위해 조정자로서 필수적인 존재였다.

하나님이신 그리스도가 어떻게 고난을 당하실 수 있었는가?

그리스도는 다만 인간적 본성 속에서 고난을 당하셨다.

그러나 단지 그리스도의 인성만이 고난을 받으셨다면, 이 고난이 어떻게 죄를 만족시킬 수 있었는가?

신성과 연합되어 있는 인성이 고난을 받으셨고, 따라서 신성이 죄를 만족시킨 것이다. 그리스도의 신성은 인성을 연약해지지 않도록 지탱시켰고, 그분의 고난을 효력있게 하였다. 제단은 그 위에 바쳐진 예물을 신성하게 한다. "어느 것이 크뇨 그 예물이냐 예물을 거룩하게 하는 제단이냐"(마 23:19). 그리스도의 신성이라는 제단은 그분의 죽음의 희생제물을 신성하게 하고, 그것에 무한한 가치를 부여하였다.

그리스도의 고난의 위대성은 어디에 나타나 있는가?

(1) 그것은 그분의 육체의 고난 속에 나타나 있다. 그분은 단지 눈으로 보기에만 고난을 받으신 것이 아니라 아니라 참으로 고난을 받으셨다. 바울 사도는 그것을 mors crucis 즉 십자가에 죽으심이라고 지칭한다(빌

2:8). 키케로는 이런 종류의 죽음에 관해 말할 때, 내가 감히 어떻게 십자가에 달리심에 관해 묘사할 수 있는가?(quid dicam in crucem toller?)라고 말한다. 그는 위대한 웅변가였지만, 그것을 표현할 마땅한 말들을 찾지 못했던 것이다. 이 고난에 대한 고민으로 그리스도는 겟세마네 동산에서 핏방울 같이 땅에 떨어지는 땀을 흘리셨다(눅 22:44). 그것은 수치스럽고, 고통스럽고, 저주받은 죽음이었다. 그리스도는 자신의 모든 감각들을 통해 고난을 당하셨다. 그분의 눈은 두 슬픈 대상, 곧 자신에게 모욕을 가하는 원수들과 눈물을 흘리고 계시는 어머니를 바라보았다. 그분의 귀는 백성들의 욕설들로 가득차 있었다. "저가 남은 구원하였으되 자기는 구원할 수 없도다"(마 27:42). 그분의 코는 자신의 얼굴에 그들이 뱉어낸 침으로 고통을 당하였다. 그분의 입은 그들이 억지로 마시라고 넣어준 쓸개탄 포도주로 고통을 당하였다. 또 그분의 심령은 머리에 씌워진 가시관으로 말미암아, 못이 박혀진 손과 발로 말미암아 격렬한 아픔을 겪었다. 그분의 온 몸이 하나의 커다란 상처였다(Totum pro vulnere corpus). 그때 이 하얀 백합이 온통 새빨간 색깔로 물들여졌다.

(2) 그것은 그분의 영혼의 고난 속에 나타나 있다. 그분은 자기 아버지의 진노의 형틀로 고통을 당하셨다. 이로 인해 그분은 십자가상에서 '나의 하나님 나의 하나님' 어찌하여 나를 버리셨나이까(cur deseruisti)라는 절규와 외침을 토하였다. 그리스도는 십자가 상에서 이중의 식(蝕:빛의 소멸) 곧 태양의 소멸과 하나님의 얼굴의 광채의 소멸을 겪었다. 이 고뇌는 얼마나 쓰라린 것이었을까! 복음서 저자들은 그것을 설명하는데 다음과 같은 세 마디를 사용한다: "심히 놀라셨다" "심히 고민하여 죽게 되었다" "심히 슬퍼하셨다"(막 14:33; 마 26:38). 그리스도는 자신의 영혼을 통해 지엽적으로가 아니라 총체적으로 지옥의 고통을 느끼셨던 것이다.

그리스도는 왜 고난을 당하셨는가?

확실히 그분 자신의 응보 때문에 고난을 받으신 것은 아니었다. "메시야는 자신이 아니라" 우리를 위해서 고난을 당하실 것이다(단 9:26; 사

53:6). 한 사람이 죄를 범하고, 다른 사람이 벌을 받는다(Unus peccat, alius plectitur). 그분은 우리에 대한 하나님의 공의를 만족시키기 위해서 고난을 당하셨다. 우리의 죄로 말미암아 우리는 무한히 하나님의 미움을 샀다. 그래서 우리는 눈물의 홍수를 이루고, 무수한 동물 예물과 번제를 드렸지만, 결코 진노하시는 하나님과 화해할 수 없었다. 그러므로 그리스도는 하나님의 공의를 만족시키기 위해 죽으셔야 했던 것이다.

하나님이 희생제물이 없이 자유롭게 죄를 사하실 수는 없었는지의 여부는 신학자들 사이에 격렬하게 논쟁이 벌어지고 있는 주제이다. 하나님이 율법을 만족시키고, 인간을 공의와 자비의 방식으로 구원하시기로 작정하셨을 때, 그 일은 하나님만이 행하실 수 있는 것이라는 사실은 논란의 여지가 없다. 그러므로 그리스도가 자신의 목숨을 희생제물로서 내놓아야 했던 것은 필수적이었다.

(1) 성경의 예언들을 성취하기 위해서. "이같이 그리스도가 고난을 받고"(눅 24:46).

(2) 우리를 하나님과의 화해로 이끌기 위해서. 배반자가 용서받는 것과 총애를 받는 것은 별개의 사실이다. 그리스도의 피는 하나님을 진정시킨 희생제물로 불리어질 뿐만 아니라 동시에 우리와 하나님을 은혜롭고 사랑하는 관계로 만드는 화해제물로 불리어진다. 그리스도는 하나님이 우리에게 평화의 응답들을 주시는 우리의 속죄소이다.

(3) 그리스도는 자신의 마지막 유언을 자기의 피로 유효케 하기 위해 죽으셨다. 그리스도가 신자들에게 물려주신 유산들이 많이 있는데, 그것들은 그분이 죽지 않았더라면, 아무 적용이 없는 것들이었고, 그래서 그분의 죽음을 통해 그 유언은 실현되었다(히 9:16). 유언은 유언한 자가 죽은 뒤에야 효력이 있는 법이다. 성령의 보내심, 약속들, 이러한 유산들은 그리스도가 죽은 다음에 비로소 효력이 발생하였다. 그러나 그리스도는 자신의 피를 통해 그것들을 확증하셨고, 그럼으로써 신자들은 그것들을 차지할 수 있게 되었다.

(4) 그분은 우리의 영광스러운 처소를 마련하시기 위해 죽으셨다. 그

러므로 천국은 약속된 것으로 불리울 뿐 아니라 이미 '얻으신 것'으로도 불리운다(엡 1:14). 그리스도는 우리의 높아짐을 위해 죽으셨다. 그분은 우리가 다스릴 수 있도록 하기 위해서 고난을 당하셨다. 그분은 우리가 보좌에 앉을 수 있도록 하기 위해서 십자가에 달리셨다. 천국은 닫혀졌다. 그러나 그리스도의 십자가는 우리를 천국으로 올리우는 사다리이다(crux Christi, clavis Paradisi). 그분의 십자가 고난은 우리의 즉위식이다.

적용 1: 그리스도의 피의 희생제사 속에서, 우리는 죄의 끔찍한 본질을 발견한다. 죄가 아담을 낙원으로부터 추방시키고, 천사들을 지옥으로 던져버릴 정도로 끔찍한 것이라는 것은 사실이다. 하지만 그 무엇보다도 죄가 그토록 무시무시한 것은 바로 그리스도를 그분의 영광으로부터 가리우고, 그분의 피를 무력화시키기 때문이다. 우리는 죄를 분노를 가지고 바라보아야 하고, 그것을 거룩한 분한을 가지고 찾아내야 한다. 그리하여 우리는 그리스도의 피를 흘리게 한 죄들의 피를 흘려야 한다. 가이사의 피묻은 관복의 모습은 그분을 죽인 자들에 대해 로마인들을 분향시킨 것이었다. 그리스도의 피흘리신 몸의 모습은 죄에 대해 우리를 분향시킨 것이었다. 그러므로 우리는 그것과 야합해서는 안된다. 그것이 우리의 기쁨이 되어서는 안된다. 그것은 그리스도를 슬프게 하는 것이다.

적용 2: 우리의 제사장이신 그리스도는 희생제물인가? 여기서 하나님의 자비와 공의가 나타난 것을 주목하라. 나는 바울 사도처럼 "하나님의 인자하심과 준엄하심을 보라"(롬 11:22)고 말할 수 있다.

(1) 희생제물의 제공에 나타난 하나님의 인자하심. 그리스도께서 십자가 위에서 고난을 받지 않으셨다면, 우리는 영원히 지옥에 놓여져야 하고, 그때에만 우리는 하나님의 공의를 만족시키는 것이다.

(2) 희생제물의 제공에 나타난 하나님의 준엄하심. 자신의 아들, 그것도 지극히 사랑하는 아들이었음에도 불구하고, 하나님은 우리의 죄를 그분에게 전가시키고, 자기의 아들을 아끼지 아니하셨으며, 자신의 진노를 그분

에게 행사하셨다(롬 8:32). 이처럼 하나님이 자신의 아들에게도 엄격하셨다면, 언젠가 자신의 원수들에게 행사하실 진노는 얼마나 무시무시하겠는가! 완고한 강퍅함으로 화인맞은 사람들은 그리스도가 가졌던 진노와 똑같은 진노를 느껴야 한다. 그리고 그들이 그것을 즉각 감당할 수는 없기 때문에, 영원히 감당해야 한다.

적용 3: 우리의 제사장이신 그리스도는 우리를 위해 희생제물이 되셨는가? 그렇다면 여기서 우리 죄인들을 향하신 그리스도의 그 애틋한 사랑을 주목하라. 어거스틴은 "십자가는 그리스도가 자신의 사랑을 세상에 선포하신 강단(講壇)"이라고 말한다. 그리스도가 죽으셔야 하는 것은 모든 천사들이 흙으로 돌아가는 것보다 더 큰 일이었다. 특별히 그리스도가 죄인으로 죽으셔야 하는 것은 모든 인간들의 죄의 짐이 그분에게 지워지는 것이고, 그분이 자신의 원수들을 위해 죽으셔야 하는 것이다(롬 5:10). 향나무는 그것을 꺾고, 자르는 사람들을 위해 그 보배로운 향기를 내뿜는다. 마찬가지로 그리스도는 자기를 십자가에 못박은 사람들을 치유하기 위해 피를 흘리셨다. 그분은 스스로 죽음을 자취(自取)하셨다. 그것은 예수의 몸을 드리신 것으로 불리어진다(히 10:10).

사람들이 그분을 번민케 하고, 슬프게 하고, 피를 흘리게 할 정도로 그분이 사람들에게 당한 고난이 컸음에도 불구하고, 그들은 결코 그분이 후회하도록 만들지는 못했다. "그가 자기 영혼의 수고한 것을 보고 만족히 여길 것이라"(사 53:11). 그리스도는 십자가상에서 극심한 고통을 당하셨지만, 후회하지 않으시고, 그로 말미암아 구속이 세상에 미친 것을 아시기 때문에 자신의 땀과 피를 잘 흘렸다고 생각하신다.

오, 참으로 무한하고, 놀라우신 그리스도의 사랑이여! 오, 진실로 인간도 천사도 결코 비할 수 없는 지식에 넘치는 사랑이여!(엡 3:19) 우리는 이 사랑으로 말미암아 얼마나 감동을 받는가! 사울이 그의 목숨을 살려준 다윗의 사랑에 대해 깊이 감동되었다면, 우리는 우리를 위해 자신의 생명을 내어주신 그리스도의 사랑에 대해서는 얼마나 감동되어야 할 것인가!

그리스도의 죽음과 수난의 순간에 땅이 진동하며 "바위가 터졌다"(마 27:51). 그러므로 생명을 내어놓으신 그리스도의 사랑으로 감동을 받지 못하는 심령은 바위보다 더 완악한 심령을 갖고 있는 것이다.

적용 4: 그리스도는 우리의 희생제물인가? 여기서 그분의 희생제사의 탁월성을 바라보라.

(1) 그리스도의 희생제사는 완전한 제사이다. "저가 한 제물로 거룩하게 된 자들을 영원히 온전케 하셨느니라"(히 10:14). 그러므로 교황주의자들이 성도들의 공로와 기도를 그리스도의 희생제사에 갖다붙이는 것은 얼마나 불경건한 일인가! 그들은 마치 그리스도의 십자가상에서의 희생제사가 불완전한 것인 것처럼, 미사에서 계속적으로 그분을 제물로 바친다. 이것은 그리스도의 제사직에 대한 모독이다.

(2) 그리스도의 희생제사는 가치있는 제사이다. 그분은 우리의 모범을 위해 죽으셨을 뿐만 아니라 구원을 유효하게 하기 위해 죽으셨다. 인간이면서 동시에 하나님이신 고난받으신 그분은 자신의 고난을 유효하게 하시고, 그로 말미암아 우리의 죄는 속죄되고, 하나님은 진노를 거두셨다. "우리야도 죽었나이다"라고 사신이 보고하자 다윗의 진노도 진정되었다(삼하 11:21). 그리스도가 죽자마자 하나님의 진노도 진정되었다.

(3) 그리스도의 희생제사는 유익한 제사이다. 죽은 사자로부터 삼손은 꿀을 얻었다. 그것은 우리 인간들에 대한 의, 우리의 섬김에 대한 열납, 하나님께 담대하게 나아감 그리고 하늘의 성소에 들어갈 담력을 얻게 한다(히 10:19). 그리스도의 편을 통하여 천국에 이르는 길이 우리에게 열려있다(Per latus Christi patescit nobis in caelum). 이스라엘은 홍해를 통과하여 가나안에 이르렀다. 마찬가지로 그리스도의 보혈의 홍해를 통과하여 우리는 천상의 가나안으로 들어간다.

적용 5: (1) 이 그리스도의 보혈을 우리에게 적용해 보자. 약의 효능은 전적으로 그것을 복용할 때 나타나는 법이다. 그 약은 하나님의 피로 이루어져 있지만, 믿음에 의해 적용되지 않으면, 치료를 하지 못할 것이다. 믿음이 그리스도인에 대해 가지는 관계는 불이 화학자에 대해 가지는 관계와 같다. 화학자는 불이 없으면, 아무 것도 할 수 없다. 마찬가지로 그리스도인은 믿음이 없으면 아무 것도 하지 못한다. 믿음은 그리스도의 희생을 우리의 것으로 만든다. "내 주 그리스도 예수"(빌 3:8). 우리를 부요하게 하는 것은 탄광 속에 있는 금이 아니라 수중에 있는 금이다. 믿음은 그리스도의 금쪽같은 공로를 받는 손이다. 영혼을 신선하게 하는 것은 유리잔 속의 음료가 아니라 들이마셔진 음료이다. 믿음으로 말미암아 우리는 그리스도의 피를 마신다(Per fidem Christ sanguinem sugimus) — 키프리안. 믿음은 그리스도의 상처에 구멍을 뚫고, 그것을 통해 그분의 보혈의 음료를 마시게 한다. 그러므로 믿음이 없으면 그리스도 자신은 우리에게 아무런 소용이 없을 것이다.

(2) 우리는 피흘리신 그리스도를 사랑하고, 그분을 위해 기꺼이 고난을 받음으로써 그리스도에 대한 우리의 사랑을 보여주어야 한다. 많은 사람들이 그리스도께서 자신들을 위해 고난당하신 것은 기뻐하지만, 자기들이 그분을 위해 고난당하는 것은 생각하지 않는다. 요셉도 감옥이 아니라 출세를 꿈꾸었다. 그리스도는 희생제물이었는가? 그분은 우리를 위해 하나님의 진노를 감당하셨는가? 그렇다면 우리는 그분을 위해 인간의 진노를 감당해야 한다. 그리스도의 죽음은 자발적인 의지에 의한 것이었다. "하나님이여 보시옵소서 하나님의 뜻을 행하러 왔나이다"(히 10:7). "나는 받을 세례가 있으니 그 이루기까지 나의 답답함이 어떠하겠느냐"(눅 12:50). 그리스도는 자신의 고난을 세례로 지칭하신다. 그분은 (말하자면) 자기 자신의 피로 세례를 받은 것이었다. 그렇다면 그때 그분은 얼마나 갈급하셨겠는가! "나의 답답함이 어떠하겠느냐"

오, 그렇다면 우리는 기꺼이 그리스도를 위해 고난을 받아야 하리라! 그리스도는 성도들의 고난에 대한 악의와 반감을 제거하셨다. 그리스도는 우리의 고난을 유쾌한 일로 만드실 수 있다. 화목제를 드릴 때 예물에 기름을 바르는 것처럼 하나님은 우리의 고난에 감사의 기름을 바르실 수 있다. "내 쇠사슬의 울림소리는 내 귀에는 감미로운 음악소리이다"(헤센의 영주). 인생은 곧 내어놓아야 한다. 그렇다면 좀더 일찍이 그리스도에 대한 희생제물로서, 성실성의 보증으로서, 그리고 감사의 징표로서 인생을 내어놓는 것은 얼마나 좋은 일인가!

적용 6: 이 그리스도의 보혈의 희생제사는 우리에게 무한한 위로를 줄 것이다. 그리스도의 십자가는 cardo salutis 즉 우리의 구원의 핵심이다(칼빈). 다시 말해 그리스도의 십자가는 우리의 위로의 근간이자 원천이다. (1) 이 보혈은 죄책에 대해 위로를 준다. 오, 나의 죄는 나를 괴롭히지만, 그리스도의 피는 죄 사함을 얻게 하려고 많은 사람을 위하여 흘리신 피라고 영혼은 말한다(마 26:28). 우리는 우리의 죄가 그리스도에게 전가되어, 더 이상 그것이 우리의 것이 아니고, 그분의 것이 되었음을 깨달아야 한다.

(2) 이 보혈은 오염에 대해 위로를 준다. 그리스도의 보혈은 치유하고, 깨끗케 하는 피이다. 그것은 치료하는 피이다. "그가 채찍에 맞음으로 우리가 나음을 입었도다"(사 53:5). 그것은 최고의 보약으로서 완전하게 치유한다. 그리스도는 하늘에 계시지만, 우리는 우리의 육체의 문제를 치유하시는 그분의 보혈의 효능을 확인할 수 있다. 나아가 그것은 깨끗케 하는 피이다. 그러므로 그것은 샘물로 비유된다(슥 13:1). 말씀은 우리의 흠을 보여주는 거울이고, 그리스도의 보혈은 그 흠을 깨끗이 씻어내는 샘이다. 그것은 불결을 순결로 바꾼다. "그 아들 예수의 피가 우리를 모든 죄에서 깨끗하게 하실 것이요"(요일 1:7).

참으로 그리스도의 피가 깨끗하게 하지 못하는 아주 검은 한 오염이 있는데, 그것은 곧 성령을 거스리는 죄이다. 그러나 그것은 그리스도의 피가 그것을 충분히 깨끗하게 할만한 공로가 없어서가 아니라 그 죄를 범하는 사람이 깨끗해지지 않아서 그런 것이다. 그 사람은 그리스도의 피를 정죄하고, 그것을 발로 짓밟는다(히 10:29). 따라서 우리는 그리스도의 피가 얼마나 강력한 강장제로 작용하는지를 깨닫는다. 그것은 우리 믿음의 안전지대이며, 우리의 기쁨의 원천이며, 우리의 욕구의 면류관이며, 생명과 죽음의 유일한 의지처이다. 모든 두려움 속에서 우리는 그리스도의 보혈의 화해적 희생으로 안위를 얻는다. 그리스도는 값주고 산 자와 정복자로서 죽으셨다. 값주고 산 자로서 그분은 하나님에 관해 우리의 구원을 이루신 자신의 보혈을 소유하고 있다. 정복자로서 그분은 사탄에 관해 지옥과 죽음을 잡아가둔 승리의 마차가 되는 십자가를 소유하고 있다.

적용 7: 그리스도의 죽음의 이 보배로운 희생에 대해 하나님을 송축하라. "내 영혼아 여호와를 송축하라"(시 103:1). 다윗은 무엇 때문에 그분을 송축하는가? "네 생명을 파멸에서 구속하시고" 그리스도는 우리를 위해 속죄제물로 자신을 드리셨다. 따라서 우리는 그분에게 감사제를 드려야 한다. 만일 어떤 사람이 다른 사람의 빚을 대신 갚아준다면, 그는 감사하지 않겠는가? 그렇다면 우리는 우리를 지옥과 정죄로부터 구속하신 그리스도에 대해 얼마나 깊은 감사를 드려야 하겠는가! "새 노래를 노래하여 가로되 책을 가지시고 그 인봉을 떼기에 합당하시도다 일찍 죽임을 당하사 각 족속과 방언과 백성과 나라 가운데서 사람들을 피로 사서 하나님께 드리시고"(계 5:9). 우리의 마음과 혀는 하나님을 송축하는데 하나로 연합해야 한다. 우리는 열매를 통해 그리스도에 대한 감사를 보여주어야 한다. 우리는 겸손, 열심, 그리고 선행의 열매들(향나무들처럼)을 맺어야 한다. 이것이 우리를 위해 죽으신 분을 위해 사는 삶이다(고후 5:15). 동방박사들은 그리스도를 예배하는 것으로 그치지 않고 그분에게 선물들 곧 황금과 유향과 몰약을 바쳤다(마 2:11). 마찬가지로 우리도 그리스도에게 하나님의 영광과 찬양이 되는 의의 열매들을 선물로 드려야 한다.

II. 그분의 중보. "그는 하나님 우편에 계신 자요 우리를 위하여 간구하시는 자시니라"(롬 8:34)

아론이 성소에 들어갔을 때, 그의 방울이 소리를 냈다. 마찬가지로 그리스도께서 하늘에 들어가셨을 때, 그분의 간구는 하나님의 귀에 아름다운 소리로 들린다. 그리스도는 영광을 받는 존재로 높여지셨지만, 보좌에 앉으셨을 때, 자신의 연민을 거두시지 않고, 요셉이 자신의 아비와 형제들을 잊지 않았던 것처럼, 여전히 자신의 신비적인 몸을 기억하고 계신다. "우리를 위하여 간구하시는 자시니라." 중재한다(intercede)는 것은 다른 사람을 위해 청원한다는 것이다. 그리스도는 하늘에서 청원하시는 위대한 주인이시다. 그리스도는 아버지에 대한 보편적(우주적) 제사장이시다(Christus est catholicus Patris Sacerdos) — 터툴리안.

우리의 중보자는 어떤 자격을 갖고 계신가?

(1) 그분은 거룩하신 중보자이다. "이러한 대제사장은 우리에게 합당하니 거룩하고 악이 없고 더러움이 없고 죄인에게서 떠나 계시고"(히 7:26). "하나님이 죄를 알지도 못하신 자로 우리를 대신하여 죄를 삼으신 것은"(고후 5:21). 그분은 그 행위가 아니라 그 본질에 있어서 죄가 무엇인지 알고 계셨다. 다른 사람들의 죄를 제거하셔야 했던 그분은 스스로는 죄가 없는 분이셔야 함이 필수적이었다. 거룩은 우리의 대제사장의 흉패 위에서 빛나는 보석 가운데 하나이다.

(2) 그분은 신실하신 중보자이다. "그러므로 저가 범사에 형제들과 같이 되심이 마땅하도다 이는 하나님의 일에 자비하고 충성된 대제사장이 되어 백성의 죄를 구속하려 하심이라"(히 2:17). 모세는 사환으로 충성하였고, 그리스도는 아들로서 충성하였다(히 3:5). 그분은 자신이 변호해야 하는 어떤 주장도 망각하지 않으시고, 또 변호하실 때 어떤 속임수도 사용하지 않으신다. 세상의 변호사는 양편으로부터 보수를 받기 때문에 의뢰인을 위해 해야할 말을 다하지 않거나 그에게 불리한 진술을 할 수 있다. 그러나 그리스도는 자신이 변호하는 주장에 대해 성실하시다. 따라서 우리는 우리의 문제들을 기꺼이 그분에게 맡길 수 있고, 그분의 손 안에 있는 한 우리의 삶과 영혼을 신뢰할 수 있다.

(3) 그분은 결코 죽지 않으시는 중보자이다. 제사장 직분은 율법 아래 살아있었지만, 제사장들 자신은 죽었다. "저희 제사장 된 자의 수효가 많은 것은 죽음을 인하여 항상 있지 못함이로되"(히 7:23). 그러나 "그가 항상

살아서 저희를 위하여 간구하심이니라"(히 7:25). 그분은 자신의 제사장직을 영원히 지속하신다.

그리스도는 누구를 위해 중보하시는가?

그것은 무차별적으로 모든 인간을 위한 것이 아니라 오직 택자를 위한 중보이다(요 17:9). 그리스도의 기도의 효능은 그분의 보혈의 효능만큼 미친다. 그러나 그분의 보혈은 단지 택자만을 위해 흘리신 것이고, 따라서 그분의 기도는 오로지 그들에게만 미친다. 대제사장은 단지 자신의 가슴 위에 12지파의 이름을 달고 성소에 들어갔다. 마찬가지로 그리스도도 단지 자신의 가슴 위에 택자의 이름들만을 달고 하늘로 올라가셨다. 그리스도는 가장 연약한 성도들을 위해 그리고 성도들의 모든 죄를 위해 중보하신다(요 17:20). 율법 속에는 대제사장이 희생제물을 드리거나 기도하지 않은 죄들이 남아있었다. "본토 소생이든지 타국인이든지 무릇 짐짓 무엇을 행하면 여호와를 훼방하는 자니 그 백성 중에서 끊쳐질 것이라"(민 15:30). 제사장은 무지의 죄를 위해서는 기도할 수 있었지만, 짐짓 범하는 죄에 대해서는 기도할 수 없었다. 그러나 그리스도의 중보는 택자의 모든 죄에 그 효력이 미친다. 다윗의 죄는 얼마나 진홍빛이었는가! 그러나 그렇다고 해서 그가 그리스도의 중보로부터 제외된 것은 아니었다.

그리스도는 어떤 중보 사역을 행하시는가?

여기에는 세 가지 사역이 있다.

(1) 그분은 자신의 피의 공로를 아버지께 제시하고, 지불한 그 값의 대가를 통해 아버지의 자비를 요청하신다. 이 점에 있어서 대제사장은 그리스도의 생생한 모형이었다. 아론은 다음 네 가지 일을 행해야 했다: 짐승을 죽이는 일, 지성소 안으로 그 피를 가지고 들어가는 일, 속죄소에 그 피를 뿌리는 일, 그리고 분향한 다음에 그 연기로 속죄소 위에 구름이 일어나도록 하는 일. 이렇게 한 이후에야 속죄가 이루어졌다(레 16:11-16). 우리의 대제사장으로서 그리스도는 정확하게 이 모형에 대응하셨다. 그분

은 희생제물로 바쳐졌는데, 그것은 제사장이 짐승을 죽이는 일에 대응하였다. 그분은 하늘로 승천하셨는데, 그것은 제사장이 지성소에 들어가는 일에 대응하였다. 그분은 자신의 피를 아버지 앞에서 뿌리셨는데, 그것은 제사장이 속죄소 위에 피를 뿌리는 일에 대응하였다. 그리고 그분은 자신의 피를 보고 죄인들을 용서해 달라고 간구하시는데, 그것은 향의 연기의 구름이 피어오르도록 하는 일에 대응한다. 이같은 그분의 중보를 통해 하나님은 우리와 화목하시는데, 그것은 제사장의 속죄를 이루는 전과정에 대응한다.

(2) 그리스도는 자신의 중보를 통해 택자에게 발해지는 모든 고소장들을 처리하신다. 그들이 죄를 범하고, 사탄이 하나님께 신자들을 고소하고, 양심이 그들을 비난하도록 해보라. 그러나 그리스도는 자신의 중보를 통해 이 모든 고소들을 처리하신다. "누가 능히 하나님의 택하신 자들을 송사하리요 의롭다 하신 이는 하나님이시니 누가 정죄하리요 죽으실 뿐 아니라 다시 살아나신 이는 그리스도 예수시니 그는 하나님 우편에 계신 자요 우리를 위하여 간구하시는 자시니라"(롬 8:33, 34). 에스쿨루스가 어떤 불경죄로 재판을 받았을 때, 그의 형은 그를 옹호하고, 자신이 어떻게 국가를 위해 충성하다 손을 잃었는지를 판사에게 보여줌으로써, 그가 용서를 받도록 하였다. 이와 같이 사탄이 성도들을 고소할 때, 또는 하나님의 공의가 그 고소에 미칠 때, 그리스도는 자신의 상처를 보여주시고, 자신의 피흘리신 고난을 통해 율법의 모든 요구들과 도전들을 물리치시고, 사탄의 고소를 좌절시킨다.

(3) 그리스도는 자신의 중보를 통해 죄인의 무죄사면을 요청하신다. "만일 누가 죄를 범하면 아버지 앞에서 우리에게 대언자가 있으니 곧 의로우신 예수 그리스도시라"(요일 2:1)고 요한은 말한다. 그분은 죄인을 법정에서 사면해줄 것을 요청하신다. 대언자는 웅변자와는 크게 다르다. 웅변자는 다른 사람에게 자비를 보여주기 위해 심판자를 설득하고 간청하기 위해 웅변술을 사용하지만, 대언자는 율법이 무엇인지를 심판자에게 말한다. 그래서 그리스도는 하늘에서 대언자로서 등장하셔서, 율법이 무엇인지를 제시하신다. 하나님의 공의가 채무서를 여실 때, 그리스도는 율법서를 여신

다. 이때 주님은 이렇게 말씀하신다: "아버지는 의로우신 하나님이시고, 그래서 피흘림이 없이는 화해하심도 없으십니다. 그러나 보십시오. 여기 피흘림이 있습니다. 그러므로 공의 안에서 저를 보시고 이 죄악된 피조물들을 용서해 주옵소서." 율법은 만족되고, 죄인은 사면된다. 그리스도의 청원에 따라 하나님은 죄인의 용서에 자신의 손을 두신다.

그리스도는 어떤 방법으로 중보하시는가?

(1) 그분은 아무 대가 없이(freely) 중보하신다. 그분은 하늘에서 우리의 입장을 변호하시되, 아무 대가를 받지 않으신다. 일반 변호사는 보수를 받을 것이고, 때로는 뇌물까지도 받을 것이다. 그러나 그리스도는 보수를 목적으로 하시지 않는다. 그분이 매일 하늘에서 변호하시는 일들이 그토록 많을진대, 보수는 한푼도 받지 않으신다! 그리스도는 자신의 생명을 자유롭게 내놓으셨던 것처럼 자유롭게 중보하신다(요 10:15,18).

(2) 그분은 깊은 감정을 갖고(feelingly) 중보하신다. 그분은 우리의 상태를 자신의 상태처럼 느끼신다. "우리에게 있는 대제사장은 우리 연약함을 체휼하지 아니하는 자가 아니요 모든 일에 우리와 한결같이 시험을 받은 자로되 죄는 없으시니라"(히 4:15). 그것은 자상한 어머니가 마땅히 벌을 받아야 하는 아이에 대한 심판을 변호하는 것과 같다. 오, 얼마나 어머니의 사랑이 깊은가! 얼마나 그녀의 눈물이 흘러내리는가! 그녀는 자비의 심판을 이끌어내기 위해 얼마나 슬픔을 과장하는가! 마찬가지로 주 예수님도 동정과 연민으로 가득차서 자비하고 충성된 대제사장이 되셨다(히 2:17). 그분은 수난은 떠나셨지만, 동정은 떠나지 않으셨다. 일반 변호사는 자신이 변호하는 이유에 감동을 받지도 않고, 그 이유가 어떤 길로 나아가든 상관하지 않는다. 그가 변호하는 것은 이득 때문이지 사랑 때문이 아니기 때문이다. 그러나 그리스도는 깊은 감정을 갖고 중보하신다. 그분이 사랑을 가지고 중보하시는 것이 그분이 변호하시는 이유이기 때문이다. 그분은 택자의 생명과 구원을 값주고 사시기 위해 피를 흘리셨다. 그러므로 그들이 구원을 얻지 못한다면, 그분은 자신이 값주고 사신 자들을 상실할 것

이다.

(3) 그분은 효력있게(efficaciously) 중보하신다. 그것은 유효한 중보이다. 그리스도는 자신이 변호하시는 이유를 조금도 상실하지 않으셨다. 그분은 결코 소송을 취하하지 않으신다. 만약 우리가 다음과 같은 사실을 고려한다면, 그리스도의 중보는 유효해질 것이다.

(i) 그분의 인격의 탁월성. 모세의 기도가 "나대로 하게 하라"(출 32:10)고 하신 하나님의 손에 붙잡힌 것처럼, 야곱이 한 남자로서 하나님과 겨루어 이겼던(창 32:28) 것처럼, 엘리야가 기도를 통해 하늘을 열고 닫았던(약 5:17) 것처럼, 성도의 기도가 하나님과 잘 통한다면, 그리스도의 기도는 얼마나 더 잘 통하는 엄청난 기도일까! 그분은 가장 기뻐하시는 하나님의 아들이다(마 3:17). 그런 아버지가 아들에게 허용하지 못할 것이 무엇이겠는가! "항상 내 말을 들으시는 줄을 내가 알았나이다"(요 11:42). 혹시 하나님이 그리스도가 대제사장이라는 사실을 망각할지는 몰라도, 그가 아들이라는 사실은 망각할 수 없으실 것이다.

(ii) 그리스도는 단지 자신의 아버지가 허용하기로 작정하시는 것만을 위해 기도하신다. 그리스도와 그의 아버지 사이에는 오직 하나의 뜻이 있다. 그리스도는 "진리로 저희를 거룩하게 하옵소서"라고 기도하시고, 또 "하나님의 뜻은 이것이니 너희의 거룩함이라"(살전 4:3)고 말씀하신다. 그렇다면 만일 그리스도가 단지 아버지 하나님이 허용하기로 작정하시는 것만을 위해 기도하신다면, 그분은 즐거이 기도를 계속하실 것이다.

(iii) 그리스도는 단지 그분이 주실 권세가 있는 것만을 위해 기도하신다. 그분은 하나님으로서 권세를 갖고 있음에도 불구하고, 인간으로서 기도하신다. "아버지여 … (내가) 원하옵나이다"(Father … I will)(요 17:24). 여기서 '아버지'는 그분이 한 인간으로서 기도하는 것을 보여준다. 또 '(내가) 원하옵나이다'는 그분이 하나님으로서 주신다는 것을 의미한다. 자신의 기도가 약하고, 거의 스스로는 기도할 수 없을 때, 신자에게는 하늘에서의 그리스도의 기도가 강력하고 권능있다는 것이 커다란 위안이 된다. 하나님은 우리가 드리는 기도를 거부하실 수는 있지만, 그리스도가 드리는

기도는 거부하지 못하실 것이기 때문이다.

(iv) 그리스도의 중보는 항상 가까이 대기하고 있다. 하나님의 백성은 일상적으로 범죄를 저지른다. 그외에 그들은 때로는 커다란 범죄를 저지르기도 한다. 이에 대해 하나님은 진노하시고, 그분의 공의는 그들을 엄벌할 채비를 하고 있다. 그러나 그리스도의 중보가 가까이 대기하고 있어서 항상 하나님과 그들 사이의 불화를 조정하신다. 그분은 하나님 아버지와 평화시키기 위해 아버지에게 자신의 피의 공로를 제시하신다. 하나님의 진노가 이스라엘에게 폭발하기 시작하자 아론은 즉시 향로를 가지고 들어가 분향을 했고, 그 결과 염병이 멎었다(민 16:47). 이와 같이 하나님의 자녀가 범죄하고, 하나님이 진노하실 때마다 즉각 그리스도는 들어가셔서 중재하신다. 아버지로서 그분은 범죄한 자는 나의 자녀라고 말씀하신다. 그분은 자신의 직분은 소홀히 할지언정 사랑은 상실하지 아니하신다. "오, 그를 불쌍히 여기사 당신의 진노를 그로부터 벗어나게 하리라." 그리스도의 중보는 가까이 대기하고 있어서 경건한 사람들의 최소한의 허물에 대해서도 그분은 하늘에서 그들을 위해 변호하시고, 청원하신다.

그리스도의 중보의 열매는 무엇인가?

(1) **칭의.** 칭의에는 두 가지 사실이 담겨있다. 죄책은 면제된다는 것과 의가 전가된다는 것이 그것이다. "여호와 우리의 의라"(렘 33:16). 우리는 천사들처럼 의롭다고 여김을 받을 뿐 아니라 그리스도처럼 그분의 옷이 우리에게 입혀진다(고후 5:21). 그러나 우리가 의롭게 되는 것은 어디로부터 오는 것인가? 그것은 그리스도의 중보로부터 오는 것이다(롬 8:33,34). 주님이신 그리스도는, 그들은 내가 위해서 죽은 자들로서, 마치 죄를 범하지 않은 것처럼 간주하고, 그들을 의롭다고 여길 것이라고 말씀하신다.

(2) **성령의 기름부으심.** "너희는 거룩하신 자에게서 기름 부음을 받고"(요일 2:20). 이 기름부으심은 마음을 성화시키는 사역에 다름 아니고, 그럼으로써 우리를 신의 성품에 참여하는 자가 되게 한다(벧후 1:4). 철학자의 돌에 관해 말하는 사람들은 그것이 금속에 닿을 때 그것을 금으로 변

하게 하는 속성을 지니고 있다는 것을 가정한다. 그런데 바로 이런 속성을 하나님의 영이 영혼에 대해서 갖는다. 즉 하나님의 영이 영혼에 닿으면 그것은 즉시 그것에 신적 본성을 집어넣는다. 그리하여 그것은 영혼을 거룩하게 하고, 하나님을 닮아가도록 한다. 성령의 거룩하게 하시는 사역은 그리스도의 중보의 열매이다. "예수께서 아직 영광을 받지 못하신 고로 성령이 아직 저희에게 계시지 아니하시더라"(요 7:39). 영화롭게 되셔서 하늘에 계시는 그리스도가 아버지께 간구하시자 아버지는 택자에게 거룩한 기름부으심을 부으시는 성령을 보내신다.

(3) **우리의 거룩한 일들의 정화.** 그리스도께서 자신의 기도를 아버지께 드리실 뿐만 아니라 우리의 기도를 거듭 간구하시는 것은 하늘에서의 그분의 사역이다. "또 다른 천사가 와서 제단 곁에 서서 금향로를 가지고 많은 향을 받았으니 이는 모든 성도의 기도들과 합하여 보좌 앞 금단에 드리고자 함이라"(계 8:3). 이 천사는 바로 그리스도였다. 그분은 자신의 공로로 만든 금향로를 취하시고, 이 향로 속에 우리의 기도를 받으시며, 자신의 중보의 향을 가지고 우리의 기도가 하늘에 달콤한 향기가 되어 올라가도록 하신다. 그것은 레위기 16:16에서 관찰할 수 있다. "(아론이) 지성소를 위하여 속죄하고." 이것은 우리의 거룩한 의무들이 속죄를 받아야 할 필요가 있음을 보여주는 전형적인 실례이다.

우리의 최고의 섬김들은 우리로부터 나오는 것이기 때문에, 물통 냄새를 풍기는 포도주처럼 오염으로 더럽혀져 있다. "우리의 의는 다 더러운 옷 같으며"(사 64:6). 그러나 그리스도는 이 섬김들을 자신의 중보의 그윽한 향과 혼합시킴으로써, 그것들을 정화시키고, 정결케 하신다. 그리하여 하나님은 그것들을 열납하시고, 면류관을 허락하신다. 대제사장이 없었다면 우리가 드리는 의무들은 어떻게 되었을까? 그리스도의 중보가 우리의 기도에 대해 가지는 관계는 왕겨가 송풍기에 대해 가지는 관계와 같다. 송풍기는 낟알로부터 왕겨를 까불러낸다. 이와 마찬가지로 그리스도는 우리의 기도 속에 혼합되어 있는 허탄한 것을 까불러낸다.

(4) **은혜의 보좌에 담대히 나아감**(히 4:16). 우리에게는 우리를 담대

하게 은혜의 보좌로 나아가게 하기 위해 하늘로 올라가신 위대한 대제사장이 있다. 우리는 하늘의 법정에서 우리를 위해 변호하고, 우리의 입장을 대변하시는 친구를 갖고 있다. 이것은 우리의 기도를 생명력있게 하고, 힘을 준다. 우리는 그것이 용서를 받기 위해 나아가는 우리와 같은 죄인들을 그토록 담대하게 만든다고 생각하면서도 우리는 거부당하리라고 생각하는가? 확실히 이것은 죄악된 겸손이다. 참으로 우리가 우리 자신의 이름으로 기도하는 것은 무모한 일이지만, 그리스도는 자신의 보혈의 능력과 적용을 가지고 우리를 중재하신다. 따라서 기도를 통해 하나님께 나아가기를 두려워하는 것은 그리스도의 중보를 불신하는 것이다.

(5) **보혜사를 보내심.** "내가 아버지께 구하겠으니 그가 또 다른 보혜사를 너희에게 주사"(요 14:16). 성령의 위로는 그 기름부으심과는 다르다. 여기에는 벌집에서 나오는 벌꿀보다 더 달콤한 위로가 있다. 그것은 금단지 속에 들어있는 만나이다. 그것은 영혼의 포도주(vinum in pectore)이다. 다시 말해 이 천상의 위로의 포도주 한 방울은 세상의 슬픔의 바다를 충분히 감미롭게 한다. 그것은 "성령의 인치심"으로 불린다. 그 인치심은 우리에게 전체를 보증한다(고후 1:22). 성령은 우리에게 하늘의 보증을 손에 쥐어준다. 이러한 성령의 위로하시는 사역은 어디로부터 오는가? 그것은 그리스도의 중보로부터 온다. 그러므로 그리스도의 중보에 대해 감사하라. "내가 아버지께 구하겠으니 그가 또 다른 보혜사를 너희에게 주사."

(6) **은혜 안에서 오래참음.** "내게 주신 아버지의 이름으로 저희를 보전하사"(요 17:11). 우리를 지켜주시는 것은 우리의 기도나 노력이나 은혜가 아니라 하나님의 사랑과 인도이다. 그분이 우리가 실족하지 않도록 지켜주신다. 하나님이 우리를 보존하시는 것은 어디로부터 오는가? 그것은 그리스도의 중보로부터 온다. "아버지여 저희를 지켜주옵소서" "내가 너를 위하여 네 믿음이 떨어지지 않기를 기도하였노니"(눅 22:32)라는 베드로에 대한 그리스도의 기도는 현재 하늘에서 기도하시는 그분의 기도의 복사판이다. 베드로의 믿음은 그가 그리스도를 부인했을 때, 어느 정도는 실패하였다. 그러나 그리스도는 그가 완전히 실족하지 않도록 기도하셨다. 성

도들은 그리스도가 기도를 계속하시기 때문에 믿음을 계속 유지하게 된다.

(7) **심판날에 사면 선고를 받음.** 그리스도는 세상을 심판하실 것이다. "아버지께서 심판을 다 아들에게 맡기셨으니"(요 5:22). 그리스도는 심판석에 앉으셨을 때, 자신이 그토록 위해서 기도한 사람들을 사면하실 것이다. 그리스도는 자신이 위해서 기도하는 사람들을 정죄하시겠는가? 신자들은 그분의 신부들이다. 그런데 그분이 자기 신부를 정죄하시겠는가?

적용 1: 교훈에 대해. (1) 여기서 그리스도의 택자를 향하신 사랑을 바라보라. 그분은 그들을 위해 죽으셨을 뿐 아니라 하늘에서 그들을 위해 중보하고 계신다. 그리스도가 죽으신 분이라면, 사랑하는 것도 불가능하실 것이다. 그분은 지금 하늘에서 성도들을 위해 사역하고 계신다. 그분은 자신의 가슴 속에 그들의 이름을 새기고, 그 기도가 응답될 때까지 기도하기를 멈추지 않으실 것이다. "아버지여 내게 주신 자도 나 있는 곳에 나와 함께 있어"(요 17:24).

(2) 성도들의 기도가 하나님에 대해 그렇게 강하게 역사하는 근거가 어디로부터 나오는지를 주목하라. 야곱은 한 천사로 나타나신 하나님과 겨루었다. 모세의 기도는 하나님의 손을 붙들어놓았다. Precibus suis tanquam inquam vinculis ligatum tenuit Deum[기도로 말미암아 그는 마치 쇠사슬로 단단히 매어놓은 것처럼 하나님을 붙잡았다고 나는 말한다]: "그런즉 내가 하는 대로 두라"(출 32:10). 이것이 어디로부터인가? 성도들의 기도를 그토록 효력있게 하는 것은 하늘에 계신 그리스도의 기도이다. 그리스도의 신적 본성은 그분이 우리의 기도를 열납하기 위해 드리는 제단이고, 그리하여 그 기도들이 이기는 것이다. 기도는 성도들로부터 나오는 것이기 때문에 연약하고 힘이 없다. 그러나 성도의 기도의 화살이 그리스도의 중보의 활에 채워지면, 그것은 은혜의 보좌를 꿰뚫는다.

(3) 그것은 그리스도인은 기도할 때 주로 그의 눈을 그리스도의 중보에 고정시켜야 한다는 것을 보여준다. 우리는 속죄소를 쳐다보아야 하지만, 그리스도의 중보를 통해 자비를 소망해야 한다. 우리는 레위기 16장에서

아론이 향연과 피로써 속죄를 이루었다는 기사를 읽는다. 따라서 우리는 향연 즉 그리스도의 중보를 주목해야 한다. 자신의 대변자를 주목하는 그리스도인은 하나님이 그에 대해서는 아무 것도 부정할 수 없는 사람이다. 그리스도의 입으로부터 나오는 한 마디는 천상에 있는 모든 천사들이 그대를 위해 변호하는 것 이상이다. 만일 어떤 사람이 대법원에 상고된 소송에서 아주 유능한 변호사의 변호를 받는다면, 그것은 그에게 크게 용기를 줄 것이다. 마찬가지로 그리스도는 법정에서 우리를 위해 애타게 호소하고 계시고(히 9:24), 우리가 그분을 바라보도록 충분히 자극하고, 기도를 들어주시리라고 충분히 소망할 정도로 하늘에서 커다란 권능을 갖고 계신다. 참으로 우리는 그것들을 그리스도께 내놓지 않았더라면, 우리의 청원을 감히 드러내지 못했을 것이다.

(4) 불신자의 서글픈 상태를 주목하라. 그분은 하늘에서 불신자를 위해서는 한 마디도 말씀하시지 않는다. "내가 비옵는 것은 세상을 위함이 아니요"(요 17:9). 하늘로부터 닫혀진 것은 그리스도의 기도로부터 닫혀진 것과 마찬가지이다. 에스더 왕후가 유대인들이 멸절당할 지경에 이르자 그들을 위해 변호한 것처럼 그리스도는 성도들을 위해 변호하신다. "내 요구대로 내 민족을 내게 주소서"(에스더 7:3). 마귀가 그들의 죄의 흑빛을 보여줄 때, 그리스도는 자신의 상처의 빨간색을 보여주신다. 그리스도가 기도하지 않는 아니 그리스도가 기도하는 것을 반대하는 인간의 상태는 얼마나 비참한가! 에스더 왕후가 하만을 정죄하도록 청원하자 그의 얼굴은 잿빛으로 뒤덮였고, 그는 사형장으로 인도되었다(에스더 7:8). 율법이 죄인과 양심과 심판자에 대립되고, 그를 위해 한 마디라도 변호해줄 친구가 없을 때에는 참으로 비참하다. 거기에는 단지 죄수가 감옥으로 가는 것 외에는 다른 길이 없다.

(5) 만일 그리스도가 중보하신다면, 우리는 다른 중보자들에게 관심을 둘 하등의 이유가 없다. 로마교회는 구속과 간구의 중보자를 서로 구분한다. 그래서 그들은 천사는 우리를 구속하지는 못하지만, 우리를 위해 간구하고, 기도한다고 말한다. 그러나 그리스도만이 오로지 우리를 직분으로부

터(ex officio) 간구하실 수 있다. 하나님은 그분을 대제사장으로 지명하셨다. "네가 영원히 멜기세덱의 반차를 좇는 제사장이라 하셨으니"(히 5:6). 그리스도는 자신의 공로에 의해(vi pretii) 즉 자신의 피의 효력을 따라 중보하신다. 그분은 자신의 아버지에게 자신의 공로를 내세운다. 그러나 천사들은 하나님께 나아갈 공로를 갖고 있지 않고, 따라서 우리를 위해 중보자가 될 수 없다. 우리의 대언자는 누구든 우리를 하나님과 화목시키는 화목제물이 되어야 한다. "아버지 앞에서 우리에게 대언자가 있으니"(요일 2:1). "저는 우리 죄를 위한 화목제물이니"(2절). 천사들은 우리의 화목제물이 될 수 없고, 그러므로 우리의 대언자가 될 수 없다.

적용 2: 시험에 대해. 우리는 그리스도께서 우리를 위해 중보하신다는 것을 어떻게 알 것인가? 사람들은 스스로를 위해 기도하지 않는 사람들을 위해 그리스도께서 기도하신다고 생각할 근거를 거의 갖고 있지 않다. 그렇다면 우리는 그것을 어떻게 알 것인가?

(1) 만일 그리스도께서 우리를 위해 기도하신다면, 그것은 그분의 영이 우리 안에서 기도하시는 것이다. "하나님이 그 아들의 영을 우리 마음 가운데 보내사 아바 아버지라 부르게 하셨느니라"(갈 4:6). 성령은 우리가 마땅히 빌 바를 알지 못하나 오직 말할 수 없는 탄식으로 우리를 위하여 친히 간구하신다(롬 8:26). 태양이 존재하는지를 보기 위해 우리는 하늘에 올라갈 필요가 없다. 우리는 땅 위에서도 그 증거를 발견할 수 있기 때문이다. 마찬가지로 우리는 그리스도께서 우리를 위해 간구하시는지를 확인하기 위해 하늘로 올라갈 필요는 없다. 그러나 우리는 그들이 기도 안에서 소생되고, 불타오른다면, 우리의 심령을 주목해야 하고, 그때 우리는 "아바, 아버지"라고 부를 수 있다. 우리 안에 거하시는 성령의 간구를 통해 우리는 그리스도께서 하늘 위에서 우리를 위해 중보하신다는 것을 파악할 수 있다.

(2) 만일 우리가 그리스도께 나아간다면, 그분은 우리를 위해 간구하실 것이다. "내가 비옵는 것은 내게 주신 자들을 위함이니이다"(요 17:9).

그리스도가 우리에게 드려지는 것과 우리가 그리스도께 드려지는 것은 별개의 사실이다.

여러분은 그것을 어떻게 아는가?

만일 그대가 신자라면, 그대는 그리스도에게 드려진 자이고, 그분은 그대를 위해 간구하신다. 믿음은 의존의 행위이다. 우리는 건물의 모퉁이돌에 의존하는 돌들로서 그리스도에게 의존하는 자들이다. 믿음은 그리스도의 팔에 맡기는 것이다. 믿음은, 그리스도는 나의 제사장이요, 그분의 피는 나의 희생제사이며, 그분의 신성은 나의 제단이며, 이 안에서 나는 안식을 누린다고 말한다. 이 믿음은 그 결과들에 의해 보여진다. 그것은 순화의 사역이자 의탁의 사역이다. 그것은 심령을 정화시키는데, 거기에 순화의 사역이 있다. 그것은 은혜의 행위를 그리스도께 돌리고, 그 자체의 효능을 포기하고 그 사랑을 그분에게 돌리는데, 거기에 믿음의 의탁의 사역이 있다. 믿는 자들은 그리스도에게 드려지고, 그분의 기도에 참여한다. "내가 비옵는 것은 이 사람들만 위함이 아니요 또 저희 말을 인하여 나를 믿는 사람들도 위함이니"(요 17:20).

적용 3: 권면에 대해. 믿음은 다양한 의무를 수행하도록 우리를 자극한다. (1) 만일 그리스도가 하늘에서 우리를 위해 활동하신다면, 우리는 땅 위에서 그분을 위해 활동해야 한다. 그리스도는 우리의 이름을 자신의 가슴에 새기기를 부끄러워하지 아니하시는데, 우리가 그분의 진리를 부끄러워할 것인가? 그분은 우리의 입장을 변호하시는데, 우리는 그분의 입장에 서지 않을 것인가? 반역의 시대에 그리스도의 존귀를 위해 선다는 것이 얼마나 힘있는 주장일까! 그리스도는 우리를 위해 간구하신다. 그분이 우리의 이름을 하늘에 제시하시는데, 우리는 그분의 이름을 땅 위에 고백하지 않을 것인가?

(2) 만일 그리스도가 은혜의 보좌에서 우리를 위해 자신의 모든 관심을 쏟으신다면, 우리는 우리의 모든 관심을 그분을 위해 쏟아야 할 것이다.

"내 몸에서 그리스도가 존귀히 되게 하려 하나니"(빌 1:20) 여러분의 달란트를 그리스도의 영광을 위해 장사하라. 장사할 얼마간의 달란트 곧 하나의 재능, 또 다른 재산이 없는 사람은 아무도 없다.

오, 그리스도의 영광을 위해 장사하라. 그분을 위해 사용하고, 사용되어라. 여러분의 심령이 그리스도를 연구하도록 하라. 여러분의 손이 그분을 위해 수고하도록 하라. 그리고 여러분의 혀가 그분을 위해 말하도록 하라. 그리스도께서 하늘에서 우리를 위해 변호하신다면, 우리는 땅 위에서 그분을 위한 대행자가 되어야 한다. 그분의 영역 속에 들어간 사람은 누구나 그분을 위해 활력적으로 활동해야 한다.

(3) 이 영광스러운 그리스도의 중보를 믿으라. 즉 지금 그분이 우리를 위해 간구하신다는 것, 그리고 "우리를 위하여 간구하시는 자시니라"는 본문처럼, 하나님이 그분으로 말미암아 우리를 용납하시리라는 것을 믿으라. 만일 이것을 믿지 않는다면, 우리는 그리스도의 중보를 불신하는 것이다. 만일 가난한 죄인이 그분의 중보를 믿고, 그의 대제사장이신 그리스도에게 나아갈 수 없다면, 복음 아래 있는 우리 그리스도인들은 유대인들이 율법 아래 있었던 것보다 더 악한 상태 속에 있는 것이 아닌가? 유대인들은 죄를 범했을 때, 속죄를 얻기 위해 대제사장이 있었다. 그런데 우리는 우리의 대제사장을 갖고 있지 않는가? 자신의 피를 흘리시고, 지성소 앞에 향을 피우신 분은 우리의 아론이신 그리스도가 아닌가? 오, 믿음을 통해 그리스도의 중보를 주목하라! 그리스도는 자신의 제자들과 사도들을 위해서 기도할 뿐 아니라 가장 연약한 신자를 위해서도 기도하신다.

(4) 여러분의 중보자를 사랑하라. "만일 누구든지 주를 사랑하지 아니하거든 저주를 받을지어다"(고전 16:22). 친절은 사랑을 불러온다. 만일 여러분이 범죄나 채무로 재판을 받을 때, 여러분을 위해 재판하고, 여러분의 문제를 해결할 수 있는 친구가 법정에 있다면, 여러분은 그 친구를 사랑하지 않겠는가? 사탄은 얼마나 자주 법정에서 우리를 비난하는 고소장을 남발할까!

그런데 지금 그리스도는 심판석에 가까이 계신다. 그분은 항상 우리를 위해 변호하고, 우리를 하나님과 화해시키기 위해 자신의 아버지의 오른편에 앉아계신다. 오, 우리의 심령은 그리스도에 대한 사랑으로 얼마나 불타올라야 할까! 신실하고, 완벽한 사랑을 가지고, 재산과 이해관계를 초월하여 그분을 사랑하라. Plusquam tua, tuos[여러분의 소유와 가족보다 더] — 버나드. 우리의 사랑의 불은 끊이지 않고 단 위에 피워진 불처럼(레 6:13) 꺼지지 않아야 한다.

적용 4: 신자들의 위로에 대해. 그리스도는 천국에서 여러분을 위해 활동하고 계신다. 그분은 여러분을 위해 중보하신다.

오, 그러나 나는 그리스도께서 나를 위해 간구하지 않을 것을 염려한다. 나는 죄인이다. 그런데 그리스도께서 누구를 위해 중보하시겠는가?

"그러나 실상은 그가 많은 사람의 죄를 지며 범죄자를 위하여 기도하였느니라"(사 53:12). 그리스도께서 그대를 위해 자신의 손을 펴셨는가? 그렇다면 그분은 그대를 위해 자신의 입술을 열지 않으시겠는가?

그러나 나는 그분의 피를 불신하고, 그분의 사랑을 오용하고, 그분의 영을 슬프게 함으로써 나의 대제사장을 업신여겼다. 그런데도 그분은 나를 위해 기도하시겠는가?

우리 가운데 누가 그렇게 말하지 않을 수 있겠는가? 하지만 그리스도인으로서 그대는 불신앙 때문에 슬퍼하는가? 낙심치 말라. 그대는 그리스도의 기도에 참여할 수 있다. "이스라엘 자손의 온 회중이 모세와 아론을 원망하였다"(민 16:41). 이처럼 그들은 대제사장을 대적하여 범죄하였지만, 아론은 향로를 가지고 들어가 "죽은 자와 산 자 사이에 섰다"(민 16:48). 만일 그리스도의 모형에 불과한 아론에게 그토록 많은 연민이 있었다면, 대제사장에게 범죄한 자들을 위해 기도하시는 그리스도에게는 얼마나 엄청난 연민이 있었겠는가! 그분은 자기를 십자가에 못박은 자들을 위해 "아버지여, 저들을 용서하소서"라고 기도하지 않으셨는가?

그러나 나는 무가치한 존재이다. 그런데 그리스도께서 나를 위해 간구하셔야 할 이유가 어디에 있겠는가?

그리스도의 중보의 사역은 자유로운 은혜의 사역이다. 그리스도께서 우리를 위해 기도하시는 것은 우리에 대한 그분의 연민으로부터 나오는 것이다. 그분은 우리의 가치성을 보는 것이 아니라 우리의 필요를 보신다.

그러나 나는 서글픈 유혹에 사로잡혀 있다.

아무리 사탄이 우리를 시험하더라도, 그리스도는 기도하시고, 그러면 사탄은 사라질 것이다. 그대는 하나의 전투에서 패할 수는 있지만, 승리를 상실하지는 않았다. 그리스도는 그대의 믿음이 실패하지 않도록 기도하신다. 그러므로 그리스도인은 "내 영혼아, 어찌하여 낙심하느냐?"고 말할 때, 그리스도는 간구하신다. 죄를 범하는 자는 인간이지만, 기도하시는 분은 하나님이시다. 보혜사에 해당하는 헬라어 단어는 위로자(comforter)를 의미한다. 그리스도께서 중보하시는 것은 주권적 위로이다.

5. 그리스도의 왕직

질문 26: 그리스도는 왕직을 어떻게 수행하십니까?

답변: 그리스도는 우리를 자신에게 복종시킴으로써, 우리를 지배하고 보호하심으로써, 그리고 자신과 우리의 모든 원수들을 물리치고 정복함으로써 자신의 왕직을 수행하십니다.

우리는 이제 그리스도의 왕직을 고찰해야 한다. "그 옷과 그 다리에 이름 쓴 것이 있으니 만왕의 왕이요 만주의 주라 하였더라"(계 19:16). 예수 그리스도는 능하신 힘을 갖고 계신 분으로서, 왕이시다. (1) 그분은 왕으로서의 칭호를 갖고 계신다. "지존 무상하며"(사 57:15). (2) 그분은 자신의 insignia regalia 곧 왕의 표상들을 갖고 계신다. Corona est insigne regae potestatis[면류관은 왕의 권능의 상징이다]. 그분은 자신의 칼을 갖고 계신다. "칼을 허리에 차고"(시 45:3). 그분은 자신의 홀을 갖고 계신다. "주의 나라의 홀은 공평한 홀이니이다"(히 1:8). (3) 그분은 자신의 방패 또는 갑옷을 갖고 계신다. 그분은 자신의 갑옷 속에 사자를 새겨넣으신다. "유대 지파의 사자"(계 5:5). 또 어떤 본문은 "그는 만왕의 왕"이라고 말씀한다. 그분은 모든 다른 왕들보다 현저하게 탁월하시기 때문에 "땅의 임금들의 머리"(계 1:5)로 불리신다. 그분은 "자신으로 말미암아 왕들이 치리하시기"(잠 8:15) 때문에 응당 그렇게 하실 수 있다. 그들은 이 위대하신 왕으로부터 직접적인 신분보장을 받음으로써 자기들의 왕관을 유지한다. 그리스도는 다른 모든 왕들을 무한히 능가하신다. 그분은 최고의 보좌, 최대의 지배권 그리고 최장의 점령지를 갖고 계신다. "아들에 관하여는 하나님이여 주의 보좌가 영영하며"(히 1:8). 그분은 수많은 상속자들은 갖고 있지만, 후계자는 없으시다. 그분은 당연히 "만왕의 왕"으로 불리어질 수 있다. 왜냐하면 그분은 무제한적 권력을 소유하고 계시기 때문이다. 다른 왕들의 권력은 제한적이지만, 그리스도의 권력은 무제한적이다. "여호와께서 무릇 기뻐하시는 일을 천지와 바다와 모든 깊은 데서 행하셨도다"(시 135:6). 그리스도의 권력은 그분의 의지만큼 크다. 천사들은 그분에게 충성의 맹세를 한다. "하나님의 모든 천사가 저에게 경배할지어다"(히 1:6).

그리스도는 어떻게 왕이 되셨는가?

그리스도는 찬탈에 의해서가 아니라 합법적으로 왕이 되셨다. 그분은 하늘로부터 직접 보장을 받음으로써 자신의 보좌를 유지하신다. 아버지 하나님께서 그분을 왕으로 임명하셨다. "내가 나의 왕을 내 거룩한 산 시온에 세웠다 하시리로다 내가 영을 전하노라"(시 2:6,7). 하나님은 기름부어서 그분에게 왕직을 봉하셨다. "인자는 아버지 하나님의 인치신 자니라"(요 6:27). 하나님이 그분의 머리 위에 면류관을 씌우셨다.

어떤 면에서 그리스도는 왕이신가?

두 가지 면에서 그리스도는 왕이시다.

I. 그의 백성들과 관련하여. 그리고 II. 그의 원수들과 관련하여.

I. 그리스도는 그의 백성들에 대해 왕이 되신다.

[1] 그의 백성들과 관련하여 그리스도는 그들을 지배하시기 위해 왕이 되신다. 그것은 그리스도께서 태어나기 전에 예언된 것이었다. "또 유대

땅 베들레헴아 너는 유대 고을 중에 가장 작지 아니하도다 네게서 한 다스리는 자가 나와서 내 백성 이스라엘의 목자가 되리라 하였음이니이다"(마 2:6). 만일 왕이 수중에 지배할 홀을 갖고 있지 못하면, 자신의 머리 위에 왕관을 씌우는 행위는 무모한 일이다.

그리스도는 어디서 왕으로 다스리시는가?

그분의 나라는 영적인 나라이다. 그분은 사람들의 마음 속에서 다스리신다. 그분은 다른 왕은 다스리지 못하는 곳에 자신의 보좌를 세우신다. 그분은 의지와 감정을 지배하시고, 그분의 권능은 양심을 장악한다. 그분은 인간들의 욕망을 억제하신다. "우리의 죄악을 발로 밟으시고"(미 7:19).

그리스도는 무엇을 가지고 다스리시는가?

그리스도는 율법과 사랑을 가지고 다스리신다. (1) 그분은 율법을 통해 지배하신다. 그것은 jura regalia 즉 율법을 시행하는 왕의 직분의 정수들 가운데 하나이다. 왕으로서 그리스도는 율법을 제정하시고, 그의 율법을 통해 지배하신다. 믿음의 법으로써 '주 예수를 믿고,' 성결의 법을 믿으라. "너희도 모든 행실에 거룩한 자가 되라"(벧전 1:15). 많은 사람들이 그리스도께서 자기들을 위해 변호하시는 대언자가 되신다는 것을 인정하지만, 자기들을 지배하는 왕이 되신다는 사실은 인정하지 못하고 있다.

(2) 그분은 사랑을 통해 다스리신다. 그분은 자비와 인자로 충만한 왕이시다. 그분은 손 안에 홀을 갖고 계시는 것처럼 입술에는 평화의 감람나무 가지를 물고 계신다. 그분은 엄위를 위해서는 유대 지파의 사자가 되시지만, 온유를 위해서는 하나님의 어린 양이시다. 왕으로서 그분이 갖고 계신 지팡이는 그 끝에 꿀이 묻어있다. 그분은 그의 신복들의 심령 속에 자신의 사랑을 골고루 뿌리신다. 그분은 그들을 약속과 교훈들을 가지고 다스리신다. 이것으로 말미암아 그의 모든 신복들은 그분에게 자발적으로 복종한다. 그들은 기꺼이 그분에게 자신의 충성을 바친다. "주의 백성이 즐거이 헌신하니"(시 110:3).

[2] 그리스도는 자기 백성들을 지키시는 왕이시다. 그리스도는 그들을 지배할 수 있는 홀을 갖고 계신 것처럼, 그들을 지켜줄 수 있는 방패를 갖고 계신다. "여호와여 주는 나의 방패시오"(시 3:3). 안티오쿠스가 유대인들에 대해 격렬하게 진노하여 주님의 전의 성기들을 제거해 버리고, 성전에 우상을 세우자 미가엘이라고 불리운 이 위대하신 왕은 그들을 지켜주기 위해 그들을 수호하였다(단 12:1). 그리스도는 바다 속에 있는 한 불꽃으로서, 늑대들 속에 있는 한 떼의 양으로서의 그의 교회를 보존하신다. 바다가 육지보다 더 높은데도, 거기에 빠져죽지 않는다는 것은 하나의 이적이다. 마찬가지로 악한 자의 세력이 교회보다 능력이 훨씬 더 탁월하지만, 교회를 집어삼키지 못하는 것도 하나의 이적이다.

하지만 그것은 그리스도가 자신의 옷과 다리에 '만왕의 왕'이라고 새겨진 비명을 갖고 계시기 때문이다. "여호와께서 우리 편에 계시지 아니하셨더면 그 때에 저희의 노가 우리를 대하여 맹렬하여 우리를 산 채로 삼켰을 것이며"(시 124:2,3). 그들은 사자들은 거의 아니 전혀 잠자지 않는다(insomnes)고 말한다. 그것은 유대 지파의 사자에도 해당된다. 그분은 절대로 졸거나 주무시지 않고, 교회를 지키시기 위해 감시하고 계신다. "그 날에 너희는 아름다운 포도원을 두고 노래를 부를지어다 나 여호와는 포도원지기가 됨이여 때때로 물을 주며 밤낮으로 간수하여 아무든지 상해하지 못하게 하리로다"(사 27:2,3). 만일 원수들이 교회를 파괴한다면, 그때는 밤이나 낮이 아닌 다른 때가 되어야 할 것이다. 왜냐하면 그리스도께서 그것을 밤낮으로 지키고 계시기 때문이다.

그리스도는 그의 교회를 독수리가 그의 날개로 새끼를 업음과 같이 그의 교회를 업어 나르실 것이라고 말해진다(출 19:4). 화살이 새끼를 상하게 하기 위해서는 먼저 어미 독수리를 맞추어 그의 날개를 뚫어야 한다. 마찬가지로 원수들이 그리스도의 교회를 파괴하기 위해서는 먼저 그리스도를 꿰뚫고 나가야 한다. 바람과 폭풍이 몰아쳐서 교회를 파도에 휩싸이게 할지라도, 그리스도께서 교회의 배 안에 거하시기 때문에 난파할 위험이 전혀 없다. 그리스도는 왕이시기 때문에 그의 교회를 방어하실 뿐 아니라 교회를 구하기도 하신다. "내가 사자의 입에서 건지웠느니라"(딤후 4:14). 여기서 사자는 바로 네로이다. "여호와께서 큰 구원으로 구원하심이었더라"(대상 11:14). 때로는 그리스도께서 구원을 명하시는 분으로 말해진다(시 44:4). 또 때로는 구원을 내시는 분으로 말해진다(사 45:8). 왕으로서 그리스도는 구원을 명하시고, 하나님으로서 구원을 내신다. 그리고 구원은 그분의 때에 임할 것이다. "때가 되면 나 여호와가 속히 이루리라"(사 60:22).

이 왕은 언제 그의 백성들을 구원하시는가?

그의 백성들의 심령이 가장 낮아졌을 때, 그들의 기도가 가장 열렬할 때, 그들의 믿음이 가장 강할 때, 그들의 힘이 가장 연약할 때, 그들의 원수가 최고로 높아졌을 때, 바로 그때가 그리스도께서 그들의 구원을 위해 자신의 왕권을 선포하시는 일반적인 시기이다(사 33:2,8,9).

[3] 그리스도는 그의 백성들에게 상급을 주시는 왕이다. 이 왕을 섬김으로써 잃어버리는 것은 하나도 없다. 그분은 현세에서 자신의 신복들에게 상급을 주신다. 그분은 그들에게 내면적인 평강과 기쁨을 주신다. 길을 따라 포도송이를 주시고, 때때로 풍요와 영예를 주신다. "경건은 금생에 약속이 있느니라"(딤전 4:8). 이것들은 말하자면 성도들이 쓰고 있는 면사포이다. 그러나 정말 귀중한 상급은 내세에 주어질 것이다. "영원한 영광의 중한 것을"(고후 4:17). 그리스도는 자신의 모든 신복들을 왕으로 삼으신다. "내가 생명의 면류관을 네게 주리라"(계 2:10). 이 면류관은 보석으로 장식되어 있고, "결코 시들지 않을" 것이다(벧전 5:4).

II. 그리스도는 그의 원수들에 대해서도 그들을 굴복시키고, 정복하심으로써, 왕이 되신다.

그분은 그들의 교만을 물리치고, 그들의 정책을 좌절시키며, 그들의 악덕을 제어하신다. 신상을 쳐부순 손으로 하지 아니한 뜨인 돌은 그리스도의 군주적 권능에 대한 하나의 상징이라고 어거스틴은 말한다(단 2:34).

그리스도는 그의 원수들을 자신의 발등상 아래 둘 것이다(시 110:1). 그분은 그들을 쉽게 제압하실 수 있다. "주 밖에 도와줄 이가 없사오니"(대하 14:11). 그분은 보잘 것 없는 도구들을 가지고서도, 아니 도구들이 전혀 없어도 그것을 하실 수 있다. 그분은 원수들이 자멸하게 하실 수도 있다. 그분은 그리스인들을 대적하도록 페르시아인들을 세우신다. 또 동족인 암몬 자손들과 모압 자손들이 서로 살육하도록 역사하셨다(대하 20:23). 이처럼 그리스도는 그의 교회의 원수들을 정복하는데 있어서 왕이 되신다.

'그리스도는 왕이시고,' 원수들의 능력을 제한하실 뿐만 아니라 그것을 파하기도 하신다는 것은 모든 원수의 궤계 속에서도 하나님의 교회가 가질 수 있는 소중한 위로의 근거이다. 교회는 그것을 대적하는 세력보다 그것을 위하는 더 큰 세력을 갖고 있다. 교회는 모든 무릎을 자기 앞에 꿇게 하실 그 위대하신 왕이신 임마누엘의 주님을 자기 편에 두고 있다.

그리스도는 '용사'로 불리신다(출 15:3). 그분은 기사도의 전법을 완전히 터득하고 계신다. 그분은 일곱 눈과 일곱 뿔을 지니신 분으로 묘사된다(계 5:6). 일곱 눈은 그의 원수들의 음모를 분별하는데 사용되고, 일곱 뿔은 그들을 물리치고, 괴롭히는데 사용된다.

그리스도는 면류관과 활을 가지신 분으로 묘사된다. "내가 이에 보니 흰 말이 있는데 그 탄 자가 활을 가졌고 면류관을 받고 나가서 이기고 또 이기려고 하더라"(계 6:2). 면류관은 그분의 왕직의 표상이고, 활은 그의 원수들을 죽이기 위해 쏘는 것이다.

그리스도는 피 뿌린 옷을 입으신 분으로 묘사된다(계 19:13). 그분은 그의 백성들을 지배하기 위한 금으로 된 홀을 갖고 계시지만, 아울러 그의 원수들을 쳐부수기 위한 철로 된 지팡이도 갖고 계신다. "네가 보던 열 뿔은 열 왕이니… 저희가 어린 양으로 더불어 싸우려니와 어린 양은 만주의 주시오 만왕의 왕이시므로 저희를 이기실 터이요"(계 17:12,14). 원수들이 일시적으로는 자기들의 기를 세울 수 있을지 모르지만, 결국에는 그리스도께서 자신의 전승기를 세우실 것이다. "천사가 낫을 땅에 휘둘러 땅의 포도를 거두어 하나님의 진노의 큰 포도주 틀에 던지매 성 밖에서 그 틀이

밟히니 틀에서 피가 나서 말굴레까지 닿았고 일천육백 스다디온에 퍼졌더라"(계 14:19,20). 그리스도의 원수들은 오로지 잘 익은 포도송이들처럼 하나님의 진노의 커다란 포도주 기계에 던져져서 그들의 피가 다 짜내어질 때까지 그리스도에 의해 짓밟혀질 것이다. 그리스도께서 결국 승리자가 되실 것이고, 그의 모든 원수들은 그분의 발 아래 두어질 것이다. "나는 그리스도께서 통치하심을 감사드립니다. 그렇지 아니하면 나는 절망했을 것입니다"(Gaudeo quod Christus Dominus est, alioque desperassem)라고 미코니우스는 칼빈에게 쓴 한 서신에서 말했다.

적용 1: (1) 그리스도를 섬기는 것은 경멸할 일이 아니다. 그분은 왕이시고, 그러므로 왕을 섬기는데 종사하는 것은 절대로 불명예가 아니다. 어떤 사람들은 다른 성도들의 경건을 쉽게 비난한다. 그러나 그들은 자기의 의복 위에 '만왕의 왕'이라는 글을 새기신 분이신 주 그리스도를 섬기는 것이다. 데오도시우스 황제는 제국의 우두머리가 되는 것보다 그리스도의 종이 되는 것을 더 큰 영예로 생각하였다. 섬기는 것은 통치하는 것이다(Servire est regnare). 그리스도의 종들은 귀히 쓰는 그릇(딤후 2:21)과 왕 같은 제사장(벧전 2:9)으로 불린다. 그리스도를 섬기는 것은 우리를 존엄한 존재로 승격시킨다. 우리를 섬기는 왕을 갖는 것보다 그리스도를 섬기는 것이 더 커다란 영예이다.

(2) 만일 그리스도께서 왕이라면, 그것은 모든 사실들은 언젠가 그분 앞에 철저하게 드러나야 한다는 것을 우리에게 알려준다. 그리스도는 자신의 수중에 생과 사의 능력(Jus vitae et necis)을 갖고 계신다. "아버지께서 아무도 심판하지 아니하시고 심판을 다 아들에게 맡기셨으니"(요 5:22). 과거에 십자가에 달리신 그분이 이제는 심판석에 앉아계실 것이다. 세상의 임금들은 그분 앞에 나아와 심판을 받아야 한다. 과거에 보좌에 앉아있었던 사람들이 심판대 앞에 등장해야 한다. 하나님은 심판을 다 아들에게 맡기셨고, 그리스도의 심판은 심판의 최고법정이다. 만일 이 왕이 일단 사람들을 정죄하셨다면, 그들은 다른 법정에 호소할 여지가 전혀 없다.

(3) 우리가 타락으로 말미암아 실패할 때, 우리는 그리스도께 나아가야 한다. 왜냐하면 그분이 진정한 왕이시기 때문이다. 우리의 타락을 억제하고, 이 세상의 임금들을 사슬로 결박하는(시 149:8) 그분의 왕적 권능으로 말미암아 그분을 소망하라. 우리는 우리의 죄에 관해 "이 스루야의 아들들은 우리에게는 너무 강하다"고 말하기 쉽다. 우리는 이 교만과 불신을 극복하지 못할 것이다. 그렇다. 하지만 그리스도께 나아가라. 그분은 왕이시다. 우리의 정욕들은 우리가 극복하기에는 너무나 강하다. 그것들은 그리스도께서 정복하는 것이다. 왜냐하면 그분의 영에 의해 그분은 죄의 권세를 파괴하실 수 있기 때문이다. 여호수아가 5왕들을 정복했을 때, 그는 그의 종들이 이 왕들의 목을 발로 짓밟도록 하였다. 마찬가지로 그리스도는 우리의 정욕의 목을 자신의 발로 짓밟을 수 있고, 짓밟을 것이다.

적용 2: 그리스도는 만왕의 왕이신가? 이 세상의 만왕들이 어떻게 그분에 대항하여 자기들의 권력을 사용하고 있는지를 주목해야 한다. 그분은 그들에게 권력을 주시는 분인데, 그럼에도 불구하고 만일 이 권력이 자신의 나라와 법을 억압하는데 사용된다면, 그들이 치러야할 대가는 무거울 것이다. 하나님은 그리스도의 어깨에 정사의 열쇠를 메어주셨다(사 9:6). 그리고 그분의 왕직에 있어서 그리스도를 대적하는 것은 마치 나무가시들이 불에 대적하거나 어린아이가 천사장과 싸우는 것과 같다. 허리에 차고 있는 그리스도의 칼은 그의 모든 다툼들을 평정할 수 있다. 사자를 건드리는 것은 좋지 않다. 어떤 사람도 유대 지파의 사자를 자극해서는 안된다. 그 눈은 불꽃이고, "그를 인하여 바위들이 깨어진다"(나 1:6). "저가 방백들의 심령을 꺾으시리니"(시 76:12).

적용 3: 만일 그리스도께서 위대한 왕이라면, 그분에게 복종하라. 유대인들이 "우리는 가이사 외에는 왕이 없다"고 말한 것처럼, 우리의 정욕 외에는 왕이 없다고 말하지 말라. 이것은 가시나무가 그대를 지배하도록 선택하는 것이고, "그 가시나무로부터 불이 나올 것이다"(삿 9:15). 그리스도께 기꺼이 복종하라. 지옥에 있는 모든 마귀들도 그리스도께 복종한다. 그러나 그 복종은 그들의 의지에 반하는 것이다. 그들은 기꺼이 순종하는 그분의 신복들이 아니라 마지못해 복종하는 그분의 종들이다. 그리스도의 인격과 그분의 법에 즐거이 복종하라. 많은 사람들이 그리스도를 자신의 구주로 소유하고는 있지만, 자신의 왕으로는 소유하고 있지 못하다. 그것은 그리스도를 자기들을 지배하는 자기들의 왕으로 갖지 못하는 것이고, 결코 그들을 구원하는 그분의 피를 소유하지 못할 것이다. 그리스도의 모든 왕적 명령에 순종하라. 만일 그분이 사랑, 겸손, 선행을 명령한다면, 자석이 이끄는 대로 그 뾰족한 끝을 움직이는 바늘처럼 움직여라.

적용 4: 과거에 사탄의 권세와 폭정 아래 있었던 사람들로서 이제는 하나님의 자유로운 은총을 찬미하는 사람들을 그리스도는 종들이 아니라 그분의 나라의 신복들로서 삼으신다. 사실 그리스도는 신복들이 필요없었다. 그분은 자기에게 헌신하는 천사들의 군대를 갖고 계셨기 때문이다. 그러나 자신의 사랑 속에서 그분은 여러분을 자신의 신복으로 삼기 위해 영예롭게 하셨다. 오, 그리스도께서 자신의 깃발 아래 나아오도록 여러분을 설복하기 위해 얼마나 긴 시간이 걸렸던가! 그분은 여러분이 이 왕복을 입도록 하기 위해 얼마나 많은 반대에 직면하셨던가! 드디어 전능하신 은혜가 여러분을 정복하였다. 베드로가 옥중에서 두 간수 사이에서 잠을 자고 있을 때, 천사가 와서 그의 쇠사슬을 풀어주었다(행 12:7). 마찬가지로 여러분이 마귀의 팔에서 잠을 자고 있을 때, 그리스도는 자신의 영을 통해 여러분의 마음을 두드리고, 죄의 사슬을 풀어주고, 여러분을 자신의 나라의 신복으로 삼으셨다. 오, 값없이 주시는 은혜를 찬미하라! 그대가 그리스도의 신복임을 찬양하고, 영원히 그분과 함께 다스릴 것을 확신하라!

6. 성육신 속에 나타나 있는 그리스도의 낮아지심(비하)

"크도다 경건의 비밀이여 … 육신으로
나타난 바 되시고" — 딤전 3:16

질문 27: 그리스도의 낮아지심은 어떤 점에 나타나 있습니까?

답변: 그리스도의 낮아지심은 그분의 태어나심 속에, 그리고 비천한 상태 속에서 율법 아래 처해지시고, 현세의 고초들과 하나님의 진노와 십자가의 저주받은 죽으심을 겪으신 것 속에 나타나 있습니다.

그리스도의 낮아지심은 그분의 성육신 곧 육체를 취하시고 이 세상에 태어나신 것에 있었다. 그리스도께서 취하신 것은 진정한 육체였다. 그것은 단순히 육체의 형상(마니교도들이 잘못 주장하는 것처럼)이 아니라 참된 몸이었다. 그러므로 그분은 "여자에게서 난"(갈 4:4) 것으로 말해진다. 빵이 밀로 만들어지고, 포도주가 포도로부터 만들어진 것처럼, 그리스도는 여자로부터 나오셨다. 그분의 육체는 동정녀의 몸과 본질의 한 부분이었다. "하나님이 육체 안에서 나타나셨다." 이것은 영광스러운 신비이다. 창조 속에서 인간은 하나님의 형상으로 지음받았다. 성육신 속에서 하나님은 인간의 형상을 입으셨다.

그리스도는 어떻게 육체가 되셨는가?

그것은 그의 아버지의 특별하신 지명에 의해서였다. "하나님이 그 아들을 보내사 여자에게서 나게 하시고"(갈 4:4). 아버지 하나님은 특별한 방법으로 그리스도께서 성육신하도록 지정하셨다. 그것은 부르심이 얼마나 비중있고, 중요한 일인지를 보여준다. 그러므로 부르심 없이 행하는 것은 축복 없이 행하는 것과 같다. 그리스도는 부르심을 받았을 때 비로소 육체를 입으시고, 중보자의 사역을 자신에게 취하셨던 것이다. "하나님이 그 아들을 보내사 여자에게서 나게 하시고"

그러나 하나님이 육체를 입으시는 것을 제외하고는 타락한 인간을 회복시키는 다른 길은 없었는가?

여기서 우리는 그렇게 하신 하나님의 뜻에 관한 이유를 물어서는 안 된다. 하나님의 방주 속을 엿보는 것은 위험스러운 일이다. 우리는 논쟁이 아니라 숭배를 해야 하는 존재들이다. 지혜로우신 하나님은 그리스도께서 육체를 입으셔야 하는 것이 우리의 구속을 위한 최선의 길이라고 파악하셨다. 인간 외에 다른 존재가 하나님의 공의를 만족시키는 것은 적합하지 않았다. 그러나 하나님 외에는 아무도 그것을 할 수 없었다. 그러므로 하나님이시면서 인간이신 그리스도께서 이 구속의 사역을 감당하기에 가장 적합한 분이시다.

그리스도는 왜 여자에게서 태어나셨는가?

(1) 하나님은 창세기 3:15에서 "여자의 후손은 네 머리를 상하게 할 것이요"라고 약속하신 말씀을 이루신 것이었다. (2) 그리스도는 뱀에 의해 유혹을 받음으로써 사탄과 결탁한 여자로부터 야기된 불명예를 회복하시기 위해 여자로부터 태어나셨다. 그리스도는 여자로부터 그의 육체를 취하시는데 있어서 그녀의 성을 존중하셨다. 태초에 여자가 남자를 죄인으로

만들었던 것처럼 이제는 남자를 치유시키기 위해 그녀는 남자를 구주로 만들어야 한다.

그리스도는 왜 동정녀의 몸에서 태어나셨는가?

(1) 성결 때문에. 동정녀가 아닌 다른 일반적인 어머니를 갖는다는 것이 하나님께는 어울리지 않았고, 하나님이 아닌 어떤 다른 아들을 갖는 것은 동정녀에게 어울리지 않았다.

(2) 필연성 때문에. 그리스도는 가장 순전하고 거룩하신 대제사장이 되셔야 했다. 그분이 일반적인 본성을 따라 태어나셨더라면, 아담의 허리로부터 태어난 모든 존재가 죄로 채색되어 있기 때문에 오염되어 있었을 것이다. 그러나 그분은 그리스도의 본질을 순전하고, 흠없이 보전하기 위하여 동정녀의 몸에서 태어나셨다.

(3) 모형에 응하기 위해. "아비도 어미도 없다"고 말해지는 멜기세덱은 그리스도의 모형이었다. 동정녀로부터 태어나신 그리스도는 그 모형을 성취하셨다. 그분은 아비도 어미도 갖고 계시지 않았다. 그분은 하나님이셨기 때문에 어미가 없었고, 또 그분은 인간이셨기 때문에 아비가 없었다.

그리스도는 어떻게 죄 없으신 존재로서 동정녀의 육과 피로 이루어질 수 있었는가? 아무리 순전한 동정녀라 할지라도 원죄로 오염되어 있다.

이에 대해서 성경은 한결같이 말씀하고 있다. "성령이 네게 임하시고 지극히 높으신 이의 능력이 너를 덮으시리니 이러므로 나실 바 거룩한 자는 하나님의 아들이라 일컬으리라"(눅 1:35). "성령이 네게 임하시고." 즉 성령은 그리스도께서 나오신 동정녀의 몸의 부분을 거룩하게 하고, 정화시켰다. 연금술사가 금으로부터 불순물을 제거하고, 정련하듯이 성령은 동정녀의 몸의 부분을 죄로부터 분리시킴으로써 그것을 정화시키고, 깨끗케 하였다. 동정녀 마리아 자신은 죄를 간직하고 있었지만, 그리스도를 내신 그녀의 육체의 부분은 죄가 없었다. 그렇지 아니하면 그것은 순전한 임신이 아니었을 것이다.

동정녀에게 임한 성령의 능력은 무엇을 의미하는가?

바질은 동정녀의 육체가 그리스도를 형성시킨 것은 성령의 축복이었다고 말한다. 그러나 그 안에는 그것 이상의 신비가 담겨있다. 동정녀의 태에 그리스도를 형성시킨 성령은 기이한 방법으로 그리스도의 인성과 신성을 연합시켰고, 그럼으로써 양성이 한 인격을 이루게 하셨다. 이것은 천사들이 경배하며 지켜보았던 신비이다.

그리스도는 언제 성육신하셨는가?

때가 차매(in the fulness of time) 그리스도는 성육신하셨다. "때가 차매 하나님이 그 아들을 보내사 여자에게서 나게 하시고"(갈 4:4). 때가 찼다는 말은 아버지가 정하신 결정적인 시간(tempus a patre prae finitum)으로 이해해야 한다. 그래서 암브로스, 루터, 코넬리우스 아 라피데는 그것을 하나님이 세우신 결정적인 때라고 파악하였다. 보다 구체적으로 말한다면, 이 찬(충만한) 때(fulness of time)는 메시야의 도래에 대한 모든 예언들이 이루어지고, 그분을 표상했던 모든 율법적 그림자들과 모형들이 폐기될 때이다. 이것은 하나님의 교회에 관해 우리에게 위로를 줄 수 있다. 현재에는 우리가 우리가 바라는 만큼 교회 안에서 평화와 순전함을 발견하지는 못하지만, 하나님의 때가 이르러 자비가 충만해지는 시기인 찬 때가 이르면, 구원은 박차를 가하고, 하나님은 구원 열차 위에서 달리실 것이다.

예수 그리스도는 왜 육체를 입으셨는가?

(1) 그 causa prima 즉 그 동인(動因)은 아무 대가없이 주시는 자유로운 은혜이다. 그리스도를 보내신 것은 하나님 아버지 안에 있는 사랑이, 그분이 육체를 입으신 것은 그리스도 안에 있는 사랑이 그 원인이다. 그리스도는 인간을 사랑하시는 분이시기 때문에 신인(God-man)이시다. 그리스도는 우리를 향하신 연민과 은혜 때문에 오셨다: 우리의 공적이 아니라 우리의 불행(Non merita nostra, sed misera nostra) — 어거스틴. 즉 "우리의 공적이 아니라 우리의 불행"이 그리스도로 하여금 육체를 취하게 하였다는

뜻이다. 그리스도께서 육체를 취하신 것은 자유로운 은혜의 계획이자 순전한 사랑의 구상이었다. 하나님 자신은 전능하시지만, 사랑을 가지고 정복하셨다. 성육신하신 그리스도는 단지 육체로 둘러싸여 있는 사랑이다. 그리스도께서 우리의 인간적 본성을 취하신 것이 지혜의 정수인 것처럼, 또한 그것은 자유로운 은혜의 기념비이기도 하였다.

(2) 그리스도는 우리의 죄를 자신이 감당하시기 위해 우리의 육체를 취하셨다. 그분은 maximus peccator 즉 가장 위대하신 죄인으로서, 전세상의 죄의 무게를 자신이 홀로 지셨다. 그분은 우리의 죄를 감당하셔서 하나님의 진노를 진정시키기 위해서 우리의 육체를 입으셨다.

(3) 그리스도는 인성을 하나님과 화목하도록, 또 신성을 인간과 화목하도록 하시기 위해 우리의 육체를 취하셨다.

(i) 그분은 인성이 하나님과 평화하도록 만드셨다. 우리가 하나님으로부터 타락함으로 말미암아, 우리의 본성은 그분에게 혐오의 대상이 되었다. 해충이 우리에게 징그러움의 대상인 것처럼, 인간의 본성은 하나님에게 혐오의 대상이었다. 과거에 우리의 순전한 본성이 죄를 범하게 되었을 때, 그것은 부패한 고기덩어리와 같았고, 또는 썩어문드러진 상처가 되어 보기에 역겨웠다. 우리를 그대로 바라보시기에는 참을 수 없을 정도로 하나님에게 그것은 혐오의 대상이었다. 그리스도는 우리의 육체를 입으시고, 그럼으로써 이같은 추한 인간적 본성을 하나님과 화목하도록 만드신다. 햇빛이 거울 위를 비추면, 그것은 밝은 광채를 내뿜는다. 마찬가지로 우리의 육체를 입으신 그리스도는 인간의 본성을 반짝이도록 만들고, 그럼으로써 하나님의 보시기에 사랑스럽게 만드신다.

(ii) 우리의 육체를 입으신 그리스도는 인간의 본성이 하나님에게 사랑스럽게 나타나도록 만드시는 것처럼, 그분은 신적 본성이 인간에게 사랑스럽게 나타나도록 만드신다. 순수한 신성은 인간이 그냥 바라보기에는 두려운 것이다. 우리는 그것을 바라본 다음에는 살 수 없었다. 그러나 우리의 육체를 입으신 그리스도는 신적 본성을 우리에게 아주 사랑스럽고 다정한 것으로 만드신다. 우리는 그리스도의 인성을 통해 하나님을 바라보는데 두

려워할 필요가 없다. 양들을 보다 기쁘게 하기 위해 양가죽으로 옷을 입는 것은 목자들 사이의 오래된 풍습이었다. 마찬가지로 그리스도는 신성이 우리에게 보다 기쁨이 되도록 하기 위해서 우리의 육체로 옷을 입으셨다. 그리스도의 인성은 우리로 하여금 분명히 우리에게 제시된 하나님의 사랑과 지혜와 영광을 볼 수 있도록 하는 거울이다. 그리스도의 인성의 등을 통해 우리는 신성의 빛을 바라볼 수 있다. 성육신하신 그리스도는 신성을 바라보는 것을 두려운 것으로 만들지 않고, 우리에게 즐거운 것이 되게 하신다.

(4) 예수 그리스도는 "인간이 하나님께 가까이 나아갈 수 있도록 하시기 위해" 자신을 인간과 연합시켰다. 그전에 하나님은 죄로 말미암아 우리와는 원수였었다. 그러나 우리의 육체를 취하신 그리스도는 우리를 위해 중재하시고, 우리를 하나님과 화목하도록 이끄신다. 임금이 신하에게 진노할 때, 그 임금의 아들이 그 신하의 딸과 결혼하여 그를 위해 중재함으로써, 그가 왕과 다시 화해하도록 하는 것처럼, 하나님 아버지가 우리에게 진노하실 때, 그리스도는 우리의 본성과 결혼을 함으로써, 우리를 위해 아버지와 중재하시고, 다시 한 번 우리가 하나님의 친구가 되게 하심으로써, 하나님이 다정한 시선으로 우리를 바라보게 하신다. 요압이 압살롬을 위해 변호하고, 그를 다윗 왕에게 이끌자 다윗이 그에게 입맞춤한 것처럼, 예수 그리스도는 하나님이 우리를 사랑과 호의로 입맞춤하도록 이끌었다. 그러므로 그분은 우리의 육체를 취하심으로써, 우리와 그의 아버지 사이에 평화를 이루셨기 때문에 당연히 평화 조성자(peacemaker)로서 불릴 수 있다.

적용 1: 교훈에 대해 (1) 여기서, 거울로 보는 것처럼, 하나님 아버지의 무한하신 사랑을 바라보라. 즉 하나님은 우리가 죄로 말미암아 모든 것을 상실했을 때, 자신의 풍요하신 은혜 속에서, 우리를 구속하시기 위해 자신의 아들을 보내셔서, 여자에게서 나게 하셨다. 그리고 또한 기꺼이 우리의 육체를 취하시기 위해 자기를 낮추신 그리스도의 무한하신 사랑을 바라보라. 확실히 천사들은 우리의 육체를 취하는 것을 부끄럽게 여겼을 것이다. 그것이 그들에게는 조롱거리였을 것이다. 어느 임금이 자신의 황금옷을 벗어버리고 기꺼이 삼베옷을 걸치겠는가? 그러나 그리스도는 우리의 육체를 취하는 것을 수치스럽게 여기지 않으셨다. 오, 얼마나 큰 그리스도의 사랑인가! 그리스도께서 육체를 입지 않으셨더라면, 우리는 저주를 받았을 것이다. 그분이 성육신하지 않으셨더라면, 우리는 속박된 자로서 여전히 감옥 속에 있었을 것이다. 한 천사가 이 기쁜 그리스도의 성육신의 소식을 선포하기 위한 사자가 된 것은 당연하였다: "보라 내가 온 백성에게 미칠 큰 기쁨의 좋은 소식을 너희에게 전하노라 오늘날 다윗의 동네에 너희를 위하여 구주가 나셨으니 곧 그리스도 주시니라." 우리가 숙고한다면 성육신 속에 담겨있는 그리스도의 사랑은 더 분명하게 드러날 것이다.

(i) 그리스도는 어디서 오셨는가? 그분은 하늘로부터, 아니 하늘에서도 가장 부요한 곳으로서 가장 행복한 그의 아버지의 품으로부터 오셨다.

(ii) 그리스도는 누구에게 오셨는가? 자신의 친구들에게 오셨는가? 아니다. 그분은 죄를 범한 인간에게 오셨다. 자신의 형상을 훼손시키고, 자신의 사랑을 오용한 인간, 반역으로 나아간 인간, 그러나 그분은 바로 이러한 인간에게 오셔서, 사랑으로 완악함을 정복하시기로 결심하셨다. 만일 그분이 아무에게나 오셨다면, 어찌하여 타락한 천사들에게 오시지 않았는가? "이는 실로 천사들을 붙들어 주려 하심이 아니요"(히 2:16). 천사들은 인간보다 고상한 기원, 보다 지성적인 피조물, 보다 탁월한 섬김의 능력을 가진 존재이다. 그렇다. 하지만 그리스도의 사랑을 보라. 그분은 타락한 천사들에게 오시지 아니하고, 인간에게 오셨다. 자석이 가지는 다양한 경이적 사실들 중에서, 그것은 금이나 진주는 전혀 끌어당기지 못한다는 것이 아니라 바로 이것들을 무시하고 가장 저급한 금속 가운데 하나인 철을 자기에게 끌어당긴다는 사실이다. 이와 같이 그리스도는, 금과 진주에 해당하는 존재로서 고귀한 영들인 천사들을 버려두고, 철에 해당하는 존재인 비천한 죄인인 인간에게 오셔서 그를 끌어안으신다.

(iii) 그리스도는 어떤 방법으로 오셨는가? 그분은 왕의 엄위 속에서, 경호원을 대동하고 오신 것이 아니라 도리어 가난한 자로 오셨다. 그분은 천국의 상속자로서 오시지 않고, 오히려 비천한 가문의 한 사람으로 오셨

다. 그분이 태어나신 곳은 비천한 곳이었다. 왕가의 성읍인 예루살렘이 아니라 가난한 소도시 베들레헴이었다. 그분은 사관에서 태어나셨고, 마구간이 그분의 요람이었다. 커텐에는 거미줄이 쳐져 있었고, 말들이 그분의 동료였다. 그분은 가난한 부모의 후손으로 오셨다. 어떤 사람은 만일 그리스도께서 세상 속에 오셨다면, 여왕이나 존귀한 가문의 후손으로 오셨을 것이라고 생각할 것이다. 그러나 그분은 미천한 보잘 것 없는 양친을 부모로 오신다. 부모가 가난했다는 것은 그들의 제물로 보아 분명하기 때문이다. "어린 반구 둘로"(눅 2:24). 그것은 가난한 자가 드리는 통상적인 제물이었다(레 12:8). 그리스도는 너무 가난해서 돈을 필요로 할 때, 돈을 만드는 이적을 행할 유혹을 받을 정도였다(마 17:27). 그분은 죽으실 때, 아무 것도 바라지 않으셨다. 그분은 가난한 자로 세상 속에 오셨다.

(iv) 그리스도는 왜 오셨는가? 그분은 우리의 육체를 취하시고 우리를 구속하시기 위해서, 곧 우리를 천국으로 인도하시기 위해서 오셨다. 그분은 우리를 부요하게 하시기 위해 가난하게 되셨다(고후 8:9). 그분은 우리를 하나님의 자녀로 삼기 위하여 동정녀에게서 태어나셨다. 그분은 우리에게 자신의 영을 주시기 위해 우리의 육체를 취하셨다. 그분은 우리를 낙원에 거하도록 하기 위해 말구유에 누워계셨다. 그분은 우리를 천국으로 올리우기 위해 천국으로부터 내려오셨다. 그렇다면 이 모든 것이 사랑이 아니고 무엇인가? 만일 우리의 마음이 바위가 아니라면, 이 그리스도의 사랑은 우리를 감동시킬 것이다. 지식을 넘어서는 사랑을 바라보라(엡 3:19).

(2) 여기서 그리스도의 놀라우신 낮아지심을 주목하라. 그리스도는 육체를 입으셨다. O sancta humilitas, tu filium Dei descendere fecisti in uterum, Marie Virginis [오, 거룩한 낮아지심이여. 당신은 하나님의 아들을 동정녀 마리아의 태 속으로 내려오게 하셨나이다] — 어거스틴. 그리스도께서 우리가 밟고 다니는 그 흙 조각인 우리의 육체를 옷 입으신 것은 오, 얼마나 무한하신 낮아지심인가! 그리스도께서 우리의 육체를 취하신 것은 그분의 낮아지심의 최하단에 속하는 것 중의 하나였다. 그분은 십자가 위에 달리신 것보다 동정녀의 태 속에 거하시는 것이 더 자신을 겸비하게 하

신 것이었다. 인간이 죽는다는 것은 그다지 큰 일이 아니지만, 하나님이 인간이 되신 것은 경이적인 겸비였다. "오히려 사람들과 같이 되었고"(빌 2:7). 그리스도께서 육체를 입으신 것은 천사들이 벌레로 화하는 것보다 더 커다란 낮아지심이었다.

그리스도의 육체는 히브리서 10:20에서 휘장으로 불린다. "휘장 가운데로." 즉 그분의 육체 가운데로. 그리스도께서 우리의 육체를 입으신 것은 그분의 영광을 감추는 것이었다. 하나님과 동등하신 그분이 육체를 입으신 것은 오, 얼마나 엄청난 겸비인가! "그는 근본 하나님의 본체시나 하나님과 동등됨을 취할 것으로 여기지 아니하시고"(빌 2:6). 그분은 하나님과 동등한 근거 위에 서 계시는 분이다. 어거스틴과 키릴 그리고 니케아 공의회가 표현하고 있는 것처럼, 비록 육체를 취하신다고 할지라도, 그분은 그의 아버지와 동일본질이고, 동등실체이셨다. 그분은 자신의 영광의 옷을 벗어버리고, 우리의 비천의 누더기를 걸치셨다.

솔로몬이 하나님이 수많은 금으로 장식된 성전에서 거하신다는 사실을 기이하게 여겼다면, 우리는 하나님이 인간의 연약하고도 덧없는 본성으로 거하신다는 사실을 얼마나 기이하게 생각해야 할까! 정말이지 그것은 엄청난 낮아지심이다. 그리스도는 우리의 육체를 취하시되, 최악의 상황에서, 수치 아래 그것을 취하셨다. 마치 종이 대반역죄로 탄핵받을 때, 고관의 제복을 입어야 하는 것처럼. 이 모든 것에 더하여 그분은 우리의 육체의 모든 연약함을 취하셨다. 두 종류의 연약함이 있다. 하나는 고통없이 죄를 범하는 것이고, 다른 하나는 죄없이 고통당하는 것이다. 그리스도는 이 첫번째 종류의 연약함을 취하시지 않았다. 첫번째 종류의 죄를 범하는 연약함은 탐욕적이고, 야욕적이다. 그러나 그분은 다음과 같은 두번째 종류의 고통당하는 연약함을 취하셨다.

(i) 배고픔. 그분은 무화과나무의 열매를 따 드시고자 하였다(마 21:18,19). (ii) 피곤함. 그분은 휴식을 취하기 위해 야곱의 우물에 앉아 계셨다(요 4:6). (iii) 슬픔. "내 마음이 심히 고민하여 죽게 되었으니"(마 26:38). 그것은 감정으로 뒤엉켜진 고민이 아니라 이성에 따라 인도된 고

민이었다. (iv) 두려움. "그의 경외하심을 인하여 들으심을 얻었느니라"(히 5:7).

더 높은 수준의 그리스도의 겸비는 그분이 육체를 취하시되, 죄악된 육체의 모양을 취하셨다는 것이다. "하나님이 죄를 알지도 못하신 자로 우리를 대신하여 죄를 삼으신 것은"(고후 5:21). 그분은 죄인과 같았다. 그분은 모든 죄를 스스로 감당하셨다. 하지만 그분 안에 죄는 없으셨다. "범죄자 중 하나로 헤아림을 입었음이라"(사 53:12). 삼위일체의 인격들 중의 하나로 헤아림을 입으신 분이 "많은 사람의 죄를 담당하셨다"(히 9:28)고 말해진다. 그렇다면 이것이야말로 가장 낮은 그리스도의 겸비였다. 그리스도께서 죄인으로 판단받은 것은 가장 위대한 겸비의 양식이었다. 천사들 속에 있는 죄도 견딜 수 없었던 그리스도가 자신에게 전가된 죄를 담당하기를 견디셔야 했던 것은 지금까지 있었던 것 가운데 가장 놀라운 겸비이다.

이 모든 사실로부터 우리는 겸손을 배워야 한다. 그대는 자신을 겸비케 하신 그리스도를 바라보고, 교만해지는가? 그리스도의 모습을 본받는 자가 겸손한 성도이다. 그리스도인들은 자신의 공적을 자랑해서는 안된다. 그대는 재산이 많은가? 자랑하지 말라. 그대가 밟고 다니는 땅이 그대보다 더 부요하다. 그것은 그 내부에 금과 은의 탄광을 갖고 있다. 그대는 아름다운 몸매를 갖고 있는가? 자랑하지 말라. 그것은 단지 공기와 흙의 결합일 뿐이다. 그대는 재주와 재능이 있는가? 겸손하라. 루시퍼는 그대보다 훨씬 탁월한 지식을 갖고 있다. 그대는 은사가 있는가? 겸손하라. 그것은 그대 자신의 소유에 속하는 것이 아니다. 그것은 빌려온 것이다. 빌려온 반지를 자랑하는 것이 어리석지 않은가(고전 4:7)? 그대는 은혜보다는 죄를, 미덕보다는 악덕을 훨씬 더 많이 갖고 있다.

오, 그리스도를 바라보라. 이 희귀한 모범, 얼마나 겸손하신가! 자신을 낮추신 하나님과 자신을 높이는 인간, 겸손하신 구주와 교만한 죄인을 동시에 바라보는 것은 보기흉한 모습이다. 하나님은 교만은 겉모습이라도 혐오하신다. 그분은 희생제물 속에 꿀을 넣지 않으실 것이다(레 2:11). 참으로 누룩은 시다. 그러나 왜 꿀을 넣지 않는가? 꿀이 거칠거나 고운 밀가루에 섞이면, 그것은 밀가루를 부풀어오르게 하거나 팽창하게 한다. 그러므로 꿀을 넣지 않는다. 하나님은 교만죄의 모양이라도 미워하신다. 겸손해지기 위해서는 재능보다는 성령의 위로를 더 필요로 한다. Si Deus superbientibus angelis non pepercit[만일 하나님이 교만한 천사들을 용서하지 않으셨다면]. "만일 하나님이 천사들이 교만해졌을 때, 그들을 용서하시지 않았다면, 그저 흙과 썩은 것에 불과한 그대를 용서하시겠는가?"라고 어거스틴은 말한다.

(3) 여기서 거룩한 난제 또는 역설을 주목하라 — "하나님이 육체 안에서 드러나신다." 인간이 하나님의 형상으로 지음받았다는 것도 하나의 경이였지만, 하나님이 인간의 형상을 입으셨다는 것은 더욱 큰 경이이다. 신이 태어나셨다는 것, 하늘에서 심판하시는 분이 요람에서 으앙 우셨다는 것, 그것은 정말 커다란 경이이다. 별들을 다스리시는 분이 젖을 빠셨다는 것, 처녀가 잉태했다는 것, 그리스도께서 여자 그것도 자신이 지으신 여자에게서 나셨다는 것, 가지가 포도나무를 낳았다는 것, 어머니가 그녀가 낳은 아이보다 더 어리고, 태 속에 있는 아이가 어머니보다 더 크다는 것, 그분의 인간적 본성이 하나님은 아니지만, 하나님과 하나라는 것, 이것은 경이(mirum)일 뿐만 아니라 이적(miraculum)이었다. 육체를 취하신 그리스도는 우리가 하늘로 올라가 우리의 사랑이 완전해지고, 우리의 빛이 명백해지기 전까지는 결코 충분하게 이해할 수 없는 신비이다.

(4) 여기 "하나님은 육체 안에서 드러나신다"는 사실로부터, 그리스도께서 동정녀에게서 태어나신 것은 본질상 희한한 일일 뿐 아니라 불가능한 일이라는 것을 배우자. 하나님에게는 불가능한 것이 하나도 없다. 하나님은 생산적인 자연의 범주 안에 없는 일들도 일으키실 수 있다. 사자가 헤엄을 치고, 반석이 물을 내고, 불이 도랑의 물을 핥는 일들(왕상 18:38)을 행하실 수도 있다. 물이 불을 끄는 것이 자연적이지만, 불이 물을 제거하는 것은 자연의 과정 속에서는 불가능하다. 하지만 하나님에게는 이 모든 것이 가능하다. "내게 능치 못한 일이 있겠느냐"(렘 32:27). "이 일이 그

날에 남은 백성의 눈에는 기이하려니와 내 눈에 어찌 기이하겠느냐 만군의 여호와의 말이니라"(슥 8:6)

하나님이 어떻게 우리의 육체와 연합되실 수 있는가? 우리에게는 불가능한 일이지만, 하나님에게는 그렇지 않다. 그분은 이성을 초월하고 신념을 뛰어넘는 것을 행하실 수 있다. 그분은 단지 우리의 상상을 넘어서는 일을 행하실 수 없다면, 우리의 하나님이 될 수 없을 것이다(엡 3:20). 그분은 정반대의 것들을 화해시키실 수 있다. 우리는 얼마나 쉽게 외관상의 불가능성 때문에 낙심하는가! 우리의 심령은 우리 안에서 사물들이 감각과 이성에서 벗어날 때, 얼마나 죽어있는가! 우리는 열왕기하 7:1,2에서 "여호와께서 하늘에 창을 내신들 어찌 이런 일이 있으리요"라고 말하는 왕처럼 말하기가 십상이다. 그때는 기근의 시기였지만, 엄청난 부셸의 양에 해당하는 양의 밀이 한 세겔 곧 은 반 온스에 팔리는 지금, 어떻게 이런 일이 일어날 수 있는가? 따라서 사물들이 역행하거나 이상할 때, 하나님 자신의 백성들은 그것들이 어떻게 성공적으로 일어날 수 있느냐고 질문하기 십상이다.

하나님의 사람으로, 하나님의 교회의 창공에서 항상 반짝반짝 빛나던 가장 밝은 별들 가운데 하나인 모세는 외관상의 불가능성으로 말미암아 쉽게 실망하였다. "모세가 가로되 나와 함께 있는 이 백성의 보행자가 육십만 명이온데 주의 말씀이 일 개월간 고기를 주어 먹게 하겠다 하시오니 그들을 위하여 양 떼와 소 떼를 잡은들 족하오며 바다의 모든 고기를 모은들 족하오리이까"(민 11:21,22). 단순한 말로 말한 것처럼, 그는 수많은 이스라엘 백성들이 어떻게 일 개월 동안 먹일 수 있는지를 보지 못하였다. "여호와께서 모세에게 이르시되 여호와의 손이 짧아졌느냐"(23절).

죽은 태로부터 이삭을 나게 하시고, 동정녀의 태로부터 메시야가 나게 하신 하나님이 하실 수 없는 것이 있을까? 오, 우리는 외관상의 불가능성 속에서도 하나님의 능력의 손을 신뢰하고, 그분을 믿어야 하리라! "하나님에게는 불가능성이 없다"는 사실을 유념하라. 그분은 교만한 마음을 제어하실 수 있다. 그분은 죽어가는 교회를 일으키실 수 있다. 그리스도는 동정녀에게서 태어나셨다! 이것을 행하신 하나님의 놀라우신 사역은 가장 커다란 외관상의 불가능성도 일어나게 할 수 있다.

적용 2: 권면에 대해. (1) 그리스도께서 우리의 육체를 취하시고, 동정녀의 몸에서 태어나신 것을 보고, 우리는 그분이 우리의 마음 속에서 영적으로 태어날 수 있도록 수고해야 한다. 그리스도께서 우리의 마음 속에서 태어나시지 않는다면, 세상에 태어나신 것이 우리에게 무슨 소용이며, 그분이 우리의 인격에 연합되어 있는 것이 무슨 의미가 있을 것인가? 내가 여러분에게 "그리스도는 그대의 마음 속에서 태어나야 한다"고 말하는 것을 기이하게 여기지 말라. "너희 속에 그리스도의 형상이 이루기까지"(갈 4:19). 그렇다면, 그리스도께서 여러분의 마음 속에 태어날 수 있도록 수고하라.

우리는 그것을 어떻게 알 것인가?

출생 전의 해산의 고통이 있는가? 마찬가지로 그리스도가 마음 속에서 태어나기 전에 영적 고통 곧 양심의 고통과 깊은 죄의 자각이 있어야 한다. "저희가 이 말을 듣고 마음에 찔려"(행 2:37). 나는 새로운 탄생 — recipere magis et minus[어떤 이는 더 받고 또 어떤 이는 덜 받고] — 에는 모두가 똑같은 슬픔과 비천의 고통이 있는 것은 아니지만, 모두가 고통이 있다는 것은 인정한다. 만일 그리스도가 그대의 마음 속에 태어나셨다면, 그대는 죄에 대해 깊이 괴로워했을 것이다. 그리스도는 고통 없이는 절대로 마음 속에 태어나지 않는다. 많은 사람들이 영에 대한 어떤 갈등이 없이, 항상 평강 속에 있었던 것에 대해 하나님께 감사한다. 그러나 그것은 그리스도가 그들 안에서 아직 태어나지 않았다는 표시이다.

그리스도는 세상에 태어나셨을 때, 육체를 입으셨다. 마찬가지로 만일 그분이 그대의 마음 속에 태어난다면, 그분은 그대의 마음을 육체의 마음으로 만드신다(겔 36:26). 그대의 마음은 육체인가? 그 전에 그것은 굳은 마음으로서 하나님께 순종하지 않거나 말씀에 민감하지 못했던 마음이었다. Durum est quod non cedit tactui[딱딱한 실체는 접촉에 굴하지 않는다]. 그러나 이제 그것은 육체의 마음으로서, 용해된 왁스처럼 부드러워져서 성령의 인침을 받는다. 마음이 육체의 마음일 때, 즉 마음이 눈물과 사랑으로 녹았을 때, 그것은 그리스도가 우리의 마음 속에 태어났다는 표지이다. 그리스도가 그대 안에 육체의 마음을 주시지 않았다면, 그분이 육체를 입으신 것이 무슨 소용이 있겠는가?

그리스도가 동정녀의 태 안에 잉태되셨던 것처럼, 그분이 그대 안에 태어나셨다면, 그대의 마음은 성실성과 성결성의 관점에서 보면, 동정녀의 마음이다. 그대는 죄에 대한 사랑으로부터 정화되었는가? 만일 그리스도가 그대의 마음 속에 태어나신다면, 그것은 Sanctum Sanctorum[거룩 중의 거룩]이다. 만일 그대의 마음이 죄를 지나치게 사랑하는 마음으로 오염되어 있다면, 그곳에 그리스도가 태어나리라고 생각하지 말라. 그리스도는 더 이상 말구유에 계시지 않을 것이다. 그분이 그대의 마음 속에 태어난다면, 그때 그대의 마음은 성령에 의해 성결케 될 것이다.

만일 그리스도가 그대의 마음 속에 태어난다면, 그것은 그대가 육체적으로 출생할 때와 마찬가지 사실이 존재한다. 거기에는 생명이 있다. 믿음은 principum vivens[생명의 기원]이다. 그것은 영혼의 생명적 기관이다. "이제 내가 육체 가운데 사는 것은 하나님의 아들을 믿는 믿음 안에서 사는 것이라"(갈 2:20). 거기에는 식욕이 있다. "갓난 아이들같이 순전하고 신령한 젖을 사모하라"(벧전 2:2). 말씀은 순전하고, 달콤하고, 영양가 많은 어린 아이용 젖과 같다. 그리고 그 안에 그리스도가 형성되는 영혼은 이 젖을 사모한다. 버나드(Bernard)는, 자신의 독백 가운데 하나에서, 자신의 마음 속에서 하나님을 추구하는 강한 호흡과 갈증을 발견했기 때문에, 확실히 자기 안에 새로운 탄생을 가졌다고 확신하고 위로를 받는다. 마음 속에 그리스도가 태어난 이후에는 격렬한 움직임이 있다. 좁은 문으로 들어가려는 갈등과 천국을 침노하려는 투쟁이 있다(마 11:12). 이것을 통해 우리는 그리스도가 우리 안에서 형성되어 있음을 알 수 있다. 그리스도가 세상 속에 태어난 것처럼, 우리의 마음 속에 태어나고, 그분이 우리의 육체에 연합되신 것처럼 우리의 인격과 연합된다는 것, 이것이 우리의 유일한 위로이다.

(2) 그리스도가 우리의 형상을 입으셨기 때문에, 우리는 그분의 형상을 입기 위해 노력해야 한다. 성육신하신 그리스도는 우리와 같이 되셨기 때문에, 우리는 그리스도와 같이 되기 위해 수고해야 한다.

(i) 기질에 있어서 그리스도를 닮아가라. 그분은 가장 온화한 기질 곧 delicie humani generis[인간적 성질의 기쁨]를 소유하셨다(티투스 베스파시안 황제). 그분은 자기에게 나아오도록 죄인들을 초대하신다. 그분은 우리를 동정할 창자, 우리를 먹일 가슴, 우리를 감싸줄 날개를 갖고 계신다. 그분은 우리의 마음을 혼란시키지 않고 자비로 대하실 것이다. 그리스도는 우리의 모양을 입으셨는가? 우리는 기질의 온화함에서 그분을 닮아야 한다. 불량한 영혼을 갖지 말라. 그것은 나발에게 해당되었다. "주인은 불량한 사람이라 더불어 말할 수 없나이다"(삼상 25:17). 어떤 사람들은 마치 그들이 타조와 동류인 것처럼, 너무 야만적이어서 불같이 화를 내고, 앙갚음 외에는 다른 것은 표현할 줄 모르거나 또는 "귀신들려서 무덤 사이에서 나와 심히 사나운"(마 8:28) 두 사람과 같다. 우리는 온순함과 자상함에 있어서 그리스도를 닮아야 한다. 우리는 우리의 원수들을 위해 기도하고, 그들을 사랑으로 정복해야 한다. 다윗의 사랑은 사울의 심장을 녹였다(삼상 24:16). 냉정한 마음은 사랑의 불에 따뜻해질 것이다.

(ii) 은혜에 있어서 그리스도를 닮아가라. 그분이 우리의 육체를 가지심으로써 우리와 같아지셨기 때문에, 우리는 그분의 은혜를 가짐으로써 그분과 같아져야 한다. 우리는 겸손 안에서 그리스도를 닮기 위해 수고해야 한다. "사람의 모양으로 나타나셨으매 자기를 낮추시고"(빌 2:8).

그분은 우리의 인간성의 누더기를 걸치시기 위해 영광의 찬란한 예복을 벗으셨다. 얼마나 경이로운 낮아지심인가! 우리는 이 은혜 안에서 그리스도를 닮아야 한다. 겸손은 contemptus propriae excellentiae[자기예찬에 대한 경멸] 즉 일종의 자기죽임이라고 버나드는 말한다. 이것은 그리스도인의 영광이다. 우리는 우리 자신의 눈으로 보기에 검은 것처럼 하나님의 눈에 보시기에도 결코 아름답지 못하다. 이 점에서 우리는 그리스도를 닮아야 한다. 참된 종교는 그리스도를 닮아가는 것이다. 참으로 우리가 우리 내면, 우리 아래, 우리 위를 바라본다면, 얼마나 많은 원인이 우리를 겸손으로 이끌까!

만일 intra nos 즉 우리의 내면을 바라본다면, 여기서 우리는 양심의 거울을 통해 우리에게 드러나는 죄를 발견한다: 정욕, 시기, 격정. 우리의 죄는 우리 영혼 속에서 기어 다니는 기생충과 같다. "나의 불법과 죄가 얼마나 많으니이까"(욥 8:13). 우리의 죄는 양으로 보면 바다의 모래알과 같고, 무게로 보면 바다의 암초와 같다. 어거스틴은 Vae mihi faecibus peccatorum polluitur templum Domini[하나님의 성전인 나의 마음은 죄로 오염되어 있다]고 외친다.

만일 우리가 juxtra nos 즉 우리의 주위를 바라본다면, 거기에는 우리를 겸손하게 할 수 있는 것이 있다. 우리는 마치 태양이 다른 혹성들보다 더 빛나는 것처럼, 은사와 은혜에 있어서 우리보다 탁월한 다른 그리스도인들을 만날 수 있다. 또 다른 사람들은 열매를 맺는다. 아마 우리가 올바른 종류에 속하는지를 보여주기 위해, 자라나는 감람나무 열매가 여기저기 널려 있을 것이다(사 17:6).

만일 우리가 infra nos 즉 우리의 아래를 바라본다면, 거기에도 우리를 겸손하게 하는 것이 있을 것이다. 우리는 우리가 나온 대지를 볼 수 있다. 땅은 가장 미천한 요소이다. "그들은…고토에서 쫓겨난 자니라"(욥 30:8). 자신의 방패를 세워놓고, 자신의 갑옷에 윤을 내는 자는 자신의 가문을 생각한다. 그러나 그는 단지 pulvis animalus 즉 걸어다니는 티끌에 불과하다. 그런데도 그대는 교만할 것인가? 아담이 무엇인가? 티끌의 아들이 아닌가? 그러면 티끌은 무엇인가? 무(無)의 자식이다.

만일 우리가 supra nos 즉 우리의 위를 바라본다면, 거기에도 우리를 겸손하게 할 수 있는 것이 있다. 우리가 하늘을 올려다 보면, 거기서 우리는 교만한 자를 물리치시는 하나님을 발견할 수 있다. Superbos sequitur ultor a tergo Deus[하나님은 교만한 자에게 보수하신다]. 교만한 자는 하나님이 화살을 쏘는 표적으로서, 그분은 절대로 그 표적을 놓치지 않으신다. 그분은 교만한 루시퍼를 하늘 밖으로 추방시키셨다. 그분은 교만한 느부갓네살을 그의 보좌로부터 찾아내고, 그가 풀을 먹도록 하셨다(단 4:25). 오, 그렇다면 우리는 겸손하신 그리스도를 닮아야 하리라!

(iii) 그리스도께서 우리의 육체를 취하셨는가? 그분이 우리를 닮으셨는가? 그렇다면 열심에 있어서도 우리는 그분을 닮아야 한다. "주의 전을 사모하는 열심이 나를 삼키리라"(요 2:17). 그분은 자신의 아버지가 수치를 당할 때에도 열심이 있으셨다. 이 점에서 우리는 하늘의 면류관의 두 빛나는 진주인 하나님의 진리와 영광을 위해 열심을 다하신 그리스도를 닮아야 한다. 열심은 희생제물의 소금처럼 또는 제단의 불처럼 그리스도인에게는 필수적이다. 분별없는 열심은 무모한 것이다. 열심없는 분별은 비겁한 것이다. 열심이 없으면, 우리의 의무는 하나님에게 열납되지 않는다. 열심은 류트(기타와 비슷한 14-17세기의 현악기)가 그것 없이는 음악을 만들지 못하는 현에 바르는 로진(송진가루)과 같다.

(iv) 세상을 경멸하는데 있어서 그리스도와 같이 되라. 그리스도가 우리의 육체를 취하셨을 때, 그분은 자랑할 만한 육체가 아니셨다. 그분은 왕이나 귀족의 직계 후손으로 오시지 아니하고, 비천한 부모의 후손으로 오셨다. 그리스도는 지위나 명예에 대한 야심이 없으셨다. 그분은 다른 사람들이 그것을 추구하는 것만큼 세속적 위엄이나 위대함을 사절하셨다. 그들이 그분을 왕으로 삼고자 했을 때, 그분은 그것을 거절하셨다. 그분은 마차에 오르기 보다는 오히려 나귀 새끼를 타는 길을, 금왕관을 쓰시기보다는 나무십자가에 달리시는 길을 택하셨다. 그분은 세상의 허식과 영광을 조롱하셨다. 그분은 세속의 일들을 체념하셨다. "누가 나를 너희의 재판장으로 세웠느냐"(눅 12:14). 그분의 사역은 율법의 문제들을 중재하는데 있지 않았다. 그분은 심판자가 아니라 구속자가 되시기 위해 세상에 내려오셨다. 그분은 고도의 궤도 안에 있는 별과 같았다. 그분은 오직 하늘의 일만을 생각하셨다. 그리스도는 우리와 닮으셨는가? 그렇다면 우리는 하늘의 일을 생각하고 세상을 경멸하는데 있어서 그분을 닮아야 한다. 우리는 세상의

영예와 출세에 집착해서는 안된다. 우리는 선한 양심을 상실한 채 세상을 추구해서는 안된다. 지혜로운 사람이라면 부자가 되기 위해 자신을 정죄하거나 아니면 재산을 축적하기 위해 자신의 영혼을 끌어내리는 사람이 어디 있겠는가? 세상에 대한 거룩한 경멸을 하는데 있어서 그리스도를 닮자.

(v) 행실에 있어서 그리스도를 닮으라. 그리스도께서 성육신하셨는가? 그분이 우리와 같이 되셨는가? 그렇다면 우리는 거룩한 삶에 있어서 그분과 같이 되어야 한다. 어떤 유혹도 그분을 붙들어둘 수는 없었다. "이 세상 임금이 오겠음이라 그러나 저는 내게 관계할 것이 없으니"(요 14:30). 그리스도에 대한 유혹은 순식간에 사라져버리는 돌기둥에 붙은 불꽃과 같았다. 크리소스톰은 그리스도의 생애는 햇살보다 더 밝았다고 말한다. 우리는 이 점에 있어서 그분과 같아야 한다. "너희도 모든 행실에 거룩한 자가 되라"(벧전 1:15). 어거스틴은 우리는 이적을 행하는데 있어서는 그리스도처럼 되지 못하더라도, 거룩한 삶을 사는데 있어서는 그리스도처럼 되어야 한다고 역설한다. 그리스도인은 자석이면서 아울러 금강석이 되어야 한다. 다른 사람들을 그리스도에게 인도하는데 있어서는 자석이 되어야 하고, 자신의 삶 속에서 반짝이는 거룩의 광채를 내뿜는데 있어서는 금강석이 되어야 한다. 오, 우리는 그리스도의 걸어 다니는 형상들이 될 정도로 우리의 행실에 있어서는 아주 의롭고, 우리의 약속에 있어서는 정말 진실하고, 우리의 예배에 있어서는 매우 헌신적이고, 우리의 삶에 있어서는 극히 흠이 없어야 한다. 따라서 그리스도가 우리의 모양과 같이 되셨기 때문에, 우리는 그분의 모양과 같이 되는데 수고를 다해야 한다.

(3) 만일 예수 그리스도께서 우리를 위해 그토록 비천해지셨다면, 즉 흙과 금을 혼합시키는 것으로써, 그분에게는 불명예인 우리의 육체를 그분이 취하셨다면, 우리는 기꺼이 그분을 위해 비천해져야 한다. 만일 세상이 그리스도로 말미암아 우리를 핍박하고, 우리의 이름 위에 돌을 던진다면, 우리는 인내를 가지고 그것을 견뎌야 한다. 사도들은 "그 이름을 위하여 능욕받는 일에 합당한 자로 여기심을 기뻐하면서 공회 앞을 떠났다"(행 5:41). 즉 그들은 그리스도를 위해 수치를 당하는 일을 감사하게 여겼다.

이에 대해 어거스틴의 유명한 말이 있다: Quid sui detrahit famae, addet mercedi sua[성도의 이름으로부터 벗어나 있는 자들은 자신의 보응을 더할 것이다]. 그들은 자신의 명예의 무게는 가볍게 만들지만, 자신의 면류관의 무게는 무겁게 만들 것이다. 오, 그리스도는 우리를 위해 낮아지고, 비천해지시는데, 다시 말해 우리의 육체를 취하시는데 곧 불명예를 당하시면서 그것을 취하시는데 만족하셨는가? 우리는 그리스도를 위해 비천해졌다고 크게 생각해서는 안된다. 다윗이 "내가 이보다 더 낮아져서 스스로 천하게 보일지라도"(삼하 6:22)라고 말하는 것처럼 말하라. 나의 주 그리스도를 섬기기 위해서라면, 나의 양심을 순전하게 지키기 위해서라면, 내가 이보다 더 낮아질 것이라면, 나는 스스로 천하게 보일 것이다.

적용 3: 위로에 대해. 우리의 육체를 취하신 예수 그리스도는 우리의 본성을 고귀하게 하셨다(naturam nostram nobilitavit). 우리의 본성은 이제 무죄한 시기에 있어서 보다 더 위대한 왕권과 특권으로 둘러싸여 있다. 과거에 무죄하던 시기에 우리는 하나님의 형상으로 지음받았다. 그러나 지금은 우리의 본성을 취하신 그리스도로 말미암아 우리는 하나님과 하나가 되었다. 우리의 본성은 천사의 본성보다 더 존귀하게 된다. 우리의 육체를 취하신 그리스도는 천사들보다 우리를 자신에게 더 가까운 존재로 삼으셨다. 천사들은 그분의 친구들이지만, 신자들은 그분의 몸의 몸 곧 그분의 지체들이다(엡 5:30과 1:23). 그리스도의 인간적 본성 위에 두어지는 것과 똑같은 영광이 신자들 위에 두어질 것이다.

7. 그리스도의 높아지심(승귀)

"이러므로 하나님이 그를 지극히 높여
모든 이름 위에 뛰어난 이름을 주사" — 빌 2:9

우리는 바로 앞에서 그리스도의 비하에 관해 말하였다. 이제 우리는 그분의 승귀에 관해 말할 것이다. 전에 여러분은 일식 속에서 의의 태양을 보았다. 그러나 이제 여러분은 일식(日蝕)으로부터 벗어나 그 충만한 영광의 빛을 드러내고 있는 태양을 볼 것이다. "이러므로 하나님이 그를 지극히 높여." 암브로스는 이 높이심을 모든 것을 초월하는 높이심(super exaltavit)이라고 말한다.

질문 28: 그리스도의 높아지심은 어디에 있습니까?

답변: 그리스도의 높아지심은 그분의 죽은 자로부터의 부활하심 속에, 그분의 승천하심 속에, 그리고 그분의 하나님 아버지 보좌 우편에 앉아계심 속에 있습니다.

하나님은 그리스도를 어떤 면에서 높이셨는가?

그리스도의 승귀는 그분의 신성에 관한 것은 아니다. 왜냐하면 그것은 그 이상으로 더 높아질 수 있는 것이 아니기 때문이다. 그분의 비하에서 본 것처럼 신성은 더 낮아지는 것이 아니었다. 마찬가지로 그분의 승귀에서도 신성은 더 높아지는 것이 아니다. 그러나 그리스도는 중보자로서 높아지시고, 그분의 인성은 승귀된다.

그리스도께서 높아지시는 길은 몇 가지가 있는가?

그리스도께서 높아지시는 길은 5가지 길이 있다. 하나님은 그리스도를 다음과 같이 높이신다: I. 그분의 이름에 있어서. II. 그분의 직분에 있어서. III. 그분의 승천에 있어서. IV. 그분이 하나님의 우편에 앉아계시는데 있어서. V. 그분을 세상의 심판자로 임명하시는데 있어서.

I. 하나님은 그리스도를 그분의 이름에 있어서 높이셨다.

[1] 그분은 주님으로 높여지신다.행 19:17. "주 예수의 이름을 높이고." 그분은 자신의 주권과 관련하여 주님이시다. 그분은 천사들과 인간들을 다스리시는 주님이시다. "하늘과 땅의 모든 권세를 내게 주셨으니"(마 28:18). 그리스도는 세 개의 열쇠를 갖고 계신다. 부활 때에 사람들의 무덤을 열기 위한 무덤의 열쇠, 자신이 바라는 천국을 열기 위한 천국의 열쇠, 불타는 감옥 속에 죄인들을 채우기 위한 지옥의 열쇠가 그것이다(계 1:18).

이러한 주님에 대해 모든 것은 무릎을 꿇어야 한다. "모든 무릎을 예수의 이름에 꿇게 하시고"(빌 2:10). 이름(name)은 여기서 인격(person)을 대변한다. 예수께서 행하신 그 거룩한 일에 대해, 그 신적 인격의 홀에 대해 모든 무릎이 꿇을 것이다. 무릎을 꿇는다는 것(bowing)은 복종(subjection)을 가리킨다. 모든 것이 아들 아니면 포로들로서 그분에게 정복되고, 주님 즉 심판자이신 그분에게 종속되어야 한다. 사랑과 충성의 입맞춤으로 "그 아들에게 입맞추라"(시 2:12). 우리는 그리스도에 의해 구원받기 위해 그분의 품에 안겨야 할 뿐만 아니라 그분을 섬기기 위해 그분의 발 아래 무릎을 꿇어야 한다.

[2] 그리스도는 왕으로 높여지신다. "그때에 네 민족을 호위하는 대군 미가엘이 일어날 것이요"(단 12:1). 어떤 사람들은 그것이 피조된 천사라고 생각했지만, 그것은 Angelus Federis 즉 언약의 천사이신 그리스도였다. 그분은 대군이시다. "땅의 임금들의 머리가 되신 예수 그리스도로 말미암아"(계 1:5). 그들은 그분으로부터 직접 신분 보장을 받아 왕관을 쓴다. 그분의 보좌는 별들 너머에 있고, 그분은 자신의 시종들로 천사들과 천사장들을 거느리신다. 이같이 그분은 영예로운 자신의 이름 속에서 높여지신다.

Ⅱ. 하나님은 그리스도를 그의 직분에 있어서 높이셨다.

하나님은 그분을 Salvator mundi 즉 세상의 구주로 높이신다. "그를 오른손으로 높이사 임금과 구주를 삼으셨느니라"(행 5:31). 모세가 일시적인 구원자가 된 것은 커다란 영예였다. 그렇다면 그리스도께서 영혼의 구주가 되시는 것은 얼마나 더 큰 영예이겠는가? 그리스도는 구원의 뿔로 불리신다(눅 1:69). 그분은 죄로부터(마 1:21), 진노로부터(살전 1:10) 구원하신다. 구원하는 것은 오직 그분의 면류관에만 속하는 꽃이다. "다른 이로서는 구원을 얻을 수 없나니"(행 4:12). 이로 말미암아 그리스도에게 주어지는 영예는 얼마나 큰 것일까! 그로 말미암아 하늘에서는 성도들의 찬양이 얼마나 크게 울려퍼졌던가! 그들은 그들의 구주이신 그리스도에게 할렐루야를 노래한다. "새 노래를 노래하여 가로되 책을 가지시고 그 인봉을 떼기에 합당하시도다 일찍 죽임을 당하사 각 족속과 방언과 백성과 나라 가운데서 사람들을 피로 사서 하나님께 드리시고"(계 5:9).

Ⅲ. 하나님은 그리스도를 그의 승천에 있어서 높이셨다. 왜냐하면 그분이 승천하셨다면, 그것은 바로 그분이 높아지신 것이기 때문이다.

어거스틴은 "헤르미안들과 같은 일부 사람들은 그리스도의 몸이 태양의 궤도와 순환에 따라 올라가신 것이라는 견해를 피력하였다"고 말한다. 그러나 성경은 분명히 말씀하기를 그분이 하늘로 올리우셨다고 한다(눅 24:51과 엡 4:10). "모든 하늘 위에(far above all heavens)" 그러므로 그것은 창공을 초월하는 곳을 가리킨다. 그분은 최고천 중의 최고천으로 승천하셨다. 이것을 바울은 3층천으로 부른다. 그리스도의 승천과 관련하여 다음 두 가지 사실이 고찰될 수 있다.

[1] 그분의 승천의 방식. 그리스도는 승천하실 때, 그의 제자들을 축복하셨다. "예수께서 저희를 데리고 베다니 앞까지 나가사 손을 들어 저희에게 축복하시더니 축복하실 때에 저희를 떠나 하늘로 올리우시니"(눅 24:50,51). 그분은 그들에게 집과 땅을 남겨두시는 대신에 그들을 축복하셨다.

그분은 승리를 쟁취하고 정복자로서 승천하셨다. "주께서 높은 곳으로 오르시며 사로잡은 자를 끌고"(시 68:18). 그분은 죄, 지옥, 그리고 사망을 이기셨다. 그런데 그분의 승리는 신자의 승리이다. 그분은 모든 신자를 위해 죄와 지옥을 정복하셨기 때문이다.

[2] 그리스도의 승천의 열매. 그분의 승천은 우리의 마음 속에 성령의 강림을 가져오게 하였다. "그가 위로 올라가실 때에 사로잡힌 자를 사로잡고 사람들에게 선물을 주셨다"(엡 4:8). 승리의 마차로서 구름을 타시고 승천하신 그리스도는 우리에게 그의 영을 선물로 주신다. 그의 대관식에서 왕으로서 그분은 그의 사랑하는 자들에게 자유롭게 은혜를 부여하신다.

Ⅳ. 하나님은 그리스도를 자신의 오른편에 앉히심으로써 높이셨다.

"주 예수께서 말씀을 마치신 후에 하늘로 올리우사 하나님 우편에 앉으시니라"(막 16:19). "그 능력이 그리스도 안에서 역사하사 죽은 자들 가운데서 다시 살리시고 하늘에서 자기의 오른편에 앉히사"(엡 1:20).

그리스도가 하나님 우편에 앉아계신다는 사실이 의미하는 바는 무엇인가?

하나님은 실제로 우편이나 좌편이 있는 것이 아니다. 왜냐하면 영이신 그분은 육체적인 부분들을 전적으로 결여하고 계시기 때문이다. 그러나 그것은 세상의 임금들의 방식으로부터 따온 은유이다. 임금들은 가장 총애하는 측근들을 자기 옆으로 가까이 나아오게 하여, 그들의 우편에 앉게 하는 풍습이 있었다. 솔로몬은 그 모친을 위하여 자리를 베풀게 하고 그 우편에 앉게 하였다(왕상 2:19). 이와 같이 그리스도께서 하나님 우편에 앉아계시는 것은 위엄과 존엄에 있어서 아버지 하나님 다음 위치를 차지한다는 것을 보여준다. 신성과 인격적으로 연합되어 있는 그리스도의 인성은 지금 하늘에서 왕의 보좌 위에 좌정하고, 심지어는 천사들의 시중을 받고 있다.

그리스도의 인간적 본성과 신적 본성이 인격적 연합을 이루고 있기 때문에, 그분의 인성은 그리스도의 신성과 그 모든 영광을 공유하고 있다. 그리스도의 인성은 신성과 동등하게 승격되었기 때문이 아니라 인성과 신성이 결합되어 있기 때문에, 인성은 신성화된 것이 아니지만, 놀라울 정도로 영광을 받는다. 중보자로서 그리스도는 최고등급의 천사들도 엄두를 내지 못할 만큼 완전한 엄위와 존엄으로 충만해 계신다. 그의 비하 속에서 그분은 더 낮아지는 것이 불가능할 정도로 낮아지셨다. 그의 승귀 속에서 그분은 더 높아지는 것이 불가능할 정도로 높아지셨다. 그의 부활 속에서 그분은 죽음을 초월하여 승귀되셨다. 그의 승천 속에서 그분은 공기와 별들로 가득찬 하늘 너머로 승천하셨다. 하나님 우편에 앉아계시는데 있어서 그분은 모든 하늘보다 더 높아지셨다. "모든 하늘 위에"(엡 4:10).

V. 하나님은 그리스도를 온 세상의 심판자로 임명하심으로써 높이셨다. "아버지께서 아무도 심판하지 아니하시고 심판을 다 아들에게 맡기셨으니"(요 5:22). 심판 날에 그리스도는 현저하게 높아지실 것이다. "아버지의 영광으로 거룩한 천사들과 함께 올 때에"(막 8:38) 그분은 아버지가 입으신

것과 똑같이 엄위로 채색된 옷을 입으시고, 그의 거룩한 천사들과 함께 오실 것이다(마 25:31). 한 무리의 군사들과 함께 심판정으로 인도된 그분은 천사들의 호위를 받으며 심판석에 앉으실 것이다. 그리스도는 자기를 심판했던 자들을 심판하실 것이다. 즉 그분은 자기를 정죄한 빌라도를 심판하실 것이다. 세상의 왕들은 그들의 보좌를 내려놓고, 그분의 심판정으로 나올 것이다. 여기는 상고할 수 없는 심판의 최고법정이다.

적용 1: 지식에 대해. (1) 땅과 하늘에서 달라진 그리스도의 상태를 주목하라. 오, 그 정황이 얼마나 크게 바뀌었는가! 그때 땅 위에 있을 때, 그분은 말구유 속에 계셨다. 그러나 지금 그분은 보좌에 앉아계신다. 그때 그분은 인간들의 미움과 조롱을 받았다. 지금 그분은 천사들의 경배를 받고 있다. 그때 그분의 이름은 수치를 당하였다. 지금은 "하나님이 그를 지극히 높여 모든 이름 위에 뛰어난 이름을 주셨다"(빌 2:9). 그때 그분은 종의 형상으로 오셨고, 종으로서 대야와 수건을 받쳐들고 있다가 그의 제자들의 발을 씻어주셨다(요 8:4,5). 지금 그분은 임금의 의복을 입으시고, 자신 앞에 땅의 임금들의 보좌를 내려놓으신다. 땅 위에서 그분은 시름의 사람이셨다. 지금 그분은 기쁨의 기름으로 기름부음을 받으신다. 땅 위에서 그분은 십자가 고난을 당하셨다. 지금 그분은 왕으로서 대관식을 가지신다. 그때 그분의 아버지는 그분을 유기된 상태에 버려두셨다. 지금 그분의 아버지는 그분을 자기 우편에 두시고 있다. 이전에 그분은 고운 모양도 없고 풍채도 없으셨다(사 53:2). 지금 그분은 하나님의 영광의 광채 속에 거하신다(히 1:3) 오, 여기에 얼마나 큰 변화가 있는가! "하나님이 그분을 크게 높이셨다."

(2) 그리스도는 먼저 낮아지시고, 그 다음에 높아지셨는가? 여기서 "참된 영예의 길은 겸손"이라는 것을 배우도록 하라. "자기를 낮추는 자는 높아지리라"(눅 14:11). 세상은 겸손을 경멸해야 할 것으로 간주하지만, 그것은 존귀에 이르는 준비의 길이다. 솟아오르는 길이 떨어지는 길이다. 올라가는 길이 내려가는 길이다. 겸손은 사람들의 평가에 있어서 우리를 높

이고, 더 높은 하늘의 보좌로 우리를 승격시킨다. "그러므로 누구든지 이 어린아이와 같이 자기를 낮추는 그이가 천국에서 큰 자니라"(마 18:4). 그는 그 안에서 고도의 영광에 도달할 것이다.

(3) 그리스도는 먼저 고난을 당하시고, 그 다음에 높아지셨다. 여기서 고난은 영광 전에 오는 필수적 단계라는 것을 배우도록 하라. 많은 사람들이 그리스도와 함께 영광을 받기를 고대하지만, 그들은 그분을 위해 고난받기를 기뻐하지 않는다. "참으면 또한 함께 왕 노릇 할 것이요"(딤후 2:12). 악한 자들은 먼저 군림하고, 그 다음에 고난을 받는다. 경건한 자들은 먼저 고난을 받고, 그 다음에 다스린다. 해협을 통과하지 않고서는 콘스탄티노플에 이르는 길은 없다. 마찬가지로 고난을 통과하지 않고서는 천국에 이르는 길은 없다. 십자가 없이는 면류관도 없다. 하늘의 예루살렘은 기쁨의 도시로서 황금의 거리, 진주 문으로 이루어져 있다. 그러나 우리는 그곳에 이르기 위해서는 더러운 도로 즉 많은 핍박과 환난을 통과해야 한다(행 14:22). 우리는 그리스도가 행하신 길을 따라 영광에 들어가야 한다. 그분은 먼저 수치와 죽음을 겪으시고, 그 다음에 하나님의 우편에 앉으시도록 높여지셨다.

적용 2: 위로에 대해. (1) 크게 높임을 받으신 그리스도는 우리의 본성을 입으셨고, 그것을 영광으로 관을 씌우셨으며, 천사들과 천사장들보다 더 높이셨다. 그러나 인간으로서 그분은 약간 천사들보다 못하게 되셨으나(히 2:9) 인성이 신성과 연합되어 하나님 우편에 앉아계신 것처럼, 인성은 천사들보다 우월하다. 만일 하나님이 우리의 본성을 크게 높이셨다면, 우리가 그것을 무시한다는 것은 얼마나 큰 부끄러움인가! 하나님은 인간의 본성을 천사들보다 더 높이셨는데, 술주정뱅이는 그것을 짐승들보다 더 낮춘다.

(2) 하나님의 우편에 앉으심으로써 높아지신 그리스도는 통치의 열쇠를 자신의 어깨에 두신다. 그분은 자신의 영광을 위해 세상의 만사를 다스리신다. 여러분은 그리스도께서 그토록 높아지셔서 하늘과 땅의 모든 권세를 자신의 손에 갖고 계실 때, 자신이 택하신 자를 보살피지 않고, 가장 놀

라운 섭리를 그의 교회의 선을 위해 행사하시지 않으리라고 생각하는가? 시계에서 추는 서로 반대편을 향해 움직이지만, 결국 맞부딪치는 소리를 내는 것처럼, 아버지 우편에 앉아계신 그리스도는 십자가의 섭리가 그의 교회의 구원을 향하도록 할 것이다.

(3) 하나님 우편에 앉아계신 그리스도는 인간의 구속의 사역을 완수하셨다는 보증이 될 수 있다. "오직 그리스도는 죄를 위하여 한 영원한 제사를 드리시고 하나님 우편에 앉으사"(히 10:12). 만일 그리스도가 죄를 충분히 대속하시고, 하나님의 율법을 만족시키지 못하셨다면, 그분은 하나님 우편에 앉아계시지 못하고, 여전히 무덤 속에 계셨을 것이다. 그러나 지금 그분은 영광으로 높여지셨다. 그것은 그분이 우리의 구속을 이루시도록 자신에게 요청되는 모든 것을 행하시고, 겪으셨다는 명백한 증거이다.

(4) 예수 그리스도는 영광 중에 크게 높여지셨지만, 그분은 땅 위에 있는 우리를 망각하고 계시지 아니한다. 어떤 사람들은 높은 자리에 오르면, 자기들의 친구를 잊어버린다. 바로의 신하가 관직에 복귀했을 때, 감옥에 있는 가난한 요셉을 잊어버렸던 것처럼 그리스도는 절대로 망각하지 않으신다. 하늘에서 놀라운 영광을 가지신 분으로 높여지셨지만, 그분은 땅 위에 있는 자신의 성도들을 생각 밖에 두시지 않는다. 우리의 대제사장은 자신의 흉패 위에 씌어져있는 그의 백성들의 모든 이름과 소원을 기억하신다. 그대는 시험을 당하는가? 그리스도는 영광 속에 계시지만, 그대가 얼마나 불쌍하고, 도움을 필요로 하는지를 아신다. "우리에게 있는 대제사장은 우리 연약함을 체휼하지 아니하는 자가 아니요 모든 일에 우리와 한결같이 시험을 받은 자로되 죄는 없으시니라"(히 4:15). 그대는 죄로 인해 슬퍼하는가? 그분은 영광스러운 자리에 앉아계시지만, 그대의 탄식 소리를 들으시고, 그대의 눈물을 닦아주신다.

(5) 하나님의 우편에 앉아계신 그리스도는 신자들이 언젠가는 자신이 차지하고 있는 영광의 자리를 차지할 수 있다는 위로를 그들에게 준다. 그리스도의 높아지심은 우리의 높아지심이다. 그분은 이를 위해 기도하셨다. "아버지여 내게 주신 자도 나 있는 곳에 나와 함께 있어 아버지께서 창세

전부터 나를 사랑하시므로 내게 주신 나의 영광을 저희로 보게 하시기를 원하옵나이다"(요 17:24). 그리고 그분은 그전에 신자들을 위해 "내가 너희를 위하여 처소를 예비하러 가노라"(요 14:2)고 말씀하셨다. 머리가 존귀로 높아진 것처럼 신비한 몸 역시 똑같이 높아질 것이다(엡 1:22,23). 확실하게 그리스도께서 모든 하늘보다 높아지신 것처럼, 확실히 그분은 모든 영광 속에서 자신의 인간적 본성이 경배를 받는 상태에 신자들이 참여하도록 하실 것이다. 이것은 가장 연약한 그리스도인에게도 위로를 준다. 아마 그대는 그대의 머리조차 둘 집이 없을 지도 모르지만, 하늘을 바라보고, "저기에 나의 집이 있다. 저기에 나의 나라가 있다. 나는 이미 하늘에 속한 소유를 나의 머리이신 그리스도 안에서 간직하고 있다. 그분이 거기에 앉아계시고, 나도 얼마 안있으면 그분과 함께 거기에 앉아있을 것이다. 그분은 영광의 보좌에 앉아있다. 그리고 나는 '내가 그분과 함께 그곳에 앉을 것이라'는 그분의 말씀을 갖고 있다"(계 3:21)고 말하라.

적용 3: 권면에 대해. 하나님이 그리스도를 크게 높이셨는가? 그렇다면 우리도 그분을 높여야 한다. 우리는 (1) 그분의 인격, (2) 그분의 진리를 높여야 한다.

(1) 우리는 그리스도를 우리의 마음 속에서 높여야 한다. 즉 그분을 믿고, 경배하고, 사랑해야 한다. 우리가 하늘에게 높아지신 것 이상으로 그분을 높일 수는 없다. 그러나 우리는 우리의 마음 속에서는 그렇게 할 수 있다. 우리는 우리의 입술로 그분을 찬양해야 한다. 우리를 그분을 찬미해야 한다. 우리의 몸은 성령의 전이다. 우리의 혀는 이 성전에서 기관들이 되어야 한다. 그리스도를 찬양하고 기념함으로써, 우리는 다른 사람들의 평가에서도 그분을 높여야 한다. 우리는 우리의 삶 속에서 즉 거룩한 삶을 영위함으로써 그분을 높여야 한다. 인간들이 흠없는 삶을 살기 위해 분투할 때, 이것이 참된 종교이다(Vera religio haec, sine macula vivere luctant). 세상의 모든 찬송과 기도 중에서 거룩한 삶을 통해 그리스도를 높이는 것 만큼 위대한 찬송과 기도는 없다. 그분을 따르는 자들이 그분에게 합당하

게 걸어갈 때, 그것은 그리스도를 고명하게 만들고, 참으로 그분을 높이는 것이다.

(2) 우리는 그리스도의 진리를 높여야 한다. 부콜케루스(Bucholcerus)는 그의 연대기에서, 복음서가 읽혀질 때마다 그들이 그들의 손에 검을 들고, 그것을 통해 그들의 삶의 위험과 함께 복음을 유지하도록 준비시킨 폴로니아의 귀족들을 기록하고 있다. 우리는 그리스도의 진리를 높여야 한다. 그리스도의 진리를 오류에 대항하여 유지시키고, 아무 대가 없는 자유 은혜의 교리를 공로에 대항하여 유지시키며, 그리스도의 신성을 소키누스주의자들에 대항하여 유지시켜야 한다.

진리는 그리스도의 면류관 속에 박혀 있는 가장 아름다운 진주이다. 우리는 사람이 돈이 자기 수중으로부터 달아나지 않도록 돈의 축적을 위해 그토록 분투하는 것처럼, 진리를 위해 투쟁해야 한다. 그리스도는 우리가 자기의 영광이 나타나 있는 자신의 진리를 높일 때, 자신을 높이는 것으로 간주하신다.

8. 구속주 그리스도

질문 30: 성령은 그리스도가 값주고 사신 구속을 우리에게 어떻게 적용시키십니까?

답변: 성령은 우리 안에 믿음을 일으킴으로써 그리스도가 값주고 사신 구속에 우리를 적용시키고, 그럼으로써 우리의 유효한 부르심 안에서 그리스도를 우리와 연합시키십니다.

이 답변 속에는 두 가지 사실이 담겨 있다. "그리스도가 값주고 사신 구속"이라는 말 속에는 그리스도께서 우리의 구속의 영광스러운 획득자라는 사실이 함축되어 있고, 성령은 이 성취된 구속을 우리 안에 믿음을 일으킴으로써 우리에게 적용하신다는 사실이 선언되어 있다.

먼저 여기에 함축되어 있는 사실은 예수 그리스도는 우리 구속의 영광스러운 획득자라는 사실이다. 예수 그리스도에 의한 구속의 교리는 영광스러운 교리이다. 그것은 그리스도인의 모든 위로가 내포되어 있는 복음의 정수이자 진수이다. 창조의 사역도 위대하다. 하지만 구속의 사역은 더 위대하다. 우리를 지으신 것보다 우리를 구속하는 것이 더 큰 대가를 치르는 것이다. 전자에서는 오직 말씀의 선포하심이 있었지만, 후자에서는 보혈의 흘리심이 있었다. 창조는 오직 하나님의 손가락의 사역이었다(시 8:3). 그러나 구속은 그분의 팔의 사역이었다(눅 1:51). "오직 자기 피로 영원한 속죄를 이루사"(히 9:12). 우리를 위해 값주고 사신 그리스도의 구속은 우리를 저당잡히게 한 우리의 죄로 말미암아 저당잡히고, 팔렸다는 것을 의미한다. 어떤 종류의 저당잡히는 일이 없었다면, 구속의 필요성도 없었을 것이다. 우리가 이같이 저당잡히고, 죄로 말미암아 팔렸을 때, 그리스도는 우리의 구속을 값주고 사셨다. 그분은 우리를 구속하시는데 최고의 권리를 가지셨다. 그 이유는 그분은 우리의 혈족이시기 때문이다. 구속주에 해당되는 고엘(goel)이라는 히브리어 단어는 혈통적으로 가까운 사람을 가리키는 혈족을 의미한다. 옛날 율법에 따르면, 가장 가까운 친족은 그의 형제의 땅을 대신 사주어야 했다(룻 4:4). 이같이 "우리 육체의 육체"로서 우리와 가까운 동족이 되시는 그리스도는 우리를 구속하시기에 최고로 합당하신 분이다.

그리스도는 우리를 어떻게 구속하시는가?

그리스도는 그 자신의 보배로운 피로 말미암아 우리를 구속하신다. "우리가 그리스도 안에서 그의 은혜의 풍성함을 따라 그의 피로 말미암아 구속 곧 죄 사함을 받았으니"(엡 1:7). 로마인들 사이에서 그분은 죄인의 몸값에 상응하는 값을 지불한 다른 사람을 대속하신 것으로 말해진다. 이 점에서 그리스도는 대속자이시다. 그분은 값을 지불하셨다. 결코 어느 누구도 죄인들을 대속하기 위해 값을 지불하지 못했다. "값으로 산 것(pretio empti)이 되었으니"(고전 4:20). 이 값이 바로 그분의 피이다. 따라서 다른 본문을 보면 "오직 자기 피로 영원한 속죄를 이루사 단번에 성소에 들어가셨느니라"고 되어있다. 이 피는 하나님이시자 인간이신 분의 피로써, 모든 사람의 속전으로 충분한 값을 갖고 있다.

그리스도는 우리를 무엇으로부터 구속하시는가?

그리스도는 우리를 죄로부터 구속하신다. 터키식 노예제도로부터 해방된다는 것은 엄청난 은혜였다. 그러나 죄로부터 구속받는다는 것은 그보다 무한히 큰 은혜였다. 죄 외에 영혼에 상처를 줄 수 있는 것은 아무 것도 없다. 영혼에 상처를 주는 것은 고통이 아니다. 오히려 고통은 용광로가 금을 더 순수하게 제련하는 것처럼, 종종 영혼을 더 나은 상태로 이끈다. 영혼에 상처를 주는 것은 바로 죄이다. 그런데 그리스도께서 죄로부터 우리를 구속하신다. "이제 자기를 단번에 제사로 드려 죄를 없게 하시려고 세상 끝에 나타나셨느니라"(히 9:26).

그러나 우리가 어떻게 죄로부터 구속되는가? 우리는 거듭난 자 안에서 활동하고 있는 타락 곧 커다란 교만과 불순한 감정을 보지 않는가?

구속은 시작된(incohata) 구속 아니면 완전한(plena) 구속이다. 죄는 완전한 구속과 공존할 수 없다. 그러나 여기서 그것은 단지 시작에 불과하다. 그래서 죄는 불완전한 구속과 공존할 수 있다. 해가 처음에 떠오르면, 허공에는 약간 어둠이 있을 수 있다. 하지만 해가 완전히 중천에 있으면, 어둠은 사라진다. 우리의 구속이 단지 시작될 때에는 죄가 있을 수 있다. 그러나 영광 중에 완전해질 때, 그것은 사라진다.

그리스도는 어떤 면에서 죄로부터 칭의된 사람들을 구속하셨는가?

(1) 그리스도는 reatu 즉 죄의 죄책으로부터 칭의된 사람들을 구속하셨다. 그러나 오염으로부터 구속하신 것은 아니다. 죄책은 사람을 형벌로 속박하는 것이다. 그런데 그리스도는 죄의 죄책으로부터 칭의된 사람을 구속하셨다. 그는 자신의 부채를 청산하였다. 바울이 빌레몬에게 "저가 만일 네게 불의를 하였거나 네게 진 것이 있거든 이것을 내게로 회계하라"(몬 1:18)고 말한 것처럼, 그리스도는 하나님의 공의에 대해 말씀하신다.

(2) 칭의된 사람은 죄의 임재로부터는 아니지만, a dominio 즉 죄의 권능과 지배로부터 구속된다. 죄는 틈탈(furere) 수 있지만, 다스리지(regnare)는 못한다. 그것은 하나님의 자녀 안에서 기승을 부릴 수 있지만, 지배할 수는 없다. 정욕은 다윗 안에서 기승을 부리고, 두려움이 베드로 안

에서 기승을 부렸지만, 그것은 그들을 지배하지는 못했다. 그들은 회개를 통해 회복하였다. "죄가 너희를 주관치 못하리니"(롬 6:14). 죄는 하나님의 자녀 안에 거하지만, 그 지배의 보좌로부터는 물러나 있다. 그것은 왕으로서가 아니라 포로로서 살고 있다.

(3) 신자는 a maledictione 즉 죄로 말미암은 저주로부터 구속된다. 리브가가 야곱에게 말한 것처럼, 그리스도는 자신의 아버지에게 "저주는 저에게, 제발 저에게 임하게 하소서; 저들 위에는 축복을 허락하시고, 저주는 저에게 내리소서"라고 말씀하셨다. 그래서 지금 신자들에게는 정죄함이 없다(롬 8:1). 불신자는 이중의 정죄를 받는다. 하나는 그가 범한 율법으로부터의 정죄, 다른 하나는 그가 무시한 복음으로부터의 정죄. 그러나 그리스도는 이 저주로부터 신자를 구속하셨다. 그분은 지옥과 정죄의 권세로부터 그를 해방시켰다.

그리스도는 무엇에 대해 우리를 구속하셨는가?

그분은 우리가 영광스러운 기업을 얻도록 구속하셨다. "썩지 않고 더럽지 않고 쇠하지 아니하는 기업을 잇게 하시나니 곧 너희를 위하여 하늘에 간직하신 것이라"(벧전 1:4).

(1) 기업에 대해. 그리스도는 우리를 속박으로부터 구속하셨을 뿐만 아니라 행복의 상태로, 곧 기업을 위해 우리를 구속하셨다. 천국은 곧 끝나는 임대권이 아니라 기업 곧 영광스러운 기업이다. 그것은 빛 가운데서의 기업으로 불린다(골 1:12). 빛은 세상을 꾸미고, 장식한다(Lumen producit colores). 빛이 없이 오직 속박만 있는 세상은 어떠했겠는가? 천국의 기업은 빛으로 찬란하게 비추어지고 있다. 지속적인 빛으로서 그리스도는 그것에 자신의 광채를 조명하신다(계 21:23).

(2) 쇠하지 않는 기업에 대해. 그것은 쇠퇴하거나 해체를 겪는 것이 아니다. 지상적 안위는 일시적인 장막에 의해 막연히 주어진다. 그러나 천상의 안위는 돌로 세워지고 금으로 장식된, 견고하고, 영원한 성전에 의해 주어진다. 이것은 하늘의 기업의 영광이다. 그것은 쇠하지 않는다. 영원이

그 표지 위에 씌어져 있다.

(3) 순전. 순전에 해당되는 헬라어 단어는 아미안투스(amiantus)로 불리는 보석을 암시한다. 아미안투스는 흠이 있을 수 없다. 이런 곳이 바로 천국이다. 천국은 순전하고, 그곳을 오염시키는 것은 아무 것도 있을 수 없다. 거기에는 그 순결성을 가리우는 죄가 전혀 없다. 거룩과 순전에 대해 그것은 순수한 금으로 비유되고, 또 사파이어와 에메랄드 같은 보석으로 비유되기 때문이다(계 21:19). 플리니는 "사파이어는 순수성을 보존하는 특징을 갖고 있고, 에메랄드는 유독물질을 물리치는 특징을 갖고 있다"고 말한다. 이것들은 천국에 대한 생생한 상징들로서, 그것의 신성함을 보여준다. 정욕에 대한 열망이 없다. 적의도 없다. 오직 순결한 영혼 외에 그 안에 거하는 것은 없다.

(4) 그것은 사라지지 않는다. 아마란투스(amarantus)라는 헬라어 단어는 꽃의 이름이다. 그 꽃은 알렉산드리아의 클레멘트가 기록하고 있는 것처럼, 오랜 세월 동안 신선하고 푸른 상태를 유지한다. 이러한 것이 천국의 기업이다. 그것은 그 아름다운 색깔을 잃지 않고, 그 신선함과 푸르름을 영원히 유지한다. 그것의 아름다움은 결코 사라지지 않는다. 그리스도는 이 영광스러운 기업을 위해 성도들을 구속하신다. 그 기업은 모든 별이 발광체임에도 불구하고, 하늘의 그 모든 빛들에 의해서도 충분히 묘사되거나 설명될 수 없는 기업이다. 그리고 반지 속에 다이아몬드가 박혀있는 것으로서, 이 기업의 영광은 축복하시는 하나님의 영원한 진품이요, 열매이다. 그것은 하나님의 보시기에 참으로 황홀하고, 찬란한 대상일 것이다. 왕이 있을 때 궁정이 이루어지는 법이다. "우리가 그와 같을 줄을 아는 것은"(요일 3:2). 규례의 격자를 통해 스스로를 보여주시는 하나님을 뵙는 것, 말씀과 성례 속에서 그분을 만나는 것은 행복한 일이다. 순교자들은 그분을 감옥 속에서 만나는 것이 행복하다고 생각하였다. 오, 그렇다면 태양보다 수만배나 더 밝게 비추는 영광 속에서 그분을 뵙는 것은 얼마나 큰 행복일까! 그것도 그분을 뵙는 것으로 끝나는 것이 아니라 영원히 그분과 함께 영광을 누리는 것이라면! Praemium quod fide non attingitur[믿음이 붙잡

지 못하는 상급] — 어거스틴. 믿음 자체는 이 상급을 충분히 포괄할 수 없다. 이 모든 축복은 그리스도께서 자신의 보혈의 구속을 통해 이루신 것이다.

적용 1: 교훈에 대해. (1) 우리가 죄로 말미암아 가졌던 통탄할 만한 비참한 상태가 어떤 것인지를 주목하라. 우리는 우리 자신을 죄의 종으로 전락시킬 정도로 죄를 범하였기 때문에, 우리의 구속을 추구하시는 그리스도를 필요로 하였다. 노예상태가 가장 악한 상태이다(Nihil durius servitute) — 키케로. 현재 알제리에서 감옥 속에 있는 사람들은 그것이 그러함을 인정한다. 그러나 죄로 말미암아 우리는 그보다 더 악한 속박, 곧 무자비한 폭군인 사탄의 속박 속에 있다. 사탄은 영혼을 정죄하는 것을 재미로 삼는 자이다. 그리스도가 우리를 구속하시기 위해 오실 때까지 우리는 이 상태 속에 있었다.

(2) 이 안에서 투명한 거울을 보는 것처럼, 택자에 대한 그리스도의 사랑을 바라보라. 그분은 그들을 구속하시기 위해 오셨다. 그래서 그들을 위해 의도적으로 죽으셨다. 왕의 아들이 포로된 자들을 대속하기 위해 엄청난 돈을 지불하는 것이 위대한 사랑이 아니고 무엇인가? 그러나 그분이 죄인 대신에 기꺼이 죄인이 되기로 하시고, 속죄제물로 죽으신 것, 이것은 참으로 놀라운 일이다. 예수 그리스도는 이 모든 것을 이루셨고, 자신의 사랑을 혈서로 쓰셨다. 그리스도께서 우리를 위해 자신의 아버지께 변호하시는 것만으로도 큰 일이지만, 그분은 그것만으로는 우리를 구속하시는 것이 충분하지 않다는 것을 알고 계셨다. 선포하시는 말씀으로 세상을 창조하셨지만, 그것이 죄인을 구속하지는 못하였다. "피 흘림이 없은즉 사함이 없느니라"(히 9:22).

적용 2: 시험에 대해. 만일 그리스도가 우리의 구속을 이루기 위해 오셨다면, 그러면 우리는 우리가 그리스도께서 죄로 말미암은 죄책과 저주로부터 구속하신 사람들인지의 여부를 시험해보아야 한다. 이것은 필수적인 시험이다. 왜냐하면 그리스도께서 구속하신 사람이 얼마로 한정되어 있다고 말할 수 있기 때문이다. 오, 죄인들은 "그리스도는 구속자이시고, 우리는 그분에 의해 구속함을 받았노라!"고 말한다. 그러나, 보라, 그리스도는 모든 사람을 구원하시기 위해 오신 것이 아니다. 그 까닭은 그것은 하나님의 계획을 벗어나기 때문이다. 구속은 창조만큼 포괄적인 것이 아니다. 나는 그리스도의 보혈 속에는 모든 사람을 구원하기에 충분한 공로가 있다는 점을 인정한다. 그러나 충분성과 유효성 사이에는 차이가 있다. 그리스도의 피는 모든 사람에 대해 충분한 가치를 지니고 있다. 그러나 그것은 믿는 사람들에게만 효력이 있다. 고약은 그 안에 어떤 상처도 치유할 수 있는 독보적인 효능을 가질 수 있다. 그러나 그것은 그 상처에 바르지 아니하면 치유하지 못한다. 그리고 만일 그것이 그러하다면, 즉 누구나 그리스도의 구속의 효력을 얻지 못하고 다만 일부의 사람들만이 얻는다면, "우리는 과연 그리스도에 의해 구속받은 사람들의 무리에 속하는가, 속하지 않는가?"를 우리 자신의 영혼에게 물어보는 것은 필연적인 질문이다.

우리는 그것을 어떻게 알 것인가?

(1) 구속받은 사람들은 하나님과 화해하는 존재가 된다. 증오는 제거된다. 그들의 판단이 인정을 받고, 그들의 의지는 ad bonum 곧 선을 향한 경향을 낳는다(골 1:21). 하나님과 그의 백성들을 미워하고(포도나무와 월계수가 서로 싫어하는 것처럼), 결단코 거룩을 무시하는 자들로서, 하나님과 불화하는 그들이 구속함을 받는가? 화목하지 못한 그들이 구속을 얻는가? 그리스도는 이들에 대한 형벌 집행의 유보를 구하셨다. 그러나 그들은 형벌 집행 유보는 받을 수 있으나 지옥으로 갈 수 있다(요 5:6).

(2) 그리스도로 말미암아 구속받은 사람은 세상으로부터 구속받는다. "그리스도께서 하나님 곧 우리 아버지의 뜻을 따라 이 악한 세대에서 우리를 건지시려고 우리 죄를 위하여 자기 몸을 드리셨으니"(갈 1:4). 그리스도로 말미암아 구속받은 사람은 그리스도와 함께 부활한다(골 3:1). 자그마한 씨앗 하나를 집어먹기 위해 땅 위로 내려왔다가 즉각 다시 하늘 위로

올라가는 새처럼, 주님의 구속을 받은 사람들은 세상을 이용하고 그로부터 합당한 안위를 얻지만, 그들의 마음은 곧 이 일들로부터 떠나 하늘로 향한다. 그들은 여기서 살면서 위와 거래한다. 그리스도께서 위해서 죽은 사람들은 "세상에 대해서 죽은," 즉 그 영예, 그 유익, 그 출세에 대해서 죽은 자들이다. 우리는 자기들이 주님의 구속을 받은 자들이라고 말하면서 여전히 세상을 사랑하는 사람들에 관해 무엇을 생각할 것인가? 그들은 가나안 이편에 자기들의 영토를 확보하려는 지파들과 같다. "땅의 일을 생각하는 자라"(빌 3:19). 그들은 자기들의 영혼을 재산을 축적하는데 힘쏟는다. 세상으로부터 구속받지 못한 사람들은 그리스도에 의해 구속받은 자들이 아니다.

적용 3: 구속받은 자들에 대한 위로에 대해. 아무 대가 없는 자유 은혜의 분깃이 임한 그대는 복이 있다. 그대는 이전에 마귀의 속박 속에 있었지만, 지금은 그 속박으로부터 해방되었다. 그대는 이전에 죄의 사슬에 묶여있었지만, 지금은 하나님이 여러분의 사슬을 때려부수기 시작하셨고, 그대를 죄의 세력과 죄로 말미암은 저주로부터 해방시키셨다. 이것이 얼마나 커다란 위안이 되는가! 그리스도 안에는 어떤 위로가 있는가? 그것은 바로 그대의 것이다. 그 약속으로부터 어떤 달콤한 열매가 자라고 있는가? 그대는 그것을 가질 수 있다. 복음 안에 어떤 영광스러운 특권이 있는가? 그것들은 그대의 자산으로서, 양자됨, 영화 등이다. 천국에는 어떤 영광이 있는가? 그대는 곧 기쁨의 강물을 마실 것이다. 그대는 어떤 현세적 안락을 누리고 있는가? 이것은 단지 더 나은 안락에 대한 보증이자 전조이다. 통 속에 있는 그대의 양식은 단지 일시적 양식이고, 하나님이 그대를 위해 예비하신 천사들의 양식의 전조이다. 비록 무화과나무 잎이 마를 지라도 모든 세속적 고통 속에서도 얼마나 평안을 누릴 것인가! 아니, 죽으면, 그 고통마저 사라진다. Mors abiit morte Christi[죽음은 그리스도의 죽음을 통해 작별을 고한다]. 죽음은 그대를 그대의 구속주에게 인도할 것이다. 그대는 오직 죽음으로써만 완전히 행복해질 수 있기 있기 때문에 죽음을 두려워하지 말라.

적용 4: 권면에 대해. 여러분이 천국에서 충분하고 완전한 구속 곧 완전한 희년을 가질 때, 즉 여러분이 죄의 세력과 죄의 속박으로부터 완전히 해방될 때를 고대하라. 이 세상에서 신자는 속박을 파괴한 죄인으로 존재하지만, 그의 다리에 매여있는 족쇄와 함께 걷는다. 영광의 표상이 여러분 위에 펼쳐질 때, 여러분은 하나님의 사자로 존재하고, 더 이상 죄악된 생각을 갖지 않을 것이다. 여러분은 더 이상 고통이나 슬픔, 고민하는 머리나 불신의 마음을 가지 않을 것이다. 여러분은 그리스도의 얼굴을 볼 것이고, 영원히 그분의 품 안에 거할 것이다. 여러분은 요셉처럼 될 것이다(창 41:14). 그들이 급히 그를 옥에서 꺼내자, 그는 수염을 깎고 그 옷을 갈아입고 바로에게 들어왔다. 여러분은 죄인복을 벗고 그 옷을 갈아입고, 영광으로 수놓아진 의복을 입을 그 때를 대망하라! 그러나 여러분이 염원하는 것보다 더 큰 행복이 있을 때, 여러분이 눈으로 보지 못하고, 귀로 듣지 못하고, 인간의 마음으로는 결코 생각할 수 없는 것을 가질 때인 이 충만하고도 영광스러운 구속의 때를 진실로 고대하라.

V

구속의 적용

1. 믿 음

"이제 내가 육체 가운데 사는 것은 나를 사랑하사
나를 위하여 자기 자신을 버리신 하나님의 아들을 믿는
믿음 안에서 사는 것이라" — 갈 2:20

성령은 우리 안에 믿음을 역사하심으로써 그리스도가 값주고 사신 구속을 우리에게 적용시키신다. 그리스도는 영광이시고, 위로자 그리스도를 믿는 믿음이 복음의 영광이다.

믿음의 종류에는 몇 가지가 있는가?

믿음의 종류에는 4가지가 있다: (1) 신적 권위로 말미암아 말씀 속에 계시된 진리로 믿고 있는 역사적 또는 교리적 믿음.

(2) 한동안 지속되지만 곧 사라지는 일시적 믿음. "그 속에 뿌리가 없어 잠시 견디다가"(마 13:21). 일시적 믿음은 하룻밤에 났다가 하룻밤에 망하는 요나의 박넝쿨과 같다(욘 4:10).

(3) 복음 증거를 위해 이적을 낳기 위해 사도들에게 허용되었던 이적적 믿음. 유다는 이 믿음을 갖고 있었다. 그는 마귀를 내던졌지만, 마귀에게 내던져졌다.

(4) 의롭게 하는 참된 믿음. 이것은 '하나님이 일으키시는 믿음'으로 불리고, 오직 택자에게만 걸려있는 보석이다(골 2:12).

의롭게 하는 믿음이란 무엇인가?

나는 먼저 (1) 의롭게 하지 않는 믿음이란 무엇인가를 보여줄 것이다. 그것은 기껏해야 그리스도가 구주라는 것을 인정하는 믿음이다. 인정은 하지만, 의롭다 함을 받기에는 역부족이다. 마귀도 그리스도의 신성을 인정하였다. "하나님의 아들이여 우리와 당신과 무슨 상관이 있나이까"(마 8:29). 신적 진리에 대한 동의는 있을 수 있지만, 마음 속에 은혜의 사역은 없다. 많은 사람들이 그들의 판단 속에 죄는 나쁜 것이라는 사실은 인정하지만, 그들의 죄악이 그들의 신념보다 더 강하기 때문에 계속 죄 속에 거한다. 그들은 그리스도께서 탁월하시다는 사실을 인정하지만, 그 진주를 깔보고, 사지 않는다.

이제 (2) 의롭게 하는 믿음은 무엇인가를 보일 차례이다. 의롭게 하는 참된 믿음은 다음 세 가지 사실을 구비하고 있다: (i) 자기부인. 믿음은 자신의 자아를 벗어나 우리 자신의 가치를 제거하는 것이고, 우리가 의를 우리 자신에게 속한 것으로 보지 않는 것이다. "내가 가진 의는 율법에서 난 것이 아니요"(빌 3:9). 자기의는 꺽여진 갈대로서, 영혼이 의존할 만한 것이 절대로 못된다. 회개와 믿음은 둘다 겸손하게 하는 은혜들이다. 회개를 통해 인간은 자신을 혐오한다. 믿음을 통해 인간은 자신으로부터 벗어난다. 이스라엘은 광야에서 행진할 때, 바로와 그의 병거들이 그들의 뒤를 쫓는 것을 보았다. 마찬가지로 죄인은 이전에 죄와 그를 집어삼킬 준비가 되어있는 지옥을 향해 하나님의 공의가 그의 뒤를 쫓아오는 것을 본다. 이러한 절박한 상태 속에서 그는 자신 안에서 도움을 줄 만한 것이 아무것도 없음을 발견한다. 그러나 그는 다른 것 속에서 도움을 발견할 수 없다면 멸망할 수밖에 없다.

(ii) 의탁. 영혼은 예수 그리스도에게 자신을 던져버린다. 믿음은 그리스도의 인격을 의지한다. 믿음은 약속을 믿는다. 그러나 믿음이 약속 안에

서 의지하는 것은 그리스도의 인격이다. 그러므로 신부는 "그 사랑하는 자를 의지하고"라고 언급된다(아 8:5). 믿음은 "곧 그 아들 예수 그리스도의 이름을 믿는 것"(요일 3:23)으로 묘사된다. 즉 그분의 인격을 믿는 것으로 언급된다. 약속은 단지 상자이고, 그리스도가 그 안에 믿음을 담고 있는 보석이다. 약속은 단지 그릇이고, 그리스도가 그 안에 믿음을 자라게 하는 양식이다. 믿음은 "그리스도께서 십자가에 달려 돌아가셨기 때문에" 그분의 인격에 의존한다. 그것은 그리스도의 십자가를 자랑한다(갈 6:14). 모든 만물보다 뛰어나신 면류관을 쓰신 것으로 간주되는 그리스도는 경탄과 경이를 불러일으킨다. 그러나 피를 흘리시고 죽으신 것으로 간주되는 그리스도는 우리 믿음의 적절한 대상이다. 그러므로 그것은 "그의 피로 인한 믿음"으로 말해진다(롬 3:25).

(iii) 그리스도를 우리 자신에게 적용시킴. 약은 비록 크게 효능이 있다고 해도, 그것을 복용하지 않는다면, 아무 유익이 없을 것이다. 그리스도 자신의 피는 만병통치약과 비견할 수 있지만, 그것이 믿음에 의해 복용되지 않는다면, 치유하지 못할 것이다. 하나님의 보혈은 하나님을 믿는 믿음이 없이는 구원하지 못할 것이다. 이같이 그리스도를 적용시키는 것은 그분을 영접하는 것으로 불린다(요 1:12). 금을 수중에 갖고 있는 손이 부요한 법이다. 마찬가지로 구원을 간직하고 있는 그리스도의 금같은 공로를 붙잡고 있는 믿음의 손이 우리를 부요하게 한다.

믿음은 어떻게 주어지는가?

믿음은 복된 성령을 통해 주어진다. 성령은 은혜의 영으로 불린다. 그 까닭은 그분이 모든 은총의 원천이기 때문이다(슥 12:10). 믿음은 하나님의 영이 인간의 마음 속에 역사하는 핵심 사역이다. 세상을 창조하는데 있어서 하나님은 다만 말씀만 선포하셨지만, 믿음을 역사하는데 있어서 그분은 그의 팔로 힘을 펼치신다(눅 1:51). 믿음을 역사하는 성령은 "지극히 크신 하나님의 능력"(엡 1:19)으로 불린다. "모든 세상의 죄"와 같은 바위가 그분 위에 놓여져 있을 때, 그리스도께서 무덤으로부터 살아나신 것은 얼마나 큰 능력인가! 그러나 그분은 성령으로 말미암아 부활하셨다. 동일한 능력이 하나님의 영으로 말미암아 믿음을 역사하는데 있어서도 작용하였다. 성령은 정신을 조명하고, 의지를 복종시킨다. 의지는 하나님을 대적하기 위해 세워진 요새와 같다. 그런데 성령은 사랑의 힘으로 그것을 정복한다. 아니 오히려 그것을 변화시킨다. 그리하여 죄인으로 하여금 기꺼이 그리스도께 어떤 가치를 부여하도록 하고, 그럼으로써 그분으로 말미암아 지배를 받고, 그분으로 말미암아 구원을 받는다.

믿음은 어떤 면에서 보배로운가?

(1) 믿음은 제일차적인 복음-은혜(the chief gospel-grace) 곧 은혜 중의 은혜가 된다는 점에서 보배로운 것이다. 금속 중의 금속이 금인 것처럼, 은혜 중의 은혜는 믿음이다. 알렉산드리아의 클레멘트는 다른 은혜들을 믿음의 딸들이라고 부른다. 천국에서는 사랑이 최고의 은총이 될 것이다. 그러나 우리가 이 땅에 사는 동안은 사랑은 그 자리를 믿음에 내어주어야 한다. 사랑은 영광을 소유하게 하지만, 믿음은 영광에 대해 자격을 제공한다. 사랑은 천국에서 최고의 은혜이지만, 믿음은 지상에서 지배적인 은혜이다. "세상을 이긴 이김은 이것이니 우리의 믿음이니라"(요일 5:4).

(2) 믿음은 모든 은혜에 영향을 미치고, 그 은혜들이 역사하도록 만든다는 점에서 보배로운 것이다. 은혜는 믿음이 그것이 역사하도록 만들 때까지는 은혜가 아니다. 의류업자가 가난한 자들을 일하도록 만들고, 그들의 물레바퀴가 돌도록 하는 것처럼, 믿음은 소망이 일하도록 만든다. 상속자는 유산을 바라기 전에 자신이 상속 재산에 대한 자격이 있음을 믿어야 한다. 마찬가지로 믿음은 먼저 그것의 영광에 대한 자격을 믿고, 그 다음에 소망은 그것을 기다리도록 한다. 만일 믿음이 소망의 등잔에 기름을 채워넣지 않는다면, 그것은 곧 꺼지고 말 것이다. 믿음은 사랑이 역사하도록 만든다. "그리스도 예수 안에서는 사랑으로써 역사하는 믿음뿐이니라"(갈 5:6). 그리스도의 자비와 공로를 믿음으로써 사랑의 불꽃이 불타오르게 되는 것이다. 믿음은 인내가 역사하도록 만든다. "믿음과 오래 참음으로 말미암아 약

속들을 기업으로 받는 자들을 본받는 자 되게 하려는 것이니라"(히 6:12). 믿음은 고난에 대해 주어지는 영광스러운 상급을 믿는 것이다. 이것은 영혼이 고난에 대해 견디도록 한다. 따라서 믿음은 중심축으로서, 다른 모든 은혜들을 움직이도록 하는 것이다.

(3) 믿음은 하나님이 의롭게 하시고 구원하시기 위해 높이시는 은혜가 된다는 점에서 보배로운 것이다. 따라서 참으로 그것은 사도가 그렇게 부르는 것처럼, "보배로운 믿음"이다(벧후 1:1). 다른 은혜들은 거룩하게 되는데 도움을 주지만, 믿음은 의롭게 되는데 도움을 준다. "믿음으로 의롭다 하심을 얻었은즉"(롬 5:1). 회개나 사랑은 의롭게 하는 것이 아니지만, 믿음은 의롭게 하는 것이다.

믿음이 어떻게 의롭게 하는가?

(1) 믿음은 그리스도를 우리의 믿음의 대상으로 만드는 사역이기 때문에 의롭게 하는 것이 아니라 그것이 그 대상 즉 그리스도의 공로를 붙잡는 것이기 때문에 의롭게 한다. 만일 어떤 사람이 치유할 수 있는 반지 속에 보석을 갖고 있다면, 우리는 그 반지가 치유한다고 말해야 한다. 그러나 보다 적절하게 말한다면 치유하는 것은 그 반지가 아니라 그 반지 속에 있는 보석이다. 이처럼 믿음은 구원하고, 의롭게 하지만, 그것은 믿음 속에 있는 어떤 고유의 속성 때문이 아니라 믿음이 의롭게 하시는 그리스도를 붙잡기 때문이다.

(2) 믿음은 은혜를 행사하는 것이기 때문에 의롭게 하는 것이 아니다. 믿음이 모든 은혜들에게 활력을 주고, 힘과 생기를 제공한다는 것은 부정할 수 없지만, 그것은 이런 개념 때문에 의롭게 하는 것은 아니다. 믿음은 사랑에 의해 역사하지만, 그렇다고 그것이 사랑에 의해 역사하기 때문에 의롭게 하는 것이 아니고, 그리스도의 공로를 적용시키기 때문에 의롭게 하는 것이다.

믿음은 무엇 때문에 다른 어떤 은혜보다 더 탁월하게 구원하고 의롭게 하는가?

(1) 그것이 하나님의 목적이기 때문에. 하나님은 이 은혜를 의롭게 하는데 적용되도록 의도하셨다. 그래서 그분은 믿음이 인간으로 하여금 자신을 신뢰하지 않게 하고, 모든 영광을 그리스도와 자유 은총에 돌리도록 하는 은혜이기 때문에 그렇게 하신다. "믿음에 견고하여져서 하나님께 영광을 돌리며"(롬 4:20). 그러므로 하나님은 그것이 구원하고 의롭게 하는 것으로 만들기 위해, 이 영광을 믿음 위에 두셨다. 왕의 소인이 찍혀있는 동전이 세상에서 돈으로 유통된다. 만일 그의 소인이 은과 같이 가죽 위에 찍혀있다면, 그것 역시 화폐로 유통될 수 있을 것이다. 마찬가지로 믿음 위에 자신의 재가 곧 자신의 권위와 제도의 소인을 두신 하나님은 그것을 의롭게 하고 구원하는 것으로 만드신다.

(2) 그것이 우리를 그리스도와 하나로 연합시키기 때문에(엡 3:17). 믿음은 제휴적, 연합적 은혜로서, 우리에게 그리스도의 인격과의 제휴와 연합을 제공한다. 다른 은혜들은 우리로 하여금 그리스도를 닮아가도록 만들지만, 믿음은 우리로 하여금 그리스도의 지체가 되도록 한다.

적용 1: 권면에 대해. 우리는 무엇보다도 먼저 믿음을 얻기 위한 수고를 해야 한다. Fides est sanctissimum humani pectoris bonum[믿음은 인간 영혼의 선을 성결케 하는 것이다] "모든 것 위에 믿음의 방패를 가지라"(엡 6:16). 믿음은 어떤 은총보다 우리에게 유익할 것이다. 이스라엘 백성들에게는 침침하게 보일지라도 눈이 그의 몸의 다른 어떤 지체들 곧 강한 팔이나 민첩한 다리보다 더 소중했던 것과 마찬가지이다. 그들을 치유한 것은 놋뱀을 바라본 그들의 눈이었다. 우리를 의롭게 할 수 있는 것은, 비록 그것이 완전무결하다 할지라도 지식은 아니며, 우리가 눈물의 홍수를 이룰 수 있다손 치더라도 회개도 아니다. 우리가 그리스도를 바라보는 믿음만이 오로지 우리를 의롭게 할 수 있다. "믿음이 없이는 기쁘시게 못하나니"(히 11:6). 만일 우리가 믿음으로써 그분을 기쁘시게 못한다면, 그분은 구원하시는 것으로 우리를 기쁘시게 하지 않으실 것이다. 믿음은 은혜 언약의 조건이다. 믿음이 없이는 언약도 없고, 언약이 없이는 소망도 없다(엡 2:12).

적용 2: 시험에 대해. 우리는 우리가 믿음이 있는지의 여부를 시험해 보아야 한다. 브리스톨-돌(Bristol-stone)이 금강석처럼 보이는 것처럼, 믿음인 것처럼 보이는 것이 있지만, 사실은 그것은 믿음이 아니다. 어떤 식물은 다른 식물과 똑같은 잎사귀를 갖고 있지만, 식물학자는 그 뿌리와 그 맛을 통해 그것들을 구별할 수 있다. 어떤 믿음이 참된 믿음처럼 보일 수 있지만, 그것은 그 열매로 말미암아 구별될 수 있다. 우리는 우리의 믿음을 진지하게 시험해 보아야 한다. 많은 것들이 우리의 믿음에 의존한다. 왜냐하면 만일 우리의 믿음이 바른 것이 아니라면, 우리로부터 바른 것은 아무것도 나올 수 없고, 심지어는 우리의 의무와 은혜까지도 불순해질 것이기 때문이다.

그러면 우리는 참된 믿음을 어떻게 알 것인가?

우리는 참된 믿음을 그 고결한 결과들을 보고 알 수 있다.

(1) 믿음은 그리스도께서 주시는 은총으로, 그리스도에게 최고의 가치를 부여한다. “믿는 너희에게는 보배이나”(벧전 2:7). 바울은 그리스도를 가장 잘 알고 있었다. “내가 예수 우리 주를 보지 못하였느냐”(고전 9:1). 그는 삼층천 속에 들어갔을 때, 환상 가운데 자신의 육체의 눈으로 그리스도를 친히 목격하였다. 그리고 믿음의 눈으로는 거룩한 만찬을 목격하였다. 그러므로 그는 그리스도를 최고로 잘 알고 있었다. 그런데 그가 자신을 만물과 비교하여 어떻게 지칭했는지를 보라. “모든 것을 해로 여김은 내 주 그리스도 예수를 아는 지식이 가장 고상함을 인함이라”(빌 3:8). 우리는 그리스도를 최고로 평가하는가? 우리는 가치있는 진주를 사기 위해 금에 대해 기꺼이 쐐기를 박을 수 있는가? 나지안주스의 그레고리는 자신에게서 그리스도를 위해 다른 모든 것은 박탈해버린 하나님을 찬양하였다.

(2) 믿음은 정화시키는 은총이다. “깨끗한 양심에 믿음의 비밀을 가진

자"(딤전 3:9). 믿음은 불이 금속 가운데 있는 것처럼 영혼 속에 있다. 그것은 정화시키고, 순화시킨다. 도덕은 외면을 깨끗케 하고, 믿음은 내면을 깨끗케 한다. "믿음으로 저희 마음을 깨끗이 하사"(행 15:9). 믿음은 마음을 성소, 아니 지성소로 만든다. 믿음은 순결한 은총이다. 그것은 죄의 삶을 제거하지는 못해도, 죄에 대한 사랑은 제거한다. 여러분의 마음이 불결한 샘이 되어서, 교만과 시기의 흙탕물과 오물을 쏟아내고 있는지 검토해 보라. 만일 여러분의 영혼 속에 정욕의 군대가 존재한다면, 믿음이 없는 것이다. 믿음은 더러운 토양 속에서는 자라지 못하는 하늘의 식물이다.

(3) 믿음은 순종적인 은총이다. "믿어 순종케 하시려고"(롬 16:26). 믿음은 우리의 의지를 하나님의 의지로 바꾸어 놓는다. 그것은 하나님의 부르심에 부응한다. 만일 하나님이 의무를 명하신다면(비록 육과 혈에는 거역하지만), 믿음은 순종한다. "믿음으로 아브라함은 부르심을 받았을 때에 순종하여"(히 11:8). 믿음은 나태한 은총이 아니다. 그것은 그리스도를 바라보기 위해 눈을 갖고 있는 것처럼, 그분을 위해 일하기 위해 손을 갖고 있다. 그것은 하나님의 약속을 믿을 뿐만 아니라 그분의 명령에도 순종한다. 여러분이 신자임을 증거해 주는 것은 지식이 아니다. 마귀도 지식을 갖고 있지만, 순종을 결여하고 있고, 바로 그것이 그를 마귀로 만드는 것이다. 참된 믿음의 순종은 유쾌한 복종이다. 하나님의 계명은 슬픈 것으로 나타나지 않는다. 여러분은 순종을 갖고 있고, 기꺼이 순종하는가? 여러분은 하나님의 계명을 그대의 부담으로 간주하는가 아니면 특권으로 간주하는가? 여러분의 발목에 채워져 있는 철족쇄로서 생각하는가 아니면 여러분의 목에 걸려있는 금목걸이로 생각하는가?

(4) 믿음은 동화하는 은총이다. 그것은 영혼을 그 대상의 형상으로 변화시킨다. 그것은 영혼이 그리스도를 닮도록 만든다. 어떤 사람도 믿음의 눈으로 그리스도를 바라보지 않고서는 그리스도를 닮아가지 못했다. 부덕한 인간이 아름다운 대상을 바라볼 수 있지만, 그렇다고 해서 그가 아름다워지는 것은 아니다. 그러나 그리스도를 주목하는 믿음은 인간을 변화시키고, 그를 그분과 유사한 사람으로 변혁시킨다. 피를 흘리신 그리스도를 바

라봄으로써 우리는 온순한 피를 가진 마음이 된다. 거룩한 그리스도를 바라봄으로써 마음이 정결해진다. 겸손하신 그리스도를 바라봄으로써 겸손한 영혼이 된다. 카멜레온이 자기가 바라보는 대상의 색깔로 변하는 것처럼, 그리스도를 바라보는 믿음도 그리스도인을 그리스도와 닮은 모습으로 변화시킨다.

(5) 참된 믿음은 성장하는 것이다. 모든 살아있는 사물은 성장한다. "믿음으로 믿음에 이르게 하나니"(롬 1:17).

우리는 믿음의 성장을 어떻게 판단할 수 있는가?

믿음의 성장은 능력에 의해 판단된다. 우리는 과거에 우리가 할 수 없었던 것을 지금은 할 수 있다. 사람은 성인이 되면, 어린아이였을 때 할 수 없었던 일을 할 수 있다. 그는 더 무거운 짐을 나를 수 있다. 마찬가지로 그대는 더욱 큰 인내를 가지고 십자가를 짊어질 수 있다.

믿음의 성장은 보다 깊은 영적 방식에 따라, 보다 큰 열심을 가지고 의무를 수행하는 능력으로 보아 알 수 있다. 우리는 하나님에 대한 사랑의 원리로부터 향기를 피운다. 사과는 완전한 크기로 자라면, 그 달콤한 맛에 있어서도 최상이 된다. 마찬가지로 그대는 사랑과 능력 안에서 그 의무를 최고로 원숙하게 준행하고, 아주 향기로운 향내를 풍기는 법이다.

그러나 나는 내가 믿음이 없는 것을 염려한다.

우리는 믿음의 연약한 것과 믿음이 없는 것을 구별해야 한다. 연약한 믿음은 참된 믿음에 속한다. 꺽여진 갈대는 약하기는 하지만, 그리스도께서 꺽이지 않으신 것과 같은 것이다. 비록 그대의 믿음이 약하다고 해도, 낙심하지 말라.

(1) 약한 믿음일지라도 강한 그리스도를 영접할 수 있다. 연약한 손은 강한 손과 마주 잡을 수 있다. 희미한 눈도 놋뱀을 바라볼 수 있었다. 복음서에 나오는 여자는 그리스도의 옷을 만지기만 했지만, 그분으로부터 치유를 받았다. 그것은 믿음의 접촉이었다.

(2) 약속은 강한 믿음에 대해 주어진 것이 아니고, 참된 믿음에 대해 주어진 것이다. 약속은, 산을 옮기우고 사자의 입을 막을 수 있는 위대한 믿음을 소유한 자들이 구원을 받을 것이라고 말하지 않는다. 비록 그 믿음이 아무리 작다고 할지라도 다만 믿는 자가 구원을 얻을 것이라고 말한다. 때때로 그리스도는 낙심하지 않도록 하기 위해서 약한 믿음을 책망하기도 하셨지만, 그것을 약속하신다. Beati qui esuriunt[심령이 가난한 자는 복이 있나니](마 5:3).

(3) 약한 믿음은 열매를 맺을 수 있다. 아주 연약한 사물이 가장 많은 결실을 맺는다. 포도나무는 연약한 식물이지만, 그 열매는 풍성하다. 연약한 그리스도인들이 강력한 사랑을 가질 수 있다. 믿음이 처음 심기웠을 때 나타나는 첫 사랑은 얼마나 강한가!

(4) 약한 믿음은 자랄 가능성이 있다. 씨앗들은 점차 자라간다. 처음에는 잎사귀를 내고, 그 다음에는 이삭을 내고, 그 다음에는 그 이삭에 충만한 알곡을 맺는다. 그러므로 낙심하지 말라. 우리로 하여금 약한 믿음을 가진 자들을 돌아보도록 하시는 하나님은 그들을 절대로 거절하지 않으실 것이다(롬 14:1). 연약한 신자는 그리스도의 지체이다. 그리고 그리스도께서는 자신의 몸으로부터 썩은 지체들을 잘라내실지언정, 절대로 약한 지체들을 잘라내지는 않으실 것이다.

2. 유효한 소명

"그들을 또한 부르시고" — 롬 8:30

질문 31: 유효한 소명이란 무엇입니까?

답변: 그것은 성령의 은혜로운 사역으로서, 그 사역을 통해 그리스도는, 복음서에서 우리에게 제시된 것처럼, 우리가 자유롭게 자신을 받아들이도록 하십니다.

이 본문(롬 8:30) 속에는 4개로 연결되어 있는 주옥같은 구원의 순서가 나와있다. 그 하나가 바로 소명(부르심)이다. "그들을 또한 부르시고." 부르심은 '새 창조'[nova creatio] 즉 첫번째 부활이다. 여기에는 이중적 소명이 있다: (1) 외적 소명. (2) 내적 소명.

(1) 외적 소명. 이것은 하나님이 죄인들에게 나아와 그리스도와 구원을 받아들이도록 초청하시는 은혜를 제공하는 것이다. "청함을 받은 자는 많되 택함을 입은 자는 적으니라"(마 22:14). 이 소명은 인간들에게 그들이 구원을 위해 무엇을 해야 하는지를 보여주고, 따라서 그들은 불순종한 경우에 핑계할 수가 없다.

(2) 내적 소명. 이것은 하나님이 은혜를 제공하면서 은혜를 역사하시

는 것이다. 이 소명에 의해 마음은 거듭나고, 의지는 그리스도를 붙잡도록 유효하게 인도된다. 외적 소명은 사람들을 그리스도에 대한 고백으로 이끌지만, 내적 소명은 그리스도를 소유하도록 이끈다.

이 유효한 소명의 수단은 무엇인가?

모든 피조물은 우리를 부르시는 한 목소리를 갖고 있다. 하늘은 우리에게 하나님의 영광을 바라보도록 요청한다(시 19:1). 양심은 우리를 부른다. 하나님의 심판은 우리로 하여금 회개하도록 촉구한다. "너희는 매를 순히 받고 그것을 정하신 자를 순종할지니라"(미 6:9). 그러나 이러한 모든 목소리만으로는 회심이 불가능하다. 우리의 유효한 소명의 수단에는 두 가지가 있다:

(1) 인간들의 귀에 하나님의 은나팔 소리가 되는 "말씀의 선포." 하나님은 신탁을 통해 말씀하시지 않고, 자신의 사자들을 통해 부르신다. 사무엘은 자신을 부르신 목소리가 단지 엘리의 목소리인 것으로 착각하였다. 그러나 그것은 하나님의 음성이었다(삼상 3:6). 마찬가지로 아마 여러분 역시 여러분에게 말씀을 전하는 것은 단지 그 전하는 자의 말일 뿐이라고 생각할지 모르지만, 말씀하시는 분은 엄연히 하나님 자신이시다. 그러므로 그리스도는 하늘로 좇아 우리에게 경고하신 분으로 말해진다(히 12:25). 그분은 자신의 사자들을 통해서 어떻게 말씀하시는가? 왕이 자신의 특사를 파견하여 말하는 것처럼 말씀하신다. 모든 설교를 통해 하나님은 여러분을 부르시고, 우리에게 주어지는 메시지를 거부하는 것은 하나님 자신을 거부하는 것이라는 사실을 명심하자.

(2) 우리의 유효한 소명의 또 하나의 수단은 성령이시다. 말씀의 사역자는 피리 아니면 오르간이다. 그 안에 불어넣어진 하나님의 영이 인간들의 마음을 유효하게 변화시킨다. "베드로가 이 말 할 때에 성령이 말씀 듣는 모든 사람에게 내려오시니"(행 10:44). 사자들은 인간들의 마음의 문을 두드리고, 성령은 열쇠를 가지고 오셔서 그 문을 여신다. "루디아라 하는 한 여자가 들었는데 주께서 그 마음을 열어 바울의 말을 청종하게 하신지

라"(행 16:14).

하나님은 인간들을 어디로부터 부르시는가?

(1) 하나님은 죄로부터 사람들을 부르신다. 그분은 그들을 무지와 불신으로부터 부르신다(벧전 1:14). 본성상 우리의 이성은 흑암으로 둘러싸여 있다. 마치 지하감옥으로부터 햇빛을 볼 수 있도록 끌어올려지는 것처럼, 하나님은 사람들을 '어둠에서 빛으로' 부르신다(엡 5:8).

(2) 하나님은 위험으로부터 사람들을 부르신다. 소돔이 불로 멸망당할 지경이 되었을 때, 천사가 롯을 그곳으로부터 불러냈던 것처럼, 하나님은 그의 백성들을 지옥의 불과 유황으로부터 그리고 그들이 받았던 모든 저주로부터 부르신다.

(3) 하나님은 세상으로부터 사람들을 부르신다. 그리스도는 마태를 세관으로부터 부르셨다. "저희도 세상에 속하지 아니하였삽나이다"(요 17:16). 하나님에게 부르심을 받은 자들은 이 세상의 원주민들이 아니고, 순례자들이다. 그들은 세상에 순응하지 않고, 또 그 죄악의 풍습들도 따르지 않는다. 그들은 세상에 속해 있지 않다. 그들은 이 세상에서 살고 있기는 하지만, 하늘 나라와 거래하는 자들이다. 세상은 사탄의 위가 있는 곳이다(계 2:13). 세상은 매일 죄가 연기하는 무대이다. 그렇다면 부르심을 받은 자들은 세상 속에 있지만, 세상에 속해 있는 자들이 아니다.

하나님은 인간들을 어디로 부르시는가?

(1) 하나님은 사람들을 거룩으로 부르신다. "하나님이 우리를 부르심은 부정케 하심이 아니요 거룩케 하심이니"(살전 4:7). 거룩은 경건한 자들이 입거나 다는 제복 또는 훈장이다. Knam kodsheca[주의 거룩한 백성](사 63:18). 하나님의 부르심을 받은 자들은 성령의 성결케하는 기름을 부음받는다. "너희는 거룩하신 자에게서 기름 부음을 받고"(요일 2:20).

(2) 하나님은 사람들을 영광으로 부르신다. 그것은 마치 인간을 보좌위에 앉히기 위해 감옥으로부터 불러내는 것과 같다. "이는 너희를 부르사

자기 나라와 영광에 이르게 하시는 하나님께 합당히 행하게 하려 함이니라"(살전 2:12). 하나님은 지극히 크고 영원한 영광의 중한 것을 우리에게 이루시기 위해 우리를 부르시는 분이시다(고후 4:17). 영광에 해당하는 히브리어 단어 카봇(Kabod)은 폰두스(pondus) 즉 무게(weight)를 의미한다. 영광이 무거울수록 그 가치도 더해진다. 더 무거운 금이 더 큰 가치를 갖는 법이다. 이 영광은 일시적인 것이 아니라 영원한 것 곧 영원한 무게를 지닌 것이다. 그것은 표현된 것보다 훨씬 더 큰 느낌을 준다.

유효한 소명의 원인은 무엇인가?

유효한 소명의 원인은 하나님의 선택하시는 사랑이다. "미리 정하신 그들을 또한 부르시고"(롬 8:30). 선택이 우리의 소명의 원천이다. 그것은 어떤 사람들이 다른 사람들보다 천국의 부르심에 참여할 가치가 더 있기 때문이 아니다. 그 이유는 우리는 "모두 피투성이 속에" 있기 때문이다(겔 16:6). 우리 안에 가치있는 것이 무엇인가? 일곱 귀신이 쫓겨남을 당한 막달라 마리아 안에 무슨 가치있는 것이 있었는가? 하나님이 자신의 복음을 통해 고린도 사람들을 부르시기 시작했을 때, 그들에게 어떤 가치가 있었는가? 그들은 간음자들이요, 허약한 자들이요, 우상숭배자들이었다. "너희 중에 이와 같은 자들이 있더니 … 의롭다 하심을 얻었느니라"(고전 6:11). 유효한 소명이 있기 전에 우리는 단지 '연약했을'(롬 5:6) 뿐 아니라 '원수들'(골 1:21)이었다. 이와 같이 소명의 원천은 선택이다.

이 소명의 특징은 무엇인가?

(1) 그것은 능력있는 부르심이다. Verba Dei sunt opera[하나님의 말씀은 활동(works)이다](루터). 하나님은 죄인을 자신에게 부르시는데 있어서 무한한 권능을 행사하신다. 그분은 자신의 음성을 토하실 뿐 아니라 그의 팔을 펼치신다. 사도는 하나님이 믿는 자들에게 베푸시는 그 권능의 지극히 크심에 관해 말한다(엡 1:19). 하나님은 그의 복음의 마차 안에서 정복하시는데 박차를 가하고 있다. 그분은 마음의 교만을 정복하시고, 요새처럼

완고하게 서있는 의지가 그분의 은혜에 대해 복종하게 하사 무릎을 꿇게 하신다. 그분은 돌같은 마음을 애통하게 하신다.

오, 얼마나 강력한 부르심인가! 그렇다면 왜 알미니우스주의자들은 하나님은 죄인의 회심 속에서 단지 도덕적으로 설득하는 것 이상을 행하시지 않는다는 도덕적 설복에 관해 말하는 것처럼 보이는가? 인간들 앞에 두신 그분의 약속들은 그들을 선으로 유도하고, 그분의 위협들은 그들을 악을 자제하도록 유도한다는 것, 그것이 그분이 하시는 일의 전부인가? 그러나 확실히 도덕적 설복만으로는 유효한 부르심을 불충분하게 한다. 겨우 약속과 위협을 제공하는 것으로 어떻게 영혼을 변화시킬 수 있을까? 이것은 새로운 창조도 아니고 그리스도를 죽은 자로부터 부활시킨 능력도 아니다. 하나님은 설득하실 뿐 아니라 행하시기도 한다(겔 36:27).

만일 하나님이 회심에 있어서 단지 도덕적으로만 설득하신다면, 즉 인간들 앞에 선과 악만을 두신다면, 마귀가 사람들을 파멸시키는데 있어서 행하는 것보다 못한 능력을 그들을 구원하는데 있어서 갖고 있는 것이다. 사탄은 단순히 인간들에게 유혹의 대상들을 제시할 뿐 아니라 그의 유혹들에 동조시킨다. 그러므로 그는 "불순종의 아들들 가운데서 역사하는" 것으로 말해진다(엡 2:2). 역사한다는 말에 해당하는 헬라어 단어는, 임페리빔(imperii vim) 곧 사탄이 사람들을 죄로 이끄는데 있어서 가지는 능력을 의미한다. 그러면 사탄이 유혹하는데 있어서 가지는 능력보다 하나님이 회심시키는데 있어서 가지는 능력이 못하단 말인가? 유효적 소명은 엄청나고 강력하다. 하나님은 신적 에너지, 아니 일종의 전능을 사용하신다. 그것은 인간의 의지가 유효적으로 저항할 능력이 없을 정도로 강력한 소명이다.

(2) 그것은 고상한 소명이다. "하나님이 위에서 부르신 부름의 상을 위하여 좇아가노라"(빌 3:14). 그것은 다음과 같은 이유에서 고상한 부르심이다. (i) 우리가 위에서 부르신 종교의 일들 곧 세상에 대해서는 십자가에 못박히고, 믿음으로 살며, 천사의 일을 하고, 하나님을 사랑하고, 살아있는 그분의 찬미의 악기가 되며, 아버지와 아들과 함께 사귐이 있게 하는

(요일 1:3) 것들을 실천하도록 부르심을 받았기 때문이다. (ii) 그것은 우리가 고귀한 특권들 곧 칭의와 양자됨, 그리고 하나님에 대해 왕과 제사장이 되는 부르심을 받았기 때문에 고상한 소명이다. 우리는 천사들과 사귀는 자들, 그리스도와 동등한 후사로 부르심을 받는다(히 12:22; 롬 8:17). 유효적으로 부르심을 받은 자들은 천국의 참여자가 되며, 온 세계의 군왕이 된다(시 45:16).

(3) 그것은 불변의 소명이다. "하나님의 은사와 부르심에는 후회하심이 없느니라"(롬 11:29). 즉 선택(소명과 칭의와 같은)으로부터 나오는 은사들은 후회하심이 없다. 하나님은 사울을 왕으로 부르셨음을 후회하셨다. 하지만 그분은 결코 죄인을 성도로 부르시는 것에 대해서는 후회하시지 않는다.

적용 1: 유효적 소명의 필연성을 주목하라. 인간은 그것 없이는 천국에 들어갈 수 없다. 첫째로 우리는 우리가 영화롭게 되기 이전에 부르심을 받아야 한다(롬 8:30). 부르심을 받지 못한 인간은 성경 속에서 위협 외에는 아무 것도 발견할 수 없다. 자연의 상태 속에 있는 인간은 천국에 합당하지 않고, 단지 더러움과 누더기를 걸치고 있는 인간은 왕의 임재 앞에 나아오기에는 적합하지 않다. 자연 상태 속에 있는 인간은 하나님이 미워하시는 자이다. 그런데 어떻게 그가 천국에 합당하겠는가(롬 1:30)? 하나님이 그의 품 안에 원수를 두시겠는가?

적용 2: 우리가 유효하게 부르심을 받았는지를 가리는 시험에 대해. 우리는 이것을 그 이전 단계와 이후 단계를 통해 알 수 있다.

(1) 이전 단계를 통해. 이 유효적 소명 이전에 겸손케하는 사역이 있어서 영혼을 낮아지게 한다. 인간은 죄를 확신하고, 자신이 죄인임을, 오직 죄인임을 확인한다. 그의 마음의 개간되지 않은 땅은 파헤쳐진다(렘 4:3). 농부가 흙을 갈고, 씨를 뿌리는 것처럼, 하나님은 율법의 설복 작업을 통해 죄인의 마음을 갈고, 그것이 은혜의 씨를 받아들이기에 적합하도록 만든다.

결코 죄를 자각하지 못한 자들은 부르심을 받지 못한다. "그가 와서 죄에 대하여 의에 대하여 심판에 대하여 세상을 책망하시리라"(요 16:8). 죄의 자각이 회심의 첫번째 단계이다.

(2) 이후 단계를 통해. 여기에는 두 가지가 있다. (i) 구원으로 부르심을 받은 사람은 하나님의 부르심에 응답한다. 하나님이 사무엘을 부르셨을 때, 그는 "말씀하옵소서 주의 종이 듣겠나이다"(삼상 3:10)라고 응답하였다. 하나님이 그대를 종교행위를 하도록 부르셨을 때, 그대는 하나님의 부르심에 응답하는가? "하늘에서 보이신 것을 내가 거스르지 아니하고"(행 26:19). 만일 하나님이 육과 혈에 반대되는 의무를 요청하신다면, 우리는 모든 일에 있어서 그분의 목소리에 순종할 일이다. 참된 순종은 자석이 이끄는 대로 지점을 가리키는 바늘과 같다. 하나님의 부르심에 귀가 먹은 사람들은 그들이 은혜로 말미암아 부르심을 받지 못했다는 것을 보여준다. (ii) 유효적으로 부르심을 받은 사람은 자신을 하나님으로부터 차단시키는 모든 다른 소명에 대해서는 귀를 막는다. 하나님이 자신의 소명을 가지시는 것처럼, 그와 대립하는 반대 소명이 있다. 사탄은 유혹을 통해 정욕을 부르고, 악한 친구를 부른다. 그러나 살모사가 마법사의 목소리에 자기 귀를 막는 것처럼, 유효적으로 부르심을 받은 자는 육신과 마귀의 모든 유혹의 목소리에 대해 자기 귀를 막는다.

적용 3: 하나님의 부르심을 받은 사람들에게 미치는 위로에 대해. 이 부르심은 선택의 증거이다. "미리 정하신 그들을 또한 부르시고"(롬 8:30). 선택이 우리의 소명의 원인이고, 소명은 우리의 선택의 증거이다. 선택은 구원의 순서의 첫번째 연결고리이고, 소명이 두번째 연결고리이다. 그 순서의 두번째 연결고리를 갖고 있는 사람은 첫번째 연결고리에 대해서 확신하고 있다. 강줄기를 통해 우리가 그 샘으로 인도되는 것처럼, 소명을 통해 우리는 선택까지 거슬러 올라간다. 소명은 영광의 전조이자 보증이다. "하나님이 처음부터 너희를 택하사 성령의 거룩하게 하심과 진리를 믿음으로 구원을 얻게 하심이니"(살후 2:13). 우리는 우리의 마음의 은혜의 사역 속에서 하나님의 예정된 사랑을 읽을 수 있다.

적용 4: 부르심을 받은 자들은 말로 다할 수 없는 그 축복에 대해 하나님께 감사해야 한다. 삼위일체의 모든 위격들에 대해, 곧 성부의 자비에 대해, 성자의 공로에 대해, 그리고 성령의 효력에 대해 감사하자. 여러분은 하나님에 대해 범죄할 때, 그분이 여러분을 부르셨다는 사실을 생각하고 감사하라. 하나님은 여러분을 필요로 하지 않으시지만, 무수한 영광의 성도들과 천사들이 하나님을 찬양할 때, 그분이 여러분을 부르셨음을 생각하고 감사하라. 하나님이 여러분을 부르시기 전에 여러분의 상태를 유념하라. 여러분은 죄 가운데 있었다. 하나님이 바울을 부르셨을 때, 그분은 그가 자신을 박해한 것을 알고 계셨다. 그분이 마태를 부르셨을 때, 그분은 그가 세관에 있음을 알고 계셨다. 하나님이 삭개오를 부르셨을 때, 그분은 그가 착취자라는 것을 알고 계셨다.

하나님이 사람을 그의 은혜로 말미암아 부르실 때, 그분은 그가 자기 정욕을 따라 산 것을 알고 계신다. 사울이 천국으로 부르심을 받았을 때처럼, 그분은 죄인들을 찾고 계셨다. 하나님이, 여러분이 열렬하게 죄를 추구하고 있을 때 여러분을 부르신 것으로 말미암아 그분을 경배하고, 찬양을 돌려라. 다시 말해 하나님이 여러분을 부르시고, 다른 사람들을 간과하신 것이 얼마나 엄청난 자비인가! "옳소이다 이렇게 된 것이 아버지의 뜻이니이다"(마 11:26).

하나님이 지혜롭고 고귀한 사람들, 온화한 성품을 가진 사람들, 탁월한 재능을 소유한 사람들, 미덕을 갖춘 사람들을 간과하시고, 하필이면 그대에게 자유로운 은혜의 분깃이 임했다는 것 — 오, 이것은 얼마나 놀라운 하나님의 사랑인가! 하나님이 이스라엘의 제사장이자 사사였던 엘리는 간과하시고, 사무엘을 부르시고, 그의 마음 속에 자신을 계시하신 것이 사무엘에게는 얼마나 커다란 은혜였을까(삼상 3:6)! 마찬가지로 하나님이 흉악한 죄인인 그대를 부르시고, 고귀한 가문을 가진 사람들과 고상한 도덕자들을 간과하신 것을 큰 목소리로 찬양하라. 하나님이 어떤 곳에는 비를 내리시고, 또 어떤 곳에는 비를 내리지 않으실 정도로 구름을 지배하시는 것처럼, 주님은 어떤 설교에서 어떤 사람의 마음을 여시고, 또 다른 사람에게는 음악과 같이 귀먹은 사람보다도 더 아무런 감동을 주시지 않는다. 아무 대가 없는 자유 은혜의 기치가 여기서 보이고, 따라서 여기서 찬양의 깃발이 세워져야 한다.

엘리야와 엘리사가 함께 길을 가고 있었다. 갑자기 불마차가 내려와서 엘리야를 하늘로 올리우고, 엘리사만 남겨 놓았다. 이와 마찬가지로 두 사람 곧 남편과 아내, 아버지와 아들이 동행하고 있을 때, 하나님이 그의 은혜로 말미암아 한 사람은 부르시고, 한 사람은 그대로 남겨두심으로써, 한 사람은 승리의 마차를 타고 하늘로 올리우고, 다른 사람은 영원히 멸망할 것이다 — 오, 얼마나 무한한 은혜인가! 부르심을 받은 사람들은 하나님의 차별적인 사랑에 얼마나 감동을 받아야 할까! 자비의 그릇들은 얼마나 감사로 넘쳐야 할까! 그들은 그리심산 위에 서서 얼마나 하나님을 기념하고, 찬양해야 할까! 오, 여기서 하늘의 사역을 시작하라. 자비의 귀감이 되는 자들은 찬양의 나팔수들이 되어야 한다. 이같이 하나님의 부르심을 받고, 그가 자유로운 은혜에 대해 얼마나 빚진 자인가를 깨달은 바울은 찬양과 감사로 넘쳐흘렀다(딤전 1:12).

적용 5: 부르심을 받은 자들에게. 여러분의 고귀한 부르심에 합당하게 걸으라. "그러므로 주 안에서 갇힌 내가 너희를 권하노니 너희가 부르심을 입은 부름에 합당하게 행하여"(엡 4:1). 여기에는 두 가지 사실이 담겨있다:

(1) 사랑을 가지고 걸으라. 아직 부르심을 받지 못한 자들을 불쌍히 여겨라. 그대는 하나님이 아직 부르시지 않은 자녀, 아내, 하인이 있는가? 그들의 죽은 영혼을 위해 슬퍼하라. 그들은 "사탄의 권세 아래" 있는 육체 아래 있다. 오, 그들을 불쌍히 여겨라! 그들의 죄가 그대 자신의 고통보다 그대를 더 괴롭게 해야 한다. 만일 그대가 소나 나귀를 불쌍히 여긴다면, 그대는 한 영혼이 길을 잃은 것을 불쌍히 여기지 않겠는가? 그대의 동정을

통해 그대의 경건성을 입증하라.

(2) 거룩하게 걸으라. 그대의 부르심은 거룩하신 부르심이다(딤후 1:9). 그대는 성도로 부르심을 입었다(롬 1:7). 성경적 행실을 통해 그대의 부르심을 증거하라. 꽃이 잡초보다 더 감미로운 냄새를 풍겨서는 안되는가? 은혜로 덧입혀진 사람들은 그들의 삶 속에서 죄인들보다 더 향기를 풍겨서는 안되는가? "오직 너희를 부르신 거룩한 자처럼 너희도 모든 행실에 거룩한 자가 되라"(벧전 1:15). 오, 어떤 불결한 태도로 말미암아 그대의 고귀한 부르심을 더럽히지 말라! 안티고누스가 여자로 더럽혀질 지경에 이르자 어떤 사람이 그에게 말하기를 "그대는 왕의 아들이라"고 말해주었다. 오, 그대의 존엄성을 상기하라. 그대는 하늘의 왕족으로 "하나님의 부르심을 받은 자이다. 그대의 영예로운 소명에 합당치 못한 일은 조금도 하지 말라. 스키피오는 자신이 군대의 사령관이었기 때문에 창녀의 애무를 거부하였다. 그대의 고귀한 소명으로 말미암아 죄에 대한 모든 운동들을 미워하라. 다른 사람들처럼 하는 것이 하나님의 부르심을 받은 사람들에게는 적합하지 않다. 다른 유대인들은 포도주를 마실 수 있었지만, 나실인에게는 그것이 합당치 않았다. 왜냐하면 그는 구별을 서약하고, 금주를 약속했기 때문이다. 이방인들과 이름만 그리스도인인 사람들은 죄에 대해 자유롭지만, 세상으로부터 불러냄을 받아 그들 위에 선택의 표지를 갖고 있는 사람들은 그렇게 하는 것이 합당하지 못하다. 여러분은 성별된 사람들이고, 여러분의 몸은 성령의 전이며, 따라서 여러분의 몸은 성소 또는 지성소가 되어야 한다.

3. 칭 의

"하나님의 은혜로 값없이 의롭다 하심을
얻은 자 되었느니라" — 롬 3:24

질문 33: 칭의란 무엇입니까?

답변: 그것은 하나님께서 우리의 모든 죄를 용서하시고, 오직 믿음을 통해 우리에게 전가되고, 받아들여진 그리스도의 의로 말미암아 우리를 그분의 보시기에 의로운 자로 인정하시는 하나님의 자유로운 은혜의 행위입니다.

칭의는 기독교의 진정한 주춧돌이자 중심기둥이다. 칭의에 관한 오류는 기초를 좀먹는 좀처럼 위험한 것이다. 그리스도로 말미암은 칭의는 생수의 원천이다. 교리를 타락시키는 독이 이 원천 속에 들어있다는 것은 끔찍한 일이다. "자신의 사후에 칭의론이 부패할 것이라"고 말한 이는 루터였다. 그 이후에 알미니우스주의자들과 소키누스주의자들은 이 보배로운 약상자에 죽은 파리를 던져넣었다.

나는 이 신비한 요점을 통해 성경의 별이 나를 비추도록 하는데 애를 쓸 것이다.

1. 칭의란 무엇을 의미하는가?

그것은 verbum forense 즉 법정에서 빌려온 법률용어로서, 고소받은 사람이 무죄로 선언되고, 공개적으로 사면받는다는 의미를 갖고 있다. 사람을 의롭게 하는데 있어서 하나님은 그를 의롭다고 선언하시고, 죄가 없는 것처럼 간주하신다.

칭의의 원천은 무엇인가?

칭의의 causa 즉 내적 동력 또는 근거는 하나님의 자유 은혜 즉 "그분의 은혜로 말미암아 아무 대가없이 자유롭게 의롭다 함을 받는 것"이다. 암브로스는 이것을 "우리 안에서 일어나는 은혜가 아니라 하나님의 자유로운 은혜에 속하는 것"으로 설명한다. 나머지 다른 모든 바퀴를 움직이게 하는 첫 바퀴는 하나님의 사랑과 호의이다. 이것은 왕이 자유롭게 임의로 범법자를 용서하는 것과 같다. 칭의는 자유 은혜의 사랑으로부터 파생된 자비가 원천이다. 하나님은 우리가 가치가 있기 때문에 의롭게 하시는 것이 아니고, 우리를 가치있게 하시려고 의롭게 하신다.

죄인이 의롭게 되는 근거는 무엇인가?

우리의 칭의의 근거는 그리스도께서 자신의 아버지에 대해 만족시킨 대속이다. 만일 대속이 요구된다면, 우리가 죄책이 있을 때, 우리를 무죄하다고 선언하는 것이 어떻게 하나님의 공의 및 거룩과 양립할 수 있는가? 그 답변은 하나님은 우리의 죄에 대해 대속을 이루신 그리스도를 보시고 공평하고 공의롭게 우리를 의롭다고 선언하실 수 있다는 것이다. 보증에 의해 변제가 이루어지면, 채권자가 채무자의 빚을 탕감해주는 것은 정당한 일이다.

그러나 그리스도의 대속은 어떻게 공로적이었으며, 그것으로 의롭게 하기에 충분한가?

신성과 관련하여 그렇다. 그분은 사람이셨기 때문에 고난을 받으시고, 하나님이셨기 때문에 대속을 이루셨다. 그리스도의 죽음과 공로를 통해 하나님의 공의는 우리가 영원히 지옥의 고통을 받는 것 이상으로 아주 충분하게 만족되었다.

우리의 칭의의 방법은 어디에 있는가?

우리의 칭의의 방법은 그리스도의 의가 우리에게 전가된다는데 있다. "그 이름은 여호와 우리의 의(Jehovah Tzidkennu)라 일컬음을 받으리라"(렘 23:6). "예수는 우리에게 의로움이 되셨으니"(고전 1:30). 우리를 의롭게 하는 이 그리스도의 의는 천사의 의보다 훨씬 나은 의이다. 그 까닭은 천사들의 의는 피조물의 의지만, 이것은 하나님의 의이기 때문이다.

우리의 칭의의 수단 또는 기구는 무엇인가?

우리의 칭의의 수단은 믿음이다. "우리가 믿음으로 의롭다 하심을 얻었은즉"(롬 5:1). 그 존귀성은 그것이 은혜로서 거저 주어진 믿음 속에 있다는데 있는 것이 아니라 상대적으로 그것이 그리스도의 공로에 근거하기 때문에 믿음 속에 있다는데 있다.

우리의 칭의의 유효적 원인은 무엇인가?

우리의 칭의의 유효적 원인은 삼위일체 하나님이시다. 복된 삼위일체 하나님의 위격들 전부가 죄인을 의롭게 하시는 손을 갖고 있다: Opera Trinitatis ad extra sunt indivisa[삼위일체 하나님의 초월적인 역사는 불가분리적이다]. 성부 하나님이 의롭게 하시는 분으로 선언된다. "의롭다 하신 이는 하나님이시니"(롬 8:33). 성자 하나님이 의롭게 하시는 분으로 말해진다. "이 사람을 힘입어 믿는 자마다 의롭다 하심을 얻는 이것이라"(행 13:39). 성령 하나님이 의롭게 하시는 분으로 언급된다. "우리 하나님의 성령 안에서 의롭다 하심을 얻었느니라"(고전 6:11). 성부 하나님은 우리에게 의를 선언하심으로써 우리를 의롭게 하신다. 성자 하나님은 자신의 의를 우리에게 전가시킴으로써 우리를 의롭게 하신다. 성령 하나님은 우리의 의를 정화시키고, 구속의 날까지 인치심으로써 우리를 의롭게 하신다.

우리의 칭의의 결국은 무엇인가?

우리의 칭의의 결국은 다음과 같다: (1) 하나님이 찬양을 받으시는 것. "그의 은혜의 영광을 찬미하게 하려는 것이라"(엡 1:6). 이 결과 하나님은 자기 자신의 영예의 영원무궁한 깃발을 세우신다. 의롭다 함을 받은 죄인은 얼마나 하나님의 사랑을 선언하고, 천국이 그분에 대한 찬양으로 울려퍼지게 할까!

(2) 의롭다 함을 받은 사람이 영광을 상속받는 것. "의롭다 하신 그들을 또한 영화롭게 하셨느니라"(롬 8:30). 의롭게 하시는 하나님은 영혼의 죄책을 면하실 뿐 아니라 그를 영광의 자리로 끌어올리신다. 이것은 마치 요셉이 감옥으로부터 풀려났을 뿐 아니라 그 나라의 지배자가 된 것과 같다. 칭의는 영화로 관이 씌워진다.

우리는 영원 전부터 의롭다 함을 받는가?

우리는 영원 전부터 의롭다 함을 받는 것이 아니다. 왜냐하면 (1) 본질상 우리는 정죄의 심판 아래 있기 때문이다(요 3:18). 우리가 만일 영원 전부터 의롭다 함을 받았다면, 결코 정죄도 없어야 했을 것이다.

(2) 성경은 믿고 회개하는 사람들에게 칭의를 보장하기 때문이다. "너희가 회개하고 돌이켜 너희 죄 없이 함을 받으라"(행 3:19). 그러므로 그들이 회개할 때까지는 그들의 죄는 제거되지 아니하고, 그들의 인격은 의롭다 함을 받지 못한다. 하나님이 우리의 회개 때문에 우리를 의롭게 하시는 것이 아니지만, 회개가 없으면 그것은 불가능하다. 율법폐기론자들은 우리는 영원 전부터 의롭다 함을 받았다고 잘못 주장한다. 이 교리는 모든 오류의 문을 열게 하는 열쇠이다. 그들이 회개와는 상관없이 영원 전부터(ab eterno) 의롭다 함을 받는다면, 그들이 범하지 않기 위해 조심하는 죄가 어디에 있겠는가?

Ⅱ. 그 적용에 대해 말하기 전에, 나는 칭의에 관한 4가지 원칙 또는 입장을 밝히고자 한다.

[1] 칭의는 의롭다 함을 받은 사람에게 실제적인 유익을 제공한다. 보증인을 통해 이루어진 보상으로 말미암아 채무자의 빚이 탕감되고, 변제되는 것은 채무자에게 주어지는 실제적인 유익이다. 의의 옷과 의의 면류관은 실제적인 유익들이다.

[2] 모든 신자들은 똑같이 의롭다 함을 받는다: Justificatio non recipit magis et minus[칭의는 어떤 사람들에게 적용된 것 이상으로 다른 사람에게 적용되지 않는다]. 은혜의 정도는 차이가 있지만, 칭의의 정도에는 차이가 없다. 어떤 사람이 다른 사람보다 더 많이 의롭다 함을 받는 것이 절대로 아니다. 가장 연약한 신자도 가장 강한 신자와 똑같이 완전하게 의롭다 함을 받는다. 막달라 마리아는 동정녀 마리아와 똑같이 의롭다 함을 받았다. 이것은 연약한 신자에게 힘이 될 수 있다. 여러분이 단지 한 드라크마의 믿음밖엔 없다고 하더라도, 그리스도 안에서 최고의 지위를 차지하는 사람과 똑같이 진실로 의롭다 함을 받는다.

[3] 하나님이 의롭다 하는 자는 누구나 하나님이 거룩하게 하신다. "씻음과 거룩함과 의롭다 하심을 얻었느니라"(고전 6:11). 교황주의자들은 개신교도들을 혹평한다. 그들은 죄 안에 계속 거하는 사람들이 의롭게 된다고 주장한다. 반면에 모든 우리 개신교 신학자들은 칭의로 말미암아 전가된 의와 성화로 말미암아 주어진 의는 불가분리적으로 연합되어 있다고 주장한다. 참으로 거룩은 우리 칭의의 원인이 아니고, 그 동반자이다. 하나님이 백성들을 의롭게 하시면서 그들을 여전히 죄 가운데 두신다고 상상하는 것은 불합리하다. 만일 하나님이 백성들을 의롭게 하시고, 그들을 거룩하게 하시지 못한다면, 그분은 자신이 영화롭게 하실 수 없는 사람들을 의롭게 하신 것이 된다. 거룩하신 하나님은 죄인을 자신의 품 속에 두실 수 없다. 금속은 왕의 각인이 그 위에 찍히기 전에 먼저 제련되는 법이다. 마찬가지로 영혼은 하나님이 그 위에 칭의의 직인을 찍으시기 전에 먼저 거룩으로 정화된다.

[4] 칭의는 inamissibilis 즉 상실될 수 없는 것이다. 그것은 고정되어 있는 영원한 사실로서, 결코 상실될 수 없다. 알미니우스주의자들은 칭의로부터 벗어날 수 있다고 주장한다. 그들에 의하면, 오늘 의롭다 함을 받은 사람이 내일은 의롭지 못할 수 있다. 오늘 베드로가 내일 유다가 된다. 오늘 그리스도의 지체가 내일 사탄의 수족이 된다. 이것은 가장 불합리한 교리이다. 의롭다 함을 받은 사람은 은혜의 정도에서 떨어지고, 그들의 첫 사랑을 잃어버리고, 한동안 하나님의 사랑을 상실할 수는 있지만, 그들의 칭의를 잃어버리지는 않는다. 만일 그들이 의롭다 함을 받는다면, 그들은 택함받은 것이다. 그러므로 그들은 그들의 선택만큼 그들의 칭의 역시 떨어질 수 없다. 만일 그들이 의롭다 함을 받는다면, 그들은 그리스도와 연합하는 것이다. 그런데 어떻게 그리스도의 지체를 잘라낼 수 있는가? 만일 어떤 의롭다 함을 받은 사람이 그리스도로부터 떨어질 수 있다면, 모든 사람이 다 그렇게 될 것이다. 그렇게 되면 그리스도는 몸 없는 머리가 되어버릴 것이다.

적용 1: 여기서 우리 안에는 우리를 의롭게 할 수 있는 것이 전혀 없고, 우리 밖에 있는 어떤 것이 우리를 의롭게 한다는 사실을 주목하자. 우리 안에 의가 있다면 그것은 내재적인 것이 아니고, 전부 전가된 것이다. 우리는 땅에서 별을 바라보는 것만큼 우리의 의 속에서 칭의를 바라보는 것은 멀다고 볼 수 있다. 교황주의자들은 우리는 행위로 의롭게 된다고 말한다. 하지만 바울 사도는 그것을 논박한다. 왜냐하면 그는 "행위에서 난 것이 아니니 이는 누구든지 자랑치 못하게 함이니라"(엡 2:9)고 말하기 때문이다. 교황주의자들은 "거듭나지 않은 인간에 의해 행해진 행위는 참으로 그를 의롭게 할 수 없지만, 거듭난 사람에 의해 행해진 행위는 그를 의롭게 할 수 있다"고 말한다. 이것은 사례와 이성 양자 모두에 의해 입증되고 있는 것처럼, 정말 거짓이다.

(1) 사례에 의한 입증. 아브라함은 거듭난 사람이었다. 그러나 아브라함은 행위로 의롭다 함을 얻은 것이 아니라 믿음으로 의롭다 함을 얻었다.

"아브라함이 하나님을 믿으매 이것이 저에게 의로 여기신 바 되었느니라" (롬 4:3).

(2) 이성에 의한 입증. 우리를 더럽히는 행위들이 어떻게 우리를 의롭게 할 수 있는가? "우리의 의는 다 더러운 옷 같으며"(사 64:6). Bona opera non praecedunt justificationem, sed sequuntur justificatum[선행은 칭의 앞에서 가는 안내자가 아니라 그것을 뒤따르는 시녀이다].

그러나 야고보 사도는 아브라함은 행함으로 의롭다 함을 받았다고 말하지 않는가?

그 답변은 쉽다. 행위는 사람들 앞에서 우리가 의롭다 함을 받은 것을 선언하지만, 그것이 하나님 앞에서 우리를 의롭게 만드는 것은 아니다. 행위는 우리의 칭의의 증거이지 원인은 아니다. 우리의 대제사장이신 그리스도의 금흉패 위에 새겨진 유일한 이름은 '우리의 의이신 주'여야 한다.

적용 2: 권면에 대해. (1) '풍성한 은혜와 보배로운 피'로 말미암아 우리를 의롭게 하시는 길을 허락하신 하나님의 무한하신 지혜와 선하심을 찬양하라. 우리 모두는 죄책에 깊이 연루되어 있었다. 우리들 중 어느 누구도 죄책이 없다고 변명할 수 없다. 죄책으로 말미암아 우리는 사망의 형벌 아래 놓여있다. 심판자 자신이 우리를 의롭게 하시는 길을 알려주시고, 채권자 자신이 그 빚을 청산하고 채무자를 괴롭히지 않는 길을 계획하시기 때문에, 우리를 사랑과 경이로 가득 채우는 것이다. 천사들은 상실한 인간을 의롭게 하고 구원하는 이 새로운 길 속에 있는 자유 은혜의 신비를 찬양한다(벧전 1:12). 그렇다면 거의 그것에 참여하고 있고, 그 유익을 향유하는 우리가 사도와 같이 "깊도다 하나님의 지혜와 지식의 부요함이여"라고 외쳐서는 안되는가?

(2) 이 고상한 칭의의 특권을 위해 수고하라. 길르앗 산에는 향나무가 있다. 그리스도는 우리의 칭의의 대가로서 자신의 피를 흘리시고, 우리를 의롭게 하시기 위해 우리에게 자신과 자신의 모든 공로를 제공하신다. 그

분은 우리를 자신에게 나아오도록 초청하신다. 그분은 우리가 우리에게 요청되는 것을 행할 수 있도록 자신의 영을 약속하셨다. 그런데 왜 죄인들은 이 위대하신 칭의의 특권을 바라보지 못하는가? 왜 풍요 속에서 굶주리고 있는가? 왜 여러분은 구원하는 치유제가 있음에도 불구하고 멸망당하고 있는가? 용서를 위해 자신을 제공하신 그분이 자신의 잘못을 인정하고 괴로워했을 것으로는 생각되지 않고, 오히려 치유를 약속하심으로써 세상의 임금에게 용서를 해주도록 명하셨을 것이며, 그분 자신으로서는 자신의 쇠사슬과 족쇄를 사랑하고 죽지 않으셨겠는가? 그러므로 복음 안에서 그리스도에 의해 여러분에게 자유롭게 제공된 칭의를 무시하는 사람은 참으로 얼빠진 사람이다. 그리스도에 대한 사랑이 하찮은 것인가? 그대의 영혼 속에서 천국은 아무런 가치가 없는가? 오, 그렇다면 그리스도의 피를 통해 주어지는 칭의를 고대하라.

(i) 칭의의 필연성을 주목하라. 만일 의롭다 함을 받지 못한다면, 우리는 영화롭게 될 수 없다. "의롭다 하신 그들을 또한 영화롭게 하셨느니라" (롬 8:30). 법을 어긴 자, 모든 재산을 몰수당한 자는 그가 이전에 가졌던 권리와 자유를 회복하려면, 그의 임금과 먼저 화해해야 한다. 마찬가지로 우리는 하나님의 아들들의 해방을 회복하고, 아담 안에서 상실해버린 행복에 대한 권리를 획득하려면, 우리는 먼저 우리의 죄를 용서받아야 하고, 하나님과의 화목 속에 들어가야 한다.

(ii) 칭의의 유익과 이득을 주목하라. 칭의를 통해 우리는 우리의 양심의 평화를 누린다. 그것은 어떤 임금이 그의 면류관 속에 달고 있는 보석보다 더 소중한 것이다. "그러므로 우리가 믿음으로 의롭다 하심을 얻었은즉 우리 주 예수 그리스도로 말미암아 하나님으로 더불어 화평을 누리자" (롬 5:1). 평화는 우리의 모든 고통을 완화시킬 수 있는 것으로서, 우리의 물을 포도주로 만드는 것이다. 자신을 보호하는 하나님의 권능을 갖고 있고, 자신을 평안케 하는 하나님의 화평을 갖고 있는 의롭다 함을 받은 사람은 얼마나 행복한가! 칭의로부터 흘러나오는 평화는 죽음과 지옥의 공포를 막아주는 해독제이다. "의롭다 하신 이는 하나님이시니 누가 정죄하

리요"(롬 8:33,34). 그러므로 그리스도로 말미암은 이 칭의를 위해 수고하라. 이 특권은 그리스도를 믿는 믿음으로 얻어진다. "이 사람을 힘입어 믿는 자마다 의롭다 하심을 얻는 이것이라"(행 13:39). "이 예수를 하나님이 그의 피로 인하여 믿음으로 말미암는 화목제물로 세우셨으니"(롬 3:25). 믿음은 우리를 그리스도와 연합시킨다. 그분의 인격과 연합됨으로써 우리는 그분의 공로와 그분으로 말미암아 임하는 영광스러운 구원에 참여한다.

적용 3: 의롭다 함을 받은 자에 대한 위로에 대해. (1) 칭의는 범죄할 때 위로를 준다. 슬프게도, 경건한 자들은 얼마나 흠이 많은가! 그들은 의무를 다 준행하지 못한다. 그러나 신자들은 자신들의 범죄로 말미암아 겸손해져야 하지만, 그렇다고 절망해서는 안된다. 그들은 그들의 의무나 은총으로 말미암아서가 아니라 그리스도의 의로 말미암아 의롭다 함을 받는다. 그들의 의무는 죄로 섞여있지만, 그들을 의롭게 하는 의는 완전한 의이기 때문이다.

(2) 칭의는 악의에 찬 비난에 대해서 위로를 준다. 세상은 하나님의 백성들이 교만하고, 위선적이라고 비난한다. 세상은 이스라엘을 괴롭게 한다. 그러나 사람들이 경건한 자들을 아무리 비난하고 정죄한다고 할지라도 하나님은 그들을 의롭게 하시고, 그분이 지금 그들을 의롭게 하신 것처럼 심판날에도 그들을 공개적으로 의롭게 하시고, 사람들과 천사들 앞에서 그들을 의인으로 선포하실 것이다. 하나님은 의롭고 거룩하신 심판자로서, 이전에 의롭게 하신 그의 백성들을 절대로 정죄하지 않으실 것이다. 빌라도는 의롭게 하시는 그리스도에 대해 "나는 그에게 아무 잘못이 없다"고 말하였지만, 그후 그는 그분을 정죄하였다. 그러나 공적으로 그의 성도들을 의롭게 하시는 하나님은 그들을 절대로 정죄하지 않으실 것이다. 왜냐하면 그분은 "의롭다 하신 그들을 또한 영화롭게 하시기" 때문이다.

4. 양자됨

"영접하는 자 곧 그 이름을 믿는 자들에게는
하나님의 자녀가 되는 권세를 주셨으니" — 요 1:12

믿음과 칭의라는 대요점을 살펴본 다음에 이제 우리는 양자됨이라는 요점에 이르렀다.

하나님의 아들이 되는 자격은 "그리스도를 영접하는 것"이다. 영접하는 것은 윗 본문의 마지막 부분에서 분명해지는 것처럼, 믿음이 "그 이름을 믿는 자들에게" 주어지는 것이다. 이 특권의 내용은 "하나님의 아들이 되는 권세가 주어진다"는 것이다. 권세에 해당하는 헬라어 단어 엑수시아(exousia)는 존엄과 특권을 의미한다. 그분은 그들을 하나님의 아들들로 존엄케 하셨다.

우리의 아들됨은 그리스도의 아들됨과는 다르다. 그분은 영원 전부터 하나님의 아들이셨다. 즉 그분은 시간 이전에도 아들이셨다. 그러나 우리의 아들됨은 (1) 창조에 의해 주어진 것이다. "우리가 그의 소생이라 하니"(행 17:28). 이것은 특권이 아니다. 그 이유는 인간들은 창조시에는 하나님을 그들의 아버지로 두었지만, 지금은 마귀를 그들의 아버지로 두고 있기 때문이다. (2) 우리의 아들됨은 양자됨에 의해 주어진 것이다. "하나님의 자녀가 되는 권세를 주셨으니".

양자됨은 두 종류가 있다. 먼저 외적 및 연합적 양자됨(external and federal adoption)이 있다. 이것은 가시적 교회 안에 속해 하나님에 관한 신앙고백을 하는 사람들을 가리킨다. "나라의 본 자손들은 바깥 어두운 데 쫓겨나"(마 8:12). 그 다음으로 실질적 및 은혜적 양자됨(real and gracious adoption)이 있다. 이것은 하나님의 가장 사랑하는 자들로서 영광의 후사들이 되는 자들을 가리킨다. 나는 이 문제를 계속 다루기 전에, 다음 세 가지 입장을 먼저 기술할 작정이다.

I. 양자됨은 만민 중에서 이루어진다.

최초의 양자됨은 단지 참감람나무에 접붙여지고, 영광의 특권들로 존귀하게 된 유대인들로 한정되었다. "저희는 이스라엘 사람이라 저희에게는 양자 됨과 영광과 … 이 있고"(롬 9:4). 그러나 지금 복음 시대에는 그 특권의 대상이 확대되어, 믿는 이방인들이 유대인들과 마찬가지로 친교의 자리에 참여하고 양자됨의 특권을 갖게 되었다. "각 나라 중 하나님을 경외하며 의를 행하는 사람은 하나님이 받으시는 줄 깨달았도다"(행 10:35).

II. 양자됨은 남성과 여성을 불문하고 이루어진다.

"너희에게 아버지가 되고 너희는 내게 자녀가 되리라"(고후 6:18). 나는 어떤 나라에서는 여성이 최고의 지위에 오르는 것이 금지되어 있다고 알고 있다. 예컨대 프랑스의 살리크 법(Salique law)에 따르면, 여성은 왕위를 계승할 수 없다. 그러나 영적 권력은 남성과 여성을 막론하고 똑같이 누릴 수 있다. 모든 은혜받은 영혼(性을 불문하고)은 양자됨의 권리가 있고, 아버지로서의 하나님과 관계를 갖는다. "너희는 내게 자녀가 되리라 전능하신 주의 말씀이니라 하셨느니라."

III. 양자됨은 순수 은혜의 행위이다.

"그 기쁘신 뜻대로 우리를 예정하사 예수 그리스도로 말미암아 자기의 아들들이 되게 하셨으니"(엡 1:5). 양자됨은 아무 대가없는 자유 은혜의 그릇으로부터 쏟아져나온 자비이다. 본질상으로는 누구나 손님들이고, 그리하여 자녀의 권세가 없다. 하나님은 어떤 자는 자녀로 기쁘게 선택하시고, 또 어떤 자는 택하시지 않는다. 어떤 사람은 영광의 그릇으로 삼으시고, 또 어떤 사람은 진노의 그릇으로 삼으신다. 자녀로 택함받은 후사는 "주여, 세상에 대해서는 보여주시지 아니하고, 저에 대해 보여주시는 것이 얼마나 엄청난 것인지요?"라고 외칠 수 있다.

이 부자관계가 됨 즉 양자됨은 무엇인가?

그것은 손님을 아들과 후사의 관계로 삼는 것이다. 그것은 모세가 바로의 딸의 양자로 들어가고(출 2:10), 에스더가 친척 모르드개의 양녀가 된 것(에 2:7)과 같다. 이같이 하나님은 우리를 천국의 가족으로 삼으시는데, 우리를 양자로 삼으시는데 있어서 하나님은 다음 두 가지 일을 행하신다:

(1) 그분은 자신의 이름으로 우리를 고귀하게 하신다. 양자로 택함받은 자는 자기를 택하신 자의 이름을 갖는다. "내가 하나님의 이름을 그이 위에 기록하리라"(계 3:12).

(2) 하나님은 우리를 자신의 영으로 정결하게 하신다. 그분이 택하신 자는 누구나 기름부음을 받는다. 그분이 아들로 삼으신 자는 누구나 성도가 된다. 어떤 사람이 다른 사람을 자신의 아들과 후사로 삼을 때, 그는 그 아들에게 자신의 이름을 붙여줄 수 있지만, 자신의 기질을 물려줄 수는 없다. 만일 그가 까다로운 난폭한 성질을 소유하고 있다면, 그는 그것을 절대로 바꿀 수 없다. 그러나 하나님이 택하신 자는 누구나 거룩하게 된다. 하나님은 새 이름을 주실 뿐만 아니라 새 본성을 주신다(벧후 1:4). 그분은 이리를 어린 양으로 만드신다. 그분은 그 마음을 겸손하고 은혜롭게 바꾸신다. 그분은 마치 다른 영혼이 동일한 육체 안에 거하는 것처럼 그 마음을 변화시키신다.

하나님은 우리를 양자 삼으실 때 어떤 상태로부터 그렇게 하시는가?

하나님은 우리를 죄와 불행의 상태로부터 양자로 삼으신다. 바로의 딸은 모세를 물 속 갈대 사이의 상자로부터 데려갔다. 하나님은 물로부터 우리를 취하신 것이 아니라 우리의 피투성이로부터 취하여 양자 삼으셨다(겔 16:6). 그분은 우리를 종으로부터 양자를 삼으셨다. 종으로부터 해방시켜주는 것도 자비일진대, 하물며 그를 양자 삼는 것은 얼마나 더 큰 자비일까!

하나님은 우리를 어떤 상태로 이끌기 위해 양자 삼으시는가?

(1) 그분은 우리를 행복의 상태로 이끌기 위해 양자 삼으신다. 하나님이 흙 한 조각을 가지고 별을 만드는 것도 엄청난 일이셨다. 그런데 그분이 육체와 죄 한 조각을 가지고 자신의 후사로 삼으신 것은 얼마나 더 큰 일인가!

(2) 하나님은 우리를 해방의 상태로 이끌기 위해 양자 삼으신다. 양자됨은 자유의 상태이다. 하나님의 양자가 된 종은 자유인이 된다. "네가 이 후로는 종이 아니요 아들이니"(갈 4:7). 양자는 어떻게 자유해지는가? 자신의 소욕대로 행하지 않고, 그는 죄의 지배, 사탄의 폭정, 그리고 율법의 저주로부터 해방된다. 그는 예배형식으로부터도 해방된다. 그는 자유롭고 기쁘게 하나님을 섬기도록 그를 이끄는 하나님의 자유로운 영을 소유하고 있다. 그는 기도하는 집에서 하나님을 기쁘게 할 것이다(사 56:7).

(3) 하나님은 우리를 존귀의 상태로 이끌기 위해 양자 삼으신다. 그분은 우리를 약속의 후사로 삼으신다. 그분은 우리를 영예의 자리에 앉힌다. "내가 너를 보배롭고 존귀하게 여기고"(사 43:4). 양자된 자들은 모두 하나님의 보물들(출 19:5), 보석들(말 3:17), 장자들(히 12:23)이다. 그들은 각자 삶의 수호 천사들을 소유하고 있다(히 1:14). 그들은 천국의 족보에 속해 있다(요일 3:9). 성경은 그들을 영적 전령자로 선언한다. 그들은 그들의 방패와 갑옷을 갖고 있다. 그들은 때로는 사자같이 담대하고(잠 28:1), 또 때로는 비둘기같이 온유하고(아 2:14), 또 때로는 독수리같이 날개친다(사 40:31). 이같이 여러분은 그들의 갑옷이 펼쳐져 있는 것을 본다.

(4) 기업이 없으면 영예는 무슨 소용인가? 하나님은 그의 모든 아들들에게 기업을 주시려고 양자 삼으셨다. "너희 아버지께서 그 나라를 너희에게 주시기를 기뻐하시느니라"(눅 12:23). 하나님의 아들들이 되는 것은 경멸할 일이 아니다. 성도들을 비판하는 것은 마치 다윗이 왕이 되려고 할 때 시므이가 그를 비난한 것과 같다. 양자됨은 대관식으로 끝난다. 하나님의 나라는 그의 양자된 아들들과 후사들에게 지상의 모든 나라를 능가하는 것들을 제공한다.

(i) 하나님의 나라는 그들에게 풍성함을 제공한다. "그 열두 문은 열두 진주니 문마다 한 진주요 성의 길은 맑은 유리 같은 정금이더라"(계 21:21).

(ii) 하나님의 나라는 그들에게 평온함을 제공한다. 그것은 평화롭다. 그 나라에서는 평화의 흰 백합화가 왕의 면류관에 만발하고 있다. Pax una triumphis innumeris melior[하나의 평화가 무수한 승리보다 낫다]. 가정의 분열도 없고, 외적의 침입도 없다. 더 이상 북 소리나 대포 소리가 들리지 않고, 평화의 상징인 거문고 타는 자들의 소리가 들려온다(계 14:2).

(iii) 하나님의 나라는 그들에게 안정을 제공한다. 다른 나라들은 소멸할 것이다. 그러한 나라들은 금으로 된 머리를 갖고 있지만, 다리는 진흙으로 되어있다. 그러나 성도들이 소속된 나라는 영원히 존속한다. 그 나라는 결코 진동치 못할 나라이다(히 12:28). 천국의 후사들은 세세토록 왕 노릇할 것이다(계 22:5).

양자됨의 유기적 또는 기구적 원인은 무엇인가?

믿음은 우리에게 양자됨의 특권들을 제공한다. "너희가 다 믿음으로 말미암아 그리스도 예수 안에서 하나님의 아들이 되었으니"(갈 3:26). 믿음이 있기 전에는 우리는 영적으로 불법자이고, 아버지로서의 하나님과 아무 관계가 없다. 불신자는 하나님을 심판자라고 부를 수 있지만, 아버지라고 부를 수는 없다. 믿음은 아버지를 주시는 은혜이다. 그것은 우리에게 자녀됨의 직위를 제공하고, 우리에게 기업의 권리를 부여한다.

왜 믿음이 다른 은혜보다 더 큰 양자됨의 기구인가?

믿음이 다른 은혜보다 더 큰 양자됨의 기구인 이유는 그것이 생명을 주는 은혜 곧 영혼의 대동맥이기 때문이다. "의인은 믿음으로 말미암아 살리라"(합 2:4). 생명은 우리에게 양자됨의 능력을 제공한다. 죽은 아이는 결코 양자가 될 수 없다. 그것은 우리를 그리스도의 형제로 만들고, 그리하여 하나님은 우리의 아버지가 되신다.

적용 1: (1) 우리를 자신의 아들들로 삼으시는 사역 속에서 놀라우신 하나님의 사랑을 바라보라. 플라톤은 자신을 사람으로 만드신 것 곧 사람이면서 동시에 철학자로 만드신 것에 대해 신에게 감사하였다. 그렇다면 하나님이 우리를 아들의 권세에 참여시킨 것은 얼마나 무한히 감사해야 할 일일까! 우리를 양육하는 것은 하나님 안에 있는 사랑이다. 그러나 우리를 양자로 삼으신 것은 그보다 훨씬 더 큰 사랑이다. "보라 아버지께서 어떠한 사랑을 우리에게 주사 하나님의 자녀라 일컬음을 얻게 하셨는고"(요일 3:1). 그것은 ecce admirantis 즉 '경이를 보라' 이다.

우리를 양자 삼으시는데 있어서 보여진 하나님의 사랑의 경이는 우리가 다음 6가지 사실들을 고찰하면 더욱 분명해질 것이다.

(i) 하나님은 자신의 아들이 있음에도 불구하고, 우리를 양자로 삼으신다. 사람들은 자녀를 원하고, 어떤 자에게 자기의 이름을 물려주기를 바라기 때문에 양자를 들인다. 그러나 하나님이 자신의 아들인 주 예수가 있음에도 불구하고, 우리를 양자로 삼으신다는 것은 놀라운 사랑이다. 그리스도는 "하나님의 사랑하는 아들"로 불린다(골 1:13). 아들은 천사보다 훨씬 더 소중하다. "저가 천사보다 얼마큼 뛰어남은 저희보다 더욱 아름다운 이름을 기업으로 얻으심이니"(히 1:4). 그렇다면 하나님이 자신의 아들이 있음에도 불구하고, 우리를 양자로 삼으신 것은 얼마나 경이로운 하나님의 사랑인가! 우리는 아버지를 필요로 하지만, 그분은 사실 자녀들이 필요하지 않았다.

(ii) 하나님이 우리를 택하시기 전에 우리가 처해 있었던 상태를 주목

하라. 우리는 크게 잘못되어 있었다. 인간은 크게 왜곡되고, 불구적이기 때문에 하나님의 후사로서는 거의 합당하지 못하지만, 오히려 어떤 아름다움이 있는 존재로 간주되고, 후사가 되었다. 모르드개는 아리땁기 때문에 에스더를 양녀로 삼았다. 우리가 피투성이 속에 있을 때, 하나님은 우리를 양자로 삼으셨다. "내가 네 곁으로 지나갈 때에 네가 피투성이가 되어 발짓하는 것을 보고 … 네 때가 사랑스러운 때라"(겔 16:6,8). 하나님은 우리가 거룩의 보석들로 장식되어 반짝거리고, 우리에게 천사들의 영광이 임했기 때문에 우리를 양자로 삼으신 것이 아니었다. 그러나 우리는 구스인처럼 검고, 나병환자처럼 상해 있을 때, 바로 그때가 그분의 사랑의 때였다.

(iii) 하나님은 우리를 양자로 삼으시는데 있어서 지극히 커다란 값을 치렀다. 사람들이 양자를 들일 때에는 단지 어떤 행위들을 보증하면, 그 일이 결과되지만, 하나님이 양자를 삼으실 때는 그를 위해 아주 커다란 값을 치르신다. 하나님은 우리를 양자로 삼으시는 길을 알리기 위해 자신의 지혜를 사용하신다. 진노의 후사들을 약속의 후사들로 만드는 것은 결코 쉬운 일이 아니었다. 하나님이 양자의 길을 알리셨을 때, 그것은 쉬운 일이 아니었다. 우리의 양자됨은 값비싼 대가를 치르고 이루어진 것이었다. 왜냐하면 하나님이 우리를 자녀와 후사로 택하셨을 때, 그분은 우리의 행위가 아니라 자기 자신의 아들의 피를 보증으로 삼으셨기 때문이다. 하나님이 그것을 이루시기 위해 이 모든 대가를 치르셨기 때문에 우리를 양자로 삼으시는데 있어서 나타나는 하나님의 사랑의 경이가 여기에 있다.

(iv) 하나님은 그의 원수들을 양자로 삼으셨다. 만일 어떤 사람이 다른 사람을 자신의 후사로 택한다면, 그는 철천지 원수를 양자로 삼지는 않을 것이다. 그러나 우리가 단지 손님이자 원수일 때, 하나님이 우리를 양자로 삼으신 것은 그분의 놀라우신 사랑이다. 하나님이 자신의 원수를 용서하셨다는 것은 엄청난 사랑이다.

(v) 하나님은 마귀의 자식들로부터 많은 수를 취하시고, 그들을 하늘의 가족으로 편입시키신다. 그리스도는 많은 아들들을 영광으로 이끄는 분으로 말해진다(히 2:10). 사람들은 보통 단지 하나의 후사만을 채택하지만,

하나님은 자신의 가족을 증가시키기로 결심하시고, 많은 아들들을 영광으로 인도하신다. 하나님이 무수한 사람들을 양자 삼으시는 것은 놀라우신 사랑이다. 단지 한 사람만이 양자로 택함받았더라면, 우리 모두는 절망했을 것이다. 그러나 그분은 많은 아들들을 영광으로 인도하심으로써, 우리에게 소망의 문을 열어놓으신다.

(vi) 우리를 양자로 삼으심으로써 하나님은 우리에게 위대한 영예를 허락하신다. 다윗은 자신이 왕의 사위가 되는 것이 커다란 영예임을 생각하였다(삼상 18:18). 그러나 고귀하신 하나님의 아들들이 된다는 것은 얼마나 더 커다란 영광일까! 하나님이 우리를 양자로 삼으시는데 있어서 우리에게 두신 영예가 크면 클수록 그분이 우리를 향해 베푸신 그분의 사랑은 더욱 커진다. 하나님이 우리를 자신과 그토록 가까운 동족의 존재 곧 하나님 아버지의 아들들, 성자 하나님의 지체들, 그리고 성령 하나님의 전들로 만드신 것은 얼마나 영예로운 일인가! 이것은 하늘의 천사들과 같이(마 22:30) 아니, 어떤 의미에서는 천사들보다 더 우월한 존재로 삼으신 것이다. 이 모든 것은 우리를 양자로 삼으시는데 있어서 나타나는 하나님의 사랑의 경이를 선포한다.

(2) 불신앙 속에서 살고 죽는 사람들의 비참한 상태를 주목하라. 그들은 하나님의 아들들이 아니다. "영접하는 자 곧 그 이름을 믿는 자들에게는 하나님의 자녀가 되는 권세를 주셨으니." 믿음이 없으면 자녀됨도 없다. 불신자들은 자녀됨의 표지가 없기 때문에 하나님을 모른다. 하나님의 모든 자녀들은 그들의 아버지를 알고 있지만, 악한 자들은 그분을 모르고 있다. "여호와께서 말씀하시되 그들이 활을 당김같이 그 혀를 놀려 거짓을 말하며 그들이 이 땅에서 강성하나 진실하지 아니하고 악에서 악으로 진행하며 또 나를 알지 아니하느니라"(렘 9:3). 불신자들은 "허물과 죄로 죽었던 자들"이다(엡 2:1). 하나님에게는 죽은 자녀들이 없다. 자녀가 아닌 자들은 기업을 상속받을 권리가 없다.

적용 2: 여러분은 자신이 양자로 채택된 자인지를 시험해 보라. 모든 세상은 두 계급 곧 하나님의 아들들과 지옥의 상속자들로 나누어져 있다. "그 이름을 믿는 자들에게는 하나님의 자녀가 되는 권세를 주셨으니"(요 1:12) .우리는 우리 자신을 시험해 보아야 한다. 우리가 경건한 부모의 자녀들이라고 해서 하나님의 양자로 채택되었다는 표시를 갖는 것은 아니다. 유대인들은 자신들이 아브라함의 자손임을 자랑하고, 나아가 자기들이 이러한 거룩한 자손에 속하기 때문에 당연히 선한 자들이라고 생각하였다. 그러나 양자됨은 혈통에 의해 결정되는 것이 아니다. 많은 경건한 부모들에게 악한 자녀들이 있다. 아브라함은 이스마엘을 아들로 두었다. 이삭은 에서를 낳았다. 쭉정이 없이 알곡만 뿌려진 씨앗이 쭉정이가 있는 곡물을 생산한다. 이와 같이 경건한 부모로부터 불경건한 자녀가 태어난다. 또 제롬이 "우리는 아들들을 낳지 못한다"(non nascimur filii)고 말한 것처럼 우리가 경건한 부모로부터 태어났다고 해서 하나님의 아들들이 되는 것이 아니고, 양자됨과 은혜에 의해 하나님의 아들들이 된다. 그렇다면 우리는 자신이 하나님의 양자로 채택된 아들과 딸들인지를 시험해 보아야 한다.

양자됨의 첫번째 표지는 순종이다. 아들은 자신의 아버지에게 순종하는 법이다. "내가 레갑 족속 사람들 앞에 포도주가 가득한 사발과 잔을 놓고 마시라 권하매 그들이 가로되 우리는 포도주를 마시지 아니하겠노라 레갑의 아들 우리 선조 요나답이 우리에게 명하여 이르기를 너희와 너희 자손은 영영히 포도주를 마시지 말며"(렘 35:5-6). 이처럼 하나님이 죄로 유혹하는 잔을 마시지 말라고 말씀하시면, 양자가 된 자녀들은 말하기를 "나의 하늘 아버지가 명하셨는데, 내가 감히 술을 마실 수는 없지"라고 한다. 은혜받은 영혼은 하나님의 약속을 믿을 뿐만 아니라 그분의 명령에도 순종한다. 어린아이같은 참된 순종은 규칙적이어야 하는데, 여기에는 다음과 같은 5가지 사실이 담겨있다:

(1) 그것은 올바른 규칙에 따라 행해져야 한다. 순종은 그 규칙에 대한 말씀을 갖고 있어야 한다. Lydius lapis[이것이 시금석이다]. "마땅히 율법과 증거의 말씀을 좇을지니"(사 8:20). 만일 우리의 순종이 말씀에 따르지 않는다면, 그것은 잘못된 번제를 드리는 것이다. 그것은 소원 예배일 뿐

이다. 이에 대해 하나님은 말씀하시기를 "누가 너희에게 이것을 요청하더냐?"고 하실 것이다. 사도는 짐짓 겸손함을 보이는 천사숭배를 정죄한다(골 2:18). 유대인들은 자기들이 그들 자신의 인격으로 하나님께 당당하게 나아갈 자신이 없었다고 말할 수 있었다. 그래서 그들은 천사들 앞에 무릎을 꿇고 낮아짐으로써 하나님에 대한 그들의 중보자가 되어주기를 바랐던 것이다. 그들의 천사숭배 안에는 일부러 꾸미는 겸손이 나타나 있었다. 그러나 그것은 그들이 그것을 보증하는 하나님의 말씀을 결여하고 있었기 때문에 잘못된 것이었다. 그것은 순종이 아니라 우상숭배였다. 어린아이같은 순종은 우리 아버지의 계시된 뜻에 일치되는 것이다.

(2) 그것은 올바른 원리 곧 온전한 믿음의 원리로부터 나와야 한다. "믿어 순종케 하시려고"(롬 16:26). Quicquid decorum est ex fide proficiscitur[열납할 수 있는 모든 행위들은 믿음으로부터 나온다] — 어거스틴. 돌감람나무는 눈에 보기에 아름다운 열매를 맺을 수 있지만, 좋은 뿌리로부터 나온 것이 아니기 때문에 그 맛이 시다. 도덕적인 사람은 다른 사람들의 눈으로 보기에는 부럽게 보일 수 있는 외적 순종을 하나님께 드릴 수 있지만, 그의 순종은 잘못된 것이다. 왜냐하면 그것은 달콤하고 유쾌한 믿음의 뿌리로부터 나오는 것이 아니기 때문이다. 하나님의 자녀는 그분에게 믿음의 순종을 드리고, 그것이 그의 섬김을 바람직하게 하고, 향기롭게 하며, 달콤한 맛을 내도록 하는 것이다. "믿음으로 아벨은 가인보다 더 나은 제사를 하나님께 드림으로"(히 11:4).

(3) 그것은 올바른 목적에 따라 행해져야 한다. Finis specificat actionem[목적이 그 행위의 가치를 결정한다]. 순종의 목적은 하나님을 영화롭게 하는 것이다. 많은 영광스러운 섬김들이 못쓰게 되는 것은 목적이 잘못되었기 때문이다. "그러므로 구제할 때에 외식하는 자가 사람에게 영광을 얻으려고 회당과 거리에서 하는 것같이 너희 앞에 나팔을 불지 말라"(마 6:2). 선행은 빛은 나지만, 타오르지는 않는다. "내가 내게 있는 모든 것으로 구제하고 또 내 몸을 불사르게 내어 줄지라도 사랑이 없으면 내게 아무 유익이 없느니라"(고전 13:3). 동시에 나는 참된 목표에 관해 말하고

자 한다. 만일 내가 아주 열렬하게 순종할지라도 참된 목표를 갖고 있지 않다면, 그것은 나에게 아무 유익이 없다. 참된 순종은 모든 일들 속에서 하나님을 바라보는 것이다. "살든지 죽든지 내 몸에서 그리스도가 존귀히 되게 하려 하나니"(빌 1:20). 하나님의 자녀는 부족하기는 하지만 올바른 목적을 갖고 있는 자이다.

(4) 어린아이같은 참된 순종은 한결같아야 한다. 하나님의 자녀는 이 명령뿐 아니라 저 명령도 의식하고 있다. Quicquid propter Deum fit aequaliter fit[하나님을 위해 행해지는 모든 일은 동일한 열심을 가지고 행해져야 한다]. 하나님의 모든 명령은 그것들 위에 똑같은 신적 권위의 도장이 찍혀있다. 그래서 만일 내가 나의 하늘 아버지께서 명령하시기 때문에 어떤 명령에 순종한다면, 나는 동일한 규칙에 따라 그 모든 명령에 순종해야 한다. 피가 몸의 모든 혈관을 통해 흐르고, 창공의 해가 모든 별들을 비추는 것처럼, 어린아이같은 참된 순종은 첫번째와 두번째 돌판에 두루 미친다. "내가 주의 모든 계명에 주의할 때에는"(시 119:6). 어떤 종교적인 일들에 있어서는 하나님께 순종하지만, 다른 일들에 있어서는 순종하지 않는 것은 왜곡된 마음을 보여준다. 그것은 사슴고기를 아버지에게 가져오는데 있어서는 자기 아버지에게 순종했지만, 자신의 아내를 선택하는 문제와 같은 더 큰 문제에 있어서는 순종하지 못한 에서와 같다. 어린아이같은 순종은 바늘이 자석이 이끄는 대로 지점을 가리키는 것처럼, 하나님의 모든 계명을 향해 움직인다. 우리가 하나님의 자녀라면, 비록 하나님이 혈과 육을 거스르는 의무를 요청하신다고 해도, 우리는 여전히 우리 아버지께 순종할 것이다.

그러나 모든 일들 속에서 하나님께 순종할 수 있는 자가 누구인가?

하늘의 양자가 된 후사는 모든 명령에 완벽하게 순종할 수 있는 것은 아니지만, 그는 복음적으로 행한다. 그는 모든 명령을 받아들인다. "만일 내가 원치 아니하는 그것을 하면 내가 이로 율법의 선한 것을 시인하노니"(롬 7:16). 그는 모든 계명을 즐거워한다. "내가 주의 법을 어찌 그리 사랑하는지요"(시 119:97). 그의 욕구는 모든 계명에 순종하는 것이다. "내 길을 굳이 정하사 주의 율례를 지키게 하소서"(시 119:5). 비록 부족하기는 하지만, 그는 자신의 흠을 보충해주는 그리스도의 피를 바라본다. 이것이 복음적 순종이다.

(5) 어린아이같은 참된 순종은 지속적이다. "항상 의를 행하는 자는 복이 있도다"(시 106:3). 어린아이같은 순종은 곧 사라지고 말 흥분 상태에 있는 혈색과 같지 않다. 그것은 오래 지속되는 건강한 혈색과 같다. 끊이지 않고 단 위에 피워 꺼지지 않는 불과 같다(레 6:13).

양자됨의 두번째 표지는 우리 아버지 안에 거하는 것을 사랑하는 것이다. 자신의 아버지를 사랑하는 어린아이는 그분이 자기 가까이 오면 아주 즐거워한다. 우리는 자녀들인가? 그렇다면 우리는 하나님의 법 속에 나타나 있는 그분의 임재를 사랑한다. 기도할 때는 우리가 하나님께 말하고, 하나님의 말씀을 선포할 때는 그분이 우리에게 말씀하신다. 그렇다면 하나님의 모든 자녀는 그의 아버지의 목소리를 들을 때 얼마나 기쁠까! "내가 간절히 주를 찾되 물이 없어 마르고 곤핍한 땅에서 내 영혼이 주를 갈망하며 내 육체가 주를 앙모하나이다 내가 주의 권능과 영광을 보려하여 이와 같이 성소에서 주를 바라보았나이다"(시 63:1,2). 하나님의 법을 무시하는 사람들은 하나님의 자녀가 아니다. 왜냐하면 그들은 하나님의 임재를 바라지 않기 때문이다. "가인이 여호와의 앞을 떠나 나가"(창 4:16). 이 의미는 그가 단지 하나님 앞을 떠나갔다는 것이 아니고, "가인은 주님이 자신의 임재의 가시적 표지들로 주시는 하나님의 교회와 백성들로부터 떠나갔다"는 것이다.

양자됨의 세번째 표지는 하나님의 영의 인도함을 받는 것이다. "무릇 하나님의 영으로 인도함을 받는 그들은 곧 하나님의 아들이라"(롬 8:14). 아이는 생명을 갖고 있는 것으로 충분하지 않고, 유모를 통해 각 단계마다 양육을 받아야 한다. 마찬가지로 양자로 채택된 자녀는 하나님에게서 태어났을 뿐 아니라 거룩의 과정에 따라 그를 인도하는 성령의 지도가 있어야 한다. "내가 에브라임에게 걸음을 가르치고 내 팔로 안을지라도"(호 11:3).

이스라엘이 불기둥으로 인도함을 받은 것처럼 하나님의 자녀들은 성령으로 인도함을 받는다. 양자로 채택된 자들은 잘못된 길을 가기 십상이기 때문에 그들을 인도하는 하나님의 영을 필요로 한다. 육체의 부분은 죄를 범하는 성향이 있다. 이성과 양심은 의지를 인도하고자 하지만, 의지는 오만하고 반역적이다. 그러므로 하나님의 자녀들은 타락을 막고, 그들을 올바른 길로 인도하기 위해 성령을 필요로 한다. 악인들이 악한 영에 의해 인도되는 것처럼 — 사탄의 영이 헤롯을 근친상간으로, 아합을 살인으로, 유다를 배교로 이끌었다 — 선한 영은 하나님의 자녀들을 덕스러운 행동으로 이끈다.

그러나 열광주의자들은 그것이 허탄한 소망(ignis fatuus) 즉 환상임에도 불구하고, 성령에 의해 인도함을 받는다고 주장한다.

성령의 인도하심은 말씀에 따른다. 그런데 열광주의자들은 말씀을 떠난다. "아버지의 말씀은 진리니이다"(요 17:17). "진리의 성령이 오시면 그가 너희를 모든 진리 가운데로 인도하시리니"(요 16:13). 말씀의 가르침과 성령의 인도하심은 일치한다.

양자됨의 네번째 표지는 만일 우리가 하나님의 양자가 되었다면, 우리는 하나님의 모든 자녀들에게 온전한 사랑을 갖는다는 것이다. "형제를 사랑하며"(벧전 2:17). 우리는 하나님의 자녀들이 어느 정도 결함이 있다고 해도, 그들을 사랑한다. 하나님의 자녀들도 흠이 있다(신 32:5). 그러나 우리는 아름다운 거룩한 모습 속에 흉터가 있다고 해도, 그것을 사랑해야 한다. 우리가 하나님의 양자가 되었다면, 우리는 하나님의 자녀들 속에서 발견하는 선을 사랑해야 한다. 우리는 그들의 은혜를 찬미하고, 그들의 분별없는 행동은 간과해야 한다. 만일 우리가 어떤 결함이 있다는 이유로 그들을 사랑할 수 없다면, 우리가 어떻게 하나님이 우리를 사랑할 수 있다고 생각하겠는가? 우리가 사면을 변호할 수 있는가? 이런 표지들을 통해 우리는 우리의 양자됨을 알게 된다.

적용 3: 양자됨의 유익들을 즐거워하라.

하나님의 자녀들에게 생기는 유익들은 무엇인가?

(1) 하나님의 자녀들에게 주어지는 첫번째 유익은 그들이 커다란 특권들을 소유한다는 것이다. 왕의 자녀들은 엄청난 특권과 자유를 누린다. 그들은 세금을 내지 않는다(마 17:25). 하나님의 자녀들은 특권계층으로, 모든 손실을 면제받는다. "너희를 해할 자가 결단코 없으리라"(눅 10:19). 그것이 아무리 여러분을 친다고 할지라도, 여러분은 상함받지 않을 것이다. "화가 네게 미치지 못하며"(시 91:10). 하나님은 그의 자녀들에게 징계가 없을 것이라고 말씀하시는 것이 아니라 악이 임하지 못할 것이라고 말씀하신다. 그 악의 해와 독이 제거된다. 악인에게 임하는 징계는 그 안에 악이 들어있고, 그래서 그를 더 악화시키고, 그에게 저주와 독신(瀆神)이 임한다. "사람들이 크게 태움에 태워진지라 이 재앙들을 행하는 권세를 가지신 하나님의 이름을 훼방하며 또 회개하여 영광을 주께 돌리지 아니하더라"(계 16:9). 그러나 어떤 악도 하나님의 자녀를 엄습하지 못한다. 그는 잠시 징계를 받는다(히 12:10). 용광로는 금을 더 순전하게 만든다. 다시 말해 어떤 악도 하나님의 양자가 된 자에게는 임하지 못한다. 그에게는 더 이상 정죄함이 없기 때문이다. "누가 능히 하나님의 택하신 자들을 송사하리요"(롬 8:33). 이 복된 특권은 이것이니, 곧 "고통의 가책과 율법의 저주로부터 해방되는 것! 이 상태 속에서 우리를 해할 수 있는 것은 아무 것도 없다는 것!"이다. 용이 물에 독을 풀었을 때, 일각수는 그 독을 뽑아내고, 제거한다. 마찬가지로 예수 그리스도는 성도들이 상하지 않도록 모든 징계의 독을 제거하신다.

(2) 하나님의 자녀들에게 주어지는 두번째 유익은, 우리가 하나님의 양자가 되었다면, 우리는 모든 약속에 관계되어 있다는 것이다. 약속은 자녀들의 양식이다. "하나님은 약속을 기업으로 받는 자들에게"(히 6:17). 약속들은 확실하다. 그의 면류관 중에서도 가장 빛나는 진주인 하나님의 진리는 약속에 저당잡혀 있다. 약속들은 확실하다. 질병은 없지만 그것을 치유하는 각종 약초가 있는 약초정원처럼 약속들은 적절하다. 황야의 어두운 밤에 하나님은 태양을 약속하셨다. 유혹 속에 있는 자들에게 하나님은 사

탄을 짓밟을 것을 약속하셨다(롬 16:20). 죄가 압도적인가? 그러나 하나님은 죄의 다스리는 권세를 박탈할 것을 약속하셨다(롬 6:14). 오, 약속들을 통해 주어지는 하늘의 위로여! 그러나 누가 이것들에 대한 권리를 갖고 있는가? 성경에 언급은 없지만, 신자는 "이것은 내 것이라"고 말할 수 있다.

적용 4: 여러분을 자신의 가족으로 삼으신 하나님의 자비를 찬미하고, 기념하라. 그분은 종 되었던 여러분을 아들로 삼으셨다. 그분은 지옥의 상속자였던 여러분을 약속의 후사들로 삼으셨다. 양자됨은 하나님의 자유로운 선물이다. 하나님은 그들에게 하나님의 아들이 되는 권세 또는 직위를 부여하셨다. 가는 실들이 전체 옷 조각에 두루 펼쳐져 있는 것처럼 자유은혜는 양자됨의 전체 특권에 골고루 미친다. 양자됨은 아담을 낙원에 두었을 때보다 더 큰 자비이다. 아담은 창조에 의해 아들이 되었다. 그러나 양자됨에 의해 아들이 되는 것에는 더 큰 권세가 부여된다. 우리의 하나님의 양자됨을 감사하기 위해, 사람이 양자를 선택하는데 있어서 양자가 되는 자에게 어떤 자격과 특권이 주어지는지를 주목해 보자. 그러나 우리 안에는 어떤 가치도, 아름다움도, 가문도, 미덕도 없었다. 우리 안에는 하나님이 우리에게 자녀의 특권을 부여하실만한 근거가 아무 것도 없었다. 우리는 우리 안에 우리를 교정하도록 하나님을 움직일 수 있는 근거를 충분히 갖고 있는지는 모르지만, 우리를 양자로 삼으시도록 그분을 움직일 수 있는 근거는 하나도 없었다. 그러므로 우리는 아무 대가없이 주어지는 그분의 자유 은혜를 찬미한다. 그러므로 여기서 천사들의 사역을 시작하라. 여러분을 자신의 아들과 딸들로 삼으심으로써 여러분을 축복하신 하나님을 송축하라.

5. 성화

"하나님의 뜻은 이것이니
너희의 거룩함이라" — 살전 4:3

성화라는 말은 거룩한 용도를 위해 성별화되고, 분리되는 것을 의미한다. 따라서 그들은 세상으로부터 분리되어 하나님을 섬기기 위해 구별된 성별된 사람들이다. 성화는 소극적 부분과 적극적 부분으로 이루어져 있다.

Ⅰ. 성화의 소극적 부분은 죄로부터 정화되는 것을 말한다. 죄는 쉰 누룩과 불결한 나병으로 비유된다.

성화는 "묵은 누룩"(고전 5:7)을 내어버리는 것이다. 그것은 삶으로부터 벗어나는 것이 아니라 죄에 대한 사랑으로부터 벗어나는 것이다.

Ⅱ. 성화의 적극적 부분은 영혼을 영적으로 단련시키는 것이다.

이것은 성경에서 "우리의 마음을 새롭게 하는 것"(롬 12:2)과 "신의 성품에 참여하는 것"(벧후 1:4)으로 불린다. 율법에서 제사장들은 커다란 놋대야에서 씻었을 뿐만 아니라 거룩한 옷을 아름답게 지어서 입었다(출 28:2). 마찬가지로 성화는 죄로부터 씻음받는 것일 뿐 아니라 정결함으로 꾸미는 것이다.

성화란 무엇인가?

성화는 구원에 작용되는 은혜의 원리로서, 마음이 거룩하게 변화되고, 하나님 자신의 마음을 닮아가는 것이다. 성화된 사람은 하나님의 이름뿐만 아니라 그분의 형상까지 지니고 있는 사람이다. 성화의 본질을 개진하는데 있어서, 나는 다음과 같은 7가지 입장을 언급할 작정이다: —

(1) 성화는 초자연적 사건이다. 그것은 신적으로 주입된 것이다. 우리는 자연적으로 오염되어 있기 때문에 우리를 깨끗케 하기 위해 하나님은 자신이 주도권을 갖고 행하신다. "나 여호와 너희를 거룩하게 하는 자는 거룩함이니라"(레 21:8). 잡초는 저절로 자란다. 그러나 꽃은 심겨진다. 성화는 성령이 심으신 꽃이다. 그러므로 그것은 "성령의 거룩하게 하심"(벧전 1:2)이라고 불린다.

(2) 성화는 내면적 사건이다. 그것은 주로 마음 속에서 일어난다. 그것은 "마음에 숨은 사람을 꾸미는 것"(벧전 3:4)으로 말해진다. 이슬은 잎사귀를 적시고, 수액은 뿌리 속에 감추어져 있다. 마찬가지로 어떤 사람의 종교는 외적인 것들 속에 존재하지만, 성화는 영혼 속에 깊이 뿌리를 박고 있다. "중심에 진실함을 주께서 원하시오니 내 속에 지혜를 알게 하시리이다"(시 51:6).

(3) 성화는 포괄적 사건이다. 그것은 전인간에 미친다. "평강의 하나님이 친히 너희로 온전히 거룩하게 하시고"(살전 5:23). 원죄가 인간의 모든 기능을 타락시킨 것처럼 — 머리 전체가 병들었고, 마음 전체가 미혹되었고, 마치 피의 모든 집단이 부패된 것처럼 온전한 부분은 하나도 없다 — 성화는 전체 영혼에 영향을 미친다. 타락 이후로 정신 속에는 무지가 있었지만, 성화 안에서 우리는 "주 안에서 빛"(엡 5:8)이다. 타락 이후로 의지는 타락했다. 거기에는 선에 대한 불감증과 강퍅성이 있었다. 그러나 성화 안에서 의지는 복된 융통성을 갖고 있다. 그것은 하나님의 뜻을 표방하고 실행한다. 타락 이후로 감정은 허탄한 대상들 위에 잘못 정위되어 있었다. 성화 안에서 그것은 바람직한 질서와 조화로 인도된다. 슬픔은 죄 위에, 사랑은 하나님 위에, 기쁨은 천국 위에 정위된다. 이같이 성화는 원죄가 미치는

범주에 그대로 미친다. 그것은 전체 영혼에 영향을 미친다. "평강의 하나님이 친히 너희로 온전히 거룩하게 하시고." 단지 부분적으로만 성화된 사람은 성화된 사람이 아니고, 전체적으로 성화된 사람이 진짜 성화된 사람이다. 그러므로 성경에서 은혜는 "새 사람" 곧 "새 눈, 새 혀"가 아니라 "새 사람"(골 3:10)으로 불린다. 선한 그리스도인은 단지 부분적으로만 성화된 사람이 아니라 모든 면에서 성화된 사람이다.

(4) 성화는 열심있고, 열정적인 사건이다. Qualitates sunt in subjecto intensive[그 속성들은 신자 속에서 불타오른다]. "열심을 품고 주를 섬기라"(롬 12:11). 성화는 죽은 형식이 아니고, 열심으로 불타오르는 것이다. 우리는 물이 70도나 80도에 이르면 뜨끈뜨끈하다고 말한다. 마찬가지로 그의 종교가 어느 정도까지 열렬해지고, 그의 마음이 하나님에 대한 사랑으로 불타오르면, 그는 거룩하다.

(5) 성화는 아름다운 사건이다. 그것은 하나님과 천사들이 우리와 사랑에 빠지도록 만든다. "주의 권능의 날에 주의 백성이 거룩한 옷을 입고 즐거이 헌신하니"(시 110:3). 해가 세상을 비추는 것처럼, 성화는 영혼을 비춤으로써, 영혼이 하나님의 눈에 아름답게 하고, 번쩍거리게 보이도록 한다. 하나님을 영화롭게 하는 것은 당연히 우리를 그렇게 만들어야 한다. 거룩은 신성 안에서 가장 빛나는 보석이다. "주와 같이 거룩함에 영광스러운 자 누구니이까"(출 15:11). 성화는 성령의 첫 열매이다. 그것은 영혼 속에서 시작된 천국이다. 성화와 영화는 단지 정도의 차이에 불과하다. 성화는 씨앗 속에 있는 영화이고, 영화는 꽃 속에 있는 성화이다. 거룩이 행복의 본질이다.

(6) 성화는 지속적 사건이다. "이는 하나님의 씨가 그의 속에 거함이요"(요일 3:9). 참으로 성화된 사람은 그 상태로부터 떨어질 수 없다. 그러나 사실은 겉으로 나타나는 거룩은 상실될 수 있고, 그 빛깔은 바랠 수 있으며, 성화는 실추될 수 있다. "너의 처음 사랑을 버렸느니라"(계 2:4). 참된 성화는 영원히 꽃피는 것이다. "너희는 주께 받은 바 기름 부음이 너희 안에 거하나니"(요일 2:27). 참으로 성화된 자는 그들의 천계에 고정된 천

사들보다 더 떨어져나갈 가능성이 없다.

(7) 성화는 점진적 사건이다. 그것은 자란다. 그것은 자라는 씨앗으로 비유된다. 처음에는 잎사귀를 틔우고, 그 다음에는 귀를 틔우며, 그 다음에는 귀 속에 알곡이 영근다. 이미 성화된 사람들은 더욱 온전하게 성화될 수 있다(고후 7:1). 칭의는 단계의 여지가 있을 수 없다. 신자는 현재 이상으로 택함받거나 의롭게 될 수 없다. 하지만 그는 현재 이상으로 성화될 수 있다. 성화는 중천에 떠오를 때까지 점점 밝아지는 아침 해처럼 계속 증가하는 것이다. 지식도 자라는 것으로 말해지고, 믿음도 자라는 것으로 말해진다(골 1:10; 고후 10:5). 그리스도인은 그의 영적 신장이 계속적으로 한 규빗씩 자라는 것이다. 그러나 성령을 한량없이 받으신 그리스도와 우리의 입장이 똑같지는 않다. 그 이유는 그리스도는 자기 이상으로 더 거룩해질 수가 없었기 때문이다. 우리는 단지 어떤 한계 내에서 성령을 소유하고, 우리의 은혜를 계속 증가시킬 수 있다. 그것은 아펠레스가 그림을 그릴 때, 계속해서 화필로 그것을 수정하였던 것과 같다. 하나님의 형상은 우리 안에서 불완전하게 그려질 뿐이고, 그래서 우리는 끊임없이 그것을 수정하고, 보다 생생한 색깔로 그것을 그려가야 한다. 성화는 점진적이다. 만일 그것이 자라는 것이 아니라면, 그것이 살아있는 것이 아니기 때문이다. 여기서 여러분은 성화의 본질을 발견한다.

성화의 모조품들은 어떤 것들이 있는가?

성화처럼 보이지만 사실은 성화가 아닌 것들이 있다.

(1) 성화의 첫번째 모조품은 도덕적 미덕이다. 정직한 것, 절제하는 것, 정중한 태도를 보이는 것, 수치스러운 추문으로 얼룩진 불명예를 일으키지 않는 것은 좋은 것이지만, 그것으로 충분한 것은 아니다. 그것은 성화가 아니다. 들꽃은 화원의 꽃과는 다르다. 카토, 소크라테스, 아리스티데스와 같은 이교도들도 도덕성에 있어서는 탁월한 능력을 발휘하였다. 예의성은 단지 단련된 본성일 뿐이다. 거기에 그리스도에게 속하는 것은 아무 것도 없고, 마음은 범죄할 수 있고, 불순할 수 있다. 이러한 예의성의 아름다운 잎

사귀들 아래 불신앙의 벌레들이 잠복해 있을 수 있다. 단순히 도덕적인 사람은 은혜에 대해 은밀한 반감을 갖고 있다. 그는 악덕을 미워한다. 그러나 그는 악덕만큼 은혜도 미워한다. 뱀은 아름다운 색깔을 갖고 있지만, 독이 있다. 도덕적 미덕으로 꾸며지고, 계발된 사람은 신성에 대한 은밀한 반감을 갖고 있다. 도덕화된 이교도들의 대표자인 스토아주의자는 바울에게 철저하게 반발한 원수들이었다(행 17:18).

(2) 성화의 두번째 모조품은 미신적 헌신이다. 이것은 가톨릭 교인들에게서 빈번하게 발견된다:화상, 성상, 제단(祭壇), 제의(祭衣), 그리고 성수(聖水) 등이 내가 종교적 미신으로 간주하는 것들로서, 이것들은 성화와는 거리가 멀다. 그것은 인간 속에 어떤 본질적 선을 두는 것도 아니고, 인간을 더 바람직한 존재로 만드는 것도 아니다. 만일 하나님 자신의 규정에 입각한 율법적 정화와 세척이 그것들을 사용한 사람들을 더욱 거룩하게 만들지 못하고, 거룩의 옷을 입고 거룩의 기름부음을 받았던 제사장들이 성령의 기름부음을 받아 더욱 거룩해지지 않는다면, 확실히 하나님이 지정하지 않은 종교적 미신에 집착하는 사람들은 사람들에게 어떤 거룩도 기여할 수 없다. 미신적 거룩은 커다란 수고를 요하지 않는다. 그 안에는 마음에 속하는 것은 하나도 없다. 만일 염주를 굴리며 공을 드리거나 형상에 절하거나 자기들에게 성수를 뿌리는 행위가 성화이고, 그 모든 것이 구원받는데 요청되는 것이라면, 지옥은 비어있을 것이고, 그곳에 갈 사람은 아무도 없을 것이다.

(3) 성화의 세번째 모조품은 위선이다. 그것은 사람들이 없는 거룩을 있는 것처럼 가장하는 것이다. 혜성이 별처럼 빛날 수 있는 것처럼, 바라보는 사람들의 눈을 어지럽히는 광채가 그들의 신앙고백으로부터 있을 수는 있다. "경건의 모양은 있으나 경건의 능력은 부인하는 자니"(딤후 3:5). 이것들은 기름 없는 등불이다. 이것들은 이집트의 피라미드처럼 겉은 그럴듯하지만, 안에는 거미들과 원숭이들로 가득차 있는 회칠한 무덤이다. 바울 사도는 가식적이고, 위장된 경건이 있다는 것을 암시함으로써, 참된 경건에 관해 말한다(엡 4:24). "네가 살았다 하는 이름은 가졌으나 죽은 자로다"

(계 3:1). 이것은 생명의 원리가 결여되어 있는 그림들이나 동상들과 같다. "물 없는 구름이요"(유 12). 그들은 성령으로 충만한 것처럼 가장하지만, 공허한 구름들이다. 이같이 위장된 성화는 자기기만이다. 금 대신에 동전을 줍는 사람은 자신이 속는 사람이다. 최고로 가식적인 성도는 사는 동안에는 다른 사람들을 속이지만, 죽을 때에는 자신이 속는다. 아무 것도 없으면서 경건을 가장하는 것은 허탄한 일이다. 어리석은 처녀들은 기름이 떨어졌을 때, 타오르는 등불을 위해 무슨 유익을 주었던가? 구원하는 은혜의 기름이 없는 신앙고백의 등불은 무슨 소용이 있는가? 경건의 모양이 결국은 어떤 위로를 낳겠는가? 그림 속에 있는 금이 풍요로운가? 그림 속에 있는 포도주가 그의 목을 축여주는가? 아니면 그림 속에 있는 경건이 죽음이 이르렀을 때 회복제가 되는가? 위장된 성화는 안식을 주지 못한다. 소망(Hope), 안전(Safeguard), 승리(Triumph)라는 이름을 가진 많은 배들은 암초를 만나면 박살이 날 것이다. 마찬가지로 성도의 이름을 가진 많은 사람들이 지옥으로 떨어질 것이다.

(4) 성화의 네번째 모조품은 속박적 은혜인데, 이것은 사람들이 악덕을 혐오하지 않으면서도 그것을 억제할 때 나타난다. 이것은 "기꺼이 하고 싶지만, 하지 않겠다"는 것으로 죄인의 표어일 것이다. 개는 뼈다귀에 대한 열망이 있지만, 곤봉은 두려워한다. 마찬가지로 사람들은 정욕에 대한 마음이 있지만, 양심이 천사처럼 불타는 화염검을 들고 공포의 대상으로 서있다: 그들은 복수할 마음을 갖고 있지만, 지옥에 대한 두려움이 그들을 제어하는 재갈이다. 마음의 변화는 없다. 죄는 억제되지만, 치유되지 않는다. 사자는 사슬에 매여있지만, 여전히 사자이다.

(5) 성화의 다섯번째 모조품은 일반은총이다. 이것은 성령의 가볍고도 일시적인 사역이지만, 회심에 이르게 하지는 못하는 은혜이다. 판단에 있어서 약간의 지식이 있지만, 그것이 겸손은 아니다. 어떤 사람들은 양심에 따라 절제하지만, 그렇다고 그들이 깨어있는 것은 아니다. 이것은 성화처럼 보이지만, 성화는 아니다. 사람들은 자기들 안에 후회를 일으키지만, 그들은 겨눌 때 화살을 흔들어버리는 사슴처럼, 또 다시 자기들로부터 도망친

다. 후회 이후에 사람들은 희락의 집으로 들어가서, 슬픔의 영을 몰아내는 노래를 부른다. 그들은 모두 그렇게 죽고, 아무것도 얻지 못한다.

성화의 필연성은 어디에서 나타나는가?

성황의 필요성은 다음 6가지 사실 속에서 나타나 있다: (1) 하나님은 우리를 성화로 부르셨다. "자기의 영광과 덕으로써 우리를 부르신 자를 앎으로 말미암음이라"(벧후 1:3). "하나님이 우리를 부르심은 부정케 하심이 아니요 거룩케 하심이니"(살전 4:7). 우리는 죄를 범할 소명을 갖고 있지 않다. 우리가 유혹을 받을 수는 있지만, 죄를 범할 소명은 갖고 있지 않다. 우리는 교만하거나 부정할 소명은 없고, 거룩할 소명은 있다.

(2) 성화가 없으면, 우리의 칭의에 대한 증거도 없다. 칭의와 성화는 함께 간다. "우리 하나님의 성령 안에서 씻음과 거룩함과 의롭다 하심을 얻었느니라"(고전 6:11). "주께서는 죄악을 사유하시며"(미 7:18). 칭의가 있다. "우리의 죄악을 발로 밟으시고"(미 5:19). 성화가 있다. "그 중 한 군병이 창으로 옆구리를 찌르니 곧 피와 물이 나오더라"(요 19:34). 칭의를 위한 피가 있다. 그리고 성화를 위한 물이 있다. 그들을 깨끗케 하는 그리스도의 옆구리로부터 나온 물이 없는 사람들은 그들을 구원하는 그분의 옆구리로부터 나온 피를 갖지 못할 것이다.

(3) 성화가 없으면, 우리는 새 언약에 대한 자격을 갖지 못한다. 은혜 언약은 천국에 대한 우리의 대헌장이다. 그 언약의 보장은 하나님이 우리의 하나님이 되시리라는 것이다. 그러나 누가 그 언약에 관련이 있고, 그 유익을 주장할 수 있는가? 오직 성화된 사람만이다. "새 영을 너희 속에 두고 새 마음을 너희에게 주되 너희 육신에서 굳은 마음을 제하고 부드러운 마음을 줄 것이며"(겔 36:26). 만일 사람이 의지를 만든다면, 의지 안에 있다고 지명된 사람들 외에는 아무도 의지를 주장할 수 없다. 마찬가지로 하나님이 의지와 약속을 만드시지만, 그것은 성화된 사람들로 제한되고 한정되며, 어떤 다른 인간이 의지를 주장하는 것은 고도로 뻔뻔스러운 일이다.

(4) 성화 없이는 천국에 들어갈 자가 없다. "거룩함이 없이는 아무도

주를 보지 못하리라"(히 12:14). 하나님은 거룩하신 하나님이고, 그분은 불경건한 피조물을 자기 가까이에 나아오도록 허락하지 않으실 것이다. 임금은 역병에 걸린 사람이 자신 앞에 접근하는 것을 절대로 허락하지 않을 것이다. 천국은 정결한 짐승들과 불결한 짐승들이 똑같이 들어간 노아의 방주와 같지 않다. 불결한 짐승들은 천국의 방주에 들어갈 수 없다. 왜냐하면 하나님은 악한 자들이 땅 위에서 잠시동안 사는 것은 허락하시지만, 천국이 이런 악인들로 들끓는 것을 허락하시지 않을 것이기 때문이다. 악에 탐닉하는 하나님을 상상하는 것이 합당한가? 하나님은 은혜를 원수로 갚을 이런 인간들을 계속 감싸실 것인가? "거룩함이 없이는 아무도 주를 보지 못하리라." 빛나는 대상을 보는 눈은 맑은 눈이어야 한다. 오직 거룩한 마음만이 하나님을 그의 영광 중에서 볼 수 있다. 죄인들은 하나님을 원수로서는 볼 수 있어도, 친구로서는 볼 수 없다. 죄인들은 하나님에 관한 두려운 환상을 가질 수는 있지만, 아름다운 환상을 가질 수는 없다. 그들은 화염검을 볼 수는 있지만, 속죄소를 볼 수는 없다. 오, 그렇다면 성화는 얼마나 필수적인가!

(5) 성화가 없으면, 우리의 모든 거룩한 일들은 더럽게 된다. "더럽고 믿지 아니하는 자들에게는 아무것도 깨끗한 것이 없고"(딛 1:15). 율법 하에서 만일 시체를 만져서 부정하여진 사람이 그 옷자락 안에 거룩한 고기를 가지고 간다면, 거룩한 고기는 그를 깨끗케 하지 못하고, 그로 말미암아 그것은 성물이 되지 못할 것이다(학 2:12, 13). 이것은 죄인이 그의 거룩한 제물을 오염시키는 것에 대한 상징이다. 불결한 위가 최고의 음식을 질나쁜 액으로 만드는 것처럼, 성화되지 못한 마음은 기도, 자선, 성례를 오염시킨다. 이것은 성화의 필수성을 나타낸다. 성화는 우리의 거룩한 일들을 열납받도록 만든다. 경건한 마음은 제물을 성화시키는 제단이다. 만족이 없다면, 열납도 없다.

(6) 성화가 없으면, 우리는 우리의 택하심에 대한 표지를 보여줄 수 없다(살후 2:13). 선택은 우리의 구원의 원인이고, 성화는 우리의 구원의 증거이다. 성화는 그리스도의 택하신 양에 대한 표지이다.

성화의 표지들은 무엇인가?

성화의 첫번째 표지는 성화된 사람들은 그들이 성화되지 못했던 때를 기억할 수 있다는 것이다(딛 3:3). 우리는 우리의 피투성이 속에 있었는데, 하나님이 물로 우리를 씻기시고, 우리를 기름으로 바르셨다(겔 16:9). 꽃을 피우고, 열매를 맺는 의의 나무들은 그들이 거룩의 꽃을 하나도 맺지 못한 채 아론의 마른 지팡이와 같았던 때를 상기할 수 있다. 성화된 영혼은 그것이 무지와 교만으로 말미암아 하나님을 떠났던 때와 자유 은혜가 그 안에 거룩의 꽃을 심었던 때를 기억할 수 있다.

성화의 두번째 표지는 성령의 내주하심에 있다. "우리 안에 거하시는 성령으로 말미암아"(딤후 1:14). 부정한 영이 악한 자들 속에 거하면서 그들을 교만, 육욕, 원한으로 이끄는 것처럼 — 사탄이 네 마음에 가득하여(행 5:3) — 하나님의 영은 택자 안에 그들의 인도자와 보혜사로서 거하신다. 성령은 성도들을 소유한다. 하나님의 영은 망상을 경건한 생각으로 이끄심으로써, 그것을 성결케 하고, 의지 위에 새로운 성향을 두시고, 그것을 선으로 향하게 하심으로써 그것을 성결케 하신다. 성화된 사람은 본질적으로는 아니지만 성령의 영향을 받는다.

성화의 세번째 표지는 죄에 대한 반감에 있다(시 119:104). 위선자는 죄를 떠나지만, 죄를 사랑하는 자이다. 그것은 뱀이 그의 허물을 벗을지라도, 그 독은 계속 갖고 있는 것과 같다. 그러나 성화된 사람은 죄를 떠날 뿐만 아니라 죄를 미워하는 사람이라고 말할 수 있다. 포도나무와 월계수 사이에 본질상 반목이 있는 것처럼, 성화된 영혼 속에는 죄에 대한 거룩한 반감들이 있고, 그 반감들은 결코 화해될 수 없다. 어떤 사람이 죄에 대해 반감을 갖고 있기 때문에 그는 어쩔 수 없이 죄에 대항하고, 죄의 소멸을 추구할 수밖에 없다.

성화의 네번째 표지는 영적 의무를 마음으로부터 사랑의 원리에 따라 수행하는 것이다. 성화된 영혼은 기도에 대한 사랑에 입각하여 기도하고, "안식일을 즐거운 날이라 부른다"(사 58:13). 어떤 사람이 칭찬의 선물을 가질 수 있다. 그는 천국에서 내려온 천사처럼 말할 수 있다. 그러나 그는 영적인 일들에 있어서 정욕적일 수 있다. 그의 봉사는 거듭남의 원리로부터 나오지 않을 수 있고, 의무에 즐거움의 날개를 달지 않을 수도 있다. 성화된 영혼은 영으로 하나님을 예배한다(벧전 2:5). 하나님은 그 길이에 따라서가 아니라 그것들을 일으키는 사랑에 의해 우리의 의무들을 판단하신다.

성화의 다섯번째 표지는 질서있는 생활에 있다. "너희도 모든 행실에 거룩한 자가 되라"(벧전 1:15). 마음이 성화되어 있는 곳에서는 생활 역시 성화될 것이다. 성전은 내,외부 모두 금으로 장식되어 있다. 동전 한 조각에도 고리 안에는 임금의 형상이 새겨져 있을 뿐 아니라 그 외부에는 그의 성명이 기록되어 있다. 이와 마찬가지로 성화가 있는 곳에서 마음 속에는 하나님의 형상이 있을 뿐 아니라 생활 속에는 거룩의 제목이 새겨져 있다. 어떤 사람들은 자기들이 선한 마음을 가지고 있다고 말하지만, 그들의 생활은 부도덕하다. "스스로 깨끗한 자로 여기면서 오히려 그 더러운 것을 씻지 아니하는 무리가 있느니라"(잠 30:12). 만일 물통 속에 담긴 물이 더럽다면, 우물 속에 있는 물도 깨끗할 수 없을 것이다. "왕의 딸이 궁중에서 모든 영화를 누리니"(시 45:13). 여기에는 마음의 거룩함이 있다. "그 옷은 금으로 수놓았도다"(시 45:13). 여기에는 생활의 거룩함이 있다. 은혜는 그 빛이 다른 사람들이 그것을 볼 수 있을 정도로 밝게 빛날 때, 가장 아름다운 법이다. 이것은 종교를 아름답게 하고, 신앙인을 진실하게 만든다.

성화의 여섯번째 표지는 단호한 결단에 있다. 그는 그의 경건과 결별하기로 절대로 결심하지 않는다. 다른 사람들이 그것을 비난해 보라. 그러면 그는 그것을 더욱 더 사랑한다. 물을 불 위에 뿌려보라. 그러면 그것은 더욱 거세게 불타오른다. 그는 다윗이 언약궤 앞에서 춤을 춘 것에 대해 미갈이 비난할 때, "내가 이보다 더 낮아져서 스스로 천하게 보일지라도"(삼하 6:22)라고 그가 말한 것처럼 말한다. 다른 사람들이 그의 경건으로 말미암아 그를 핍박할 때, 그는 "나의 생명을 조금도 귀한 것으로 여기지 아니하노라"(행 20:24)고 바울이 말한 것처럼 말한다. 그는 안전보다 거룩함을 더 선호하고, 자신의 외모를 완전하게 하기보다는 자신의 양심을 순전하게 더 지킨다. 그는 "내가 내 의를 굳게 잡고 놓지 아니하리니"(욥 27:6)라고 욥이 말한 것처럼 말한다. 그는 그의 양심과 결별하려면 차라리 자신의 생명을 포기할 것이다.

적용 1: 그리스도인이 유의해야 하는 중심적 사실은 성화이다. 이것은 unum necessarium 즉 '한 가지 필수적인 일'이다. 성화는 우리의 가장 순수한 얼굴이고, 그것은 우리를 천국으로 만들고, 별들로 번쩍거리게 한다. 그것은 우리를 하나님 태생으로 만들고, 신의 성품에 참여하도록 하기 때문에 우리의 고귀한 신분이다. 그것은 보석줄과 금사슬로 비유되는 우리의 재산이다(아 1:10). 그것은 천국을 위한 우리의 최고의 증명서이다. 우리가 어떤 다른 증거를 보여주고자 하는가? 우리는 지식을 가지고 있는가? 그것은 마귀도 가지고 있다. 우리는 종교를 고백하는가? 사탄 역시 사무엘의 외투 속에 나타났고, 자신을 광명의 천사로 변형시킨다. 그러나 우리의 천국행 증명서는 성화이다. 성화는 성령의 첫 열매이다. 저 세상에서는 그 유일한 동전만이 통용될 것이다. 성화는 하나님의 사랑의 증거이다. 우리는 하나님이 우리에게 건강, 부, 성공을 주신 것으로써 하나님의 사랑을 알 수 없다. 우리는 그것이 알려지는 성령의 연필에 의해 우리 위에 성화의 형상을 그림으로써 하나님의 사랑을 알 수 있다.

오, 성화의 원리가 결여된 사람들은 얼마나 비참할까! 그들은 영적으로 죽은 자들이다(엡 2:1). 그들은 숨을 쉬고는 있지만, 살아있는 것이 아니다. 대부분의 세상은 아직도 성화되지 않은 채 남아있다. "온 세상은 악한 자 안에 처한 것이며"(요일 5:19) 즉 세상의 주요부분은 여전히 사탄에게 속해 있다. 많은 사람들이 자신을 그리스도인으로 지칭하지만, 성도라는 말을 욕되게 한다. 여러분은 그를 이성을 결여한 사람으로, 또 은혜를 결여한 그리스도인으로 당연히 부를 수 있을 것이다. 그러나 더 나쁜 것은 어떤 사람들은 그들이 성화를 미워하고 조롱하기 때문에 고도의 악을 저지른다는 것이다. 그들은 그것을 미워한다. 그것을 결여하고 있는 것도 나쁘지만, 그것을 미워하는 것은 더 나쁘다. 그들은 종교의 형식을 취하기는 하지만, 그 능력을 혐오한다. 무자비한 자는 달콤한 냄새를 싫어한다. 마찬가지로 그들은 거룩의 향기를 싫어한다. 그들은 비웃으면서 "이것들이 너희 거룩한 것들이냐!"고 말한다. 성화를 비웃는 것은 고도의 무신론을 주장하는 것이고, 끔찍한 영벌의 낙인을 찍는 것이다. 이스마엘이 이삭을 조롱함으로써 아브라함의 가족으로부터 쫓겨난 것처럼(창 21:9), 거룩을 조롱하는 자는 천국으로부터 쫓겨날 것이다.

적용 2: 무엇보다도 먼저 성화를 따라 구하라. 금보다는 은혜를 구하라. "훈계를 굳게 잡아 놓치지 말고 지키라 이것이 네 생명이니라"(잠 4:13).

성화를 낳는 주요 유인들은 무엇인가?

(1) "너희의 성화, 이것이 하나님의 뜻이니라"고 말하는 표어처럼, 우리가 거룩해야 하는 것은 하나님의 뜻이다. 하나님의 말씀이 규칙이어야 하는 것처럼, 그분의 뜻이 우리 행동의 근거이어야 한다. 우리의 성화, 이것은 하나님의 뜻이다. 다시 말해 우리가 부자가 되는 것이 하나님의 뜻이 아니라 우리가 거룩해지는 것이 하나님의 뜻이다. 하나님의 뜻이 우리의 보증이다.

(2) 예수 그리스도는 우리의 성화를 위해 죽으셨다. 그리스도는 우리의 죄를 씻어주기 위해 자신의 피를 흘리셨다. 십자가는 제단이자 놋대야였다. "그가 우리를 대신하여 자신을 주심은 모든 불법에서 우리를 구속하시고"(딛 2:14). 우리가 거룩 없이 구원받을 수 있다면, 그리스도는 죽을 필요가 없었을 것이다. 그리스도는 우리를 진노와 죄로부터 구원하시기 위해 죽으셨다.

(3) 성화는 우리가 하나님을 닮도록 한다. 아담이 전능성에 있어서 하나님과 같이 되려고 열망했던 것이 그의 죄였다. 그러나 우리는 거룩성에 있어서 그분과 같이 되도록 노력해야 한다. 우리가 얼굴을 볼 수 있는 것은 깨끗한 거울이다. 마찬가지로 어느 정도 하나님이 보여질 수 있는 것은

거룩한 마음이다. 성화되지 않은 사람 속에서 하나님에 관해 발견할 수 있는 것이 아무 것도 없고, 다만 그 안에서는 사탄의 형상만을 볼 수 있을 것이다. 시기는 마귀의 눈이다. 위선은 마귀의 갈라진 다리이다. 그러나 그 안에서 하나님의 형상은 하나도 발견할 수 없다.

(4) 성화는 하나님의 위대한 사랑을 이끌어내는 것이다. 어떤 외적 장식품, 고상한 가문, 또는 세상적 권위 등은 하나님의 사랑을 조금도 이끌어내지 못하고, 오로지 거룩으로 점철된 마음만이 하나님의 사랑을 이끌어낸다. 그리스도는 거룩의 아름다움 외에는 아무 것도 예찬하지 않으셨다. 그분은 웅장한 성전 건물은 경시하고, 여자의 믿음을 찬미하면서, "여자여 네 믿음이 크도다"라고 말씀하셨다. Amor fundatur similitudine[사랑이 닮음의 근원]. 임금이 동전 조각에 새겨진 자신의 형상을 보면서 즐거워하는 것처럼, 하나님은 자신의 형상을 발견하는 곳에 자신의 사랑을 주신다. 주님은 안에 거할 두 천국을 갖고 계시고, 거룩한 마음이 그 중의 하나이다.

(5) 성화는 우리와 악인들을 구별하는 하나의 표준이다. 하나님의 백성은 자기들 위에 하나님의 인침을 갖고 있다. "하나님의 견고한 터는 섰으니 인침이 있어 일렀으되 주께서 자기 백성을 아신다 하며 또 주의 이름을 부르는 자마다 불의에서 떠날지어다 하였느니라"(딤후 2:19). 경건한 자들은 이중의 인침을 받았다. 첫번째는 선택의 인침이다. "주께서 자기 백성을 아신다." 두번째는 성화의 인침이다. "주의 이름을 부르는 자마다 불의에서 떠날지어다." 이것은 하나님의 백성이 "주의 거룩한 백성"(사 63:18)으로 알려지는 이름이다. 순결성이 정숙한 여인과 기생을 구별시키는 것처럼, 성화는 하나님의 백성과 다른 사람들을 구별시킨다. "너희는 거룩하신 자에게서 기름 부음을 받고"(요일 2:20).

(6) 성화됨이 없으면서 그리스도인의 이름을 가지는 것은 충성심이 없으면서 청지기의 이름을 갖거나 순결성이 없으면서 처녀의 이름을 갖는 것만큼 커다란 수치이다. 그것은 거룩하지 않으면서 그리스도의 이름으로 세례를 받는 것, 안식일에 눈물로 가득찬 눈을 가지면서 한 주간 동안에는 음심으로 가득한 눈을 갖는 것(벧후 2:14)은 종교를 비난받을 것으로 드

러낸다. 또 주의 성찬 자리에서는 마치 사람들이 천국으로 들어가고 있는 것처럼, 아주 헌신적이면서 한 주일 후에는 마치 지옥에서 나온 사람들처럼 아주 독신적이 되는 것, 즉 거룩하지 않으면서 그리스도인의 이름을 가지는 것은 종교를 모독하는 것으로, 하나님의 길을 욕먹게 한다.

(7) 성화는 천국을 위해 합당한 길이다. "자기의 영광과 덕으로써 우리를 부르신 자"(벧후 1:3). 영광은 보좌이고, 성화는 우리가 그 보좌에 올라가는 계단이다. 여러분이 먼저 그릇을 깨끗이 닦고, 그 다음에 포도주를 그 안에 담는 것처럼, 하나님은 먼저 우리를 성화로써 깨끗하게 한 다음에 그 안에 영광의 포도주를 부으신다. 솔로몬은 먼저 기름부음을 받고, 그 다음에 왕이 되었다(왕상 1:39). 하나님은 먼저 우리에게 자신의 영의 거룩한 기름을 부으신 다음에 우리의 머리 위에 행복의 면류관을 씌우신다. 마음의 청결함과 하나님을 보는 것은 밀접하게 연계되어 있다(마 5:8).

우리는 어떻게 성화에 도달할 수 있는가?

(1) 하나님의 말씀에 정통하라. "저희를 진리로 거룩하게 하옵소서"(요 17:17). 말씀은 우리 영혼의 흠을 우리에게 보여주는 거울이자 그 흠을 씻어내는 놋대야이다. 말씀은 그 안에 변화시키는 덕을 소유하고 있다. 그것은 정신을 계발시키고, 마음을 정화시킨다.

(2) 그리스도의 보혈을 믿는 믿음을 가지라. "믿음으로 저희 마음을 깨끗이 하사"(행 15:9). 복음서에서 그리스도의 겉옷을 만진 여인은 치유를 받았다. 한 조각의 믿음이 정화시킨다. 믿음 이상으로 마음을 성화시킬 수 있는 것은 아무 것도 없다. 만일 내가 그리스도와 그분의 공로를 나의 것으로 믿는다면, 내가 어떻게 그분에 대적하여 범죄할 수 있겠는가? 의롭게 하는 믿음은 이적적인 믿음이 행하는 영적인 의미에서 보면, 그것은 산 곧 교만, 정욕, 시기의 산을 옮기는 일을 행한다. 믿음과 죄에 대한 사랑은 모순이다.

(3) 성령을 따라 살라. 그것은 "성령의 거룩하게 하심"(살후 2:13)으로 불린다. 성령은 번개가 공기를 순화시키고, 불이 금속을 단련시키는 것처

럼, 마음을 성화시킨다. Omne agens generat sibi simile[성령은 사역하실 때 어디에서든 그 자신의 모양을 발생시킨다]. 도장이 밀랍 위에 그것의 모양을 각인시키는 것처럼, 성령은 마음 위에 자신의 성결성의 낙인을 찍어놓으신다. 인간 속에 있는 하나님의 영은 그에게 거룩의 향내를 풍기게 하고, 그의 마음에 천국의 지도를 그려놓는다.

(4) 성화된 사람들과 교제하라. 그들은 그들의 조언, 기도 그리고 경건의 모범을 통해 여러분을 경건하게 하는 수단들이 될 것이다. 성도들의 교제가 우리의 신조 속에 들어있는 것처럼, 그것은 또한 우리의 동행 속에 있어야 한다. "지혜로운 자와 동행하면 지혜를 얻고"(잠 13:20). 교제는 화합을 낳는다.

(5) 성화를 위해 기도하라. 욥은 "누가 깨끗한 것을 더러운 것 가운데서 낼 수 있으리이까"(욥 14:4)라고 질문하였다. 아무도 그렇게 할 수 없지만, 하나님은 그렇게 하실 수 있다. 하나님은 더러운 마음으로부터 은혜를 낳을 수 있다. 오! "하나님이여 내 속에 정한 마음을 창조하시고 내 안에 정직한 영을 새롭게 하소서"(시 51:10)라는 다윗의 기도를 여러분 자신의 기도로 삼으라. 여러분의 마음을 주님 앞에 두고, 다음과 같이 기도하라. "주님, 저의 성화되지 못한 마음은 그것이 접하는 모든 것을 오염시킵니다. 저는 당신을 영화롭게 할 수 없기 때문에 이런 마음을 가지고 살기에 합당하지 않습니다. 또한 저는 당신을 볼 수 없기 때문에 이런 마음을 가지고 죽을 수도 없습니다. 오, 주여. 내 안에 새 마음을 창조하소서! 주님, 나의 마음을 정하게 하시고, 그것이 당신의 전이 되게 하시며, 거기서 당신을 향한 찬양이 영원히 울려퍼지도록 하소서."

적용 3: 하나님은 더러운 것으로부터 깨끗한 것을 창조하셨는가? 그분이 여러분을 성화시켰는가? 여러분이 이 성화의 보석을 달고 있는 것에 감사하라. "성도의 기업의 부분을 얻기에 합당하게 하신 아버지께 감사하게 하시기를 원하노라"(골 1:12). 그리스도인으로서 그대는 그대 자신을 더럽힐 수는 있어도 그대 자신을 성화시킬 수는 없다. 그러나 하나님은 그렇게 하셨다. 하나님은 죄를 사슬로 묶으시고, 그대의 본성을 변화시키고, 그대를 임금의 딸로 삼으시고 모든 영광을 허락하셨다. 그분은 그대 위에 거룩의 흉패를 두시고, 그것이 화살을 맞더라도 절대로 그 화살을 통과시키지 않도록 하셨다. 누가 성화되는가? 하나님은 조명은 받을 수 있지만 성화되지 못한 수많은 사람들보다 여러분에게 더 크게 역사하셨다. 하나님은 여러분을 임금의 아들들로 만드는 것보다 여러분에게 더 큰 것을 주셨고, 여러분이 땅에서 최고의 자리에 오르도록 하셨다. 여러분은 성화되었는가? 천국은 여러분 안에서 시작된다. 왜냐하면 행복은 오직 거룩의 정수이기 때문이다. 오, 여러분은 하나님께 얼마나 감사해야 할까! 복음서에서 눈 먼 자가 곧 보게 되어 "하나님께 영광을 돌리며 예수를 좇은"(눅 18:43) 것처럼 하라. 하나님의 찬양이 울려퍼지는 천국을 만들라.

6. 확신

질문 36: 성화로부터 흘러나오는 유익들은 무엇입니까?

답변: 성화로부터 흘러나오는 유익들로는 하나님의 사랑, 양심의 평화, 성령 안에서 희락, 은혜의 증가 그리고 세상 끝날까지의 견인에 대한 확신 따위가 있습니다.

성화로부터 흘러나오는 첫번째 유익은 하나님의 사랑에 대한 확신이다. "더욱 힘써 너희 부르심과 택하심을 굳게 하라"(벧후 1:10). 성화는 씨앗이고, 확신은 그것으로부터 피어나는 꽃이다. 확신은 성화의 결과이다. 옛 성도들은 그렇게 했다. "우리가 그의 계명을 지키면 이로써 우리가 저를 아는 줄로 알 것이요"(요일 2:3). "나의 의뢰한 자를 내가 알고"(딤후 1:12). 여기에는 sensus fidei 즉 '믿음의 반사'가 있다. 그리고 "그리스도께서 나를 사랑하사"(갈 2:20). 여기에 확신을 풍성하게 하는 믿음이 있다. 외콜람파디우스는 병이 들자 자신의 가슴을 가리키면서, "여기에 충분한 빛이 있다"[Hic sat lucis] 즉 나는 위안과 확신을 의미하는 빛을 충분히 갖고 있다고 말하였다.

성화된 모든 사람들이 확신을 갖고 있는가?

그들은 성화에 대한 권리를 갖고 있다. 그리고 그들이 느끼는 것을 표현할 수 없을 정도로 그들의 위안은 너무 빈약하고, 그들의 생명적 정신은 너무 허약하지만, 최후의 순간 앞에서는 어느 정도 누구나 확신을 갖고 있다고 나는 믿고 싶다. 그러나 나는 누구나 그들의 성화의 첫 단계에서부터 확신을 갖는다고 적극적으로 주장하지는 않을 것이다. 편지가 씌어지더라도 봉인되지 않을 수 있는 것처럼, 은혜가 마음 속에 씌어질 수 있더라도 성령은 그것에 대한 확신의 보증을 제공하지 않을 수 있다. 하나님은 자유로운 행위자이시고, 자신이 기뻐하시는 것에 따라 합당하게(pro licito) 확신을 주시든지 아니면 그것을 연기하시든지 할 수 있다. 성령의 성화 사역이 있는 곳에서 하나님은 부분적으로는 영혼의 겸손을 위해, 또 부분적으로는 우리의 무분별한 발걸음을 벌하시기 위해 인침의 사역을 철회하실 수 있다 — 영적 각성을 소홀히 하고, 의무를 태만히 하고, 먹구름 아래 걸어갈 때, 우리는 성령의 은혜를 소멸시키고, 하나님은 부분적으로 하늘과 땅 사이에 차별을 두시기 위해 우리에 대한 위로를 철회하신다. 나는 하나님의 백성들이 확신이 없어서 낙심하는 마음으로부터 회복하도록 하기 위해 이것을 빨리 말하고 싶다. 여러분에게는 확신에 있어서 즐거움의 기름이 부어지지 않는다고 해도, 성화에 있어서 성령의 물은 부어질 수 있을 것이다. 증거로 나타나는 믿음은 없을지 모르지만, 믿음의 흔적은 있을 수 있다. 가지에 열린 열매가 보이지 않을 때, 뿌리에 생명력이 있을 수 있다. 마찬가지로 확신의 열매가 없을 때에도 마음 속에 믿음이 있을 수 있다.

확신이란 무엇인가?

확신은 어떤 음성이나 들을 수 있는 소리가 아니고 또는 천사나 계시의 도움을 받아 우리에게 임하는 것도 아니다. 확신은 하나님의 말씀이 대전제, 양심이 소전제, 그리고 성령이 결론을 이루는 실제적인 삼단논법으로 구성된다. 말씀은 "하나님을 두려워하고 사랑하는 자는 하나님의 사랑을 받느니라"고 말씀한다. 여기에 대전제가 있다. 이어서 양심이 소전제를 구성한다. "그러나 나는 하나님을 두려워하고 사랑한다." 그 다음에 성령이 결론을 구성한다. "그러므로 그대는 하나님의 사랑을 받는 자니라." 이것이 사도가 "성령이 친히 우리 영으로 더불어 우리가 하나님의 자녀인 것을 증거하시나니"(롬 8:16)라고 부르는 것이다.

성화된 영혼은 모든 의심을 배제할 정도로 큰 확신을 갖고 있는가?

그는 침체로부터 자신을 지키는 비결을 간직하고 있다. 그는 성령의 징조를 소유하고 있고, 그래서 가장 부요한 상급을 위해 그것을 항상 염두에 두고 있다. 그러나 그의 확신은, 오류는 없지만, 완전하지는 않다. 때로는 동요도 있을 것이지만, 그는 두려움과 의심 속에서도 안전하다. 그것은 배가 바람에 의해 크게 흔들리고 있음에도 불구하고, 닻으로 고정되어 안전하게 정박되어 있는 것과 같다. 만일 그리스도인이 어떤 의심도 갖고 있지 않다면, 그는 자기 안에 불신앙도 없을 것이다. 또 그가 어떤 의심도 갖고 있지 않다면, 전투적 은혜와 승리적 은혜 사이에 차이가 없을 것이다. 다윗은 때때로 성쇠를 겪지 않았는가? 그것은 때로는 stellam video 즉 "나는 별을 보고 있다"고 외치다가 조금 뒤에는 이젠 그 별이 사라졌다고 외치는 선원과 마찬가지이다. 때때로 우리는 다윗이 "주의 인자하심이 내 목전에 있나이다"(시 26:3)라고 말하는 것을 듣는다. 그러나 어떤 때에는 그가 당황하여 "주여 주의 성실하심으로 다윗에게 맹세하신 이전 인자하심이 어디 있나이까"(시 89:49)라고 부르짖는다. 그리스도인으로서는 확신에 있어서 부침이 있을 수 있는데, 그것은 의심이라곤 조금도 없는 곳, 하나님의 사랑의 깃발이 영혼에게 항상 보이는 곳, 하나님의 얼굴의 빛이 구름 없이 비치고 해가 영원히 지지 않는 곳, 그리고 성도들이 무한한 확신을 갖고 있고, 항상 주님과 함께 하는 곳, 바로 그러한 천국을 간절히 소망하도록 하기 위해서이다.

참된 확신과 잘못된 확신 사이의 차이는 무엇인가?

(1) 참된 확신과 잘못된 확신은 사역의 방법 또는 방식에 있어서 차이가 있다. 신적 확신은 죄에 대한 낮아짐으로부터 나오는 것이다. 여기서 나

는 낮아짐의 정도가 아니라 진리에 관해 말하는 것이다. 팔레르모에는 당분이 풍성한 갈대가 자라고 있다. 죄에 대해 낮아진 영혼은 이 달콤한 확신이 자라는 상처받은 갈대이다. 하나님의 영은 양자의 영이 되기 이전에는 속박의 영이다. 그러나 잘못된 확신은 성령에 대한 어떤 겸손한 자세가 없이 일어난다. "네가 어떻게 이같이 속히 잡았느냐" 쟁기질은 씨를 뿌리기 전에 하는 법이다. 마음은 하나님이 확신의 씨를 뿌리시기 전에 겸손과 회개에 의해 경작되어야 한다.

(2) 참된 확신을 갖고 있는 사람은 자신의 확신을 약화시키고 어둡게 하는 것을 주의할 것이다. 그는 금단의 열매를 두려워한다. 그는 죄를 범함으로써 자신의 영혼은 잃어버리지 않지만, 자신의 확신을 잃어버린다는 것은 알고 있다. 그러나 잘못된 확신의 환상(ignis fatuus)을 갖고 있는 사람은 자신의 옷이 더럽혀지는 것을 두려워하지 않는다. 그는 담대하게 죄를 범한다. "나의 아버지여 아버지는 나의 소시의 애호자시오니 노를 한없이 계속하시겠으며 끝까지 두시겠나이까 하지 않겠느냐 보라 네가 이같이 말하여도 악을 행하여 네 욕심을 이루었느니라"(렘 3:4,5). 발람은 "내 주여"라고 말했지만, 그의 신분은 박수였다. 그것은 그가 밤에만 돌아다니기를 두려워하지 않는 사람으로서 하나님에 대한 어떤 확신도 없다는 표시였다. 그것은 흑암의 일들을 두려워하지 않는 사람으로서, 확신의 보석을 갖고 있지 못한 사람이라는 표시였다.

(3) 참된 확신은 성경의 기초 위에 세워진다. 말씀은 "의의 결과는 영원한 평안과 안전이라"(사 32:17)고 말씀한다. 그리스도인의 확신은 이 성경 위에 세워진다. 하나님은 그의 영혼 속에 의의 씨를 뿌리셨고, 이 씨는 확신이라는 수확을 거두었다. 그러나 잘못된 확신은 가짜이다. 그것은 그 보증을 보여주는 성경을 갖지 못했다. 그것은 보증과 증거가 없는 유언장과 같다. 그런 유언장은 법적으로 무효이다. 잘못된 확신은 말씀의 증거도 없고, 성령의 보증도 없다.

(4) 성화로부터 흘러나오는 확신은 항상 마음을 겸손한 자세로 유지시킨다. 주님은 영혼에게 "그렇게 많은 사람들이 간과하지만 당신의 사랑

의 금빛 광선이 내 위에 비추어야 하는 것이 무엇인가?"를 말씀하신다. 바울은 확신을 갖고 있었다. 그는 이 보석을 자랑하는가? 아니다. "모든 성도 중에 지극히 작은 자보다 더 작은 나에게"(엡 3:8). 그리스도인이 하나님으로부터 받는 사랑이 크면 클수록 그는 자신을 자유 은혜의 빚진 자로 보기 때문에 그의 빚 의식이 그의 마음을 더욱 겸손하게 만든다. 그러나 잘못된 확신은 교만을 더 자라게 한다. 잘못된 확신을 가진 사람은 거만하다. 그는 자신이 다른 사람들보다 우월하다고 생각한다. "하나님이여 나는 다른 사람들 … 과 같지 아니하고 이 세리와도 같지 아니함을 감사하나이다"(눅 18:11). 깃털은 날아오르지만, 금은 가라앉는다. 마찬가지로 이 금같은 확신을 간직한 사람의 마음은 겸손으로 낮아진다.

무엇이 우리로 하여금 확신을 추구하도록 자극할 수 있는가?

확신이 얼마나 감미롭고, 그것이 얼마나 고상하고 탁월한 결과들을 가져오는지를 고찰해 보자.

(1) 확신은 참으로 감미로운 것이다. 이것은 금항아리에 담긴 만나이다. 그것은 마음을 시원하게 하는 낙원에 있는 새하얀 눈이요, 포도주이다. 하나님의 미소는 얼마나 평안하게 하는가! 해는 구름에 덮여 있을 때보다 밝게 빛날 때 더 신선하다. 그것은 영광을 맛보고 시식하는 것이다. 그것은 그가 천국에 가기 전에 천국에 있는 것이다. 그것을 맛본 자들 외에는 아무도 그것이 얼마나 달콤하고, 황홀한지를 알 수 없다. 꿀을 직접 맛본 사람 외에는 그것이 얼마나 달콤한지를 알 수 없는 것과 같다.

(2) 확신은 고상하고 탁월한 결과를 가져온다.

(i) 확신은 우리로 하여금 하나님을 사랑하고, 찬양하도록 만들 것이다. 사랑은 종교의 영혼, 희생제물의 고기이다. 그렇다면 확신을 갖고 있는 사람만큼 하나님을 사랑할 수 있는 자가 누구인가? 화경(火鏡) 위에 그 광선을 반사시키는 해는 그 화경 주위에 있는 물건을 불타게 한다. 마찬가지로 확신(하나님의 사랑을 영혼 위에 반사하는)은 하나님에 대한 사랑을 불타오르게 한다. 바울은 자신에 대한 그리스도의 사랑을 확신하였고 — "그

는 나를 사랑하였다" — 그래서 그의 마음은 얼마나 사랑으로 불타올랐던가! 그는 그리스도 외에는 아무 것도 귀하게 여기거나 찬미하지 않았다(빌 3:8). 그리스도는 십자가에 고정된 만큼 바울의 마음에도 고정되었다. 찬양은 우리가 천국의 면류관을 위해 지불하는 면역지대이다. 자신의 칭의에 대한 확신을 가지고 있는 자 외에 누가 하나님을 축복할 수 있으며, 그분이 자기를 위해 행하신 것에 대해 영광을 돌릴 수 있겠는가? 기절하거나 졸도한 사람이 자신을 살리신 하나님을 찬양할 수 있는가? 자신의 영적 상태에 관해 두려움으로 동요하고 있는 그리스도인이 자신을 선택하고, 의롭게 하신 하나님을 찬양할 수 있는가? 아니다! "오직 산 자 곧 산 자는 주께 감사하며"(사 38:19). 확신으로 활기가 넘치는 사람들이 하나님에 대한 찬양을 울리는데 가장 적합한 사람들이다.

(ii) 확신은 피조물이 가지는 우리의 모든 기쁨을 낳는 달콤함을 줄 것이다. 그것은 포도주에 대해 설탕으로서 더욱 큰 것에 대한 전조가 될 것이다. 그것은 고기와 함께 축복을 제공할 것이다. 죄책은 우리의 평안을 빼앗아간다. 그것은 쓰디쓴 컵으로부터 물을 마시는 것이다. 그러나 확신은 모든 신체를 아늑하게 한다. 하나님의 사랑에 대한 확신은 달콤한 재산이고, 천국에 대한 확신 역시 유쾌한 재산이다. 하나님의 사랑에 대한 확신과 함께 하는 식사는 고기 없는 채소만의 식사일지라도 진수성찬이다.

(iii) 확신은 하나님을 섬기는데 있어서 우리를 활력적이고, 생동력있게 만든다. 그것은 기도를 신명나게 할 것이고, 순종을 촉진시킬 것이다. 부지런함이 확신을 낳는 것처럼 확신은 부지런함을 낳는다. 확신은 영혼의 자기안일을 낳는 것이 아니라(교황주의자들이 말하는 것처럼) 근면을 낳는다. 의심은 하나님을 섬기는데 있어서 우리를 낙심시키지만, 그분의 은혜에 대한 확신은 기쁨을 배가시킨다. "여호와를 기뻐하는 것이 너희의 힘이니라"(느 8:10). 확신은 거룩한 직무를 행하는데 있어서 독수리처럼 우리를 천국에 오르게 한다. 그것들을 움직이고, 그것들을 올리우는 것은 에스겔의 바퀴들 가운데 있는 신과 같다. 믿음은 우리를 걷도록 만들지만, 확신은 우리를 달리게 만든다. 우리는 하나님을 위해 충분히 할 수 있다고 결

코 생각하지 못할 것이다. 확신은 새의 날개처럼, 시계의 추처럼, 순종의 모든 바퀴를 달리도록 만들 것이다.

(iv) 확신은 유혹을 방어하고, 유혹을 물리치는 황금방패일 것이다. 사탄이 사용하는 두 종류의 시험이 있다. ① 사탄은 우리로 하여금 죄를 범하도록 유혹한다. 하지만 우리가 칭의를 확신하고 있는 한 이 유혹은 사라질 것이다. 사탄! 그는, 나를 사랑하시고 나를 자신의 피로 씻으신 그분에 대적하여 죄를 범하도록 얼마나 획책하는가? 나는 평강을 말씀하신 하나님을 버리고 어리석은 자로 다시 돌아갈 것인가? 나는 확신을 약화시킴으로써, 양심에 상처를 입히고, 나의 보혜사를 슬프게 할 것인가? 사탄아, 물러가라! 더 이상 유혹하지 말라. ② 사탄은, 우리는 위선자이고 하나님은 우리를 사랑하시지 않는다고 말함으로써 하나님에 대한 우리의 관심에 의심을 불어넣는다. 이제 확신만큼 이 유혹에 대항하는 방패는 없다. 사탄! 나의 마음 속에 은혜의 참된 사역이 있고, 그것을 증거하는 성령의 보증이 있는데, 그대는 하나님이 나를 사랑하지 않는다고 말하는가? 지금 나는 사탄 그대가 내가 민감하게 느끼는 것을 반대하는 거짓말쟁이라고 알고 있다. 만일 믿음이 마귀를 저항하는 것이라면, 확신은 그를 패주시킬 것이다.

(v) 확신은 우리로 하여금 세상에서 거의 소유하고 있는 것이 없음에도 불구하고 자족하도록 만들 것이다. 충분히 소유하고 있는 사람은 만족한다. 햇빛을 소유하고 있는 사람은 비록 횃불이 없다손 치더라도 만족한다. 확신이 있는 사람은 충분하게 소유하고 있다. 그는 풍성한 그리스도의 공로, 그의 사랑의 특권, 그의 영광의 징조를 소유하고 있다. 그는 하나님의 충만하심으로 가득차 있다. 이것으로 충분하고, 또 충분하기 때문에 그는 만족한다. "여호와는 나의 산업과 나의 잔의 소득이시니 … 내게 줄로 재어 준 구역은 아름다운 곳에 있음이여 나의 기업이 실로 아름답도다"(시 16:5,6). 확신은 마음을 조용히 진정시킬 것이다. 불만의 이유는 사람들이 하나님에게 관심을 두지 않기 때문이거나 그들의 유익을 알지 못하기 때문이다. 바울은 "나의 의뢰한 자를 내가 알고"(딤후 1:12)라고 말한다. 여기서 그는 자신의 유익에 대한 확신이 있었다. 또 "근심하는 자 같으나 항

상 기뻐하고"(고후 6:10)라고도 말한다. 여기서 그는 자족함이 있었다. 오직 확신을 가져라. 그리하면 여러분은 불평가들의 주간 명단으로부터 제외될 것이고, 더 이상 불만족이 없을 것이다. 확신을 가진 사람에게는 아무 것도 잘못될 것이 없다. 하나님이 그의 확신이다. 그는 친구를 잃었는가? — 그의 아버지가 살아계신다. 그는 그의 독자를 잃었는가? — 하나님이 그에게 자신의 독생자를 주셨다. 그는 빵이 부족한가? — 하나님이 그에게 최고의 곡식 곧 생명의 양식을 허락하셨다. 그의 평안이 떠났는가? — 그는 보혜사를 갖고 있다. 그는 바다에서 폭풍을 만나는가? — 그는 정박할 장소를 알고 있다. 하나님이 그의 분깃이고, 천국이 그의 안식처이다. 이 확신은 모든 상황에서 감미로운 만족을 제공한다.

(vi) 확신은 그리스도인의 마음을 고난 속에서도 굴하지 않도록 인도할 것이다. 그것은 그리스도인으로 하여금 인내하면서 즐거이 고통을 견디도록 만들 것이다. 인내를 가지라고 나는 말하는 바이다. "너희에게 인내가 필요함은"(히 10:36). 소화시키기 어렵기 때문에 오직 튼튼한 위만이 소화시킬 수 있는 고기들이 더러 있다. 마찬가지로 고통은 소화시키기 어려운 고기이지만, 튼튼한 위처럼 인내는 그것을 소화시킬 수 있을 것이다. 확신이 아니면 인내가 어디로부터 오겠는가? "환난은 인내를 낳고 … 하나님의 사랑이 우리 마음에 부은 바 됨이니"(롬 5:3,5). 확신은 어두운 밤을 비추기 위해 선원이 갑판 위에서 들고 있는 등불과 같다. 확신은 고통 속에서도 위로의 빛을 던져준다. "너희가 갇힌 자를 동정하고 너희 산업을 빼앗기는 것도 기쁘게 당한 것은 더 낫고 영구한 산업이 있는 줄 앎이라"(히 10:34). 확신이 있는 사람은 환난 중에서도 즐거워할 수 있다. 그는 가시로부터 포도열매를 얻을 수 있고, 사자의 시체로부터 꿀을 얻을 수 있다. 라티머는 이렇게 말하였다: "내가 홀로 앉아서 나의 영혼의 상태에 대해 확고한 확신을 가지고, 하나님이 나의 하나님임을 알 수 있을 때, 나는 모든 고통을 웃어넘길 수 있고, 그때는 아무 것도 나를 위협할 수 없다."

(vii) 확신은 고민하는 양심을 진정시킬 것이다. 갈등이 많은 불안한 양심은 자신을 지옥으로 이끈다. Eheu quis intus scorpia[오호라, 누가 이

고통의 몸에서 건져내랴]! 그러나 확신은 고뇌를 치유하고, 양심의 광포를 진정시킨다. 뱀으로 변하기 전의 양심은 그 입에 꿀을 물고 있는 벌과 같이 평화를 말한다. Tranquillus Deus, tranquillat omnia[하나님의 평강은 모든 것을 평강하게 한다] — 터툴리안. 하나님이 우리를 평화롭게 할 때, 양심은 진정된다. 만일 하늘이 조용해지면, 바람도 소동을 멈추고, 바다도 잠잠하고 조용해진다. 마찬가지로 만일 하나님의 마음에 진노가 없으면, 그분의 진노의 폭풍이 불지 않으면, 양심은 잠잠하고 조용해진다.

(viii) 확신은 죽음의 공포에 대항할 수 있도록 우리를 강하게 만들 것이다. 그것이 결여된 사람들은 편안하게 죽을 수 없다. 그들은 죽음 뒤에 자기들에게 닥쳐올 일에 관해 의혹에 찬 긴장감을 버리지 못한다. 그러나 확신을 갖고 있는 사람은 행복하고, 기쁘게 세상을 떠난다. 그는 자신이 죽음에서 생명으로 옮기웠다는 것을 알고 있다. 그는 곧장 천국으로 인도된다! 그는 죽음에 저항할 수는 없지만 죽음을 극복한다.

확신이 없는 사람들은 어떻게 해야 하는가?

(1) 은혜를 발견하려는 노력을 하라. 태양이 땅을 비추는 빛을 부정할 때, 그것은 그 영향력을 나타낼 수 있다. 마찬가지로 하나님이 그의 얼굴의 빛을 부정할 때, 그분은 그의 은혜에 영향을 줄 수 있다.

우리는 우리가 은혜의 참된 사역을 소유하고 있고, 확신에 대한 권리를 소유하고 있다는 것을 어떻게 아는가?

우리가 다음 두 가지 질문을 해결할 수 있다면, 그것을 아는 것이 가능하다. (i) 우리는 예수 그리스도에 대해 깊은 감사를 갖고 있는가? "믿는 너희에게는 보배이나"(벧전 2:7). 그리스도는 아름다움과 기쁨의 총합이다. 우리의 찬양은 그분의 가치를 다 표현하지 못하고, 캔버스를 금실로 수놓은 천 위에 펼쳐놓은 것과 같다. 그의 피와 향기는 얼마나 보배로운가! 전자 곧 피는 우리의 양심을 진정시키고, 후자 곧 향기는 우리의 기도를 향내나게 한다. 우리는 우리가 그리스도를 사모하는 생각들을 갖고 있다고 말할 수 있는가? 우리는 그분을 우리의 최고의 보물, 우리의 빛나는 새벽별로 평가하는가? 우리는 우리의 모든 지상적 향락들을 그리스도와 비교하여 단지 배설물처럼 여기는가(빌 3:8)? 우리는 세상의 최상의 일들보다 그리스도의 열악한 일들을, 세상의 보화보다 그리스도로 인한 능욕을 더 좋아하는가(히 11:26)? (ii) 우리는 성령의 내주하심을 소유하고 있는가? "우리 안에 거하시는 성령으로 말미암아"(딤후 1:14).

우리는 우리에게 성령이 내주하신다는 것을 어떻게 알 수 있는가?

성령의 내주는 어쩌다 성령에 의해 우리 안에서 일어나는 선한 움직임을 갖는 것으로 알 수 있는 것은 아니다. 그 까닭은 성령은 우리 안에 내주하시지 않고서도 우리에게 역사하실 수 있기 때문이다. 그것은 우리의 마음 속에 성령이 divinam indolem 즉 신적 본성을 주입하시는 성령의 성결능력에 의해 알 수 있다. 성령은 자기 자신의 인상과 초상을 영혼 위에 찍어놓고, 영혼의 얼굴을 거룩하게 만드신다. 성령은 마음이 세상을 초월하고, 세상보다 높인다.

느부갓네살이 자기에게 주어진 이해를 가졌을 때, 그는 짐승들과 함께 풀을 뜯지 않고, 그의 보좌로 복귀하여 그의 나라의 일들을 생각하였다. 마찬가지로 하나님의 영이 인간 속에 거하시면, 그의 마음을 보이는 천체 너머로 인도한다. 성령은 그로 하여금 하늘의 일들에 대해 갈망(superna anhelare)하도록, 다시 말해 그리스도와 영광을 열망하도록 만든다. 만일 우리가 이것을 발견한다면, 우리는 은혜를 소유하고 있고, 따라서 확신에 대한 권리를 갖고 있는 것이다.

(2) 만일 여러분이 확신을 결여하고 있다면, 그것을 고대하라. 만일 숫자들이 해시계 위에 새겨져 있다면, 잠시 기다려 보라. 그러면 태양은 떠오른다. 마찬가지로 은혜가 마음 속에 새겨져 있으면, 잠시 기다려 보라. 그러면 우리는 확신의 햇빛을 가질 것이다. "그것을 믿는 자는 급절하게 되지 아니하리로다"(사 28:16). 그는 하나님의 안식 속에 머무를 것이다. 성급하게 "하나님은 나를 포기했고, 자신의 얼굴의 빛을 내게 결코 비추지 않을

것이라"고 말하지 말라. 아니 오히려 교회로서, "이제 야곱 집에 대하여 낯을 가리우시는 여호와를 나는 기다리며 그를 바라보리라"(사 8:17)고 말하라.

(i) 하나님은 여러분의 회심을 고대하시는데, 여러분은 그분의 위로를 기다리지 않을 것인가? 하나님은 자신의 영을 통해 여러분에게 얼마나 오랫 동안 구애하셨는가? 그분은 자신의 머리가 이슬로 가득찰 때까지 기다리셨다. 그분은 "네가 얼마나 오랜 후에야 정결하게 되겠느뇨"(렘 8:27)고 외치셨다. 오, 그리스도인이여. 하나님이 그대의 사랑을 고대하시는데, 그대는 그분의 사랑을 기다릴 수 없는가?

(ii) 확신은 너무 감미롭고 보배로워서 기다릴만한 가치가 충분히 있다. 그 가치는 루비를 능가한다. 그것은 오빌의 금과 비견될 수 없다. 하나님의 사랑에 대한 확신은 선택의 보증이다. 그것은 천사들의 연회이다. 천사들에게 어떤 다른 즐거움이 있는가? 미가가 "내게 오히려 있는 것이 무엇이냐"(삿 18:24)고 말한 것처럼, 하나님이 그의 영원한 사랑의 목적을 영혼에게 확신시킬 때, 그분이 줄 것이 더 이상 무엇이 있는가? 하나님은 자신이 입맞춤을 하는 자에게 면류관을 씌우신다. 확신은 낙원의 첫열매이다. 하나님의 얼굴에 번지는 한번의 미소, 그분이 눈으로 한 번 바라보심, 감추어진 만나 한 조각은 너무 달콤하고 맛이 있어서 우리가 기다릴만한 가치가 있다.

(iii) 하나님은 우리가 헛되이 기다려야 할 약속을 주시지 아니하셨다. "나를 바라는(wait for) 자는 수치를 당하지 아니하리라"(사 49:23). 아마 하나님은 희미한 시간에도 이 확신의 강장제를 예비하실 것이다. 그분은 때로는 마지막까지 최고의 포도주를 내놓으신다. 확신은 죽음의 쓴 잔을 달콤하게 하는 성분으로서 예비될 것이다.

확신이 결여되어 곤핍한 영혼들은 어떻게 위로받을 수 있는가?

(1) 확신이 결여되었다고 해서 성도의 기도가 응답받지 못하는 것은 아니다. 안에 거하는 죄는 우리의 기도를 방해하지만 확신의 결핍은 기도

를 방해하지 않는다. 우리는 겸손하고 신실한 태도로 여전히 하나님께 나아갈 수 있다. 아마 그리스도인은 하나님의 웃음띤 얼굴을 보지 못하기 때문에 하나님이 자기를 듣지 못할 것이라고 생각할지도 모른다. 이것은 잘못이다. "내가 놀라서 말하기를 주의 목전에서 끊어졌다 하였사오나 내가 주께 부르짖을 때에 주께서 나의 간구하는 소리를 들으셨나이다"(시 31:22). 만일 우리가 하늘에 탄식소리를 쏟아붓는다면, 하나님은 우리의 모든 신음소리를 들으실 것이다. 그분은 우리에게 자신의 얼굴을 보여주지 않는다고 할지라도, 우리에게 자신의 귀를 기울이실 것이다.

(2) 확신이 가장 약할 때에도 믿음은 가장 강할 수 있다. 가나안 여인은 확신이 없었지만 영광스러운 믿음을 소유하고 있었다. "여자야 네 믿음이 크도다"(마 15:28). 라헬은 아주 예뻤지만, 레아가 자녀는 더 많이 생산하였다. 확신은 보기에는 아주 아름답고 예쁜 것이기는 하지만, 하나님은 우리에게서 열매있는 믿음을 더 아름다운 것으로 바라보신다. "보지 못하고 믿는 자들은 복되도다"(요 20:29).

(3) 하나님이 시야에서 벗어나 있다고 해서 언약으로부터 벗어나 계신 것은 아니다. "나의 언약을 굳게 세우며"(시 89:28). 아내가 다년간 남편의 얼굴을 보지 못한다고 해도, 결혼관계는 지속되고, 세월이 흐르면 그녀에게 다시 돌아올 것이다. 하나님이 영혼을 버려둠 가운데 두실 수는 있지만, 언약은 굳게 세워져 있다. "나의 언약은 옮기지 아니하리라"(사 54:10). 그러나 이 약속은 유대인들에게만 주어진 것이었고, 우리에게 속한 것은 아닌가? 그것은 아니다. 그것은 그렇지 않다. 왜냐하면 17절에서 "이는 여호와의 종들의 기업이요"라고 말씀하기 때문이다. 이것은 그 당시에 살았던 유대인들 뿐만 아니라 오늘날 살고있는 하나님의 모든 종들에게도 해당된다.

우리는 확신을 어떻게 얻을 것인가?

(1) 순수한 양심을 유지하라. 회개하지 않는 양심에 죄책을 두지 말라. 하나님은 회개 없는 용서를 절대로 용납치 않으신다. 하나님은 더러운 그

릇 속에 확신의 포도주를 부으시지 않을 것이다. "우리가 마음에 뿌림을 받아 양심의 악을 깨닫고 몸을 맑은 물로 씻었으나 참 마음과 온전한 믿음으로 하나님께 나아가자"(히 10:22). 죄책은 위로의 날개를 잘라버린다. 은밀한 죄를 스스로 의식하고 있는 사람은 충분한 확신을 가지고 하나님께 나아갈 수 없다. 그는 하나님을 아버지가 아니라 심판자로 부를 수 있다. 죄의 먼지가 그 안에 떨어질 수 없을 만큼 그대의 눈만큼 깨끗한 양심을 유지하라.

(2) 만일 여러분이 확신을 갖고 있다면, 은혜의 연습을 많이 하라. "오직 경건에 이르기를 연습하라"(딤전 4:7). 사람들은 장사를 통해 부자가 된다. 마찬가지로 은혜 안에서 장사를 함으로써 우리는 확신을 번성하게 한다. "여러분의 선택을 확실하게 하라." 어떻게? "더욱 힘써 너희 믿음에 덕을, 덕에 지식을 더하라"(벧후 1:5). 날개 위에 은혜를 두어라. 확신을 번성하게 하는 것은 살아있는 믿음이다. 큰 배가 아닌 작은 배 안에 커다란 돛을 세울 수는 없다. 마찬가지로 하나님은 은혜로 넓어진 마음 속에 확신의 돛을 세우신다.

(3) 만일 여러분이 확신을 갖고 있다면, 하나님의 영을 소중히 여겨라. 다윗은 확신을 갖고 있을 때, "주의 영을 내게서 거두지 마소서"라고 기도하였다. 그는 자기로 하여금 기쁨의 목소리를 듣도록 할 수 있는 것은 오로지 성령이라는 것을 알고 있었다. 성령은 확신을 보증하시는 보혜사이시다(고후 1:22). 그러므로 성령을 활용하고, 성령이 근심하도록 하지 말라. 노아가 비둘기를 맞이하기 위해 방주의 문을 열어두었던 것처럼, 우리는 그 입 속에 확신이라는 감람나무 가지를 물고올 복있는 비둘기인 성령을 받아들이기 위해 우리의 마음의 문을 열어 두어야 한다.

(4) 우리는 규례의 연못 속에 들어가 자주 말씀과 성례를 접해야 한다. "그가 나를 인도하여 잔칫집에 들어갔으니 그 사랑이 내 위에 깃발이로구나"(아 2:4). 복된 규례들은 하나님이 확신의 깃발을 보여주는 잔치집이다. 성례는 보증의 규례이다. 그리스도는 떡을 떼시면서 그의 제자들에게 자신을 보여주셨다. 마찬가지로 성찬에서 떡을 뗄 때, 하나님은 자신을 우

리의 하나님이시자 분깃임을 우리에게 알리신다.

확신을 갖고 있는 사람들은 어떻게 처신해야 하는가?

(1) 만일 여러분이 자신의 칭의에 대해 확신을 갖고 있다면, 그것을 오용하지 말라. 우리는 의무를 게을리할 때, 확신을 잘못 사용하고 있는 것이다. 그것은 돈을 받고 연주를 하는 음악가가 연주를 멈추는 것과 같다. 태만 즉 종교의 의무를 이행하지 않는 것은 성령을 슬프게 하고, 우리의 영적 위안을 차단하는 것이다. 우리는 죄에 대해 무감각하고, 덜 두려워할 때 확신을 오용하는 것이다. 아버지는 자신의 아들에게 자신의 사랑에 대한 확신을 주고, 그에게 자신의 땅을 물려줄 것이라고 말하는데, 아들은 방탕하고 타락한다면 어떻게 되겠는가? 이것은 자신의 아버지의 사랑을 상실하고, 후사를 빼앗기는 길이다. 여호와께서 일찍이 두 번이나 나타나신 이후에도 솔로몬이 마음을 돌이켜 이스라엘 하나님 여호와를 떠난 것은 심각한 그의 죄 때문이었다(왕상 11:9). 사람이 확신을 결여하고 있을 때 죄를 범하는 것도 나쁘지만, 확신을 갖고 있으면서 죄를 범하는 것은 더 나쁘다. 주님은 자신의 사랑을 입맞춤으로 보증하셨는가? 그분이 천국의 보증을 여러분의 손 안에 남겨두셨고, 그래서 여러분은 주님께 보답하는가? 여러분은 입에 만나를 물고 죄를 범할 것인가? 하나님은 여러분을 양육시키는 달콤한 확신의 포도송이들을 주시는데, 여러분은 그분에게 들포도를 돌릴 것인가? 우리가 확신을 결여하든지 아니면 남용하든지 간에 사탄을 크게 기쁘게 하는 것이다. 우리의 영혼의 맥박이 죄를 범할 때에는 더 빠르게 고동치고, 의무를 이행할 때에는 더 느리게 고동친다면, 우리는 확신을 오용하는 것이다.

(2) 만일 여러분이 확신을 갖고 있다면, 그분의 엄청난 자비를 찬미하라. 여러분은 하나님이 여러분에게 담즙과 식초를 마시도록 할 자격 밖에는 없지만, 여러분 위에 꿀이 떨어지는 자신의 사랑의 벌집을 만드셨는가? 오, 엎드려 그분의 선하심을 찬미하라! "주님, 당신이 눈동자처럼 사랑하는 사람들을 위해 당신은 당신의 사랑에 대한 확신을 미루시고, 허락하시지

않음으로써 당신이 다른 신자들이 아니라 나에게 얼마나 자신을 나타내시는지요! 당신은 그들에게 새 이름을 주셨지만, 그들은 아직 하얀 돌을 준비하지는 못하였고, 그들은 은혜의 씨앗은 가졌지만, 아직 감사의 기름은 준비하지 아니하였으며, 그들은 성화를 이루시는 성령을 가졌지만, 아직 보혜사로서의 성령은 갖지 못하였습니다. 주님, 당신이 저에게 당신 자신을 현현하시는 까닭은 무엇이며, 확신이라는 당신의 광선이 나의 영혼에 비추도록 하시는 연고가 무엇인지요?" 오, 이런 이유로 하나님을 찬양하라! 이것이 천국의 일이니라.

(3) 여러분의 마음이 하나님에 대한 사랑을 사모하도록 하라. 만일 하나님이 그의 백성들을 징계하신다면, 그들은 그분을 사랑해야 한다. 하물며 그분이 그들에게 확신을 주시는 경우에는 더 말할 것도 없을 것이다. "너희 모든 성도들아 여호와를 사랑하라"(시 31:23). 하나님이 여러분을 가나안 땅으로 이끄셨다면, 여러분에게 포도송이를 주시고, 여러분을 인자로 감싸주시며, 천국에 대한 강한 보증 아래 여러분의 용서를 확실하게 하시지 않겠는가? 여러분은 이런 불 속에서 얼어붙을 수 있겠는가? 여러분은 얼마나 하나님을 향한 사랑으로 불타오르는 스랍으로 변형될 수 있겠는가! 어거스틴이 말한 것처럼, "만일 나의 영혼 안에서 하나님에 대한 사랑을 발견하지 못한다면, 나는 그것을 미워할 것이다"(Animam meam in odio haberem)라고 말하라. 하나님께 여러분의 사랑의 진수와 정수를 드리고, 그분을 위해 기꺼이 모든 것을 희생함으로써 여러분의 사랑을 증명하라.

(4) 만일 여러분이 확신을 갖고 있다면, 그것을 하나님의 영광을 위해 증진시켜라. (i) 아직 회심하지 않은 사람들에게 자극을 줌으로써 확신을 증진시켜라. 이 감추어진 만나가 그들에게 얼마나 달콤한 것인지를 말해주라. 여러분이 섬기는 주님이 얼마나 선하신 분인지를 그들에게 말해 주라. 여러분이 소유하고 있는 희열이 얼마나 큰 것인지를 그들에게 말해 주라. 여러분을 몰약의 언덕으로, 향료의 산으로 이끄신 하나님, 또 여러분에게 천국에 대한 기대뿐만 아니라 그 전조까지 허락하신 하나님을 그들에게 말해 주라. 오, 하나님의 모든 사랑과 자비로 말미암아 죄인들이 하나님

의 가족 속에 자신의 이름을 등재하고, 구원을 위해 자신을 하나님께 투자할 수 있도록 그들을 설복하라. 하나님이 여러분을 만나, 아무 대가가 없는 자유 은혜의 비밀들을 털어놓으시고, 여러분에게 눈으로 보지 못한 무한한 기쁨들이 흘러나오는 땅을 보증하셨다는 것을 그들에게 말해 주라. 이같이 다른 사람들에게 하나님이 여러분의 영혼을 위해 행하신 것을 말해줌으로써, 여러분은 그들이 하나님의 길을 따르는 사랑 안에 거하고, 참 종교의 길로 나아가도록 할 것이다.

(ii) 확신을 결여하고 있는 자들을 위로함으로써 확신을 증진시켜라. 선한 사마리아인이 그들의 상처에 포도주와 기름을 발라준 것처럼 하라. 확신을 소유하고, 정박소에 안치되어 있는 여러분은 자신의 행복은 확신할 수 있을지 모르지만, 유혹과 유기의 파도와 함께 투쟁을 벌이며, 가라앉기 직전에 있는 다른 사람들을 바라보지 못하지 않겠는가? 오, 이제는 그들을 불쌍히 여기고, 그들이 이 깊은 바다에서 헤매고 있는 동안에 그들을 위로할 수 있는 일을 행하라. "우리가 환난받는 것도 너희의 위로와 구원을 위함이요 혹 위로받는 것도 너희의 위로를 위함이니"(고후 1:6). 다른 사람에게 전달해주는 한 그리스도인의 위로의 경험은 그의 연약한 마음을 크게 소생시키고, 인내할 수 있도록 만든다. 사도는 "우리가 위로받는 것도 너희의 위로를 위함이라"고 말한다.

(iii) 더욱 경건하게 삶을 영위함으로써 확신을 증진시켜라. 여러분은 아래에 있는 것들을 무시해야 한다. 하늘의 징조를 소유하고 있는 여러분은 땅의 것에 대해서 지나치게 집착해서는 안된다. 여러분은 천사의 양식을 소유하고 있고, 따라서 흙을 핥는 것은 여러분이 아니라 뱀에게나 어울리는 것이다.

악한 자들은 한결같이 재물, 곧 포도주와 기름을 위해 산다. 그러나 여러분은 더 나은 것을 소유하고 있다. 하나님은 자신의 얼굴의 빛을 비추시는데, 여러분은 거룩한 땅의 포도와 석류를 먹고 자랄 때, 세상을 바라볼 것인가? 여러분은 지금도 애굽의 마늘과 파를 갈망하는가? 여러분은 해로 둘러싸여 있으면서, 여러분 위에 달과 별들을 세울 것인가? 오, 옥수수껍질

외에는 아무 것도 먹고 살 것이 없는 사람들이나 세상을 차지하기 위해 아귀다툼을 하도록 하라. 여러분은 천국에 대한 확신을 갖고 있고, 그것만으로 충분하지 않는가? 천국이 여러분을 만족시키지 못하는가? 최고의 확신을 갖고 있는 사람들은 세상을 초월하고 살아야 한다.

(iv) 즐거운 삶을 영위함으로써 확신을 증진시켜라. 정죄받은 사람들이나 그들의 머리를 아래로 박고 다니는 법이다. 그러나 그대는 그대의 사면권을 갖고 있지 않은가? 그대의 하나님은 그대에게 미소를 보내시지 않는가? 즐거워 하라. "왕자여 어찌하여 나날이 이렇게 파리하여 가느뇨"(삼하 13:4). 그대는 왕의 아들이 아닌가? 하나님은 그대의 양자됨을 보증하셨는데, 그대는 왜 슬퍼하는가? 확신은 모든 괴로움을 물리치는 해독제여야 한다. 세상이 그대를 얼마나 미워하는가? 그대는 자신이 하나님의 총애하는 자녀들 가운데 하나라는 것을 보증받았다. 항아리 속에 기름이 약간이라도 떨어지면, 그대는 세상 속에서 얼마나 무기력한가? 그대는 최고의 확신을 가졌다. 오, 그렇다면 기뻐하라! 새는 얼마나 아름다운 노래를 부르는가! 그것은 주워먹을 먹이가 다음에 어디에 있는지도 모르면서, 얼마나 기쁘게 지저귀면서 노래하는가! 그런데 자기들의 일용할 양식을 보증하는 하나님의 약속과 천국을 보증하는 그분의 사랑을 갖고 있는 사람들이 슬퍼하고 낙심하는가? 확실히 확신을 갖고 있는 사람들은 쾌활한 안색 이외에는 가질 것이 없다.

(5) 만일 여러분이 구원에 대한 확신을 갖고 있다면, 그것이 여러분으로 하여금 영원한 상태를 대망하도록 하라. 그분의 손 안에 있다는 확신을 갖고 있는 사람은 완전한 대가가 지불되기를 바란다. 주님이 얼마나 달콤한 분이신지를 맛본 영혼은 천국에서 그분을 충분히 향유하기를 소망해야 한다. 그리스도는 그대의 손에 확신이라는 반지를 끼워주시고, 그래서 그대는 그분에게 시집을 갔는가? 그렇다면 그대는 어린 양의 혼인잔치를 얼마나 대망해야 할까(계 19:9)! 오, 그리스도인이여, 천국의 빛, 하나님의 얼굴의 미소가 그토록 달콤한 것이라면, 다가올 때 즉 하나님의 얼굴의 빛이 항상 그대를 비추고 있을 그때를 생각해 보라! 확실히 천국에 여러분의 이

름이 기록되어 있다는 확신을 갖고 있는 여러분은 단지 소유만을 추구할 수 없다. 자족하며 살고, 기꺼이 죽음을 맞이하라.

(6) 만일 여러분이 확신을 갖고 있다면, 여러분은 그것을 상실하지 않도록 주의해야 한다. 그것을 유지하라. 왜냐하면 그것은 여러분의 생명이고, benc esse 즉 여러분의 생명의 위로이기 때문이다. 첫째로 기도함으로써, 확신을 유지하라. "주의 인자하심을 계속하시며"(시 36:10). "주여, 확신을 지속시키시고, 저로부터 이 이 은밀한 보증을 거두지 마소서." 둘째로 겸손함으로써 확신을 유지하라. 교만은 영혼으로부터 하나님을 분리시킨다. 여러분이 고도의 확신을 갖고 있을 때, 겸손으로 낮아져야 한다. 바울은 확신을 갖고 있었지만, "죄인 중에 괴수"라고 자신을 지칭하였다(딤전 1:15). 확신이라는 보석은 겸손한 마음의 상자 속에서 가장 잘 보관된다.

7. 평강

"은혜와 평강이 너희에게 더욱 많을지어다"— 벧전 1:2

나는 앞에서 성화의 첫번째 열매인 확신에 관해 말하였고, 이제는 그 두 번째 열매인 평강에 관해 말하고자 한다. "평강이 너희에게 더욱 많을지어다"

평강의 종류에는 어떤 것이 있는가?

평강은, 성경에서, 두 개의 지류로 나누어지는 강으로 비유된다(사 66:12).

I. 외적 평강이 있다.

이것은 (1) 가사적(家事的) 평화 즉 가정에서의 평화가 있다. (2) 정치적 평화 즉 국가에서의 평화가 있다. 평강은 식물의 자양분이다. "네 경내를 평안케 하시고 아름다운 밀로 너를 배불리시며"(시 147:14). 홍수의 물이 감하기 시작하고, 우리의 방주의 창문이 열리고, 그 창문으로 비둘기가 평화의 감람나무 잎사귀를 물고 되돌아오는 것을 우리가 볼 수 있을 때, 그때의 기쁨은 얼마나 클 것인가! (3) 교회적 평화 즉 교회에서의 평화가 있다. 삼위일체의 각 인격의 연합이 천국에서 가장 커다란 신비인 것처럼, 진리의 연합이 지상에서는 가장 커다란 자비이다. 교회적 평화는 분열과 핍박에 대립하여 서있다.

Ⅱ. 영적 평강이 있다.

이것은 두 가지로 나누어진다: 하나는 우리를 초월해 있는 평강 즉 하나님과의 평강이다. 다른 하나는 우리 안에 있는 평강 즉 양심의 평강이다. 이 평강이야말로 최고의 평강이다. 다른 평강은 단지 일시적으로만 지속될 수 있지만, 이것은 영원무궁토록 지속된다.

이 평강은 어디서 오는가?

이 평강의 조성자는 삼위일체 하나님이시다. 하나님 아버지는 "평강의 하나님"(살전 5:23)이다. 성자 하나님은 "평강의 왕"(사 9:6)이다. 평강은 성령의 열매로 말해진다(갈 5:22).

(1) 하나님 아버지는 평강의 하나님이시다. 그분이 질서의 하나님이신 것처럼, 그분은 또한 평강의 하나님이시다(고전 14:33과 빌 4:9). "평강 주시기를 원하노라"(민 6:26). 이것은 백성들에 대한 제사장의 축복양식이다.

(2) 성자 하나님은 평강을 값주고 사신 자이다. 그분은 자신의 피를 통해 평화를 이루셨다. "그의 십자가의 피로 화평을 이루사"(골 1:20). 아론이 피를 가지고 지성소에 들어갈 때, 백성들을 위해 베푼 속죄는 자신의 희생제물을 통해 아버지의 진노를 진정시키시고, 우리를 위해 속죄를 이루신 우리의 대제사장이신 그리스도의 모형이다. 그리스도는 엄청난 값을 치르고 우리의 평강을 사셨다. 왜냐하면 그분의 영혼은 세상에 평화를 낳기 위해 해산의 수고를 하면서 엄청난 고뇌 속에 있었기 때문이다.

(3) 평강은 성령의 열매이다. 그분은 양심 속에 평화를 인치신다. 성령은 마음 속에 은혜의 사역을 이루시고, 거기로부터 평강을 일으키신다. 하갈은 옆에 우물이 있었지만, 그것을 보지 못했다. 그래서 그녀는 부르짖었다. 그리스도인은 은혜를 갖고 있지만, 그것을 보지 못한다. 그래서 그는 울

부짖는다. 지금 성령은 이 우물을 발견하고, 양심을 통해 그것을 은혜의 참된 사역을 소유하고 있는 사람에게 증거할 수 있도록 함으로써, 영혼에 평강이 흘러넘치게 한다. 따라서 여러분은 이 평화가 어디로부터 오는 것인지 알게 된다 — 성부께서 그것을 정하시면, 성자는 그것을 값주고 사시며, 성령은 그것을 적용하신다.

은혜를 결여하고 있는 사람들이 평강을 누릴 수 있는 길이 있는가?

은혜를 결여한 그들이 평강을 누릴 수 있는 길은 없다! 평강은 성화로부터 흘러나오는 것이지만, 중생하지 못한 그들은 평강과는 아무 상관이 없다. "내 하나님의 말씀에 악인에게는 평강이 없다 하셨느니라"(사 57:21). 그들은 휴전은 있을 수 있지만, 평화는 없다. 하나님은 악인들에 대해 한동안은 참으시고, 진노의 포화를 멈추실 수 있다. 하지만 거기에 휴전은 있을 수 있지만, 평화는 존재하지 않는다. 악인들은 평화처럼 보이는 것을 소유할 수는 있지만, 그것이 평화는 아니다. 그들은 두려움이 없거나 감각이 없을 수는 있지만, 무감각한 양심과 평화로운 양심 사이에는 엄청난 차이가 있다. "강한 자가 무장을 하고 자기 집을 지킬 때에는 그 소유가 안전하되"(눅 11:21). 이것은 마귀의 평화이다. 마귀는 안전한 요람 속에 있는 사람들을 마구 흔들어댄다. 그는 사람들이 지옥의 낭떠러지 위에 서있을 때 평화, 평화를 외친다. 죄인이 소유하고 있는 위장된 평화는 그의 행복에 관한 지식으로부터 나오는 것이 아니고, 그의 위험성에 대한 무지로부터 나오는 것이다.

거짓된 평강의 표지는 무엇인가?

(1) 거짓된 평강은 그것을 크게 확신하지만, 이 확신은 자만에 불과하다. 죄인은 하나님의 자비를 의심하지 않는다. 그리고 이 염치없는 확신으로부터 일종의 마음의 평온이 일어난다. 히브리어 카쌀(cassal)이라는 똑같은 단어는 확신(confidence)과 어리석음(folly)을 동시에 의미한다. 정말 죄인의 확신은 어리석은 것이다. 어리석은 처녀들은 얼마나 확신이 컸는

가!

(2) 거짓된 평강은 하나님이 연합시키는 일들을 분리시킨다. 하나님은 거룩과 평강을 연합시키지만, 거짓된 평강을 소유하고 있는 자는 그 둘을 분리시킨다. 그는 평강을 주장하지만, 거룩을 내쫓는다. "이 저주의 말을 듣고도 심중에 스스로 위로하여 이르기를 내가 내 마음을 강퍅케하여 젖은 것과 마른 것을 멸할지라도 평안하리라 할까 염려함이라"(신 29:19). 악인들은 단정치 못한 자요, 허탄한 자이지만, 자기들이 평강을 소유하고 있다고 하나님께 감사하는데, 이것은 얼마나 우스꽝스러운 환상인가! 여러분은 독으로부터 건강을 뽑아낼 수 있는것처럼 죄로부터 평강을 뽑아낼 수 있을지도 모른다. 그러나 그것은 참된 평강이 아니다.

(3) 거짓된 평강은 기꺼이 시험받은 것이 아니다. 그릇들이 빛을 견디지 못하는 것은 그것들이 질나쁜 그릇들이라는 것을 보여주는 한 표지이다. 즉 사람이 물건을 도둑맞는다는 것은 그가 자신의 집을 잘 지키지 못한다는 것을 보여주는 하나의 표지이다. 거짓된 평강은 말씀으로 검증받는 것을 견딜 수 없다. 말씀은 평강 앞에 있는 영혼에게 겸손과 순수의 말씀을 전한다. 그러나 거짓된 평강은 이러한 말씀을 듣는 것을 견딜 수 없다. 그것은 절망으로 끝날 것이다. 거짓된 평강 속에 있는 양심은 잠을 자고 있다. 하지만 이 양심의 사자가 죽음에서 깨어날 때에는 사람에게 으르렁거릴 것이다. 그는 스스로에게 위협이 될 것이고, 자신에게 난폭한 손길을 휘두를 준비가 되어있다.

우리는 우리가 소유하고 있는 것이 참된 평강이라는 것을 어떻게 아는가?

(1) 참된 평강은 그리스도와의 연합으로부터 흘러나오는 것이다. Communio fundatur in unione[나눔이 연합의 기초이다]. 접목 또는 접순은 나무로부터 수액이나 양분을 받기 전에 먼저 접붙임되어야 한다. 마찬가지로 우리는 그리스도로부터 평강을 받기 전에 먼저 그분에게 연합되어야 한다. 우리는 믿음을 소유하고 있는가? 거룩을 통해 우리는 그리스도를 닮

아간다. 믿음을 통해 우리는 그리스도와 하나가 된다. 그리고 그리스도 안에 있는 존재로서 우리는 평안을 누린다(요 16:33).

(2) 참된 평강은 그리스도에 대한 복종으로부터 흘러나오는 것이다. 그리스도는 마음 속에 자신의 정부를 수립하시고, 그곳에 평강을 주신다. "그 나라를 굳게 세우고 자금 이후 영원토록 공평과 정의로 그것을 보존하실 것이라"(사 9:7). 그리스도는 "그의 보좌 위에 앉으신 제사장"으로 불릴 것이다(슥 6:13). 제사장으로서 그리스도는 평강을 이루시지만, 그의 보좌 위에서 제사장이 되실 것이다 — 그분은 마음이 자신에게 복종하도록 이끄신다. 만일 그리스도가 우리의 평강이라면, 그분은 우리의 왕이 되신다(사 9:6). 그리스도가 양심을 화평하게 하실 때마다, 그분은 정욕을 제어하신다.

(3) 참된 평강은 폭풍 이후에 오는 것이다. 먼저 하나님은 속박의 영들을 풀어놓아 활동하게 하심으로써, 영혼을 깨닫게 하고, 겸손케 하신다. 그런 다음에 하나님은 평강을 말씀하신다. 많은 사람들이 자기들은 평안을 소유하고 있다고 말하지만, 이 평안은 폭풍 이전의 평안인가 아니면 이후의 평안인가? 참된 평강은 폭풍 이후의 평강이다. 먼저 지진이 일어나고, 그 다음에 불이 나며, 그 불 후에 세미한 소리가 있는 것이다(왕상 19:12). 결코 어떤 법적인 타격을 받지 못한 상태에서는 여러분은 자신의 평강을 의심하게 될 것이다. 하나님은 상한 심령 속에 평강이라는 황금의 기름을 쏟아부으신다.

성화된 사람들은 모두 이 평강을 소유하는가?

그들은 이 평강을 소유할 자격을 갖추고 있다. 그들은 그것에 대한 근거를 갖고 있다. 은혜는 평강의 씨앗이고, 그래서 그것은 때가 되면 평강으로 바뀔 것이다. 그것은 나무의 꽃들이 열매로 자라나고, 우유가 유지(乳脂)로 만들어지는 것과 같다. 그들은 그것에 대한 약속을 소유하고 있다. "여호와께서 자기 백성에게 평강의 복을 주시리로다"(시 29:11). 그러나 그들은 그들 자신의 양심 속에 평안이 없으면서도, 하나님과의 평화를 유지할 수 있다. 그들은 평강의 첫글자와 출발점을 지니고 있다. 마음이 하나님을 섬기는데 있어서 소유하고 있는 은밀한 평강이 있는데, 그 평강은 영혼의 소생을 돕고, 영혼의 침몰을 막는다.

그러나 왜 모든 신자들은 충분한 평강을 누리지 못하고, 그것을 소유하지 못하는가? 이 평강의 꽃은 왜 충분히 무르익지 못하고, 결실하지 못하는가?

경건한 사람들 중 어떤 이들은 충분한 수준의 평강을 소유하지 못할 것이다. (1) 유혹의 폭풍을 통해서 마귀는 우리를 멸망시킬 수는 없지만, 우리를 혼란시킬 것이다. 마귀는 우리의 양자됨을 논박하고, 우리의 마음 속에서 일어나는 은혜의 사역에 대해 의심하도록 우리를 혼란시킴으로써, 우리의 평강의 물들을 혼탁하게 할 것이다. 마귀는 비록 그가 인간의 자기 영역에 대한 자격을 무력화시킬 수 없다고 해도, 툭하면 아주 곤란한 법정의 소송의 길로 인간을 이끄는 교묘한 거짓말쟁이와 같다. 사탄은 우리를 불경건으로 이끌 수 없다면, 우리를 불안하게 만들 것이다. 광풍이 바다를 거칠고, 사납게 만드는 것처럼, 유혹의 폭풍이 몰아치면, 영의 평안은 흔들리고, 영혼은 동요 속에 빠질 것이다.

(2) 경건한 자들은 죄에 관해 착각과 오해가 있다면, 평강을 누릴 수 없다. 그들은 자기들이 너무 타락했다는 것을 알고 있기 때문에, 만일 은혜가 있다면, 이런 심각한 타락의 결과가 빚어지지는 않았을 것이라고 분명히 생각한다. 하지만 이것은 그리스도인들을 낙심시키고, 자기들의 평안을 방해하는 것과는 너무나 거리가 멀기 때문에, 그것은 자기들만의 주장이다. "여러분은 어디로부터 죄를 느끼는가?"라고 한 번 물어보자. 어떤 사람도 오직 은혜를 벗어나서는 죄를 느낄 수 없다. 악인은 무감각하다. 죽은 사람 위에 100파운드의 짐을 놓아보라. 그렇다고 해도 그는 아무 불평도 하지 않는다. 하지만 타락을 민감하게 느끼는 사람이 은혜의 원리를 주장하는 법이다(롬 7:21). 다시 말해 은혜의 삶으로부터만 죄와의 전쟁이 있는 것이 아닌가?(갈 5:17) 죽은 사물들은 전쟁을 하지 못한다. 이러한 애통은 믿

음의 씨앗이 아니고 무엇인가? 이러한 이해가 없으면 그리스도인의 평강은 방해를 받는다.

(3) 경건한 자들은 의무를 태만히 하면 평강을 누릴 수 없다. 그들은 그들의 첫 사랑을 떠날 수 있다. 그리스도인들이 그들의 열심을 포기할 때, 하나님은 그들의 평강을 줄이신다. 만일 여러분이 비올의 현을 느슨하게 한다면, 음악은 엉망이 될 것이다. 이와 마찬가지로 그리스도인이 의무를 소홀히 한다면, 그들은 그들의 영혼 속에 들리는 평강의 감미로운 음악은 엉망이 될 것이다. 불이 사그라들면, 추위는 더욱 심해지는 법이다. 마찬가지로 의무에 대한 열심이 사그라들면 우리의 평강은 냉각된다.

적용 1: 이 복된 평강 — 하나님과의 평강 및 양심의 평강 — 을 얻기 위해 수고하라. 이웃 민족과의 평화는 달콤하다. Pax una triumphis innumeris melior[하나의 평화가 무수한 승리보다 더 낫다]. 평화에 해당되는 히브리어 샬롬(shalom)이라는 단어는 모든 축복들을 포괄한다. 그것은 나라의 영광이다. 임금의 면류관은 피의 전쟁의 붉은 장미들로 장식되어 있을 때보다는 평화의 하얀 백합꽃으로 장식되어 있을 때 더 아름다운 법이다. 오, 그렇다면, 양심의 평강은 얼마나 행복한 것인가! 그것은 원수를 막아주는 성채이다(빌 4:7). 그것은 요새처럼 여러분을 지킬 것이다. 그로 인해 여러분은 원수들에게 도전하고, 그들을 대적할 수 있을 것이다. 그것은 금항아리이고 만나이다. 그것은 낙원의 첫 열매이다. 그것은 그리스도인이 끊임없는 두려움 속에 있고, 율법 속에서 평안을 취하지 못하는 것을 없애주는 아늑한 음악이다. 한나는 절기 때 예루살렘의 여호와의 집에 올라갔지만, 울고 먹지 아니하였다(삼상 1:7). 마찬가지로 가난한 낙담한 영혼은 의식에 참여하지만, 절기의 음식을 먹지 않는다. 그는 울고 먹지 않는다. 그는 세속적인 축복, 건강, 재산, 관계들 속에서 위안을 얻지 않는다. 그는 자신의 위안을 부드럽게 하는 양념이 되는 내면의 평화를 원한다. 그러므로, 오, 이 복된 평강을 위해 수고하라. 그 고상하고 탁월한 효과들을 주목해 보자.

(1) 그것은 은혜의 보좌에 담대하게 나아가게 한다. 양심의 죄책은 기도의 날개를 부러뜨리고, 얼굴을 붉히게 만들며, 마음을 연약하게 만든다. 그러나 그리스도인이 어느 정도 하나님의 사랑에 대한 참된 이해를 소유하고 있고, 성령이 평강을 속삭이면, 그는 어린아이가 그의 아버지께 나아가는 것처럼, 하나님께 담대하게 나아간다. "여호와여 나의 영혼이 주를 우러러 보나이다"(시 25:1). 그때는 다윗의 영혼이 낙담하고 있을 때였다. "내가 아프고 심히 구부러졌으며"(시 38:6). 이제 그 상황은 역전되고, 그는 승리의 길 속에서 자신의 영혼을 하나님께 들어올릴 것이다. 이것이 어디로부터 왔는가? 하나님이 그의 영혼에 평강을 말씀하신 탓이다. "주의 인자하심이 내 목전에 있나이다"(시 26:3).

(2) 이 신적 평강은 마음을 그리스도에 대한 사랑으로 불타오르게 한다. 평강은 용서의 결과이다. 보증된 용서를 소유하고 있는 사람은 어쩔 수 없이 자신의 주인을 사랑할 수밖에 없다. 그리스도의 영혼에 대한 사랑은 얼마나 극진한가! 지금 그리스도는 참으로 보배로우신 분이다. 영혼은 말한다: "오, 이 샤론의 장미는 얼마나 아름다운가! 그리스도는 나의 평강을 얻어주기 위해 피와 진노의 바다를 헤쳐 가셨는가? 그분은 평강을 이루셨을 뿐 아니라 나에게 평강을 말씀하셨는가? 나의 마음은 불타는 사랑의 마차를 타고 얼마나 떠올랐던가! 그렇다면 나는 얼마나 기꺼이 그리스도를 위해 살아야 하고, 고난을 받아야 할까!"

(3) 이 평강은 고뇌 속에 있는 마음을 진정시킨다. "이 사람은 우리의 평강이 될 것이라 앗수르 사람이 우리 땅에 들어와서 우리 궁들을 밟을 때에는 우리가 일곱 목자와 여덟 군왕을 일으켜 그를 치리니"(미 5:5). 원수는 우리의 궁전을 침략할 수 있지만, 우리의 평화를 약탈할 수는 없다. 이 사람 그리스도가 우리의 평강이 되실 것이기 때문이다. 골치가 아프면, 마음 역시 아플 것이다. 세속적인 갈등이 아무리 그리스도인을 공격한다고 해도, 그의 정신은 평안과 고요 속에 있을 것이다. "내가 평안히 눕고 자기도 하리니"(시 4:8). 그때는 바로 다윗이 압살롬으로부터 그의 생명의 위협을 피해 도망하고 있었던 비참한 처지에 있을 때였다. 다윗이 자신의 아들

이 왕위를 노리기 위해 자기 아버지의 목숨을 취하려고 기도할 것을 생각하는 것은 절대로 사소한 고통이 아니었다. 다윗은 울며, 머리를 가리웠다(삼하 15:30). 그러나 이 시점에서 그는 "내가 평안히 눕고 자기도 하리니"라고 말한다. 그는 자신의 아들로 말미암아 고통을 겪었지만, 그의 양심에는 평화가 있었다. 다윗은 선한 양심의 부드러운 베개를 베고 잠을 잘 수 있었다. 이것이 얻을 만한 가치가 있는 평강이다.

우리는 이 복된 평강에 도달하기 위해 무엇을 해야 하는가?

(1) 그것을 하나님께 구하라. 그분은 평강의 하나님이다. 그분은 으르렁거리는 사자를 격퇴시키시는 분이다. 그분은 양심의 격노를 진정시키시는 분이다. 만일 우리가 하늘의 모든 천사들을 부른다고 해도, 그들은 하나님 없는 평화를 말할 수 없을 것이다. 별들은 해 없이는 낮을 만들 수 없다. 마찬가지로 오직 의의 태양 외에는 아무도 어둡고 황량한 영혼 속에 낮을 만들 수 없다. 광야 자체는 물을 낼 수 없고, 구름이 그 수분을 떨어뜨리기 전에는 마르고 타들어갈 수밖에 없는 것처럼, 우리의 심령은 그분이 평강을 부어넣어주시고, 그것을 그의 성령을 통해 떨어뜨리시기 전에는 그것을 소유할 수 없다. 그러므로 "주여, 평강의 하나님이신 당신은 평강을 창조하신 분이십니다. 평강의 왕이신 당신은 평강을 명하시는 분이십니다. 정말로 죽음의 쓴 잔을 마시는 순간에도 고통을 녹일 수 있는 평강을 저에게 주옵소서."라고 기도하라.

(2) 만일 여러분이 평강을 소유하고 있다면, 죄와 전쟁을 하라. 죄는 트로이의 목마인 우리를 괴롭히는 아간이다. "요람이 예후를 보고 가로되 예후야 평안이냐 대답하되 네 어미 이세벨의 음행과 술수가 이렇게 많으니 어찌 평안이 있으랴"(왕하 9:22). 죄는 억제되지 않는 동안에 어떤 평강이 있겠는가? 만일 여러분이 하나님과의 평화를 소유하고 있다면, 죄와의 동맹을 끊고, 죄와 전쟁하라. 왜냐하면 그것이 가장 의로운 전쟁이기 때문이다. 하나님이 죄와의 전쟁을 선포하셨다. 아니, 그분은 우리에게 승리를 약속하셨다. "죄가 너희를 주관치 못하리니"(롬 6:14). 죄와의 전쟁을 계속

하는 것 외에는 평화의 길은 없다. Pax nostrabellum contra daemonem[우리의 평화는 마귀와의 전쟁이다] — 터툴리안. 삼손이 사자를 죽였을 때, 그 사자로부터 꿀이 나왔다. 마찬가지로 죄를 죽임으로써, 우리는 평화의 꿀을 얻는다.

(3) 평강을 위해 그리스도의 보혈로 나아가라. 어떤 사람들은 그들의 평강을 그리스도의 의가 아니라 자기들의 의로부터 가지고 나아온다. 그들은 그리스도의 죽음이 아니라 자기들의 거룩한 삶을 가지고 평화를 추구한다. 만일 양심이 괴롭힘을 당하면, 그들은 그것을 자기들의 의무를 가지고 진정시키려고 애를 쓴다. 이것은 평강에 이르는 바른 길이 아니다. 의무는 무시되어서는 안되지만, 그렇다고 맹목적으로 우상시되어서도 안된다. 뿌린 피를 바라보라(히 12:24). 하나님과 화목하게 하는 그리스도의 피가 양심을 화평케 해야 한다. 믿음에 의해 흡수된 그리스도의 피가 평강을 제공한다. "그러므로 우리가 믿음으로 의롭다 하심을 얻었은즉 우리 주 예수 그리스도로 말미암아 하나님으로 더불어 화평을 누리자"(롬 5:1). 그리스도의 피 외에는 상처난 양심을 치유하는 향유란 없다.

(4) 하나님과 긴밀하게 동행하라. 평강은 청결로부터 나오는 것이다. "무릇 이 규례를 행하는 자에게 평강이 있을지어다"(갈 6:16). 이 본문에 의하면 은혜와 평강은 함께 두어진다. 은혜는 그 뿌리이고, 평강은 그 꽃이다. 향유가 증류수 속에 떨어지는 것처럼, 신적 평강은 은혜로운 마음으로부터 나온다. 아주 거룩하게 걸으라. 하나님의 영은 위로자이기 이전에 먼저 새롭게 하시는 자이시다.

적용 2: 이 평강 곧 초월적 평강과 내적 평강을 소유하고 있는 여러분은 그것을 지키기 위해 노력하라. 그것은 보석이다. 그러므로 결코 그것을 잃어버려서는 안된다. 국가간의 평화 동맹이 깨어지는 것은 슬픈 일이다. 하지만 양심의 평화가 깨어지는 것은 더 슬픈 일이다. 오, 이 평화를 보존하라! 첫째로 재타락을 조심하라. 하나님이 평강을 말씀하셨는가? 다시 어리석은 데로 돌아가지 말지로다(시 85:8). 그 재타락 속에는 배은망덕과 더불어 어리석음이 내재되어 있다. 하나님과 화해를 이루고, 그 간격이 메워진지는 오래되었다. 그런데 여러분은 또다시 여러분의 평강을 삭감시키고, 상실할 것인가? 하나님은 양심의 상처를 치유하셨다. 그런데 여러분은 그것을 다시 풀어헤칠 것인가? 여러분은 또 다른 혈관을 자를 것인가? 여러분은 새로운 동맥을 끊을 것인가? 이것은 참으로 망령된 데로 돌아가는 것이다. 양심의 벌레를 기르는 그 죄로 다시 회귀하는 것은 얼마나 미친 짓일까! 둘째로 여러분의 영적 계산을 매일 행하라. 하나님과 여러분의 영혼 사이에 어떤 문제들이 놓여있는지를 확인하라. "나의 마음에 묵상하며" (시 77:6). 종종 그 계산은 하나님과 양심을 친구로 만든다. 여러분이 시계에 대해 그러는 것처럼, 여러분의 심령에 대해 매일 아침에는 기도를 통해 태엽을 감고, 밤에는 여러분의 심령이 항상 참된 길로 나아가고 있는지, 여러분의 감정의 줄이 하늘을 향해 신속하게 움직이는지 검토해 보라. 오, 종종 여러분 자신을 계산해 보라! 여러분의 계산을 공평하게 유지하라. 왜냐하면 그것은 여러분의 평강을 유지하는 길이기 때문이다.

8. 기쁨

"성령의 열매는 희락과" — 갈 5:22

칭의, 양자됨, 그리고 성화의 세번째 열매는 성령 안에서의 기쁨이다. 기쁨은 영혼을 산봉우리의 정상에 올려놓는 것이다 — 그것은 말씀의 순전한 젖의 노른자이다. 영적 기쁨은 달콤하고 유쾌한 감정으로서, 영혼이 현재의 고통 아래에서도 유지되고, 미래의 두려움을 막아주는, 어떤 유익한 이해와 감정으로부터 나오는 것이다.

Ⅰ. 그것은 유쾌한 감정이다.

그것은 마음이 혼란케 되고, 낙담되는 정신의 동요 상태인 슬픔과 대조된다. 기쁨은 정신을 편안하게 하고, 영을 쾌활하게 하며 아늑하게 하는 감미롭고 유쾌한 감정이다.

Ⅱ. 그것은 어떤 선에 대한 감정으로부터 일어나는 것이다.

기쁨은 어떤 환상이나 변덕이 아니고, 합리적인 감정이며, 하나님의 사랑과 호의에 대한 의식으로서, 어떤 선에 대한 감정으로부터 일어나는 것이다. 기쁨은 사람 속에 돌연한 변화를 만들 정도로 아주 현실적인 실재이다. 그것은 슬픔을 멜로디로 변화시킨다. 그것은 태양이 우리의 지평선에서 솟아오르는 봄이 되면, 우주에 갑작스러운 변화가 일어나는 것과 같다: 새가 노래하고, 꽃이 피기 시작하고, 무화과나무가 그 푸른 열매를 내놓는다. 태양의 따뜻한 영향을 받아 만물이 소생하는 그때에는 모든 일이 즐겁기만 하고, 슬픔은 몽땅 벗어버린 것처럼 보인다. 이와 마찬가지로 의의 태양이 영혼 위에 떠오르면, 갑작스러운 변화가 일어나고, 영혼은 하나님의 사랑의 황금 광선을 받아 무한히 즐거워진다.

III. 기쁨으로 말미암아 영혼은 현재의 근심 속에서도 유지된다.

기쁨은 근심을 삼켜 버린다. 기름이 물 위에 뜨는 것처럼 기쁨은 마음을 근심 위로 이끈다.

IV. 마음은 미래의 두려움으로부터 보호받는다.

기쁨은 강장제이자 해독제이다. 그것은 영혼들이 슬픔에 빠져 있을 때, 그것들에게 조속한 구원을 베푸는 강장제이고, 또 영혼에게 위험이 닥치는 두려움으로부터 방어해주는 해독제이다. "내가 사망의 음침한 골짜기로 다닐지라도 해를 두려워하지 않을 것은 주께서 나와 함께 하심이라 주의 지팡이와 막대기가 나를 안위하시나이다"(시 23:4).

이 기쁨은 어떻게 주어지는가?

(1) 그것은 부분적으로는 약속으로부터 일어난다. 꿀벌이 꽃의 가슴 속에 앉아서 그 달콤함을 빨아들이는 것처럼, 믿음도 약속의 가슴 속에 앉아서 기쁨의 진수를 흡수한다. "주의 위안이 내 영혼을 즐겁게 하시나이다"(시 94:19). 여기서 위안은 약속으로부터 스며나오는 위안이다.

(2) "보혜사"(요 14:26)로 불리는 하나님의 영은 때때로 이 기쁨이라는 황금 기름을 영혼 속에 떨어뜨린다. 성령은 신자에게 그의 죄의 사면을 속삭이고, 마음 속에 하나님의 사랑을 부어주심으로써, 무한한 기쁨과 즐거움이 흘러나오게 한다(롬 5:5).

하나님이 보통 그의 백성들에게 신적 기쁨을 주시는 시기는 언제인가?

하나님이 그의 백성들에게 신적 기쁨을 주시는 시기는 대체로 다음 5가지 시기가 있다: (1) 때때로 복된 성찬에서. 영혼은 성례 속에 거하시는 그리스도를 따라 눈물을 흘리는데, 하나님은 그 눈물을 기쁨의 눈물로 바꾸신다. 유대인들은 절기 때에 그들의 손님에게 기름을 붓고 입을 맞추는 풍습이 있었다. 성만찬에서, 하나님은 종종 성도들에게 기쁨의 기름을 부으시고, 그의 입술을 맞춤으로써 그들에게 입맞춤을 하신다. 성례에는 두 가지 중대한 목적이 있다. 하나는 믿음을 강화시키는 것, 다른 하나는 기쁨을 쏟아부으시는 것. 이 의식 속에서 하나님은 자신의 사랑의 깃발을 보여주신다. 여기서 신자들은 성찬의 빵을 뗄 뿐 아니라 숨겨진 만나를 맛보기도 한다. 하나님이 항상 기쁨으로 영혼을 만나시는 것은 아니다. 그분은 기쁨을 더하지 않으시면서도 은혜를 더하실 수 있다. 하지만 가끔 그분은 기쁨의 기름을 쏟아부으시고, 영혼에게 자신의 사랑의 은밀한 보증을 주신다. 이것은 그리스도가 떡을 떼는 데서 자신을 알리신 것과 같다.

(2) 하나님이 자신의 백성들을 고난으로 부르시기 전에. "주께서 바울 곁에 서서 이르시되 담대하라(Be of good cheer)"(행 23:11). 하나님은 바울에게 마실 피의 잔을 주실 즈음에 그 잔에 기쁨의 양념을 넣으셨다. "그리스도의 고난이 우리에게 넘친 것같이 우리의 위로도 그리스도로 말미암아 넘치는도다"(고후 1:5). 이것은 순교자들의 불꽃을 장미의 화단으로 만들었다. 스데반은 돌로 침을 당할 때 하늘이 열리는 것을 보았고, 의의 태양이 그의 얼굴을 비추었다. 하나님은 우리의 고민을 설탕으로 감미롭게 하신다.

(3) 사탄과의 쓰라린 투쟁을 한 다음에. 사탄은 물을 어지럽히는 붉은 용이다. 사탄은 영혼을 공포 속에 몰아넣고, 그 영혼이 은혜를 소유하고 있지 않다는 사실과 하나님은 영혼을 사랑하지 않는다는 사실을 믿도록 강요한다. 사탄은 그리스도인의 증거를 제거할 수 없지만, 그가 그것을 읽을 수 없도록 그의 눈 앞에 안개를 드리울 수 있다. 영혼은 유혹으로 말미암아 상처를 입을 때, 하나님은 그리스도인의 천국에 대한 자격을 확증하기

위해 그 자격을 강화시키는 수단들에 대해(ad corroborandum titulum) 기쁨을 제공하심으로써 상처받은 갈대를 위로하실 것이다. 사탄의 불같은 공격이 임한 다음에는 하얀 보석이 온다. 시험당한 영혼을 치유하는 데에는 기쁨의 기름보다 더 나은 항료는 없다! 그리스도가 시험받은 다음에는 천사가 그분을 위로하기 위해 왔다.

(4) 버려두심 이후에. 버려두심(desertion)은 마음에 쏘는 독묻은 화살이다(욥 6:4). 하나님은 불과 빛으로 불리어진다. 버림받은 영혼은 불을 느끼지만 빛을 보지는 못한다. 그 영혼은 아삽이 "그 인자하심이 길이 다하였는가"(시 77:8)라고 외친 것처럼 부르짖는다. 영혼이 이런 경우에 처하여 절망 속에서 기력을 상실하면, 하나님은 그 영혼 위에 빛을 비추시고, 그것에 어느 정도 자신의 사랑에 대한 깨달음을 주시고, 죽음의 그늘을 아침 햇빛으로 바꾸신다. 하나님은 상실의 때에 자신의 강장제를 주신다. 버려두심 이후에 오는 기쁨은 죽은 자로부터의 부활과 같다.

(5) 죽음의 시간에. 심지어는 그들의 생애 동안에 기쁨이 전혀 없었던 사람들에게도 주어진다. 하나님은 그들의 죽음을 아늑하게 만들기 위해 그 잔의 모퉁이에 이 설탕을 넣으신다. 다른 모든 위로가 사라지는 그 마지막 순간에 하나님은 보혜사를 보내신다. 그리고 그들의 입맛이 떨어질 때, 하나님은 그들을 숨겨놓은 만나로 먹이신다. 악인들은 죽기 전에 그들의 양심에 지옥과 진노에 대한 자각을 어느 정도 소유하고 있는 것처럼, 경건한 자들은 때로는 그들이 느끼는 것을 표현할 수 없을 정도로 그들의 병이 중하고, 그들의 동물적 영이 크게 억압을 당하지만, 하나님의 영원하신 사랑을 어느 정도 맛보고 있다. 야곱이 돌 위에서 잠을 자기 위해 몸을 눕혔을 때, 사닥다리 위로 천사들이 오르락 내리락하는 환상을 보았던 것처럼, 성도들이 죽음의 잠을 자기 위해 누워있을 때, 그들은 종종 환상을 본다. 그들은 하나님의 얼굴의 빛을 보고, 영원히 그들에게 보증된 그분의 사랑의 증거들을 소유한다.

세속적 기쁨과 영적 기쁨 사이의 차이는 무엇인가?

후자 곧 영적 기쁨들을 모아놓은 것이 전자 곧 세속적 기쁨들을 모아놓은 것보다 낫다.

(1) 영적 기쁨은 우리를 개선시키는데 도움을 주지만, 세속적 기쁨들은 종종 우리를 더 악화시킨다. "네가 평안할 때에 내가 네게 말하였으나 네 말이 나는 듣지 아니하리라 하였나니"(렘 22:21). 자랑과 사치는 세속적 쾌락들에 속해 자라고 있는 두 마리의 벌레들이다. "묵은 포도주와 새 포도주가 마음을 빼앗느니라"(호 4:11). 그것은 fomentum libidinis 즉 정욕의 흥분제이다(어거스틴). 사탄은 가끔 떡 조각 속에 들어가 있는 것처럼, 술 잔 속에도 들어가 있다. 하지만 영적 기쁨은 사람을 더 나은 사람으로 만든다. 그것은 의사들이 말하는 것처럼, 마음의 기운을 북돋우고, 그 유해한 기분을 정화시키는 강장제와 같다. 마찬가지로 신적 기쁨은 위로를 줄 뿐만 아니라 청결케 하는 강장제이다. 그것은 그리스도인을 보다 거룩한 자로 만든다. 그것은 죄에 대한 반감을 갖고 있다. 그것은 행해야 하고, 고난을 견뎌야 하는 힘을 불어넣는다. "여호와를 기뻐하는 것이 너희의 힘이니라"(느 8:10). 어떤 색깔들은 눈을 즐겁게 할 뿐만 아니라 시력을 강화시키는 것처럼, 하나님을 기뻐하는 것은 영혼을 새롭게 할 뿐만 아니라 그것을 강화시킨다.

(2) 영적 기쁨은 내면적 기쁨으로서 마음의 기쁨이다. "너희 마음이 기쁠 것이요"(요 16:22). 세네카는 참된 기쁨은 latet in profundo 즉 내부에 감추어진 기쁨이고, 세속적 기쁨은 잎사귀를 젖게 하는 이슬처럼, in superficie 즉 외부에 놓여있는 기쁨이라고 말한다. 우리는 "외모로 자랑하는 자들"에 관해 읽는다(고후 5:12). 세속적 기쁨은 얼굴 이상으로는 더 나아가지 않는다.

그것은 내면에 있는 것이 아니다. "얼굴은 웃지만, 마음은 슬프다." 그것은 금으로 장식된 벽으로 이루어졌지만, 안에 있는 모든 방들은 비탄에 잠겨있는 집과 같다. 그러나 영적 기쁨은 가장 내면에 위치해 있다. "너희 마음이 기쁠 것이요." 신적 기쁨은 지하로 흐르고 있는 물의 샘과 같다! 다른 사람들은 그리스도인의 고난을 볼 수 있지만, 그들은 그의 기쁨을 보지 못한다. "마음의 즐거움도 타인이 참여하지 못하느니라"(잠 14:10). 그의 기쁨은 세상의 눈에는 보이지 않는 숨겨진 만나이다. 그는 다른 사람들은 듣지 못하는 조용한 음악을 소유하고 있다. 진짜는 내면에 있고, 최고의 기쁨은 마음의 내부에 있다.

(3) 영적 기쁨은 다른 기쁨들보다 더 감미롭다. 그것은 포도주보다 더 달콤하다(아 1:2). 그것은 너무 달콤해서 다른 모든 것을 달콤하게 만들 정도이다. 그것은 꽃들 위에 뿌려진 달콤한 물이 그 꽃들을 보다 향기롭게 하고, 향긋하게 하는 것처럼 건강과 재산을 달콤하게 한다. 신적 기쁨은 너무나 달콤하고 황홀해서 지상적 즐거움에 대해서는 우리의 입맛을 못느끼게 한다. 그것은 강장제를 마신 사람이 물에서 달콤한 맛을 거의 못느끼는 것과 같다. 바울은 자신의 입이 세속적 일들에 대해서는 거의 입맛을 느끼지 못했기 때문에, 이러한 신적 기쁨을 크게 맛보았다. 세상은 그에 대하여 십자가에 못박혔는데, 그것은 세상이 죽은 일과 같았기 때문이고, 그래서 그는 그 안에서는 아무런 달콤함을 발견할 수가 없었다(갈 6:14).

(4) 영적 기쁨은 어떤 쓰라린 요인에도 유혹을 받지 않기 때문에, 아주 순전한 기쁨이다. 죄인의 기쁨은 앙금으로 얼룩져 있다. 그것은 두려움과 죄책으로 비참하게 된다. 죄인은 자신의 기쁨의 젖을 먹고 자란다. 그는 쓰디쓴 술을 마신다. 그러나 영적 기쁨은 죄책으로 얼룩져 있지 않고, 수정같이 맑은 강물과 같이 깨끗하게 흐른다. 그것이 진정한 활력이자 정수이다. 그것이 기쁨이고, 유일한 기쁨이다. 그것은 가시가 없는 장미꽃이다. 그것은 밀랍이 없는 꿀이다.

(5) 영적 기쁨은 만족하는 기쁨이다. "구하라 그리하면 받으리니 너희 기쁨이 충만하리라"(요 16:24). 세속적 기쁨은 물방울이 수조를 채우는 것보다 마음을 채우기가 더 어렵다. 그것은 플라톤이 그것을 기쁨의 그림들로 부른 것처럼, 기호나 환상을 즐겁게 할 수는 있지만, 영혼을 만족시킬 수는 없다. "눈은 보아도 족함이 없고 귀는 들어도 차지 아니하는도다"(전 1:8). 그러나 하나님의 기쁨은 만족시킨다. "주의 위안이 내 영혼을 즐겁게 하시나이다"(시 94:19). 영적 기쁨과 세속적 기쁨 사이에는 실제로 음식을

먹는 잔치와 벽 위에 그려진 잔치장면 사이 만큼이나 현격한 차이가 있다.

(6) 영적 기쁨은 세속적 기쁨보다 강력한 기쁨이다. "우리로 큰 안위를 받게 하려 하심이라"(히 6:18). 그것은 참으로 시험과 고통 속에서도 그리스도인의 마음을 견디게 할 수 있을 정도로 강하다. "또 너희는 많은 환난 가운데서 성령의 기쁨으로 도를 받아"(살전 1:6). 이것은 겨울에도 자라는 장미꽃이다. 이 기쁨은 마라의 쓴 물을 달콤하게 할 수 있다. 이 기쁨을 소유하고 있는 사람은 가시로부터 포도열매를 얻을 수 있고, 사자의 시체로부터 꿀을 채취할 수 있다. "근심하는 자 같으나 항상 기뻐하고"(고후 6:10). 그리스도인은 지팡이 끝에서 꿀을 맛본다.

(7) 영적 기쁨은 싫증이 나지 않는 기쁨이다. 다른 기쁨들은 지나치면 종종 싫증의 원인이 된다. 우리는 그러한 기쁨에 대해서는 물리기가 십상이다. 꿀이 지나치게 많으면 오히려 구역질을 느끼게 한다. 사람은 노동만이 아니라 쾌락도 지겨울 수 있다. 크세르크세스 왕은 새로운 쾌락을 발견하는 사람들에게 상을 주었다. 그러나 하나님의 기쁨은 만족을 주면서도 절대로 물리지 않는다. 한 방울의 기쁨도 달콤하지만, 이 기쁨의 포도주는 많으면 많을수록 더 달콤하다. 천국의 기쁨을 마시는 자는 결코 물리지 않는다. 그 포식은 싫증이 없다. 왜냐하면 그 기쁨은 잔뜩 포식한 상태에서도 그것을 여전히 원하기 때문이다.

(8) 영적 기쁨은 지속적인 기쁨이다. 세속적 기쁨은 곧 사라지는 기쁨이다. 자신들의 면류관을 장미송이로 장식하고, 쾌락의 향수로 목욕을 하는 사람들은 달콤하게 보이는 기쁨을 향유할 수 있지만, 그것은 곧 사라지고 만다. 그것은 한번 번쩍하고 갑작스러운 섬광을 내고 곧 사라져버리는 유성과 같다. 신자들이 소유하고 있는 기쁨은 지속적인 것이다. 그것은 영원히 피는 꽃이요, 영원토록 하나님의 오른편에서 흐르고 있는 즐거움의 강들의 보증이자 진수이다.

왜 이 기쁨을 위해 수고해야 하는가?

(1) 그것은 자존적이기 때문에, 그것은 모든 다른 세속적 기쁨이 결여

되었을 때에도 존속할 수 있다. 이 기쁨은 외적 사물들에 의존하지 않는다. 철학자들은 음악가들이 그들에게 나아오면, "철학자들은 음악 없이도 즐거워할 수 있다"고 말하는 것처럼, 이 기쁨을 소유하고 있는 사람은 세속적 기쁨이 없을 때에도 즐거워할 수 있다. 그는 "비록 무화과나무가 무성치 못할지라도"(합 3:17) 확실한 영광의 소망을 가지고 하나님을 즐거워할 수 있다. 영적 기쁨은 그것을 유지하기 위해 은지팡이가 없어도 걸어갈 수 있다. 영적 기쁨은 피조물보다 더 고상한 존재 위에 세워져 있다. 왜냐하면 그것은 하나님의 사랑 위에, 그 약속들 위에, 그리고 그리스도의 보혈 위에 세워져 있기 때문이다.

(2) 영적 기쁨은 의무를 통해 유쾌하게 영혼에게 전달되기 때문에, 안식일은 하나의 기쁨이 되고, 종교는 휴식이다. 우리는 의무를 벗어날 때 두려움과 슬픔을 잊는다. 그러나 그리스도인은 하나님을 기쁨으로 섬길 때, 활력을 가지고 하나님을 섬긴다. 기쁨의 기름은 순종의 바퀴가 더 빠르게 달리도록 만든다. 하나님이 만민의 기도하는 집에서 기뻐하게 하시는(사 56:7) 사람들은 얼마나 열심히 기도할 것인가!

(3) 영적 기쁨은 성도들이 하나님의 나라에서 가지는 것을 맛보게 하기 때문에, 로마서 14:17에서 '하나님의 나라'로 불린다. 천사들의 하늘, 그러나 하나님의 얼굴의 미소, 무한히 매력적이고, 영광으로 충만한 기쁨에 대한 분별력있는 지각과 감정은 얼마나 클까! 그것들을 따라 추구하도록 우리를 자극하고, 고무시키기 위해, 그리스도는 그의 성도들을 위해 이 기쁨을 얻어주기 위해 죽으셨다는 것을 고려하라. 그분은 우리가 기쁨으로 충만하도록 하기 위해 슬픔의 사람이 되셨다. 그분은 성도들이 이 신적 기쁨을 가질 수 있도록 하기 위해 기도하셨다. "지금 내가 아버지께로 가오니 내가 세상에서 이 말을 하옵는 것은 저희로 내 기쁨을 저희 안에 충만히 가지게 하려 함이니이다"(요 17:13). 그분은 지금 천국에서 이 기도를 기도하고 계신다. 그분은 우리가 자신의 사랑을 느낄 때만큼 자신을 사랑하지 못하다는 사실을 알고 계신다. 그것은 우리로 하여금 이 기쁨을 추구하도록 격려한다. 우리는 그분의 기쁨이 우리 안에 충만하도록 기도할 때,

그리스도 자신이 기도하시는 것을 기도하는 것이다.

우리는 이 영적 기쁨을 얻기 위해 무엇을 해야 하는가?

시종일관 영적으로 걸으라. 하나님은 오랫동안 자신과 긴밀하게 동행한 다음에 기쁨을 주신다. (1) 여러분의 시간을 준수하라. 매일 하나님을 위한 시간을 따로 마련하라. (2) 죄를 슬퍼하라. 바질(Basil)이 말한 것처럼, 슬픔은 자라서 영적 기쁨의 꽃을 피우는 씨앗이다. "그와 그의 슬퍼하는 자에게 위로를 다시 얻게 하리라"(사 57:18). (3) 양심의 책을 온전하게 기록하라. 뻔뻔스러운 죄로 말미암아 여러분의 증거들을 흐리지 말라. 선한 양심은 하나님이 숨겨진 만나를 놓아두시는 방주이다. (4) 종종 무릎을 꿇고 목숨과 열정을 다해 기도하라. 마음을 탄식으로 채우시는 동일한 성령이 그것을 기쁨으로 채우신다. 기도를 말씀하시는 동일한 성령이 그것을 보증하신다. 한나가 기도할 때, 그녀의 얼굴에는 다시는 수색이 없었다(삼상 1:18). 기도는 그리스도인들이 하나님과 진실로 교통하는 것이다. 그리고 그분과 교통하는 사람들만큼 그분의 사랑의 비밀을 나누어받기를 즐겨하는 사람들은 없다. 하나님과 긴밀하게 동행함으로써 우리는 미래의 행복의 진수가 되는 그 길을 가면서 포도송이를 얻는다.

우리는 기쁨을 결여하고 있는 사람들을 어떻게 위로할 것인가?

하나님과 긴밀하게 교통하면서 걷는 사람들은 다른 사람들보다 더 많은 것을 소유하고 있다.

(1) 그는 최초의 기쁨 즉 in semine 즉 씨앗 속에 있는 기쁨이 있다. "의인을 위하여 빛을 뿌리고"(시 97:11). 마음 속에 있는 은혜가 기쁨의 씨앗이다. 그리스도인은 태양은 없지만, 그의 마음 속에 샛별을 소유하고 있다.

(2) 신자는 최고의 위로는 아닐지라도 진정한 위로를 소유하고 있다. 아퀴나스가 말한 것처럼, 그는 gaudium a Deo 즉 하나님으로부터 오는 기쁨은 아니라고 해도, gaudium in Deo 즉 하나님 안에서의 기쁨을 소유하고

있다. 하나님 안에서의 기쁨은 영혼이 하나님 안에서 취하는 즐거움과 만족이다. "나는 여호와로 인하여 즐거워하리로다"(시 104:34). 참으로 은혜로운 사람은 하나님 안에서 평안을 얻을 때까지 기뻐한다. 그는 하나님이 자기 안에서 기뻐하신다고 말할 수는 없지만, 하나님 안에서 기뻐한다.

(3) 그는 평안을 전해주지는 못하지만, 그것을 유지한다. 그는 침체로부터 자신을 지킬 만한 평안을 소유하고 있다. "내 영혼을 장려하여 강하게 하셨나이다"(시 138:3). 비록 그리스도인이 자신을 감싸안는 하나님의 팔을 갖고 있지 않다고 해도, 그는 그분을 붙잡기 위한 평안을 소유하고 있다. 따라서 하나님과 동행하는 그리스도인은 침체로부터 자신의 마음을 유지시키는 어떤 것을 소유하고 있다. 그리고 그것은 잠시 기다리는 것이고, 그는 말할 수 없고 영광으로 충만한 기쁨을 확신하게 된다.

적용 1: 여기서 종교는 결코 우울한 것이 아니라는 사실을 주목하라. 오히려 그것은 기쁨을 가져온다. 성령의 열매는 희락이다. Mutatur non tollitur[그것은 변하기는 해도, 소멸하지는 않는다]. 떡과 물로 연명하는 가난한 그리스도인은 최고의 제왕이 소유한 것보다 더 순전한 기쁨을 소유할 수 있다. 그는 어렵게 살아가지만, 최고로 즐겁게 살아간다. 그는 천국으로부터 펼쳐진 식탁 곧 천사들의 음식, 숨겨진 만나가 있다. 그는 때로 영의 환호를 불러일으키는 달콤한 기쁨의 황홀경에 빠지기도 한다. 그는 표현할 수 있는 것 이상으로 더 좋은 것을 소유하고 있다(고후 12:4).

적용 2: 만일 하나님이 그의 백성들에게 이생에서 이러한 기쁨을 주신다면, 오, 그렇다면, 그분이 그들에게 천국에서 주시는 기쁨은 얼마나 영광스러운 것일까! "네 주인의 즐거움에 참여할지어다"(마 25:21). 여기서 기쁨은 우리 안에 들어오기 시작하고, 저기서 우리는 기쁨 속에 들어갈 것이다. 하나님은 마지막 때까지 자신의 최고의 포도주를 유지하신다. 헬리오가발루스는 향긋한 향수로 목욕을 하였다. 영혼이 영원히 순전하고 유쾌한 하나님의 사랑의 샘 속에서 목욕을 할 때 그 기쁨은 얼마나 크겠는가! 그리스도의 얼굴의 아름다운 광채를 바라보고, 향긋한 냄새를 풍기는 몰약이 떨어지는 입술에 입맞춤을 하는 것은 얼마나 큰 기쁨일까! Laetabitur sponsa in amplexibus Domini[신부는 그녀의 주인이 포옹할 때 기뻐할 것이다] — 어거스틴. 오! 만일 이 세상의 포도송이가 그토록 달콤하다면, 하늘에서 충분히 익은 포도송이는 얼마나 달콤할 것인가! 이것은 우리가 슬픔이 거할 수 없고, 기쁨이 사라질 수 없는 그곳을 얼마나 고대하도록 하는가!

9. 은혜 안에서의 성장

"은혜 안에서 자라가라" — 벧후 3:18

참된 은혜는 확대되고, 자라가는 성격을 지닌 점진적 은혜이다. 그것은 빛을 가지고 있는 은혜이다. 먼저 crepusculum 즉 여명이 있다. 그 다음에 더 밝게 빛나는 한낮이 있다. 선한 그리스도인은 악어와 같다. Quamdiu vivet crescit[얼마나 오래 생명은 성장하는가]. 그는 결코 성장을 멈추지 않는다. 성도들은 그들의 빛에 대해서는 별들로, 또 그들의 자라감에 대해서는 나무로 비유된다(사 61:3과 호 14:5). 선한 그리스도인은 때가 지나면 사라지는 히스기야의 해와 같지도 않고, 계속해서 떠있기만 하는 여호수아의 해와도 같지 않고, 항상 거룩 안에서 진보하고, 하나님의 자라나게 하심으로 자라나는 사람이다(고전 3:6).

그리스도인은 어떤 점에서 은혜 안에서 자라간다고 말해질 수 있는가?

(1) 그는 은혜를 행사하는데 있어서 vigore 즉 활력적으로 자라간다. 그의 등잔은 불타고 있고, 빛나고 있다. 그러므로 우리는 산 소망에 관해 읽는다(벧전 1:3). 여기에는 은혜의 활동이 있다. 교회는 그의 향기가 고루 퍼지도록 성령의 바람을 위해 기도한다(아 4:16).

(2) 그리스도인은 은혜의 정도에 따라 gradu 즉 점진적으로 자라간다. 그는 힘을 얻고 더 얻어 은혜의 정도에 따라 나아간다(시 84:7). 성도는 믿음으로 믿음에 이른다(롬 1:17). 그리하여 그분의 사랑은 더욱 풍성해진다(빌 1:9).

그리스도인의 성장의 올바른 양상은 무엇인가?

(1) 그것은 당사자 자신의 눈으로 보면 덜 자라가는 것이다. "나는 벌레요 사람이 아니라"(시 22:6). 타락과 무지에 대한 시각으로 말미암아 그리스도인은 자신이 보기에는 불만족 속에서 자라간다. 그는 자신의 눈으로는 희미하다. 욥은 티끌 속에 있는 자신을 혐오하였다(욥 42:6). 자신의 자아에 대한 자만을 버리고 자라가는 것이 좋다.

(2) 성장의 올바른 양상은 균형적으로 즉 이런 저런 은혜 속에서 골고루 자라가는 것이다(벧후 1:5). 온유, 형제 우애, 또는 선행에 있어서는 자라가지 않고 지식에 있어서만 자라가는 것은 올바른 성장이 아니다. 어떤 사물은 부풀려지기만 할 뿐 자라지 않는다. 인간은 지식으로 부풀려질 수 있지만, 영적 성장은 전혀 없을 수가 있다. 성장의 올바른 방법은 총체적으로 이 은혜만이 아니라 다른 은혜에 있어서도 자라가는 것이다. 육체미는 머리만 자라는 것이 아니라 팔과 가슴도 함께 자라는 신체들의 균형에 있는 것이다. 마찬가지로 영적 성장도 균형과 조화가 있고, 모든 은혜가 함께 튼튼해질 때 가장 아름다운 법이다.

(3) 성장의 올바른 방법은 그리스도인이 자신의 다양한 사역과 직분에 적합한 은혜를 가지고 있을 때, 즉 타락이 심하지만 그가 그 타락을 제어할 수 있는 은혜를 소유하고 있을 때, 짐이 무겁지만 그가 그 짐을 짊어지고 갈 수 있는 인내를 소유하고 있을 때, 그리고 유혹이 격렬하지만 그가 그 유혹에 저항할 수 있는 믿음을 소유하고 있을 때, 주어진다. 그때 은혜는 올바른 양상으로 자라간다.

참된 은혜가 자랄 수밖에 없는 것은 왜 그런가?

(1) 은혜는 자라는 것이 적합한 일이다. 그것은 semen manens[불후의 씨] 곧 하나님의 씨이다(요일 3:9). 자라는 것이 씨의 본질이다. 은혜는 흙 속에 있는 돌처럼 마음 속에 있는 것이 아니라 흙 속에 있는 씨앗처럼 마음 속에 있는데, 그것은 솟아 올라 처음에는 잎사귀요, 다음에는 귀이며, 그 다음에는 귀 속에 꽉 들어찬 알곡이다.

(2) 은혜는 그 신선함과 탁월성으로 말미암아 자랄 수밖에 없다. 은혜를 소유하고 있는 사람은 절대로 그것 때문에 싫증을 내지 않고, 그것을 더욱 소유할 것이다. 그가 그 안에 간직하고 있는 즐거움은 그것을 더욱 갈구하는 원인이 된다. 은혜는 하나님의 형상이고, 그리스도인은 자신이 결코 하나님을 충분히 닮을 수는 없다고 생각한다. 은혜는 평강이 스며들게 한다. 그러므로 그리스도인은 그가 평강 속에서 자랄 수 있도록 은혜 안에서 자라가기 위해 노력한다.

(3) 은혜는 신자가 그리스도에게 접붙임되기 때문에 자랄 수밖에 없다. 이 이 고상하고, 후한 그루터기에 접붙여져 있는 접순이 되는 사람은 자랄 수밖에 없다. 그리스도는 자신에게 접붙임을 받은 모든 사람이 풍성한 열매를 맺을 수 있도록 아주 충분한 수액을 보유하고 있고, 생명의 능력을 지니고 있다. "네가 나로 말미암아 열매를 얻으리라"(호 14:8).

우리를 은혜 안에서 자라게 하는 동기 또는 유인은 무엇인가?

(1) 성장이 규례들의 목적이다. 사람이 그것을 땅 위에 뿌리고, 거름을 주고, 물을 주지만, 그것을 자라게 하실 수 있는 분은 누구인가? 말씀의 순전한 젖으로 말미암아 우리는 자랄 수 있다(벧전 2:2). 주의 식탁은 우리의 영적 양육과 은혜의 증진을 위해 마련되어 있다.

(2) 은혜의 성장은 그것에 관한 진리의 최고의 증거이다. 생명이 없는 사물은 자라지 못할 것이다. 그림은 자라지 못할 것이다. 울타리의 말뚝은 자라지 못할 것이다. 그러나 발육하는 생명을 소유한 식물은 자란다. 은혜 안에서 자라감은 영혼이 살아있다는 것을 보여주는 징표이다.

(3) 은혜의 성장은 그리스도인의 아름다움이다. 어린아이는 자라갈수

록 그 친절이 더욱 넘쳐나고 안색이 더욱 강건해지며, 더욱 불그스레해진다. 마찬가지로 그리스도인은 은혜 안에서 자라갈수록 그의 영적 안색이 더욱 성숙해지고, 더욱 순전해진다. 아브라함의 믿음은 그의 초기보다는 하나님 자신이 그것을 사랑으로 감싸고, "믿음의 조상"이라고 부르며 그에게 이 영예를 돌릴 정도로 아주 활력적이고, 탁월하게 성장했던 마지막 순간에 더 아름다웠다.

(4) 우리가 은혜 안에서 자라갈수록 우리가 하나님께 드리는 영광도 자라간다. 하나님의 영광은 모든 인간의 영혼의 구원보다 더 가치가 있다. 하나님의 영광의 면류관을 높이는 것이 우리의 목적이어야 한다. 그렇다면 우리는 은혜 안에서 자라가는 것을 제외하고 어떻게 하나님을 더 영광스럽게 할 수 있겠는가? "너희가 과실을 많이 맺으면 내 아버지께서 영광을 받으실 것이요"(요 15:8). 최소한의 은혜의 드라크마라도 우리를 구원에 이르게 할 수 있지만, 그것은 하나님에 대한 영광을 크게 이끌지는 못할 것이다. "의의 열매가 가득하여 하나님의 영광과 찬송이 되게 하시기를 구하노라"(빌 1:11). 그의 작물이 자라고, 무성할 때, 농부의 솜씨를 칭찬하는 법이다. 마찬가지로 우리가 은혜 안에서 무성할 때, 하나님에 대한 찬양과 영예가 높아지는 법이다.

(5) 우리가 은혜 안에서 자라갈수록 하나님은 우리를 더욱 사랑하실 것이다. 그것이 우리가 기도하는 것이 아닌가? 성장이 크면 클수록 하나님은 그만큼 더 우리를 사랑하실 것이다. 농부는 자신의 무성한 작물을 사랑한다. 무성한 그리스도인은 하나님의 헵시바(Hephzibah) 즉 최고의 기쁨이다. 그리스도는 포도나무가 무성하고, 석류나무가 봉오리를 맺는 것을 바라보시기를 즐겨하신다(아 6:11). 그분은 은혜의 진리를 수용하시지만, 은혜의 자라감을 칭찬하신다. "이스라엘 중 아무에게서도 이만한 믿음을 만나보지 못하였노라"(마 8:10). 여러분은 그리스도의 품에 안겨있는 사랑하는 제자와 같이 되기를 바라지 않는가? 여러분은 그리스도로부터 임하는 사랑을 얼마나 소유하고 있는가? 믿음이 선행으로 번창하도록 성장을 위해 크게 수고하라. 그리하면 사랑이 크게 증가할 것이다.

(6) 우리는 은혜 안에서 자라가야 할 의무가 있다. 우리에게는 우리의 믿음의 부족함을 보여주는 어떤 것이 여전히 존재한다(살전 3:10). 은혜는 그 유아기와 미성년기에만 있는 것이 아니다. 우리는 계속해서 우리의 영적 신장의 규빗을 키워가야 한다. 사도들은 주께 "우리에게 믿음을 더하소서"(눅 17:5)라고 요청하였다. 은혜는 약해서는 안된다. "내가 기름 부음을 받은 왕이 되었으나 오늘날 약하여서"(삼하 3:39). 따라서 우리는 은혜로 기름부음을 받았지만, 아직 약하기 때문에 거룩의 수준을 높여갈 필요가 있다.

(7) 은혜의 성장은 타락의 성장을 방해할 것이다. 건강이 자라가면 자라갈수록 몸의 질병은 감소할 것이다. 마찬가지로 영적인 면에서 겸손이 자라면 자라갈수록 교만이 그만큼 감소되며, 마음의 청결이 자라면 자랄수록 정욕의 화염도 그만큼 감소될 것이다. 정원에 있는 꽃들의 성장은 잡초들의 성장을 방해하지 못하지만, 은혜의 꽃의 성장은 타락의 싹이 트는 것을 방해한다. 어떤 식물들이 천적을 갖고 있는 것처럼, 포도나무와 월계수가 그런 것처럼, 만일 그것들이 가까이서 자라면 성장하지 못할 것이다. 마찬가지로 은혜가 자라는 곳에서 죄는 그렇게 빠르게 성장하지 못할 것이다.

(8) 우리가 은혜 안에서 아무리 크게 자란다고 해도, 그것은 지나치게 자라는 것이 아니다. 거기에 nimium 곧 지나침이란 없다. 몸은 수종증처럼 지나치게 크게 자랄 수 있다. 하지만 믿음은 아무리 크게 자라도 지나치게 자랄 수 없다. "너희 믿음이 더욱(exceedingly) 자라고"(살후 1:3). 여기에 엄청난 자람은 있지만, 과도한 자람은 없다. 인간은 아무리 건강해도 지나치게 건강한 것이 아니다. 은혜도 마찬가지다. 은혜는 거룩의 미점이다(시 110:3). 우리는 아무리 많은 영적 미점을 갖고 있어도 너무 많이 갖고 있다고 할 수 없다. 우리가 은혜 안에서 더 이상 자라지 못하는 것이 죽을 때 유일한 갈등이 될 것이다.

(9) 은혜 안에서 자라지 못하는 사람들은 은혜를 부패시킨다. Non progredi in via est regredi[그리스도인의 삶에 있어서 진보하지 못하는 것은 퇴보하는 것이다] — 성 버나드. 종교에 있어서 멈춤이란 없다. 우리는

전진하든지 아니면 후퇴하든지 한다. 만일 믿음이 자라지 못한다면, 불신앙이 자랄 것이다. 만일 천국을 향한 마음이 자라지 못한다면, 탐욕이 자랄 것이다. 자신의 저장고를 늘리지 않는 사람은 그것을 줄이는 것이다. 마찬가지로 만일 여러분이 여러분의 은혜의 저장고를 늘리지 않는다면, 여러분의 저장고는 줄어드는 것이다. 야곱의 사닥다리 위의 천사들은 올라가든지 아니면 내려가든지 했다. 만일 여러분이 종교에 있어서 올라가지 않는다면, 여러분은 내려가는 것이다.

(10) 은혜 안에서 자라갈수록 우리는 영광 속에서 번창할 것이다. 모든 은혜의 그릇이 가득 찬다고 할지라도, 어떤 그릇들은 다른 것들보다 더 많이 소유하고 있다. 그의 저장고에 열 므나를 남긴 사람은 열 고을을 차지할 것이다(눅 19:17). 크게 자라지 않는 사람들은, 비록 그들이 자기들의 영광을 상실하지는 않는다고 할지라도, 그것을 줄이는 것이다. 만일 어떤 사람들이 다른 사람들보다 더 희고, 더 큰 영광의 옷을 입음으로써, 어린 양을 따르려고 한다면, 그들은 이 세상에서 은혜로 가장 빛을 내는 사람들이어야 할 것이다.

적용: 성장이 없는 것을 슬퍼하라. 많은 사람들 사이에서 종교는 단지 형식과 신앙고백에 있어서만 자라고 있다. 이것은 열매가 아니라 잎사귀만 자라는 것이다. 많은 그리스도인들이 튼튼하게 자라지 못하는 쇠약한 몸뚱아리와 같다. 그들은 자기들이 듣는 설교를 통해서 자라가지 못한다. 육체를 취한 천사들처럼, 그들은 먹기는 먹지만, 자라지 않는다. 성장이 없는 곳에는 생명의 원리도 없다고 생각된다. 어떤 사람들은 더 좋게 자라는 대신에 더 나쁘게 자란다. 그들은 더욱 세속적이고, 더욱 불경적이다(딤후 3:13). 악한 사람들은 proficent in pejus 즉 점점 더 악화될 것이다. 많은 사람들이 지옥으로 가는 방향으로 자라간다 — 그들은 지난 수치를 더욱 부끄럽게 한다(습 3:5). 그들은 더욱 썩어져가는 어떤 물먹은 쓰레기와 같다.

우리는 우리가 은혜 안에서 자라고 있는지의 여부를 어떻게 알까?

이 문제를 결정하기 위해 나는 I. 우리가 자라지 않는 증거들, II. 우리가 자라는 증거들을 보여줄 것이다.

I. 우리가 은혜 안에서 자라가지 않는 증거들, 아니 오히려 영적 침체에 빠지는 증거들.

[1] 우리가 영적 욕구를 상실할 때. 식욕을 잃어버린 사람은 이전과 같이 음식에 대한 욕구를 갖고 있지 못하다. 아마 그리스도인으로서 여러분은 의에 대한 갈증과 열망을 지니고 있었던 때를 기억할 수 있을 것이다. 그때 여러분은 잔치에서 느끼던 식욕을 가지고 규례들을 향해 나아왔을 것이다. 그러나 지금은 정반대로 그리스도는 별로 소중히 여겨지지 않고, 그분의 규례들은 별로 준수되지 않는다. 이것은 은혜가 하강 곡선을 그리고 있다는 서글픈 징조이다. 그때 여러분은 깊은 침체 속에 빠져있는 것이다. 다윗이 이불을 덮어도 따뜻하지 아니한(왕상 1:1) 것은 그에게 죽음이 임박했다는 하나의 징조였다. 마찬가지로 사람이 의식이라는 따뜻한 이불을 덮었지만, 영적 사실에 대한 열정이 없는 것은 그가 은혜 안에서 식어져 가고 있다는 하나의 징조이다.

[2] 우리가 세속적으로 더 나아갈 때. 아마 우리가 과거에 저 높은 하늘에 올라갔을 때에는, 하늘의 일들에 우리의 마음을 두고, 가나안의 언어를 말했을 것이다. 그러나 지금 우리의 마음은 하늘로부터 멀어져 있고, 아주 저급한 이 세상의 탄광에서 우리의 평안을 캐고 있으며, 땅은 사탄이 에워싸고 있다. 이것은 우리가 언덕을 재빠르게 달려 내려오고, 우리의 은혜는 침체 속에 있다는 하나의 징조이다. 자연이 연수가 다하거나 사람들이 죽음에 임박하면, 몸이 구부정하게 되는 것을 관찰할 수 있다. 참으로 인간들의 마음이 땅에 대해 구부러지고, 비록 은혜가 소멸되지 않았다고 해도 그들이 하늘의 사상에 대해 고개를 들 수 없을 때, 그것은 죽음이 임박한 것이다(계 3:2).

[3] 우리가 죄에 관해 덜 고민할 때. 아주 가는 머리털이 눈물이 나게 하는 것처럼, 아주 작은 죄가 우리를 슬프게 할 때가 있었다. 그러나 지금 우리는 양심의 가책 없이도 죄를 소화시킬 수 있다. 과거에 우리는 은밀한 기도를 무시하면, 고민할 때가 있었다. 그러나 지금 우리는 가족을 위한 기도마저 생략할 수 있다. 과거에 우리는 허탄한 상념들로 고민할 때가 있었다. 그러나 지금 우리는 게으른 실천에 대해 고민하지 않는다. 여기에 종교에 있어서 서글픈 탈선이 있다. 그리고 참으로 여기서 은혜는 우리가 그것의 두근거리는 고동을 거의 인식할 수 없을 정도로 성장과는 거리가 멀다.

Ⅱ. 우리가 은혜 안에서 자라가는 증거들

[1] 우리가 우리의 과거의 은혜의 수준들을 넘어설 때. 어린아이 옷이 그의 몸에 맞지 않을 때, 그것은 그가 자라고 있다는 증거이다. 과거에 우리의 의지를 인도하는 역할을 했던 지식이 지금은 아무런 역할도 하지 않는다. 우리는 종교에 대해 더 깊은 지식을 갖고 있다. 우리의 빛은 더 밝아져 있고, 우리의 사랑의 불티는 불꽃으로 변해 있다. 바로 여기에 성장의 표지가 있다. 그런데 우리가 이전에 갖고 있던 은혜의 능력이 지금 우리에게는 너무나 부족하다. 우리는 자신을 벗어나 있다.

[2] 우리가 종교에 견고하게 뿌리를 박고 있을 때. "그 안에 뿌리를 박으며 세움을 입어"(골 2:7). 뿌리가 박히는 것은 나무의 성장을 보여주는 것이다. 우리가 이단들의 속삭임에 요동하지 않을 정도로 그리스도에게 아주 견고하게 매여 있으면, 그것은 성장의 복된 표지이다. 아타나시우스는 Adamas ecclesie[교회의 가장 단단한 돌] 즉 진리에 대한 사랑으로부터 한 치도 움직일 수 없는 돌로 불리워졌다.

[3] 우리가 보다 튼튼한 마음의 영적 구조를 갖고 있을 때. (1) 우리가 우리의 원리에 있어서 보다 영적일 때, 곧 죄가 우리의 거룩을 방해하기

때문에 하나님에 대한 사랑으로 죄를 거부할 때, 그때는 우리가 은혜 안에서 자라가고 있다는 증거이다. (2) 우리가 우리의 감정들에 있어서 보다 영적일 때, 곧 우리가 최초의 타락에 대해, 허탄한 상념들의 일어남에 대해, 그리고 심연에 흐르고 있는 뒤틀림에 대해 슬퍼할 때, 그때는 우리가 은혜 안에서 자라가고 있다는 증거이다. 그때 우리는 죄의 응보에 대해서 뿐 아니라 그 오염에 대해서도 슬퍼한다. (3) 우리가 의무를 수행하는데 있어서 영적일 때, 그때는 우리가 은혜 안에서 자라가고 있다는 증거이다. 그때 우리는 아주 진지하고, 경건하고, 열정적이다. 우리는 더 많은 기도생활을 하고, 희생제물의 불을 태운다. "열심을 품고"(롬 12:11). 우리는 우리의 의무를 원숙하게 하고, 무르익게 하며, 또 그것이 더 나은 맛을 내도록 하는 그 큰 사랑으로 하나님을 섬긴다.

[4] 은혜가 반대편을 이길 때. 불은 반연동에 의해 가장 추운 계절에 가장 뜨겁게 타오른다. 베드로의 용기는 대제사장들과 지도자들의 반대에 의해 더 배가되었다(행 4:8,11). 순교자의 열심은 핍박에 의해 더 증가되었다. 여기에 일급의 은혜가 있었다.

우리는 은혜 안에서 자라가기 위해 무엇을 할 것인가?

(1) 어떤 죄를 사랑하는 것과 같이, 성장을 방해하는 것을 조심하라. 육체가 아무리 크게 자란다고 할지라도, 죄가 소중히 여겨지는 곳에서 은혜는 자랄 수가 없다.

(2) 은혜의 성장을 위해 모든 수단을 활용하라. 첫번째로 "오직 경건에 이르기를 연습하라"(딤전 4:7). 육체는 연습을 통해 더 강하게 자라간다. 돈거래는 사람들을 더 부유하게 만든다. 마찬가지로 우리가 우리의 믿음을 약속 안에서 활용하면 할수록 우리는 믿음 안에서 더 부요해진다. 두번째로 만일 여러분이 자라가는 그리스도인들이라면, 겸손한 그리스도인들일 것이다. 프랑스처럼 어떤 나라에서는 포도주를 만드는 최고급의 그리고 최상급의 포도 열매들이 가장 보잘 것 없는 포도나무로부터 자라는 것을

볼 수 있다. 마찬가지로 겸손한 성도는 은혜 안에서 가장 크게 자란다. "다 서로 겸손으로 허리를 동이라"(벧전 5:5). 세번째로 영적 성장을 위해 하나님께 기도하라. 어떤 사람들은 은사가 자랄 수 있도록 기도한다. 그러나 은사보다는 은혜가 자라는 것이 더 낫다. 은사는 장식을 위한 것이지만, 은혜는 양육을 위한 것이다. 은사는 다른 사람들을 교화시킨다. 그러나 은혜는 우리 자신을 구원한다. 어떤 사람들은 그들이 풍성하게 자라기를 기도한다. 그러나 열매가 있는 심령이 가득 찬 지갑보다 더 낫다. 그것이 고난을 통해 이루어질지언정(히 12:10), 하나님이 여러분을 은혜 안에서 자라게 하시기를 기도하라. 포도나무는 가지치기를 함으로써 자라는 법이다. 하나님의 가지치기 칼은 우리를 은혜 안에서 더욱 자라게 할 것이다.

우리는 은혜 안에서 자라가지 않는다고 불평하는 자들을 어떻게 위로할 수 있는가?

은혜 안에서 자라가지 않는다고 불평하는 자들은 잘못하고 있는 것이다. 왜냐하면 "스스로 가난한 체하여도 재물이 많은 자가 있는"(잠 13:7) 것처럼, 그들은 자라지 않는다고 생각할 때에도 자랄 수 있기 때문이다. 그리스도인들이 은혜 안에서 그들의 결함에 대해 갖고 있는 시각과 더 높은 수준의 은혜에 대한 갈망으로 말미암아 그들은 자기들이 자라면서도 자라가지 않는다고 생각한다. 엄청난 재산을 탐욕적으로 소유하고 사람은, 자신의 욕망만큼 소유하고 있지 못하기 때문에, 자신이 가난하다고 생각한다. 참으로 그리스도인들은 그들이 바라는 은혜를 추구해야 하지만, 그렇다고 해서 자기들이 소유하고 있는 은혜를 간과해서는 안된다. 그리스도인들은 최소한의 성장으로도 감사해야 한다. 만일 여러분이 확신에 있어서 별로 자라가지 않는다면, 성실성에 있어서 자라가는 것으로 하나님께 감사하라. 만일 여러분이 지식에 있어서 별로 자라가지 못한다면, 겸손에 있어서 자라가는 것으로 하나님께 감사하라. 나무가 그 뿌리에서 자란다면, 그것은 참된 성장이다. 마찬가지로 여러분이 겸손이라는 근본 은혜에 있어서 자란다면, 그것은 어떤 다른 성장보다도 여러분에게 필수적이다.

10. 성도의 견인

"구원을 얻기 위하여 믿음으로 말미암아 하나님의
능력으로 보호하심을 받았나니" — 벧전 1:5

성화의 다섯번째 곧 마지막 열매는 은혜 안에서의 견인이다. 천국의 기업은 성도들에게 이어지고, 그들은 기업을 입는다(벧전 1:4). 베드로 사도는 은혜 안에서 성도의 견인과 영속성을 보증한다. 성도의 견인은 교황주의자들과 알미니우스주의자들에 의해 크게 반대를 받았다. 그러나 그리스도인의 중심 위로는 이 견인 교리에 의존한다. 이것을 무시해 보라. 그러면 여러분은 종교를 해치게 되고, 모든 유쾌한 수고의 원동력이 사라질 것이다. 이 핵심 교리를 충분하게 다루고, 논의하기 전에, 나는 먼저 그것의 의미를 분명히 해야 한다.

1. '신자들은 견인한다' 고 내가 말할 때:

[1] 나는 단지 신앙고백만을 하는 사람들은 떨어져나갈 수 있다는 사실을 인정한다. "데마는 이 세상을 사랑하여 나를 버리고 데살로니가로 갔고"(딤후 4:10). 불타고 있는 혜성은 곧 사라진다. 모래 위에 지은 집은 곧 무너질 것이다(마 7:26). 위장된 은혜는 곧 소멸될 것이다. 큰 가지가 단지

붙어있는 나무로부터 떨어져나가는 것을 보는 것은 이상한 일이 아니다. 위선자들은 단지 그리스도에게 외적 고백을 통해 붙어있을 뿐이지 접붙여 있는 것은 아니다. 인공적인 조작이 오랫 동안 유지되리라고 생각하는 사람이 누가 있는가? 위선자의 조작은 단지 인공적이지 생명적이 아니다. 모든 꽃들이 열매로 수확되는 것은 아니다.

[2] 나는 만일 신자들이 그들 자신의 다리로 계속 서있다면, 그들은 결국 쓰러지고 말 것이라는 사실을 인정한다. 빛과 영광으로 충만한 별들이었던 일부 천사들은 실제로 그들의 은혜를 상실하였다. 그 순전한 천사들이 은혜로부터 떨어져나갔다면, 하물며 그같은 은혜를 저버린 죄를 크게 범한 경건한 자들은 얼마나 더하겠는가!

[3] 나는 비록 참된 신자들이 실제로 떨어져나가지 않고, 그들의 모든 은혜를 상실하지 않는다고 해도, 그들의 은혜는 점차 사라질 것이고, 그들은 그들의 성화로부터 커다란 단절이 있을 것이라는 사실을 인정한다. 은혜는 moritura, non mortua 즉 죽어가기는 하지만, 시체는 아니다. "그 남은 바 죽게 된 것을 굳게 하라"(계 3:2). 은혜는 깜부기 불 속에 있는 불꽃과 같다. 그러나 그것이 꺼지지는 않지만, 그 불티는 소멸된다. 이같은 은혜의 쇠락을 나는 다음과 같은 두 가지 세부사실에 입각하여 보여줄 것이다:

(1) 은혜의 생명력있는 행위가 중지될 수 있다. "너의 처음 사랑을 버렸느니라"(계 2:4). 은혜는 잠자는 습관과 같을 수 있다. 경건한 자들은 종교에 있어서 미미하게 행위할 수 있고, 그들의 종교에 대한 감정의 고동은 천천히 뛸 수 있다. 슬기있는 처녀들도 잠을 잤다(마 25:5). 수로가 막힐 때처럼, 은혜의 행사는 방해받을 수 있다.

(2) 경건한 자들 속에 은혜가 역사하는 대신에 타락이 역사할 수 있다. 인내 대신에 불평이 있을 수 있다. 하늘의 것 대신에 세상의 것에 사로잡힐 수 있다. 제자들이 가장 위대한 사람이 되기 위해 노력했을 때, 그들 안에 얼마나 큰 교만이 들어있었던가! 다윗 안에 얼마나 정욕이 들어있었

던가! 이같이 중생한 사람들 안에도 타락이 활동하고, 지배할 수 있다. 그들은 엄청난 죄에 떨어질 수 있다. 그러나 이 모든 것이 허용된다고 해도, 그들은 penitus exeidere 즉 결국 은혜로부터 떨어지지는 않는다. 다윗은 자신의 은혜를 조금도 상실하지 않았다. 그런데 그는 왜 "나로부터 당신의 거룩한 영을 제하지 마소서"라고 기도했는가? 그는 성령을 조금도 상실하지 않았다. 유두고가 삼층누에서 떨어져(행 20장) 모든 사람들이 그가 죽었다고 생각했을 때, 바울이 말하되 "떠들지 말라 생명이 저에게 있다"한 것처럼, 다윗이 비록 범죄했지만, 그 안에는 은혜의 생명을 간직하고 있었다. 성도들은 아주 적은 믿음을 소유하고 있는 경우는 있을지언정, 믿음이 아주 없는 경우는 없다. 그들의 은혜가 바닥까지 낮아질 수는 있어도 완전히 마르지는 않는다. 은혜가 감소될 수는 있어도, 소멸되지는 않는다. 슬기로운 처녀들은 잠을 자기는 했지만, 그녀들의 등잔이 완전히 비어있지는 않았다. 은혜는 최소한만 있으면 회복되고, 번창할 것이다. 삼손은 자신의 힘을 잃어버렸을 때, 그의 머리카락은 다시 자라났고, 그의 힘은 소생되었다. 이것으로 그 명제에 대해 설명하고, 이제 나는 성도의 견인이라는 이 위대한 교리를 상세하게 설명할 것이다.

II. 그리스도인들은 어떤 수단을 통해 견인하게 되는가?

[1] 그리스도인들은 기도, 말씀, 그리고 성례와 같은 규례들의 도움을 받아 견인에 도달한다. 그들은 조용히 앉아 있고, 아무 일도 하지 않으면, 견인에 이르지 못한다. 배 안에 가만히 앉아 있으면서 그들의 항해의 종착지에 도착되는 사람은 배 안에 있는 승객들이지 우리가 아니다. 또는 수고나 노동을 하지 않고 지대를 받는 사람은 귀족이지 우리가 아니다. 그러나 우리는 수단들을 사용하여 구원에 도달한다. 사람은 달림으로써 경주의 결승점에 도착하는 것과 같이 싸움으로써 승리에 도달한다. "깨어 있어 기도하라"(마 26:41). 이것은 바울이 "이 사람들이 배에 있지 아니하면 너희가 구원을 얻지 못하리라"(행 27:31)고 말한 것과 같다. 신자들은 결국에는

해안에 도착하게 되고, 천국에 이르른다. 하지만 "그들이 배 안에서 버티지 아니하면" 즉 규례들을 활용하지 못하면 "구원을 얻지 못할 것이다." 규례들은 은혜를 소중히 여긴다. 그것들이 은혜를 낳는 것처럼, 그것들은 은혜를 성장시키고, 영원히 유지시키는 모유이다.

[2] 그리스도인들은 도우시는 영(Auxilio Spiritus) 즉 성령의 거룩한 영향과 작용에 의해 견인에 도달한다. 하나님의 영은 은혜를 완전으로 이끌기 위해 신자들의 마음 속에 끊임없이 역사하고 있다. 그분은 새로운 기름을 떨어뜨려 은혜의 등불이 불타오르도록 한다. 성령은 은혜를 일으키고, 강화시키고, 증가시키며, 그리스도인이 그의 믿음의 결국 곧 구원에 이를 때까지 믿음의 이 단계에서 저 단계로 나아가도록 한다(벧전 1:9). 바울 사도는 그분을 "우리 안에 거하시는 성령"(딤후 1:14)이라고 분명하게 표현하고 있다. 집 안에 거하는 사람은 그 집을 계속 손질한다. 마찬가지로 신자 속에 거하는 성령은 은혜를 계속 손질한다. 은혜는 생수의 강으로 비유된다(요 7:38). 이 강은 하나님의 영이 지속적으로 그것을 흐르게 하는 샘이시기 때문에 결코 마를 수 없다.

[3] 은혜는 매일매일 그리스도의 중재를 통해 완전을 향해 나아간다. 성령이 마음 속에서 역사하시는 것처럼, 그리스도는 천국에서 역사하신다. 그곳에서 그리스도는 성도의 은혜가 계속 유지되도록 항상 기도하고 계신다. Conserva illos[진실로 보전하소서]. "'아버지여, 아버지께서 내게 주신 자들을 보전하소서.' 즉 궤도 속에 있는 별들처럼 보전하소서. 저들을 잃어버리지 않도록 보석처럼 보전하소서. '아버지께서 저들을 보전하소서'"(요 17:11). 그리스도께서 베드로를 위해 하신 기도는 그분이 현재 신자들을 위해 하시는 기도의 모형이었다. "내가 너를 위하여 네 믿음이 떨어지지 않기를 기도하였노니"(눅 22:32). 이런 기도의 자녀들이 어떻게 멸망할 수 있겠는가?

Ⅲ. 성도의 견인을 증명하는 논증들

[1] 첫번째 논증은 a veritate Dei 즉 "하나님의 진리로부터" 취해진다. 하나님이 그것을 주장하셨을 뿐 아니라 그것을 약속하셨다. (1) 하나님이 그것을 주장하셨다. "하나님의 씨가 그의 속에 거함이요" "너희는 주께 받은 바 기름 부음이 너희 안에 거하나니"(요일 2:27). (2) 하나님이 그것을 주장하신 것처럼, 그것을 또한 약속하셨다. 그의 면류관의 가장 빛나는 진주인 하나님에 관한 진리는 약속의 전당에 놓여있는 것이다. "내가 저희에게 영생을 주노니 영원히 멸망치 아니할 터이요"(요 10:28). "내가 그들에게 복을 주기 위하여 그들을 떠나지 아니하리라 하는 영영한 언약을 그들에게 세우고 나를 경외함을 그들의 마음에 두어 나를 떠나지 않게 하고" (렘 32:40). 하나님은 자기 백성들을 너무 사랑하시기 때문에 그들을 절대로 버리지 아니하실 것이고, 또 그들은 하나님을 너무나 경외하기 때문에 절대로 그분을 포기하지 않을 것이다. 만일 신자가 견인하지 못한다면, 하나님은 자신의 약속을 깨뜨리시는 것이다. "내가 네게 장가들어 영원히 살되 의와 공변됨과 은총과 긍휼히 여김으로 네게 장가들며"(호 2:19). 하나님은 자신의 백성들과 혼인한 다음에 절대로 이혼은 하지 않으신다. 그분은 이혼하는 것을 미워하신다(말 2:16). 하나님의 사랑은 죽음이나 지옥이 그것을 따로 떨어지게 할 수 없을 정도로 아주 견고하게 그 혼인을 결합시킨다.

[2] 두번째 논증은 a potentia Dei 즉 "하나님의 능력으로부터" 취해진다. 성경의 본문은 우리는 "하나님의 능력으로 말미암아 구원에 이르렀다"고 말씀한다. 삼위일체 하나님의 각 인격이 신자의 견인에 역사하신다. 성부는 세우시는 분이다(고후 1:21). 성자는 확증하시는 분이다(고전 1:8). 성령은 보증하시는 분이다(엡 1:13). 이처럼 우리를 보존하시는 것은 하나님의 능력이다. 우리는 우리 자신의 능력으로 보존되는 것이 아니다. 펠라기우스주의자들은 사람은 자기 자신의 능력을 통해 시험을 이기고, 견인할

수 있다고 주장하였다. 어거스틴은 그들을 논박한다. 그는 말하기를 "인간은 견인을 위해 하나님께 기도한다. 만일 견인할 능력이 인간 자신에게 있다면 그것은 불합리하다"고 한다. 또 이어서 말하기를, "만일 모든 능력이 인간의 자아 속에 내재해 있다면, 왜 어떤 사람은 견인하고 또 어떤 사람은 견인해서는 안되는가? 왜 유다와 베드로가 모두 견인하지 않는가?" 그렇다면 우리를 보존시키는 것은 하나님의 능력 외에 다른 어떤 것이 절대로 아니다. 주님은 이스라엘이 가나안에 정착할 때까지 광야에서 멸망하지 않도록 보존하셨다. 하늘의 가나안으로 그의 백성들을 이끄실 때까지 은혜의 상태 속에서 그들을 보존하시는 데 있어서도, 이적적 방법이 아니라 영적인 불가시적 방법이지만, 취하시는 관심은 이와 마찬가지이다. 이교도들이 아틀라스가 타락으로부터 천국으로 끌어올린다고 착각하고 있는 것처럼, 하나님의 능력이 성도들을 타락으로부터 끌어올리는 아틀라스이다. 아담의 경우처럼 은혜가 그 자체로 소멸하지 않는지의 여부에 대해서는 논란이 구구하지만, 나는 은혜가 하나님의 능력으로 말미암아 소멸하지 않고 유지된다고 확신한다.

[3] 세번째 논증은 ab electione 즉 "하나님의 선택적인 사랑으로부터" 취해진다. 하나님이 영원무궁토록 영광으로 택하신 사람들은 결국 떨어져 나갈 수 없다. 그러나 모든 진실한 신자는 영광으로 택함받고, 그러므로 그는 떨어져 나갈 수 없다. 선택을 좌절시키거나 하나님의 섭리를 공허하게 할 수 있는 것이 무엇인가? 이 논증은 결코 움직일 수 없는 시온산과 같이 서있다. 일부 교황주의자들도 절대적 선택을 소유하고 있는 사람들은 떨어져 나갈 수 없다고 주장할 정도이다. "하나님의 견고한 터는 섰으니 인침이 있어 일렀으되 주께서 자기 백성을 아신다 하며"(딤후 2:19). 하나님의 견고한 터는 선택에 대한 하나님의 섭리 외에 다른 것이 결코 아니다. 그런데 이것이 확실하게 서있다. 하나님은 그것을 변경시키지 않을 것이고, 또 다른 것들이 그렇게 할 수도 없다.

[4] 네번째 논증은 ab unione cum Christo 즉 "신자와 그리스도의 연합으로부터" 취해진다. 그들은 믿음의 신경과 인대에 의해 지체로서 머리되신 그리스도에게 끊어질 수 없도록 붙어있다(엡 5:23). 일단 그리스도의 자연적 몸에 관해 말했던 것이 그의 신비적 몸에도 해당된다. "그 뼈는 부러지지 않을 것이다." 누룩과 반죽이 일단 서로 섞이고, 혼합되어 있으면, 그것을 갈라놓는 것이 불가능한 것처럼, 그리스도와 신자들이 일단 연합되어 있을 때에는 그것을 분리시키는 것이 불가능하다. 그리스도와 그의 지체들은 한 몸을 이룬다. 그렇다면 그리스도의 어떤 부분이 멸망하는 것이 가능하겠는가? 그리스도가 자신의 신비적 몸의 지체를 잃어버리고 어떻게 완전할 수 있겠는가? 요약하면 만약 어떤 신자가 그리스도로부터 떨어져 나갈 수 있다면, (똑같은 법칙에 의해) 다른 신자도 그렇게 되지 않겠는가(si unus excidat, quare non et alter)? 전부 그렇게 되지 않겠는가? 그렇게 되면 그리스도는 몸 없는 머리가 되고 말 것이다.

[5] 다섯번째 논증은 ab emptione 즉 "값주고 사심의 본질로부터" 취해진다. 인간은 사라져버릴 물건을 위해 돈을 지불하거나 아무 조건 없이 토지상속권을 양도하지는 않을 것이다. 그리스도는 영원히 우리를 자신의 백성으로 사시기 위해 죽으셨다. "오직 자기 피로 (우리를 위해) 영원한 속죄를 이루사"(히 9:12). 여러분은 그리스도께서 잠시 동안만 자기를 믿을 수 있고, 그 다음에는 타락하도록 하기 위해서 자신의 피를 흘리셨다고 생각하는가? 우리는 그리스도께서 자신이 값주고 사신 것을 잃어버릴 것이라고 생각하는가?

[6] 여섯번째 논증은 a victoria supra mundum 즉 "신자의 세상에 대한 승리로부터" 취해진다. 이 논증은 다음과 같이 삼단논법에 따라 세워진다: 세상을 이긴 사람은 은혜 안에서 견딘다. 그런데 신자는 세상을 이긴다. 그러므로 신자는 은혜 안에서 견딘다. "세상을 이긴 이김은 이것이니 우리의 믿음이니라"(요일 5:4). 사람은 전장터에서 하나의 전투에서는 패

배할 수 있지만, 결국 마지막에는 승리한다. 하나님의 자녀는 베드로가 그랬던 것처럼, 시험에 대항하여 한 번의 전투에서는 패배할 수 있지만, 결국에는 승리할 것이다. 그리하여 만일 성도가 승리자의 면류관을 쓰려면, 만일 세상이 그에 의해 정복된다면, 그는 당연히 견인해야 한다.

Ⅳ. 나는 알미니우스주의자들의 몇 가지 반박들에 대해 다음과 같이 답변한다.

[1] 알미니우스주의자들의 첫번째 반박은, "만일 신자가 은혜 안에서 견인한다면, '그런즉 선 줄로 생각하는 자는 넘어질까 조심하라' (고전 10:12)와 '그러므로 우리는 두려워할지니 그의 안식에 들어갈 약속이 남아 있을지라도 너희 중에 혹 미치지 못할 자가 있을까 함이라' (히 4:1)와 같은 성경의 경고들은 어떤 목적을 갖겠는가?" 라는 것이다. 이런 경고들은 만일 성도가 확실히 견인한다면, 불필요한 것처럼 보인다.

이런 경고들은 신자들에게 태만을 조심하도록 하는데 필수적인 구절들이다. 그것들은 신자들이 구원을 이루어가는데 더 큰 열심을 갖도록 박차를 가하는 역할을 한다. 그것들은 성도들이 떨어져나갈 수 있다는 것을 함축하지 않고, 그들이 떨어져나가는 것으로부터 지켜주는 예방제가 된다. 그리스도는 일부 그의 제자들에게 그들이 자기 안에 거하여야 한다고 말씀하셨지만, 아울러 그들에게 권고하기를 자신이 그들 안에 거할 것을 말씀하셨다(요 15:4). 그분이 그들을 권고하시는 것은 그들이 자기 안에 거하는 것을 의심해서가 아니라 그들의 열심을 일깨우고, 그들이 자기 안에 거할 수 있도록 더 열심히 기도하라고 일깨우기 위해서였다.

[2] 두번째 반박은 한 번 비췸을 얻고, 하늘의 은사를 맛보고, 성령에 참여한 바 되고, 하나님의 선한 말씀과 내세의 능력을 맛본(히 6:4) 사람들이 만일 떨어져나간다면, 그들이 다시 회개하고 거듭나는 것이 불가능하다는 것이다.

성경의 이 구절은 그런 의미가 아니다. 왜냐하면 여기서 사도는 외식자들에 관해 말하고 있기 때문이다. 그는 그들이 얼마나 멀리 떠나 타락했는지를 보여준다. (1) 그들은 한 번 비췸을 받았던 사람들이다. 사람들은 커다란 조명을 받아도 타락할 수 있다. 유다는 비췸을 받은 자가 아니었던가? (2) 그들은 성령에 참여한 자가 되었다. 그러나 그것은 성령의 특별 은총이 아니라 일반 은총이다. (3) 그들은 하나님의 선한 말씀의 능력을 맛보았다. 여기서 맛보는 것은 먹는 것과는 반대된다. 외식자는 일종의 종교의 달콤한 맛을 갖고 있을 수는 있지만, 그의 맛은 자라는 것이 아니다. 양치질 약과 강장제를 마시는 것 사이에는 엄청난 차이가 있다. 양치질 약은 단지 그의 입 안을 씻어줄 뿐이다 — 그는 그것을 맛보고, 그것을 다시 밖으로 뱉어낸다. 그러나 강장제는 마셔서 삼키고, 그리하여 영혼을 자라게 하고, 살찌게 한다. 사람이 양치질 약을 맛보는 것처럼, 단지 어떤 종교의 맛이나 기미를 간직하고 있는 외식자는 떨어져나갈 것이다. (4) 그리고 그들은 내세의 능력을 맛보았다. 즉 그들은 천국의 영광에 영향을 받을 정도로 그것에 대한 이해를 가질 수 있고, 그래서 그것을 생각하면서 약간의 기쁨을 느끼는 것처럼 보일 수 있지만, 돌밭에 뿌리어진 씨의 비유처럼(마 13:20) 떨어져나간다. 이 모든 것은 외식자에 관해 말하고 있다. 그러나 그것은 그러기 때문에 효과적으로 인도함을 받은 참된 신자는 절대로 떨어져나갈 수 없다는 것을 증명한다. 혜성이 떨어진다고 해서 다른 진짜 별들도 떨어진다는 결론이 당연히 나오는 것은 아니다. 이 성경 구절이 온전한 신자들에 관해 말하는 것이 아니라는 것은 9절로 보아 분명하다: "우리가 이같이 말하나 너희에게는 이보다 나은 것과 구원에 가까운 것을 확신하노라".

적용 1: 교훈에 대해. (1) 은혜의 탁월성을 주목하라. 은혜가 성도로 하여금 견인하게 한다. 그외 다른 것들은 단지 잠시동안만을 위한 것이다. 건강과 부는 달콤하지만, 그것들은 오직 한 동안만 주어지는 것이다. 그러나 은혜는 영원의 꽃이다. 하나님의 씨가 거한다(요일 3:9). 은혜는 가리워질 수 있지만 소멸되지는 않는다. 그것은 그 견실함 때문에 재물(substance)로 불리고(잠 8:21), 그 영원성 때문에 장구한 재물로 불린다(잠 8:18). 그것은 영혼이 존재하는 한, 천국이 지속되는 한, 영원히 지속된다. 은혜는 금방 만기가 되는 임대계약과 같지 않고, 영원과 병행하여 존속한다.

(2) 여기서 성도들 안에서 하나님에 대한 지속적인 사랑과 감사가 일어날 수 있음을 주목하라. 우리로 하여금 우리에 대한 그분의 사랑의 견고함보다 더 견고하게 하나님을 사랑하게 할 수 있는 것이 무엇인가? 그분은 은혜의 조성자이실 뿐 아니라 완성자이시다. 그분의 사랑은 영구적이고, 우리에게 구원을 가져온다. "내 양은 내 음성을 들으며 나는 저희를 알며 저희는 나를 따르느니라 내가 저희에게 영생을 주노니"(요 10:27,28). 내 양은, 여기에는 선택이 내재되어 있다. 내 음성을 들으며, 여기에는 소명이 내재되어 있다. 나는 저희를 알며, 여기에는 칭의가 내재되어 있다. 저희는 나를 따르느니라, 여기에는 성화가 내재되어 있다. 내가 저희에게 영생을 주노니, 여기에는 영화가 내재되어 있다. 이것은 얼마나 우리로 하여금 하나님을 사랑하도록 하며, 그분에 대한 찬양의 기념비와 트로피를 세우도록 하는가! 그런데 우리는 얼마나 많이 하나님으로 하여금 자신의 성령을 거두어가도록 하며, 결국에는 얼마나 자주 넘어지는가! 그러나 그분이 우리를 지키시기 때문에, 자신의 성도들의 발을 지키시는(삼상 2:9) 그분의 이름을 복되게 하고, 그분의 기념비를 영원히 존속시켜야 한다.

(3) 성도들이 경건을 유지하는 것이 어디로부터 오는가를 살펴보라. 그것은 오로지 하나님의 능력으로부터 온다. 우리는 그분의 능력으로 말미암아, 요새가 지켜지는 것처럼, 지켜진다. 만일 여러분이 다음과 같은 몇 가지 사실을 고려한다면, 어떤 그리스도인이 견인한다는 사실은 하나의 경이이다:

(i) 내부의 부패. 가라지는 알곡과 섞여 있다. 은혜보다는 죄가 더 많지만, 은혜가 당연히 더 지배적이다. 은혜는 바다 속에 있는 하나의 불꽃과 같은데, 그것이 꺼지지 않는다는 것은 하나의 경이이다. 죄가 은혜를 소멸시키지 못한다는 것은 놀라운 일이다. 때때로 유모가 아기에게 그러는 것

처럼, 죄가 은혜를 덮어누르고, 그런데도 이 은혜의 아기가 질식되거나 죽지 않는다는 것은 경이이다.

(ii) 외부의 시험. 사탄은 우리의 행복을 시기한다. 그래서 그는 자신의 군대를 일으켜서 박해를 감행한다. 그는 자신의 불같은 시험의 화살을 쏜다. 그 시험은 그 신속함 때문에 화살로, 그 끔찍함 때문에 불로 불린다. 우리는 매일 마귀들에게 에워싸여 있다. 다니엘이 사자들이 으르렁거리는 굴속에서 살아남았던 것이 경이인 것처럼, 우리 주변에는 으르렁거리는 무수한 마귀들이 존재하지만, 우리는 절대로 갈기갈기 찢겨지지 않는 것도 경이이다. 그렇다면 우리가 이같은 강력한 시험에 대항하여 견딜 수 있는 비결은 어디로부터 오는가? 우리는 하나님의 능력으로 말미암아 지켜진다.

(iii) 세상의 황금빛 유혹들, 부와 쾌락. "재물이 있는 자는 하나님의 나라에 들어가기가 어떻게 어려운지"(눅 18:24). 데마처럼(딤후 4:10), 이 황금빛 모래 위에 던져진 사람들이 얼마나 많은가! 땅이 모든 선한 감정들의 불을 끄지 못할 정도로 어떤 영혼이 종교에 있어서 견인한다는 것은 얼마나 놀라운 일인가? 이것이 하나님의 능력이 아니라면 어디에서 오겠는가? 우리는 그분의 능력으로 말미암아 지켜진다.

적용 2: 위로에 대해. 이 성도의 견인 교리는 결석(結石)과 같다. 그것은 경건한 자들의 영을 침체로부터 지켜주는 강력한 강장제이다. (1) 하나님의 자녀가 끝까지 견디지 못할 것을 두려워하는 것만큼 그를 곤혹스럽게 하는 것은 없다. 그는 말하기를 "나의 이 연약한 다리는 결코 나를 천국으로 이끌지 못할 것이다"라고 한다. 그러나 견인은 불가피한 성화의 열매이다. 한 번 그리스도 안에 있으면, 영원히 그리스도 안에 있다. 신자는 어느 정도 은혜로부터 벗어날 수 있지만, 은혜의 상태로부터 이탈할 수는 없다. 이스라엘은 그의 기업을 결코 완전하게 팔거나 양도할 수는 없었다(레 25:23). 마찬가지로 우리의 천국의 기업은 우리로부터 완전히 양도될 수는 없을 것이다. 은혜로부터의 타락을 주장하는 알미니우스주의의 교리는 얼마나 절망적인가! 오늘의 성도가 내일은 타락자가 된다. 오늘의 베드로가 내일은 유다가 된다. 이것은 그리스도인의 수고의 원동력을 당연히 제거해 버리고, 그릇에 구멍이 나있는 것과 같다. 그것은 그의 기쁨의 포도주를 몽땅 흘려버린다. 알미니우스주의의 교리가 진리라면, 어떻게 요한 사도는 "하나님의 씨가 그의 속에 거하고", "하나님의 기름 부음이 그 안에 거한다"(요일 3:9; 2:27)고 말할 수 있었겠는가? 만일 생명책 속에 기록된 이름이 다시 지워진다면, 거기에 이름이 기록되어 있는 것이 무슨 위로가 되겠는가?

그러나 은혜가 절대로 사라지지 아니하고 견인하도록 하는 것이 참이라면, 여러분은 위로를 확신해도 좋다. 그리스도인은 거래할 은혜를 아주 조금일지라도 갖고 있기만 한다면, 타락을 두려워할 이유가 없다. 왜냐하면 하나님이 그에게 은혜의 그루터기를 심으실 뿐만 아니라 그를 위해 그 그루터기를 지켜주실 것이기 때문이다. Gratia concutitur, non excutitur[은혜는 흔들리기는 하지만, 뽑혀지지는 않는다] — 어거스틴. "은혜는 두려움과 의심으로 흔들릴 수는 있을지언정, 그 뿌리가 뽑혀질 수는 없다." 떨어져나갈 것이라고 두려워하지 말라. 만일 어떤 일이 성도의 견인을 방해한다면, 그것은 죄가 아니면 시험일 것이다. 그러나 이것들 중 어느 것도 그것을 방해하지 못할 것이다.

(i) 신자의 죄는 절대로 견인을 방해하지 못한다. 그들을 겸손하게 하는 것이 그들을 정죄하지는 못할 것이다. 오히려 그들의 죄는 그들을 겸손하게 한다. 그들은 가시로부터 포도를 수확한다. 죄의 가시로부터 그들은 겸손의 포도를 얻는다. (ii) 시험도 절대로 견인을 방해하지 못한다. 마귀는 성도의 은혜의 요새를 폭파하기 위해 그의 시험의 열차를 운행한다. 그러나 그는 그 목표를 달성할 수 없다. 시험은 안전을 위한 약이다. 사탄이 유혹하면 할수록 성도의 기도는 더 깊어진다. 바울은 사탄의 사자를 그에게서 제거해달라고 기도하면서, "이것이 내게서 떠나기 위하여 내가 세 번 주께 간구하였더니"(고후 12:8)라고 구했다. 이같이 그리스도로부터 신자를 떼어놓거나 그의 견인을 방해할 수 있는 것은 아무 것도 없다. 이 포도주를 무거운 마음을 가진 사람들에게 주도록 하자.

(2) 이 견인은 위로를 준다. (i) 세속적 위로들을 상실할 때. 우리의 재산이 사라질 수는 있어도, 우리의 은혜는 사라질 수 없다. "마리아는 이 좋은 편을 택하였으니 빼앗기지 아니하리라"(눅 10:42). (ii) 죽을 때. 모든 것이 사라지고, 친구들이 우리 곁을 떠날 때, 그래도 은혜는 우리를 떠나지 아니한다. 죽음은 우리로부터 다른 모든 것을 분리시키지만, 은혜로부터는 아니다. 그리스도인은 죽음의 순간에도 올레비아누스가 말한 것처럼, "보는 것을 상실하고, 말하고 듣는 것도 사라지지만, 하나님의 사랑은 결코 떠나지 않을 것이다"라고 말할 수 있다.

적용 3: 권면에 대해. 그리스도인들을 견인하도록 만드는 동기들과 유인들은 무엇이 있는가?

(1) 견인하는 것은 그리스도인의 면류관이자 영광이다. In Christianis non initia sed fines laudantur[영광을 얻는 것은 그리스도인의 출발이 아니라 그것의 끝이다]. "백발은 영화의 면류관이라 의로운 길에서 얻으리라"(잠 16:31). 백발이 금같은 미덕으로 빛날 때, 그것은 영화의 면류관이다. 두아디라 교회는 마지막이 좋았다. "내가 네 사업과 사랑과 믿음과 섬김과 인내를 아노니 네 나중 행위가 처음 것보다 많도다"(계 2:19). 건물의 우수함은 그 첫번째 돌이 놓여진 것에 있는 것이 아니라 그것이 다 완성되었을 때 드러난다. 그리스도인의 영화와 우수함은 그가 믿음의 사역을 다 마쳤을 때 나타난다.

(2) 여러분은 얼마 안있으면 천국으로 행진한다. 구원은 여러분에게 가깝다. "이제 우리의 구원이 처음 믿을 때보다 가까웠음이니라"(롬 13:11). 그리스도인으로서 여러분은 잠시잠깐 동안 울고 기도하겠지만, 곧 승리의 찬가를 부를 것이다. 여러분은 여러분의 슬픔을 벗어버리고, 흰 옷을 입을 것이다. 여러분은 여러분의 갑주를 벗어버리고, 승리의 면류관을 쓸 것이다. 종교의 선을 이룬 여러분은 거의 영광에 들어가고, 그것을 취할 준비가 되어 있다. 이제는 여러분의 구원이 처음 믿을 때보다 가깝다. 사람은 경주의 거의 마지막에 있을 때에는 피곤하거나 힘에 부치지 않는가?

오, 견인을 위해 수고하라. 여러분의 구원이 이제는 가까웠다. 여러분은 가야 할 길이 조금 남아있고, 여러분의 발걸음은 여러분을 천국에 둘 것이리라! 오르막길이고, 가시밭길이지만, 여러분은 여러분의 길의 대부분의 길을 다 걸어왔고, 따라서 조금만 있으면 여러분의 수고로부터 안식할 것이다.

(3) 경건의 견인을 이루지 못한다는 것은 얼마나 슬픈 일인가! 여러분은 사람들의 비난과 하나님의 견책에 직면한다. 첫째로 사람들의 비난에 직면하여. 그들은 여러분과 여러분의 고백을 조롱할 것이다. "이 사람이 역사를 시작하고 능히 이루지 못하였다"(눅 14:30). 이 사람은 종교 안에서 시작하는 사람이지만, 견인하지 못한다. 그는 모든 사람을 ludibrium 즉 방탕과 침륜으로 이끈다. 둘째로 하나님의 견책에 직면하여. 하나님은 타락하는 사람들에 대해서는 가장 엄격하신 분이다. 왜냐하면 그들은 종교를 왜곡된 평판으로 이끌기 때문이다. 배교는 양심 속에 지독한 벌레를 키우는 것이다. 그리고 그것은 신속하게 정죄를 낳는다. 그것은 뒤로 물러가 침륜에 빠질 것이다(히 10:39). 하나님은 자신의 검을 배교자들의 피로 물들이실 것이다.

(4) 자비의 약속들은 오직 견인에 대해서만 주어진다. "이기는 자는 이와 같이 흰 옷을 입을 것이요 내가 그 이름을 생명책에서 반드시 흐리지 아니하고 그 이름을 내 아버지 앞과 그 천사들 앞에서 시인하리라"(계 3:5). Non pugnanti sed vincenti dabitur corona[싸우는 자가 아니라 이기는 자가 면류관을 차지한다] — 어거스틴. 약속은 싸우는 자에게 주어진 것이 아니라 이기는 자에게 주어진 것이다. "너희는 나의 모든 시험 중에 항상 나와 함께한 자들인즉 내 아버지께서 나라를 내게 맡기신 것같이 나도 너희에게 맡겨"(눅 22:28,29). 천국에 대한 약속은 그리스도를 듣거나 따르는 자들에게 주어진 것이 아니라 그분과 항상 함께 하는 자들에게 주어진 것이라고 크리소스톰은 말한다. 견인은 화관을 동반한다. 어떤 사람도 경주의 결승점에 도달한 사람 외에는 자신의 머리 위에 면류관이 씌워지지 못한다. 그러므로 오, 이 모든 것을 통해 견인을 확신하라. 하나님은 견인하지 못하는 사람들을 주목하지 않으신다. 추수하기 전에 떨어진 알곡이나 무르

익기 전에 나무로부터 떨어져나간 열매를 누가 소중히 여기겠는가?

그리스도인의 견인을 위해 사용될 수 있는 방법이나 수단은 무엇이 있는가?

(1) 여러분으로 하여금 견인을 단념하도록 하거나 타락하도록 하는 일들을 주의하라. 첫번째로 교만을 조심하라. 여러분 자신의 힘을 자랑하지 말라. 거룩한 경외감을 실천하고, 여러분 자신의 마음을 세밀하게 검토하라. "높은 마음을 품지 말고 도리어 두려워하라"(롬 11:20). "그런즉 선 줄로 생각하는 자는 넘어질까 조심하라"(고전 10:12). 베드로가 그리스도보다는 자신의 은사에 기댐으로써 넘어진 것이 그의 죄였다. 그리스도인은 자신의 마음의 정욕과 기만이 자기를 속이지 않도록 두려워해야 할 이유를 갖고 있다. 교만을 조심하라. 두려움은 기도를 낳고, 기도는 능력을 낳고, 능력은 흔들리지 않는 모습을 낳는다. 두번째로 외식을 조심하라. 유다는 먼저 교활한 위선자였고, 그로 인해 나중에 배반자가 되었다. "이는 하나님께 향하는 저희 마음이 정함이 없으며 그의 언약에 성실치 아니하였음이로다"(시 78:37). 만일 피 속에 어떤 독이나 악성 요소가 들어있다면, 졸지에 쓰라린 병에 걸릴 것이다. 외식의 독은 추문의 쓰라린 병을 일으키는 위험에 빠뜨린다. 세 번째로 수치스러운 불신앙의 마음을 경계하라. "너희가 삼가 혹 너희 중에 누가 믿지 아니하는 악심을 품고 살아 계신 하나님에게서 떨어질까 염려할 것이요"(히 3:12). 배교가 의심 외에 다른 어디로부터 오겠는가? 사람들은 진리를 믿지 않고, 그리하여 그들은 진리로부터 떨어진다. 불신과 불안은 동행하는 것이다. "이는 하나님을 믿지 아니하며" "저희가 돌이켜 하나님을 재삼 시험하며"(시 78:22,41).

(2) 만일 여러분이 하나님의 성전에서 대들보가 되고자 한다면, 경건 안에서 견인하라.

(i) 여러분의 종교가 올바른 근거 위에 들어가 있는지를 주목하라. 절대로 하나님에 관한 명확한 지식에 근거하도록 하라. 여러분은 성부의 사랑, 성자의 공로, 그리고 성령의 유효성을 알아야 한다. 하나님을 올바르게 알지 못하는 사람들은 점차 떨어져나갈 것이다. 사마리아인들은 유대인들

이 우호적이었을 때는 그들과 친교했지만, 안티오쿠스가 유대인들을 핍박하자 모든 그 동족들과 절교하였다. 그리스도께서 그들에 관해 말씀하시는 것을 여러분이 고려한다면, 그들이 더 이상 종교 안에 있지 않았던 것은 이상한 일이 아니다: "너희는 알지 못하는 것을 예배하고"(요 4:22). 그들은 참된 하나님에 관해서는 무지하였다. 여러분의 하나님에 관한 지식을 분명히 하고, 선택에서 벗어나지 않도록 그분을 순전하게 섬겨라. 그리하면 여러분은 견인할 것이다. "내가 성실한 길을 택하고 … 내가 주의 증거에 밀접하였사오니"(시 119:30,31).

(ii) 참된 은혜의 역사가 여러분의 마음 속에서 일어나도록 하라. "마음은 은혜로써 굳게 함이 아름답고"(히 13:9). 은혜와 함께 세움을 입은 마음이 아니면 아무 것도 견디지 못할 것이다. 견디게 하는 것은 오직 이 기름부음을 받는 것뿐이다. 겉치장은 오래 못갈 것이다. 마음을 변화시키는 역사를 이루어라. "너희 중에 이같은 자들이 있더니 씻음과 거룩함과 의롭다 하심을 얻었느니라"(고전 6:11). 성령 세례가 없으면, 물 세례로 만족하지 말라. 사람들이 종교에 있어서 견인하지 못하는 이유는 그들이 생명의 원리를 결여하고 있기 때문이다. 뿌리가 없는 가지는 자라지 못하고 곧 시들 것이다.

(iii) 만일 여러분이 견인하고자 한다면, 정말 성실하라. 견인은 오로지 성실이라는 뿌리에서만 자란다. "내가 주를 바라오니 성실과 정직으로 나를 보호하소서"(시 25:21). 성실의 흉패는 결코 뚫릴 수가 없을 것이다. 욥에게 얼마나 많은 폭풍이 몰아쳤던가! 마귀가 그를 대적하였다. 그의 아내는 그에게 하나님을 저주하라고 유혹하였다. 그의 친구들은 그를 위선자로 몰아부쳤다. 여기서 그는 종교를 단념하지 않을 수 없었을 것이라고 어떤 사람은 생각할 것이다. 그러나 이 모든 것에도 불구하고 그는 견딘다. 무엇이 그로 하여금 견인하도록 했는가? 그것은 바로 그의 성실이었다. "내가 내 의를 굳게 잡고 놓지 아니하리니 일평생 내 마음이 나를 책망치 아니하리라"(욥 27:6).

(iv) 만일 여러분이 견인하고자 한다면, 겸손하라. 크리소스톰은 겸손

을 모든 은혜의 어머니라고 부른다. 하나님은 스스로 고상하다고 생각하는 탁월한 능력을 소유한 다른 사람들이 배교로 말미암아 넘어질 때, 가난하고 겸손한 그리스도인들을 견인하도록 하신다. 하나님이 은혜를 가장 많이 주시는 사람들이 가장 견인할 수 있는 있는 사람들이다. "겸손한 자들에게는 은혜를 주시느니라"(벧전 5:5). 하나님이 그들 안에 거하는 사람들이 가장 견인할 수 있는 사람들이다. "하나님은 마음이 겸손한 자와 함께 거하나니"(사 57:15). Non requiescet Spiritus Sanctus nisi super humilem[성령은 오직 겸손한 영혼이 안식하도록 하기 위해 오실 것이다] — 성 버나드. 나무는 땅 속에 더 낮게 자리잡으면 잡을수록 더 견고해진다. 마찬가지로 영혼이 겸손 속에 더 깊이 뿌리박히면 박힐수록 그것은 더 견고하게 세워지고 넘어짐의 위험성이 적어진다.

(v) 여러분은 견인하고자 하는가? 그러면 믿음의 은총을 소중히 여겨라. 믿음은 생명을 지켜줄 수 있다(stabilere animum). "이는 너희가 믿음에 섰음이라"(고후 1:24). 믿음은 지체들이 신경과 근육에 의해 머리에 결합되어 있는 것처럼, 우리를 그리스도에게 연합시킨다. 믿음은 우리를 하나님에 대한 사랑으로 가득 채운다. "그리스도 예수 안에서는 사랑으로써 역사하는 믿음뿐이니라"(갈 5:6). 하나님을 사랑하는 자는 자신을 버리기보다는 오히려 자신을 죽일 것이다. 자신의 상관을 사랑하는 병사는 군무에 임할 때 그 상관을 위해 죽을 것이다. 믿음은 우리에게 천국에 대한 전망을 제공한다. 믿음은 우리에게 보이지 않는 영광을 보여준다. 그리고 자신의 마음 속에 그리스도를 소유하고, 그의 눈에 면류관을 바라보는 사람은 넘어지지 않을 것이다. 오, 믿음을 소중히 여겨라! 여러분의 믿음을 지켜라. 그리하면 여러분의 믿음이 여러분을 지켜줄 것이다. 도선사(導船士)가 배를 지키면, 그의 배는 그를 지켜줄 것이다.

(vi) 여러분은 견인하고자 하는가? 그러면 우리는 하나님의 능력이 우리를 돕도록 해야 한다. 우리는 하나님의 능력으로 말미암아 보호를 받는다. 아기는 유모의 품 안에 안겨 있을 때, 가장 안전하다. 마찬가지로 우리는 자유로운 은혜의 품 안에 있을 때, 가장 안전하다. 우리를 견인하도록

하는 것은 우리가 하나님을 붙잡고 있기 때문이 아니라 그분이 우리를 붙잡고 있기 때문이다. 배가 바위에 매여있을 때에는 안전하다. 마찬가지로 우리가 만세 반석이 되시는 분에게 단단하게 매여있으면, 우리는 난공불락이다. 오, 여러분을 견인하기 위해 도우시는 하나님의 능력을 활용하라. 우리는 기도를 통해 그분의 능력을 사용한다. 우리는 우리를 지켜주시기를 그분에게 기도해야 한다. “나의 걸음이 주의 길을 굳게 지키고 실족지 아니하였나이다”(시 17:5) “주여, 제가 거의 천국에 다가가서 난파하지 않도록, 당신이 제 안에서 시작하신 것을 완전케 하소서”(Dominie quod cepisti perfici, ne in portu naufragium accidat)라는 베자(Beza)의 기도는 정말 모범적인 기도였다.

(vii) 만일 여러분이 견인하고자 한다면, 종교에 있어서 견인했던 사람들의 탁월한 본보기를 여러분의 눈 앞에 두라. Quot martyres, quot fideles in caelis, jam triumphant[얼마나 많은 순교자들이, 얼마나 많은 신실한 영혼들이 지금까지 천국에서 기뻐하고 있는지]! 우리 앞에 성도들과 순교자들의 영화로운 팔이 얼마나 펼쳐져 있는가! 얼마나 숱하게 죽음에 다다랐던가!(행 21:13). 이그나티우스, 폴리캅, 그리고 아타나시우스는 믿음 안에서 얼마나 견인했던가! 그들은 궤도를 따라 운행하는 별들이었고, 하나님의 성전의 대들보들이었다. 우리는 그들의 열심과 용기를 주목하고, 힘을 내야 한다. “이러므로 우리에게 구름같이 둘러싼 허다한 증인들이 있으니 … 인내로써 우리 앞에 당한 경주를 경주하며”(히 12:1). 면류관은 경주의 마지막에 주어지는 것이고, 만일 우리가 그 경주에서 승리한다면, 우리는 면류관을 얻을 것이다.

Ⅵ

죽음과 마지막 날

1. 의인의 죽음

"이는 내게 사는 것이 그리스도니
죽는 것도 유익함이라" — 빌 1:21

바울은 그리스도의 위대한 찬미가였다. 그는 내가 예수 그리스도와 그의 십자가에 못박히신 것 외에는 아무 것도 알지 아니하기로 작정하였다(고전 2:2). 본문에서 "이는 내게 사는 것이 그리스도니 죽는 것도 유익함이라"라고 말씀한 것처럼 그리스도의 피와 같은 약은 없다.

I. 내게 사는 것이 그리스도니.

우리는 여기서 바울이 영적 생명에 관해 말하고 있음을 이해해야 한다.

내게 사는 것이 그리스도니, 즉 그리스도는 나의 생명이다. 닛사의 그레고리도 똑같이 말했다. 아니면 이렇게 말할 수도 있다. 즉 나의 생명은 그리스도로 이루어져 있다. 악한 자의 삶이 죄로 이루어져 있는 것처럼, 바울의 삶은 그리스도로 이루어져 있다. 그는 그리스도로 충만해 있었다. 여러분에게 그 본문의 의미를 보다 충분하게 제시하기 위해, 나는 다음과 같이 세 가지 세부사실들을 다루고자 한다.

[1] 내게 사는 것이 그리스도니, 즉 그리스도는 나의 생명의 원리이다. 나는 가지가 뿌리로부터 그 싹을 틔우는 것처럼, 그리스도로부터 나의 영적 생명이 나오는 것이다. "내 안에 그리스도께서 사신 것이라"(갈 2:20). 예수 그리스도는 유력한 머리이시다. 그분은 내가 매일 거룩한 행동을 하도록 내 안에 생명과 영을 내신다. 그래서 내게 사는 것이 그리스도인 것이다. 그리스도는 나의 생명의 원리이다. 그분의 충만함으로부터 나는, 포도나무 가지가 그 뿌리로부터 사는 것처럼 산다.

[2] 내게 사는 것이 그리스도니, 즉 그리스도는 나의 생명의 목적이다. 나는 나 자신을 위해 사는 것이 아니라 그리스도를 위해 산다. 그로티우스와 카소본(Casaubon)도 Christo servio 즉 내게 사는 것이 그리스도라고 말했다. 나의 모든 삶은 그리스도를 섬기기 위해 사는 것이다. "우리가 살아도 주를 위하여 살고"(롬 14:8). 우리가 완전히 그리스도를 위해 우리 자신을 투자할 때, 상인이 이윤을 위해 장사를 하는 것처럼 우리도 그리스도의 이익을 위해 장사한다. 우리의 삶의 계획은 그리스도를 높이는 것이고, 그분의 머리에 면류관을 장식하는 것이다. 그렇다면 내게 사는 것이 그리스도니 라고 말해질 수 있다. 우리의 전체 삶은 그리스도를 위해 사는 것이다.

[3] 내게 사는 것이 그리스도니, 즉 그리스도는 나의 삶의 기쁨이다. "그런즉 내가 하나님의 단에 나아가 나의 극락의 하나님께 이르리이다"(시 43:4). 그리스도인은 그리스도의 의를 기뻐한다. 그는 세속적 기쁨이 사라진 다음에도 그리스도 안에서 기뻐할 수 있다. 정원에 있는 튤립이 시들어도, 사람은 자신의 보석을 기뻐한다. 관계가 깨어진 다음에도 성도는 값진 진주인 그리스도 안에서 기뻐할 수 있다. 이런 의미에서 내게 사는 것이 그리스도이다. 그분은 나의 삶의 기쁨이다. 만일 그리스도가 사라진다면, 나의 삶은 내게는 죽음일 것이다.

우리 모두는 바울 사도처럼 내게 사는 것이 그리스도니 라고 말하는데 수고하도록 권면을 받아야 한다. 그리스도는 나의 생명의 원리이고, 나의 삶의 목적이고, 나의 삶의 기쁨이다. 만일 우리가 내게 사는 것이 그리스도니라고 말할 수 있다면, 우리는 죽는 것도 유익함이니라는 결론으로 평안하게 나아갈 수 있을 것이다.

Ⅱ. 죽는 것도 유익함이라.

신자에게 죽음은 크게 유익한 일이다. 성도는 이 세상에서 그리스도를 위해 자신을 상실하는 것이 무엇인지에 관해 말할 수는 있지만, 죽을 때 자신의 유익이 얼마나 큰지에 대해서는 말할 수 없다. "죽는 것도 유익함이니라." 신자에게 죽음은 crepusclum gloriae 즉 영원한 광명의 새벽이다. 죽을 때 얻는 신자의 유익을 충분히 보여주는 것은 천사에게는 너무나 막중한 업무였다. 아무리 과장해도 그것을 다 표현하기에는 부족하다. 영광의 상급은 우리의 실제적인 믿음을 능가한다. 나는 여러분에게 성도들이 죽음의 순간에 유익을 얻게 되는 그 무한한 영광에 관해 단지 약간의 희미한 견해와 불완전한 특징들을 제시할 따름이다. "죽는 것도 유익함이니라."

[1] 신자들은 죽을 때 모든 죄와 고통으로부터 안식에 대한 보증서를 받을 것이다. 그들은 무죄의 상태 속에 있을 것이다. 죄는 그들의 목숨과 함께 소멸한다. 나는 때때로 미래의 행복한 상태란 바로 어떤 죄악된 생각도 없고, 모든 고통으로부터 quietus 즉 평안을 소유하는 상태가 아닐까 생각한다. 이 세상에서 다윗은 "내 생명은 슬픔으로 보내며 나의 해는 탄식으로 보냄이여"(시 31:10)라고 부르짖었다. Quid est diu vivere, nisi diu torqueri[오랜 생명은 단순히 오랜 고통에 지나지 않는다] — 어거스틴. 삶은 울음으로 시작하여, 신음으로 끝맺는다. 그러나 죽을 때 모든 고통은 사라진다.

[2] 신자들은 죽을 때 하나님의 영광스러운 모습을 볼 것이다. 그들은 그분을 볼 것이다. (1) 지성적으로 그들의 정신의 눈을 가지고 그들은 신적

존재들이 행복한 환상이라고 부르는 것을 볼 것이다. 만일 하나님에 관한 이런 지적 견해가 없다면, 의인들의 영혼이 완전해지고, 그분을 볼 수 있겠는가? (2) 그들은 예수 그리스도의 영화로운 몸을 바라볼 것이다. 그리고 만일 태양을 바라보는 것이 기쁨이라면, 우리의 인간적 본성을 입으시고, 천사들 위에서 영광으로 빛나시는 의의 태양이신 그리스도를 바라보는 것은 얼마나 복된 바라봄이겠는가! 투명한 유리를 통해 보는 것처럼, 그리스도의 육체를 통하여 신성의 빛나는 광채와 광선들이 그들 스스로가 그 영화로운 눈들에 비추어질 것이다. 그리스도를 통해 하나님을 바라보는 것은 정말 즐거움에 넘칠 것이다. 왜냐하면 하나님의 본질에 대한 두려움이 사라질 것이고, 그분의 엄위는 아름다움으로 채색되고, 관용으로 부드러워질 것이기 때문이다. 하나님의 얼굴의 온화한 면모와 미소를 바라보는 것은 성도들에게 무한히 큰 즐거움이 될 것이다.

[3] 성도들은 죽을 때 하나님을 볼 뿐만 아니라 그분의 사랑을 누릴 것이다. 거기에는 하나님의 얼굴의 베일이 더 이상 가려있지 않을 것이고, 그분의 미소는 더 이상 찌푸린 인상으로 채색되어 있지도 않을 것이고, 그분의 사랑이 그 모든 질 좋은 아름다움과 향기로운 달콤함 속에서 발견될 것이다. 이 세상에서 성도들은 그분의 사랑을 위해 기도하고, 단지 그 몇 방울만 얻을 것이다. 그러나 천국에서 그들은 그들의 그릇이 담을 수 있을 만큼 충분히 얻을 것이다. 지식을 능가하는 사랑을 아는 것은 영의 환호를 일으키고, 만일 하나님이 그들이 그것을 견딜 수 있도록 하지 않으셨다면, 최고로써, 그것들을 곧 극복할 수 있는 그런 성도들 속에 기쁨의 거룩한 황홀경을 낳을 것이다.

[4] 신자들은 죽을 때 하늘의 궁전 곧 손으로 지은 것이 아닌 집(고후 5:1)을 얻을 것이다. 여기서 성도들은 방을 위해 고생을 한다. 그들은 기껏해야 안에서 살 주택만을 가지고 있다. 그러나 장래에 그들은 안에서 살 궁전을 소유할 것이다. 이 세상에서는 그들이 일시 체류하는 집이 있지만,

천국에서는 그들의 맨션 곧 모든 눈에 보이는 천체들 위에 세워지고, 빛으로 번쩍거리며, 진주와 보석으로 꾸며진 집이 있다(골 1:12과 계 21:19). 그것은 그들의 상전의 집이 아니고, 그들의 아버지의 집으로서, 신성한 땅 위에 세운 집이다(요 14:2). 그것은 그 거룩을 보기 위해 맑은 유리로 장식되어 있다(계 21:21).

[5] 신자들은 죽을 때 영화롭게 된 성도들 및 천사들과 달콤한 사귐을 가질 것이다. 그것은 모든 별이 어느 정도 광채를 창공에 발산하는 것처럼 천국의 지복에 발산될 것이다. (1) 성도들은 영화롭게 된 성도들과 교제를 가질 것이다. 우리는 그들의 영혼뿐만 아니라 몸도 볼 것이다. 그들의 몸은 포도주가 그 잔을 통해 보이는 것처럼, 우리가 그것을 통하여 빛나는 그들의 영혼을 볼 수 있을 정도로 극히 분명하고 선명할 것이다. 신자들은 죽을 때 영화롭게 된 성도들과 긴밀한 대화를 나눌 것이다. 여기서 상처들이 그것들을 볼썽사납게 한, 모든 죄악된 부패, 교만, 시기, 정욕과 비판과 같은 것으로부터 해방되는 것이 얼마나 기쁜 일인가! 천국에는 성도들 간에 완전한 사랑이 존재한다. 감람나무와 은매화처럼, 그들은 서로 사랑스럽게 포옹할 것이다. 변화 산상에서 베드로가 과거에 한 번도 보지 못했던 모세와 엘리야를 알아보았다면(마 17:3), 영화롭게 된 상태에서 성도들이, 비록 이전에는 서로 만난 적이 없었다고 할지라도, 서로 알아보는 것은 얼마나 더 완전하겠는가! (2) 성도들은 죽을 때 영화롭게 된 그들의 이성의 눈으로 천사들을 볼 것이다. 그룹들(천사들을 표상하는)의 날개는 그들의 성결성과 광휘성을 표시하기 위해 단련된 금으로 만들어졌다. 천사들은 반짝이는 엄위의 광채들로 말미암아 그것들로부터 방사하는 번개와 같았기 때문에 번개로 비유되었다(마 28:3). 성도들과 천사들이 함께 만나 하늘의 합창을 부를 때, 신적인 조화가 얼마나 크며, 그 승전가는 얼마나 즐거울 것인가!

[6] 신자들은 죽을 때 완전한 거룩을 성취할 것이다. 여기서 은혜는

아주 불완전하게 단지 in cunabulis 즉 '그 요람 속에' 만 있다. 그래서 우리는 흠없이 거룩을 복사할 수 없다. 여기서 신자들은 단지 primitias Spiritus 즉 '성령의 처음 익은 열매' (롬 8:23)만을 받는다. 죽을 때 성도들은 완전에 도달할 것이다. 그들의 지식은 명확해질 것이고, 그들의 성결함은 완전해질 것이며, 그들의 태양은 그 현란한 정오의 광채를 비출 것이다. 거기서 그들은 더 큰 은혜를 위해 기도할 필요가 없다. 왜냐하면 그들은 그들이 하나님을 사랑한 것만큼, 그분이 자신을 사랑하도록 그들에게 요청하는 것만큼 하나님을 사랑할 것이기 때문이다. 그들은 하나님의 천사들처럼 거룩을 존중할 것이다.

[7] 성도들은 죽을 때 왕이 베푸는 거대한 향연에 참여할 것이다. 나는 앞에서 그들이 소유할 영화로운 궁전에 관해 말하였다. 그러나 사람은 만일 기운이 없다면, 집 안에서 굶어죽을 수도 있다. 성도들이 죽을 때 참여하는 왕의 잔치는 성경에서 혼인잔치로 상징되고 있다(계 19:9). 불링거와 그레고리 대제는 성도들이 생명나무를 먹고 자랄 때(계 22:2), 천국에서 소유할 그 장엄하고, 웅장한 잔치를 어린 양의 혼인잔치로써 이해한다. 그들은 천국의 음료와 음식을 먹을 것이다. "향기로운 술 곧 석류즙"(아 8:2). 이 어린 양의 거대한 혼인잔치는 기갈을 해소시킬 뿐만 아니라 그것을 막아준다. "저희가 다시 주리지도 아니하며"(계 7:16). 이 잔치에는 더 이상 물림이 있을 수 없다. 왜냐하면 끊임없이 새로운 과정이 진행될 것이기 때문이다. 새롭고 신선한 기쁨이 하나님으로부터 나올 것이다. 그러므로 낙원에 있는 생명 나무는 열두 가지 실과를 맺는 나무로 말해진다(계 22:2).

[8] 신자들은 죽을 때 영예와 존엄을 얻을 것이다. 그들은 왕으로 다스릴 것이다. 그러므로 우리는 그들의 왕권의 표상들 곧 그들의 흰 옷과 천국의 면류관에 관해 읽는다(계4:4). 우리는 지성소의 문들에 금으로 입혀진 종려와 핀 꽃이 아로새겨져 있다는 기사를 읽는다(왕상 6:35). 하나

님이 부여하신 이 승리의 표상과 영예의 황금 화환은 성도들을 영화롭게 하였다. 세속적 명예는 모두 돈, 철퇴, 훈장, 왕복, 왕관이 있을 때 유지되지만, 성도들의 영예는 지속적이다. 그들의 면류관으로부터는 단 하나의 보석도 뽑혀져 나오지 않을 것이다. 그들은 죽을 때 복된 영원을 얻을 것이다. 만일 성도들이 그들의 영광을 상실하는 것에 대한 최소한의 의심이나 두려움을 갖고 있다면, 그것은 그들의 기쁨을 아주 감소시키고, 쓰디 쓰게 할 것이다. 그러나 그들의 면류관은 결코 시들지 않을 것이다(벧전 5:4). 악인들이 결코 죽지 않는 벌레를 소유하고 있는 것처럼, 택자들은 결코 시들지 않는 면류관을 갖고 있다. 그러나 간단한 말씀이지만, 그것은 끝이 없다. In fine erit gaudium sine fine[결국 우리의 기쁨은 영원할 것이다] — 성 버나드. "보이지 않는 것은 영원함이니라"(고후 4:18). "주의 우편에는 영원한 즐거움이 있나이다"(시 16:11). 누가 영원에 도달할 수 있는가? 수많은 세월도 영원 속에서는 순간에 지나지 않는다. 그러나 그리스도 품 안에 있는 것, 이것이 성도의 영광의 최고의 특징이다.

성도들은 이 모든 유익을 어떻게 소유하게 되는가?

그들은 성부의 허락하심, 성자의 값주고 사심, 성령의 열심 그리고 믿음의 수용을 통해 죽을 때 이 모든 유익에 대한 권리를 갖는다. 그러므로 장래 영광의 상태는 성도의 합당한 기업으로 불린다(골 1:12). 그들은 하나님의 후사들로서, 상속받을 권리를 소유하고 있다.

적용 1: 경건한 자들과 악한 자들 사이의 엄청난 차이를 주목하라. 경건한 자들은 죽을 때 커다란 유익을 얻지만, 악한 자들은 커다란 손실을 당한다. 그들은 다음 네 가지를 상실한다: —

(1) 그들은 세상을 상실한다. 그리고 그것은 악한 자들에게는 엄청난 손실이다. 그들은 그들의 보물을 땅에 쌓아놓고 있기 때문에, 땅으로부터 나가는 것은 곧장 엄청난 손해이다.

(2) 그들은 그들의 영혼을 상실한다(마 16:26,27). 영혼은 처음에 하나

님이 자기 자신의 형상을 각인시킨 고귀한 동전이었다. 이 천상의 불꽃은 전세계보다 더 보배로운 것이다. 그러나 죄인의 영혼은 상실되었다. 악한 자들의 영혼은 죽을 때 절멸되지 않고, 고통을 당한다.

(3) 그들은 천국을 상실한다. 천국은 sedes beatorum 즉 복받은 자들의 보좌이다. 그것은 행복의 지대이고, 완전의 영역이다. 거기에는 천사들의 양식인 만나가 있다. 거기에는 향료의 정원, 향내나는 침대, 기쁨의 강이 있다. 죄인들은 죽을 때 이 모든 것을 상실한다.

(4) 그들은 모든 소망을 상실한다. 그들은 비록 악하게 살았어도, 하나님이 자비롭기를 소원하고, 그들이 천국에 가기를 염원한다. 그들의 소망은 닻이 아니라 거미줄이었다. 그들은 죽을 때 소망을 상실하고, 자신들이 지옥에 들어가 있음을 깨닫는다. "그 믿는 것이 끊어지고"(욥 8:14). 목숨과 소망이 함께 끊어지는 것은 정말 슬픈 일이다.

적용 2: 만일 성도들이 죽을 때 이런 영화로운 것들을 얻는다면, 그들이 그것을 바라는 것은 당연한 일이다. 누구나 승진을 바라지 않겠는가? Nemo ante funera felix[아무도 죽기 전에 만족하는 사람은 없다]. 믿음은 천국에 들어가는 자격을 준다. 죽음은 그것을 소유하게 한다. 우리가 여기서 섬김을 베푸는 것도 바람직하지만, 그리스도와 함께 있을 욕망을 가져야 한다(빌 1:23). 우리는 사는 것으로 만족해서는 안되고, 기꺼이 죽을 준비를 해야 한다. 죄로부터 해방되고, 신적 사랑의 품 안에서 영원히 거하는 것이 복된 일이 아닌가? 천국에서 우리의 신적 관계를 충족시키고, 천사들 중에서 신적 찬양의 합창을 부르는 것이 복된 일이 아닌가? 신부가 특별히 면류관에 대한 기대를 갖고 있다면, 혼인날을 고대하지 않겠는가? 우리가 현재 살고 있는 곳이 하나님으로부터 추방된 곳이 아니고 무엇인가? 우리는 천사들이 궁정에서 살고 있는 동안에 광야에서 살고 있다. 여기서 우리는 사탄과 투쟁하고 있고, 그래서 우리는 유혹의 총탄이 수없이 날아다니는 전장터로부터 벗어나기를 바라고, 승리의 면류관을 받기를 원하지 않겠는가? 장래에 우리에게 일어날 항상 그리스도의 얼굴의 미소띤 모습을 생각해 보라! 그분은 우리를 연회장으로 이끌고, 자신의 사랑의 깃발을 우리 위에 흔드시는 분이시다!

오, 성도 여러분이여, 죽음을 바라라. 그날은 여러분이 천국으로 들어가는 승천의 날이다. "가라, 나의 영혼이여, 가라!"(Egredere, anima, egredere!)고 힐라리온은 임종 직전에 말하였다. 또 다른 성인은 "주여, 저를 유리를 통해 보았던 그 영광으로 인도하소서. 주여, 더 이상 지체하지 마시고 속히 인도하소서"라고 말하였다. 어떤 식물들은 이식될 때 가장 잘 자란다. 마찬가지로 죽음에 의해 이식된 신자들은 그들 위를 비추는 그리스도의 광채를 갖고 있기 때문에, 자랄 수밖에 없다. 하지만 폭풍우가 몰아치는 바다를 향해 마지못해 나아가는 자가 만일 그가 해안에 다다랐을 때에 면류관을 얻으리라는 확신이 없다면, 죽음의 그림자의 계곡을 통과하는 길은 얼마나 어려울까?

적용 3: 우리는 여기서 소중하고 경건한 관계들을 상실하는데 대한 위로를 발견할 수 있다. 그들은 도래할 악으로부터 제외될 뿐만 아니라 죽음에 의해 커다란 유익을 얻는다. 그들은 광야를 떠나 낙원으로 들어간다. 그들은 불평을 감사로 바꾼다. 그들은 슬픔을 뒤로 하고, 그들의 주님의 기쁨 속에 참여한다. 우리는 그들의 승진을 왜 슬퍼해야 하는가? 신자들은 그들이 죽을 때까지 자기들의 몫을 지불받지 않는다. 하나님의 약속은 장래에 그들을 천국으로 양도하는 그분의 보증서이다. 그러나 그들이 그분의 보증서를 갖고 있지만, 그들은 죽을 때까지는 그 몫을 받지 못한다. 오! 주님 안에서 죽은 자들의 행복에 관해 생각하는 것은 유쾌한 일이다. 그들에게는 "죽는 것도 유익하다." 그들은 천국이 그들을 만들 수 있는 만큼 부유하다.

2. 죽을 때 신자의 특권

"이는 내게 사는 것이 그리스도니
죽는 것도 유익함이라" — 빌 1:21

소망은 그리스도인이 휘장 안에 숨는 그의 닻이다. "소망 중에 즐거워하며"(롬 12:12). 그리스도인의 소망은 이 세상 안에서 갖는 것이 아니라 그 죽음에 소망이 있다(잠 14:32). 성도의 최고의 위로는 그의 생명이 끝날 때 시작된다. 그러나 악한 자들은 그들의 모든 천국을 이 세상 안에 두고 있다. "화 있을진저 너희 부요한 자여 너희는 너희의 위로를 이미 받았도다"(눅 6:24). 여러분은 채무를 갚았을 때, 영수증에 "완불"이라고 쓴다. "얘 너는 살았을 때에 네 좋은 것을 받았고 나사로는 고난을 받았으니 이것을 기억하라"(눅 16:25). 그러나 성도의 행복은 장래에 있다. "의인은 죽을 때 소망을 갖는다." 하나님은 마지막까지 최상급의 포도주를 남겨놓으신다. 만일 "죽는 것도 유익하다"고 말한 이교도인 카토(Cato)가 죽을 수밖에 없는 운명에 자비가 임한 것을 보았다면, 신자는 무엇이라고 말할 수 있겠는가! "죽는 날이 출생하는 날보다 나으며"(전 7:1). 이 땅의 한 여왕은 자신의 요람보다 관이 더 낫다고 말하였다.

신자들이 죽을 때 받는 유익은 무엇인가?

I. 성도들은 죽을 때 커다란 사면과 자유를 소유한다.

견습생은 그의 견습기간이 끝나면 자유롭게 된다. 마찬가지로 성도들도 삶의 기간이 끝나면, 자유롭게 된다! 그들은 죽을 때까지는 자유롭지 못하다.

[1] 그들은 죽을 때 죄의 육체로부터 자유롭게 된다. 최고의 reliquiae peccati[죄의 흔적들] 속에도 어느 정도 부패의 찌꺼기들과 유물들이 남아 있다. "오호라 나는 곤고한 사람이로다 이 사망의 몸에서 누가 나를 건져 내랴"(롬 7:24). 죽은 몸이란 congeries 즉 죄의 덩어리와 집합체를 의미한다. 그것은 그 무게로 말미암아 육체로 불리어질 수 있고, 또 그 악취로 말미암아 시체로 불리어질 수 있다. (1) 그것은 우리를 내리누른다. 죄는 우리가 선을 행하지 못하도록 방해한다. 그리스도인 — 위로 날지만, 그 다리에 매여있는 줄 때문에 날지못하는 새처럼 — 은 욕망의 날개를 가지고 천국으로 날아가지만 죄가 그를 방해한다. "내가 원하는 바 선은 하지 아니하고"(롬 7:19). 그는 닻 아래 있는 배와 같다! 은혜의 배는 앞으로 나아가도록 하지만, 죄는 은혜를 나아가지 못하도록 고정시키는 닻이다. (2) 죄는 자기의 활동범주 안에서는 은혜보다 더 강력하게 활동한다. 다윗은 은혜가 지배하고 있었던 동안에도 얼마나 강하게 정욕으로 불타올랐던가! (3) 죄는 때때로 주인이 되어 성도를 포로로 이끈다. "도리어 원치 아니하는 바 악은 행하는도다"(롬 7:19). 바울은 강의 흐름을 거스르지 못하고 따라 흘러간 사람과 같았다. 하나님의 자녀는 얼마나 자주 교만과 정욕으로 압도되는가! 그러므로 바울은 죄를 지체 속에 있는 법이라고 부른다(롬 7:23). 그것은 하나의 법으로 속박한다. 그것은 가이사가 원로원을 장악한 것처럼, 일종의 영혼에 대한 지배권을 갖고 있다. (4) 죄는 영혼을 더럽힌다. 얼룩이 아름다움을 더럽히는 것처럼, 그것은 영혼의 하늘 빛같은 광명을 음침하게 만든다. (5) 죄는 우리를 쇠약하게 하고, 우리를 무력하게 한다. "내가

기름 부음을 받은 왕이 되었으나 오늘날 약하여서"(삼하 3:39). 성도는 은혜로 면류관을 쓰고 있고, 영적 왕으로 기름부음을 받았지만 약하다. (6) 죄는 항상 불안하게 한다. "육체의 소욕은 성령을 거스리고"(갈 5:17). 그것은 항상 다툼을 일으키는 동거자이다. 그것은 지든지 이기든지 싸우지 않으면 안되고, 한시도 조용하지 못했다고 한니발이 말한 로마의 장군, 마르셀루스와 같다. (7) 죄는 우리에게 잠재되어 있다. 우리는 결코 그것을 제거할 수 없다. 그것은 돌담 위에서 자라고 있는 야생 무화과나무 곧 그 뿌리가 뽑혀질지언정 그 일부 줄기는 돌담의 이음새 속에 깊이 박혀있어 절대로 빼낼 수 없는 무화과나무에 비유될 수 있다. (8) 죄는 우리의 의무 및 은혜들과 섞여 있다. 그것은 하나님의 자녀가 자신의 인생에 대해 권태를 느끼도록 이끌고, 죄란 너무나 강력한 상대라고 생각하면서 자신의 침상을 눈물로 적시도록 만들고, 그리하여 그는 종종 자기가 사랑하는 하나님께 범죄한다. 이것으로 말미암아 바울은 Miser ego homo! 즉 "오호라 나는 곤고한 사람이로다!"라고 부르짖었다. 그는 자신의 고통이나 감옥의 사슬을 하소연하지 않고, 죄의 몸을 하소연하였다. 그런데 신자는 죽을 때 죄로부터 해방된다. 그는 자신의 죄 속에 갇히는 것이 아니라 죄로부터 벗어난다. 그는 더 이상 허탄하고 교만한 생각을 소유하지 않을 것이다. 그는 이제 결코 하나님의 영을 슬프게 하지 않을 것이다. 죄는 세상에 사망을 가지고 왔고, 사망은 세상으로부터 죄를 가지고 갈 것이다. 페르시아인들은 일년 중의 어느 한 날을 택하여 모든 종류의 뱀들과 독이 있는 동물들을 죽였다. 이 날이 신자에게는 죽음의 날일 것이다. 그 날은 그토록 많은 뱀들이 그를 물은 것처럼, 그를 쏘았던 그의 모든 죄를 소멸시킬 것이다. 죽음은 천사가 베드로에게 그랬던 것처럼 신자에게 엄습하여, 그의 죄사슬을 풀어놓을 것이다(행 12:7). 신자들은 죽을 때 완전히 거룩해진다. "온전케 된 의인의 영들과"(히 12:23). 신자들의 영혼은 죽을 때 그들의 순전한 청결성을 회복한다. 오! 티나 주름잡힘이 없는 것(sine macula et ruga), 햇빛보다 더 밝게 순결해지는 것, 천사들만큼 죄로부터 자유로워지는 것, 이것은 얼마나 복된 특권인가!(엡 5:27) 이것으로 말미암아 신자는 자신의 통행권을 가지고 죽음을 통과하기를 바라는 것이다. 그는 죄의 검은 연기가 일어나지 않는 맑은 공기 속에서 유쾌하게 살 것이다.

[2] 성도들은 죽을 때 이생에 종속된 모든 고통과 짐들로부터 해방될 것이다. "죄는 뿌려진 씨앗이고, 고통은 거두는 추수이다"(유리피데스). 생명과 고통이 굳게 결합되어 있다. 인생 속에는 우리를 유혹하는 것보다 우리를 팽개치는 것이 더 많다. 부모는 그들의 자녀들에게 슬픔을 분담하지만, 자신들의 몫이 충분히 남아있다. "사람은 고통을 위해 태어난다." 그는 그것을 상속시키고, 그것은 그의 타고난 권리이다. 여러분은 납이 무거운 물건을 만들기 위해 있는 것처럼 인생은 고난을 위하여 났다(욥 5:7). 헨리 왕의 표상은 가시덤불로 만들어진 면류관이었다. 이생에서는 쾌락보다 쓰라린 아픔의 몫이 훨씬 더 크다. "몰약과 침향과 계피를 뿌렸노라"(잠 7:17). 하나의 달콤한 성분을 위해 두 가지 쓰디쓴 성분이 있었다. 계피를 위해 몰약과 침향이 있었다. 인간의 은혜는 그를 결코 고통으로부터 면제시키지 못할 것이다. "나의 연세가 얼마 못되니 우리 조상의 나그네 길의 세월에 미치지 못하나 험악한 세월을 보내었나이다"(창 47:9). 하나님과 동행했던 믿음의 족장이 이같이 말하였다. 그는 그 곳 이름을 브니엘이라 하였는데, 그 이유는 그가 하나님과 대면하여 보았기 때문이었다(창 32:30). 그러나 그의 인생은 고생길이었다. 삶을 쓰라리게 하고, 고통스럽게 하는 일들이 숱하게 많지만, 죽음은 우리를 그 모든 것으로부터 해방시킨다.

(1) **근심.** 정신은 이런 계획을 세우는 법, 저런 악을 피하는 법과 같은 이런저런 곤혹스러운 생각들로 가득차 있다. 근심에 해당하는 헬라어 단어는 헬라어 조어(祖語)로부터 오는데, 그것은 '마음을 갈기갈기 자르는 것'을 의미한다. 근심은 정신을 고문하고, 영혼을 황폐화시킨다. 근심의 빵만큼 쓰디쓴 빵은 없다(겔 12:19). 근심은 인생의 평안을 잡아먹는 영적 암이다. 그러므로 죽음이 그 유일한 치유책이다.

(2) **두려움.** 두려움은 영혼이 덜덜 떨리게 만드는 그것의 학질이다.

"두려움에는 형벌이 있음이라"(요일 4:18). 두려움은 마음을 갉아먹는 프로메테우스의 욕심쟁이와 같다. 의심하는 두려움, 곤궁에 대한 두려움, 마음이 산란해지는 두려움, 위험에 대한 두려움, 실망에 대한 두려움, 그리고 하나님이 우리를 사랑하시지 않는다는 두려움이 있다. 이러한 두려움들은 정신 위에 슬픈 인상들을 남겨놓는다. 신자는 죽을 때 이러한 고통스러운 두려움들로부터 해방된다. 그는 정죄받은 자들이 소망과는 거리가 먼 것처럼, 두려움과는 거리가 멀다. 무덤은 그리스도인의 두려움을 매장시킨다.

(3) **수고.** "만물의 피곤함을 사람이 말로 다 할 수 없나니"(전 1:8). 어떤 사람들은 광산에서 수고하고, 또 어떤 사람들은 뮤즈의 신들 사이에서 수고한다. 하나님은 "네가 얼굴에 땀이 흘러야 식물을 먹고"라고 법을 정하셨다. 그러나 죽음은 신자에게 quietus 즉 평안을 준다. 그것은 그가 그의 일상적 수고로부터 떠나게 한다. "자금 이후로 주 안에서 죽는 자들은 복이 있도다 … 저희 수고를 그치고 쉬리니"(계 14:13). 그들이 상급을 받을 때, 노동이 무슨 필요가 있는가? 면류관이 그들의 머리 위에 씌워져 있을 때, 투쟁이 무슨 소용이 있는가? "저희 수고를 그치고 쉬리니."

(4) **고난.** 신자들은 가시들 사이에 있는 백합, 맹금(猛禽) 사이에 있는 비둘기와 같다. 악한 자들은 그들에 대해 반감을 갖고 있다. 공개적인 폭력 속에는 은밀한 미움이 내재되어 있다. "그 때에 육체를 따라 난 자가 성령을 따라 난 자를 핍박한 것같이 이제도 그러하도다"(갈 4:29). 용은 머리가 일곱 개가 달려있고, 뿔이 열 개 달린 짐승으로 묘사되고 있다(계12:3). 악한 자는 어떤 사람과는 음모를 꾸미고, 또 어떤 사람은 밀쳐버린다. 그러나 경건한 자들은 죽을 때 악한 자들의 훼방으로부터 해방될 것이다. 그들은 더 이상 이러한 악당들로부터 괴롭힘을 당하지 않을 것이다. "거기서는(즉 무덤에서는) 악한 자가 소요를 그치며"(욥 3:17). 죽음은 아리마대 요셉이 그리스도에 대해 행한 것처럼, 신자에 대해 그를 십자가로부터 내린 뒤 그에게 평안의 영장을 발부한다. 높이 나는 독수리는 뱀에게 물릴 수 없는 법이다. 죽음은 영혼이 여기 아래에 있는 모든 독있는 뱀들을 벗어나 날도록 하기 위해 독수리의 날개를 부여한다.

(5) **시험.** 사탄은 이미 정복된 원수이지만, 불안에 떨게 하는 원수이다(벧전 5:8). 그는 두루 다닌다. 그는 항상 자신의 관할구역을 배회하고 있다. 그는 자신의 덫과 침을 갖고 있다. 그는 어떤 사람은 부(富)로 유혹하고, 또 어떤 사람은 아름다움으로 유혹한다. 끊임없이 유혹이 따라 다니는 것은 보통 괴로운 일이 아니다. 그것은 처녀가 자신의 순결을 매일 빼앗기는 것만큼이나 나쁜 일이다. 그러나 죽음은 하나님의 자녀를 시험으로부터 해방시키고, 그리하여 그는 옛뱀으로 말미암아 더 이상 곤경에 빠지지 않을 것이다. 죽음이 그 화살을 쏜 다음에, 마귀는 그 화살에 맞을 것이다. 은혜는 신자를 마귀의 소유로부터 벗어나게 하고, 죽음은 그를 오직 마귀의 시험으로부터 벗어나게 한다.

(6) **슬픔.** 슬픔의 구름은 종종 마음 속에 몰려들어 눈물을 떨어뜨린다. "내 생명은 슬픔으로 보내며 나의 해는 탄식으로 보냄이여"(시 31:10). "네가 수고하고 자식을 낳을 것이며"(창 3:16)라는 말씀은 저주의 한 부분이었다. 많은 일들이 슬픔을 낳는다: 질병, 소송, 친구의 배신, 소망의 단절, 그리고 재산의 상실 등. "나를 나오미라 칭하지 말고 마라라 칭하라 이는 전능자가 나를 심히 괴롭게 하셨음이니라 내가 풍족하게 나갔더니 여호와께서 나로 비어 돌아오게 하셨느니라"(룻 1:20,21). 슬픔은 우리를 괴롭히는 악한 영이다. 세상은 보김이다(삿 2:4). 라헬은 자기 자식을 위해 울었다. 어떤 사람들은 그들의 자녀가 없어서 슬퍼하고, 또 어떤 사람들은 그들의 자녀가 불량해서 슬퍼한다. 이같이 우리는 우리의 해를 탄식으로 보낸다. 인생은 눈물의 골짜기이다. 그러나 죽음은 우리의 모든 슬픔의 장례식이다. "하나님께서 저희 눈에서 모든 눈물을 씻어 주실 것임이러라"(계 7:17). 그렇다면 그리스도의 신부는 슬픔을 유보한다. 왜냐하면 혼인집 손님들이 신랑과 함께 있을 때에는 슬퍼할 수 없기 때문이다(마 9:15). 그래서 죽음은 신자에게 그의 quietus 즉 안식을 제공한다. 그것은 죄와 고통으로부터 그를 해방시킨다. 사도는 죽음을 "맨 나중에 멸망받을 원수"라고(고전 15:26) 부르지만, 그것은 최고의 친구이다. "죽는 것도 유익함이니라."

여기서 참된 성도는 기꺼이 죽을 수 있다는 사실을 주목하라. 죽음은 그를 공격권으로부터 벗어나게 하고, 죄와 고통으로부터 해방시킨다. 눈물의 골짜기 — 죄와 불행이 난무하는 무대 — 를 떠나는데 슬퍼할 하등의 이유가 없다. 신자들은 이곳이 나그네 나라이다. 그렇다면 왜 그들이 기꺼이 이곳을 떠나서는 안되는가? 죽음은 그들의 죄의 사슬들을 박살내고, 그들을 해방시킨다. 누가 옥으로부터 풀려나는데 계속 슬퍼하는가? 우리 자신의 죄 외에도 다른 사람들의 죄도 있다. 세상은 사탄이 거주하는 곳이다. 그곳은 우리가 하나님이 매일 영예를 실추당하는 현실을 목격하는 곳이다. 어두운 밤에 밝은 별이었던 롯은 자신의 의를 느끼고, 무법한 자의 음란한 행실로 말미암아 고통을 당하였다(벧후 2:7). 하나님의 안식일을 파기하고, 하나님의 진리가 왜곡되며, 하나님의 영광이 가리워지며, 경건한 마음이 상처를 입는 것을 보면서 다윗은 "메섹에 유하며 게달의 장막 중에 거하는 것이 내게 화로다"(시 120:5)라고 부르짖었다. 게달은 이스마엘의 후손들이 거하던 아라비아 지역이었다. 거기에 거하는 것이 다윗의 마음에 대해서 타격이었다. 그렇다면 오, 게달의 장막을 기꺼이 떠나라.

Ⅱ. 신자들의 몸은 무덤 속에서 그리스도에게 연합되어 있고, 부활 때까지 거기서 안식할 것이다.

그들은 예수 안에서 잠을 자는 자들로 말해진다(살전 4:14). 신자들의 시체는 그리스도의 신비적 몸의 한 부분이다. 무덤은 성도들의 거소 또는 안식처로서, 그들은 거기서 그들의 몸이 천사장의 나팔 소리와 함께 깨어날 때까지 조용히 그리스도 안에서 잠을 자고 있다.

우리는 죽을 때 죄와 고통으로부터 해방되고, 무덤 속에서 우리의 몸이 그리스도와 연합된다는 사실을 어떻게 아는가?

바울은 "'내게는" 죽는 것도 유익함이니라"(To me to die is gain)고 말한다. 여기서 '내게는'은 신자이기 때문에(quatenus)(내가 신자인 한에 있어서)를 뜻한다. 우리는 그러한 자들인가? 우리는 이러한 복된 믿음을 소유하고 있는가? 믿음은 어디에 있든지 작용한다. 라피다리스는 그 안에 보석은 없지만, virtutem insitam 즉 어떤 감추어진 덕을 간직하고 있다고 말한다. 따라서 나는 믿음에 관해서, 그것은 그 안에 어떤 은밀한 덕을 소유하고 있다고 말할 수 있다. 그것은 영혼을 그리스도에게 고정시킨다. 그것은 칭의의 덕과 성화의 덕을 모두 소유하고 있다. 그것은 용서하기 위해 그리스도 편으로부터 피를 흘리게 하고, 정화시키기 위해 그분의 편으로부터 물이 나오게 한다. 그것은 사랑으로 역사한다. 그것은 의무를 요청한다. 그것은 머리로는 그리스도에 대한 공부를 하게 하고, 혀로는 그분을 고백하게 하고, 손으로는 그분을 위해 일하도록 한다. 나는 어떤 치료의 힘을 가진 보석이 들어있는 반지를 찾아오는 아들에게 자신의 모든 재산을 물려주겠다고 선언한 세 아들을 가진 아버지에 관해 읽은 적이 있다. 아들들은 반지를 판단자인 아버지 앞에 가지고 왔다. 두 큰 아들은 위조된 가짜 반지를 가지고 왔다. 그러나 작은 아들은 그 치료의 힘이 입증된 진짜 반지를 가져 왔다. 그래서 아버지의 재산은 그에게 돌아갔다. 나는 이 반지를 믿음에 비유하고 싶다. 세상에는 가짜 믿음이 판을 치고 있다. 그러나 만일 우리가 그 안에서 마음을 정화시키는 치료의 힘이 있는 믿음의 반지를 찾을 수만 있다면, 그것은 우리에게 그리스도 안에서의 유익을 제공하고, 우리가 죽을 때 죄와 슬픔으로부터 해방되고, 우리의 몸은 비록 무덤 속에 있지만 그리스도와 연합되는 등의 모든 특권들을 물려받는 참된 믿음이다.

Ⅲ. 신자들의 영혼은 죽을 때 영광 속에 들어간다.

죽음은 malorum omnium ademptionem : omnium adeptionem[모든 악의 제거, 모든 일의 완성]을 낳는다. 그것은 영원한 광채의 서광이다. 여기서 나는 여러분에게 비스가산의 꼭대기로 인도함으로써, 여러분에게 거룩한 땅의 섬광을 보여줄 것이다.

영광 속에는 무엇이 포함되는가?

영광은 status omnium bonorum aggregatione perfectus[선한 모든 것이

총집결함으로써 이루어진 완전한 상태]이다 — 보에티우스. 그것은 완전한 축복의 상태로서, 영원한 영혼에게 속한 모든 선한 것들을 총집결시키고, 총집중시킨 것 속에 있다. 그런데 진실로 여기서 나는 어찌할 바를 모르겠다. 그 이유는 내가 어떤 말을 할지라도 하늘의 영광에 관해 말하는 것은 부족하기 때문이다. 아펠레스의 연필로도 그것을 다 묘사할 수 없다. 천사의 혀로도 그것을 다 표현할 수 없다. 우리는 천국에 들어갈 때까지는 영광을 결코 충분히 이해하지 못할 것이다. 나는 성도들이 죽은 뒤에 도달하는 영광의 상태에 관해 단지 희미한 사실들, 아니 단지 불완전한 특징들만을 제시할 뿐이다.

[1] 하늘의 영광 속에 포함되어 있는 첫번째로서 가장 고상한 부분은 하나님에 관한 충만하고도 아름다운 기쁨이다. Ipse Deus sufficit ad praemium[오직 하나님만이 첫번째로 취해지기에 합당하신 분이다] — 어거스틴. 우리는 천국의 행복이 고통과 불행으로부터 해방되는 것에 있다고 생각하기가 쉽다. 그러나 행복의 진정한 본질은 하나님을 즐겁게 하고, 기뻐하는 것이다. 하나님은 무궁무진한 기쁨의 원천이시다. 그분을 소유하는 것은 모든 것을 소유하는 것이다. 하나님을 즐거워하는 것은 다음 세 가지 사실을 함축한다.

하나님을 즐거워하는 것에 함의된 첫번째 사실은 **우리가 그분을 본다**는 것이다. "그의 계신 그대로 볼 것을 인함이니"(요일 3:2). 여기서는 우리가 그분을 계신 그대로 보지 못한다. 즉 무상하고, 가사적인 존재로 본다. 그러나 거기서는 그분이 계신 그대로 본다.

우리는 어떻게 하나님을 볼 것인가?

(1) 우리는 마음의 눈을 가지고 지적으로 그분을 볼 것이다. 이 신적 능력은 지복의 환상을 부른다. 우리는 하나님을 충분히 모르지만 그분에 관한 충분한 지식을 소유할 것이다. 만일 하나님에 관한 지적 안목이 없다면, 완전하게 된 의인들의 영이 어떻게 하나님을 볼 수 있었겠는가? 이렇

게 하나님을 보는 것은 너무나 영광스러운 것이다. 그것은 왕이 즉위식에서 자신의 모든 위엄성과 존엄성 속에서 등장하는 것과 같다.

(2) 우리는 예수 그리스도의 영화된 몸을 육체적으로 볼 것이다. 만일 태양을 바라보는 것이 기쁨이라면, 의의 태양을 바라보는 것은 얼마나 복된 모습이겠는가! 우리의 인간의 본성을 입으시고 천사들 위에 영광으로 앉아계시는 그리스도를 보는 것은 얼마나 복된 모습인가! 솔로몬은 "눈은 보아도 족함이 없고"(전 1:8)라고 말한다. 그러나 확실히 성도들의 눈은 그리스도의 아름다운 몸으로부터 나오는 찬란한 광채를 바라보는 것으로 만족할 것이리라! 그것은 그리스도의 육체를 통해 어느 정도 신성의 광채와 광선이 영광스럽게 비추어지기 때문에 당연히 만족할 것이다. 하나님의 고도의 엄위가 우리를 압도할 것이다. 하지만 그리스도의 육체의 휘장을 통해 우리는 신적 영광을 볼 것이다.

(3) 우리가 하나님을 보면 변형이 일어날 것이다. 우리는 어떤 수준에 이르면 그분을 바라봄으로써 그분의 형상으로 동화되고 변화될 것이다. "우리가 그와 같을 줄을 아는 것은"(요일 3:2). 만일 모세가 산 위에서 하나님을 만났을 때, 단지 그분의 영광의 불완전한 모습만을 보았음에도 불구하고 모세의 얼굴에 광채가 있었다면(출34:35), 항상 하나님의 임재 속에 있고 그들 위에 그분의 영광의 광채가 직접 비춰지는 영화된 성도들에게는 그 광채가 어떠하겠는가! "우리가 그와 같을 줄을 아는 것은." 얼굴이 추한 사람은 아름다움을 관찰할 수는 있되, 아름다움을 창조하지는 못할 것이다. 그러나 성도들은 하나님을 보되, 그 모습이 하나님의 모습으로 변화될 것이다. "깰 때에 주의 형상으로 만족하리이다"(시 17:15). 그러나 그렇다고 해서 성도들이 하나님의 본질에 참여하는 것은 아니다. 왜냐하면 불 속에 있는 쇠가 빨갛게 달아오르지만 여전히 쇠로 남아있는 것처럼, 성도들도 하나님의 엄위를 바라봄으로써 영광스러운 피조물로 변화되기는 하지만 여전히 피조물이기 때문이다.

(4) 우리가 천국에서 하나님을 보는 것은 싫증이 나지 않을 것이다. 어떤 사람이 아주 희귀한 장면을 바라본다고 하자. 그러면 그는 급기야는

싫증이 날 것이다. 그것은 그가 어떤 정원에 들어갔을 때, 산뜻한 길가, 아름다운 수목, 상큼한 꽃들을 바라보지만, 조금만 지나면 권태가 일어나는 것과 같다. 그러나 천국에서는 그와 같지 않다. 거기서는 물리는 일이 없다. Ibi nec fames nec fastidium[거기서는 갈증도 메스꺼움도 없다] — 성 버나드. 성도들은 하나님을 보는 일에 절대로 물리지 않을 것이다. 무한하신 하나님은 매순간마다 그들의 영혼 속에 자신에게서 나오는 새롭고 신선한 즐거움을 허락하실 것이다.

하나님을 즐거워하는 것에 함의된 두번째 사실은 **우리가 그분을 사랑한다**는 것이다. 성도의 마음이 얼어붙은 바다와 같이 되어서 더 이상 하나님에 대한 사랑 속에서 녹일 수 없는 것은 그의 슬픔이다. 그러나 천국에서 그는 신적 사랑으로 불타고 있는 스랍과 같을 것이다. 사랑은 유쾌한 감정이다. "사랑 안에 두려움이 없고 … 두려움에는 형벌이 있음이라"(요일 4:18). 사랑은 그 안에 기쁨을 소유하고 있다. 아름다움을 사랑하는 것은 즐거운 일이다. 하나님의 놀라우신 아름다움은 성도들의 사랑을 이끌어 내고, 그분을 사랑하는 것이 그들의 천국일 것이다.

하나님을 즐거워하는 것에 함의된 세번째 사실은 **하나님이 우리를 사랑하신다**는 것이다. 하나님 안에 영광이 있다고 할지라도, 만일 사랑이 없다고 한다면, 그것은 천국의 기쁨을 크게 감소시킬 것이다. 그러나 "하나님은 사랑이시다"(요일 4:16). 영화된 성도들은 그들이 사랑받는 것만큼 사랑할 수 없다. 하나님의 사랑에 대한 그들의 사랑은 무엇인가? 이 태양에 대한 그들의 별은 무엇인가? 하나님은 땅 위에서 그의 백성들이 잘 생겼든 못생겼든 상관없이 사랑하신다. 지금 그들이 결함을 가지고 있어도 그러할진대, 오, 그들이 티나 주름잡힌 것이나 이런 것들이 없이 거룩할 때에는 (엡 5:27) 얼마나 완전하게 그들을 사랑하실까!

이것은 하나님의 사랑의 달콤한 포옹 속에 있는 것 다시 말해 헵시바 즉 영광의 기쁨이 되는 것, 하나님의 얼굴의 빛 속에 우리 자신을 비추는 것 — 이것이 바로 천국의 지복이다. 그렇다면 성도들은 지식에 넘치는 그리스도의 사랑을 알 것이다(엡 3:19). 이 영광스러운 하나님의 사랑의 표현으로부터 복된 자들의 영혼 속에 무한한 기쁨이 흘러넘칠 것이다. 그러므로 천국은 "우리 주인의 즐거움에 참여하는 것"(마 25:21)으로 불린다. 하나님을 보는 것, 하나님을 사랑하는 것, 그리고 하나님의 사랑을 받는 것은 영혼의 희락을 가져오고, 성도들 안에 말할 수 없는 영광스러운 거룩한 즐거움의 황홀경을 창조한다(벧전 1:8). In Deo quodam dulcidene delectatur anima, imo rapitur[영혼을 즐겁게 하는, 아니 오히려 황홀하게 하는 하나님의 인격에 관한 어떤 달콤함이 있다] — 어거스틴. 지금 성도들은 그들의 해를 탄식으로 보내고 있다. 그들은 그들의 죄와 고통으로 슬퍼하고 있다. 그런데 그들의 물은 포도주로 변할 것이다 — 자비의 그릇들은 기쁨으로 가득차 흘러넘칠 것이다. 그들은 그들의 승리와 기쁨의 표시로 그들의 손에 종려 가지와 거문고를 가질 것이다(계 14:2).

[2] 영광 속에 포함되어 있는 두번째 부분은 거기는 선한 사회라는 것이다. 천사들이 있다. 모든 별이 빛을 비추고 있다. 복된 그룹들이 우리가 낙원에 온 것을 환영할 것이다. 만일 천사들이 택자들의 회심을 기뻐한다면, 그들의 대관식에서는 얼마나 기뻐하겠는가! 성도들의 사회가 있다. "온전케 된 의인의 영들과"(히 12:23).

영광 속에 있는 성도들은 서로 알아볼까?

그들은 확실히 알아볼 것이다. 왜냐하면 천국에서 우리의 지식은 감소되는 것이 아니라 증가되기 때문이다. 우리는 우리의 친구들과 경건한 자들과 알아볼 뿐 아니라 우리가 결코 이전에 알지 못했던 영화된 성도들도 알아볼 것이다. 그것은 당연히 그렇게 되어야 한다. 왜냐하면 서로 알아보지 못하는 사회는 평안이 없기 때문이다. 어거스틴, 안셀름, 그리고 루터도 이러한 견해를 피력하였다. 참으로 성경은 그것을 우리에게 충분히 암시하는 것처럼 보인다. 왜냐하면 만일 변화산에서 베드로가 전에 한번도 만나보지 못했던 모세와 엘리야를 알아보았다면(마 17:3), 천국에서는 확실히 성도들이 서로 알아볼 것이고, 서로간의 교제를 무한히 즐거워할 것이다.

[3] 영광 속에 포함되어 있는 세번째 부분은 완전한 거룩이다. 거룩은 하나님과 천사들의 아름다운 미덕이다. 그것이 천국을 만든다. 행복이 거룩의 본질이 아니라면 무엇이겠는가? 여기서 그리스도인의 은혜는 불완전하다. 신자들은 죽을 때 완전한 은혜에 도달할 것이다. 그렇다면 이 태양은 그 정오의 찬란한 광채 속에 있을 것이다. 그렇다면 그들은 은혜를 더해 달라고 기도할 필요가 없을 것이다. 왜냐하면 그들은 천사들처럼 될 것이기 때문이다. 그들의 빛은 명백할 것이고, 그들의 기쁨은 충만할 것이다.

[4] 영광 속에 포함되어 있는 네번째 부분은 위엄과 영예이다. 그들은 왕으로서 다스릴 것이다. 그러므로 영화된 성도들은 그들의 insignia regalia 즉 왕권의 표지, 곧 그들의 옷과 면류관을 갖고 있다고 말해진다(계 7:9). 가이사는 승리한 뒤에 영예의 표시로 원로원에 자기를 기념하는 상아줄을 달아놓고, 강당 안에 보좌를 설치해 놓았다. 마찬가지로 죄와 사탄에게 승리를 거둔 성도들은 최고천에서 그리스도와 함께 보좌에 오를 것이다. 그리스도와 함께 앉아있다는 것은 안전을 표상한다. 보좌에 앉아있다는 것은 위엄을 표상한다. "이런 영광은 그 모든 성도에게 있도다"(시 149:9).

[5] 영광 속에 포함되어 있는 다섯번째 부분은 천국의 거주자들 간의 조화와 연합이다. 마귀는 자신의 갈라진 다리를 천국에 들여놓을 수 없다. 그는 거기서 어떤 소요도 일으킬 수 없다. 거기에는 완전한 연합만이 있을 것이다. 이 점에 대해 칼빈과 루터는 일치된다. 천국의 음악 속에는 진동하는 현이 없다. 어떠한 차별도 없다 — 거기서는 교만이나 시기가 없다. 하나의 별이 다른 별과 다를 수 있고, 어떤 사람이 더 높은 수준의 영광을 가질 수는 있지만, 모든 그릇이 가득찰 것이다. 성도들과 천사들이 그들의 아버지의 식탁을 사랑과 조화로써 둘러싸고 있는 감람나무들처럼 앉아있을 것이다. 그렇다면 그들은 연주회에서 서로 협연하며, 하늘의 합창대에서 큰 소리로 찬양의 노래를 부를 것이다.

[6] 영광 속에 포함되어 있는 여섯번째 부분은 복된 안식이다. "그런즉 안식할 때가 하나님의 백성에게 남아 있도다"(히 4:9). Felix transitus a labore ad requiem[수고로부터 안식으로 행복한 변화]. 이 세상에서 우리는 라켓 위에 있는 볼처럼 던져지고, 흔들리는 존재로서 안식을 가질 수 없다. "우리가 사방으로 우겨쌈을 당하여도"(고후 4:8). 폭풍우치는 배 안에서 어떻게 안식할 수 있는가? 그러나 성도들은 죽은 다음에 그들의 항구에 들어간다. 그 항구의 중심 속에서는 모든 것이 조용하다. 스콜라 신학자들이 말하는 것처럼, 하나님은 centrum quietativum animae 즉 영혼을 평안케 하는 중심지이다. 그리스도인은 그의 피곤한 행군과 전투를 마친 다음에는 그의 피묻은 갑주를 벗고, 향기를 풍기는 예수 그리스도의 품 안에 안식한다. 죽음이 성도들에게 비둘기의 날개를 부여할 때, 그들은 아득히 낙원으로 날아가 거기서 휴식을 취할 것이다.

[7] 영광 속에 포함되어 있는 일곱번째 부분은 영원성이다. "지극히 크고 영원한 영광의 중한 것을"(고후 4:17). 영광은 중한 것이다. 영광에 해당되는 히브리어 단어는 무게(weight)이다. 하나님은 우리가 그것을 짊어질 수 있도록 하셔야 한다. 영원한 무게(an eternal weight). 영광은 벌레들이 자라지 못하는 만나와 같다. 만일 성도들의 천국에서의 영광이 단지 잠시 동안만 주어지고, 그들이 그것을 상실하는데 대한 두려움을 갖고 있다면, 그것은 천국의 기쁨을 감소시키고, 쓰라린 것으로 만들 것이다. 그러나 영원성이 그들의 기쁨 위에 기록되어 있다. 그 면류관은 시들지 아니하는 낙원의 꽃들로 만들어졌다(벧전 5:4). 나는 낮강(Day-river)이라고 불리는 강에 관해 읽은 적이 있다. 당시 그 강은 낮에는 범람할 정도로 물이 넘쳐흐르지만, 밤에는 물이 말랐다. 이것은 완전히 세상의 평안과 같다. 그들은 인생의 낮에는 평안이 풍성하게 흐르지만, 죽음의 밤이 되면 그것이 말라버린다. 영화된 성도들은 영원히 기쁨의 강물을 마실 것이다(시 16:11). 영원은 천국 중의 천국이다. In fine gaudium erit sine fine[마지막에 우리의 기쁨은 끝이 없을 것이다] — 버나드. 천국의 기쁨은 가득 넘치고, 영원할

것이다.

신자들은 언제 영광을 소유하는가?

그들은 죽는 즉시 바로 영광 속에 들어간다. 어떤 사람들은 플라톤주의자들과 루시안주의자들과 같이 영혼이 죽는다고 주장하였다. 그러나 많은 건전한 이교도들은 영혼의 불멸성을 믿었다. 로마인들은 그들의 성인들이 죽으면, 독수리를 놓아주고, 공중에 날도록 하였는데, 이것은 영혼이 불멸하기 때문에 몸과 함께 죽는 것이 아니라는 사실을 상징하였다. 그리스도는 영혼이 죽임을 당하는 것이 아니고, 따라서 죽는 것이 아니라고 우리에게 말씀하신다(마 10:28). 그리고 영혼이 죽지 않는 것처럼, 잠시동안 육체 속에서 잠을 자고 있는 것도 아니다. 만일 사람이 죽을 때 영혼이 육체로부터 벗어난다면, 그것은 육체 안에서 잠자는 것일 수 없다(고후 5:8). 죽음으로부터 영광으로 즉각 들어간다. 그것은 단지 눈깜짝할 새의 일이고, 거기서 우리는 하나님을 볼 것이다. "오늘 네가 나와 함께 낙원에 있으리라"(눅 23:43). 여기서 낙원이란 천국을 의미한다. 곧 바울이 올라갔던 삼층천이다(고후 12:4). 그리스도는 십자가의 강도에게 "오늘 네가 나와 함께 낙원에 있으리라"고 말씀하셨다. 그의 육체는 낙원에 있을 수 없었다. 그 까닭은 그것은 무덤 속에 있었을 것이기 때문이었다. 그러나 낙원에 있을 것이라고 말해진 것은 그의 영혼이었다. 즉 그의 영혼은 죽은 즉시 천국에 있었다. 연옥에 관해 말하는 것은 참으로 허탄한 일이다. 그리스도의 피로 말미암아 정화된 영혼은 연옥의 불을 필요로 하지 않고, 죽은 즉시 영화된 상태로 들어간다.

적용 1: 죽음이 이런 영광스러운 유익들을 가지고 오는데, 신자들은 죽음을 두려워해야 할 이유가 거의 없다는 점을 주목하라. 성도들이 왜 승천을 두려워해야 하는가? 하나님을 보는 것, 하나님을 사랑하는 것, 그리고 영원히 신적 사랑의 품 속에 거하는 것은 복된 일이 아니던가? 우리의 경건한 친척들을 천국에서 만나는 것이 축복이 아니던가? 성도들이 왜 그러한 축복을 두려워해야 하는가? 처녀가 면류관을 향해 진군하는 것이 두려운가? 지금은 다만 약혼할 때이다. 그러나 죽을 때는 어린 양의 혼인 잔치가 열리는 때이다(계 19:9). 죽음이 우리를 악독한 뱀들로부터 벗어나게 하고, 천사들 가운데 두는 것 외에 해를 끼치는 것이 있는가? 우리를 불멸의 옷으로 입히는 것 외에 죽음이 우리에게 해를 미치는 것이 있는가? 무명옷을 벗어버리고, 자신에게 금으로 된 옷을 입힌 그가 자신에게 잘못을 행한 것인가? 죽는 것을 두려워하지 말라. 여러분은 죽지 않고서는 결코 살 수 없다.

적용 2: 그 마음이 믿음으로 말미암아 정화된 참된 성도들인 여러분은 여러분이 죽을 때 그리스도로 말미암아 소유할 이러한 영광스러운 유익들을 묵상하는데 많은 시간을 보내어야 한다. 이같이 묵상하는 삶을 통해 여러분은 이 세상에서 천사들의 삶을 시작할 수 있고, 여러분의 때가 이르기 전에 천국에 있을 것이다. 유독시우스(Eudoxius)는 태양의 영광에 너무나 감동되어서 단지 태양을 바라보기 위해 태어났다고 생각하였다. 우리가 하나님을 대면하여 볼 때, 오로지 천상의 영광에 대해 얼마나 묵상할까! 다윗은 일반적인 부류의 사람들보다 높은 위치에 있었다. 그는 "내가 깰 때에도 오히려 주와 함께 있나이다"(시 139:18)라고 말했을 때에도 높은 자리에 있었다. 참된 성도는 매일 천국에서 산다. 그의 생각과 욕구는 그룹들과 같이 낙원 위로 날아다닌다. 세상 사람들은 자기들의 돈자루와 곡간을 바라보면서 즐거워할 수 있는데, 천국의 후사들은 장래의 그들에게 임할 영광을 묵상하면서 더 큰 즐거움을 얻어서는 안되는가? 우리가 스파이처럼 믿음을 전파하고, 매일 하늘에 있는 예루살렘의 영광을 바라볼 수 있다면, 상속자가 조만간에 자기의 손에 들어올 기업을 생각하면서 즐거워하는 것처럼, 얼마나 우리를 기쁘게 하는 것일까?

적용 3: 이것은 두 가지 경우에 성도들을 위로할 수 있다.

(1) 성도들은 이것으로 말미암아 궁핍 속에 있을 때에 위로를 받는다.

그들은 궁핍 속에 있을 때에도 풍족하다. 광 속의 양식은 거의 소비되고 없다. 그러나 죽을 때까지만 참으라. 그리하면 여러분은 여러분의 모든 필요를 공급받을 것이다. 여러분은 천국을 소유할 것이고, 천국이 여러분에게 허락할 수 있는 것만큼 부유해질 것이다. 몇 년 뒤에 유산에 관한 약속을 갖고 있는 사람은 지금은 비록 아무 것도 없지만, 조만간에 재산이 자기 수중에 들어올 것이라는 기대로 위로를 얻을 것이다. "장래에 어떻게 될 것은 아직 나타나지 아니하였으나"(요일 3:2). 우리는 영광으로 채색되고, 천사들처럼 부요해질 것이다.

(2) 루터가 말한 것처럼 참된 성도는 Haeres crucis[십자가의 후사]이다. 엄청난 것들이 창고에 쌓여 있다는 것, 현재 눈에 보이지는 않지만, 도래할 영광이 있기 때문에 우리는 고난을 즐겁게 감당할 수 있다. 우리는 천국에서 포도주를 마실 것이다. 비록 지금 우리는 쓰디쓴 잔을 마시지만, 그것을 달콤하게 하는 설탕이 있다. 우리는 우리의 믿음을 능가하고, 그 기쁨들이 표현될 수 있는 것보다 더 크게 느낄 수 있는 낙원의 기쁨들을 맛볼 것이다.

3. 부활

"이를 놀랍게 여기지 말라 무덤 속에 있는 자가 다 그의 음성을 들을 때가 오나니 선한 일을 행한 자는 생명의 부활로 악한 일을 행한 자는 심판의 부활로 나오리라"(요 5:28,29).

질문 38: 신자들은 부활 때에 그리스도로부터 어떤 유익을 얻습니까?

답변: 부활 때에 영광 안에서 일으킴을 받은 신자들은 심판 날에 공개적으로 인정을 받고, 사면을 받으며, 영원토록 하나님을 충만하게 즐거워하는 완전한 축복을 받을 것입니다.

I. 신자들의 몸은 영광으로 일으킴을 받을 것이다.

부활 교리는 우리의 신앙의 근본 항목에 속한다. 사도는 그것을 기독론의 첫번째 원리에 위치시킨다(히 6:2). 육체는 부활할 것이다. 우리는 우리의 침대로 일어나는 것처럼 우리의 무덤으로부터 일어나는 것이 확실하다. 구원받은 몸은 다시 살 것이다. 어떤 사람들은 영혼은 새 육체를 입을 것이라고 주장한다. 그러나 그렇게 되면 그것은 그것을 부활이라고 부르는 것이 부적합하고, 오히려 하나의 창조일 것이다. "나의 이 가죽, 이것이 썩은 후에 내가 육체 밖에서 하나님을 보리라"(욥 19:26). 다른 육체가 아니라 나의 육체이다. "이 썩을 것이 불가불 썩지 아니할 것을 입겠고"(고전

15:53).

부활은 어떤 증거를 통해 증명될 수 있는가?

(1) 부활은 성경을 통해 증명될 수 있다. "그를 내가 마지막 날에 다시 살리리라"(요 6:44). "사망을 영원히 멸하실 것이라"(사 25:8). 즉 죽음이 우리의 육체를 한동안 지배하는 무덤의 속박으로부터 육체를 구원하심으로써이다. "예수 안에서 자는 자들도 하나님이 저와 함께 데리고 오시리라"(살전 4:14).

(2) 부활은 그리스도의 부활을 통해 증명될 수 있다. 그러므로 성도들의 몸도 부활해야 한다. 그리스도는 사적인 개인으로서가 아니라 교회의 공적인 머리로서 죽은 자로부터 부활하셨다. 부활된 머리, 그리고 몸의 나머지 부분도 꼭 무덤 속에 있어서는 안된다. 그리스도의 부활은 우리의 부활의 보증이다. "주 예수를 다시 살리신 이가 예수와 함께 우리도 다시 살리사 너희와 함께 그 앞에 서게 하실 줄을 아노니"(고후 4:14). 그리스도는 잠자는 자들의 첫 열매로 불리신다(고전 15:20). 첫 열매가 추수할 때가 되었다는 확실한 증거인 것처럼, 그리스도의 부활도 우리 육체가 무덤으로부터 부활한다는 확실한 증거이다. 그리스도는 그의 지체들이 자신과 함께 부활되지 않으면, 신비적인 그리스도로서 완전해질 수 없다.

(3) 부활은 하나님의 공의와 관련하여 증명될 수 있다. 만일 하나님이 의로우신 하나님이라면, 그분은 성도들의 영혼뿐만 아니라 육체에 대해서도 보상하실 것이다. 신자들의 영혼은 영화롭게 되는데, 그 육체는 그렇게 되지 못한다고 상상하는 것은 있을 수 없다. 그들은 그들의 몸으로 하나님을 섬겼다. 그들의 몸은 거룩한 지체들이었다. 그들의 눈은 죄로 말미암아 눈물을 흘렸고, 그들의 손은 가난한 자들을 구제하였다. 또 그들의 혀는 하나님을 찬양하였다. 그러므로 그들의 몸은 영혼과 똑같이 면류관을 받아야 한다는 것이 의롭고 공평하다. 그들이 죽은 자로부터 부활하지 못한다면 어떻게 그럴 수 있겠는가?

(4) 만일 육체가 부활하지 않는다면, 신자는 완전히 행복하지 못할 것

이다. 왜냐하면 영혼은 육체 없이 존속할 수 있다고 할지라도, 육체와의 appetitus unionis 즉 '재연합의 욕구'를 갖고 있기 때문이다. 영혼은 육체로 입혀졌을 때 비로소 충분히 행복해진다. 그러므로 의심할 여지 없이 몸은 다시 살 것이다. 만일 영혼은 천국에 가는데 육체는 가지 못한다면, 신자는 다만 불완전한 구원을 받은 것이다.

그러나 어떤 사람들은, 동정녀 마리아가 천사에게 "어찌 이 일이 있으리이까"라고 말한 것처럼, 어찌 먼지로 화할 육체가 다시 산다는 것이 있으리이까 라고 말한다.

그것은 이성에 반하는 것이 아니라 그것을 초월한다. 자연 속에는 부활과 유사한 증거들이 종종 있다. 밭에 뿌려진 밀은 그것이 싹이 나기 전에 죽는다. 겨울에는 땅의 열매들이 죽는다. 봄에는 그것들의 부활이 있다. 홍수 뒤에 싹이 난 노아의 감람나무는 부활에 대한 생생한 표상이었다. 우리 주님의 수난 다음에 무덤 속에서 잠을 자던 많은 성도들이 부활하였다(마 27:52). 하나님은 우리가 잠으로부터 사람을 깨울 수 있는 것보다 무덤으로부터 몸을 부활시키는 것을 더 쉽게 하실 수 있다.

그러나 사람들이 죽으면, 그들의 시체 가루들이 서로 섞여 있는데, 어떻게 분리가 이루어지고, 똑같은 수많은 육체가 일어나는 것이 가능할 수 있는가?

만일 우리가 하나님이 창조주라는 사실을 믿는다면, 어떤 몸의 시체로부터 다른 몸의 시체를 왜 구분하지 못하시겠는가? 우리는 금, 은, 구리와 같은 혼합되어 있는 다양한 금속으로부터 화학자가 다른 금속으로부터 하나의 금속을, 즉 금으로부터 은을, 은으로부터 구리를 추출할 수 있고, 모든 금속을 그 본연의 종류에 속하는 금속으로 환원시킬 수 있는 것을 보지 않는가? 그렇다면 우리는 우리의 몸이 섞여 있고, 다른 실체들과 혼합되어 있을 때, 지혜로우신 하나님이 하물며 모든 영혼을 그 고유의 육체에 다시 집어넣을 수 있다고 믿어서는 안되는가?

의인의 몸을 제외한 다른 몸은 부활하지 못하는가?

무덤 속에 있는 모든 것이 그리스도의 음성을 듣고, 일어날 것이다. "곧 의인과 악인의 부활이 있으리라 함이라"(행 24:15). "내가 보니 죽은 자들이 무론 대소하고 그 보좌 앞에 섰는데"(계 20:12). 그러나 모든 것이 그들의 무덤으로부터 부활되지만, 모든 것이 똑같이 부활되는 것은 아니다.

(1) 악한 자들의 몸은 수치스럽게 부활될 것이다. 땅 위에서 다른 사람들을 자기들의 아름다움으로 유혹하고 꾀었던 몸은 부활 때에 바라보는 것이 추할 것이다. 그들은 끔찍한 모습을 가질 것이다. "모든 혈육에게 가증함이 되리라"(사 66:24). 그러나 성도들의 몸은 영예롭게 부활될 것이다. "욕된 것으로 심고 영광스러운 것으로 다시 살며"(고전 15:43). 그렇다면 성도들의 몸은 반짝반짝 빛나는 금강석처럼 빛날 것이다. 또 의인들은 자기 아버지 나라에서 해와 같이 빛날 것이다(마 13:43).

(2) 성도들의 몸은 그들의 무덤으로부터 승전가를 부르며 부활할 것이다. 그러나 악한 자들의 몸은 두려움과 함께 부활할 것이다. 악한 자들의 몸은 자기들의 치명적인 운명을 받아들이고, 성도들의 몸은 똑같이 흙으로부터 깨어나 기쁘게 노래할 것이다. "주의 죽은 자들은 살아나고 우리의 시체들은 일어나리이다 티끌에 거하는 자들아 너희는 깨어 노래하라"(사 26:19). 천사장의 나팔소리가 울려퍼질 때, 신자들의 몸은 술 맡은 관원장이 옥에서 풀려나 궁정에서 자신의 모든 위엄을 회복한 것처럼, 무덤으로부터 나와 행복하게 될 것이다. 하지만 악인들의 몸은 떡 굽는 관원장이 옥으로부터 벗어나 목을 매달린 것처럼 될 것이다(창 40:21,22).

적용 1: 이 부활 교리를 믿어라. 죽은 똑같은 몸이 다시 일어날 것이고, 영혼과 다시 결합될 것이다. 이에 대한 믿음이 없이는, tota corruit religio 즉 '모든 종교는 수포로 돌아간다'. 만일 죽은 자들이 살아나지 않는다면, 그리스도도 다시 살지 못하시고, 우리의 믿음도 헛 것이다(고전 15:14).

적용 2: 몸은 부활할 것이다. 이것이 욥의 위로였다. "나의 이 가죽, 이것이 썩은 후에 내가 육체 밖에서(in my flesh) 하나님을 보리라"(욥

19:26). 몸은 영혼과 마찬가지로 기쁨을 느낄 수 있다. 그리고 참으로 우리는 우리의 육체가 우리의 영혼과 재결합되기 전에는 우리의 모든 영광을 소유할 수 없다. 오, 육체와 영혼이 재결합되는 부활 때에는 얼마나 큰 기쁨이 있을 것인가를 주목하자! 늙은 야곱과 요셉이 처음 상봉했을 때, 그들 사이에 얼마나 달콤한 기쁨의 포옹이 있었는가를 주목해 보라(창 46:29). 그렇다면 성도의 육체와 영혼이 함께 만나는 부활 때에 그것은 참으로 무한히 클 것이다. 몸과 영혼이 서로 어떻게 인사할까! 영혼은 육체를 어떻게 환영할 것인가! "오, 축복받은 육체여! 내가 기도할 때, 그대는 손을 들어올리고, 무릎을 꿇고 나의 기도에 참여했었소. 그대는 기꺼이 나와 함께 고통을 감당하였소. 이제 그대는 나와 함께 다스릴 것이오. 그대는 수치를 당하고 버려졌지만, 이제는 영광 속에서 부활하였소. 오, 나의 사랑하는 육체여! 나는 다시 그대 속에 들어가서, 영원히 그대와 결합할 것이오."

적용 3: 육체의 부활은 그리스도인이 죽어갈 때 강장제이다. 그대의 몸은 비록 무덤에 묻히지만, 부활 때에 풀잎처럼 다시 소생하여 자랄 것이다. 무덤은 성도들의 몸이 잠을 자는 티끌로 된 침대이다. 그러나 그들은 천사장의 나팔소리와 함께 깨어날 것이다. 무덤은 여러분의 오래 거주하는 자비이기는 하지만, 최후의 집은 아니다. 죽음은 여러분에게서 아름다움을 앗아가지만, 부활 때에 여러분은 그것을 다시 회복할 것이다. 다윗은 사울이 잠든 것을 발견했을 때, 그의 창과 물병을 취했지만, 사울은 잠에서 깨었을 때 그것들을 다시 되돌려받았다(삼상 26:22). 이와 마찬가지로 죽을 때 우리의 모든 힘과 아름다움은 제거되지만, 부활 때 하나님은 아주 영화롭게 모든 것을 다시 회복시키실 것이다.

그러나 우리는 우리의 몸이 영광의 부활로 다시 소생하리라는 것을 어떻게 아는가?

만일 첫째 부활에 참여한다면, 우리가 영광의 부활로 다시 소생할 것을 알 것이다. "이 첫째 부활에 참여하는 자들은 복이 있고 거룩하도다"(계 20:6). 이것은 무엇을 의미하는가? 그것은 회개를 통해 죄의 무덤으로부터 일어나는 것이다. 죄 안에 매장되어 있는 사람은 기쁨의 부활에 대한 소망을 거의 가질 수 없다. 그의 몸은 부활되지만, 영광 속에서 부활되지는 못할 것이다. 오, 그렇다면 여러분이 첫째 부활에 참여하고 있는지를 양심에게 물어보라. 성령이 여러분 안에 들어오셔서 여러분을 끌어올렸는가? 그분이 불신앙으로부터 여러분을 일으키셨는가? 그분이 여러분의 심령을 땅 위로 끌어올리셨는가? 이것이 첫째 부활이다. 그런데 만일 여러분의 영혼이 이같이 영적으로 일으킴을 받는다면, 여러분의 몸은 영광스럽게 부활될 것이다. 그리하여 천국에서 별들처럼 빛날 것이다. 거듭남은 여러분에게 영광스러운 부활을 제공한다.

적용 4: 여러분이 자신의 몸이 영광으로 일어나리라는 것을 기대한다면, 그것들이 죄로부터 흠없이 지켜져야 한다는 것을 명심하라. 술취한 몸도 영광으로 부활할 것인가? 불결한 몸도 영광으로 부활할 것인가? 도둑질한 몸도 천국에 들어가는가? 오, 여러분의 몸을 순결하게 유지하라! 여러분의 눈이 음란한 눈길이 되지 않도록, 손이 뇌물을 받지 않도록 그리고 혀가 비방하는 혀가 되지 않도록 주의하라. 여러분의 몸을 불결하지 않게 하라. 그때 여러분은 언젠가 영광으로 부활하리라는 기대를 가질 수 있을 것이다. 여러분의 몸은 그리스도의 지체이다. 바울 사도가 "내가 그리스도의 지체를 가지고 창기의 지체를 만들겠느냐 결코 그럴 수 없느니라"(고전 6:15)고 말하는 것을 유념하라. 오, 여러분의 몸을 흠없이 지켜라. 그것이 의의 도구가 되도록 하라. "그런즉 너희 몸으로 하나님께 영광을 돌리라"(고전 6:20). 만일 여러분의 몸이 하나님을 영화롭게 한다면, 하나님은 여러분의 몸을 영광스럽게 할 것이다.

그러나 우리의 몸이 무덤 속에 놓여 있되, 거기서 부활 때까지 오랫동안 썩은 채 놓여 있는다면, 이 경우에 우리는 어떤 위로와 격려를 받는가?

(1) 하나님은 무덤 속에 있는 그의 백성들을 버리지 아니하실 것이다. 우리의 친구들은 우리와 무덤까지 동행한 다음에는 거기서 우리를 버리고 떠나가지만, 하나님은 결코 우리를 떠나지 않으실 것이다. 그분은 우리와 함께 무덤에 들어가시고, 우리의 죽은 몸을 돌보시고, 우리의 시체를 보호하신다. 리스바는 사울의 아들들의 시체를 돌보고, 공중의 새와 들짐승들이 그것들을 범하지 못하게 하였다(삼하 21:10). 이같이 주님은 성도들의 시체를 돌보시고, 그들의 티끌을 하나도 빠뜨리지 않고 보호하신다. 그리스도인으로서 그대에게는 그대가 죽을 때 그대의 몸을 돌보실 하나님이 계신다.

(2) 무덤 속에 있는 성도들의 몸은 비록 그들의 영혼과는 분리되어 있지만, 그리스도와 연합된다. 신자의 티끌은 그리스도의 신비적 몸의 한 부분이다.

(3) 성도들의 몸이 무덤 속에 있을 때, 그들의 영혼은 낙원 속에 있다. 영혼은 육체 속에서 잠을 자지 않고, "그 주신 하나님께로 돌아간다"(전 12:7). 영혼은 즉각 복된 천사들이 참여하는 기쁨에 가담한다. 육체가 티끌로 돌아갈 때, 영혼은 안식으로 돌아간다. 육체가 잠잘 때, 영혼은 승리의 개가를 부른다. 육체가 장사될 때, 영혼은 면류관을 얻는다. 정탐꾼이 땅의 열매를 수확하기 전에 보내어진 것처럼, 죽을 때 영혼은 거룩한 땅의 열매를 수확하기 전에 미리 천국으로 보내어진다(민 13:20).

(4) 하나님의 때가 이르면, "사망과 음부도 그 가운데서 죽은 자들을 내어줄 것이다"(계 20:13). 심판자가 오면, 간수는 그의 죄수들을 내놓아야 한다. 하나님이 야곱에게 "내가 너와 함께 애굽으로 내려가겠고 정녕 너를 인도하여 다시 올라올 것이며"(창 46:4)라고 말씀하신 것처럼, 주님은 우리와 함께 무덤으로 내려가시고, 확실히 우리를 인도하여 다시 올라오실 것이다.

(5) 성도들의 몸이 무덤 속에서는 썩고, 부패하게 될 것이지만, 후에 그것은 빛나고 영광스러운 모습이 될 것이다. 성도들의 몸은 부활할 때 아주 예쁘고 아름답게 될 것이다. 이생에서의 성도들의 몸은 추할 수 있다.

그 마음이 미덕으로 장식되어 있는 사람들까지도 불구의 몸을 가질 수 있다 — 가장 세련된 옷에 가장 조잡한 명세표가 붙어있듯이. 그러나 그때에는 불구의 몸을 가진 사람들도 우아하고 아름답게 될 것이다. 이 아름다움은 다음 두 가지 사실을 함축하고 있다. (i) 부분들의 완전함. 모든 지체들의 완벽한 조화가 있을 것이다. 이생에서는 종종 지체들이 결점이 있다. 눈이 상실되고, 팔이 잘려나간다. 그러나 부활 때에는 몸의 모든 부분들이 다시 회복될 것이다. 그러므로 부활은 만유를 회복하실 때로 불린다(행 3:21). 말고의 귀는 잘라져 나갔지만 회복되었다(restituit). (ii) 영광의 형체. 성도들의 몸은 그 안에 은혜로운 엄위를 소유할 것이다. 그것은 그 얼굴이 천사의 얼굴과 같이 빛났던 스데반처럼 될 것이다(행 6:15). 아니, 그것은 그리스도의 영광의 몸의 형체와 같이 변할 것이다(빌 3:21).

성도들의 몸은 부활할 때 기갈과 갈증과 같은 자연의 필요로부터 해방될 것이다. "저희가 다시 주리지도 아니하며"(계 7:16). 산상에서 모세는 자연의 기운을 필요로 하지 않을 정도로 하나님의 영광으로 가득차 있었다. 천국에서는 성도들의 몸이 양식이 없어도 지탱할 수 있을 만큼 더욱 하나님의 영광으로 가득차 있을 것이다.

성도들의 몸은 부활할 때 신속하고 민첩해질 것이다. 땅 위에서의 우리의 몸은 움직이는데 있어서 둔하고 무거웠다. 그런데 그것이 천국에서는 민첩해져서 엘리야의 몸처럼 공중으로 올라가는 데 적합한 몸이 될 것이다. 지금 몸은 무거운 통나무이다. 그러나 천국에서는 날개가 될 것이다. 우리는 천사들처럼 될 것이다(마 22:30). 천사들이 얼마나 민첩한가? 가브리엘 천사는 순식간에 하늘로부터 땅으로 내려왔다(단 9:21). 키가 배를 순식간에 키잡이가 의도하는 방향으로 나아가게 하는 것처럼, 몸도 순식간에 영혼이 의도하는 방향으로 움직일 것이다.

성도들의 몸은 부활 때 견고하고 강하게 될 것이다. "강한 것으로 다시 살며"(고전 15:43). 빈번한 고역과 질병으로 말미암아 아주 강했던 몸이 쇠약해지기 시작한다. 그러나 부활 때 우리는 강한 신체기관을 소유할 것이다. 몸 속에는 약함이 없고, 영혼 속에는 권태가 없을 것이다. 이것은 지금 많은 신체적 질병으로 고민하고 있는 여러분에게 위로를 줄 수 있다. 이 연약한 몸은 강한 것으로 다시 살 것이다. 지금 약한 갈대와 같은 몸은 반석과 같이 될 것이다.

성도들의 몸은 부활 때 불사적 존재가 될 것이다. "이 죽을 것이 죽지 아니함을 입으리로다"(고전 15:53). 우리의 몸은 영원과 병행할 것이다. "저희는 다시 죽을 수도 없나니"(눅 20:36). 천국은 건강에 좋은 기후이고, 그래서 거기에는 사망진단서가 없다. 만일 의사가 여러분에게 죽지 않는다는 진단서를 떼어준다면, 여러분은 돈을 얼마나 주겠는가! 부활 때 그리스도는 성도들에게 이런 진단서를 떼어주실 것이다. "다시 사망이 없고"(계 21:4).

II. 그들은 심판날에 공개적으로 사면을 받을 것이다.

[1] 이 공개적인 사면은 심판날에 선언될 것이다. "우리가 다 반드시 그리스도의 심판대 앞에 드러나"(고후 5:10). 이것은 최후의 심판이다. 지금까지 있었던 것 중에 최고로 드러나는 것이다. 따라서 아담은 동시에 그의 모든 후손을 볼 것이다. 우리는 모두 드러나야 한다. 사람들의 인격의 위대함이 그들을 그리스도의 심판으로부터 면제시키지 못한다. 땅의 임금들과 장군들이 어린 양의 보좌 앞에 떨리는 모습으로 이끌려올 것이다(계 6:15). 우리는 모두 드러나야 하되, 대리인으로서가 아니라 우리 자신의 인격에 따라 드러나야 한다.

심판날에 일어날 일은 어떻게 드러나는가?

심판날에 일어날 일은 다음 두 가지 방법으로 드러난다. (1) 그것은 성경의 증거에 의해 드러난다. "하나님은 모든 행위와 모든 은밀한 일을 선악간에 심판하시리라"(전 12:14). "저가 임하시되 땅을 판단하려 임하실 것임이라"(시 96:13). 중복된 언급은 그 확실성을 더해준다. "내가 보았는데 왕좌가 놓이고 옛적부터 항상 계신 이가 좌정하셨는데 그 옷은 희기가 눈 같고 … 심판을 베푸는데 책들이 펴 놓였더라"(단 7:9,10).

(2) 그것은 사람 자신의 양심 속에서 이루어지는 소재판으로부터 드러난다. 사람이 덕을 행하면, 양심은 그를 변호한다. 그러나 반대로 악을 행하면, 양심은 그를 심문하고 정죄한다. 그러면 양심의 법정에서 이루어지는 이 은밀한 재판은 모든 세상이 하나님의 심판대 앞에 소환될 때인 일반적인 심판날에 대한 전조가 아니고 무엇인가?

심판날은 왜 있어야 하는가?

하나님이 그의 행사에 따라 모든 사람을 판단할 수 있는 최후의 심판의 날이 있을 것이다. 세상에서는 사건들이 아주 불평등하게 진행되는 것처럼 보인다. 악한 자들은 마치 악을 행하기 때문에 상급을 받는 것처럼 번영하고, 경건한 자들은 마치 선을 행하기 때문에 벌을 받는 것처럼 고난을 받는다. 그러므로 하나님의 공의를 입증하기 위해서는 사람들의 행위에 따라 그들에게 형벌과 상급에 대한 정당한 분배가 있을 날이 있어야 한다.

누가 심판할 것인가?

심판은 주 예수 그리스도께서 하실 것이다. "아버지께서 아무도 심판하지 아니하시고 심판을 다 아들에게 맡기셨으니"(요 5:22). "그리스도께서 산 자와 죽은 자를 심판하러 오시리라"는 것이 우리의 신조의 한 항목이다. 그것은 그리스도 위에 두어진 커다란 영예이다. 심판을 받았던 분이 이제는 심판하실 것이다. 이전에 십자가에 달리셨던 분이 이제는 심판의 보좌에 앉아계실 것이다. 그분은 인성과 신성에 동시에 참여하시는 분이기 때문에 심판하기에 적합하신 분이다.

(1) 그분은 인성에 참여하신 분이다. 인성으로 옷을 입으신 분이기 때문에, 그분은 모든 것에 대해 가시적으로 보여질 수 있다. 심판자는 보여져야 하는 것이 필수적이다. "볼지어다 구름을 타고 오시리라 각인의 눈이 그를 보겠고"(계 1:7).

(2) 그분은 신성에 참여하신 분이다. 그래서 그분은 자기 앞에 두어진

모든 원인들을 이해하기에 무한한 지식을 소유하고 있고, 아울러 범죄자들을 심판할 수 있는 무한한 권능을 소유하고 있다. 그분의 지혜를 지적하기 위해서 일곱 눈을 가진 것으로 묘사되고 있고(슥 3:9), 그분의 권능을 지적하기 위해서 철장으로 묘사되고 있다(시 2:9). 그분은 너무나 지혜롭기 때문에 속임을 당할 수 없고, 너무나 강하시기 때문에 저항받을 수 없다.

심판의 때는 언제가 될 것인가?

보편적인 심판의 quando 즉 그 때는 천사들도 모르는 비밀이다. "그러나 그 날과 그 때는 아무도 모르나니 하늘의 천사들도 모르고"(마 24:36). 그러나 까마득한 먼 일일 수는 없다. 심판날이 다가왔다는 한 가지 커다란 표지는 "불법이 성할 것이라는"(마 24:12) 것이다. 그렇다면 그 날이 가까이 임박했다는 것을 유념하라. 그 까닭은 정욕이 불타오르고, 사랑이 식어지는 이 시대만큼 불법이 성했던 시대는 결코 없었기 때문이다. 택자가 모두 회심하게 되면, 그리스도는 심판하러 오실 것이다. 나룻배를 젓는 사람이 모든 선객들이 탈 때까지는 머물러서, 노를 젓는 것을 멈추는 것처럼, 그리스도 역시 택자가 다 모일 때까지는 머물러서 심판을 늦추실 것이다.

시험의 단계 또는 방법은 무엇이 될 것인가?

(1) 사람들이 법정으로 소환된다. 산 자들 뿐만 아니라 죽은 자들도 소환을 받는다. 사람들은 죽을 때까지는 법정의 견책을 피한다. 그러나 마지막 날이 오면, 그들은 하나님의 심판석 앞으로 소환을 당한다. "또 내가 보니 죽은 자들이 무론 대소하고 그 보좌 앞에 섰는데"(계 20:12). 이 사람들의 소환은 나팔소리에 의해 일어날 것이다(살전 4:16). 이 나팔소리는 크게 울려퍼져서 사람들이 그들의 무덤으로부터 일어나게 할 것이다(마 24:31). "회개하고 믿으라"는 복음의 나팔소리를 듣지 못한 자들은 "일어나 심판을 받으라"는 천사장의 나팔소리를 듣게 될 것이다.

(2) 심판자가 심판석으로 나아온다.

(i) 이것은 악인들에게는 두려운 일이 될 것이다. 죄를 범한 죄인이 어

떻게 심판자가 바라보는 것을 견딜 수 있겠는가? 바울이 심판에 관해 설교했을 때 벨릭스가 두려워 떨었다면(행 24:25), 죄인들이 심판하러 오신 그리스도를 보았을 때에는 얼마나 더 두려워 떨 것인가! 그리스도는 그분으로부터 불이 강처럼 흘러나오는 심판석에 앉아계신 분으로 묘사된다(단 7:10). 하나님의 어린 양이 이제는 사자 곧 죄인들을 두려움에 떨게 하는 분의 모습으로 바뀌어질 것이다. 요셉이 그의 형들에게 "나는 당신들의 아우 요셉이니 당신들이 애굽에 판 자라"(창 45:4)고 말했을 때, "형들은 그 앞에서 놀라서" 두려워하였다. 그들의 가슴은 그들의 죄로 말미암아 얼마나 두근거렸을까! 마찬가지로 그리스도께서 심판하기 위해 오셔서, "나는 예수이니 너희가 범죄하고 대적한 자라; 나는 예수이니 너희는 내 법을 지키지 않았고, 내 피를 무시하였다. 이제 나는 너희를 심판하기 위해 왔노라"고 말씀하시면, 오, 죄인들은 얼마나 놀랍고 끔찍한 두려움에 사로잡힐 것인가! 그들은 얼마나 그들의 심판자 앞에서 곤혹스러울까!

(ii) 그리스도가 심판석에 나아오는 것은 의인들에게는 황홀한 일이 될 것이다. 그리스도께서 광휘와 커다란 영광 속에서 등장하실 것이다. 그분이 육체로 처음 오셨을 때에는 볼품이 없었다(사 53:2). 그분은 거지로 변장한 왕 같았다. 그러나 그분이 두 번째 오실 때에는 대단할 것이다 — 그분은 아버지의 영광으로 거룩한 천사들과 함께 올 것이다(막 8:38). 오, 무수한 천사들, 무수한 새벽 별들이 공중에 나타나고, 의의 태양이신 그리스도께서 가장 빛나는 그룹 위에 찬란하게 비출 미래의 그날은 얼마나 밝을 것인가! 그분은 친구로서 오실 것이다. 참으로 만일 성도들의 심판자가 그들의 원수라면, 그들은 정죄받는 것을 두려워할 것이지만, 그들을 사랑하시고, 그들을 위해 기도하시는 그분이 그들의 심판자가 되신다. 그들의 남편이 되시는 분이 그들의 심판자이시고, 그러므로 그들은 모든 일들이 그들 편에서 순조롭게 이루어지는 것 외에는 두려워할 필요가 없다.

(3) 심판의 시험 자체는 명암을 갖고 있다. 먼저 어두운 면이 있다. 심판자가 보좌에 좌정하고, 책들이 펼쳐질 때, 악인들 위에는 양심의 책과 하나님이 기억하시는 책이 무겁게 놓여있을 것이다(계 20:12). 죄인들의 죄

가 읽혀지고, 살인, 술취함, 그리고 불결과 같은 그들의 모든 죄가 펼쳐지며, 이에 대해 그리스도는 "사망 선고를 받지 않기 위해 너희가 스스로 무엇을 변호할 수 있느냐?"고 말씀하실 것이다. 그런데 어떤 고소를 당하든, 그들은 할 말이 없을 것이다. 이어서 참담한 선고가 뒤따른다: "저주를 받은 자들아 나를 떠나 마귀와 그 사자들을 위하여 예비된 영영한 불에 들어가라"(마 25:41). 하나님에 대해 "우리를 떠나소서"(욥 21:14)라고 말하고, 종교에 대해 "나를 떠나라"고 말하는 자는 이제 그의 심판자로부터 선포된 "나를 떠나라"는 말씀 — 끔찍하지만 의로우신 판단(시 51:4) — 을 들을 것이다. 죄인 자신이 "유죄!"라고 외칠 것이다. 그는 진노의 바다를 소유하고 있지만, 한 방울의 불의도 덜어내지 못한다. 일단 그가 선고를 받으면, 그것은 철회할 수 없다. 상급 법정에 호소할 길이 없다. 심판의 시험은 또한 밝은 면을 갖고 있다. 그것은 의인의 기쁨과 행복을 증가시킬 것이다. 심판날이 그들에게는 희년의 날이 될 것이다.

[2] 그날에 그들의 심판자이신 그리스도는 그들을 지명하여 인정할 것이다. 세상에 의해 조롱을 당하고, 미친 자들과 어리석은 자들로 간주된 사람들을 그리스도는 손을 잡으시고, 공개적으로 자신의 충신들로 인정할 것이다. 누구든지 사람 앞에서 그분을 시인하면, 그분도 자신의 눈으로 그들을 보배로운 자들로 공개적으로 인정하시지 않겠는가(눅 12:8)?

심판자로서 그리스도는 그들을 위해 변호하실 것이다. 심판석에 앉아 있으면서 변호하는 심판자이자 변호자가 되는 것은 일반적인 일이 아니다. 그러나 심판날에 그분은 그렇게 하실 것이다.

(1) 그리스도는 성도들을 위해 자신의 흘리신 피를 내세우실 것이다. "이 사람들은 내가 피로 값주고 샀습니다. 그들은 내 영의 산고의 결과입니다. 그들은 비록 죄를 범하기는 했지만, 내 영이 그들의 죄를 위해 제물로 바쳐졌습니다."

(2) 그리스도는 그들을 모든 불의한 견책으로부터 변호하실 것이다. 그들은 이상하게도 세상에서 교만하고, 외식적이고, 파당적인 사람들로 잘

못 인식되었다. 그것은 바울이 선동자요 이단의 괴수로 불리어진 것과 같다(행 24:5). 그러나 심판날에 그리스도는 그들의 무죄를 분명히 하실 것이다. 그분은 "그들의 의를 빛같이 나타내실"(시 37:6) 것이다. 그분은 그들의 눈으로부터 눈물을 말끔히 닦아주시고, 그들의 이름으로부터 오명을 깨끗이 제거해 주실 것이다. 모세는 자신에게 비난이 너무 거세게 쏟아지자 이렇게 즉 "아침에 여호와께서 거룩한 자가 누구인지 보이시고"(민 16:5)라고 간구함으로써 스스로 위로를 받았다. 마찬가지로 성도들은 비난받을 때, 그리스도께서 자신이 누구인지를 말씀하시고, 자신들이 은으로 채색된 비둘기의 날개처럼 나아올 심판날을 생각함으로 위로를 얻을 수 있다.

(3) 심판자로서 그리스도는 인간들과 천사들 앞에서 자기 백성들을 사면하실 것이다. 빌라도가 그리스도에 관해 "나는 그에게서 아무 죄도 찾지 못하노라"(요 18:38)고 말한 것처럼, 그리스도는 택자들에 대해 "나는 그들에게서 아무 죄도 찾지 못하노라. 나는 그들을 의롭다고 선언하노라"고 말씀하신다. 계속해서 "내 아버지께 복받을 자들이여 나아와 창세로부터 너희를 위하여 예비된 나라를 상속하라"(마 25:34)는 말씀이 이어진다. 이것은 마치 그리스도께서 "오, 나의 영혼의 기쁨이자 나의 고난의 열매인 행복한 자들이여, 너희는 이제 더 이상 심판대 앞에 서지 않으리라. 너희는 천국의 면류관을 받을 분명한 후사들이니 나아와 소유를 취하라"고 말씀하시는 것과 같다. 이러한 선고의 말씀을 듣고 성도들은 얼마나 황홀한 기쁨으로 가득찰 것인가! "오라, 너희는 복되도다"라는 말씀은 그들의 귀에 음악이 될 것이고, 그들의 심령에 강장제가 될 것이다.

(4) 그리스도는 사람들과 천사들 앞에서 성도들이 행한 모든 선행들을 언급할 것이다. "내가 주릴 때에 너희가 먹을 것을 주었고 목마를 때에 마시게 하였고 나그네 되었을 때에 영접하였고"(마 25:35). 죄로 말미암아 은밀히 슬퍼하고, 그리스도의 이름을 위해 어떤 사랑을 보여주고, 선행을 풍성하게 행했던 여러분을 그리스도는 마지막 날에 주목하고, "잘 하였도다, 착하고 충성된 종아!"라고 말씀하실 것이다. 그분 자신이 여러분이 행

한 찬양들을 선포하는 사자가 되실 것이다. 이처럼 그리스도는 자신이 기뻐하는 자들에게 영예를 돌릴 것이다.

(5) 그리스도는 그의 성도들을 자신과 함께 세상을 심판하는 자리에 앉히기 위해 심판석으로 부르실 것이다. "보라 주께서 그 수만의 거룩한 자와 함께 임하셨나니"(유 14). "성도가 세상을 판단할 것을 너희가 알지 못하느냐"(고전 6:2). 성도들은 심판자와 함께 평화의 재판관으로서 그리스도와 함께 심판석에 앉아있을 것이다. 그들은 악인에 대한 그리스도의 의로운 심판에 환호하고, 말하자면 그리스도에게 찬성표를 던질 것이다. 성도들이 이전에 미워하고 조롱하던 사람들의 심판자로서 재판석에 앉아 그들을 바라보고 있는 것은 성도들에게 커다란 영예가 되는 것처럼, 그것은 악인들에게는 엄청난 슬픔으로 다가올 것이다.

(6) 성도들은 영원히 하나님을 누리는 즐거움으로 충만할 것이다. 그들은 기쁨이 충만한(히 16:11) 하나님의 감미로운 임재 속에서 살 것이고, 그 상태는 영원히 지속될 것이다. 하나님의 사랑의 깃발이 영원히 세워져 있을 것이다. 천국의 기쁨은 중단과 소멸 없이 지속되고, "그리하여 우리가 항상 주와 함께 있을 것이다"(살전 4:17).

적용 1: 악인들이 "심판을 견디지 못하리라는"(시 1:5) 것, 다시 말해 그들이 심판에 처해지고, 심판을 견디지 못하리라는 것, 그들이 사면을 견디지 못하고, 담대하게 서있지 못하고, 머리를 조아리고 땅에 닿도록 허리를 굽힘으로써 자신들의 심판을 감히 목격할 수도 없다는 것, 그것은 그들에게는 서글픈 소식이다. 그러나 경건한 자들에게 그것은 커다란 위로이다. 바울 사도는 "주께서 호령과 천사장의 소리와 하나님의 나팔로 친히 하늘로 좇아 강림하시리니"라고 말하고 나서 즉시 덧붙이기를 "그러므로 이 여러 말로 서로 위로하라"고 한다(살전 4:16,18).

(1) 심판날은 은혜가 약한 것에 대해 위로가 된다. 그리스도인은 자신의 은혜가 너무나 하찮고 불완전하다고 생각하고 고민을 한다. 그러나 마지막 날에 그리스도가 성도에게서 단지 한 드라크마에 지나지 않을지라도

참된 은혜를 찾으신다면, 그는 그것으로 인정받을 것이다. 만일 그대의 것이 진짜 금이기만 하면, 그 무게가 아무리 가벼울지라도, 그리스도는 자신의 공로를 저울 위에 두시고, 그것을 인정하실 것이다.

(2) 세상에서 부당한 대우를 받았던 사람들, 즉 법정에서 자기들의 재산을 부당하게 빼앗기거나 불의한 재판에 의해 자기들의 삶이 침해를 받았던 사람들은 커다란 위로를 받을 것이다. 그리스도는 진상을 다시 판단하시고, 의로운 재판을 행하실 것이다. 만일 여러분의 재산이 부당하게 강탈당했다면, 여러분은 심판날에 천배로 다시 찾을 것이다. 만일 여러분이 그리스도를 위해 자신의 생명을 빼앗겼다면, 여러분은 자신의 면류관을 빼앗기지 않을 것이다. 여러분은 결코 시들지않는 낙원의 꽃들로 장식된 화관을 쓸 것이다.

적용 2: 심판날에 관해 많은 시간을 묵상하라. 깃털은 물 위에 뜨지만, 금은 가라앉는다. 마찬가지로 깃털처럼 가볍고, 경박한 그리스도인들은 부질없이 부화뇌동한다. 그들은 심판날을 염두에 두지 않는다. 하지만 진지한 그리스도인들은 심판날에 대한 생각으로 깊이 침잠한다.

(1) 이 마지막 날에 대한 묵상을 통해 우리는 정말 신실하게 될 것이다. 우리는 우리의 마음이 세상에 대한 위대하신 심판자이자 판정자이신 하나님을 인정하도록 노력해야 한다. 사람들 앞에서 우리의 마음을 속이거나 발뺌하는 것은 쉽지만, 하나님에게 그것을 속이거나 발뺌하는 것은 불가능하다. 그분은 마음을 있는 그대로 감찰하시고, 거기에 따라 자신의 판정을 내리실 것이다.

(2) 우리를 심판하기 위해 위해 오시는 그리스도를 묵상하는 것은 우리가 우리의 형제를 판단하지 못하도록 인도한다. 우리는 다른 사람들의 최후 상태에 대해 판단하기 쉽다. 그런데 그것은 사람들이 그리스도의 자리를 찬탈하는 것이고, 그분의 손으로부터 그분의 권한을 빼앗는 것이다. "너는 누구관대 이웃을 판단하느냐"(약 4:12). 다른 사람을 지각없이 판단하는 그대는 조만간에 그대 자신이 판단받기 위해 심판대에 나아오고, 그

리하여 어쩌면, 그는 사면되고, 그대는 정죄될 것이다.

적용 3: 마지막 심판날에 여러분은 확실히 사면되고, 성도들에게 면류관을 씌워줄 영광스러운 특권들을 소유할 수 있도록 자신을 지키고 유지하라.

그러면 그것을 어떻게 하는가?

(1) 만일 여러분이 심판날에 사면을 받으려면, (i) 그리스도 안에 들어가도록 노력하라. "그 안에서 발견되려 함이니"(빌 3:9). 믿음은 우리를 그리스도 안으로 집어넣고, 우리를 그분 안에 두게 하고, 그럼으로써 우리는 "정죄함이 없다"(롬 8:1). 그리스도 안에 있지 않고서는 아무도 그리스도 앞에 서지 못한다. (ii) 일종의 자기부인인 겸손을 위해 수고하라. "내가 아무것도 아니나"(고후 12:11). 그대는 그리스도인으로서 재능과 능력을 소유하고 있고, 그래서 모세가 자기의 얼굴이 빛났을 때, 그것을 수건으로 가리운 것처럼, 그것들을 겸손의 수건으로 덮고 있는가? 만일 겸손하다면, 그대는 심판날에 사면받을 것이다. "하나님은 겸손한 자를 구원하시느니라"(욥 22:29). 겸손한 사람은 자신의 죄에 대해 자신을 판단하고, 그리스도는 그렇게 자신을 판단하는 사람들을 사면하실 것이다.

(2) 만일 여러분이 마지막 날에 사면을 받으려면, 깨끗한 양심을 지켜라. 죄책으로 괴로워만 말고, 여러분이 심판자로 설 것을 생각하라. "이는 정하신 사람으로 하여금 천하를 공의로 심판할 날을 작정하시고"(행 17:31)라고 바울 사도는 말한다. 바울은 그 날을 위해 얼마나 거리낌이 없는 자로 자신을 지켰는가? "이것을 인하여 나도 하나님과 사람을 대하여 항상 양심에 거리낌이 없기를 힘쓰노라"(행 24:16). 첫번째 돌판과 두번째 돌판을 다 유의하라. 경건하고 의로운 자가 되라. 허탄한 목적이 없는 마음을 지키고, 허망한 물건에는 손을 대지 않는 자가 되어라. 여러분의 눈만큼 죄의 티끌이 조금도 그 안에 들어가지 못할 정도로 깨끗한 양심을 가져라. 양심을 거역하고 죄를 범하는 사람들은 자기들에 대한 심판을 부끄러워할

것이다. 불의한 물건을 자기 보따리 속에 집어넣는 자들은 그 보따리를 열어 검사하는 심사관들을 바라보는 것을 견딜 수 없을 것이다. 그리스도인으로서 그대의 보따리는 마지막 날에 열릴 것이다. 나는 그대의 양심(그리스도께서 심사관이시다)이 그대가 죄를 범하는 것과 그대가 불의한 물건을 그대의 보따리 안에 집어넣는 것을 감시할 것이라고 나는 생각한다. 오! 선한 양심을 확실하게 지켜라. 그것이 심판날에 담대하게 설 수 있는 최선의 길이다. 양심의 목소리는 하나님의 목소리이다. 만일 양심이 의로운 근거 위에서 우리를 사면한다면, 하나님은 우리를 사면하실 것이다. "만일 우리 마음이 우리를 책망할 것이 없으면 하나님 앞에서 담대함을 얻고"(요일 3:21).

(3) 만일 여러분이 심판날에 사면을 받으려면, 하나님의 영광을 위해 여러분의 달란트로 장사하라. 그분을 위해 여러분 자신을 투자하라. 여러분의 재물로 그분을 영화롭게 하라. 여러분이 사면받을 수 있도록 그리스도의 지체들을 구제하라. 다섯 달란트를 그들에게 장사하게 한 사람은 그들로 하여금 다섯 달란트를 더 남기도록 하였다. "그 주인이 이르되 잘 하였도다 착하고 충성된 종아"(마 25:21).

(4) 만일 여러분이 심판날에 사면을 받으려면, 성도들에게 정직한 사랑을 베풀어라. 사랑은 가장 참된 성실성을 판별하는 시금석이다. 은혜를 위해 은혜를 사랑하는 것은 하나님의 영이 사람 속에 있음을 증명한다. 양심이 여러분의 증거자가 되는가? 여러분은 이 사랑이라는 달콤한 양념으로 향기를 내고 있는가? 여러분은 하나님의 형상을 비추는 자들을 가장 기뻐하는가? 여러분은 그들의 은총들을 존중하는가? 여러분은 그들의 결점들도 사랑하는가? 이것이 여러분이 심판날에 사면받을 수 있는 복된 증거이다. "우리가 형제를 사랑함으로 사망에서 옮겨 생명으로 들어간 줄을 알거니와"(요일 3:14).

- 끝 -